U0943624

上海市级专志

百联集团有限公司志

上海市地方志编纂委员会 编

上海社会科学院出版社

百联大厦

第一百货商业中心

第一八佰伴

东方商厦旗舰店

永安百货

世博源全景图

百联奥特莱斯广场（江苏·无锡）

百联奥特莱斯广场（上海·青浦）

百联集团标志释义：

LOGO是“百联”两个大写英文字母B、L的组合；主色调为中国红，象征百联集团红红火火，如日中天；既像汉字的“飞”，预示百联的振翅高飞；又像汉字的“追”，寓意百联奋起直追并最终成为世界一流企业；还似一个扬起的风帆，象征百联在汹涌澎湃的市场经济大潮里争流斗浪、勇往直前、驶向光辉灿烂的彼岸

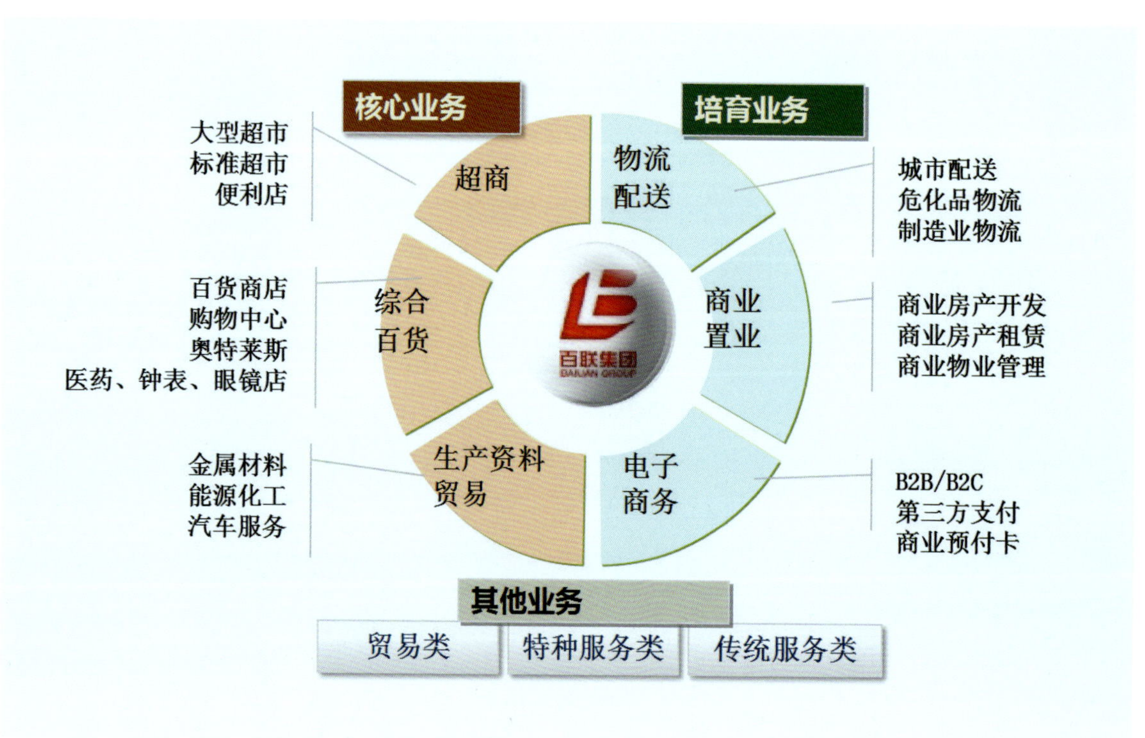

百联集团业务布局

2006 年第一八佰伴外景

2007 年 12 月，第一百货商店新楼扩建竣工开业。图为扩建后的第一百货商店

2004 年 1 月东方商厦店庆外景

2006 年 12 月虹桥友谊商城外景

2005 年 1 月，第一百货东楼更名为东方商厦（南东店）

2005 年 4 月，上海华联商厦更名为永安百货有限公司。图为 2006 年 12 月永安百货外景

2006 年新华联全景。2009 年 1 月东扩改造升级竣工，更名为东方商厦（淮海店）

2005 年 2 月，华联商厦（杨浦店）更名为东方商厦（杨浦店）

2007 年，上海时装商店

上海妇女用品商店（摄于 2008 年 8 月）

2006 年，中联商厦经装修改造，更名为上海华联商厦

上海友谊商店历经数次迁址，2011 年 1 月，在普陀区中环商圈梅川路开业

2006年1月，百联股份收购宁波长发商厦，经重新装修改造，更名为东方商厦(宁波店)，于同年9月30日开业

2008年1月18日，位于嘉定城中路的东方商厦嘉定店开业

上海第一百货松江店

上海友谊百货有限公司友谊商城（摄于2008年7月）

2004 年 9 月 28 日，百联西郊购物中心试营业（摄于 2008 年 10 月）

2006 年 12 月 21 日，集购物、餐饮、休闲、娱乐、文化为一体的超大型商业广场——百联中环购物广场开业

百联南方购物中心于 1999 年开业。2008 年 4 月，扩建竣工重装开业。商业面积从原来的 8 万平方米增至 14.44 万平方米

百联又一城购物中心（摄于 2008 年 9 月）

2009 年 12 月 18 日，重庆百联南岸上海城购物中心试营业

2008 年 1 月 19 日，上海百联南桥购物中心一期开业（摄于 2012 年 7 月 31 日）

2008 年 1 月 25 日，沈阳百联购物中心开业

2010 年 9 月底，百联金山购物中心开业

2012 年 1 月 19 日，百联徐汇商业广场开业

2012 年 11 月 7 日，百联东郊购物中心开业

2012 年 12 月 28 日，世博源（一期）开业

2006 年 4 月 28 日，集团奥特莱斯首店——百联奥特莱斯广场（上海青浦）在上海青浦赵巷开业

2010 年 6 月 26 日，百联奥特莱斯广场（杭州下沙）试营业

2011 年 12 月 24 日，百联奥特莱斯广场（武汉盘龙）试营业

2013 年 6 月 29 日，百联奥特莱斯广场（江苏无锡）开业

2004 年 6 月 19 日，汇丰经济大药房开业

第一医药商店于 1953 年 11 月创建于南京东路 627 号。1978 年 10 月迁址南京东路 616 号营业。图为 20 世纪 90 年代第一医药商店外景

第一医药商店智能售药区（摄于 2011 年 11 月）

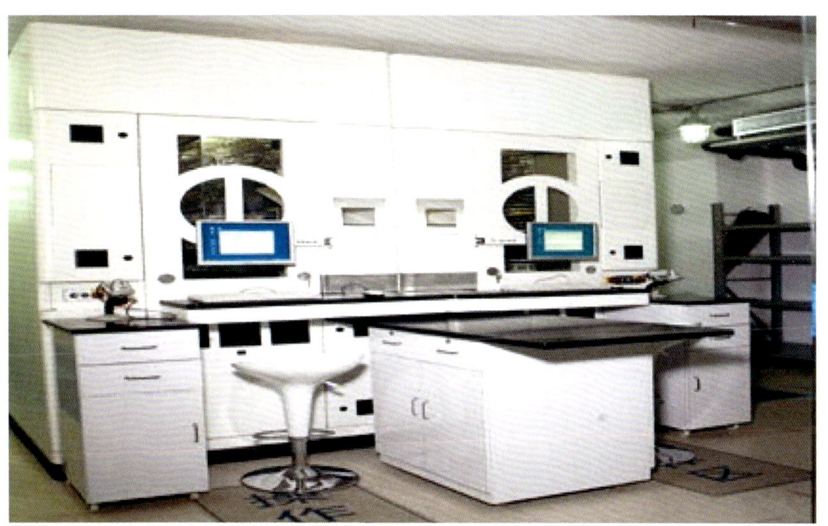

第一医药商店自动售药系统后台

吴良材眼镜公司（摄于 2008 年 4 月）

亨达利钟表公司总店外景（2010 年）

亨得利钟表公司总店外景（2011 年）

茂昌眼镜公司

2006 年，三联开设名表维修中心

冠龙照相器材公司

2004 年 2 月联华超市升级版

1995 年 8 月，华联超市出资 780 万元兼并上海淬火厂，开发建造公司总部大楼和隆昌路店

联华生鲜超市

2009 年联华超市升级版——联华生活馆

2000 年 12 月，华联超市浦电店开业

2005 年世纪联华门店外景

2006 年新年世纪联华内景

2007 年 4 月 28 日，华联吉买盛在新路达百货二楼重装开设大型综合超市

2012 年 3 月 15 日，联华浙江公司营业面积最大的单体门店——世纪联华和平店开业。首日销售额 370.2 万元，客流 22657 人次

2006 年 7 月 19 日，世纪联华御桥购物广场开业

2000 年 12 月 16 日，
华联吉买盛新村店开业

2002 年 7 月 6 日，世纪联华文昌店开业

1998 年 10 月，联华便利第 51 号店开业

2005 年 8 月快客便利店外景

2009 年 9 月快客便利店内景

2010 年 6 月 3 日，广西快客便利首店开业

2011 年 5 月起，快客便利探索高端店。2012 年，快客便利高端店采用全新 CI 形象

2004 年上海乾通投资发展公司

2005 年 6 月，上海鞍钢热钢材加工有限公司热轧线投产

2006 年百联汽车旧机动车交易市场

2007 年 11 月有色金属分公司中储大场仓库

2007 年森远木业车间全景

2008 年上海爱姆意机电设备连锁有限公司

2009 年 5 月 8 日，投资近 6 亿元的百联油库在上海化学工业园区开业

2010 年 8 月上海市旧机动车交易市场金山分市场外景

2013 年，上海物贸有色金属交易市场转型升级为上海有色金属交易中心

上海零星危险品物流有限公司零星危化物流基地 2013 年完成设备调试、市场推介会及项目管理制度建设，取得市安监局颁发的经营、储存许可证，仓储功能开始运作

生产资料物流码头

2008 年百联置业对杨树浦路 61 号老栈改建后的新貌

2010 年百联物业管理的世博园城市最佳实践区

2010 年百联置业下属位于上海新客站的友谊服饰毛衫市场

2011 年 4 月，上海百联安保服务有限公司成立

上海百联安保公司承接的管理项目

联华超市新物流配送中心库房（摄于 2005 年 5 月）

联华超市新物流配送中心自动分拣线（摄于 2005 年 5 月）

百联物流南大路基地（摄于 2012 年）

长桥物流基地外景（摄于 2013 年 10 月）

华联超市配送中心

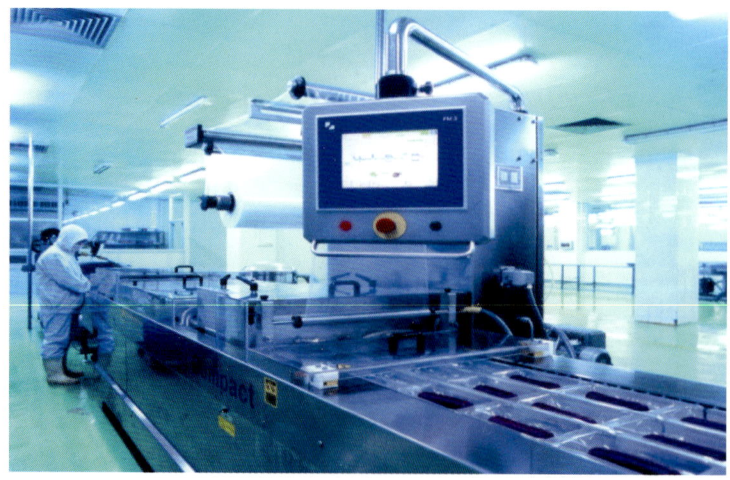

2001 年，联华生鲜加工配送中心竣工并投入运行

百联物流宝联五金基地（摄于 2013 年 10 月）

全方物流一期全景（摄于 2012 年 2 月）

百联电子商务有限公司网上交易平台

安付宝会员卡 LOGO

2012 年安付宝会员卡卡样

2012 年安付宝积点卡卡样

2012 年百联会员卡卡样

上海拍卖行大楼（摄于 2004 年 11 月）

2005 年 2 月 25 日，
拍卖四川北路 4 街坊 108 号地块

2013 年 1 月 12 日，主槌蓝天下的至爱慈善义拍

1991 年 9 月 21 日，联华超市第一家门店——曲阳店开业，为上海连锁超市首店

1992 年 6 月 5 日，上海市第一百货商店与日本八佰伴国际流通集团在沪港两地同时宣布成立上海第一八佰伴有限公司

1992 年 5 月 15 日，国务院批复上海市政府，同意中日合资成立上海第一八佰伴有限公司，这是经国务院批准的中国第一家中外合资零售企业，标志着中国零售商业领域对外开放开启破冰之旅。1995 年 12 月 20 日，第一八佰伴开业

重要事件

1993 年 1 月 10 日，上海首家沪港合资百货商厦——东方商厦开业

1994 年 8 月 22 日，家乐福与联华超市在沪签署成立合资公司合同

1995 年 12 月 31 日，联华超市与家乐福合资的联家超市在上海首店——家乐福曲阳店开业

解放日报

黄菊陈邦柱徐匡迪祝贺三大商贸集团成立

加快国有商业改革 推进现代企业制度

本报讯 上海商业一局机构改革暨一百集团、华联集团和友谊集团成立大会昨天举行。市人大常委会主任叶公琦、市政协主席陈铁迪、副市长孟建柱出席大会并为三大集团揭牌。

中共中央政治局委员、市委书记黄菊向大会写来了贺词。贺词说，组建三大商贸集团是本市流通体制改革的重大举措之一，将对加快国有商业改革，推进现代企业制度，率先形成社会主义市场运行机制产生积极影响。希望三大集团在邓小平同志建设有中国特色社会主义理论指导下，大胆试验，积极探索，深化改革，通过利用批零结合、内外贸结合、市内外结合、科工贸结合的优势，做到立足上海、服务全国，为上海经济的持续、快速、健康发展作出更大贡献。

国内贸易部部长陈邦柱在贺电中说，三大集团的成立是内贸系统流通体制改革的一件大事，要创造新经验，做出新成绩，为繁荣活跃上海和全国商业市场作出更大的努力。

上海市市长徐匡迪在贺信中说，当前上海经济发展面临着新的机遇和挑战，坚定地贯彻“三二一”的方针，优先发展商业等第三产业，通过发挥商业对经济发展的推进器作用，促使经济进入良性循环，提高经济运行质量，是新时期上海经济发展战略的重要内容。三大集团要加快流通现代化、国际化的步伐，努力提高商业流通的组织化程度，运用先进的流通技术和管理经验，形成新的经营机制，为发展长江商贸走廊，建设全国营销网络，重振上海商业的雄风，尽快把上海建成国际经济、金融、贸易中心之一而再创辉煌。副市长孟建柱说，撤销商业一局建立三大集团标志着上海已经形成新型的流通格局和流通组织形式。三大集团要加大转换机制力度，花大力气抓发展和开拓，切实做到新起点、新观念、新机制和新目标四个新。（黄强）

1995年7月1日，市财办、商业一局在友谊会堂举行上海市第一商业局机构改革暨一百集团、华联集团、友谊集团成立大会。图为1995年7月2日《解放日报》头版显要位置刊登的新闻

1996年2月，华联集团与日本罗森株式会社合资成立上海华联罗森便利公司，同年7月，中外合资便利业态全国首店在上海开业

2001 年 9 月，一百集团与日本丸红株式会社合资成立上海百红商业贸易有限公司。这是经国家经贸委、外经贸部批准成立的全国首家中外合资批发企业，标志着中国批发商业领域向外资开放

解放日报

JIEFANG DAILY

2003年4月25日 星期五

第19665号 今日二十四版

国内邮发代号：3－1 国外发行代号：D124 解放日报网络版网址：http://www.jfdaily.com http://www.jfdaily.com.cn

解放日报报业集团出版

公　告

中共上海市松江区委员会、上海市松江区人大常委会、上海市松江区人民政府、政协上海市松江区委员会于二〇〇三年五月六日起迁址至松江新城区行政中心办公。

地址：上海市松江区园中路1号

邮编：201600

总机电话：37735555

上海市松江区人民政府办公室

四强归并整合成为国内规模最大商业航母

『上海百联』起航

上海百联(集团)有限公司

上海一百(集团)有限公司
华联(集团)有限公司
友谊(集团)有限公司
物资(集团)总公司
归并整合

注册资本	10 亿元
总资产规模	280 亿元
销售收入	近 700 亿元
营业网点	4000 多家 遍布全国 20 余省市自治区

为深化国资国企改革，参与国际化市场竞争，在市委、市政府直接推动下，由一百集团、华联集团、友谊集团和物资集团重组的流通产业集团——百联集团，于 2003 年 4 月 24 日挂牌成立

2003 年 9 月 27 日，上海百联（集团）有限公司举行新闻发布会，介绍集团概况、重组和发展战略

2003 年 12 月 10 日，百联集团、锦江国际集团、上海实业发展股份有限公司、上海世纪出版集团、上海电影集团联合举行全国拓展战略合作框架协议签字仪式暨新闻发布会

2004 年 4 月，一百股份以吸收合并方式合并华联股份，更名为上海百联集团股份有限公司，开创上市公司之间成功合并先河

2004 年 7 月 30 日，百联集团有限公司工会第一次代表大会暨一届一次职工代表大会召开

2008 年 3 月 26 日，百联集团召开“强店战略”实施动员会

2008 年 5 月，百联股份举行抗震救灾义卖活动

2009 年 7 月 30 日，百联集团举行中国百联 • 欧洲零供贸易对接会

2010 年 11 月 4 日，百联集团举行友谊股份吸收合并百联股份新闻发布会。友谊股份作为存续公司于 2014 年 8 月更名为百联股份。这是中国证券史上 AB 股成功吸收合并 A 股的第一例

2011 年 2 月 23 日，2011 年全球百货业高层论坛新闻发布会启动仪式举行，由百联集团承办

2011 年，百联集团召开庆祝中国共产党成立 90 周年大会

2013 年 8 月 9 日，百联集团财务有限责任公司举行成立揭牌仪式

2005 年 1 月，百联集团首次整合营销主题活动“欢乐百联 幸福百姓”启动仪式在世茂广场举行

“2006 最美·南京路”五一营销活动开幕式举行

2007 年 9 月 16 日，“相约百联 品味枫泾——2007 巡展活动”开幕

2007 年 9 月，东方商厦旗舰店举办国际礼品生活展

2007 年大年初一，第一医药商店舞狮表演

2007 年 12 月 31 日，东方商厦旗舰店跨年营销活动现场

2007 年年末，第一八佰伴举办岁末嘉年华

2008 年 4 月 28 日，永安百货 90 周年店庆

2008 年 5 月 13 日，汶川大地震后，华联超市向灾区调运抗震救灾物资

▼ 2008 年 9 月，第一百货商店各商场都设有英语导购员，及时为外宾提供优质服务

2008 年 9 月 12 日，2008 永安文化节开幕

2008 年 9 月 24 日，
百联电子商务购物节在又一城举行推广活动

2009 年 4 月 30 日，百联集团家电下乡启动仪式现场

2009 年 3 月 24 日，首届百联旅游节在第一八佰伴外广场隆重开幕

2009 年百联法国商品周现场

▼ 2009 年百联法国商品周现场

2009 年 5 月 22 日，“相聚百联 情系‘三农’”崇明农产品推介会开幕

2009 年 9 月 16 日，百联西郊购物中心举办“田野放歌”新泾百联歌会

2009 年 7 月 3 日，百联集团劳模进行手语展示

2009 年 10 月，第一百货劳模群星贺店庆 60 周年

2010 年 1 月，第一百货商店开设 2010 上海世博会特许商品旗舰店

2010 年 1 月 21 日，百联集团举行迎世博倒计时 100 天活动

2010 年 3 月，第一百货商店开设迎世博劳模服务站

2010 年 10 月 7 日，上海国际艺术节艺术家进社区在百联西郊购物中心举行

2010年世博会园区内百联世博一店场景

2011年12月31日，
百联西郊购物中心跨年活动现场

2012年8月18日，百联西郊购物中心声动亚洲人气选手见面会

世博源圣诞集市

2005 年 5 月 19 日，“激情在百联”集团合唱团演出

2006 年 6 月 9—22 日，百联集团举行首届运动会

1=F 2/4　　　　作词：黄岩　作曲：鹏程

百联之歌

（热情地、豪迈地）

3 4 | 5 · 6 | 5— | 0 3 3 4 | 5 4·3 | 2 1·6 |
我们 百 联， 打 造 商 业 的 巨

5— | 5 6·6 | 2 2 · | 0 2 2 3 | 5 4·4 | 3 · 5 | 2— |
舰， 我们 百联， 承 载 百 姓 的 期 盼。

2 3 3 4 | 5 4 3 | 2 1 | 6 6 · | 6 — | 5 · 5 | 4 3 | 2 · 2 |
服 务 创 造 价值 便 民 利民 演 绎

3·#4 | 5 — | 5 0 | 6·6 5 | 3 0 | 2·2 2 3 | 4 3 2 0 |
经 典。 遇 强 更 强， 催 生 创新 活 力

7 7 6 | 5 4 | 3 · 3 | 2·2 3 | 1— | 1 5 | 1 1 · | 1— |
诚信 致 远，尽 显 百联 风 范。 啊 百联，

0 7 7 1 | 2 1 | 7 · 3 | 5 7·6 | 6— | 6 6 | 2 2 · | 2— |
你是 我 们 共 同 的 名 字， 啊 百联

0 5 5 6 | 7 1 | 2 · 2 | 2 5 | 1— | 1— |
你 带领 我 们 奋 勇 向 前 进！

2007 年 6 月，百联集团司歌《百联之歌》经征集、评审确定

2007 年 9 月 10 日，百联集团举行“激情在百联”先进表彰暨《百联之歌》大赛

2008 年 5 月 23 日，全国劳模李惠麟参加北京奥运火炬接力

2010 年 9 月 19 日，百联集团成为国际泳联世界锦标赛首批赞助商

2011 年 6 月 23 日，百联集团举行庆祝中国共产党成立 90 周年职工歌会

2011 年 11 月 11 日，百联集团工会、团委在上海国际体操中心举行“激情在百联”先进表彰暨第三届职工运动会

2012 年，百联集团编纂出版《百联营销文化》

2013 年 7 月 28 日，百联集团成立 10 周年职工文艺主题汇演

2004 年，百联集团列中国企业 500 强第 37 名

2005 年，百联集团列中国最大 500 家企业集团营业收入第 34 名

2006 年，百联集团进入亚太零售 500 强

2007 年，百联集团被评为最具影响力的上海服务商标

2010年，百联集团获中国2010年上海世博会特许经营优秀组织奖金奖

2011年，百联集团列上海企业100强第3名

2013年，百联集团在财富全球500强中排名第466位

2013年，百联集团列上海商业100强第1名

《上海市级专志·百联集团有限公司志》编纂委员会

（2019 年 7—12 月）

主　　任　叶永明　徐子瑛

副 主 任　王志刚

委　　员　（以姓氏笔画为序）

王　红　史浩刚　杨阿国　秦青林　钱建强

《上海市级专志·百联集团有限公司志》编纂委员会

（2019 年 12 月—2021 年 7 月）

主　　任　叶永明　徐子瑛

副 主 任　王志刚

委　　员　（以姓氏笔画为序）

王　红　杨阿国　种晓兵　秦青林　钱建强

《上海市级专志·百联集团有限公司志》编纂委员会

（2021 年 7 月—　）

主　　任　叶永明　徐子瑛

副 主 任　王志刚

委　　员　（以姓氏笔画为序）

王　红　杨阿国　张申羽　种晓兵　秦青林

《上海市级专志·百联集团有限公司志》编纂室

主　　编　王志刚

副 主 编　王　红

总　　纂　王　红

分　　纂　（以姓氏笔画为序）

宋启迪　张铭新　周华君　钱　建

资料整理　顾　亮　陆文琦　张洁琦　孙婉倩　俞　萌　吴　斌

资料提供　（以姓氏笔画为序）

王　韵　王浩然　方　怡　朱海京　仲　倩　庄　稼　许　斌
许婉荔　孙　贞　严　婷　苏丽萍　李　旻　李俊杰　肖　雄
何阳阳　余建冬　陆　珺　陈　洁　陈　娱　林昕俞　郁雪梅
周益民　赵　燕　姜　杰　徐珂慧　翁逸玮　唐俊华　黄　凯
龚　辉　蔡乔元

《上海市级专志·百联集团有限公司志》评议专家

组　　长　张新生

成　　员　（以姓氏笔画为序）

王春华　刘晓敏　孙如琪　吴建业　张永林　陈宇先　周纪东　贺　涛　徐夏临　蔡富军

《上海市级专志·百联集团有限公司志》审定专家

组　　长　徐逸波

成　　员　（以姓氏笔画为序）

方志平　吕　勇　朱洁士　李庆苏　汪时维　张成钧　陈方建　俞建明

《上海市级专志·百联集团有限公司志》验收单位和人员

验收单位　上海市地方志办公室

验收人员　洪民荣　姜复生　王继杰　过文瀚　黄晓明

业务编辑　肖春燕　赵明明

序　言

“志”当存高远，文脉永流传。百联集团沐改革春风而生、立时代潮头而进。2003年4月，中共上海市委、市政府站在建设国际经济、金融、贸易、航运中心和社会主义现代化国际大都市国家战略的高度，将原上海一百集团、华联集团、友谊集团、物资集团合并重组成立百联集团。本书记载了2003—2013年全体百联人精诚团结、栉风沐雨、砥砺前行，掀开改革重组、创新发展的全新篇章，开启百联事业转型发展的奋斗征程。

这十年，是百联人励精图治推进整合的创业历程。组建百联成为规模最大的国有商贸流通集团，开启了百联在完全市场化竞争中的创业征程。面对千帆竞发、百舸争流的市场经济浪潮，百联与外资零售巨头、本土优秀企业同台竞技，积极应对商业模式、体制机制等诸多挑战，探索走出一条具有时代特征、商业特色、百联特点的发展之路。

这十年，是百联人攻坚克难实现发展的奋斗历程。坚持以刀刃向内的勇气和自我革命的精神，着力克服思想统一之难、改革突破之难、行业竞争之难。以打响“百联品牌”为目标，大力推进战略、文化、管理三大融合；以壮士断腕的决心，有力实施资本、人员、业务三大整合；以连锁经营的模式，全力拓展超市、购物中心、奥特莱斯三大业态，初步形成全国战略性拓展的格局，百联影响力和辐射力充分显现。

这十年，是百联人开拓进取加快转型的发展历程。身处完全竞争的市场环境，我们深刻意识到“永远不变的就是变化”，勇于创新和开放包容成为百联人的先天基因。第一百货，中华人民共和国成立后第一家国有百货零售企业；上海第一八佰伴商厦，全国第一家中外合资大型商业企业；联华超市，上海第一家连锁超市；百联南方购物中心，上海第一家社区购物中心；青浦奥特莱斯，上海第一家奥特莱斯……无数个“第一”在这里诞生。从“内涵提升、外延拓展”两轮驱动，到部署“传统业务转型、商务电子化”两条主线，围绕新技术和新模式，我们不断丰富和完善新业态，使百联始终充满发展活力和前进动力。

十年风雨兼程，十载春华秋实。2013年，百联成为涵盖百货商厦、购物中心、奥特莱斯、大型超市、标准超市、便利店、专业专卖等多种业态的国有大型商贸流通企业。2013年，百联实现营业收入1 639.16亿元，比2003年增长294.41%；实现利润总额24.15亿元，比2003年增长297.86%。2013年财富世界500强，百联以年营业收入252.02亿美元首次跻身世界500强第466位；2013年全球零售250强，百联位列中国内地上榜企业第1位。

方志流传绵延千载，贵在史识，重在致用。本书记述了百联成立前后的十数年历程，在中华商业文明史中只是沧海一粟，在上海开埠170多年变迁中也只是转瞬片段。2021年，是中国共产党成立100周年，是实现“十四五”规划目标和2035远景目标的开局之年。抚今追昔，当“修志问道，以启未来”。百联人深深明白，改革将面临重重困难阻力，但不改革是最大的危机！发展可能遇到各种风险挑战，但不发展是最大的风险！我们将进一步加大体制机制改革力度，加快数字化创新转型的前进步伐，拉长长板成优势，补齐短板强实力，坚定不移地推进百联发展的各项事业。

百联承载了上海百年商业文明的光辉荣耀，肩负着做强做优做大国有商业集团的使命担当，勇挑起建设国际消费中心城市的重要责任。时间将曾经的荣光留给历史，也将无限的希望留给未来。我们坚信，在逐梦前行的新征程上，百联人必将薪火传承、自强奋斗，用智慧和汗水谱写百联发展新篇章！

百联集团有限公司党委书记、董事长

2021年8月

凡　例

一、本志以马克思列宁主义、毛泽东思想、邓小平理论、“三个代表”重要思想、科学发展观、习近平新时代中国特色社会主义思想为指导，坚持辩证唯物主义和历史唯物主义的立场、观点和方法，以实事求是的原则，力求全面、准确地记述百联集团创建、改革、发展的历程。

二、本志记述时限，上限自2003年4月上海百联（集团）有限公司揭牌成立，下限至2013年12月。为保证记述的完整性，适当上溯至事务发端，下延至2014年。

三、本志采用述、记、志、传、录、图、表等形式记述，以志为主。基于百联集团的业务特色和发展脉络，本志设集团溯源、集团组建与组织体系、业务布局、成员企业、整合调整、转型发展、企业管理、党群工作、人物等9篇。卷首设图照、序言、凡例、总述、大事记，卷末设专记、附录、索引、编后记。随文设图、表、照。

四、本志文体采用现代语体文、记述体。大事记采用编年体记述，部分采用纪事本末体。志设总述，篇设概述，章设导言，节导言根据内容需要安排，不求一律。行文力求严谨、朴实、简洁和流畅，以第三人称记述。

五、本志人物遵循“生不立传”原则，卒于2019年年底之前的人物入传，在世人物依例不入传，以人物简介、人物表载之。

六、本志所记述的地名、机构名称、职称及币种、计量单位，一般按当时称谓。表中应有数据但空缺的以“—”表示；本无数据的，用空格表示。

七、本志记述企业、机构等名称以篇为单位，首次出现时用全称，再次出现时用简称，特殊情况下仍用全称。

八、本志行文规范参照中国地方志领导小组《地方志书质量规定》和上海市地方志编纂委员会《〈上海市志(1978—2010)〉编纂行文规范》执行。

九、本志资料来源于《集团报》等公开出版的图书、报刊，以及百联集团和成员企业内部档案、资料、文件、领导讲话、口碑资料等，均经考证核实，一般不注明出处。

目　　录

CONTENTS

总　述

1995年，上海国有商业为顺应社会主义市场经济的发展，实行政企分开，组建一批企业集团。1月，上海市物资局转制为上海物资(集团)总公司，由原政府行政管理机构转变为经营企业。7月，上海市第一商业局撤销建制，原政府行政管理职能移交给市财办，原局属企业组建为上海一百(集团)公司、上海华联(集团)公司、上海友谊(集团)公司三大商业企业集团。新组建的四大集团按照现代企业制度要求改组、转制，建立健全法人治理结构，强化企业管理，参与市场竞争。至2003年，经过8年多的整合发展，一百集团发掘集团的规模优势和市百一店的牌誉优势，推进百货连锁经营，发展成为以经营百货业为主，集批发、零售为一体，内外贸易为一体，商流和物流为一体，商科工贸为一体的多元化经营的上海商业龙头企业；华联集团实施“连锁、集约、创新”战略，集聚资产、人才、品牌和营销网络等优势，连锁百货、连锁超市、连锁医药等连锁业态发展势头强劲；友谊集团通过与内外联综合商社重组和改革，形成连锁超市、特色百货、连锁专业专卖等商业零售为核心业务，购物中心、电子商务等为培育业务的经营格局；物资集团探索深化企业改革，结合产业结构调整，形成钢材、汽车、化工、机电等大宗生产资料四大主要业务向上下游延伸的经营网络。

2003年，中共上海市委、市政府为了进一步深化国有资产管理体制改革，促进国有企业战略性调整，增强大型国有企业的活力、影响力和带动力；应对我国全面开放零售业市场和服务贸易领域带来的严峻挑战，推动国有商业资本消除内耗，积极参与国内市场国际化竞争；深化现代企业制度建设，使国有企业成为适应市场的法人实体和市场竞争主体；决定组建全国第一家流通产业大型企业集团。4月24日，由上海一百(集团)有限公司、华联(集团)有限公司、上海友谊(集团)有限公司、上海物资(集团)总公司等四大集团合并重组的上海百联(集团)有限公司正式揭牌，成为上海深化国资国企改革重组、探索流通产业发展的先行者。2004年6月更名为百联集团有限公司。

经过10年重组整合、转型发展，百联集团逐步形成以资产为纽带，以拓展国内市场、连接国际市场为目标的竞争优势。确立“综合百货、超商业务、生产资料贸易”三大核心业务和“商业置业、物流配送、电子商务”三大培育业务。经营业态齐全，涵盖百货商店、购物中心、奥特莱斯、大型综超、标准超市、便利店、专业专卖等零售业态，有色金属、黑色金属、汽车机电、化工原料、木材燃料等大宗物资贸易，涉及电子商务、仓储物流、消费服务、电子信息等领域；市场布局优化，经营网点深耕上海、拓展长三角、有选择地向省会城市和主要二级城市延伸；知名品牌聚集，上市公司从组建初期的一百股份、华联股份、友谊股份、物贸股份、华联超市股份、第一医药股份和联华股份等7家整合为百联股份、联华股份、物贸股份、第一医药股份等4家；拥有第一百货商店、永安百货、时装商店、第一八佰伴、东方商厦、百联购物中心、百联奥特莱斯、联华超市、华联超市、世纪联华、华联吉买盛、快客便利店、第一医药商店、亨得利钟表、亨达利钟表、吴良材眼镜、茂昌眼镜、上海拍卖行、上海国际商品拍卖行、百联E城、百联物流、百联物业、上海有色金属交易中心、上海旧机动车交易市场、上海外轮供应公司等一批享誉沪上、闻名全国的知名企业；经营业务快速发展，经营业绩显著提升。

(一)

重组整合与重点拓展并举,确立核心业务和培育业务。

制定战略规划,明晰业务体系,聚焦核心业务发展。集团先后制定2004—2015年总体战略规划、2004—2006年国资战略规划、2004—2006年事业部(中心)三年规划、2004—2006年人力资源规划、投融资规划、"十一五"规划和"十二五"规划,引领集团发展方向,为战略目标的实现奠定坚实的基础,使集团较快从一个集合体成长为一个高度集约、协同发展的有机整体。

2003年百联集团组建伊始,根据中共上海市委、市政府"立足上海、走向全国、连接世界"的要求,百联集团斥巨资聘请世界著名咨询公司麦肯锡作为咨询顾问,"对标"世界一流零售企业,在集团内部开展21项专题调研,从集团的使命与愿景目标、业务组合战略、管控模式、业绩文化框架等方面入手,瞄准世界500强,先后制定集团总体发展战略规划、各业态的发展规划、国资战略规划、人力资源规划和投融资规划,为集团的发展厘清思路,明确目标与方向,确立总体发展目标:坚持以发展为主题,通过实施全国拓展战略,加快集团的发展速度,保持国内行业领先地位;通过内部资源的有效整合,形成"集团多元化、企业集约化、效益最大化"的发展平台;通过运营能力、管理水平的不断提高与创新能力的培育,提升集团的市场竞争力,并分阶段实施整合发展、快速发展和稳固发展的战略。在实施重组整合的同时,确立整合发展阶段的核心业务、支撑业务和培育业务发展方向。根据"有所为,有所不为"的原则,重点发展超商、百货与生产资料贸易三大核心业务;调整发展商业房地产、物流两大支撑业务;培育发展购物中心与专业专卖业务;逐步退出集团无行业优势的其他业务。

经过两年多努力,集团突出核心业态、发展业态、支撑业态的发展思路成效显著。2005年年底,集团基本完成核心业态、发展业态、支撑业态的架构布局、资产整合、企业重组等工作,形成超商、综合百货、生产资料贸易三大核心业务。集团实现主营业务收入593亿元,利润总额8.6亿元,网点数7 163家,经营面积466万平方米。三大核心业态实现营业收入576.32亿元,占比91.45%。集团的百货业务具有较强的竞争力,在上海的主要商圈都拥有知名品牌网点,继续保持上海市场的领先地位;超商业务在日益激烈的竞争中保持较强的竞争力;生产资料贸易业务具有一定的市场地位。集团的网点数量、面积和分布区域等资源优势领先于国内同行。物流与房产置业成为两大支撑业务。2006年在总结前3年经验的基础上,集团制定"十一五"规划,形成优化发展战略:以科学发展观为指导,坚持又强、又大、又快的发展方向,努力把握发展的集中度与重点区域原则,实现商品经营与资本经营相结合、商品经营与商业房产经营相结合、现有业务经营与新业务开发相结合,确保流通行业"中国第一"的市场领先地位,为最终成为"国际一流"企业奠定基础。提出聚焦核心业务,集中优势资源大力发展超商、综合百货、生产资料贸易三大核心业务,加快核心业务转型,优化核心业务市场布局的战略方向。购物中心业态及医药零售、装潢建材超市、钟表眼镜等专业专卖业态经过前3年的培育发展,拥有一定的市场地位和品牌声誉,从前一轮规划中的培育业务跃升为"十一五"规划期的核心业务,纳入综合百货业务中。在"十一五"规划中,集团提出通过吸收创新与集成创新,在整合集团各业态已有的电子商务平台基础上,构建集团统一的电子商务平台,把电子商务培育发展成集团新的核心业务。

"十一五"期间,集团坚持优势资产向核心业务倾斜,核心业务向上市公司集中。至2010年年底，集团形成由三大核心业务、三大培育业务以及其他业务构成的清晰的业务体系。核心业务包括超商、综合百货和生产资料贸易三个板块，各板块业态比较齐全。其中，超商业务拥有大型综超、标准超市和便利店三个业态。综合百货包括百货商店、购物中心、奥特莱斯等综合性零售业态和医药商店、装潢建材超市、钟表眼镜专业专卖连锁店等多种业态。生产资料贸易主要有金属材料、能源化工、汽车服务等业务。核心业务的资产、营业收入、利润总额占集团的总业务比重持续上升。培育业务包括物流配送、商业置业、电子商务三个板块。其中，物流配送主要包括城市配送、危化物流、制造业物流等业务。商业置业主要包括商业房产开发、商业房产租赁和商业物业管理等业务。电子商务主要包括电话及网上零售和电子支付等业务。培育业务中，物流配送、商业置业对核心业务的支撑力度不断加强，电子商务业务的销售规模不断扩大，市场影响力不断增强。此外，集团的其他业务还包括国内日用品分销、进出口贸易、船舶供应等贸易类业务，拍卖、典当、寄售等特种服务类业务，以及宾馆酒店、出租汽车服务、家电服务等传统服务类业务。经过“十一五”时期的发展，集团核心业务的市场地位进一步得到巩固和提升。集团超商业务在快速消费品零售行业排行第一位；其中，联华超市有限公司居快速消费品行业百强排行第二位；大卖场业态经营规模居全国同行业前五位；标准超市业态经营规模居全国同行业第一位；便利店业态网点规模居全国同行业第三位。百货业务经营规模居全国同行业第一位。其中，百联股份在以百货或购物中心为主要业务的同类公司中处于领先地位。生产资料贸易业务经营规模居全国省市级物资集团第三位；其中，上海有色金属交易市场交易量列全国第一位，旧机动车交易市场交易量居上海第一位。核心业务的发展，推动集团整体经营能级的提升，在中国企业联合会、中国企业家协会公布的2010年度中国企业500强榜单上，集团列中国企业500强第28位，服务业第13位。根据德勤2011年发布的排名，集团列全球零售250强第70位，在中国内地入围企业中列第1位。

2011年，在国家“十二五”规划的大背景下，百联集团认真研究、精心制定“十二五”规划。确立“工作重点向深化整合、聚焦发展转变；发展动力向创新驱动转变；发展目标向扩规模、调结构、增效益相结合转变；网点开发向综合开发模式转变；业务经营向传统业务与业务创新相结合转变”的发展思路，继续发展超商、综合百货和生产资料贸易三大核心业务，重点聚焦大型综超、购物中心、奥特莱斯、大宗物资贸易与物流、电子商务，在拓展大型综超的同时，协调标超、便利店等业态发展；在推进购物中心业态发展的同时，以组团拓展模式加强医药零售、装潢建材、钟表眼镜、食品等专业专卖业态的集约经营能力；不断推进金属材料、能源化工、汽车服务等核心业务的转型创新。同时，大力发展物流配送、商业置业、电子商务三大培育业务，物流配送业务以制造业物流和商贸零售物流为主要服务形态，以创新服务和优化供应链管理为突破口，以信息技术为支撑，加快实现传统储运向现代物流的转变。商业置业业务主要经营商业房地产开发、租赁经营服务、物业管理等，不断提高综合开发能力与专业管理水平。加强电子商务平台建设，努力发展成集团的优势业务。推进与集团核心业务关联性强或行业领先的贸易类、特种服务类等业务的发展。

至2013年，百联集团经过10年重组整合、转型发展，基本建设成为业务体系清晰、业务特征显著、商业业态齐全、品牌资源丰富、市场地位领先、管控模式完善、经营能级显著提升的国内闻名的大型市属商贸流通集团。全年实现营业收入1 639.16亿元，比2003年增长294.41%；实现利润总额24.15亿元，比2003年增长297.86%。相当于10年再造3个百联。拥有经营网点5 164家，经营面积594.47万平方米，比2003年增加350.5万平方米，增幅达143.6%。其中，三大核心业务汇总营业收入占集团全部业态汇总营业收入比重达95.86%，利润总额所占比重达78.55%；培育业务营业收入所占比重达2.50%，利润总额所占比重达18.35%。

2013年，百联集团首次以中国完全市场化经营的第三产业服务业企业集团的身份，跻身世界500强第466位。打破中国上榜企业主要分布在钢铁、汽车、资源、化工、金融等领域严重的结构失衡格局，显示中国经济注重消费的突破，以及流通产业越来越强的产业主导作用。2013年中国500强排行榜上，集团旗下的物贸股份、友谊股份、联华股份分别排名第46位、第105位、第154位。

破解上市公司重组难题，推进上市公司重组整合。百联集团是政府推动、市场化重组的大型国有企业集团，组建成立后，就面临艰巨的整合任务。做好上市公司的整合尤为关键。成立之初，百联集团拥有7家上市公司，涉及A股、B股和H股，股份背景复杂，股权管理层级繁多。其中5家公司业态重叠严重，涉及同业竞争，有的上市公司经营状况不甚理想，不能发挥融资功能。不同的资本平台、错综的产权结构、复杂的资产关系，以及体制、机制甚至法律的制约，使得整合步履维艰，成为百联集团重组整合亟待破解的一大难题。集团在聚焦发展的同时，对麾下上市公司进行"同分异构"大手笔的整合，历时8年，"三棒接力"，百联上市公司资本整合重组终于在2011年宣告收官，集团内部的同业竞争成为历史；一百股份与华联股份、友谊股份与百联股份的整合，被业界视作经典案例。

2003年，集团成员企业收购东方商厦51%的股权、第一八佰伴36%的股权以及华联罗森21%的股权，通过资本运作和股权收购，加大集团对核心业务的控制力度，为下一步上市公司整合创造条件。

2004年4月8日，第一百货和华联商厦同时发布公告，双方分别审议通过《关于上海市第一百货商店股份有限公司与上海华联商厦股份有限公司合并的议案》。第一百货以吸收合并的方式合并华联商厦，合并后存续公司更名为上海百联集团股份有限公司。这次合并，被业界认为开创中国证券市场上市公司吸收合并上市公司的先河，对现行的法律法规、会计处理政策、保护中小股东利益等，进行积极、有益和成功的探索。第一百货和华联商厦合并后，完成减少同业竞争的第一步，推进百联集团内部业务流程重组和管理流程重组，减少内耗，实现企业的集约化经营。并采用"百联"品牌，打破原有藩篱，把百货优势业务和购物中心、奥特莱斯新业务全部统一到百联的旗帜下。在百货业态的市场拓展中，以东方商厦为统一旗号，新增网点统一使用"东方商厦"品牌，其他品牌百货店也在条件成熟后逐步翻牌为东方商厦，形成连锁百货经营机制。合并后，百联股份成为百联集团在资本市场上的全新平台，集团内综合百货业务有效资产逐步整合进入其中。

2005年，集团重点突破生产资料业务的重组整合工作，同年6月28日，上海物贸股份股东大会通过物贸股份资产重组的方案，并上报国家证监会审批，为顺利实现物贸股份上市公司的资产重组奠定基础。物贸股份置入金属、木业、汽车、化学品、能源、进出口公司、机电设备、二手车交易等经营企业股权。置出贸易公司、建筑装饰工程公司、厢车公司、保税行、民办中学等股权。2006年，利用上市公司平台，对进出口、有色金属、汽车服务贸易等业务同质的企业进行有效的整合，优化上市公司资产，实现融资功能，支持生产资料业务可持续发展。资产重组后极大地优化企业资产质量，大幅度提高公司盈利能力，净资产收益率和每股收益均显著提升。金属材料、汽车服务贸易、木制品加工和能源作为上市公司的四大核心业务，无论是经营规模、主营业务收入还是利润总额对上市公司的贡献度均处于主导地位。生产资料业务在融入百联发展中，紧紧围绕百联愿景目标，依托百联优势坚持10年磨砺求索，主营收入名列全国省市物资集团前3位，主营收入由2004年的179亿元到2012年的975亿元，增长5.7倍，被中国物流与采购联合会授予"中国生产资料流通改革开放30年杰出企业"和"中国生产资料流通创新企业"称号，并获"全国生产资料3A级信用企业"等称号。

超商业务是百联集团的又一主力板块，是百联抢滩国内市场、与外资超市面对面竞争的先遣部队，也是百联经济规模的重要增长点。百联超商板块集结联华超市、华联超市、世纪联华、华联吉买盛、联华快客、罗森等三大业态、六大品牌。其中，联华超市股份有限公司属于2003年6月在香港主板上市的H股，国际配售认购倍数高达17.8倍，公开发售认购倍数则达到82.6倍，加上国际配售额外发行8 500万元，共募集资金6.68亿港元，约合人民币7.08亿元，为集团与国际资本市场接轨提供了经验。而华联超市属于A股。因此，将业态相近的联华超市和华联超市整合起来，是百联实现全国性大型流通集团战略目标的关键战役，同样也面临企业股本结构复杂、股权性质迥异等各种困难。百联集团把联华、华联重组案作为“一号工程”。2006年，华联超市资产从上市公司中剥离，壳资源置换给新华传媒，转为非上市公司，在资本层面破解重组的技术难题；2009年9月，联华超市收购华联超市全部股权获股东大会通过。至此，联华、华联重组方案经历6年之久终于浮出水面，百联超商资产整合取得里程碑式的重大突破。联华、华联实施合并重组后，两个企业聚优势、强筋骨，大大提高了市场竞争能力。同时，双品牌运作方式使得门店可以通过经营功能的重新定位避开同业竞争，形成错位经营优势。更为重要的是，联华、华联两家企业的供应商资源、商品组合资源、生鲜经营基地资源，以及信息技术和物流配送等整个供应链资源，全部实现优势聚合，综合竞争优势和抗市场风险能力大大提高，重组的优势叠加效应凸显。重组整合后的联华，在借鉴国际先进零售业的经验基础上，制订科学的选址流程和合理的网点布局策略，完善网点商圈调研、综合评估体系。完善以市场为导向的营运管理体系，并通过整固优化，解决供应链建设滞后的问题。解决快速发展与人才储备不足之间的矛盾，一方面通过内部选拔、强化培训的方式，努力为新开门店和并购企业输送合格的管理和经营人才；另一方面积极引进具有国际零售企业管理经验的高管人才，同时，还与大专院校挂钩，招聘大学生并通过实践锻炼，培训综合素质更高的人才。此外，根据连锁经营的内在规律，联华还逐步建立商品资源集约化管理与业态专业化营运相结合的业务管理模式，有效地解决资源的集约化管理与不同业态营运特性之间的矛盾，充分发挥多业态组合、联动经营的优势。截至2010年，联华超市连续13年跻身中国快速消费品连锁零售企业百强第一；2011年，联华H股跻身香港恒生综合指数成分股，标志着联华市值及交易量已达资本市场认可的水平。联华已经从单一的标准超市发展成为行业标杆，横跨大型综合超市、超级市场、便利店、网上商城、药妆店等多种业态，成为名副其实的引领中国连锁零售业快速发展的超大型超商企业。

2006年，百联集团在第一医药股份顺利完成股权分置改革后，启动医药零售业务板块的整合，完成“第一医药”对汇丰医药的全面收购。第一医药股份分别向新路达集团和徐汇区新路达商业集团集体联合会收购其持有的88.5%和11.5%的上海汇丰医药药材有限公司股权。收购完成后，第一医药股份持有汇丰医药药材公司100%的股权。“第一医药”和汇丰联手后，建立统一招商采购平台，完成对商品进货、连锁网络、物流配送等资源的共享和集约；制定统一编码规则；启动财务集约管理系统的建设，加强财务的集中管控。在此基础上，实施企业品牌全面整合。第一医药股份市场拓展能力、品牌影响力与辐射力明显加强。2009年5月5日，百联股份将持有的上海国大药房连锁有限公司35%股权以协议方式转让给第一医药股份，进一步整合医药板块业务。

2011年8月26日，百联集团通过资本运作，将旗下两家上市公司友谊股份和百联股份合二为一重组为友谊股份。同时，友谊股份以定向增发方式，向百联集团发行A股股份收购上海第一八佰伴有限公司36%股权。至此，友谊股份成为国内资本市场经营业态最为齐全、综合竞争实力最强的全国性大型零售商业上市公司，经营业态涵盖百货商店、购物中心、奥特莱斯、大型超市、标准超市、便利店、家居建材店、网上商店等。2014年8月8日，上海友谊集团股份有限公司更名为“上海百联集团股份有限公司”。这一被市场解读为“合并同类项”的重组简洁明快。重组彻底解决了两家上市公司的同业竞争问题,提高了集团资产证券化比率。完成重组后的百联股份形成多品牌、多业态的资源优势,满足了不同客户群的需求;百联股份统一采购体系后,进一步提升与供应商的议价能力,上下游资源逐渐体现出协同放大效应。重组后,百联股份进一步完善四大集约整合:搭建信息支持集约平台,统一MIS系统、POS系统,开发供应商在线查询、VIP管理、财务集中以及客流分析等系统,实现总部对所有门店销售数据的实时监控与即时分析,并在办公自动化方面建立OA系统、视频会议、视频巡视等系统。搭建招商采购集约平台。“化零为整、合拳出击”,集约所有门店的招商采购职能和权限,成立招采总部,以总部为主推进落实新开门店的定位规划招商、既存门店的品牌调整、自营业务的开发、统一促销活动的策划等。凸显了叫板能力提升、营销影响力提升和渠道优势提升。搭建财务管理集约平台。成立近百人的财务总部,对资金、会计核算、预算、税收、资产价值等进行全面集约化管理,门店的财务经理也由总部委派。搭建人力资源集约平台。统一薪酬标准、人员配置标准,发挥人才引进、交流、培养、使用的大平台作用,从总部、门店培养近200人的后备中高层管理人员,组建人才后备梯队;横向交流门店高管及中层管理人员近300人,基本解决了“十二五”发展规划期的人才缺口。四大集约平台的建设完善解决“信息流”“业务流”“资金流”与“人才流”在总部与门店之间的循环流动,强化总部控制力,进一步发挥集约优势。

上市公司资本整合战役完胜,百联集团阵容齐整、意气风发,为加速前行、抢占市场积蓄更强大的力量。

*加大兼并收购和战略合作力度,增强国有资本控制力和行业地位。*百联集团通过加大收购兼并力度和加强战略联盟,拓展全国市场,加快推进核心业务的发展。

在实施收购兼并方面,超商业务中:联华股份出资收购河北石家庄万利福超市,将5家大型综超收入囊中,迅速提升区域优势;成功收购广西最大的连锁超市“广西佳用”,一举新增85家网点门店和5万平方米库存面积的配送中心,同时购并无锡中百超市14家网点,增加1.5万多平方米经营面积;联华快客完成对上海美亚21世纪便利51家门店的接收和改造;收购上海实业联合集团商务网络发展有限公司100%股权项目;2008年华联超市收购崇明供销超市股权;2009年联华超市1.45亿元收购浙江杭州中都超市有限公司100%股权,同时以2 000万元价格受让浙江余杭生配项目股权。综合百货业务中:分别收购宁波长发商厦、建配龙股权;以8.17亿元收购沈阳鹿城100%股权;收购重庆上海城;以3.34亿元收购郡江国际购物中心85%股权;2010年百联股份分别收购百联金山购物中心股权和香港华镫公司持有的上海青浦奥特莱斯4.97%股权。探索实践“输出管理+约期股权收购”的方式与房地产开发商进行合作,以1.5亿元成功收购武汉奥特莱斯股权51%,扩大市场份额,提升盈利能力,规避项目培育期投资风险,充分释放百联的品牌优势和管理优势,实现开发商、供应商和百联的多赢、共赢。汇丰医药对太和堂等2家公司7家网点实施跨区域收购。上海第一医药股份有限公司收购崇明医药公司。生产资料贸易业务中:上海晶通化轻发展有限公司收购上海危险品交易有限公司;森联木业受让同兴木业股权;上海乾通投资发展有限公司收购三灵公司股权。

在战略合作方面,百联集团分别与上海实业(集团)有限公司、上海锦江国际(集团)有限公司、上海电影(集团)有限公司共同签署《关于共同拓展全国市场的战略合作框架协议书》,巩固和发展在全国商贸流通、房地产和文化娱乐等行业的领先地位,根据优势互补、互惠互利、共同发展的原则,合作各方联手,在全国市场拓展过程中实施组团式发展,发挥各行业之间的协同作用,实现强强联合,组成战略联盟,共同进行全国市场的拓展。与郊区各区县签署战略合作协议,为加强区域商业建设、开辟农副产品绿色通道开展全面合作。

百联集团积极引进外资，借鉴国外先进的管理理念和管理技术，快速提升管理水平和经营绩效。成立阿波罗-乾通金属有限公司、蓝格赛电工照明公司；物流事业部与法国综合性物流公司托玛公司重组汉克国际货运公司，拓展国际货代业务。先后与香港九龙仓、加拿大亿万豪开展战略合作。

核心业务在实施重组整合、兼并收购的同时，大力推进重点项目建设。10年间，百联集团总投资337.62亿元，用于收购、建设新项目。其中，10年累计投资建设金额达220.54亿元，重大项目25个，包括投资新建、扩建改建购物中心、奥特莱斯、百货商店12个，含百联西郊购物中心、又一城购物中心、世博源购物中心、百联青浦奥特莱斯、无锡奥特莱斯、一百商城、新华联商厦、南方购物中心西侧扩建；投资新建大宗商品贸易重大项目3个，包括森大木业加工基地、百联油库、上海零星危险化学品物流基地；新建、扩建物流基地5个，包括长桥物流基地、全方物流二期项目、桃浦物流基地。2013年，在建的重大项目还有联华江桥物流中心、浙江杨汛桥物流基地、陆家嘴世纪大都会、崇明新城购物中心和南京奥特莱斯广场等。

（二）

调整转型与创新发展并重，优化业务结构和战略布局。

*积极调整地域结构，优化市场布局。*百联集团按照深耕上海，拓展长三角，布点全国市场的市场拓展战略，不断优化市场布局。2004年，百联集团认真落实上海市委、市政府“走出去”“融入长三角、服务长三角”的指示精神，实施集团整体业务的区域布局与各业态的对外扩张。上海是百联集团的总部所在地，也是国内最具有吸引力的流通市场，全国市场是百联集团未来成长的主要市场，对百联具有重要的战略意义。百联集团一方面利用现有优势，积极寻找发展机遇，保持在上海市场的优势地位。另一方面，经过3个月调研，结合市外网点原有布局，制定《百联集团长三角五年发展的行动计划》。同年12月7日，百联集团召开“百联集团推进长三角行动计划工作会议”，正式发布这一行动计划，明确重点发展超商大卖场、便利店，以及都市时尚百货、都市购物中心、社区购物中心、装潢建材超市等业态，以杭州、南京、宁波、无锡、苏州为重点发展城市，把南通、常州、嘉兴、台州、绍兴、湖州、泰州、金华、扬州、温州、镇江、盐城和淮安作为重点延伸城市，通过集中发展策略，提升集团长三角服务规模和能级，构筑集团长三角资源内外联动平台，确立集团在长三角零售业的龙头地位。

上海是百联集团的诞生地和大本营，积聚着沪上历史传承的众多商业优质资产，荟萃了一大批饮誉上海、蜚声全国的百货大店、名店。在具有百年历史的南京东路著名商业街上就聚集着百联第一百货商店、百联世茂国际购物广场、东方商厦南东店、永安百货、上海时装商店、上海市第一医药商店、华联商厦，还有茂昌眼镜、吴良材眼镜、亨得利钟表、亨达利钟表、冠龙照相器材等老字号品牌商店。东方商厦旗舰店、第一八佰伴、又一城购物中心、东方商厦淮海店分别傲立于徐家汇、新上海商城、五角场、淮海路等市级商业中心；百联南方购物中心、虹桥友谊商城、百联西郊购物中心、百联临沂购物中心、百联中环广场等分布于区级商业中心和各大社区。百联旗下的超市门店更是星罗棋布般地遍布大街小巷，联华、华联、快客、世纪联华、吉买盛随处可见。2008年，百联集团把握上海加快社会主义新农村建设、加快推进市郊城镇化建设的历史机遇，把发展目光聚焦于市郊城镇，于同年3月编制出台《百联集团2008—2010年郊区市场拓展行动计划》，描绘百联集团深耕上海、拓展郊区的蓝图，加快上海郊区项目的对接和落实，提升郊区商业能级，满足郊区日益增长的消费需求，为建设新郊区新农村，为郊区商业的繁荣发展，做出贡献。2013年，百联的logo覆盖上海郊区，百联购物中心、百货商店、大型综超等大型商业设施延伸至奉贤、青浦、嘉定、松江、金山、宝山、闵行、浦东南汇、川沙、崇明等郊区新城商业中心，有力地提升了当地商业能级、拉动了区域消费。

2010年6月，百联集团制定《百联集团2010—2012年泛长三角市场拓展三年行动计划》，进一步加大全国市场的拓展力度。区域布局从江浙沪两省一市扩展到江浙沪皖三省一市所辖的40多个城市。在泛长三角地区已有的市场占有率的基础上，进一步加大泛长三角市场拓展，提高区域集中度，做大做实泛长三角市场，为有力地支撑全国市场的发展奠定扎实的基础。以购物中心、奥特莱斯等重点业态向部分省会城市布点。

*积极探索模式转型，发挥渠道优势。*在中共上海市委、市政府“创新驱动，转型发展”战略思想的指引下，百联集团把握规律、审时度势、因企制宜推进企业实施业务模式创新转型。在业态经营模式上，2004年起，集团超商业务确定标超转型为生鲜店、社区店、标准店3个业务模式，并调整管理架构；友谊股份和联华股份“交叉换位”，丰富内涵，扩展外延，大型综超向百货卖场转型，引进百货精品，开设品牌专卖厅，百货商厦探索“百货＋高档食品超市”连锁化运作模式，使百货变得更加亲和，超市变得更有品质。在管理模式上，超商业务完善优化加盟管理模式；友谊股份推行“百购合一”的经营模式显示出强大的竞争优势。购物中心与东方商厦主题百货合体联动、一体化管理，即采取“一套班子，两块牌子”的发展模式，两种业态优势互补，有效降低投资风险，减少选址困难，增强项目聚客与盈利能力，缩短项目培育期。“百购合一”模式在上海百联中环、百联西郊、百联南桥、百联金山等大型购物中心得到成功复制。两大业态优势互补、相得益彰。

2005年年底，在开展调查、研讨基础上，形成集团供应链建设调研报告和行动方案，以供应链建设为抓手，加快推进核心业务经营模式的转型。超商业务板块从联合各成员企业实施联合谈判、联合采购起步，逐渐向生鲜生产源头延伸，从“农超对接”到生鲜采购基地，延伸面越来越广。既丰富市民餐桌，又为特色优质农副产品提供绿色通道。截至2013年，联华在全国20多个省份建立300多个蔬菜、水果、禽蛋、猪肉等生鲜基地，年基地采购品种超过1 000种。百联股份制定对供应商的评价指标及标准，统一招商合同文本，确定战略联盟供应商范围。世纪联华推广与供应商B2B无缝对接，截至2006年年底，累计上线供应商已达4 960家，进一步提高商品补货效率和库存即视度。物贸股份坚持“贸易与加工结合，延伸产业链；贸易与物流结合，优化供应链；经营与市场结合，提升服务链；贸易与金融结合，打造资金链；贸易与电子商务结合，培育价值链”的“五个结合”探索，进一步完善供应链管理，注重加强与资源性企业的战略合作，从资源组织、营销能力、物流布局、网络延伸、供应链管理、服务体系等方面与供应商开展形式多样、互惠双赢的战略合作联盟。先后与鞍钢、宝钢、首钢、中信特钢、淮钢、东方希望、四川宏达、中国铝业、上海大众汽车、上海通用汽车、上海机床厂、沈阳机床厂和新西兰木材供应商等建立新型合作关系，取得“合作共赢”的效果。在生产资料业务向现代生产性服务业转型中，上海物贸充分发挥长期以来积累的经营管理人才、物流设施（铁路专用线、码头）场地以及与供应商、用户长期合作关系等优势，积极探索贸易与加工、物流结合，提升服务功能，积极拓展各种采购外包、物流外包等生产性外包服务，通过发展外包服务，为企业用户提供集成供应、集成配送等服务，减少生产和物流成本，形成售前、售中、售后的完整服务链，从而增强服务增值能力，提高企业的竞争力。现代物流按照集团建成“现代物流集成商”的战略定位，以物流供应链建设为突破口进行延伸和拓展，初步形成包括运输、储存、加工、分拨、配送等多环节环环相扣的完整的供应链服务模式，向知识密集和技术密集的现代物流企业转变。物流配送业务从快消品、大宗商品扩展到药品配送、涂料配送。建立全面智能化、可视化的管理体系和运营体系(MIS系统)和EDI系统，实现业务信息共享，企业管理有效控制、支持客户实时业务信息查询。被列入上海市引进技术的吸收与创新计划重大项目和上海市高新技术产业化重点项目的无线射频识别(RFID)应用技术在城市配送的DC服务中不断得到应用和推广，在与供应商信息系统对接，实现信息开放、资源共享、无纸订单、自动补货的基础上，进一步向上游制造业、下游零售业延伸。开发的托盘共用系统，具有信息管理技术和精细管理水平，得到上海市政府的政策扶持，被列为上海市物流重点项目。按照"集中管理，统一购置，市场化租赁"原则，在企业内部和客户中加以推广，面向社会扩大应用。经过10年发展，现代物流的主营业务收入增长21倍，利润总额增长35倍。

此外，百联集团积极发展壮大与核心业务关联性强或在特种服务行业领先的企业、培育一批有市场竞争力或行业发展前景良好的行业"小巨人"企业，探索新模式、新机制，激励企业经营团队持续创新和突破瓶颈，骨干企业核心竞争力和行业地位得到巩固和提升，企业品牌影响力进一步显现。日用品分销业务跃上新台阶。百红商贸公司以创立现代批发经营模式为目标，进一步深化现代批发业态标志性管理系统如BCS商务协同平台和WMS管理系统的开发及其应用，保持经营业绩10年持续增长的良好势头，成为集团在消费品批发贸易领域中新的成长性业态；典当业务不断取得新突破。华联典当公司在行业中率先实现连锁化经营并注重发挥连锁集约经营、管理的优势，以优化当品结构、创新服务模式为重点，不断延伸业务范围，继续保持"经营门店、民品经营、盈利水平"3项指标行业领先地位，成为不断创新、风险可控、具有行业影响力的综合性典当连锁公司；船舶供应业务进一步做强。外轮供应公司以上海建设国际航运中心为契机，进一步确立供船业务与进出口贸易有机结合、以邮轮供应业务为重点的发展方向，全力提升供船业务能力，企业盈利快速增长，持续保持企业同行业领先的地位；拍卖业务转型取得新成效。上海拍卖行大力推进业务转型，着力提升艺术品以及特色拍卖业务的比重，积极拓展社会资源拍卖渠道，加紧探索新拍卖交易渠道，领衔组织公益性拍卖活动，保持社会良好形象，并连续10多年主持央视黄金时段广告竞拍，进一步巩固企业在行业中的龙头地位；家电服务业务向精深拓展。百联电器公司坚持家电服务、品牌家电经营、电器工程三大业务和家庭服务网络平台同步协调发展战略，加速品牌家电服务业务转型，创新家政服务平台业务模式，努力打造特色经营品牌企业。

*积极创新发展思路，探索新业务突破。*伴随百联股份将发展重点转向购物中心和奥特莱斯，购物中心业态发展后劲十足。百联集团组建时，购物中心业态尚属培育业务，根据"深耕上海市场、重点发展泛长三角地区、机遇性进入其他城市"的发展原则，购物中心业态迅速成长为核心业务中的重点发展业态。10年后，由百联投资建造和运营的大中型购物中心共有15家，分布在上海各大商圈和市郊中心城镇、泛长三角及哈尔滨、沈阳、长沙、重庆等地。在建项目还有世博轴、世纪大都汇、百联崇明购物中心等项目。根据消费升级市场趋势，奥特莱斯渐成"商业新贵"。集团在上海较早地引进欧美等西方国家最时尚的奥特莱斯业态并获得成功。奥特莱斯业态快速进入连锁发展阶段，成为集团重要盈利增长点。继2006年在上海开出第一家奥特莱斯后，2010年9月、2011年12月、2013年6月，百联在杭州、武汉、无锡3家奥特莱斯相继开业，南京(汤山)百联奥特莱斯等一批项目正在紧锣密鼓的筹建、洽谈之中，在国内率先实现跨区域连锁经营，奠定百联奥特莱斯在国内处于行业翘楚地位。

百联集团的电子商务业务起步于联华超市，从2000年3月开始筹建基于超市业务的电子商务公司。2003年，联华电商以"拓宽超市类商品的B2C业务；扩大通讯产品等其他商品的经营；扩大超市广告业务”为主营业务拓展渠道，以达到主营业务做实做强的目标。2007年，百联集团重组电商业务，成立百联电子商务公司，在原联华OK网的基础上，转型开发百联E城网上商城交易平台，首批入驻商户60多家，展示商品超过5万多个，比原联华OK网展示商品增加3倍。并获得市经委2007年度电子商务样板企业称号。同年，为集团内企业开发jaja123家居建材网、好美家总部网站、百联南方购物中心网站、上海百联世茂国际广场网站、上海奥特莱斯品牌直销广场网站、上海友谊商店网站、友谊百货长宁店网站、友谊百货南方店网站、华联商厦普陀店网站、上海三联集团网站、上工批网站、百联西郊购物中心网站、东方商厦南东店网站、联华生鲜食品加工配送中心网站等20个网站；为集团外部企业开发特力屋网站、港隆国际网站、豫园电子商务网站、橱易网站、红樽坊红酒专卖网站和今申音像专卖网站等网站。百联E城发挥集团在零售渠道、商家信誉、支付方式等方面的号召力、影响力，利用综合优势加强在线商品销售，探索与网上零售相适应的营销方式，提高网上销售规模，交易额连续多年增幅超过30%。2012年，百联集团优化电子商务的发展模式，确立“自营+平台”经营模式；获得央行批准的互联网、移动支付、固定电话支付等3类支付牌照(多用途预付卡)，同时通过市商务委单用途预付卡备案，成为百联电子商务逐鹿市场的重要引擎。2013年，百联电商多用途预付卡发卡规模突破70亿元，占全市40家第三方发卡企业153亿元发卡额的47%，在上海市场稳居第一；单用途预付卡发卡规模突破60亿元。使集团在上海地区拥有多用途预付卡、单用途预付卡市场占有双卡并行的优势和领先地位。

产融结合取得突破。百联集团与中国银行、陆家嘴金融发展有限公司合资组建全国首批、上海首家消费金融公司。2010年7月，第一家服务网点在上海第一八佰伴对外营业，推出首款消费金融产品“新易贷”，有效拉动内需，促进消费和金融的融合发展。2012年9月，百联集团财务公司正式获国家有关部门批准设立。这是全国商务系统获批设立的第一家财务公司，成为集团产融结合新载体和业务新增长点，也是百联创新商业模式的新亮点。通过搭建一个全新的资金集约平台，充分发挥内部资金集约功能，为企业加快发展、提高效益提供有力的金融服务，实现资源效应的最大化，开创更广阔的盈利模式和空间，为百联的腾飞提供强劲的引擎。

(三)

完善组织架构与提升管理内涵并进，形成高效协同的管控模式。

完善治理机制。按照国资委“管战略、管预算、管契约”的要求，百联集团进一步深化现代企业制度建设，完善法人治理结构，形成决策层、监督层和经营层各负其责、协调运转和有效制衡的治理机制。集团董事会是集团决策机构。2003年，董事会审议通过《上海百联(集团)有限公司董事会议事规则》和《董事会会议管理办法》。为进一步完善法人治理结构，确保董事会规范、高效运作，根据《公司法》和《公司章程》的有关规定，2005年9月，董事会组建董事会战略委员会、投资与风险控制委员会、预算委员会、提名与薪酬委员会和业绩、审计与监察委员会等5个专门委员会；经过两年多试点，2008年，百联集团被国资委提升为5家“规范董事会”建设先行单位之一。2009年5月21日，百联集团作为市国资委系统首批按照外部董事制度选聘外部董事集团之一，外部董事进入百联集团董事会。2009年7月，董事会对原5个委员会进行调整，设立战略、提名、预算与投资、薪酬与考核、审计与风险控制等专门委员会。

百联集团监事会本着重要性、操作性、有效性的原则，开展国资监管工作，重点关注对董事会实施发展战略、控制财务预算和履行经营者契约等运行情况的监督评价。重点关注核心业态的发展质量，关注投资和运营风险，关注集团不实资产核销工作，关注集团财务预算指标执行情况。完善监管体系、理顺监管机制、形成监督合力、推进有效监督。

百联集团总裁室主持集团经营管理工作，执行、落实董事会战略和决策。不断完善管理制度建设和管理流程再造。形成八大类58个主要制度，完善总裁办公会议、专题会议、行政办公会议、经营分析会议、业绩评审会和年度工作会议等会议制度，建立行政督查督办机制。

优化管控模式。百联集团成立之初，面临资产、资本、业务、资源、品牌等多方面重组整合，借鉴国际流通巨头先进的组织架构与管控模式经验，按照精干高效和扁平化管理的要求，第一步，建立集团过渡阶段的组织架构与管控模式。除集团总部外，组建超商、百货、生产资料、专业专卖、购物中心、房产置业、物流配送和综合业务8个事业部和企业清理、人力资源、教育培训和审计4个中心，初步形成高度集约化的组织架构，事业部、中心作为集团总部职能延伸，直接向集团总裁室负责，承担经济目标责任和接受考核责任，负责制定各业务板块和中心发展规划、主要干部任免、财务预算管理、经营管理筹划及日常管理协调工作。第二步完成事业部公司化改造。要求各事业部打破体制障碍，实施集约经营管理，在整合的基础上，限期转制为法人治理结构明确、业务特色鲜明、自主经营、目标清晰、对所管理资产承担增值责任的市场经营主体，按照现代企业制度要求，至2009年，8个事业部陆续完成公司化转制，形成7个二级公司、3个中心的管理体系，进一步理顺资产与管理关系，达到扁平化高效管理的目的，政令畅通，责、权、利分明，并充分调动经营者的积极性。本着让经营单位轻装上阵，与社会各种所有制企业平等竞争的指导思想，各中心集中管理原四大集团冗员、待处理资产、离退休人员和教育培训。如百货事业部和购物中心事业部合并后，有利于业务集约管理及组团式拓展市场；人力资源中心和企业清理中心合署办公后，教培中心和物资党校实行管教合一管控模式，使得管理集中有力，节省资源。

2003—2013年，百联集团积极进行管理架构的层级收缩工作，强化管控，按照“横向收缩跨度、纵向压缩层级”的工作要求，围绕做强做优集团三大核心业务的目标，推进集团从一些“有所不为”的领域有序退出，减少非主业企业数量、缩减企业层级、收缩行业范围，推动资金、人才等各类资源进一步向主业集中倾斜。通过将集团系统内合资企业独资化、相同业务企业合并等途径，促进企业层级、跨度减少；同时，根据市国资委有关要求，集团积极开展非主业企业调整和减少管理层级工作，集团专门成立资产管理部和资产经营管理公司，从管理上加大推进力度，从操作上加快实施进度。截至2009年年底，集团下属企业由成立时的909家清理整合为394家，企业层级由9级压缩到7级。2011年年末通过资产整合等措施，明显减少管理层级，由7级缩减为5级。至2013年年底，集团层级压缩到4级。

推进内涵提升。在优化管理架构的同时，百联集团加大内涵提升力度，在绩效管理、运行管理、财务管理、人力资源管理、资产管理、投资管理、证券管理、审计监察、安全稳定等方面，不断规范制度建设、优化管理流程、创新管理模式。

百联集团组建第一年，为了适应百联集团的发展和重组，力求制度创新和先行，按照建设现代企业的要求，“短、频、快”出台14个制度、40个管理办法、11个细则，具体包括战略管理、投资管理、财务管理、预算管理、人力资源管理等，加大执行、实施力度，基本形成有效的管理系统。

百联集团坚持“伞”状品牌战略，重点突出集团品牌，强化业态品牌，加大自有品牌开发力度，使百联品牌、名店大店品牌家喻户晓。针对旗下企业众多、品牌众多，广大市民对百联总体认识尚不清楚的现状，从2006年起大力推进百联司标统一店招工作，扩大百联品牌的社会影响力。百联所属数千家门店(包括全国各地门店)统一亮出鲜明的百联司标。“忽如一夜春风来,千树万树梨花开。”市民们惊讶地发现,百联拥有如此广泛的市场影响力;而统一司标店招后,也让千万百联人的心更齐、更自豪,凝聚起快速发展的精神动力。加大“百联”品牌建设。通过主题营销、社会公益活动等形式,不断强化“百联”品牌在社会和顾客中的影响力。加大业态品牌建设。第一八佰伴、东方商厦、第一百货、永安百货、时装商店、友谊百货、妇女用品商店、华联商厦、世纪联华、快客、好美家、亨达利、亨得利、茂昌、冠龙、华联典当、华联家维和上拍等一批业态品牌都进行商标注册。拥有渠道优势的超商、综合百货业务还积极开发自有品牌,进一步提升企业盈利能力。如百联股份、联华股份注册开发“EALIO 一流”、联华 LH、快客小 Q、优品生活、亨生、天元、天天等自有商品品牌,品种范围覆盖服装、皮件、日用品、食品、生鲜商品。三联集团以技术创新挖掘自身的价值内涵,提升品牌含金量,百年老字号经久不衰。从青少年渐进多焦镜、树脂镜片去毛复新,到渐变多焦镜、762 树脂镜片等,在光学镜片创新科技项目上获得多项国家专利。2008 年,三联光学中心被认定为上海市企业技术中心。集团出台《进一步推进创新转型的激励办法》等相关文件,注重顶层设计、优化工作流程、统筹制度安排、营造文化氛围,激活员工智慧,激发企业潜能。创新成为百联文化中的应有之义,成为百联保持平稳健康发展的深层动因。

百联集团持续多年开展“强店强企战略”。集团强化对所属企业和门店的管理,通过加强经营集约、商品经营、供应链建设、培育旗舰店及样板店等方式,促进企业和门店的干部员工采取各种方式和手段提高经营水平,提升经营绩效,不断增强集团连锁经营、商品经营、顾客服务、供应链管理等内涵提升能力。开展“对标”研究。与国际一流咨询公司合作,瞄准美国的沃尔玛、法国的家乐福、英国的 TESCO、日本的伊藤洋华堂等,通过主要财务指标与经营指标的比较分析,明确与国际流通巨头的差距;通过在重点领域,如公司战略、管控模式、选址、配送、自有品牌商品的开发、IT 系统等方面的流程与技术的对比研究,明确产生业绩差异的原因,并在此基础上提出流程再造与技术提升方案,实施流程再造与技术提升:建立并优化战略规划、经营计划/预算、现金管理与业绩考核 4 个主要管理流程;建立并优化业态统一的选址、采购、商品配送、门店布置与运营等业务流程;集团统一 IT 的开发战略,以提高流程的信息化程度。

进行人事制度改革与机制创新。组织公开招聘,按市场化的方式配置管理人员。从集团总部和事业部高级管理岗位,到事业部和中心管理岗位,全部实施竞聘上岗、契约化管理,鼓励自愿改变劳动关系。在录用的总部管理人员中,100%选择变更劳动关系,事业部、中心的管理人员中,84.7%选择变更劳动关系,使干部队伍结构进一步优化,精神面貌有了全新的改变。委派国有资产产权代表,明确产权代表的责任、权利和义务,产权代表由董事会或出资者考核,激发各级干部的责任心,保证国有资产保值增值。加强业绩考核,在企业文化中强调以业绩为导向,对包括集团总裁在内的所有管理人员签订业绩合同,并成立业绩考核部,负责定期对所有管理岗位和部门进行业绩考核,建立业绩考评会制度,每半年进行一次,年终进行统评打分,按绩效发放奖金。加强内部培养,形成人才梯队。不拘一格地启用有事业心、有业绩、有创新精神,又具有实战经验的人才,形成一支多元化的管理团队与专业技术人才队伍;创造一个有利于人才发挥价值作用的平台和氛围,充分发挥员工的价值。加强人才引进,改变队伍结构。通过人才市场与猎头公司,引进具有不同国籍、不同文化背景与工作经历的高层管理人员,形成一支多元化的高层管理团队;引进具有丰富工作经验的一线管理人员;引进高素质、高学历、高技能的管理人员,为集团的迅速发展提供后备管理人员。加大培训力度,提高人才素质。集团专设的教育培训机构,重点加强高层管理团队市场意识、国际视野和专业水平的培训,提升现有管理人员的素质;加强一线管理人员与技术骨干的培训,建立配合扩张所需的管理人员与专业技术队伍。集团教培中心(党校)秉承“百思博学,联实笃行”校训,坚持“四个对接”:与集团发展战略对接,加强中高级管理人员培训;与集团党委中心工作对接,加强党建队伍培训;与企业发展需求对接,加强各业态分类培训;与干部和员工职业生涯发展对接,加强技能人才培训。着力“三个注重”:注重打造重点培训项目、注重创新培训模式、注重强化培训基础建设,发挥教育培训主阵地、主渠道作用,为集团的改革发展提供有效的支撑。10 年来,集团教培中心(党校)平均每年开发并实施近百个培训项目,年培训规模达 4 万日人次。

百联集团高度重视经营管理工作中的风险防控。加强集团经济运行中的审计监督管理与服务职能,通过发现问题、重要事项揭示、提出管理建议,帮助企业强化管理,促进企业健康发展。统筹考虑,系统规划集团内控管理体系建设。在梳理集团本部及对所有二级公司的关键业务制度流程和管理制度流程,诊断和分析内控方面存在的缺陷的基础上,制定集团总部内控管理手册;梳理联华股份、友谊股份、物贸股份本部及对所有三级公司的关键业务制度流程和管理制度流程,诊断和分析内控方面存在的缺陷,制定上市公司的内控管理手册。解决集团系统内企业投资层级多、业态跨度大、管理关系复杂、风险易发点分散的内控问题,进一步降低经营风险。

清理资产与盘活资产同步,强化资本经营推动业务经营的功能。

*解决历史遗留问题。*百联集团是原一百、华联、友谊和物资等 4 个老集团整合组成的,成立之初,面临巨大的历史包袱和繁重的企业清理任务,集团一手抓发展,一手抓解决历史包袱和企业清理。集团高度重视不实资产、不良债务及企业梳理等清理工作,截至 2005 年年底,集团基本完成原四大集团积存多年的不良债权债务、投资及坏账的清理,并进一步加大清理力度,加快解决遗留问题。通过梳理、排摸,加快对企业债权、存货、固定资产、股权等的处置,在资产处置、工商注销、企业破产、经济纠纷诉讼、税务注销、基础管理、安全稳定等七个方面取得显著的成效,为顺利推进集团改制整合作出贡献。10 年中,集团核销不实资产 12 亿元;处置不良资产近 26 亿元。通过“关停并转破租售放”等形式,减少亏损企业,有效止住“出血点”。

百联集团通过人力资源管理中心,集中管理集团系统所属企业在破产、兼并、解散、撤销、停业和结构调整中产生的离岗人员,进行分流、安置,促进再就业。截至 2005 年年底,理清 1.1 万余名下岗、待岗、留职停薪人员,建立内部培训并向各经营企业推荐上岗机制,建立和完善对 4.6 万余名离退休职工的管理架构。还积极与社保联系沟通,为 716 名离岗职工和非管理对象解决养老金漏缴问题;积极争取政策,为 506 名大龄、丧偶离岗职工和 1 088 名特殊工种人员办理提前退职退休;为 4 010 名身患大病、重病的离岗职工申办理赔;为 113 名离岗职工解决工龄认定和补建社保账户问题。解决企业和职工的后顾之忧。

*盘活存量资产。*百联集团积极处置零散、低效资产,集约资源配置核心主业,加大房地产管理力度,加快处置低效存量资产,通过盘活资源,获取大量发展资金。通过老厂房、旧仓库改造,赋予老旧历史建筑新的内涵和活力。先后改造杨树浦路 61 号、龙吴路 777 号、抽纱大厦、四行仓库等,整体改善形象格调、楼宇环境、设施配置、功能布局,提升物业价值。集团重组 10 年,为配合市政建设、城市规划和住宅建设,因市政动迁、土地收储共处置土地 90 幅,土地面积 29.22 万平方米,为城市发展和安居保障,承担国企责任。10 年中,集团盘活存量资产 70 亿元,清理注销与主业关联度不大的小微企业近 400 户。

*凸显物业管理特色。*10 年间,百联集团物业管理业态在整合中发展,在调整中提高。坚持推进经营结构调整,通过退出级差居民小区,进军中高端商业、办公楼盘,不断扩大商业物业管理优势,所管理的物业中,商业等中高端楼盘的比重从成立初期的 30%上升至 80%,物业管理水平、盈

利能力以及社会美誉度显著提高。上海世博会期间，出色完成世博园区城市最佳实践区、西藏南路出入口和停车场物业管理和安全维保任务。2010 年，百联物业成为“全国百强企业”中的一员。2011 年，组建上海百联保安服务公司，积极开拓市场，不断承接优质项目，覆盖大型商场、金融总部、大型会展等。凭借百联品牌优势，2013 年年初一举中标哥伦比亚领事馆项目，在优化业务结构方面又迈出积极的一步。物业管理能力从集约集团商业物业管理中得到提升，触角向系统外园区、机场、外资企业等延伸。

（四）

规范建设和创新思路并行，发挥政治核心的凝聚力和战斗力。

事业在百联。集团党委注重发挥各级党组织的政治核心作用、党支部的战斗堡垒作用、党员领导干部的榜样示范作用和共产党员的先锋模范作用，形成“事业在百联”的氛围。在“两强两有”党支部建设试点活动中，有 111 家党支部作为试点单位开展活动。市百一店一楼党支部、华联吉买盛江湾店党支部被市国资党委确立为党支部建设示范点。集团党委向集团系统全部基层党组织推行“党建公文包”工作方法。在深化“两强两有”党支部建设过程中，进一步完善党内民主，基层党组织坚持和完善党组织向党员报告工作、党员定期评议基层党组织领导班子等制度；集团下属 6 家单位与金山区山阳镇 6 个村党组织签约，全方位地开展结对帮扶活动。友谊股份党委与就近的基层党组织组合成立“党群工作共建联合会”，先后成立青浦、沪东、南郊、浦东 4 个区域党群工作共建联合会。集团党委把创先争优活动与促进基层党建各项工作结合起来，根据市委组织部、市国资委党委关于开展基层党组织分类定级工作的要求，结合集团“两强两有”党支部建设内容，制定《分类定级参考标准》。在分类定级基础上，集团党委积极抓好整改和晋位升级工作。集团党委创新开展思想政治工作和群众工作的载体，“企情民意气象站”这一创新之举得到上海市国资委党委、上海市思研会、中国思想政治工作研究会等方面的充分肯定。“企情民意气象站”察民情、解民忧、集民智、聚民心，密切集团系统党群、干群关系，促进干部作风转变，其最大变化是各级领导干部更加自觉做好群众工作，为员工服务从“被动”转到“主动”，对工作的深入和规范直接起到推动作用。集团党委成立集团党务公开工作领导小组，启动党务公开的试点工作，确定物贸股份、东方商厦（徐汇店）等 12 家先行单位。制定《中共百联集团有限公司委员会基层组织党务公开工作的实施方案》，推进集团基层组织党务公开工作。集团坚持“党管干部、党管人才”原则，高度重视干部人才建设，遵循“把合适的人放在合适的岗位”的用人理念，恪守“一把手、一班人、一个团队”领导班子建设的指导思想，大力培养一支素质精良的干部队伍和术业有专攻的职工队伍，打造想干事的有机会、能干事的有舞台、干成事的有激励，人人进取、人人都能出彩的企业文化软实力。集团党委依托市委组织部，先后组织 3 批 89 人优秀青年干部赴美国、英国等国际著名高等院校参加为期半年的学习培训。同时，遴选 3 批 40 余人优秀高管去美国沃顿商学院进行为期 40 天的短期培训。通过海外培训，广大优秀中青年干部开拓国际化视野，培养战略思维，审视集团及本企业与国际一流企业的差距和不足，增强危机感、紧迫感和责任心、事业心、自信心、进取心。集团后备高级管理人员和优秀青年管理者培训班成为常规培训工作的品牌。集团还启动“百名大店经理培训计划”，为企业的拓展战略和强店战略提供人才支撑。

激情在百联。集团工会鼓励员工、班组勇于创新、积极进取，保持“激情在百联”。10 年间，集团系统涌现出马海燕、蓝金康、王震、李惠麟、郭强等新一代学习型、知识型、技能型全国劳模。集团十分重视关心劳模工作，为发挥劳模先进的示范引领作用、品牌激励作用提供平台。百联建立劳模工作专项经费，创建劳模协会，设立退休劳模特殊困难帮扶基金，推动企业创建“茂昌眼镜蓝金康劳模工作室”等14个劳模工作室，扩大劳模的无形资产价值，发挥劳模的传帮带作用。在集团党委、行政和工会的关心培养下，百联形成一支蔚为壮观的劳模先进方阵。据统计，百联集团拥有全国劳模16名(1949年10月以后)，全国五一劳动奖章获得者14名，上海市劳模达到149名之多；还有全国商业服务巾帼标兵10名，上海市三八红旗手17名。集团工会开展员工创新创效行动，各企业成立创新创效小组、推出创新创效项目。成立职工技能协会，直属工会成立多家分会，选树技能带头人、技能人才(劳模)师徒结对、技能人才(劳模)创新工作室。一批员工成为上海市工人技术创新能手、上海市职工科技创新标兵。在上海世博会184天中，集团工会广泛开展职工技能提升行动，开展首席营业员制、名师带徒、技能登高等活动。集团工会以“创先争优”活动为契机，引导职工立足岗位，在“创新转型，加快发展”中建功立业。注重民主管理和保护职工权益工作。开展职代会制度建设的专项调研，提出加强集团职代会(员工大会)等企业民主管理制度的意见，完善国有全资或控股企业建立职代会(职工大会)制度。2007年、2008年起，集团工会分别推进《百联集团集体合同》《百联集团有限公司女职工专项集体合同》签订制度，切实保障和维护职工合法权益。2010年，二届一次职代会审议通过《百联集团关于进一步开展工资集体协商工作的意见》。2011年3月，在市总工会指导下，经过集团工会与联华股份、家乐福工会两个多月的艰苦谈判，与家乐福经营方达成共识，召开家乐福一届一次职代会，全票通过工资集体协商合同，最终为职工争取到了8%的工资年均增长率及其他福利。

活力在百联。集团团委引导青年员工增强意识，不负青春，展示“活力在百联”。集团系统“青年管理者沙龙”“英语沙龙”活动方兴未艾，生机勃勃。集团团委成立“百联青年志愿者”队伍，并推进各级团组织加强青年志愿者队伍建设，形成“总队—分队—支队”网络框架，组织“一助一”结对帮困、“20日为民服务”等常项活动。结合青年员工特点，举办“弘扬百联精神、成就百联事业”青年才艺大赛、英语比赛、广告创意比赛和演讲比赛等一系列赛事，发挥团组织凝聚力。在推广“青年工作优秀品牌”的基础上，着力培育“风尚团”“商业连锁青年沙龙”“青柠创意坊”等团青工作载体，推动各种类型的青年工作项目不断丰富升级。

履行社会责任。10年中，百联集团在开拓市场、创新经营的同时，站在上海建设“四个中心”国家战略的高度，认真履行国有大型骨干企业的社会责任，全心全意为人民服务。百联全力保障市场供应，完善市场监控体系，利用自身资源优势，发挥稳定市场的调控作用，为政府分忧，为百姓解难。集团领导要求各企业“把稳定价格总水平放在突出的位置”，发挥国有商业主渠道作用。百联集团把商品质量，尤其是把食品安全问题放在首要位置。集团花大力气推进旗下联华超市食品安全体系的建设，营造安全放心的消费环境。建立健全企业诚信、质量监控体系，严格把控商品安全关，打造一批拥有追溯系统、规范标准和示范作用的品牌企业。各相关企业加强门店巡查和定期检查，加强对加盟店的引导和管理，加强对供应商的管理，积极构建食品安全管理的长效机制。在突发重大灾害面前，百联集团以大局为重，体现国有大企业的社会担当。2003年5月20日，在市民政局举行的“抗非专项援助基金”捐赠仪式上，集团捐赠430万元。2007年11月，集团和联华、华联超市公司筹集60万元，资助崇明两个村实施有线电视“家家通”工程及其他实事项目建设，并与两村建立长期经济合作关系，建设农副产品产业链，帮助解决农村富余劳动力转移等问题。2008年，广西柳州寒冻冷造成柳州市40多个乡镇断电，联华广西公司从各门店抽调8台备用柴油发电机驰援。联华

浙江公司安排200余人次，在9处场地设立24小时食品供应点，为滞留杭州火车站的旅客，供应方便面、面包、饼干、瓶装水。“5·12”汶川特大地震后，百联在四川灾区的零售企业第一时间恢复营业。集团应急系统立即启动响应，组成总部保供协调小组，依托集团在川的世纪联华成都天府店、东方明珠店、德阳店、百联天府购物中心、友谊百货成都店等5家商业企业，建立前方保供小组，并主动无偿承担上海市政府赈灾物资转运工作。根据市政府指令，总部保供协调小组紧急调运10批次应急商品赶赴机场空运到成都。百联第一时间通过德阳世纪联华向德阳灾区赈灾捐款100万元。百联集团及广大党员干部员工慷慨解囊，向地震灾区捐款捐物价值超过2 000万元。百联股份上海各家百货商厦、购物中心举行赈灾义卖；集团所属上海物资学校接收55名来自四川灾区的学生，集团及教育培训中心尽最大努力为这些孩子提供帮助。在青海玉树大地震、甘肃舟曲特大泥石流等自然灾害发生后，百联都力所能及地承担国有企业的社会责任。百联集团认真贯彻市委、市政府的部署精神，要求相关企业和门店以高度的社会责任感切实处理好“问题奶粉”的善后工作，安排世纪联华、联华、华联19家门店受理社会商业售出的问题乳制品的退货，承担并自行消化退款损失400多万元。2009年9月，向台湾地区受灾同胞捐赠200万元。2010年1月起，集团年年发起新年慈善义卖活动，定向捐赠给上海市慈善基金会。2013年4月20日芦山大地震后，4月26日，友谊股份遍布上海各大主要商圈的20余家百货公司和购物中心同时举行义卖活动，将全天销售额的5%捐献给芦山灾区人民。截至2013年年底，集团各类捐赠累计5 158.16万元。

塑造文化体系。百联重组是上海国资国企改革的一次“聚变”，原四大集团业已形成的文化之间不可避免地出现摩擦碰撞，各种思想和心态之间必然相互影响，为此，集团深入践行“以企业愿景引领人、以干部表率凝聚人、以岗位成才激励人、以科学管理培育人、以发展成果鼓舞人”的上海国资文化核心理念，倡导以业绩为导向的包容文化。10年间，集团相继组织开展3次主题大讨论，统一思想，统一行动，凝聚力量，步调一致。2003年5月，集团刚刚满月，根据集团新组建的特点以及干部职工的思想实际，集团党委开展“塑造百联企业形象，谋求百联长远发展”大讨论。通过学习、讨论，各级干部对国资调整的深远意义有了正确认识，对百联组建的重要性和必要性取得基本共识，为集团的正常运作和下一步整合奠定了思想基础。2006年5月，集团党委开展以“强化百联意识、塑造百联精神、成就百联事业”为主题的大讨论，极大激发和调动广大党员、干部、职工“爱我百联、建我百联”的澎湃热情。经过广泛发动和征集，诞生百联集团的企业精神表述语：“遇强更强、诚信致远”，又确定集团司歌《百联之歌》。2008年5月，围绕学习贯彻中共十七大、市第九次党代会精神和市委书记俞正声同志对百联工作的重要指示精神，集团领导对百联今后的深化改革和科学发展进行深入思考，组织开展为期5个月的增强“忧患意识、创新意识、百联意识”主题大讨论活动。这次大讨论，诞生了“扛起振兴民族商贸业大旗”的百联企业使命，进一步丰富百联文化的内涵。经过10年的打磨，百联集团基本形成以理念文化、制度文化、行为文化和形象文化为主线，以企廉文化、安全文化、合规文化等为支线的上下贯通、左右相连的企业文化体系。

（五）

2003年，百联集团在黄浦江畔横空出世，诞生中国商贸流通业的超级劲旅，引发一场商业革命，受到业内外的关注。在中共上海市委、市政府的领导和关怀下，在国家有关部委和上海市国资委等委办局的支持帮助下，在集团历任党政领导班子的团结带领下，10年中，面对零售业市场和服务贸易领域激烈竞争，百联员工勠力同心、砥砺前行，创造一系列骄人业绩，打响百联品牌，彰显大型国有企业的控制力、带动力和影响力，在中国民族商贸流通业的发展史上挥写下浓墨重彩。百联10年发展改革的实践探索是解放思想、凝心聚力、迎难而上、奋发有为、创新创业的跋涉历程，也是尽最大努力削减文化冲突、求同存异、包容并进、集聚正能量、塑造百联精神的心路历程。

第一，新老分开，聚精会神做大核心业务。

百联集团由一百、华联、友谊和物资4个老集团重组而成。成立伊始，就面临巨大的历史包袱和企业清理任务，集团按照新老分开原则，专门成立企业清理中心，集中解决历史包袱和不实资产、不良资产的清理；成立人力资源管理中心，集中管理清理企业的人员和非在岗职工的分流安置，促进清理企业人员的再就业。通过一线经营性企业和二线功能性机构的主辅分离，由专门机构专门人员对清理企业的债权债务、工商税务注销、经济纠纷等实施集约管理、专业处置，管理效率提升，安全稳定可控。确保经营性企业无后顾之忧、轻装上阵，一心一意抓发展，核心业务做大做强，经营能级快速提升。2013年，集团核心业务营业收入、利润总额分别从2003年的365.33亿元、8.04亿元提升到1 593.51亿元、23.29亿元，增长3.4倍和1.9倍；核心业务的营业收入占比也从2003年的87.95%，提高到95.86%，提高7.91个百分点。

第二，牢记使命，主动出击参与市场竞争。

中共上海市委、市政府重组百联集团的初衷，就是促进国有企业战略性调整，应对中国全面开放的零售业市场和服务贸易领域带来的严峻挑战，在积极参与国际合作与竞争中，不断发展壮大。百联集团不忘初心，主动深耕上海，融入全国发展，接轨国际市场。通过政企合作，加快郊区市场拓展；通过市场并购，扩大全国市场版图；通过引进外资和国际贸易合作，迅速提升核心竞争力；通过跨界合作，与房地产企业、文化娱乐企业组成战略联盟，实现优势互补；通过组团发展策略，发挥成员企业之间协同作用，用大型综合性项目，带动专业专卖业态企业共同发展；通过行业对标，认识与国际一流企业的差距，实施业务流程再造与管理技术提升；通过人事制度改革，推动集团总部与事业部管理人员改变劳动关系，按市场化方式配置管理人员。经过10年的市场化运作，集团的竞争优势和市场占有率得到进一步巩固和提升。2013年，百联集团终于实现跻身世界500强的战略目标。

第三，创新驱动，探索突破形成百联特色。

百联集团在10年重组整合、转型发展的过程中，把握发展时机，因地制宜推进吸收创新、集成创新和自主创新，创下数个第一：创新上市公司重组整合模式，一百股份吸收合并华联股份，成为国内证券市场上市公司间成功吸收合并第一例，对法律法规、会计处理、折股比例等，进行积极、有益的探索，产生良好的示范效应。创新新业态、新业务，上海奥特莱斯品牌直销广场成为全市业态首店，并在全国率先形成连锁发展体系；成立全国商务系统首家财务公司，参与组建上海首家消费金融，产融结合取得突破。创新转型模式，有色金属交易市场从传统市场转型升级为全国第一的有色金属交易中心，彻底转变交易模式、管控模式和盈利模式；百购合一的管控模式，实现购物中心与百货主力店合体联动，显示强大的竞争优势。创新发展模式，通过输出管理+约期收购的探索，有效锁定发展项目，防止投资风险；抓住合规发展预付卡契机，集团获得央行批准的第三方支付牌照和通过单用途卡备案，成为首家双卡并行的商业集团。创新开展思想政治工作方式，“企情民意气象站”成为集团系统密切党群、干群关系、改变工作作风的载体。各种创新之举，凝结成百联品牌特色，形成可持续发展的驱动力。

十年风雨兼程发展整合成效可喜可贺，十载风雨同舟创新转型业绩可圈可点。

2013年财富世界500强，百联集团以年营业收入252.02亿美元首次跻身世界500强第466位。

2013年中国服务业企业500强，百联集团排名第34位。

2013年财富中国500强排行榜，百联集团旗下的物贸股份、友谊股份、联华股份分别排名第46位、第105位、第154位。

2013年全球零售250强，百联集团继续位列中国内地上榜企业第1位。

2013年上海百强企业，百联集团名列第7位，在服务业企业50强中列第5位。

经历了春风鼓舞，夏雨滋润，秋阳朗照，严冬考验，百联集团不负厚望，不辱使命，实现重组后第一个十年发展目标。第二个十年，百联集团面对的是经济发展方式和产业结构调整的宏观经济环境，行业竞争加剧和商业模式变革的市场严峻挑战，消费习惯改变和消费渠道多种选择的体验经济快速发展。百联集团将瞄准未来消费特征和商业发展趋势，在创新转型的道路上，以破釜沉舟、脱胎换骨的勇气，依托业态优势和渠道优势，立足上海，辐射长三角，构建数字商业业态，实现线上线下联动，呈现全客群、全业态、全品类、全渠道、全时段的全方位服务，让消费者和上下游客户更喜爱百联。

大事记

2003年

4月4日　中共上海市委决定：张新生任中共上海百联（集团）有限公司委员会书记。

4月14日　中共上海市国有资产管理办公室委员会决定：王宗南任中共上海百联（集团）有限公司委员会副书记；刘晓敏任中共上海百联（集团）有限公司委员会副书记、中共上海百联（集团）有限公司纪律检查委员会书记。经上海市国有资产管理办公室党委讨论，决定：肖义家任上海百联（集团）有限公司副董事长；吕勇明任上海百联（集团）有限公司副董事长。周纪东为上海百联（集团）有限公司副总裁人选，王志刚为上海百联（集团）有限公司副总裁人选。吕勇为上海百联（集团）有限公司财务总监人选。

4月15日　上海市人民政府同意：张新生任上海百联（集团）有限公司董事长。

4月17日　为深化国资国企改革，参与国际化市场竞争，市政府批复同意以一百集团、华联集团、友谊集团、物资集团为基础，通过国有股权整合的方式组建上海百联（集团）有限公司。4月24日，中共上海市委、上海市政府主要领导为百联集团成立揭牌。

4月18日　百联集团举行第一届董事会第一次会议。会议审议通过《上海百联集团章程》《上海百联（集团）有限公司章程》；集团公司总部机构设置的原则框架等内容；高级管理人员聘用的提案。各位董事一致同意张新生担任上海百联（集团）有限公司董事长；同意肖义家、吕勇明担任上海百联（集团）有限公司副董事长。同意聘任王宗南为集团总裁；聘任吕勇为集团财务总监；聘任周纪东、王志刚为集团副总裁。

4月21日　百联集团筹建组全体人员共35人报到，在汉口路398号华盛大厦25楼办公。

4月28日　百联集团召开集团系统首次干部大会。会议强调组建百联集团的目的意义，提出组建过程中的工作要求。上海市国资办主要领导出席并讲话。

4月　上海市人民政府同意：钟华君任上海百联（集团）有限公司监事会主席。经上海市国有资产管理办公室党委讨论，并报经中共上海市委预审同意：王宗南为上海百联（集团）有限公司总裁人选。

5月7日　为应对“非典”突发事件，集团建立防治“非典”工作信息网络，实施严格的“零时间”报告制度。敦促各成员企业全部成立预防“非典”领导小组和工作小组，一线企业全面制定防治“非典”措施规定和应急预案，建立24小时值班制度。同时，保障市场供应，增加商品投放，充实库存储备，尽一切可能确保预防“非典”的医药商品以及消费必需商品的供应。

5月8日　百联集团举行发展战略咨询听证会，听取罗兰·贝格、波士顿、麦肯锡3家咨询公司“关于百联发展战略咨询项目建议书”的报告。经集团领导班子评估，最终确定麦肯锡为集团战略咨询顾问。

5月15日　中共上海市委常委、副市长冯国勤到百联集团调研。听取百联集团筹建主要工作情况汇报，并对百联集团下一步重组发展工作作重要指示。

5月20日　在市民政局举行的“抗非专项援助基金”捐赠仪式上，百联集团董事长、党委书记张新生代表百联集团捐赠430万元。

5月21日　百联集团党委下发《关于开展“塑造百联企业形象，谋求百联长远发展”大讨论活动的通知》，统一认识，进一步推动重组工作。8月12日，百联集团召开大讨论总结交流会。

6月6日　百联集团召开清产核资动员、布置工作会议。按照市国资办、市清产办要求，解决计划体制历史遗留问题、核准企业国有净资产、建立国资经营保值增值考核基础依据。

6月27日　联华超市在香港联合交易所主板挂牌上市，成为国内首家在联交所上市的中国零售连锁超市公司。

8月18日　百联集团召开第一届董事会第二次会议。会议通过《上海百联(集团)有限公司董事会议事规则》和《董事会会议管理办法》。

8月27日　百联集团召开总部管理人员竞聘上岗动员大会。集团总部董事会、党委、行政3个系列36个工作岗位实行公开招聘。9月9—15日，竞聘工作面试阶段全面展开。竞聘上岗的管理人员，可按规定协商解除原劳动合同，置换身份与百联集团重新签订有期限劳动合同和上岗聘任合同。

9月27日　百联集团举行“打造中国第一、世界一流的流通产业集团——上海百联集团新闻发布会”，向在沪的45家新闻媒体介绍百联集团概况，宣传重组与发展战略。

9月29日　百联集团举行发展战略咨询方案论证会。邀请有关领导和专家对麦肯锡公司所作的百联集团发展战略咨询方案进行论证。与会领导和专家认为麦肯锡方案内容全面，发展战略、组织结构、运营模式等符合实际，对集团下一步的发展具有参考价值。

9月30日　百联集团召开第一届董事会第三次会议。审议通过集团事业部、中心机构设置方案。设立超商、百货、生产资料、专业专卖、购物中心、房产置业、物流配送和综合业务8个事业部，以及企业清理、人力资源、教育培训、审计4个中心。审议通过《集团公司国有股权管理暂行规定》《集团公司房地资产管理暂行规定》《集团公司财务会计暂行规定》《集团公司财务总监管理暂行规定》《集团公司预算管理办法》《集团公司资金集约管理暂行办法》《集团公司利润与利润分配管理暂行办法》《集团公司投资管理暂行规定》等制度。

10月13日　百联集团召开集团首次总裁办公会议。

是日　百联集团公布各事业部(中心)高级管理人员竞聘和选拔启事。11月1日，百联集团召开全体干部大会，宣布集团党办、纪委负责人以及事业部、中心党委书记、副书记的任命通知；集团总部行政各部室负责人、事业部财务总监及事业部、中心副职的任命通知。

11月14日　百联集团召开八大事业部和各有关成员企业干部会议，宣布进入事业部的成员企业名单，集团业务整合实质性启动。

11月18日　百联集团党委印发《中共上海百联(集团)有限公司委员会会议制度及议事规则》《上海百联(集团)有限公司党委中心组学习制度》《上海百联(集团)有限公司党政领导班子民主生活会制度》《上海百联(集团)有限公司党风廉政建设责任制》。

12月10日　百联集团与锦江国际、上实集团上实发展股份、世纪出版、上影集团等四大集团共建战略联盟，在零售、服务业平台上，发挥各自资源和管理优势，加快融入全国市场的步伐。

12月31日　百联集团董事会印发《上海百联(集团)有限公司高级管理人员管理暂行规定》。该暂行规定主要适用于集团公司总部、集团公司事业部、中心；集团公司直接管理的直属全资成员企业、控股或相对控股的成员企业。集团公司参股并直接负责管理的成员企业参照执行。

2004 年

1 月 2 日　集团党委印发《“爱我百联、建我百联”主题教育活动实施方案》的通知。

1 月 5 日　百联集团《今日百联》报创刊。

1 月 6 日　百联集团总部从上海市汉口路 398 号华盛大厦 25 楼迁至上海市浦东新区张杨路 501 号新世纪大厦 19 楼。

1 月 21 日　中共中央政治局常委、国务院总理温家宝考察世纪联华河南郑州二七店，了解节前粮油物价及超市商品供应情况，并勉励联华员工把超市的工作做得更好，在平抑物价、保证供应、满足消费、搞好服务上更上一个台阶。在做好服务百姓、服务民生上，继续起到第一的作用。

2 月 12 日　上海市副市长唐登杰率市国资委、市经委、市发改委、市建委及市财政局有关领导到百联集团进行工作调研，听取集团重组整合情况，要求百联集团按照市委、市政府要求加快做大做强的步伐，为国家培育一流企业创造经验。

2 月 28 日　上海华联典当(连锁)有限公司挂牌成立，成为中国第一家现代典当连锁企业。

3 月 18 日　“吴良材”被认定为中国驰名商标信息发布暨上海市著名商标“茂昌”授牌仪式在上海市南京东路举行。“吴良材”成为第一批全国驰名商标之一。

3 月 22 日　集团印发《并购项目管理暂行办法》《投资项目评审暂行办法》等制度，在鼓励企业通过并购、投资建设方式占领当地市场制高点、形成区域优势的同时，建立、健全并购和投资项目的立项、审批、实施、监督制度，规范并购、投资行为，规避项目风险。

3 月　第一医药股份公司下属第一医药商店通过 GPP(优良药房工作规范)现场评议，成为全国第一家 GPP 示范店。

4 月 8 日　百联集团、第一百货股份公司、华联商厦股份公司联合召开新闻发布会，宣布“第一百货”与“华联商厦”两大上市公司合并更名为上海百联集团股份有限公司。11 月 15 日，“第一百货”吸收合并“华联商厦”的方案获得中国证监会核准。11 月 26 日，合并后的存续公司复牌。该合并方案被业界称为“国内上市公司间合并第一案”，并入选 2004 年上海十大经济新闻第三。

4 月 28 日　百联集团在西部的第一家现代购物中心——百联天府购物中心开业。该项目位于四川省成都市科华中路与二环路交汇处，建筑面积 15 万平方米。这是百联集团成立后首个组团式发展的市外大型购物中心，组合集团内世纪联华、友谊百货等主力业态以及今亚金店等专业店，并引进专业卖场、美食广场、餐饮娱乐、社区服务等业态。

4 月 29 日　百联集团召开首次业绩评审会并出台《业绩考核管理暂行规定》《2004 年事业部和中心领导班子业绩考核办法(试行)》，进一步落实国有资产经营责任，充分利用业绩考核的管理杠杆作用，以达到管理控制、管理激励和管理服务的目的。

5 月 8 日　中共上海市委常委、副市长冯国勤到百联集团调研，了解集团组建一年来的工作情况，重点研究有关上市公司资产重组等问题。中国证监会上海证监局、市经委、市国资委、市金融办等相关领导一同参加。

5 月 21 日　共青团百联集团有限公司在上海物贸中心大厦四楼多功能厅举行第一次代表大会。大会选举产生共青团上海百联(集团)有限公司第一届委员会 7 位委员。

5 月 25 日，为了加强集团内部审计工作，建立、健全内部审计制度，集团同时印发《内部审计制度》《高级管理人员任期经济责任审计暂行办法》《预算执行情况审计的暂行办法》《关于委托社会审计暂行办法》。

6月2日　经国家工商行政管理总局核准，上海百联（集团）有限公司更名为百联集团有限公司。

6月17日　为促进“两个文明”建设的协调发展，集团成立精神文明建设领导小组，负责推进、指导和协调集团系统精神文明建设工作。

7月20日，百联集团下发《股权投资项目管理办法（试行）》《外商投资项目管理办法（试行）》等管理制度。在促进企业对外开拓和发展的同时，对股权投资行为实行全过程规范管理。

7月21日　集团总裁室部署超商事业部标超生鲜超市转型试点工作。

7月26日　上物汽车更名为上海百联汽车服务贸易有限公司，以销售进口汽车、国产汽车为主，并与汽车配件、汽车装潢、技术咨询服务、汽车检测维修、二手车交易、汽车租赁等相关业务及服务功能相配套。

7月30日　百联集团在海鸥饭店召开集团工会第一次代表大会暨第一届第一次职工代表大会。大会选举产生第一届工会委员会委员、经审委员会委员，刘晓敏担任百联集团工会主席。会议表决通过《百联集团有限公司离岗人员管理办法》。

9月17日　集团百货事业部组织召开业务整合工作动员大会，部署百货业务整合的实施计划、推进步骤、主要措施和要求。

9月23日　经集团董事会第一届第二十二次会议审议，决定组建董事会战略委员会、投资与风险控制委员会、预算委员会、提名与薪酬委员会和业绩、审计与监察委员会等5个专门委员会，并对各专业委员会人选作出安排。

11月1日　由一百物业、华联物业、友谊物业、浦贸物业、紫嘉物业等企业整合重组而成的上海百联物业管理有限公司成立。管理面积约320万平方米，物业类型包括商业物业、商务办公楼、学校物业及中高档住宅小区等。

11月11日　为了加强百联集团系统内工程项目的审计监督，严格工程项目的内部管理，节约成本，提高投资效益，集团印发《工程项目审计管理的暂行办法》。

11月23日　为参与国际市场竞争，拓展电器分销领域，百联集团与法国蓝格赛集团签署在上海成立合资公司项目初步协议。2006年7月3日，蓝格赛-华联电工器材商业有限公司举行开业典礼。

11月27日　常州百联东方商厦开业。该商厦位于常州市黄金商圈，建筑面积1.5万平方米，是集团以“东方商厦”为商号连锁经营的首家市外百货商厦。

12月2日　投资5.6亿元建造于9月28日试营业的社区型购物中心——百联西郊购物中心开业。该中心坐落于上海市长宁区新泾镇，建筑面积11万平方米；组合友谊百货、世纪联华等百货、大型综超、专卖店等业态共116家商家入驻。

12月29日　物贸股份召开第四届第四次董、监事会，审议通过公司关于重大资产置换暨关联交易的议案。2005年6月，物贸股份重大资产重组方案经中国证监会审核通过。

是日　由百联股份输出管理的百联世茂国际广场一期开业，广场位于南京东路819号，一期面积超过2.3万平方米，主要引进国内外品牌专卖店及部分休闲餐饮特色店。2007年5月31日，百联世贸二期开业。二期面积3.5万平方米，经营定位于集购物、休闲、餐饮、娱乐为一体的加强型百货购物中心。

2005年

1月1日　百联集团重组后首次整合营销大型活动“欢乐百联、幸福百姓”在百联世贸国际广场开幕。活动以统一主题、统一设计在集团分布于全国23个省市的6 000多家营业网点同时展开。

1月17日　百联集团整合百货板块，第一百货东楼率先更名为东方商厦，成为第一家翻牌为东方商厦的连锁百货网点。

1月28日　百联集团举行“保持共产党员先进性教育活动动员大会”，集团总部201名党员参加第一批保持党员先进性教育活动。

1月　中华全国总工会授予王震照相机柜全国职工创新示范岗称号。

2月3日　上海市商业信息中心“2004年上海百货店(单体)零售额龙虎榜”排定座次，第一八佰伴和市百一店分别以17.69亿元、17.56亿元销售额获冠亚军。

2月17日　百联集团举行2005年全国发展战略沟通会。来自23个省市的驻沪办事处主任和上海市各区县商委主任共50多人出席会议。会上，集团介绍区域发展战略，并表示进一步加强战略联盟，内外协同，实现双赢。

2月22日　百联集团公共网站开通，网址：http：//www. bailian. group. com。

3月10日　百联集团第一届女职工委员会成立。

3月14日　百联集团印发《百联集团有限公司实施企务公开的意见》，要求集团系统国有独资、国有控股有限责任公司、国有控股股份有限公司以及其他各类形式的公有制企业，都必须实行企务公开。

3月　百联汽车公司投资，在原二手车交易市场广场上兴建车辆展示立体库，12月8日正式启用。新落成的上海旧机动车交易市场立体库分为4层，立体库车位比原来增加2倍，可同时展示800部车辆，与二手车交易大楼合并面积共计2.3万平方米，其中室内车辆展示面积1.83万平方米。

4月10日　百联集团以租赁经营形式签下东北最大商业项目——爱建滨江百联商城。爱建滨江百联商城位于哈尔滨爱建滨江国际社区。2006年4月30日，百联哈尔滨购物中心举行开业典礼。上海市副市长胡延照，黑龙江省、哈尔滨市有关领导出席典礼。百联哈尔滨购物中心主力店是世纪联华和东方商厦。

4月28日　上海华联商厦更名为永安百货有限公司。

是日　联华超市以1.07亿元注资广西佳用商贸股份有限公司，控股广西最大的连锁超市企业。

4月　中国商业联合会、中华全国商业信息中心联合发布“2004年中国零售企业百强”，百联集团以676亿元销售额排名全国第一。

5月10日　百联集团劳模沙龙正式成立，马桂宁等10位劳模受聘为集团培训师。

5月20日　百联集团和上海世纪出版集团举行签约仪式，共同投资组建上海百联世纪图书连锁有限公司。12月17日，首家门店——百联世纪川沙书局开业，以店中店的模式，设于川沙镇“现代商业广场”4楼。

5月26日　集团批复同意华联集团置业有限公司更名为上海百联集团置业有限公司。上海友谊集团置业有限公司等7家企业国有资产产权变更为百联集团置业有限公司。

5月30日　联华超市公司投资6 000万元改建的新物流配送中心投入运行，改建后新增库房面积2 863平方米，库容能力达30万箱。每天商品吞吐量最高可达16万箱，平均每天可配送600家门店。

6月22日　集团完成集团CI手册的设计制作，下发《关于严格规范使用CI手册的通知》。

6月27日　百联集团召开"事业在百联"主题报告会，庆祝中国共产党成立84周年。会上表彰先进党组织、优秀共产党员和优秀党务工作者。

6月　为了配合意大利中国年主题，集团与意大利对外贸易委员会上海代表处签订合作举办意大利商品展框架协议。7月，集团组团前往意大利采购，启动合作项目。2006年1月18—28日，"缤纷百联，精彩百姓"2006百联集团意大利商品展在集团10家大型网点成功举办。这是百联集团成立后第一次与意大利政府进行贸易合作，也是意大利商品首次在中国进行大规模驻店展销。

7月25日　集团下发《关于加强全面薪酬管理的指导意见(试行稿)》。按照分级管理、分级负责等原则，建立以工资总量控制为抓手的薪酬管理体系，形成高级管理人员的薪酬制度、引进高级人才的薪酬制度和委派异地人员的薪酬制度。

8月15日　百联集团与上海电影集团签署影院发展战略合作协议，就携手依托上海、走向长三角地区、辐射全国市场的目标达成合作共识。在全国范围内开发购物中心项目过程中，优先引进上影集团影院建设。

9月22日　上海市"百联杯"商业职工技能大赛落下帷幕，百联集团职工获两项金奖。

9月28日　根据集团的战略规划，推进集团资产整合进程，充分发挥上海百联投资管理有限公司的投资平台作用，集团同意对上海百联投资管理有限公司增加注册资本1亿元。

10月11日　百联集团与黄浦区人民政府举行建立商业发展战略联盟签约仪式及首届高层战略研究峰会。双方就联手打造国际一流南京路、联手开发北京路国际装备制造业服务贸易区、联手发展整合老字号品牌资源、联手推进苏州河沿岸(黄浦段)的功能开发、联手加强国际交流与合作达成共识。

10月　集团加入GSI(全球标准化组织)理事会，进一步承担起推动行业标准化的使命，提高在供应链领域的国际化声誉和领导力。

11月8日　集团百货业态市外拓展的最大项目——长沙百联东方商厦签约仪式举行。长沙百联东方商厦位于长沙五一核心商圈，经营面积约7.6万平方米，沿街门面长达250米。2006年9月16日，长沙百联东方广场试营业，引进国内外知名品牌多达400家。

12月20日　百联集团与长江经济联合发展(集团)股份公司举行全面战略合作签约仪式。2006年1月17日，集团批复同意上海百联集团股份有限公司收购长发集团下属宁波长发商厦有限公司90%股权，以东方商厦商号和都市型百货定位对原商场进行改造整合。2006年9月30日，百联宁波东方商厦开业，商厦位于宁波中山东路151号，经营面积1.5万平方米。这是集团在长三角地区南翼布局的第一家大型百货商厦。

12月28日　百联股份一百商城(新楼)项目开工仪式举行。2007年12月28日，上海市第一百货商店新楼扩建工程竣工并新装开业。新大楼建筑面积达4.2万平方米，与原第一百货商店老楼连为一体，使一店建筑面积达到7万平方米，从传统型百货转型为集购物、餐饮、娱乐为一体的现代百货。

12月30日　百联桥梓湾购物中心试营业。购物中心位于青浦城区商业中心，经营面积达6.2万平方米。购物中心内设有东方商厦青浦店，是东方商厦连锁百货进军上海市郊市场的首家门店。

12月31日　东方商厦无锡店试营业。商厦位于无锡崇安区中山路188号，由无锡金汇置业有限公司投资建设，百联股份以东方商厦连锁品牌经营和管理。

2006年

1月6日　集团下发《综合事业部转制为公司化运作的通知》《关于房产置业事业部转制为公司化运作的通知》和《关于生产资料事业部转制的通知》。批准撤销百联集团综合事业部，其所有职能转由上海百联投资管理有限公司承担；批准撤销百联集团房产置业事业部，其职能转由百联集团置业有限公司承担。根据生产资料经营业务重大重组整合后基本集中在上海物资贸易中心股份公司的情况，决定上海物资贸易中心股份公司（简称"物贸股份"）作为生产资料业务经营和管理的主体，对已进入物贸股份的生产资料经营企业实施统一经营管理。

1月9日　百联集团发布《百联集团供应链体系建设行动纲领》，把供应链建设列为2007年度的重点工作之一，超商、百联股份、现代物流被列为重点板块，进一步改善和解决供应链瓶颈问题，提升企业核心竞争力，整合现有资源，实现集约联动，优化物流基地布局。

3月13日　集团召开流程再造工作会议，部署实施流程再造工作，提出流程再造工作的总体目标，即到2010年，建成国内领先、接近国际水平的企业运营管理体系。推进从集团到事业部（公司）和企业形成完整协调的管理流程与业务流程体系；符合国际惯例，形成标准化、规范化的流程；管理流程和业务流程简洁可控、优化，运营效率不断提高。

4月13日　中共上海市委、市政府决定，薛全荣任百联集团党委书记、董事长，张新生调任上海市经济委员会党组书记、副主任。

4月28日　上海奥特莱斯品牌直销广场试营业，是上海地区首家品牌直销广场。项目位于上海市青浦赵巷地区，建筑面积11万平方米，其中停车场2万平方米，绿化2万平方米。由23栋欧美风格建筑群组成。开业初期共有200间商铺，按不同经营功能分为A、B、C三大区域。主要经营国际一线品牌折扣服饰、国际知名运动休闲品牌、国际二线品牌以及国内著名品牌。

5月8日　集团决定对百货事业部及购物中心事业部进行转制。由上海百联集团股份有限公司作为集团发展百货以及购物中心业态的平台公司，承担集团百货以及购物中心业务的经营管理以及投资发展等功能。

5月19日　集团党委下发《关于开展"强化百联意识、塑造百联精神、成就百联事业"大讨论》的通知。

6月1日　联华OK会员卡使用范围从超市业态延伸到集团各大百货商店、好美家装潢建材超市、吉买盛大卖场、亨得利钟表、茂昌眼镜，OK会员门店数达2 600多家，OK会员数接近800万。

6月27日　中共上海市委副书记殷一璀，市委常委、市委宣传部部长王仲伟，副市长杨晓渡等市领导到百联河岸公司四行仓库进行创意产业工作调研。

6月　百联集团投资成立沈阳百联新拓购物中心有限公司。2008年1月25日，百联沈阳购物中心开业，成为集团在辽宁省的首家购物中心。该购物中心位于沈阳重点建设的"金廊工程"的中心，总建筑面积约10万平方米。

7月4日　上海新路达商业（集团）公司受让上海新世界（集团）公司所持有的第一医药股份，集团及其下属全资或控股公司持有第一医药的股份达到52.56%。

7月5日　百联（香港）有限公司与日本株式会社奥可斯库在第一八佰伴举行收购新世纪办公

中心的签约仪式,收购日本株式会社奥可斯库持有的新世纪办公中心11～18层共1.01万平方米的产权。完成此次收购后,百联旗下子公司拥有新世纪办公中心全部产权。

7月　百联集团与法国驻上海总领事馆签署合作举办法国商品展备忘录,9月集团组团赴法国采购。12月22日,“锦绣百联,绚丽百姓”2006百联集团法国商品展在东方商厦旗舰店揭幕,集团旗下13家大型商店集中展示、销售法国特色商品。

8月15日　为顺应全流通背景下证券市场的新格局,建立集团对下属上市公司的统一协调管理制度,集团制定并下发《上市公司证券事务管理办法》。

8月22日　在集团开展的百联精神征集活动中,各事业部、直属公司及中心共提交3 529条百联精神表述语,集团党政班子会议确定,百联企业精神表述语为:“遇强更强,诚信致远”。

8月25日　集团郊区商业发展恳谈会暨项目签约仪式在上海奥特莱斯品牌直销广场举行。上海市副市长胡延照出席会议并作讲话。会上,嘉定区人民政府与百联集团签署区域商业发展战略合作框架协议;上海百联集团股份有限公司与上海南方国际购物中心有限公司、上海同运百货有限公司分别签订购物中心项目合作协议和北上海广场项目合作协议。

8月　商务部公布全国首批35家“金鼎百货商店”和224家“达标百货店”的商店名单,集团下属东方商厦徐汇店、虹桥友谊商城、市百一店、第一八佰伴商厦、东方商厦南东店、永安百货等6家百货商店成为首批“金鼎百货商店”。《今日百联》报获“全国优秀企业报”称号。

9月30日　百联集团下发《关于物流事业部转制的通知》,由上海现代物流投资发展有限公司作为集团发展物流业务的平台公司,承担集团物流业务的经营管理等功能。

10月　百联集团“十一五”规划经集团第一届第32次董事会讨论批准执行。“十一五”规划确定超商、综合百货和生产资料贸易为核心业务,物流配送、商业置业、电子商务为培育业务。

11月17日　经市国资委主任办公会议审议,批复同意集团董事会对2003年版章程的修改,集团及时办理工商登记变更等相关手续,按照修改后的章程规定,加快完善法人治理结构及相关制度建设。

12月15日　集团与中国移动通信集团上海有限公司签署战略合作协议。

12月21日　百联中环购物广场开业。购物广场位于上海市普陀区沪宁高速公路和真北路中环线交汇处,商业建筑面积达25万平方米,集团内东方商厦、世纪联华、第一医药等主力业态组团入驻,还引入各式主题餐厅、专卖店以及休闲娱乐项目。

12月28日　现代物流桃浦物流基地改造项目开工奠基典礼举行。通过压缩危化仓库占地面积,扩建普通仓库,使仓储面积增加4.27万平方米。扩大综合性仓储业务和经营面积,在为超商、生产资料、百货等主力业态提供物流配送服务的同时,拓展第三方物流业务,把桃浦基地改造成综合性的现代物流配送基地。

12月　集团重组电子商务业务,由百联集团有限公司、上海百联集团股份有限公司、联华电子商务有限公司、好美家装潢建材有限公司共同投资5 000万元,组建成立独立核算的百联电子商务有限公司。2007年3月,在联华OK网电子商务平台基础上全新打造的“百联E城”(www.blemall.com)正式投入运营。

是年　商务部公布第一批“中华老字号”企业,百联集团旗下乔家栅、上海妇女用品商店、吴良材眼镜公司、茂昌眼镜公司被认定为中华老字号。

是年　集团制定《百联集团“十一五”信息化发展规划》。

2007年

1月19日　由百联股份输出管理的百联北上海购物中心举行开幕仪式。购物中心位于宝山区蕴川路、杨鑫路口，建筑面积达7.3万平方米。通过百联股份统一招商招租，引进运动休闲、餐饮娱乐、儿童系列、美容美发、保健药房以及书城等社区服务配套功能。其中东方商厦经营面积约1.1万平方米。

1月26日　百联又一城购物中心开业。由百联股份投资10亿元打造的又一城购物中心坐落于五角场城市副中心的环岛中心地带，总建筑面积12.61万平方米，组合百货、餐饮、电影院、真冰溜冰场、餐厅、健身会所等多种特色业态。

2月28日　百联集团制定《百联集团有限公司帮困管理办法》。分医疗、赈灾、助学、结对和特殊5种类型进行帮困。

3月6日　在上海市工商行政管理局召开的“上海商标发展工作推进大会”上，百联集团获“最具影响力上海服务商标奖”；联华超市股份有限公司获“最具价值上海服务商标奖”；上海华联王震信息科技有限公司、上海爱姆意机电设备连锁有限公司、上海三联集团有限公司吴良材眼镜公司等获“最具特色上海服务商标奖”。

4月23日　上海市政府表彰2004—2006年度市劳动模范和劳模集体，百联集团13名个人、5个集体获得荣誉。

4月28日　位于吉林省吉林市的吉林百联购物中心试营业。该购物中心建筑面积4.4万平方米，以百联股份公司输出管理形式经营。

是日　位于徐家汇商圈华山路2038号新路达商厦开业。新路达商厦总建筑面积2.52万平方米，汇集食品二店、美心酒家、华联吉买盛等品牌企业。

5月8日　集团党委印发《关于〈建立健全教育、制度、监督并重的惩治和预防腐败体系实施纲要〉的实施意见》，建设与国有资产管理体制和现代企业制度相适应、与百联实际相符合的惩治和预防腐败体系，为集团改革和发展提供强有力保障。

5月25日　上海市第一百货商店举行庆祝仪式，祝贺全国劳模、“服务大师”马桂宁从事商业服务50周年。

6月14日　百联集团与交运集团举行战略合作框架签订仪式。

6月18日　百联集团与金山区政府签署全面战略合作协议。百联股份公司与会山区枫泾镇签订合作意向书。

6月26日　百联集团举行“两优一先”、文明单位表彰暨“事业在百联”主题报告会。大会表彰2005—2006年度集团系统38家市级文明单位、40家集团级文明单位、10个先进基层党组织、20名优秀共产党员和15名优秀党务工作者。集团系统各级党政领导、离退休老同志代表、党团员代表、员工代表等近900人出席会议。

6月　《百联之歌》诞生。集团征集办公室共收到应征稿件40多篇。

7月10日　百联集团召开干部大会，宣布中共上海市委、市政府决定：吕勇明任百联集团总裁。

7月11日　中共上海市委书记习近平一行考察百联奥特莱斯品牌直销广场。

8月10日　上海市发展和改革委员会批复同意百联油库建设项目。12月29日，百联金山油库奠基开工。2009年5月8日，百联油库举行开业典礼。

8月19日　中共上海市委书记习近平考察华联超市新昌店。

8月28日　根据上海市国有资产监督管理委员会要求，集团确定并报送主业目录。9月29日，市国资委批复同意百联集团有限公司核心业务为：超商业务、综合百货业务和生产资料贸易业务；培育业务为：物流配送业务、商业置业业务和电子商务业务。

9月6日　为加强百联集团有限公司的商标管理，保护百联集团商标专用权，维护百联集团商标信誉，保障消费者的利益，集团制定和颁布《百联集团商标管理暂行规定》。

9月11日　百联集团与嘉定区政府举行“百联嘉定行暨合作项目签约仪式”。会上，百联股份公司与嘉定区烟草公司签署改建高扬商厦开设东方商厦嘉定店的合同；好美家公司与嘉定区嘉投实业公司签署开设好美家装潢建材超市的合作意向书。

9月16日　百联集团和金山区人民政府共同主办的“相聚百联，品味枫泾——2007巡展活动”开幕式在百联世贸国际广场举行。百联集团通过市中心和社区商业网点的优势，向市民介绍枫泾的旅游、农副产品资源，实现城市与郊区、商业与旅游、商业与文化联合互动。

10月14日　百联集团人力资源管理中心和企业清理中心合署办公，实行“两块牌子，一套班子”，除继续承担原两中心的职责外，同时承担原四集团留守职能。

10月29日　集团推出《关于贯彻〈强化业绩考核激励与约束机制的实施意见〉的若干规定》，确定以主营业务收入和利润总额为奖励基数和奖励办法，对未完成预算目标和完成或超额完成预算目标都有定量界定，使考核更科学、公正。

11月16日　百联集团召开第一届第五次职工代表大会。会上通过《百联集团有限公司集体合同》和《百联集团有限公司女职工专项集体合同》。

12月16日　位于杨浦区四平路2500号的东方商厦杨浦店举行扩建新装开业庆典。新亮相的东方商厦杨浦店实现金岛老楼、新蓝天大楼地面一到五层和地下一层的衔接，经营面积从原1.2万平方米扩大到3万平方米，以服饰经营为主，集购物、餐饮、娱乐、休闲为一体。

12月17日　百联集团下发《关于专业专卖事业部转制的通知》，由上海百联商业连锁有限公司作为集团二级独立法人单位，承担专业专卖业务的经营管理等功能。

12月　集团对教培中心与物资党校实行“管教合一”管控模式，整合有效管理资源，为进一步发挥教育培训职能打下基础。

2008年

1月2日　集团与闸北区政府签约，合作开发苏河湾现代服务业集聚区。双方根据市政府确定的苏州河沿线旧区改造土地储备计划，共同推进苏州河沿线土地储备和开发。

1月7日　集团建立退休职工特殊帮困基金。该基金用于集团系统退休职工中特殊困难群体，为他们在医疗、赈灾、助学等方面解困。

1月16日　集团召开干部大会，宣布中共上海市委、市政府决定：马新生任百联集团党委书记、董事长。

1月18日　位于嘉定城区中心城中路商业街的东方商厦嘉定店开业，总建筑面积19 248.71平方米。

1月19日　百联南桥购物中心(一期)及东方商厦奉贤店开业。百联南桥购物中心(一期)位于奉贤区南桥镇百齐路，总建筑面积近4.8万平方米，购物中心内主力店除了东方商厦、世纪联华主力业态外，还引进国美家电、屈臣氏、好乐迪、必胜客等知名品牌。

1月　据德勤与*STORES*杂志联合发布的一项最新报告《2008全球零售力量》显示，百联集团首次进入全球零售商250强，百联集团位列第101名。

是月　集团团委获“2007年上海市五四红旗团委标兵”称号。

2月23日　华联超市成功收购上海崇明供销超市有限公司70%股权后，正式成立“上海崇明华联超市有限公司”。2010年8月9日，集团批复同意，华联超市通过再次收购，持有上海华联超市崇明有限公司100%股权。

3月7日　集团在奉贤区召开郊区市场拓展汇报会，总结郊区市场拓展工作，介绍郊区市场拓展行动计划。市领导、各委办区县分管领导和集团相关领导参加会议。

3月18日　百联集团投资1 000万元参与建设中国2010年上海世博会“上海企业联合馆”项目。

3月26日　百联集团召开“强店战略”实施动员大会。目标在集团核心业态中，培育出一批在行业中绩效指标和运行指标名列前茅、流程标准规范、顾客满意度较高、技术装备先进、管理精益求精、具有较强学习创新能力和一定社会影响力的标杆门店，带动集团整体门店绩效的提升和竞争能力的提高。2008—2013年，集团连续6年持续推进“强店战略”，加快推动业务模式转型，并确定每年强店战略的工作重点。

4月3日　百联集团召开第一届第六次职工代表大会暨立功竞赛誓师大会。会上选举7名出席上海市工会第十二次代表大会的代表。

4月30日　百联集团举行“纪念改革开放三十周年，迎接北京奥运会开幕倒计时100天，欢庆百联集团成立五周年”活动启动仪式。五周年庆营销活动同时拉开帷幕。

5月16日　在上海市产业节能暨产业结构调整会议上，集团与上海市政府签订产业节能及产业结构调整工作目标责任书。

5月20日　百联集团党委举行增强“忧患意识、创新意识、百联意识”主题讨论动员大会，深入贯彻落实中共十七大精神、市第九次党代会精神，解放思想、群策群力、立足岗位、迎难而上，切实推进集团发展和改革，做强做大百联。10月28日，百联集团党委召开增强“忧患意识、创新意识、百联意识”主题讨论总结交流会。

5月21日　市国资委举行企业集团外部董事聘任仪式，百联集团作为市国资委系统首批按照外部董事制度选聘外部董事集团之一，外部董事进入百联集团董事会。

5月22日　联华快客便利全国第1 000家加盟店“联学店”在上海杨浦区开业揭牌。

5月28日　百联集团与徽商集团在安徽省合肥市签署战略合作框架协议。

5月　百联集团在上海市企业联合会、上海市企业家协会发布的“2007上海企业100强”中排名第2位。

6月23日　百联集团举行纪念建党87周年暨“事业在百联”大会。大会以录像短片的形式展示“两强两有”党支部建设示范点成果和“感动百联”十大人物事迹，大会还举行抗震救灾事迹报告。集团党政领导、各事业部(公司)、中心党政班子成员、离退休老同志代表、一线党员、职工代表等出席大会。

7月1日　世纪联华在上海地区的所有25家大卖场和联华标超的港汇店、桃浦店2家门店，正式启用猪肉流通安全信息追溯系统。

7月9日　百联集团成立长三角(郊区)市场拓展领导、工作小组，进一步推进集团在长三角(郊区)市场的网点和业务的拓展。

7月11日　百联集团与奉贤区政府签署战略合作协议，共同推进农副产品进超市、南方购物中心二期合作、开设世纪联华卖场，进一步形成政企沟通、前期介入的合作机制。

8月8日　上海市总工会授予抗震救灾重建家园先进集体和个人上海市五一劳动奖状(章)、上海"抗震救灾重建家园工人先锋号"称号，百联集团旗下4个集体获奖。

8月11日　百联集团第一期后备高级管理人员培训班在市国资委党校开学。截至2013年，累计举办后备高管培训班6期，共有180名学员参加。

8月30日　中国企业联合会和中国企业家协会组织的"2008中国企业500强"排名显示，百联集团位列中国企业500强第25位，中国服务业企业第13位，中国商业零售业第1位。

9月2日　第一医药股份公司与崇明供销商业(集团)公司举行合作意向书签约仪式。2010年7月14日，集团批复同意第一医药股份投资控股上海崇明医药药材有限公司51%股权的方案。完成收购后，公司更名为上海第一医药崇明医药药材有限公司。

9月10日　百联集团与光明集团举行全面战略合作框架协议签约仪式。

9月24日　集团印发《金融资产管理办法》。对企业金融资产明确合法性原则、安全性原则、效益性原则、流动性原则和分级管理原则，进一步规范金融资产投资行为，控制金融资产风险，提高金融资产收益，确保金融资产保值增值。

10月10日　百联集团举行"激情在百联"员工大会暨"强店战略立功竞赛成果展"。联华超市股份物流配送公司"仓储定位管理法"等78个项目，分别被授予百联集团员工创新创效项目一、二、三等奖及提名奖。

10月14日　集团印发《建设工程项目管理暂行办法》，严格规范建设工程项目的计划、组织、协调和控制行为。

10月21日　上海市企业联合会、上海市企业家协会发布的2008年上海企业100强，百联集团名列"2008上海企业100强"第3名。

11月10日　百联集团与建工集团签署战略合作协议。

12月5日　百联集团召开迎世博推进大会。会议提出"百联，让商业更繁荣"600天行动计划的口号，并以超商事业部、百联股份和商业连锁为"重点板块"，优化重点业态业务结构，完善综合服务功能；优化重点区域门店服务环境，营造温馨舒适氛围；强化重点企业诚信、安全保障机制，推进全面质量监管；强化重点岗位服务技能，提升文明服务素质。

12月9日　百联集团召开干部大会，市国资党委宣布百联领导班子调整决定：王春华任集团纪委书记，浦静波、徐波任集团副总裁。

12月16日　百联集团与崇明县政府举行合作洽谈会，加快推进重组企业的整合；共同合作推进崇明新城区、新市镇的商业建设。2010年12月29日，百联崇明购物中心举行奠基仪式。2012年6月1日，百联崇明新城商业广场项目破土动工。

12月19日　集团第一家百货店"高档百货+食品超商"——第一八佰伴"新世纪食品城"开业。

是年　上海市商业信息中心公布2008上海百货店(单体)排行榜，百联集团旗下10家百货商店上榜，占上海百货20强半壁江山。

2009年

1月16日　位于淮海中路755号的新华联商厦经东扩改造升级，更名为东方商厦淮海店开业。

商店经营面积增至2万平方米，成为百联股份旗下“东方商厦”高端百货连锁品牌在沪上第9家门店。

1月　作为市政府实事项目，联华超市22家世纪联华门店和26家标超门店，列入市质监局首批开通QS终端查询系统的定点门店名单。

2月26日　百联集团召开“迎世博”工作推进暨“强店战略”实施动员大会。大会总结集团开展“迎世博”和2008年度“强店战略”工作所取得的成绩；表彰一批先进个人和集体。

2月　上海市精神文明建设委员会、上海市迎世博600天行动社会动员指挥部等公布首批上海“迎世博贡献奖”名单，百联集团有7个集体、4名个人获得“优质服务贡献奖”。

3月4日　为推进国有资产战略重组及集团超商业态的资产整合工作，提高集团对核心业态的控制力，上海市国资委批复同意百联集团协议收购上实商务网络100%股权，从而间接持有联华超市21.17%股权。

3月　集团7位女职工获得“2007—2008年度上海市三八红旗手”称号；第一八佰伴商厦总服务台获得“全国巾帼文明岗”称号；华联吉买盛购物中心有限公司彭浦店总服务台、上海物贸大厦前台小组获得“2007—2008年度上海市三八红旗集体”称号。

是月　集团系统第一八佰伴等46家企业被评为第十四届(2007—2008年度)上海市文明单位。

4月29日　百联集团批复同意杭州联华华商集团生鲜加工配送中心异地扩建项目。项目位于杭州市余杭勾庄地区。总投资约1.62亿元，扩建面积5.05万平方米。2011年竣工投入运营。

是日　集团批复同意上海百联集团股份有限公司收购金山金天地购物中心项目，并冠“百联金山购物中心”名称，其中主力店是东方商厦、世纪联华大卖场。5月8日，位于上海市金山新城核心地区，总建筑面积8.5万平方米的百联金山购物中心项目举行奠基仪式，2010年9月28日建成开业。

4月30日　集团与青浦区人民政府在世纪联华青浦店联手举办百联家电下乡启动仪式。集团旗下上海地区已有联华超市、世纪联华、华联吉买盛、华联超市等企业50多家门店通过销售网点备案审查，开通家电下乡销售业务。

5月1日　集团系统劳模先进、团员青年代表共庆五一国际劳动节，并参加“迎世博倒计时一周年”活动。

5月15日　百联集团成立集团总部党委。

5月22日　崇明县政府与百联集团联手举办的“相聚百联，情系三农——2009崇明生态农产品推介会”开幕式在百联西郊购物中心举行。联华超市、世纪联华、华联超市、华联吉买盛等31家大卖场和超市集中展销老毛蟹、老白酒、白山羊等深受市民喜爱的百余种崇明特色生态农产品，并以“零费率”的优惠措施为崇明农产品开辟绿色通道。

6月10日　为了推进集团法制工作再上新台阶，集团印发《法制工作三年规划(2009—2011年)》，进一步加强企业法律顾问制度建设。

6月26日　百联集团召开2009年“强店战略”实施推进大会。要求加强跟踪力度，确保年度“强店战略”目标全面完成；发挥党政工团协作优势，确保“强店战略”和“迎世博”工作齐头并进；善于挖掘和提升，逐步形成具有百联特色的经营管理软件；立足长远目标，认真谋划2010年“强店战略”工作。

是日　联华超市在香港联交所发布公告，联华超市借上海联华超市发展有限公司与百联集团及百联集团置业公司签订买卖协议，以总价约4.92亿元收购华联超市全部股权。收购完成后，华联超市成为联华超市的附属公司，集团超商业务基本完成整合，同业竞争问题得到解决。9月2日，联华收购华联超市全部股权方案获股东大会通过。

7月3日　在上海世博会倒计时300天之际，百联股份在南京东路步行街举行统一服务平台启动暨“400－881－5180”服务受理热线开通仪式，对旗下百货商店、购物中心、奥特莱斯三大业态统一服务受理、统一服务标准、统一服务培训、统一服务形象。

7月14日　集团批复同意百联股份自建自营无锡百联奥特莱斯品牌直销广场。广场位于无锡新区锡勤路18～28号。2011年6月22日，无锡奥特莱斯广场举行奠基开工典礼，2013年6月29日开业。百联无锡奥特莱斯广场经营面积11.73万平方米，在业态、品牌、环境和服务方面进行升级，打造具有国际一流水平的花园式奥特莱斯。

7月29日　“中国百联·欧洲零供贸易对接会”在上海四季酒店举行。百联集团大举引进进口商品、推进跨国采购。对接会共对接欧洲18个国家127家生产商，洽谈商品超过3 000种。

8月31日　百联集团下属企业森联木业首次尝试在进口贸易中使用人民币结算，有利于控制汇率风险，减少财务成本，拓展融资渠道。2010年1月，香港渣打银行向森联木业公司颁发“第一单人民币跨境贸易结算”荣誉标识。

9月3日　百联集团召开干部大会，宣布上海市政府、市国资委任免决定：张成钧担任百联集团监事会主席；吕勇明不再担任百联集团总裁、党委副书记（另有任用）；贺涛担任百联集团总裁、党委副书记。

9月5日　中国企业联合会和中国企业家协会评选的“2009中国企业500强”排名发布，百联集团位列2009中国企业500强第26位、2009中国服务业企业第15位和2009中国商业零售业第1位。

9月18日　集团向市国资委报送《2009—2011年三年行动规划》，提出2009—2011年集团发展关键性阶段的发展思路，明确建设一流商贸流通大集团目标。

10月20日　上海市第一百货商店举行60周年庆典。

是日　上海市企业家联合会、上海市企业家协会发布2009年上海企业100强，百联集团排名第3位；上海服务业企业50强，百联集团排名第1位。

10月22日　超商事业部管理职能转入联华股份。集团事业部公司化改造宣告完成，8个事业部转制为7家独立核算公司。

11月16日　集团与市政府签订世博特许商品经营目标责任书：在2010年1月31日前，开设世博特许商品经营网点（含市内外的专卖店、旗舰店、柜）1 500家/个；2010年2月1日—5月1日，开设世博特许商品经营网点（含市内外专卖店、旗舰店、柜）500家/个；在2010年5月1日前，世博特许商品的销售额达到25亿元；2010年5月1日至世博会闭园，世博特许商品的销售额达到40亿元。2010年10月31日，百联集团实现世博特许商品销售79.08亿元，完成销售目标121.7%。

11月19日　百联集团与陆家嘴集团举行战略合作框架协议签约仪式，通过两大集团合作努力，把世纪大都会项目打造成浦东新一轮发展中的又一个商业新地标。

12月18日　重庆百联南岸上海城试营业。百联南岸上海城位于重庆市南岸区南坪西路38号，建筑面积11.46万平方米，是集购物、特色餐饮、娱乐休闲、儿童游乐及各类儿童教育培训功能于一体的家庭亲子一站式大型购物中心。

12月25日　百联股份网上商城开业。网上商城的特色板块有网上奥特莱斯、食品与保健品、特色礼篮和礼盒服务。

12 月 28 日　百联集团设计开发百联 OK 卡世博珍藏版。2010 年 2 月 1 日，百联集团与上海世博会特许商品经营办公室签订关于“上海世博会展馆集锦珍藏册”的开发生产补充协议。

12 月 29 日　百联物业公司与世博会城市最佳实践区签约 2010 年上海世博会“城市最佳实践区”物业服务合同，成为上海世博会服务类供应商。

是日　上海百联股份有限公司、上海第一八佰伴有限公司、上海联家超市有限公司、联华超市股份有限公司、华联超市股份有限公司、上海又一城购物中心有限公司、上海西郊百联购物中心有限公司等 7 家单位被上海市发改委列为市重点用能单位。要求严格按照国家及上海市有关节能法律法规和政策，切实加强企业节能工作的领导和管理，制订年度节能计划，采取节能措施，提高能源利用效率，合理控制能源消费总量。

是年　“上海物贸有色金属交易市场网上交易平台”和“联华多业态跨区域零售资源共享信息平台”两个项目被列入《上海市引进技术的吸收与创新计划》，获得 180 万元专项补贴。

是年　百联集团下属企业现代物流的《RFID 技术物流供应链上的应用》被列入上海市经济和信息化委员会 2009 年度上海市高新技术产业化重点项目计划。

2010 年

1 月 6 日　中国银监会批准首批 3 家(北京、上海、成都)消费金融公司筹建。百联集团作为第二大股东出资参加筹建上海首家消费金融公司。6 月 12 日，中银消费金融有限公司在第一八佰伴广场上举行挂牌成立仪式。

1 月 10 日　由上海市慈善基金会、上海市文明办、上海市商务委、上海市广播电视台、上海市商业联合会倡议，百联集团等商业集团发起的“千店献爱心，和谐迎世博”2010 新年慈善义卖活动举行启动仪式。

1 月 20 日　百联集团在上海市南京东路步行街百联世茂购物广场举行“吹响冲锋号，冲刺 100 天”集中行动暨上海世博会特许商品旗舰店(团购展示中心)揭幕仪式。上海世博会特许商品旗舰店(团购展示中心)设在市百一店，营业面积达 1 600 平方米，经营特许商品品种超过 3 000 款，兼具零售与团购功能。

1 月 26 日　百联集团成立世博安保反恐维稳应急领导小组。值班领导由集团党政领导班子人员担任，总值班员由集团党、政、工、团部门正、副职负责人担任，值班员由集团党、政、工、团部门高级主管、主管担任。

1 月　百联中环、百联电器被上海市名牌产品推荐委员会评为“2009 年度上海市名牌”企业。

2 月 1 日　在“上海世博会园区公共区域零售服务商签约仪式”上，百联集团所属百联股份、联华股份、三联集团、华联罗森等知名企业入选世博园区特许零售服务商。4 月 2 日，百联股份、联华快客、罗森、三联等 19 家门店全部亮相世博园区。

3 月 3 日　百联(香港)有限公司收购 KPI 零售管理公司 100%股权项目。华联吉买盛购物中心有限公司成为集团全资子公司。

3 月 16 日　百联集团成立存量资源整合专项工作推进小组。进一步推进集团及下属企业的股权整合工作；推进及指导百联集团房地资产的存量盘活工作；对各下属企业的资源整合工作计划完成情况进行动态跟踪、反馈。

3 月 26 日　百联集团在上海国资委党校召开“百联集团一届八次职工代表大会暨世博工作动

员大会”。会议审议通过《百联集团有限公司集体合同》和《百联集团有限公司女职工专项集体合同》的决议。集团领导对动员广大员工全力落实世博任务作重要讲话。

4月6日　经集团研究决定，上海新路达商业(集团)有限公司替代上海百联商业连锁有限公司调整为百联集团有限公司直接管理企业。

4月21日　百联集团召开学习型党组织暨企情民意气象站示范点骨干培训会，推动17家单位试点创建学习型党组织、13家单位建立企情民意气象站示范点工作的深入和规范。

5月　百联集团2位职工获2010年全国劳模、15位职工获2007—2009年度上海市劳模、5家单位获2007—2009年度上海市模范集体称号。

6月2日　百联集团批复同意上海动力燃料有限公司投资建设水煤浆储存基地扩建项目。项目位于上海市闵行区临沧路50号。项目总投资918.7万元。扩建后可新增储存量4 500立方米(5 000吨)，形成年供浆20万吨的能力。

6月8日　集团制定印发《百联集团2010—2012年泛长三角市场拓展的三年行动计划》。7月8日，集团召开泛长三角市场拓展行动计划专题会，提出长三角市场拓展目标和措施。

6月18日　百联集团在市国资委党校召开共青团第二次代表大会。大会选举产生集团第二届团委会新一届委员。

7月2日　百联集团印发《国有股权管理暂行办法》，界定国有股权管理范围，并对市国资委授权范围内的国有资产，即由集团统一经营管理的国家资本及其权益，以及由集团投资形成的国有法人资本及其权益和集团内依法认定为国家所有的其他权益，实施规划、运营与监督，承担保值增值责任。

是日　集团印发《国有房地产管理办法》《建设工程招标投标管理办法》和《资金集约及管理办法》。

8月6日　在上海展览中心举行的上海市“服务世博、奉献世博”立功竞赛交流大会上，百联集团2个优秀集体、26名优秀个人受到表彰。

9月3日　中国企业联合会、中国企业家联合会发布2010中国企业500强排行榜，百联集团以1 738.74亿元销售规模排名中国企业500强第28位、中国服务业企业500强第13位、中国商贸流通业第1位。

9月6日　集团把上海三联(集团)有限公司管理关系由原来委托上海百联商业连锁有限公司管理，变更为百联集团有限公司直接管理。

9月9日　百联集团召开全体总部干部大会，宣布总部部室机构变动和总部部室负责人续聘调整的决定。

9月14日　百联投资公司更名为上海百联集团资产经营管理有限公司，成为集团全资二级独立法人单位，承担集团核心业务与培育业务板块外的资产管理职能。

9月21日　由百联股份输出管理的百联奥特莱斯(杭州·下沙)品牌折扣广场开业。杭州下沙奥特莱斯坐落于杭州绕城高速下沙出口处2公里，经营面积达8万平方米，拥有300余家工厂直销和折扣商铺，共400多个国内外商品品牌。

9月27日　集团印发《百联集团有限公司关于贯彻落实“三重一大”决策制度的实施办法》《中共百联集团有限公司委员会关于建立健全党建工作责任制的实施意见》《中共百联集团有限公司委员会关于进一步加强领导班子作风建设的意见》《中共百联集团有限公司委员会会议制度及议事规则》。进一步明确决策范围、规范决策程序、强化监督检查和责任追究，推进国有企业“三重一大”决策制度的贯彻落实。

9 月　集团印发《全面预算管理办法》，用企业规章的形式固化全面预算管理。完善集团全面预算管理组织机构，建立三级预算管理体系。

10 月 22 日　上海市企业联合会、上海市企业家协会发布 2010 年上海企业百强排行榜，百联集团以 1 738.7 亿元的年营业收入，位列上海企业百强排行榜第三名。

10 月 31 日　集团圆满完成世博园区商业服务和安全保障任务。世博园区网点实现零售额 2.57 亿元。百联物业承受大客流考验，出入口及园区物业管理有序开展，确保人流与车流的安全。

11 月 4 日　集团召开的百联股份、友谊股份吸收合并新闻发布会在百联大厦举行，友谊股份以增发 A 股股份的方式换股吸收合并百联股份，并收购百联集团持有的第一八佰伴 36%股权。2011 年 6 月 21—23 日，中国证券监督管理委员会上市公司并购重组审核委员会有条件通过重组方案。8 月 11 日，友谊股份和百联股份完成收购请求权和现金选择权实施工作。8 月 26 日，百联股份完成换股上市工作。2014 年 8 月 8 日，友谊股份更名为“上海百联集团股份有限公司”。

12 月 24 日　百联集团召开加强党风建设和反腐倡廉工作大会，贯彻中央和上海市委有关会议精神，总结前阶段党风建设和反腐败工作，部署下阶段任务。

12 月 30 日　世博会特许产品经营工作总结颁奖大会在上海浦东国际会议中心举行。百联集团获世博特许经营金奖，集团下属百联股份有限公司获零售商金奖及联华股份、百联电商、新路达商业公司获优秀零售商称号。中共上海市委常委、常务副市长杨雄等领导出席会议并为获奖单位颁奖。

2011 年

1 月 18 日　上海友谊商店迁址普陀区真光路中环商圈开业，建筑面积 8 000 平方米。从三迁新址的传统百货商店转型为中高端精品礼品店，汇聚全球手表、饰品、礼品知名品牌和众多世界顶级奢侈品品牌。

1 月 31 日　东方商厦青浦店举行扩容升级开业仪式。经营面积从原有的 1.2 万平方米扩大到 1.9 万平方米，经营品牌从原有的 200 个左右扩大到 260 多个，实现从地室至五楼整体扩容升级、全新亮相。

2 月　联华浙江公司华商店店长姚杨宏作为基层群众 11 位代表之一，赴北京参加国务院总理温家宝在中南海主持召开的基层群众座谈会，并提出建设性意见。

3 月 7 日　百联集团 6 名女员工获“2009—2010 年度上海市三八红旗手”、3 个集体获“2009—2010 年度上海市三八红旗集体”称号。

3 月 18 日　百联集团积极落实市政府要求，确保“开门见盐”各项措施，集团领导到零售网点巡视，了解食盐等主副食品供应情况，协调配送问题，并要求各有关单位迅速行动，积极补货，及时配送，保证市场供应平稳和价格总体稳定。

4 月 13 日　联华股份召开江桥物流基地项目概念方案专家讨论，来自上海、北京等地的 7 位物流专家参加论证。5 月 5 日，百联集团董事会通过联华超市投资 8.4 亿元、在上海嘉定江桥建设物流配送中心的项目方案。12 月 16 日，联华超市江桥物流基地开工奠基。

4 月 15 日　上海百联保安服务有限公司举行开业典礼。根据国家有关政策法规要求，公司成立后，可申请保安许可证，合规发展保安服务业务。

4月20日　集团成立市场应急工作领导小组、市场应急工作领导小组办公室。集团主要领导担任市场应急工作领导小组组长、副组长，小组成员由集团分管领导和二级公司主要领导组成。集团市场应急工作领导小组下设办公室，分设7个工作小组。

4月28日　百联集团与加拿大亿万豪剑桥公司合作项目——湖南长沙乐和城购物中心举行开业庆典。该项目在原来长沙东方广场基础上进行股权调整并改建。亿万豪剑桥公司占60%股权，负责购物中心的运营。长沙东方商厦作为百货主力店入驻，同步以全新形象亮相。

5月1日　联华快客便利首家高端店——长虹店5月1日东江湾路四川北路口开张迎客。

5月6日　百联集团团委主办的“活力在百联”——百联职工技能大赛在世博园城市最佳实践区举行。会上授予14名同志“2008—2010年度百联集团职工技能标兵”荣誉称号，命名15个单位为“百联集团职工技能实训基地”。

5月19日　经集团第二届董事会第二十一次会议审议通过《百联集团有限公司“十二五”发展规划》。明确2011—2015年“十二五”规划期发展目标，即跻身世界500强，提升中国500强排位，在上海企业百强、中国连锁百强中保持前三位。超商板块、百货板块保持国内行业前三位；生产资料贸易业务保持全国省市级物资集团前三位。

5月　中华全国总工会授予百联集团“‘十一五’时期社会主义劳动竞赛先进集体”荣誉称号。

6月3日　永安珠宝(张杨店)开业，经营面积6 500平方米。该店为百联股份第一家由百货店转型为专业金银珠宝店，并凭借“永安珠宝”品牌，进一步拓探黄金珠宝连锁经营之路。

6月8日　世界百货业联合会第63届年会在中国上海召开。集团作为执委会委员单位出席年会。

6月9日　首次在中国举行的2011年全球百货业高层论坛在沪召开，论坛由百联集团、世界百货业联合会共同举办。上海市常务副市长杨雄、商务部部长助理房爱卿、世界百货业联合会主席唐特克等出席论坛并致辞。来自9个国家的18位零售业首席执行官与全球300多名与会代表积极互动，围绕“中国客户和消费者行为”“在正确的地点找到正确的产品/采购与分销”“新百货商场展望”三大议题展开探讨。

6月23日　百联集团举行“永远跟党走”庆祝建党90周年职工歌会。中华全国总工会、市总工会等有关领导，集团领导、劳模先进、老干部、党员、职工代表等2 500多人参加。

6月　商务部公布全国第二批“中华老字号”名单，第一百货商店、上海时装商店、第一医药商店、亨达利钟表公司、冠龙照相器材公司等5家企业被认定为中华老字号。

7月23日　由百联集团与光明食品集团共同主办的“2011联华光明食品推广周”在百联中环购物广场拉开帷幕。

8月11日　百联集团与上海世博发展集团在世博园区中国馆举行世博园区后续开发利用合作项目签约仪式。9月5日，百联集团批复同意百联股份与上海世博会有限公司投资组建“上海世博百联商业有限公司”，共同开发世博轴商业经营项目——世博源。2012年12月28日，世博源北端广场世博源(一期)竣工开业。2013年12月10日，世博源新世纪食品城开业。

8月16日　百联集团召开创建安全生产标准化典型示范企业动员大会。部署集团安全生产标准化工作，进一步统一思想认识、明确目标任务、落实责任措施。

8月　百联电子商务有限公司获国家商务部命名的“电子商务示范企业”称号，百联电商是上海地区唯一获此殊荣的国有商业零售电子商务企业。

9月2日　百联集团与重庆市南岸区慈善会的签约仪式在重庆百联南岸上海城购物中心举行，

集团捐款240万元，用于创建“百联抗灾助学基金”。

9月3日　“2011中国企业500强发布暨中国大企业高峰会”在成都召开。在中国企业家联合会、中国企业家协会发布的中国企业500强榜单中，百联集团位列第33位；在中国服务业企业排名中，集团保持第13位。

9月19日　中共中央政治局委员、上海市委书记俞正声到百联集团总部考察，听取集团近年来主要工作及“十二五”发展目标和举措的汇报，并希望百联在“十二五”期间加快发展步伐、创新商业模式，真正走向全国，为上海国际商贸中心建设做出更大贡献。

9月26日　上海市企业联合会、上海市企业家协会发布2011年上海企业100强排行榜，百联集团以1 964.4亿元营业收入位列第三；在上海服务业企业50强中排名首位。

9月28日　百联虹口购物中心举行开业仪式。由友谊股份输出管理的百联虹口购物中心位于虹口区广中地区，建筑面积8.3万多平方米，是虹口区首家大型社区综合性购物中心。

11月9日　为了建立权责明确、管理集约、运作高效的土地监管和管理体系，促进百联集团可持续发展，集团制定《进一步推进土地集中管理的工作方案》，土地集中管理做到“三个集中”，即土地权证集中到一级企业，土地重大事项管理集中到一级企业，土地收益管理集中到一级企业。

12月24日　百联武汉奥特莱斯广场开业，成为集团奥特莱斯业态入驻华中地区的首家门店。位于武汉市黄陂区盘龙城经济开发区盘龙大道50号，总建筑面积约9.2万平方米，拥有250家品牌专柜，是百联集团以管理输出加期权收购方式经营管理的发展项目。2013年7月11日，集团批复同意上海友谊集团股份有限公司收购武汉百纵商业发展有限公司51%股权，收购对价为10 782.3万元。

12月　百联集团旗下的安付宝商务有限公司获中国人民银行颁发的多用途预付卡发行与受理业务非金融机构第三方支付许可牌照。自获牌照之日起，百联电商原多用途预付卡的发行与受理、特约商户结算根据央行规定转入安付宝公司。

2012年

1月19日　由原新路达商厦改造转型的百联徐汇商业广场在徐家汇商圈开业。商场总建筑面积为2.04万平方米，是集年轻时尚、具有个性化的品类组合旗舰店、流行服饰多品牌结合店和餐饮、娱乐等为一体的新型复合时尚店，成为徐家汇商业区时尚购物的新地标。

2月2日　德勤公司(DTTL)与STORES Media第15次联合发布《2012全球零售力量》报告，公布“全球零售250强”企业排名，百联集团位列第66位，较2011年上升4位，继续蝉联中国内地零售上榜企业的第一位。

4月24日　百联集团团委举行2012年“活力在百联”暨纪念建团90周年大会，表彰命名集团创先争优“青年之星”和“青年工作优秀品牌”。

6月4日　百联集团与上海市黄浦区人民政府举行商业发展战略合作协议签约仪式。双方围绕共同推进黄浦区南京路、淮海路两大商业街区的商业结构调整和功能提升，共同推进外滩金融集聚带的建设，共同推进集团在黄浦区的发展等方面工作展开深层次合作。

7月18日　百联集团第二届董事会第三十一次会议审议通过《百联集团2012—2014年三年行动规划》。该规划目标为营业收入等总量指标保持国内行业领先地位，进入世界企业500强。

7月30日　经市委组织部、市国资委党委同意，经集团第二届董事会第三十一次会议讨论决定，集团董事会聘任秦青林为百联集团有限公司副总裁。

7月31日　上海物贸、浙江宝银重钢与嘉兴现代物流园区管委会举行投资建设浙江上物金属（嘉兴）钢材服务中心项目签约仪式。上物金属嘉兴钢材服务中心（一期）项目总投资4.49亿元，主要经营金属材料加工、配送、仓储、物流、贸易、市场管理、金融服务等。

9月　上海市企业联合会、上海市企业家协会、上海市经济团体联合会联合发布2012上海企业100强、上海服务业企业50强等排行榜。百联集团连续3年蝉联上海100强企业季军；继续保持上海服务业企业50强第1名。中国企业联合会、中国企业家协会发布的2012中国企业500强排名，百联集团位列第36名。“中国服务业企业500强”排名中，百联集团位列第15名。

是月　百联集团总部办公地址由原浦东张杨路501号新世纪办公中心迁至中山南路315号百联大厦。

10月10日　“激情在百联”——2012年百联集团立功竞赛活动展示暨创新创效项目表彰大会在艺海剧院举行。会上为获2012年“全国五一劳动奖状”“全国五一劳动奖章”“上海市五一劳动奖状”“上海市五一劳动奖章”“上海市工人先锋号”及“2011—2012年百联集团创新创效优秀项目奖”的单位和个人授牌、颁奖。

10月11日　集团旗下物贸股份民星路162号技改项目举行竣工仪式及项目推介会。项目总投资5 000万元。经对原有货场实施改造，使钢材服务基地8.6万平方米的货场、库房布局更趋合理，加工物流、仓储更趋便利。

10月　上海物贸有色金属交易市场获“2011年全国百强商品批发交易市场第一名”“全国十大交易市场第一名”荣誉称号，连续10年蝉联第一。

11月7日　位于浦东新区沪南路2420号的百联东郊购物中心举行开业庆典。总建筑面积约4.8万平方米，经改造，从原大型综超调整转型为集时尚购物、休闲娱乐、餐饮聚会、文化教育于一体的社区型购物中心。

12月14日　百联集团单用途卡通过市商务委备案，在上海市单用途商业预付卡备案启动仪式上，市商务委授予百联集团等10家企业首批备案编号及“上海市单用途商业预付卡首批备案企业”铭牌。百联集团同时拥有多用途、单用途两种类型的预付卡。

2013年

1月4日　百联集团报请上海市商务委员会批准，在上海物贸有色金属交易市场经营管理有限公司基础上，组建上海有色金属交易中心，即上海有色金属交易交场转型升级为上海有色金属交易中心。通过强化现货电子交易、金属商城交易、金融服务、物流服务、资讯服务等五大功能，提升有色金属大宗商品与上海航运中心、金融中心的关联性。

1月6日　安付宝商务有限公司获中国人民银行颁发的非金融机构第三方支付许可业务许可范围扩大，在预付卡发行与受理（仅限上海市）基础上增加互联网支付（全国）、移动电话支付（全国）、固定电话支付（全国）。

1月8日　于1993年1月10日开业的东方商厦举行开业20周年庆典。东方商厦2012年上海单体百货销售20强榜单上排名第5位。

1月11日　集团印发《关于商业创新工作的实施意见》。创新的主要领域包括业态创新、业务模式创新、技术创新和管理创新。

1月　上海企业竞争力研究中心等单位联合发布，百联集团在2012年度上海企业综合竞争力100强中排名第2名。上海市税务部门向社会公布2012年税收百强企业名单，百联集团名列上海企业集团汇总纳税百强企业榜单。

是月　由德勤公司与STORES Media第16次联合发布《2013全球零售力量》报告，公布"全球零售250强"排名，百联集团继续位列中国内地上榜企业第1位。

4月23日　百联集团党委举办反腐倡廉专题党课暨《警悟》首发、"双清双做"活动启动仪式，在集团内开展"清廉做事、清白做人"主题教育活动。

4月27日　百联集团工会在第一百货商店举行百联集团劳模(先进)服务创新工作室创建工作现场交流会暨授牌仪式。第一百货劳模工作室、茂昌眼镜蓝金康劳模工作室、第一医药(依嘉)劳模服务创新工作室、华联典当黄佩雄劳模工作室等14个劳模(先进)服务创新工作室获首批授牌。

5月9日　百联集团批复同意上海友谊集团股份有限公司以整体收购的形式，在安徽省安庆市大观区投资建设百联安庆购物中心项目。总建筑面积约7.6万平方米。定位是集购物、休闲餐饮、文化娱乐和社区服务于一体的社区购物中心。项目于2017年9月30日开业。

5月18日　台州百联东森购物中心举行开业庆典。台州百联东森购物中心坐落于浙江台州市路桥区西路桥大道130号，总建筑面积2.53万平方米。重装升级后的百联东森购物中心定位以"名品、精品"为主导，集购物、休闲、娱乐于一体，是百联购物中心业态在浙江省落户的首家门店。该项目由上海友谊集团股份有限公司和台州东森购物中心有限公司共同投资组建合资公司承租经营东森购物中心。

7月8日　财富中文网发布2013年财富世界500强排行榜，百联集团以年营业收入252.02亿美元首次跻身世界500强第466位。

7月11日　集团批复同意百联奥特莱斯广场(上海・青浦)实施改扩建工程。项目于2013年7月中旬启动A区施工，2013年12月底A区完工后启动B区施工，并于2014年8月底完成B区施工。扩建后的百联奥特莱斯广场(上海・青浦)总建筑面积约11万平方米，新增经营使用面积10 800平方米。广场拥有400余家商铺，600多个品牌。

7月16日　2013年财富中国500强排行榜，百联集团旗下的物贸股份、友谊股份、联华股份分别排名第46位、第105位、第154位。

7月31日　集团制定下发《内部控制管理体系建设实施方案》，重点梳理集团本部及对所有二级公司的关键业务制度流程和管理制度流程，诊断和分析在内控方面存在的缺陷，制定集团总部及二级公司内控管理手册。

8月9日　百联集团财务有限责任公司揭牌成立。

8月22日　百联集团召开干部大会宣布中共上海市委、市国资委党委决定：陈晓宏任集团党委书记、董事长，叶永明任集团党委副书记、总裁。

8月23日　2013上海百强企业发布会在沪召开。百联集团名列上海企业百强第7位，在服务业企业50强中列第5位。

9月　由上海市委宣传部、市精神文明建设委员会办公室主办，解放日报报业集团、文汇新民联合报业集团、上海广播电视台、东方网承办的第三届"光荣与力量——感动上海年度十大人物评选活动"揭晓，集团旗下第一医药的全国学雷锋标兵陶依嘉成为第三届"感动上海年度十大人物"之一。

12月26日　为进一步推进商务电子化工作，提升集团核心竞争力，集团成立商务电子化领导小组，负责确定集团商务电子化战略方向和实施方案，集团主要领导分别任组长、副组长。

是年 《上海市企业集团统计年鉴2014》显示：百联集团有限公司以1 639.16万元的营业收入列2013年上海市企业集团百强第6名。

第一篇

集团溯源

概　述

1995年，根据中共中央、国务院关于上海率先建立现代企业制度改革的部署，1月，物资局转制为上海物资（集团）总公司，由政府机构变为物资经营企业。7月，上海国有商业按现代企业制度试点要求，转制、改组，实行政企分开，组建一批企业集团。中华人民共和国成立后建立的主管日用工业消费品流通的上海市第一商业局建制撤销，原一局直属的企业分别组建“一百”“华联”“友谊”三大集团，按照建立现代企业制度的要求，加快企业转换经营机制，走出一条国有商业企业的发展新路。新组建的三大集团无论规模、管理水平、经济效益在国内都处于领先地位。

一百集团以国有资产经营、国内外贸易、实业投资、房地产开发经营为主，是全国百户现代企业制度试点单位之一。一百集团的资产总额为32.2亿元，1994年销售总额50亿元。1995年12月20日，由一百股份与日本八佰伴公司合资兴建的中国第一家中外合资的零售企业——上海第一八佰伴有限公司（简称“第一八佰伴”）新世纪商厦开业。是年年底，一百集团百货连锁有限公司成立。1997年7月1日，一百集团对上海百货总公司、上海文化用品总公司所属经营机构有效资产实施重组，成立一百集团百文有限公司；对东方超值和家万全实施合并，形成百货超市连锁业态；一百集团房地产有限公司与时运房地产开发公司合并。10月，由一百股份投资开发的第一百货商店（简称“一店东楼”）营业。1998年9月，一百集团与一百股份共同投资组建上海一百假日酒店有限公司。1999年5月7日，一百股份收购日方在第一八佰伴的19%股权，一百股份在第一八佰伴的股权比例达到64%，实现中方对第一八佰伴全面控制。2000年，一百集团重组浦贸总公司，成立新的上海一百置业公司。是年，成立全方物流有限公司。同时，在专业连锁经营上也有新的突破，分别开设运动、通讯、家电和电脑专业连锁店。2001年7月12日，一百集团获准与日本国丸红株式会社合资设立“上海百红商业贸易有限公司”。2002年，一百集团对东方商厦、第一八佰伴和一店东楼的优势资源进行整合，改变分散经营的方式，初步完成百货连锁的经营规划、业务流程、管理方式、运营机制等全方位设计。至2002年年底，一百集团拥有上海市第一百货商店股份有限公司、上海第一八佰伴有限公司、东方商厦有限公司、上海百红商业贸易有限公司、一百集团房地产有限公司等一批著名的企业及从事第三方物流、行业规模最大的上海商业储运有限公司。至2002年年末，一百集团资产总额达到67.53亿元，净资产15.06亿元，全年经营总额104.62亿元，从业人员9 208人。

华联集团是以资产为纽带，以商品连锁经营为主业，以国内外市场为拓展目标的商贸流通集团，是国家重点企业和上海市人民政府重点扶持的大型国有企业集团。1994年，华联集团资产总额20.33亿元，销售总额33.02亿元。1995年12月22日，华联集团与泰国正大集团签约成立上海华联正大商业经营管理有限公司。1996—1997年，华联集团积极稳妥发展百货店连锁，先后开设新华联大厦、四川云龙商厦、安徽商厦以及苏州华联商厦。一批合资项目先后落地或建成，如中日合资上海华联罗森有限公司、沪港合资的时代广场、中美合资上海通用家电有限公司、沪港合资GMS等。1998年，华联集团成立资产托管公司和置业公司。8月，华联集团控股上海新路达商业（集团）有限公司。1999年，组建华联电工照明器材公司、上海华联集团经济发展有限公司、上海工业品配售四川有限公司。是年，与坦桑尼亚合作组建中坦船舶供应有限公司，与新加坡合作组建上海华仑食品有限公司；与美国麦当劳有限公司合资成立“上海华联麦当劳有限公司”。2000年7月，华联超市成功借壳时装股份并更名为“华联超市”在上海证券交易所挂牌，成为中国连锁超市第一股。2001 年，上海市第一医药商店有限公司整体资产、上海蔡同德药业有限公司 50%股权和南京东路 616 号房产注入上海商业网点发展实业股份有限公司；2002 年，上海市商业网点实业股份有限公司更名为“上海第一医药股份有限公司”，华联集团成为第一医药股份实际控制人。7 月，上海华联集团经济发展有限公司更名为华联集团吉买盛购物中心有限公司。至 2002 年年底，华联集团百货、超市、大卖场(GMS)、专业专卖、便利店等连锁业态发展势头强劲，社区商业中心业态优势初显端倪。品牌企业有华联商厦股份有限公司、华联超市股份有限公司、第一医药股份有限公司、上海时装商店和华联罗森公司等。2002 年年末，华联集团资产总额 64.28 亿元，实现经营规模 251 亿元，实现利润 2.21 亿元，拥有 3 家上市公司，经营网点达 2 000 家，从业人员 18 330 人。

友谊集团 1994 年资产总额 14.1 亿元，销售总额 14.58 亿元。1995 年，五金机械总公司转制，组建上海装潢总汇、上海工具五金总汇、上海五金机械总公司兴业公司 4 家新企业。整合复兴岛仓库与上海包装运输部，改制为友谊集团储运公司。9 月 18 日，友谊集团有偿收购上海纺织品总公司所属上海金杨贸易公司等 15 家企业，分别组建上海纺织品总汇、上海友谊集团房地产经营公司和上海产业用布批发公司等 3 家全资子公司。1996 年 8 月，上海友谊供货有限公司成立。1997 年 10 月 31 日，中共上海市委、市政府批准友谊集团与上海内外联综合商社整机制合并组建为新的友谊集团。新增联华超市、上海申宏公司、上海商业建设总公司等成员企业。1998 年，友谊集团先后组建上海好美家装潢建材超市有限公司、上海友谊集团经济发展有限公司、上海小林友谊日化有限公司、上海友谊商业进修学校、上海友谊曲阳商厦有限公司、上海友谊集团物流中心有限公司、上海商联建筑工程总承包有限公司。是年 8 月，友谊华侨股份收购上海八佰伴南方商城 55%股权；9 月，友谊集团对东海商都实行整体兼并。1999 年 10 月 10 日，市商务委把食品集团为民超市(含天天配送)整建制划转友谊集团。2000 年 11 月 27 日，上海友谊华侨股份有限公司更名为上海友谊集团股份有限公司。2002 年 7 月，友谊集团增资控股上海三联(集团)有限公司，增加吴良材眼镜、茂昌眼镜、亨得利钟表、亨达利钟表、照相器材专业连锁业务。是月，联华超市以 2.1 亿元溢价单方面向浙江华商集团有限公司增资，实现联华超市对华商集团的控股。2002 年年末，友谊集团资产总额 80.59 亿元，销售额 223.4 亿元，进出口总额约 8 000 万美元，实现利润 20 336 万元，营业网点 2 007 家，从业人员 16 215 人。形成以连锁超市、特色百货、家庭装潢建材超市为核心业务，以购物中心、房地产业、国内外贸易、电子商务为延伸业务的战略布局。

1995 年 1 月，上海市物资局转制为上海物资(集团)总公司，拥有全资子公司和控股企业 24 家以及仓库、燃料油贮罐、铁路专用线、专用码头等仓储设施。1995 年资产净额 9 亿余元，销售额 456 亿元，进出口额 3 亿美元，利润 4 991 万元。1996 年，物资集团钢材、汽车、化工和机电四大业务按国家级代理、海外代理和一般代理 3 个层次，完善代理制试点；参与上海产权交易市场建设，筹建上海市旧车交易市场，成立国际商品拍卖有限公司，新设上海紫菱金属有限公司、森远木业有限公司 2 家中外合资企业。1997 年，物资集团与第一拖拉机股份有限公司组建“上海强农(集团)股份有限公司”。上海金属材料发展总公司、上海市化工轻工总公司、上海市机电设备总公司、上海市国际信托贸易公司、上海市汽车配件总公司、上海市基建物资承包公司、上海海际保税贸易行等公司，分别采取整体改制、剥离改制和放小搞活改制等多种形式实施改制。1999 年，物资集团成立企业资产清理工作小组；7 月 2 日，成立物资集团进出口有限公司。12 月 19 日，物资集团设立北京办事处。2000 年，物资集团成立上海工业商品交易中心网络有限公司；整合组建物资集团汽车贸易有限公司；投资组建上海华德美居购物中心有限公司；参与组建并成立上海二手车市场。对经营范围类同、企业管理有差异的9家二级公司实行归并、托管、资产重组和破产等调整。2001年,物资集团组建上海现代物流投资发展公司;投资参股上海国际汽车城发展有限公司、俄罗斯海参威公司、圣彼得堡公司。2002年5月18日,上海东方典当有限公司开业。6月6日,物资集团首家境外企业——申通新加坡公司开业。截至2002年年末,物资集团拥有上海物资贸易中心股份有限公司、上海有色金属交易市场、上海市金属材料总公司、上海二手车交易市场等品牌企业,实现营业收入120.64亿元,资产总额83.29亿元,从业人员8 277人。

第一章　上海一百(集团)有限公司

上海一百(集团)有限公司(简称"一百集团")成立于1995年7月1日,是经上海市人民政府批准成立的,以国有资产经营、国内外贸易、实业投资、房地产开发经营为主的大型商贸企业集团,是全国百户现代企业制度试点单位之一。一百集团注册资本26 579万元,经营范围为国有资产经营、投资开发、商品贸易、房产物业、仓储运输、广告装潢及其他经营领域。一百集团拥有上海市第一百货商店股份有限公司、中日合资上海第一八佰伴有限公司、沪港合资东方商厦、上海百红商业贸易有限公司、一百集团房地产有限公司、上海商业储运有限公司以及会展、置业、假日酒店等10多家子公司。

第一节　沿　　革

1995年7月1日,经中共上海市委、市政府批准,以上海第一百货商店股份有限公司为龙头组建上海一百(集团)公司。一百集团按照现代企业制度要求,以资产为联结纽带,通过建立包括全资公司、控股公司和参股公司等形成的母子公司关系,在集团内形成多元化、多层次结构。一百集团确定百货大连锁发展战略目标,形成3个层次的战略布局:在市内和郊区开设不同类型的大、中型百货商店,包括连锁专业店;跨省市沿长江流域发展连锁百货;到国际市场建立基地,办合资企业。成立之初,一百集团下属全资、控股和参股企业包括上海市第一百货股份有限公司、上海东方商厦有限公司、上海百货总公司、上海文化用品总公司、上海一百连锁有限公司、上海一百集团供配货中心、上海一百集团白文有限公司、上海一百(集团)房地产有限公司、上海一百置业公司、上海东方超值公司、上海百红商贸公司、上海商业储运公司、上海商业开发总公司、上海广告装潢公司等,并拥有一批著名的企业和大型网点及物流设施,有年经营规模保持全国百货零售13连冠的上海市第一百货商店及第一八佰伴有限公司新世纪商厦。1994年,一百集团销售额50亿元,资产总额32.2亿元,利润7 623万元。

1995年12月20日,由一百股份与日本八佰伴公司各投资2.3亿美元,于1992年动工兴建的中国第一家中外合资的零售企业——上海第一八佰伴有限公司(简称"第一八佰伴")新世纪商厦开业。该商厦建筑面积14.5万平方米,由21层办公楼和10层商场裙房组成,坐落在浦东新区陆家嘴张杨路上。开业当天,商品销售逾500万元。是年,上海商业开发公司与香港上海实业公司合资兴建的、1993年年初开业的东方商厦也进入投资回报期。

1995年12月29日,一百集团百货连锁有限公司成立,致力于拓展市外连锁经营,迅速壮大集团实力。至年底,一百集团拥有一百集团供配货中心有限公司、一百集团房地产有限公司、一百集团商业设施公司、上文现代办公设备有限公司、上海中百鞋业有限公司、上海国际光学公司、上海东方超值连锁公司等企业,初步形成百货连锁、专卖连锁和集团供配货中心业务体系。

一百集团充分利用第一百货的牌誉优势,1996年起在合肥、长春、重庆、西安、太原、石家庄、南宁以及上海宝山、浦东等9个城市和地区开设连锁店和6家分店,基本形成拓展全国市场的网络框架。是年6月,一百集团龙头企业一百股份在德国柏林召开的"世界百货业联合会第五十届年会"

上，被吸纳为正式会员，成为中国内地唯一进入世界百货业联合会的成员单位，确立一百股份在中国百货业的领先地位。截至1996年，世界百货业联合会共有28家会员单位，所有的会员单位都体现其所在国百货业较高水平。是年，上海市第一百货商店取得ISO9002国际质量管理体系证书，在大型综合零售企业中第一家取得ISO9002证书。

1997年7月1日，一百集团对上海百货总公司、上海文化用品总公司所属经营机构有效资产实施重组，成立一百集团百文有限公司，探索具有竞争和辐射力的新批发贸易之路；对东方超值和家万全实施合并，形成百货超市连锁业态；一百集团房地产有限公司与时运房地产开发公司合并，对外两块牌子，对内一套机构。10月，由一百股份投资开发的第一百货商店（东楼）营业。该店位于南京东路六合路，主楼22层。裙楼1～11层为商场、餐饮、娱乐、博览、会务以及国际品牌展示大厅等，主楼12～22层为可自由分割的办公空间，地下2层为车库。是年，一百集团零售业务保持稳步上升的势头。一百股份销售额达到55亿元，连续13年保持全国同行业第一，同时也巩固和加强第一百货商店在中华第一商业街的龙头地位。第一八佰伴销售额达9.1亿元，比1996年增长27%。东方商厦在保持以高档为主的礼品化经营特色的基础上，积极引进世界名牌商品，扩大总代理、总经销业务，并在一些大型百货商店开设代理品牌的专柜。百文有限公司所属针织品总汇新开出针织品总汇“四川北路店”和“上文精品总汇”，经营态势良好。东方超值和家万全合并后，加速理顺和调整，百货超市连锁业态开始形成并初具规模，共有经营网点13个，营业面积28 263平方米。一百集团进出口贸易和对外合资合作也取得一定成效。1997年出口创汇1 720万美元（包括代理业务），进口商品165万美元。一百集团公司与日本丸红株式会社签订全面合作意向书，并就物流项目进行洽谈和论证；集团所属商业储运有限公司与新加坡港务局、香港上海招商局合资合作成立“上海招商新港物流有限公司”。1998年9月，市商务委同意一百集团与一百股份共同投资组建上海一百假日酒店有限公司，注册资本4 540万元。

由于日本八佰伴因海外投资失败而倒闭，香港八佰伴提出清盘申请，第一八佰伴由此陷入前所未有的困境。一百股份就日方持有的第一八佰伴19%股权转让问题，与日方八佰伴进行一年多时间谈判，于1999年2月14日达成协议。5月7日，一百股份收购日方在第一八佰伴19%股权获国家对外贸易经济合作部批准，最终以755万美元（原价的79.47%）价格受让日方在第一八佰伴19%股权。一百股份在第一八佰伴的股权比例达到64%，实现中方对第一八佰伴全面控制。同时，第一八佰伴获准在合营期间无偿使用日本八佰伴商标、商号，即冠名权。

2000年，一百集团重组浦贸总公司，成立新的上海一百置业公司，注册资本金1 000万元，将原房产公司的物业管理公司归并到浦贸总公司；又以一百杉杉大厦物业管理为基础，与东浩集团的瀛海三幸物业合资合作，接管第一八佰伴的物业管理。3月31日，一百集团宣布投资4.2亿元，建设全国最大的第三方物流配送中心——全方物流，主要设施包括计算机信息系统、立体仓库、半自动分拣系统、条形码管理系统、现场监控系统、卫星定位跟踪系统，并实行全新的“三全一快”服务体系，即：铁路、水运、公路、空运全方位服务，门对门、一票到底的全过程服务，24小时作业的全天候服务，以及当天见票、当天配送的快速反应机制。

2000年，一百集团在专业连锁经营上有新突破。“运动100”分别在南京、北京和长沙开设专卖商场，“通讯100”开出连锁卖场5家，“家电100”入驻沪西商厦5楼商场，“电脑100”入驻第一八佰伴和沪西商厦。在“走出去”的同时，还积极“引进来”。一百商城开设旅游新干线，建立上海首家大型综合性旅游交易服务市场。一店东楼引进“金丰·易居”购房中心；第一八佰伴在一楼商场引入汽车专卖厅，成为国内首家内设汽车展示厅的大型百货商厦。此外，一百股份设立“绿色环保投资基金”，开通“绿色网站”、开通热买热卖电子网站，建立 3 600 种可供商品在线目录。以“我流行，你时尚”为特色的女性时尚百货店——东方美莎淮海店于 12 月 24 日营业，并在商场设计、特色营销等方面有较新的创意。

2001 年 7 月 12 日，国家对外贸易经济合作部批文同意一百集团和日本国丸红株式会社合资设立“上海百红商业贸易有限公司”，总投资 2 亿元，注册资本 800 万元，其中一百集团以相当于 3 024 万元的土地使用权及 1 056 万元现金出资，占注册资本的 51%；丸红株式会社以相当于 3 920 万元人民币的美元现金出资，占注册资本的 49%。这是国内首家获批成立的中外合资批发企业，也是中国批发贸易业向外资开放的标志。合资公司经营范围是：国内商品和自营商品的国内批发业务；组织国内产品出口，仓储、简单商品加工、配送，自营商品零售业务。9 月，上海百红商业贸易有限公司成立。

2002 年，一百集团按照“整合资源，发挥优势，做强主业，联动发展”的基本思路，对东方商厦、第一八佰伴和一店东楼的优势资源进行整合，改变分散经营的方式，初步完成百货连锁的经营规划、业务流程、管理方式、运营机制等全方位设计。结合南京路、西藏路新一轮商业开发，形成对一店西楼毗邻地块进行综合开发、拓展经营空间、建设现代化的购物中心——一百商城的开发方案。在现代物流平台、苏州河沿岸房地产利用开发、对授权范围房地产资源市场化经营、组建投资管理公司对中小企业实施转制改制等方面形成方案或启动实施。是年，一百集团资产总额 67.53 亿元，净资产 15.06 亿元，全年经营总额 104.62 亿元，从业人员 9 208 人。

2003 年，一百股份对东楼、西楼的经营布局和商品结构作较大规模的调整。一店西楼共调整供应商 156 家，引进知名品牌 23 个，东楼引进南京东路独有品牌 1.5 个。第一八佰伴则在 10 楼引进新世纪影城、星时空卡拉 OK 等娱乐项目，拓展新的经营功能。4 月 25 日，一百集团同黄浦区政府就合作开发一百商城正式签署协议。随着开发资金的注入，一百商城项目开始实质性启动。

2003 年 4 月，一百集团重组进入新组建的百联集团。

表 1-1-1　1995—2003 年一百集团负责人任职情况表

姓　名	职　　务	任职时间
陈显钊	上海一百(集团)有限公司董事长	1995 年 6 月—1997 年 1 月
王清华	中共上海一百(集团)有限公司党委书记	1995 年 7 月—2002 年 3 月
	上海一百(集团)有限公司副董事长	1995 年 7 月—2002 年 3 月
叶连慇	中共上海一百(集团)有限公司委员会副书记兼纪律检查委员会书记	1995 年 7 月—1996 年 8 月
谭建华	中共上海一百(集团)有限公司委员会副书记	1995 年 7 月—1997 年 6 月
	上海一百(集团)有限公司副总经理	1997 年 7 月—2003 年 4 月
韩士章	上海一百(集团)有限公司总经理	1995 年 6 月—1997 年 7 月
张希平	上海一百(集团)有限公司副总经理	1995 年 6 月—1997 年 8 月
吴正林	上海一百(集团)有限公司副总经理	1995 年 6 月—1997 年 12 月
朱铉宪	上海一百(集团)有限公司副总经理	1995 年 6 月—2000 年 12 月
董文权	中共上海一百(集团)有限公司委员会副书记兼纪律检查委员会书记	1996 年 8 月—2003 年 4 月

〔续表〕

姓　名	职　　务	任职时间
董绍诚	上海一百(集团)有限公司董事长	1997年2月—2002年5月
	中共上海一百(集团)有限公司委员会副书记	
蒋禹照	上海一百(集团)有限公司常务副总经理	1997年1月—1997年7月
	中共上海一百(集团)有限公司委员会副书记	1997年2月—2002年3月
	上海一百(集团)有限公司总经理	1997年7月—2002年3月
吕　勇	上海一百(集团)有限公司总会计师	1997年7月—1998年7月
	上海一百(集团)有限公司财务总监	1998年7月—2003年4月
张新生	中共上海一百(集团)有限公司委员会书记	2002年3月—2003年4月
	上海一百(集团)有限公司董事长	2002年3月—2003年4月
王志刚	上海一百(集团)有限公司副总经理	2002年3月—2003年4月
汤建华	上海一百(集团)有限公司副总经理	2002年3月—2003年4月

第二节　管理架构及主要业务

一百集团董事会是集团最高权力机构，是重大决策的中心，董事长为集团总公司的法定代表。

董事会聘任总经理。总经理主持集团公司的日常经营管理工作，组织实施董事会的决策事项，并向董事会负责并报告工作。

成立之初，一百集团总部行政部门根据精干、高效的原则，设立财务部、业务部、人事部、国资管理部、办公室和审计监察室等4部2室。集团总部党群工作机构设党办、工会及团委。一百集团管理机构和直属经营机构共有员工471人，其中本部管理人员60人。

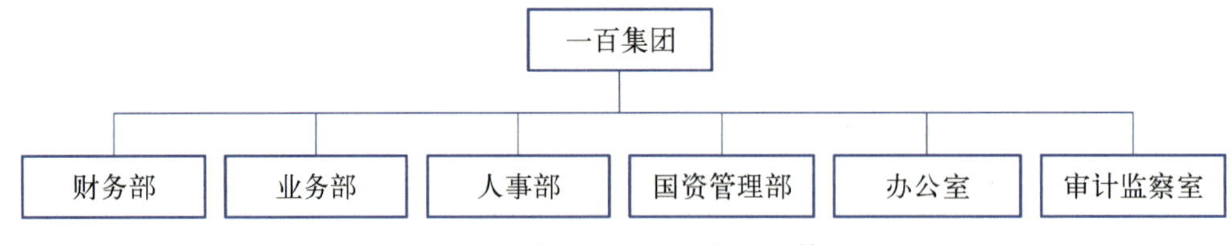

图1-1-1　1999年一百集团总部行政管理架构图

一百集团是集批发、零售为一体，内外贸易为一体，商流和物流为一体，商科工贸为一体的多元化经营的经济实体。成立之初，就确立立足上海、面向全国、跻身世界，建成规范化、现代化、高效率的大型企业集团的发展战略目标。集团经营范围包括授权范围内的国有资产经营与管理，实业投资，国内贸易，房地产开发经营及物业管理，自营进出口业务。集团主要业务为发展百货零售业、发展货仓式百货超市、探索百货连锁店、发展专业连锁。

一百集团在发掘和发挥集团的规模优势和市百一店的牌誉优势中，保持百货经营特色，推进百货连锁经营，增强商品经营力度。由此，集团成立上海一百百货连锁有限公司，迅速发展百货连锁经营，逐步形成拓展全国市场的基本业务布局。在零售业务中，形成百货连锁、专卖连锁、百货超市和一个供配货中心的业务体系，为拓展全国市场、扩大经营规模构筑业务框架。最终发展成为批零结合、工商结合、工贸结合、商科结合，各种行业综合发展的商业集团。

第三节　成 员 企 业

1995 年 7 月一百集团成立时，拥有全资企业上海市广告装潢公司、上海时运物业(集团)公司、上海文化用品总公司、上海百货总公司；控股企业上海市第一百货商店股份有限公司；参股企业上海东方商厦有限公司、上海东城商都实业公司。共有独立核算单位 108 个，在职职工 17 600 人，其中全民所有制企业职工 10 800 人；专业技术人员占职工总数的 21.4%，其中具有高级职称的 46 人，中级职称的 635 人，初级职称的 3 081 人。

1997 年，一百集团按照国有资产授权经营后的产权关系，以资产为纽带，在对所属企业进行改革和重组后，全资子公司调整为上海百货总公司、文化用品总公司、商业开发总公司、广告装潢公司、时运房地产公司等 5 家；控股子公司有第一百货商店股份有限公司、商业储运有限公司、一百集团百文有限公司、房地产有限公司、供配货中心有限公司、百货连锁有限公司、东方超值连锁有限公司等 7 家；一百集团投资企业有东方商厦有限公司、森夏国际贸易发展有限公司、一百集团交家电有限公司、东瀛美食有限公司、上海浦东发展银行、中国太平洋保险公司、天安保险股份有限公司、中创会计师事务所、武汉上海商品城有限公司、信汇实业有限公司等，形成以资产为纽带多元化、多层次的企业结构。

2002—2003 年，一百集团对一部分原直接管理的企业实施重组，从而形成新的组织架构，成立企业清理中心，对已停止经营及歇业的上海百货总公司、上海文化用品总公司、一百连锁有限公司、一百东方超值公司、上海商业开发总公司、上海广告装潢公司、一百供配货中心、一百集团百文有限公司等 9 户企业、94 个独立核算单位、414 个留守人员进行整合；成立人力资源管理中心，统一负责各成员企业分流人员的日常管理和转岗培训，使被动消耗人工成本变主动创造劳动价值；将一百物业和一百房地产公司归并到一百置业管理，使之成为市场竞争的主体；组建全方投资管理公司、河岸开发公司，管理中外合资百红商贸、广告公司及开发苏州河沿岸房产资源。由此，一百集团由原来的 14 家子公司调整为“6+2”基本架构，即 6 家成员企业和 2 个管理中心，形成一线商品经营企业、二线资本资产经营企业与处理历史遗留问题机构并存的管理格局。一百集团 6 家成员企业和 2 个中心分别为上海市第一百货商店股份有限公司、上海东方商厦、上海商业储运公司、上海一百置业有限公司、上海全方投资有限公司、上海河岸开发公司以及上海一百集团人力资源管理中心、上海一百集团企业清理中心。

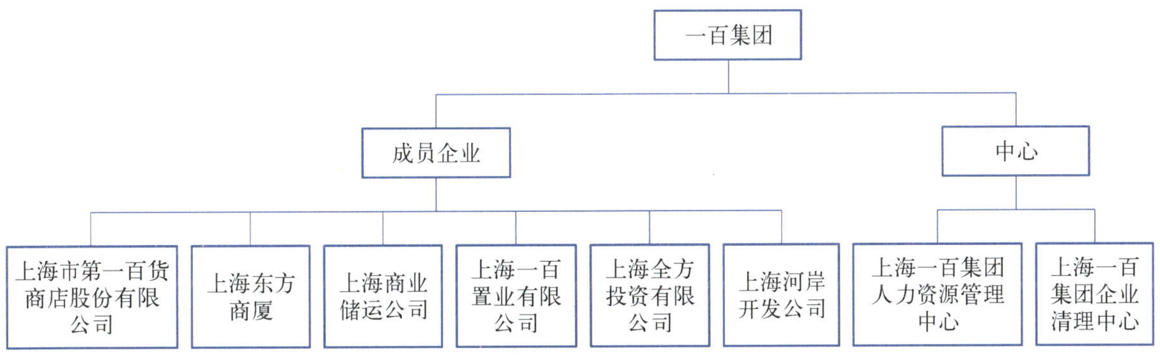

图 1－1－2　2003 年一百集团成员企业架构图

第二章 华联(集团)有限公司

1995年7月1日,华联(集团)有限公司(简称"华联集团")成立。华联集团是以资产为纽带,以商品连锁经营为主业,以国内外市场为拓展目标的商贸流通集团,是国家重点企业和上海市人民政府重点扶持的大型国有企业集团。集团拥有"穿在华联""美在妇女""时装之都"等经营特色优势;拥有专业经营交家电商品的规模优势;拥有"便民、利民、为民"的超市连锁优势。华联集团发挥集团资产、品牌和网络优势,推进强强合作,确立"大合作、大集约、大集团"战略,形成超市、便利店、专卖店、百货店、商品批发配送等五大主要连锁业态,并带动社区商业中心、房地产、广告装潢、拍卖、典当、旧货市场、外轮供应等业态共同竞争市场。华联集团重点扶植、发展"金照""勤俭""依都"和"东方明珠"等4个自有商品品牌。

第一节 沿 革

1995年7月1日,经中共上海市委、市政府批准,组建华联集团。华联集团性质为国有独资有限责任公司,是以资产为纽带的法人联合体,包括全资企业、控股企业、参股企业和关联企业。华联集团1994年销售总额33.02亿元,利润6 480万元,资产总额20.33亿元。

1995年12月22日,华联集团与泰国正大集团签约成立上海华联正大商业经营管理有限公司。合资公司以输出上海华联商厦牌誉和推广现代商业零售经营管理技术为手段,以接受委托管理为途径,参与商业经营管理。合资公司以华联集团控股(51%),并另以企业的牌誉收取管理费(0.5%),这在国内商业企业利用外资方面尚属首例。

1996—1997年,华联集团积极稳妥发展百货店连锁,以输出华联牌誉为主线,依托集团优势,先后开设新华联大厦、四川上海华联集团云龙商厦、上海华联集团安徽商厦以及苏州华联商厦。与外资、港资合资合作,一批合资项目先后落地或建成:引进国外先进经营管理专业技术,组建中日合资上海华联罗森有限公司,开出35家示范店铺;与华润集团合资建设时代广场;与泰国正大集团合作成立上海华联正大经营管理有限公司;与美国通用电器公司合作组建上海通用家电有限公司。同时,为了加强华联经济发展公司的竞争实力,引进港佳控股公司参股经济发展公司,重点开发GMS货仓式特大型超市等商业新业态,进入实质性启动阶段。所属上海华联国际信托贸易有限公司组建上海旧货市场(上海廉价商品调剂中心)。截至1997年年底,华联集团拥有大中型百货店11家(市外4家)、连锁超市300家(市外157家)、连锁便利店44家、连锁专卖店35家(另有连锁专柜100余个)、商品配送中心4个。

1998年,华联集团成立资产托管公司和置业公司。资产托管按照授权托管的原则,在调整信托贸易、服装鞋帽、广告等3家公司组织和经营结构的同时,积极探索新机制,为集团深化改革和托管中小企业积累经验。置业公司逐步承担集团授权房产土地的管理工作,与集团再就业服务中心通力合作,推动了集团再就业工程。是年,华联集团与港佳公司合资合作的第一家经营面积达15 000平方米大型综合超市——华联吉买盛彭浦店试营业。8月,华联集团与徐汇区政府签订投资重组上海新路达商业(集团)有限公司(简称"新路达")协议,发挥新路达集团优势业态,实现做大做强企业集团的目的。10月，上海华联(集团)有限公司更名为华联(集团)有限公司。12月，为了加速推进集约经营战略，发挥集团整体优势，加快对外经济发展，华联集团受让原华联股份在加拿大“华联中国之窗”55%的股权。

1999年，华联股份收购上海华润超市公司15家经营网点，经过调整加盟华联超市，增强了华联超市的规模竞争能力。上海交电家电商业(集团)公司交家电器和灯具总店剥离不良资产、人员分流后，注入新组建华联电工照明器材公司。华联集团组建“上海华联集团经济发展有限公司”(简称“经济发展公司”)，依托集团群体实力和综合优势，全方位探索和实施集团开拓市内外市场的发展规划，在四川成都组建上海工业品配售四川有限公司，并重点开发GMS货仓式特大型超市等商业新业态。同时，华联集团组建一批合资项目：与坦桑尼亚合作的中坦船舶供应有限公司、与新加坡合作的上海华仑食品有限公司、与美国麦当劳有限公司合资成立“上海华联麦当劳有限公司”。在专业连锁经营方面实施联合战略迈出新的步伐。12月30日，华联股份为了剥离公司的不良资产，注入良性资产，提高公司资产质量，华联集团受让华联股份持有的上海外轮供应有限公司46.15%的股权。华联股份受让华联集团家用电器有限公司和华联集团电工照明器材有限公司各90%的股权。是年，新路达汇丰药业、食品工业进入迅速发展期。经过业态调整，新路达百货商店辟出一个楼面加盟华联吉买盛，经营超市业务。到1999年，华联集团资产总额达到60亿元。

2000年6月23日，华联吉卖盛同心店开业。7月18日，华联股份在《上海证券报》发布公告，完成豁免要约收购华联集团持有的“时装股份”50%股票的重大事项。同时，华联股份持有的“华联超市”100%的股权转让给上海时装股份有限公司，华联超市通过借壳重组全部进入上海时装股份有限公司后，“时装股份”更名为“华联超市”，成为在上海证券交易所挂牌、股票代码仍为600825的上市公司。作为中国连锁超市的第一股，为集团业态归类和超市加速发展拓展了新的空间。

2000年，家电公司、电工照明公司进入华联股份，使百货、专卖板块实现有效对接，促进百货业态的调整和专卖业态的发展。同时，福兴大厦、外轮华仑物业公司委托置业公司管理，为集团房产物业板块集约拓展空间。7月8日，上海华联王震信息科技有限公司成立。华联股份网站开通。8月15日，华联超市大型配送中心建成运行。12月16日，华联商厦普陀店对外试营业。

2001年5月23日，由华联集团家用电器有限公司与上海互通创意广告有限公司合作创建的华联家电电子商务网站——华联家电网开通。8月8日，华联超市与杨浦区星地连锁超市股份有限公司签订合作协议，由华联超市向星地超市65家门点输出管理，从超市经营、物流管理、市场营销等各个方面全方位、立体化地对其进行管理指导，最终纳入华联超市的业务体系。截至年末，华联集团各连锁业态门店总数超过1 800家。是年，在中共上海市委、市政府及中共黄浦区委、区政府支持下，上海新世界(集团)有限公司与华联集团有限公司所属“PT网点”——上海商业网点发展实业股份有限公司签订资产注入协议，将其拥有的上海市第一医药商店有限公司整体资产，上海蔡同德药业有限公司50%股权，南京东路616号房产注入“商业网点”。

2002年，经上海市工商行政管理局批准，并经上海证券交易所公告，上海市商业网点实业股份有限公司更名为“上海第一医药股份有限公司”，从而完成“第一医药”借壳上市的全部工作，华联集团成为第一医药实际控制人，为上海“第一医药”无形资产升值、核心主业发展拓展空间。1月23日，根据“服务社区”的原则和“连锁、集约、创新”的思路而建设的华联社区商业中心落成开业。分设便民服务街、豫园小商品街、华联吉买盛、百货文化用品专卖、餐饮娱乐、健身美容中心和“邻里乐”社区服务中心等七大功能区域。7月1日，经上海市工商行政管理局批准，并报国家工商行政管理总局核准，上海华联集团经济发展有限公司更名为华联集团吉买盛购物中心有限公司。截至

2002 年年末，华联集团资产总额 64.28 亿元，经营规模 251 亿元，实现利润 2.21 亿元，拥有 3 家上市公司，经营网点达 2 000 家，员工 4 万余人，从业人员 18 330 人。

2003 年，新路达集团改制、重组力度进一步加大，组建房地产专业公司，对网点资源进行集中管理；筹集资金，先后收购今亚金店、金百汇公司职工所持有的股权，收购汇丰药业公司职工持股会所持有的股份，为下一步企业重组改革创造条件。是年，香港华润集团受让华联集团与港佳集团双方持有的华联吉买盛股权各 10%。集团不仅收回对华联吉买盛的全部初始投资 4 000 万元，而且为华联吉买盛引进颇具投资实力新股东，为吉买盛未来的发展奠定了坚实的基础。

2003 年 4 月，华联集团重组进入百联集团。

表 1-2-1　1995—2003 年华联集团负责人任职情况表

姓　名	职　　务	任 职 时 间
张新生	上海华联(集团)有限公司董事长	1995 年 6 月—2002 年 3 月
	中共上海华联(集团)有限公司委员会书记	1995 年 7 月—2002 年 3 月
徐高明	中共上海华联(集团)有限公司委员会副书记	1995 年 6 月—1998 年 3 月
	中共上海华联(集团)有限公司纪律检查委员会书记	
李才敏	中共上海华联(集团)有限公司委员会副书记	1995 年 6 月—1998 年 3 月
张达夫	上海华联(集团)有限公司副董事长	1995 年 6 月—1998 年 9 月
吕勇明	上海华联(集团)有限公司总经理	1995 年 6 月—2003 年 4 月
	中共华联集团有限公司委员会副书记	2002 年 3 月—2003 年 4 月
钱树仁	上海华联(集团)有限公司副总经理	1995 年 6 月—2003 年 4 月
蔡建民	上海华联(集团)有限公司总会计师	1997 年 7 月—1998 年 8 月
	上海华联(集团)有限公司财务总监	1998 年 9 月—2003 年 4 月
许新海	中共上海华联(集团)有限公司委员会副书记兼纪律检查委员会书记	1998 年 3 月—2002 年 3 月
凌承进	上海华联(集团)有限公司副总经理	1998 年 3 月—2003 年 4 月
胡瑞邦	上海华联(集团)有限公司监事会主席	1998 年 11 月—2003 年 4 月
赵　刚	上海华联(集团)有限公司副总经理	2002 年 3 月—2003 年 4 月
陈建军	上海华联(集团)有限公司副总经理	2002 年 3 月—2003 年 4 月
蒋禹照	中共华联集团有限公司委员会书记	2002 年 3 月—2003 年 4 月
刘晓敏	中共上海华联(集团)有限公司委员会副书记	2002 年 3 月—2003 年 4 月
	中共上海华联(集团)有限公司纪律检查委员会书记	

第二节　管理架构及主要业务

1995 年，华联集团成立后，按照精简高效的原则和管理职能的需要，完成总部机构的设置，设 3 部 2 室，共 31 人，实行“一人多岗，一岗多职”，制定岗位职责，经 3 个月的试运转，按聘任制的要求，管理人员与公司办理聘用手续。

经过一段时间运作，华联集团行政组织机构设置为：

董事会，下设董事会办公室、战略研究中心。

监事会，下设审计室、监察室。

总经理室，下设办公室、人事教育部、财务部、企业发展部、资产运营部。

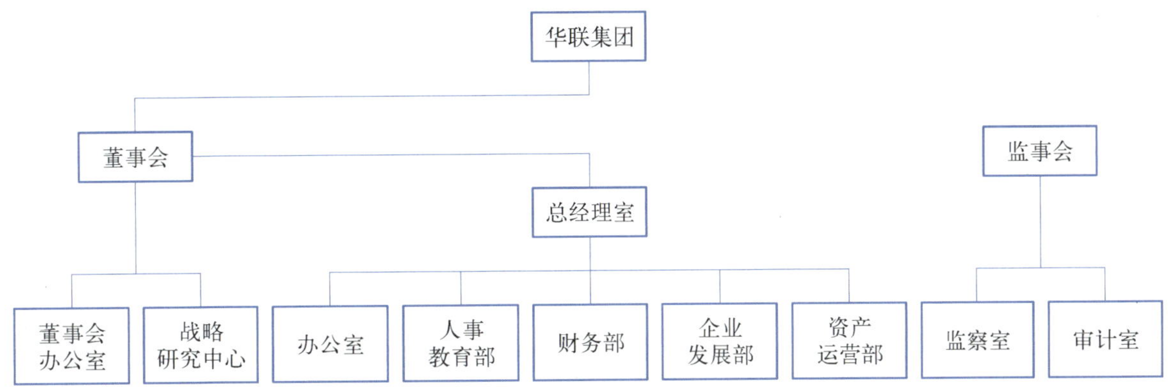

图 1－2－1 1998 年华联集团管理架构图

1999 年，华联集团成立劳动服务公司、审计中心和教育培训中心，使集团的整体发展功能进一步得到增强。

2000 年，华联集团总部设 2 室 4 部 4 中心：党委办公室、总经理办公室，人事部、财务部、发展部、资产经营部、审计中心、信息中心、教育培训中心、人力资源管理中心。党群系统有：纪检监察室、工会、团委。

华联集团逐步发展形成“穿在华联”“美在妇女”“时装之都”等经营特色优势；专业经营交家电商品的规模优势；“便民、利民、为民”的超市连锁优势。通过工商、商商、内贸、外贸广泛合作，形成一业为主、多业渗透、多元发展的大型商贸集团的发展方向，进一步明确“百货店连锁、专卖店连锁、超市连锁、便利店连锁、批发配送连锁”五大业态经营规划定位，进一步改变传统的、分散的、封闭的经营方式，推进经济增长方式由粗放型向集约型的转变，迅速壮大集团的经营规模和效益规模。

2000 年，华联集团积极扩展核心业务，发展新兴业态，形成集团业态化连锁集约经营的战略布局。华联超市经过市场风雨洗礼，已经成为具有较强发展能力的现代连锁经营企业。百货企业以华联商厦为代表，经过不断的结构调整、服务创新和效益经营，迈开现代百货连锁发展的新路。新设立的依都服饰公司、王震信息科技公司和投资重组后的汇丰药业、东方体育用品等专卖系列连锁公司充分依托集团的整体优势，在市场竞争中崭露头角。华联吉买盛大型综合超市业态顺应现代市场竞争趋势，迅速成为集团核心业务的主力军，显示强劲的发展能力。与此同时，集团还延伸业态分类管理的功能，成立集团置业公司，将集团授权经营管理的房产、土地和物业实行集约经营；成立资产托管公司，将集团非主业化经营的各类企业集中进行整合，促进其业态归类经营等。

第三节 成 员 企 业

1995 年，华联集团以资产为纽带的法人联合体，包括全资企业、控股企业、参股企业和关联企业。5 家全资企业是上海交电家电商业（集团）公司、上海市服装鞋帽公司、上海外轮供应公司、上海广告装潢展览公司和上海益商房地产公司。控股企业有上海华联商厦股份有限公司和上海时装股份有限公司。参股企业有上海托运服务部等。

为实现集团做大做强主业的目标，适应大集团的发展需要，集团根据经营业态布局和企业组织结构实施战略调整，积极推进企业从分散传统经营方式向专业集约经营方式的转变，按照现代企业制度和《公司法》的要求，运用公司之间的分立组合、产权转让、投资参股等多种形式，把对企业的公司制改造与重组优化结构结合起来，把各子公司改造重组为专业经营分工明确的连锁业态公司，先后改造清理上海交电家电商业(集团)公司、上海服装鞋帽公司、上海外轮供应公司、上海广告装潢展览公司、上海益商房地产公司；联动重组上海华联商厦股份有限公司和上海时装股份有限公司，把华联超市从华联商厦股份有限公司中剥离置换出来，装入上海时装股份有限公司，借壳上市，更名为华联超市股份有限公司；投资控股区属商业上海新路达商业(集团)有限公司；受让重组上海商业网点实业发展股份有限公司，使第一医药商店借壳上市；吸引境内外资金，合资成立华联吉买盛购物中心有限公司、上海华联罗森有限公司、上海华联麦当劳有限公司、上海可颂食品有限公司等新企业，发展新业态。

截至2003年，华联集团控股企业有：上海华联商厦股份有限公司、华联超市股份有限公司、上海第一医药股份有限公司、华联集团吉买盛购物中心有限公司、上海新路达商业(集团)有限公司、华联集团资产托管有限公司、华联集团置业有限公司、华联集团电工照明有限公司、华联集团家用电器有限公司、上海拍卖行有限责任公司、金照国际贸易有限公司、上海华联集团投资发展有限公司。中外合资企业有：上海华联麦当劳有限公司、上海可颂食品有限公司、上海华联罗森有限公司、上海华联港佳商业经营管理有限公司等。

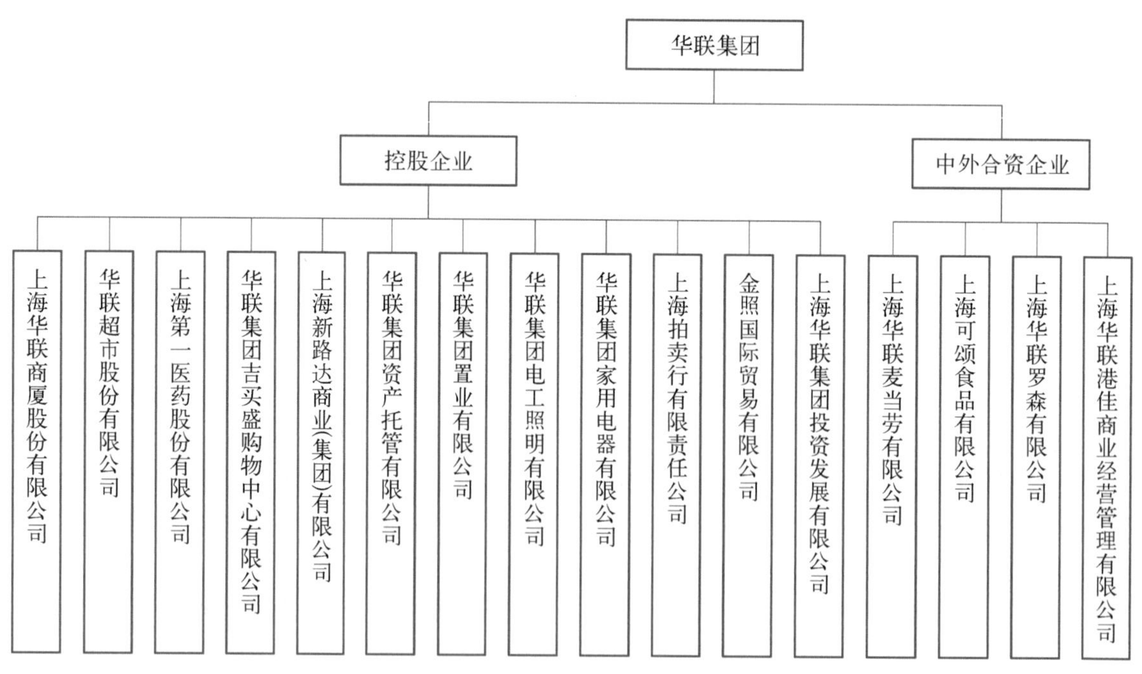

图1-2-2　2003年华联集团成员企业架构图

第三章 上海友谊(集团)有限公司

1995 年 7 月 1 日,上海友谊(集团)有限公司(简称“友谊集团”)成立。友谊集团以商业零售为主要经营行业,其中以连锁超市、特色百货、家庭装潢建材超市为核心业务,以购物中心、房地产业、国内外贸易、电子商务等作为延伸业务。友谊集团控股的上海友谊集团股份有限公司是同时发行 A、B 股的上市公司,由该公司控股的联华超市有限公司是国内规模最大的超市公司,拥有大卖场、标准超市、便利店等网点 2 000 多家。上海友谊百货有限公司以涉外零售、品牌商品为经营特色,拥有友谊商店、虹桥友谊城、南方友谊百货等著名商场。好美家装潢建材有限公司在市内外开设 15 家大型连锁展示式超市。友谊南方商城集购物、娱乐、餐饮和生活服务于一体,是国内最早探索的社区购物中心。友谊集团控股、全资子公司还包括三联集团、置业公司、物业公司、申宏公司、内外联合贸易公司等,主要经营著名品牌钟表眼镜、照相器材的批发零售、国内外贸易、房地产经营、物业管理等。

第一节 沿　　革

1995 年 7 月 1 日,作为上海首批 95 家现代企业制度改革试点企业之一的友谊集团挂牌成立。友谊集团是市国有资产管理办公室授权经营的国有独资公司,以上海友谊华侨股份有限公司(简称“友谊股份”)、上海五金机械总公司、上海金杨贸易公司、复兴岛仓库和包装服务部、上海中艺美术公司等 6 个单位为基础组建而成。友谊集团成立之初资产总额为 14.1 亿元,1994 年商品销售额为 14.58 亿元。

1995 年,五金机械总公司进行改革转制结构性调整,实施新老分开,企业“一分为四”。老企业上海五金机械总公司承担解决历史遗留问题的重担;组建新企业上海装潢总汇、上海工具五金总汇、上海五金机械总公司兴业公司,轻装上阵,在市场经济海洋中搏击风浪。重组复兴岛仓库与上海包装运输部,改制为友谊集团储运公司。9 月 18 日,友谊集团有偿收购上海纺织品总公司所属上海金杨贸易公司等 15 家企业。收购后的 15 家企业分别组建上海纺织品总汇、上海友谊集团房地产经营公司和上海产业用布批发公司等 3 家直属友谊集团的全资子公司。

1996 年 8 月,上海友谊供货有限公司成立。该公司以进口果汁为突破口,探索境外商品的总代理、总经销业务及为集团内外企业代理进口商品业务。先后拓展国外著名服饰品牌“华伦天奴”“阿罗”“托托”等在中国大陆总代理总经销业务。9 月 19 日,友谊集团与泰国正大集团双方总投资 3 750 万美元,注册资本 1 500 万美元(友谊集团出资 30%,正大集团出资 70%),成立上海友谊正大有限公司,目标是开发跨世纪的大型购物、娱乐中心。11 月 11 日,友谊集团与日本西友株式会社签署合资建立“上海友谊西友有限公司”意向书,总投资 1 250 万美元。1997 年 3 月 26 日,友谊西友公司成立,并很快开设多家营业面积在 1 000 平方米的超市。10 月,友谊集团启动对上海东海商都有限责任公司实施兼并。10 月 31 日,中共上海市委、市政府批准友谊集团与上海内外联综合商社(简称“内外联”)整机制合并组建新的友谊集团。新的友谊集团拥有子公司 22 家,其中全资子公司 11 家,控股子公司 8 家,参股子公司 3 家;代管企业 2 家。新添联华超市、上海申宏公司、上海商业建设总公司等成员企业。

1998年，友谊集团先后组建上海好美家装潢建材超市有限公司(简称“好美家”)、上海友谊集团经济发展有限公司、上海小林友谊日化有限公司、上海友谊商业进修学校、上海友谊曲阳商厦有限公司、上海友谊集团物流中心有限公司、上海商联建筑工程总承包有限公司，其中，好美家在其发展过程中逐步取代装潢总汇成为友谊集团三大主力业态之一。8月，友谊华侨股份购并上海八佰伴南方商城55%股份；9月，友谊集团对东海商都实行承担债务式整体兼并，对东海商都重新定位，提高商都的知名度与市场辐射力。12月9日，“上海联华超市有限公司”更名为“联华超市有限公司”。

1999年9月26日，位于梅陇地区中心的友谊南方商城开业，成为具有友谊特色的全市首家社区购物中心；9月底，东海商都实施调整后更名为上海友谊欧洲商城正式开业。10月10日，市商委把食品集团为民超市(含天天配送)整建制划转友谊集团，对联华超市加快实施“全国战略”具有重大意义。

2000年，友谊集团把浦发银行股权、北京路商厦产权和好美家装潢建材公司90%的股权、联华超市公司47.6%的股权和复兴岛物流基地置入友谊股份，友谊股份一跃成为国内最大商业类上市公司。友谊股份的百货业务组建为友谊百货有限公司。10月，友谊集团与复星高科技(集团)公司实施资产重组，双方共同投资组建友谊复星(控股)有限公司。合资公司注册资本4亿元，其中友谊集团出资2.08亿元，占注册资本的52%；复星集团出资1.92亿元，占注册资本的48%。为友谊集团新增外部现金流量和贷款额度。同时，友谊集团对一些非主力业态，属功能性的小企业，积极推进产权制度改革，在投资的9家有限责任公司中，实施退出国有资产投资的有3家，减持国有股的有6家，从总体上调整好国有资产的布局结构。11月27日，上海友谊华侨股份有限公司更名为上海友谊集团股份有限公司。

2001年11月16日，市政府批复同意联华超市有限公司变更为联华超市股份有限公司。

2002年7月，友谊集团出资7 260余万元对上海三联(集团)有限公司(简称“三联集团”)进行增资，持有该公司57%的股权。引进吴良材、茂昌、亨得利、亨达利等多个著名品牌眼镜、钟表、照相器材专业连锁业务。是月，联华股份以2.1亿元溢价单方面向华商集团有限公司增资，实现联华超市对华商集团的控股经营，增强联华对浙江零售市场的经营优势。

截至2002年年底，友谊集团形成连锁超市、特色百货、装潢建材超市等商业零售为核心业务，购物中心、房地产业、国内外贸易、电子商务等为延伸业务的业务体系。初步形成立足上海、纵跨国内18个省市的经营格局。控股的友谊股份，拥有联华超市、友谊百货、好美家等著名企业。控股、全资子公司还包括三联集团、置业公司、物业公司、中宏公司、内外联合贸易公司等，主要经营著名品牌钟表、眼镜、照相器材的批发零售、国内外贸易、房地产经营、物业管理等。资产总额80.59亿元，销售额223.4亿元，进出口总额约8 000万美元，实现利润20 336万元，营业网点2 007家，从业人员16 215人。

截至2003年3月，友谊集团采取多种方式对63家企业进行改制，其中放小退出29家，风险承包2家，破产清算歇业27家，内部业务整合5家。由职工或经营者出资购买股份或者业务的包括中艺美术、工具五金、五金原料、内外联商业公司等20家企业。对包括五金公司、纺织品总公司在内的27家企业进行破产歇业和清算。对友谊西友、物业等3家公司业务重复的企业，实施内部业务整合。对于友谊小林日化以及友谊正大等两家企业实施退股。

2003年4月24日，友谊集团重组进入百联集团。

表 1-3-1　1995—2003 年友谊集团负责人任职情况表

姓　名	职　　务	任职时间
钟华君	上海友谊集团公司董事长	1995 年 6 月—1997 年 8 月
	中共上海友谊集团公司委员会副书记	1995 年 6 月—1997 年 8 月
	中共上海友谊(集团)有限公司委员会书记	1997 年 8 月—2003 年 4 月
	上海友谊集团有限公司董事长	1997 年 8 月—2003 年 4 月
张国忠	中共上海友谊集团公司委员会书记	1995 年 6 月—1997 年 6 月
	上海友谊集团公司副董事长	1995 年 6 月—1997 年 8 月
张广晋	中共上海友谊集团公司委员会副书记兼纪律检查委员会书记	1995 年 6 月—1997 年 10 月
蒋禹照	上海友谊集团公司总经理	1995 年 6 月—1997 年 1 月
贾静升	上海友谊集团公司副总经理	1995 年 6 月—1997 年 10 月
	上海友谊集团有限公司副总经理	1997 年 10 月—2000 年 3 月
	上海友谊集团有限公司总经济师	2000 年 3 月—2003 年 4 月
王宗南	上海友谊集团有限公司总经理	1997 年 7 月—2003 年 4 月
	中共上海友谊(集团)有限公司委员会副书记	1997 年 10 月—2003 年 4 月
潘新民	上海友谊集团有限公司副总经理	1997 年 10 月—2000 年 3 月
倪正宇	中共上海友谊(集团)有限公司委员会副书记兼纪律检查委员会书记	1997 年 10 月—2003 年 4 月
朱健敏	上海友谊集团有限公司财务总监	1997 年 10 月—2003 年 4 月
朱家骝	上海友谊集团有限公司副总经理	2000 年 3 月—2003 年 4 月
林声勇	上海友谊集团有限公司副总经理	2000 年 3 月—2003 年 4 月
黄真诚	上海友谊集团有限公司副董事长	2000 年 3 月—2003 年 4 月

第二节　管理架构及主要业务

1995 年，友谊集团总部行政机构设总经理办公室、人事部、策划部、财务部、审计监察室，附设人力资源中心、审计中心、计算机中心、法律顾问室，党群机构设党委办公室、纪委、工会、团委等部门。

1997 年 10 月 30 日，友谊集团和内外联合并，集团总部机构设董事会秘书处、经济研究室、总经理办公室、人事部、策划部、财务部、审计监察室、党委办公室、纪委、工会、团委，附设人力资源中心、审计中心、计算机中心、法律顾问室。11 月 21 日，集团部室再作调整，撤销策划部、经济研究室，改设投资部、业务部、战略研究室，增设资产清理中心。

1998 年，友谊集团总部行政机构设置 4 室 4 部：经济研究室、财务总监室、总经理办公室、审计监察室；人事部、策划部、业务部、财务部；附设人力资源中心、法律顾问室、计算机中心、审计中心。10 月 14 日，友谊集团决定集团策划部有关信息收集、经营规划的发展战略及管理模式策划等职能并入总经理办公室，其余职能保留并更名为投资部。10 月 28 日，友谊集团总部行政机构设置经济研究室、财务总监室、审计监察室、总经理办公室、人事部、策划部、业务部、财务部，附设人力资源中心、法律顾问室、计算机中心、审计中心。

1999年3月1日，友谊集团成立资产清理中心。

2000年，友谊集团为适应重组后集团的管理工作，增设股份制办公室作为总部的一个职能部室。11月20日，股份制办公室更名为证券部。年底，集团总部部室包括总经理办公室、人事部、财务部、审计部、业务部、投资部、证券部、董事会秘书处。友谊集团原党委、工会线条的组织设置与职能与原结构相同。

2001年8月4日，友谊集团董事会同意公司总部机构设置调整的原则，根据友谊集团、友谊复星和友谊股份3个管理层面的不同工作重点设立相关机构。友谊股份符合证券管理部门对上市公司的规范要求，相对独立；友谊集团与友谊复星合署办公，各有侧重，友谊集团和友谊复星按照共性职能在机构上设立办公室、人事部、财务部、审计部、业务部、投资部、经济研究室7个部室，另根据友谊集团的个性职能设立资产经营中心、人力资源中心和资产清理中心。友谊股份机构设置按照上市公司"三分开"的规范要求，设立财务部、业务部、人事部、总经理办公室、股份制办公室。同时集团成立5个专业咨询委员会，分别是投资咨询委员会、预决算咨询委员会、劳动人事咨询委员会、法律咨询委员会、业务咨询委员会，作为与友谊集团、友谊复星进行沟通、协调的桥梁。同年，集团原经济研究室更名为战略研究室。

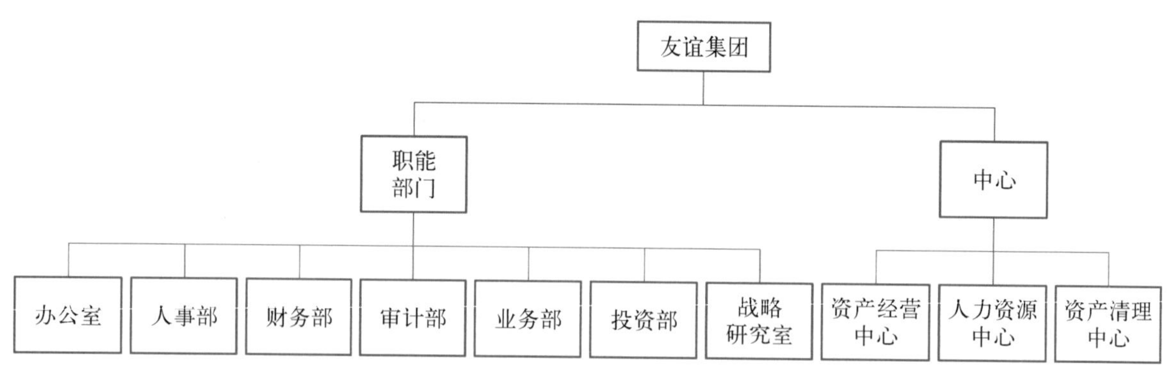

图1-3-1　2001年友谊集团管理架构图

友谊集团控股的友谊股份是同时发行A、B股的上市公司，由该公司控股的联华超市是国内规模最大的超市公司，在市内外拥有大卖场、标准型超市、便利店等各类超市网点2 000多家。友谊百货有限公司以涉外零售、品牌商品为经营特色，拥有友谊商店、虹桥友谊商城等著名商场。好美家在市内外开设15家大型连锁展示式超市，经营各类家庭装潢建材用品，并提供家庭工程装修服务。位于上海梅陇地区的友谊南方商城，经营面积8万平方米，集购物、娱乐、餐饮和生活服务于一体，是国内最早的大型社区购物中心。友谊集团控股、全资子公司还包括三联集团、置业公司、物业公司、内外联合贸易公司等，主要经营著名品牌钟表、眼镜、照相器材的批发零售、国内外贸易、房地产经营、物业管理等。

截至2002年年底，友谊集团形成三大主力零售业态和两大新兴零售业态。其中超市业态包括大卖场、标准店、便利店、折扣店；百货业态包括旅游百货、社区百货(调整都市百货)；专卖业态包括装潢建材超市(调整装潢总汇)、眼镜、钟表、照相、专业店、羊毛衫专业市场。两大新兴零售业态购物中心即社区购物中心、电子商务。同时，集团调整探索发展延伸业务。物业公司经营逐步进入专业化市场化经营，物业管理面积从最初的8万平方米扩展到107万平方米，其中集团内25万平方米，集团外82万平方米。置业公司形成集中管理集团资产自有物业面积达25万平方米和房产中介业务的拓展。贸易板块顺应市场潮流，转换机制，放小搞活。通过转制，集团还放手搞活五金业务、广告业务、纺织品业务，在扩大企业物流业务的同时，缩小第三方物流业务。

第三节 成员企业

1995年友谊集团成立之初，全资企业有上海五金机械公司、上海时运仓储运输公司复兴岛仓库、上海包装服务部；控股企业有上海友谊华侨股份有限公司；参股企业有上海虹桥友谊商城有限公司、上海八谊服饰有限公司、上海竹家庄置业有限公司和上海腾新广场等。

1996年，友谊集团全资子公司包括上海友谊集团储运公司、上海友谊集团置业公司、上海友谊集团纺织品总汇、上海友谊集团产业用布批发公司和上海五金机械总公司；控股子公司为上海友谊华侨股份有限公司；多元投资子公司有上海友谊供货有限公司；托管企业有上海纺织品总公司以及集体企业中艺美术公司。

1997年，原友谊集团与内外联整机制合并，组建新的友谊集团，并兼并东海商都。新的友谊集团拥有子公司22家，其中全资子公司11家（上海装潢总汇、上海工具五金总汇、上海五金公司、上海五金机械发展有限公司、友谊集团纺织品总汇、友谊集团产业用布批发公司、友谊集团置业公司、友谊集团储运公司、上海市商业建设总公司、天庭大酒楼、上海商贸实业公司），控股子公司8家（上海友谊华侨股份有限公司、上海友谊供货有限公司、上海申宏公司、上海内外联合贸易公司、上海内外联物业管理公司、上海内外联广告公司、上海联华超市有限公司、中华旅游纪念品公司），参股子公司3家（上海友谊正大有限公司、上海友谊西友有限公司、上海中艺美术公司），代管企业2家（上海五金机械总公司、上海纺织品总公司）。

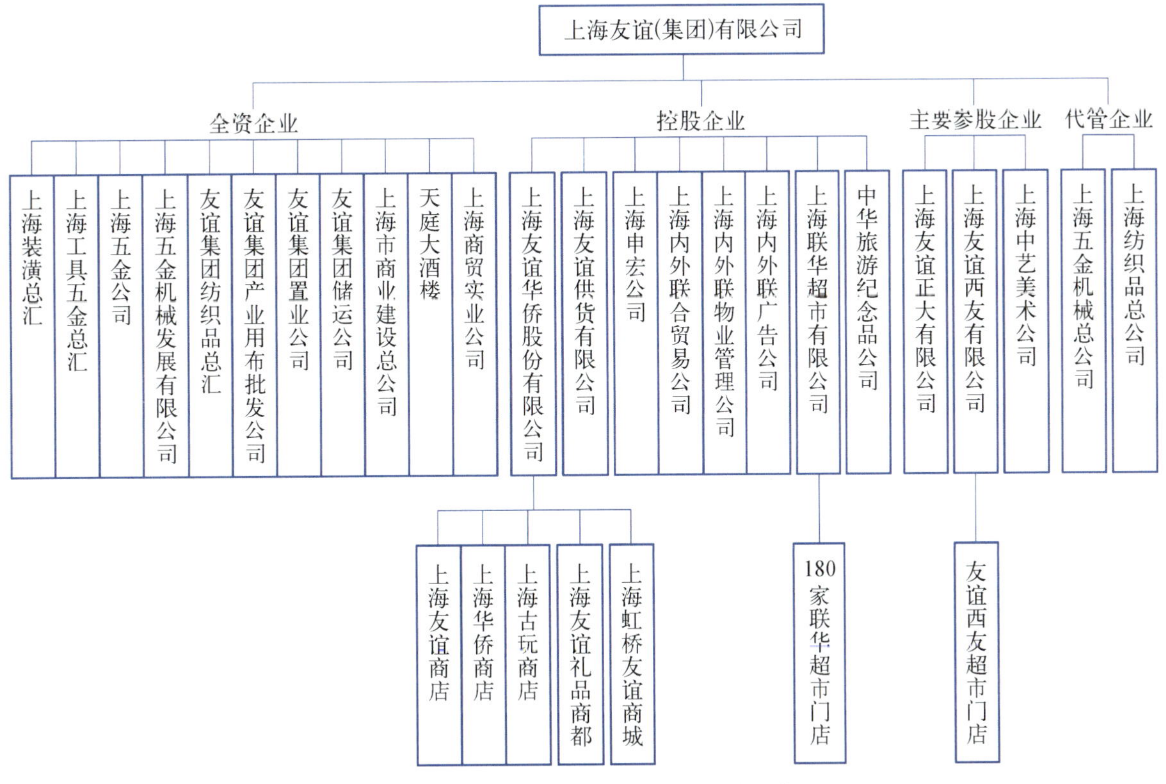

图1-3-2 1997年友谊集团成员企业架构图

截至1998年年底，友谊集团拥有子公司共计26家，按经济类型划分，其中股份有限公司1家，中外合资企业3家，有限责任公司8家，股份合作制企业1家，联营企业3家(其中1家已停业整顿)，国有企业10家(其中5家为停业整顿或代管企业)。按集团持股比例划分，其中全资子公司8家，控股子公司11家，参股子公司5家，代管子公司2家。上述26家公司中，剔除上述停业整顿及代管企业，集团正常营业的子公司为21家，其中15家为按《公司法》要求或外商投资企业规定组建的公司，占71.43%，尚有2家联营企业需要规范(申宏公司、内外联合贸易公司)，4家全资企业需要改制(装潢总汇、置业公司、天庭大酒店和五金公司)。

1999年，友谊集团拥有子公司25家，其中国有全资公司11家、控股公司10家，授权范围内子公司14家。集团所属上海友谊华侨股份有限公司、联华超市有限公司、好美家等企业在国内外具有较高知名度，并在全国同行业中经营规模居领先地位。

2003年4月，友谊集团系统内共有企业总数128家，按股权比例分类为全资公司13家，控股企业101家，对等控股4家，参股企业10家：按经营情况分类为正常经营企业116家，非正常经营企业12家；按公司性质分类为有限公司120家，股份公司2家，非公司法人6家。除了在清理中心的少部分企业以及申宏公司外，集团下属企业已经基本改制完毕，从而为集团的二次创业奠定了良好的基础。

第四章　上海物资(集团)总公司

1995 年 1 月 6 日,上海市物资局转制成立上海物资(集团)总公司(简称“物资集团”)。物资集团是集资产经营和贸易经营为一体的大型流通物资集团,主要从事生产资料贸易,经营大宗商品包括燃料(煤炭、油品)、钢材、化工、木材等原材料和机电、汽车(配件)、农业机械等产品。同时,物资集团发展电子商务、二手车交易和物流配送,并向剪切加工、产权经纪、拍卖典当、租赁服务、宾馆餐饮、房地产开发等多种领域延伸。物资集团拥有码头、铁路专用线、运输设备、储油罐和各类仓库等物流设施。物资集团拥有全资子公司和控股企业 24 家(其中全资子公司 14 家,有限责任公司 9 家,股份有限公司 1 家),事业单位 7 家,投资参股企业及关联企业近 200 家。

第一节　沿　革

1995 年 1 月,中共上海市委、市政府批准上海市物资局转制组建为上海物资(集团)总公司。1 月 6 日,物资集团成立暨集团开业庆典仪式在上海物贸中心大厦云集堂举行。7 月,物资集团被列入全市第一批现代企业制度试点单位,董事会确定“把集团总公司发展成为产业多样化、产权多元化、经营规模化、管理现代化的综合商社”的战略目标。1995 年,物资集团资产净额 9 亿余元,销售额 456 亿元,进出口额 3 亿美元,利润 4 991 万元。

1996 年,物资集团钢材、汽车、化工和机电四大业务,按国家级代理、海外代理和一般代理 3 个层次,完善代理制试点;参与上海产权交易市场建设,成为会员单位;筹建上海市旧车交易中心市场。成立国际商品拍卖有限公司,开展进口免税物资专卖、汽车检测线、木制品、建材等民品市场特色经营。同时,集团新办“三资”企业 2 家,上海紫菱金属有限公司(与日本三菱商事株式会社合资)、森远木业有限公司(与香港力飞集团合资);布设 2 个贸易机构,由集团总公司和 7 个子公司共同投资 600 万元建立的香港斯迈戈公司进入实质性的运作。金属总公司在德国杜塞尔道夫设立贸易机构。集团外高桥保税市场功能进一步完善,先后建立机电、金属、木材 3 家专卖店,进口免税物资专卖服务工作起步。集团发展租赁、生产资料交易、汽车配件超市及生活资料超市等各类市场,不断扩大经营范围和市场占有;先后兴办钢材剪切、木制品加工、机动车检测维修、汽车美容服务等一批实业;组建科教中心,理顺管理体系,落实“科教兴物”方针,努力提高科技含量和产品附加值。与此同时,物资集团对 150 家“小、散、差”企业进行收购、兼并、歇业、解体、改制、改造,减少独立核算法人企业 18.7%;有重点地清理联营企业和“三产”企业,个别子公司的托管、资产重组和结构调整试点逐步展开。是年,物资集团系统兼并企业 19 家,歇业 64 家,转制 3 家,分立 13 家。

1997 年,市政府批准由物资集团与第一拖拉机股份有限公司组建“上海强农(集团)股份有限公司”。由上海市木材总公司、加拿大嘉汉木业(集团)有限公司、上海宏业房产有限公司等共同发起组建的“上海木业(集团)股份有限公司”形成基本框架。上海金属材料发展总公司、上海市化工轻工总公司、上海市机电设备总公司、上海市国际信托贸易公司、上海市汽车配件总公司、上海市基建物资承包公司、上海海际保税贸易行等公司,分别采取整体改制、剥离改制和放小搞活改制等多种形式进行改制。截至 1997 年,针对系统内 804 个法人企业,进行分析排队,从国资保值增值和经营发展出发，集团系统内8家小企业分别改制为3家股份合作制、5家有限责任公司。

1998年，物资集团系统有171家企业进行各种形式的改制，其中，二级全资子公司发起设立股份有限公司1家，剥离改制有限责任公司1家，其他全资或控股子公司所属企业改制为有限责任公司34家，改制为股份合作公司10家。集团系统兼并企业16家，停、歇业企业81家，托管企业4家。物资集团通过股份合作制、有限责任公司、内部兼并、合资合作、承包经营、托管歇业等形式吸纳系统外法人投资8 754万元，同时吸纳职工入股、经营者出资、自然人出资等增量资金1.2亿元。

1999年，物资集团成立企业资产清理工作小组、建立汽车市场筹建工作小组。5月，对上海申物期货经纪有限公司进行清理整顿，其管理工作归入上海市燃料总公司浦东公司并承担清理后的原期货部的债权、债务以及税务。7月2日，成立物资集团进出口有限公司。12月19日，物资集团设立北京办事处。

2000年，物资集团成立上海工业商品交易中心网络有限公司；整合组建物资集团汽车贸易有限公司；投资组建上海华德美居购物中心有限公司；成立集团驻上海化学工业区和松江工业区办事处，参与组建并成立上海二手车市场。对经营范围类同、企业管理有差异的9家二级公司实行归并、托管、资产重组和破产等调整。确定发展现代物流的战略定位，构架以市场信息为先导、电子商务为依托、产品加工配送为主业、多式联运为手段、现代仓储为基地、金融保险为配套、标准服务为品牌的"七位一体"战略发展模式。同时，集团加大企业改制力度，对预算内的116家亏损企业实行一企一策，分别制定和落实有关措施，完成28家企业的公司化改造，对94家企业进行兼并、出售、承包、歇业、托管、破产等多种形式的改制。

2001年，物资集团推进并基本完成金属总公司剥离式改制和机电总公司重组式改制，调整企业结构和经营结构；浦东总公司依法破产工作取得实质性进展，至2001年年底，所属9家企业进入司法破产程序，其中2家结案；完成13家小企业的改革、改制。是年，物资集团组建上海现代物流投资发展公司，为集团现代物流建设统一发展和规划打下基础；投资参股上海国际汽车城发展有限公司建设，持有20%股份。投资参股俄罗斯海参威公司、圣彼得堡公司和上海申通新加坡公司。

2002年5月18日，上海东方典当有限公司开业。6月6日，物资集团首家经国家外经贸部批准的境外企业——申通新加坡公司开业仪式在新加坡举行。是年，物资集团营业收入120.64亿元，资产总额83.29亿元，从业人员8 277人。

2003年，物资集团投资成立上海化学危险品交易市场，加快现代物流建设，全力推进长桥物流园区建设；与鞍钢联合，共同投资组建上海鞍钢钢材加工基地；与德国欧倍德(OBI)合资组建建材装潢超市。集团重点加大对中小企业的改制和清理力度，对38家小企业实施多元化改制改造，加快国资退出步伐，对连续亏损、扭亏无望的小企业实施歇业清理，制止"出血点"。

2003年4月24日，物资集团重组进入百联集团。

表1-4-1　1994—2003年物资集团负责人任职情况表

姓　名	职　　务	任职时间
顾文荣	中共上海物资(集团)总公司委员会书记	1994年10月—1999年9月
	上海物资(集团)总公司董事长	
李厚圭	中共上海物资(集团)总公司委员会副书记	1994年10月—1999年9月
	上海物资(集团)总公司副董事长、总裁	

〔续表〕

姓　名	职　　务	任职时间
熊心光	中共上海物资(集团)总公司委员会副书记	1994 年 10 月—2003 年 4 月
周晓红	上海物资(集团)总公司副总裁	1994 年 10 月—1996 年 6 月
王寿芝	上海物资(集团)总公司副总裁	1994 年 10 月—2001 年 6 月
余志刚	上海物资(集团)总公司副总裁	1994 年 10 月—2003 年 4 月
陈宝叶	上海物资(集团)总公司副总裁	1996 年 1 月—2000 年 3 月
曹新华	上海物资(集团)总公司巡视员	1995 年 1 月—1996 年 12 月
肖义家	中共上海物资(集团)总公司委员会书记	1999 年 9 月—2003 年 4 月
	上海物资(集团)总公司董事长	
王　坚	中共上海物资(集团)总公司委员会副书记	1999 年 9 月—2002 年 7 月
	上海物资(集团)总公司总裁	
周纪东	上海物资(集团)总公司副总裁	1999 年 9 月—2003 年 4 月
朱宁宁	上海物资(集团)总公司副总裁	1999 年 9 月—2003 年 4 月
卢宗炤	中共上海物资(集团)总公司纪律检查委员会书记	1990 年 5 月—1996 年 12 月
周佩珍		1996 年 12 月—2003 年 4 月

第二节　管理架构及主要业务

物资集团从组建起就按《公司法》规定，完善董事会、监事会、总裁班子三方面相互联系、相互制约的法人治理结构。同时，集团精简管理部门和管理人员，从十几个行政处室调整为 5 部 1 室，为建立精简高效的组织结构创造条件。

1998 年，物资集团本部设办公室、发展部(审计室)、财务部、经营部、国际部、科教中心、集体联社；纪委(监察室)、组织部、宣传部、工会、团委、原物资局市场处(法律顾问室)等 10 余个部门。同时，设有上海物资流通行业协会(学会)等 10 多个社团法人。集团总部在编干部职工 150 人左右。总部直接投资开办的行政“三产”、工会“三产”及社团组织等共计 16 个。

1999 年，物资集团本部原行政职能机构作相应调整，设置办公室、市场开发部、资产财务部、国际贸易部、人事保卫部、监察审计室、法律顾问室。原集团总公司信息中心和集体经济联社按事业法人和社团法人运作，不再履行集团总部行政职能。

2000 年 1 月，物资集团机构设置调整为：党委工作部门，党务部(对外设置为党委办公室、组织处、宣传处、统战处)、干部处(与人力资源部合署办公)、老干部处。行政工作部门，办公室、财务部、商务部、资产部、发展部、人力资源部(与党委干部处合署办公)、监察审计室(与纪委合署办公)、信息中心(挂靠办公室)、教育培训中心(挂靠人力资源部)、结算中心(挂靠财务部)。

物资集团主要从事生产资料和生活资料贸易，经营业务从燃料(煤炭、油品)、钢材、化工、木材等原材料和机电、汽车(配件)、农业机械等大宗商品贸易，向电子商务、二手车交易和物流配送，以及剪切加工、产权经纪、拍卖典当、租赁服务、宾馆餐饮、房地产开发等多种领域延伸。经营方式为

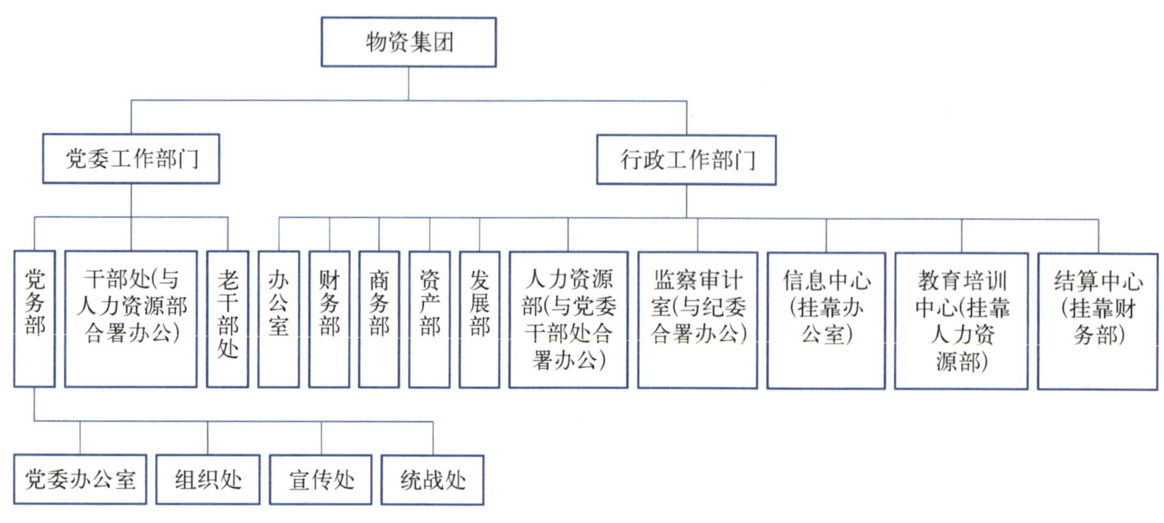

图 1-4-1　2000 年物资集团管理架构图

批发、零售、现货、期货、代购、联销、生产、回收、加工、租赁、投资、开发、调剂串换、进出口、转口、易货贸易、保税业务、展览、咨询服务等。

物资集团在重点培育的燃料油、钢材、有色金属、汽车、木材、化工材料、机电、煤炭等八大类大宗商品贸易业务外,加快现代物流建设,全力推进长桥物流园区建设,同步推进进口木材物流中心建设、罗泾燃料配送基地建设等;拓展与主业密切相关的流通加工服务,与鞍钢联合,共同投资组建上海鞍钢钢材加工基地;开辟新的经营业态,与德国欧倍德(OBI)合资组建建材交易市场。

第三节　成员企业

物资集团组建初期,拥有全资子公司和控股企业 24 家(其中全资子公司 14 家,有限责任公司 9 家,股份有限公司 1 家),事业单位 7 家,投资参股企业及关联企业近 200 家。

1998 年,物资集团系统有独立法人单位 635 家,其中全资子公司和控股企业 24 家(其中全资子公司 14 家,有限责任公司 8 家,股份有限公司 2 家),事业单位 7 家。经营网点 843 个,仓库 211 个,土地面积 240 余万平方米,铁路专用线 14 条,专用码头 10 座,液体化工、燃料储罐 10 万立方米。全资子公司包括上海市金属材料总公司、上海市金属材料发展总公司(含上海海际物产保税贸易行)、上海市木材总公司、上海市化工轻工总公司、上海市汽车配件总公司、上海市机电设备总公司、上海市燃料总公司、上海市国际信托贸易公司。股份公司有上海物资贸易中心股份有限公司、上海强农(集团)股份有限公司。事业单位分别是上海市物资学校、上海物资(集团)总公司党校、上海物资(集团)总公司信息中心。其他企业含上海物资集团房地产有限公司(系统内投资)、上海新物业建设公司、上海市旧机动车交易市场(含上海市汽车配件总公司储运公司)、上海国际商品中心拍卖有限公司(多元投资)、斯迈戈(香港)有限公司(系统内投资)、上海外高桥保税区生产资料交易市场等。

截至 2000 年年底,物资集团二级公司 15 家,其中全资子公司 7 家,包括燃料总公司、金属总公司、化轻总公司、机电总公司、木材总公司、国际信托公司、浦东总公司,控股、参股公司 8 家,分别为物贸中心、强农公司、上物汽车公司、资产管理公司、物资集团进出口公司、物资集团房产公司、上海二手车市场、工业商品网络公司。进入授权经营合并范围的总企业数为 224 家。

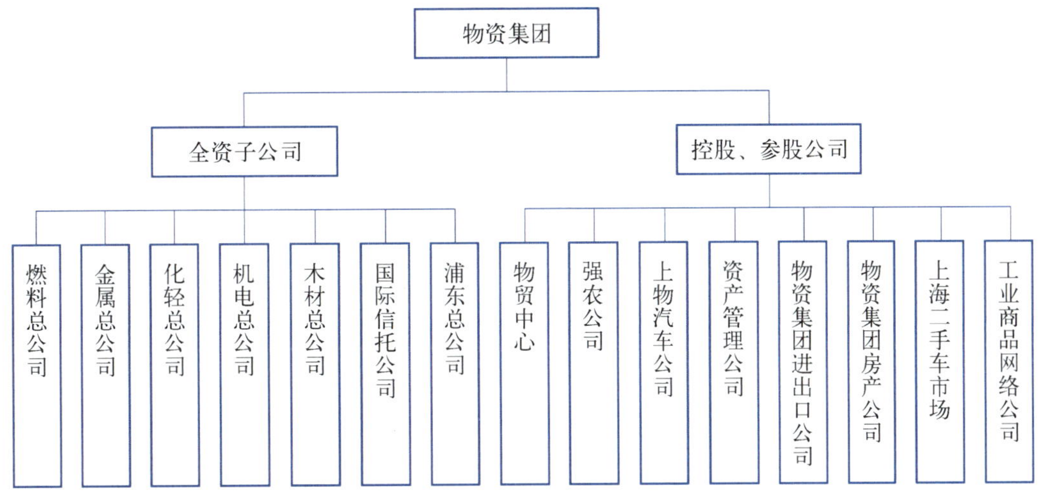

图 1－4－2　2000 年物资集团成员企业架构图

第二篇

集团组建与组织体系

概　述

2001 年 12 月 10 日，中国正式成为世界贸易组织（简称“WTO”）第 143 个成员，并承诺从 2004 年 12 月 11 日起流通业对外资全面开放。为应对 WTO 开放分销领域和服务贸易领域带来的挑战，积极参与国际合作与竞争深化国资国企改革，中共上海市委、市政府研究决定，按照专业化分工协作和规模原则，通过联合、重组等形式，组建一批拥有著名品牌和自主知识产权、主业突出、核心能力强的大型企业集团。中共上海市委、市政府领导组成专门调研小组，策划组建上海流通产业集团，以减少国有商业企业集团内耗和同质化竞争，形成核心竞争力。在中共上海市委、市政府的直接领导下，上海国资国企资产重组取得重大突破。

2003 年 4 月 17 日，市政府批复同意组建上海百联（集团）有限公司，为国有独资有限公司，由市国资办实施归口管理，要求按照现代企业制度进行运作，优化上海商业流通企业经营模式，提升企业核心竞争力，以适应现代流通产业发展需要。4 月 18 日，百联集团召开第一届董事会，通过《上海百联（集团）有限公司章程》，任命高级管理人员，决定集团总部机构设置的原则框架，提出筹建阶段决策。4 月 21 日，百联集团筹建组 35 人全部报到就位，立即开展制定百联集团发展战略和管理制度、实施国有资产清产核资、建立上下线条对接信息沟通机制。4 月 24 日，百联集团有限公司揭牌成立。经过 5 个月的筹建，集团确定总体发展战略，制定资产、资金、预算、投资等规章制度，明确设立超商、百货、生产资料、专业专卖、购物中心、房产置业、物流配送和综合业务 8 个事业部及企业清理、人力资源、教育培训、审计 4 个中心的机构设置方案，基本形成事权明确、流程清晰的管理架构，开展总部和事业部管理人员全面竞聘上岗置换身份的工作。11 月 14 日，集团召开八大事业部和各有关成员企业干部会议，宣布进入事业部成员企业名单，加快推进业务整合。2003 年年底，百联集团顺利完成第一阶段组建任务。

百联集团按照市国资委要求，深化现代企业制度建设，不断完善治理结构，形成董事会、监事会、经营层各负其责、协调运转、有效制衡的治理机制。制定《上海百联（集团）有限公司董事会议事规则》和《董事会会议管理办法》。2005 年，集团作为市国资委确定的“以建立健全国有大型公司董事会为重点，抓紧健全法人治理结构、独立董事和派出监事会制度”的试点集团，制定试点方案，修订公司章程，组建董事会专门委员会。2008 年，集团被市国资委提升为 5 家“规范董事会”建设单位之一；2009 年 5 月，设立外部独立董事。根据上海国资国企工作会议“规范董事会”建设新部署，2010 年，百联集团董事会获集团经营班子副职的选聘任免权，并根据国资国企管理要求，建立短期激励与长期激励互为补充、收入和业绩挂钩、能全面体现企业领导人员贡献的薪酬分配机制，分类推进对各类人才的中长期激励等配套工作。集团监事会建立并完善工作制度、工作细则和行为规范。结合集团经济工作难点，确定年度协同监管课题；督促集团加强企业内控制度建设；开展重大投资项目专项检查，提出风险警示和预防建议；监督成员企业实行监事会制度；探索对重大决策、重大投资评估方法，全面客观反映方案、过程和效果，反映国有资产的竞争力和控制力；编制监事会对董事会的任期评价报告。集团总裁室不断完善管理制度，通过制度建设，提升管理效率，防范经营风险。2003 年 4 月—2010 年，集团总裁室陆续制定修订综合管理、投资管理、资产管理、财务管理、人事管理、运行及品牌管理、法务管理、安全管理八大类制度 58 部，并不断补充完善，使经营管理工作更加规范化、程序化。拓展日常行政管理幅度和深度，建立完善总裁办公会议、总裁专题会议、行政办公会议、月度经营分析会、业绩评审会和年度工作会议。进一步加强上下信息沟通，及时解决问题，促进各职能部门改进工作作风，提高办事效率。

2003 年 11 月，百联集团完成建立过渡阶段的组织架构与管控模式，即“集团总部—事业部（中心）—经营企业”三层次的组织架构及相应的管控模式。集团总部行政职能部门设二室、五部、一中心，党群部门设 4 个工作机构；设超商、百货、生产资料、专业专卖、购物中心、房产置业、物流配送、综合业务 8 个事业部和企业清理、人力资源、教育培训、审计 4 个中心。事业部、中心作为集团总部的组成部分，是集团总部管理与经营职能的延伸，对所属企业（机构）的相关人、财、物实施集中管理，集约经营。逐步建立国际通行的扁平化组织结构及战略控制与一体化经营相结合的管控模式。2005—2009 年，事业部公司化改造全部完成，8 个事业部转制为 7 家独立核算公司。

截至 2013 年，集团总部董事会、监事会、党群和行政工作部门共有 17 个，延伸管理职能中心 3 个。直接管理的成员企业 10 家，分别是联华超市股份有限公司、上海百联集团股份有限公司、上海物资贸易股份公司、上海现代物流投资发展有限公司、百联集团置业有限公司、上海新路达商业（集团）有限公司、上海三联（集团）有限公司、上海百联集团资产经营管理有限公司、百联电子商务有限公司、百联集团财务有限责任公司。

百联集团经过 10 年重组整合、转型发展，逐步形成以资产为纽带，以拓展国内市场、连接国际市场为目标的竞争优势，确立“综合百货、超商业务、生产资料贸易”三大核心业务和“商业置业、物流配送、电子商务”三大培育业务。截至 2013 年，集团实现营业收入 1 639.16 亿元，比 2003 年增长 2.94 倍；实现利润总额 24.15 亿元，比 2003 年增长 2.98 倍。百联集团在职员工超过 5 万人，从业员工 17 万余人，成为国内最大的流通产业集团。2013 年，进入世界 500 强，排名第 466 名；位列中国服务业企业 500 强第 34 位、上海企业 100 强第 7 名。在零售贸易业和生产资料批发贸易业中，保持多个业态行业名列前茅的经营业绩。

第一章 集团组建

百联集团于2003年4月24日成立，为国有独资公司，注册资本10亿元。经营范围为国内贸易、生产资料、现代物流、商业房地产开发等。截至2003年底，集团营业收入415.40亿元，利润总额6.07亿元。集团基本完成筹建准备。2004年，集团进入第一个完整财务年度。经过10年整合发展，百联集团拥有超商、综合百货、生产资料贸易三大核心业务和物流配送、商业房产、电子商务三大培育业务；拥有百联股份、物贸股份、联华股份、第一医药股份等4家上市公司；拥有遍布全国25个省市5 000余家营业网点。经营业态几乎涵盖国际商贸流通集团现有的各种业态，如百货、标准超市、大卖场、便利店、购物中心、品牌直销广场、专业专卖店、物流配送、电子商务等。集团还拥有一批享誉国内外的知名企业，如第一百货商店、永安百货、东方商厦、第一八佰伴等百货商店；百联南方、西郊、中环、双一城等购物中心；百联奥特莱斯品牌直销店、联华超市、华联超市、第一医药等一批知名企业。2013年，集团实现营业收入1 639.16亿元，比2003年增长294.41%；实现利润总额24.15亿元，比2003年增长297.86%。其中，三大核心业务营业收入占集团全部营业收入比重达到95.86%，利润总额所占比重为78.55%。2013年，百联集团以年营业收入252.02亿美元，首次跻身世界500强第466位。

第一节 组建过程

2001年12月10日，中国正式成为世界贸易组织第143个成员，并承诺从2004年12月11日起流通业对外资全面开放。在政策层面上，为迎接国际竞争，国家鼓励按照专业化分工协作和规模原则，形成产业内的适度集中、企业间充分竞争，以大企业为主导、大中小企业协调发展的格局，并鼓励上市、兼并、联合、重组等形式，形成一批拥有著名品牌和自主知识产权、主业突出、核心能力强的大公司和大型企业集团。在业界，上海商业许多有识之士呼吁组建流通产业集团，减少国有商业企业集团内耗和同质化竞争，联合起来，形成核心竞争力，真正成为市场竞争的主体。中共上海市委、市政府领导为此组成专门调研小组，由市领导挂帅，策划组建上海流通产业集团，起草方案和汇报稿。

为适应现代流通产业发展的世界潮流，优化上海商业流通企业经营模式，提升企业核心竞争力，参与同世界跨国公司的国内市场竞争，保持行业领先地位，实现国有资产在更大范围的优化配置，2003年4月4日，上海市国有资产管理办公室(简称"市国资办")向市政府请示以一百集团、华联集团、友谊集团、物资集团为基础，通过国有股权整合的方式重新设立组建上海百联(集团)有限公司。是日，中共上海市委决定建立中共上海百联(集团)有限公司委员会，由中共上海市国有资产管理办公室委员会领导；张新生同志任上海百联(集团)有限公司委员会书记。4月6日，中共上海市委、市政府召开关于组建百联集团专题会议。4月14日，中共上海市国有资产管理办公室委员会决定，王宗南任中共上海百联(集团)有限公司委员会副书记，刘晓敏任中共上海百联(集团)有限公司委员会副书记、纪律检查委员会书记，肖义家、吕勇明任上海百联(集团)有限公司副董事长，吕勇任上海百联(集团)有限公司财务总监人选，周纪东、王志刚任上海百联(集团)有限公司副总裁人选。4 月 15 日，市政府同意张新生任上海（百联）集团有限公司董事长。4 月 17 日，市政府批复同意组建上海百联（集团）有限公司，注册资本 10 亿元，为国有独资有限公司，具有独立的法人资格；由市国资办实施归口管理，董事长为法定代表人，并要求百联集团按照现代企业制度进行运作，优化上海商业流通企业经营模式，提升企业核心竞争力，以适应现代流通产业发展需要。是月，市政府同意钟华君任上海百联（集团）有限公司监事会主席。经中共上海市国资办党委讨论并报中共上海市委预审同意，王宗南为上海百联（集团）有限公司总裁人选。

4 月 18 日，百联集团召开第一届董事会第一次会议。会议审议通过《上海百联集团章程》《上海百联（集团）有限公司章程》，并就有关高级管理人员任命作出决定。会议讨论决定集团总部机构设置的原则框架，确定集团办公场地（上海市汉口路 398 号华盛大厦 25 楼）；对百联集团筹建阶段 4 个集团公司董事会决策活动提出要求；通报 4 个集团正在推进的重点项目和主要工作等。会议形成以下决议：根据中共上海市委、市政府决定，一致同意张新生担任上海百联（集团）有限公司董事长。一致同意肖义家、吕勇明担任上海百联（集团）有限公司副董事长。同意聘任王宗南为集团公司总裁；聘任吕勇为集团公司财务总监；聘任周纪东、王志刚为集团公司副总裁，聘任浦静波、徐波为集团公司总裁助理。

4 月 21 日，集团筹建组 35 人全部报到就位，并开展如下几方面工作：抓紧制定百联集团发展战略，物色世界知名咨询公司提供战略决策咨询；抓紧制定百联集团管理制度，集团一旦成立即做到规范运作；抓紧对一百、华联、友谊、物资 4 个集团的国有资产调查摸底，清产核资，为下一步资产重组打好基础；加强信息沟通，对上级有关领导部门、对下属 4 个集团及各公司进行线条对接，保持信息畅通。

4 月 24 日，中共上海市委、市政府主要领导为百联集团成立揭牌。

百联集团的成立，是中共上海市委、市政府为深入贯彻中共十六大精神，深化国资、国企改革的一项重大举措，也是上海流通业应对 WTO 开放分销领域和服务贸易领域带来的挑战，积极参与国际合作与竞争的重大举措，百联集团通过国有资产的重组、企业股权的转让和联合兼并的形式，初步形成以资产为纽带，以拓展国内市场、迎接国际竞争为目标的竞争优势，促进上海商贸流通产业发展做大，打破工业和商业之间的行业限制和部门限制；重组一百、华联、友谊、物资等大企业集团，结束该领域国资自我竞争局面，为进一步整合上海商贸流通、现代物流、连锁超市等资源，做强商贸流通集团创造必要条件。

4 月 28 日，百联集团在海鸥饭店海泓堂会议厅举行集团系统首次干部大会。集团党政班子成员，一百、华联、友谊、物资 4 个集团党政班子成员，百联集团总部全体筹建人员以及 4 个集团管理层干部共 380 余人参加会议。市国资办主要领导出席会议并作重要讲话。集团党委书记、董事长张新生强调组建百联集团的目的、意义和组建过程中的工作要求。

5 月 8 日，百联集团举行发展战略咨询听证会，听取罗兰・贝格、波士顿、麦肯锡 3 家咨询公司“关于百联发展战略咨询建议书”的报告，为集团最终选择其中的一家作为战略咨询顾问提供决策依据。是月 15 日，市委常委、副市长冯国勤来百联集团调研，市政府副秘书长、市国资办有关领导以及有关部门负责人参加。市领导听取百联集团筹建以来主要工作情况汇报，并对百联集团下一步重组发展工作作重要指示。

6 月 6 日，百联集团召开清产核资动员、布置工作会议。市国资办统计评估处应邀到会指导工作。百联集团清产核资领导小组成员、清产核资办公室成员，一百集团、华联集团、友谊集团和物资集团 4 家集团的清产核资领导小组及工作小组负责人参加会议。为确保平稳有序过渡，顺利完成清产核资和原四大集团的接收工作，在实施清产核资过程中，集团各成员企业依照市国资办、市清产办与百联集团清产核资工作要求及部署，建立清产核资工作班子、制订实施计划。经过3个多月清产核资工作，四大集团均完成对原集团系统的企业户数、资产、负债和权益的清查、核对、登记，提出待核不实资产申报数据，根据四大集团上报数字，百联集团在认真复核的基础上，向市国资委汇报、登记。与此同时，百联集团平稳有序地做好四大集团的接收工作。

8月27日，百联集团召开总部管理人员竞聘上岗动员大会。集团总部董事会、党委、行政3个系列36个工作岗位实行公开招聘。

9月27日，百联集团在四季酒店三楼宴会厅召开“打造中国第一，世界一流的流通产业集团——上海百联集团新闻发布会”。在沪的45家新闻媒体参加发布会。会上介绍集团概况、集团过去几个月的主要工作和成效、集团今后的重组与发展战略，包括集团使命与愿景、业务组合战略、管控模式、业绩文化等。

9月29日，百联集团举行发展战略咨询方案论证会，邀请有关领导和专家对麦肯锡公司所作的百联集团发展战略咨询方案进行论证。

9月30日，百联集团召开第一届董事会第三次会议。会议审议通过《集团公司国有股权管理暂行规定》《集团公司房地资产管理暂行规定》《集团公司财务会计暂行规定》《集团公司财务总监管理暂行规定》《集团公司预算管理办法》《集团公司资金集约管理暂行办法》《集团公司利润与利润分配管理暂行办法》《集团公司投资管理暂行规定》等制度。审议通过百联集团事业部、中心机构设置方案。设立超商、百货、生产资料、专业专卖、购物中心、房产置业、物流配送和综合业务8个事业部，以及企业清理、人力资源、教育培训、审计4个中心。经过5个月筹建准备工作，集团基本形成事权明确、流程清晰的管理架构。

10月13—30日，集团公布各事业部(中心)高级管理人员竞聘和选拔启事。

11月1日，集团召开全体干部大会。会上，宣布集团党办、纪委负责人以及事业部、中心党委书记、副书记的任命通知；宣布集团总部行政各部室负责人、事业部财务总监及事业部、中心副职的任命通知。会议邀请埃森哲咨询公司专家作世界零售业展望讲座。

11月14日，为了加快推进业务整合，百联集团召开八大事业部和各有关成员企业干部会议，宣布进入事业部成员企业名单。

2003年年底，百联集团顺利完成第一阶段组建任务。集团确立超商、百货、生产资料作为核心业务，提出打造“国内第一、国际一流的流通产业集团，力争在2010年进入世界500强”目标，并细化具体的实施计划。截至年底，百联集团总资产335亿元，营业收入415.40亿元，利润总额6.07亿元，营业网点4 955家。拥有7家上市公司(一百股份、华联股份、友谊股份、华联超市股份、物贸股份、联华股份和第一医药股份)和第一百货、华联商厦、虹桥友谊、东方商厦、第一八佰伴、第一医药、联华超市与华联超市、华联吉卖盛与世纪联华大型综合超市、吴良材眼镜、茂昌眼镜、亨得利钟表、亨达利钟表、冠龙照相器材、好美家建材超市、上海物资贸易中心、上海国际商品拍卖公司等一大批享誉国内外的知名企业。

2004年1月6日，百联集团总部办公室迁址，由汉口路398号华盛大厦25楼迁至浦东张杨路501号第一八佰伴新世纪大厦19楼。

2月12日，上海市副市长唐登杰率市国资委、市经委、市发改委、市建委及市财政局有关领导到百联集团进行工作调研，听取集团重组整合情况，要求百联集团按照中共上海市委、市政府要求加快做大做强的步伐，为国家培育一流企业创造经验。

6 月 2 日，经国家工商行政管理总局核准，上海百联（集团）有限公司更名为百联集团有限公司。

第二节 经营状况

2003 年，集团营业收入 415.40 亿元，利润 6.07 亿元。其中，核心业务营收占比为 87.95%。百联集团经过 10 年重组整合、转型发展，基本建设成为业务体系清晰、业务特征显著、商业业态齐全、品牌资源丰富、市场地位领先、管控模式完善、经营能级显著提升的国内闻名的大型商贸流通集团。重组整合效果明显，集团经营规模和经营效益成倍增长，实现中共上海市委、市政府的期望，实现深化国企国资的目标。截至 2013 年，集团实现营业收入 1 639.16 亿元，比 2003 年增长 2.94 倍；实现利润总额 24.15 亿元，比 2003 年增长 2.98 倍。集团在整合发展中，坚持优势资源向核心业务倾斜，进一步做大做强核心业务，综合百货、超商业务、大宗商品贸易、专业专卖等零售业以及生产资料贸易业等三大核心业务快速发展，三大核心业务汇总营业收入达到 1 593.51 亿元，占集团全部

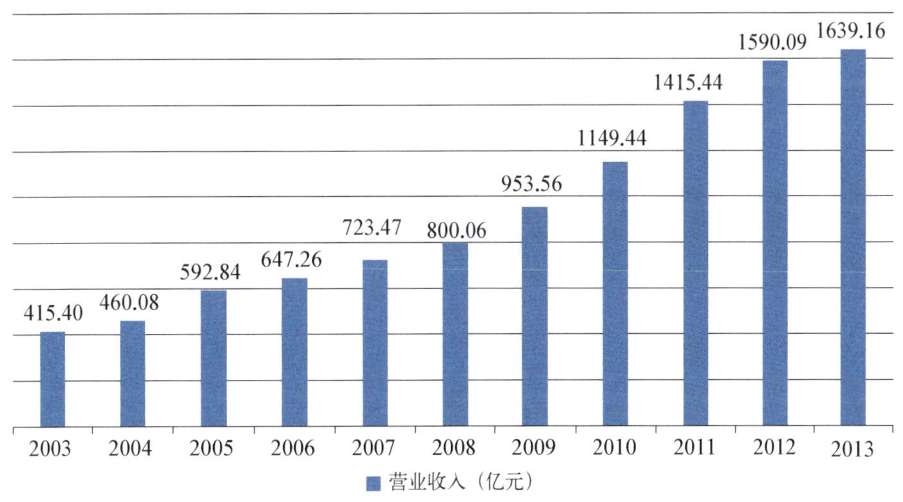

图 2 - 1 - 1 2003—2013 年百联集团营业收入示意图

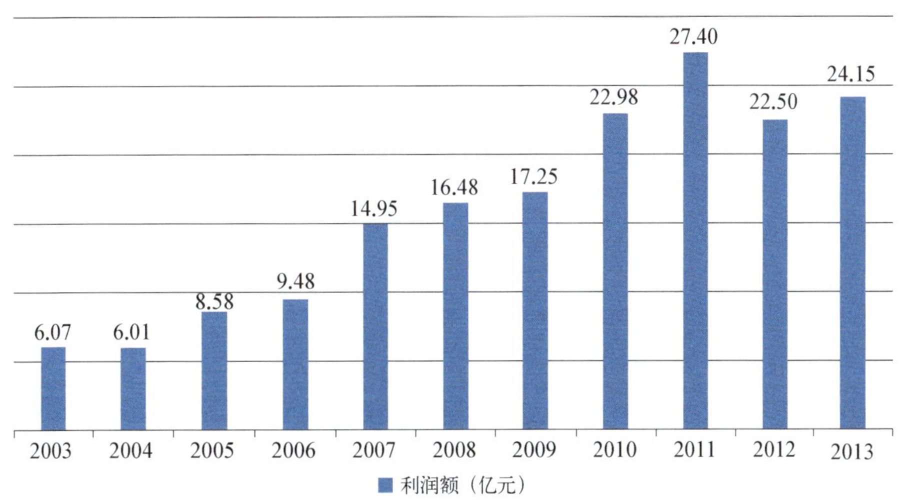

图 2 - 1 - 2 2003—2013 年百联集团利润总额示意图

业态汇总营业收入比重达到95.86%，比2003年提升7.91个百分点；核心业务利润总额达到23.29亿元，占比78.55%，核心业务优势凸显。电子商务、房产置业、仓储物流等培育业务显现良好成长势头，虽然营业收入仅占集团总营业收入的2.50%，但利润总额所占比重达18.35%，为核心业务提供有力支撑。

百联集团在10年重组整合、转型发展的过程中，规模和效益同步发展，在中国500强企业排名、中国服务业500强企业排名、上海百强企业和上海服务企业50强中，保持稳定地位。2013年，百联集团以年收入252.02亿美元首次跻身世界500强第466位，位列中国服务业企业500强第34位、上海企业100强第7名、上海服务业企业50强第5名。

百联集团在零售贸易业和生产资料批发贸易业中，保持多个业态行业名列前茅的经营业绩。集团超商业务在全国快速消费品排行中位列第1位，其中，联华超市居快速消费品百强排行第2位；大型超市业态经营规模居全国同行业前5位；标准超市业态经营规模居全国同行第1位；便利业态网点规模居全国同行业第3位。百联股份在以百货或购物中心为主要经营业态的公司中处于领先地位；百货业务经营规模居全国同行业第1位，其中，第一八佰伴连续多年营业收入位居上海百货单店销售排行第1位；集团生产资料贸易业务经营规模居全国省市级物资集团第3位，其中，上海有色金属交易市场交易量列全国第1位，旧机动车交易市场交易量居上海第1位。

表2-1-1　2004—2013年百联集团历年各项排名情况表

发布时间	项　目	位　次	排名机构
2004年8月	2004中国企业500强	第37位	中国企业联合会、中国企业家协会
2005年3月	2004年中国连锁百强企业	第1位	中国连锁经营协会
2005年4月	2004年中国零售企业前100家销售统计	第1位	中国商业联合会、中华全国商业信息中心
2005年8月	2005中国企业500强	第16位	中国企业联合会、中国企业家协会
2006年3月	2005年全国前30家连锁企业	第1位	商务部
2006年9月	2006年度中国最大100家企业集团排行榜	第34位	国家统计局
2006年9月	2006中国企业500强	第14位	中国企业联合会、中国企业家协会
	2006中国服务业企业500强	第11位	
2007年1月	上海现代服务业2006年百强企业	第1位	上海现代服务业联合会、《解放日报》
2007年9月	2007中国企业500强	第17位	中国企业联合会、中国企业家协会
	2007中国服务业企业500强	第11位	
2008年8月	2008中国企业500强	第25位	中国企业联合会、中国企业家协会
2009年9月	2009中国企业500强	第26位	中国企业联合会、中国企业家协会
	2009中国服务业企业500强	第15位	
	2009中国商业零售业	第1位	
2010年9月	2010中国企业500强	第28位	中国企业联合会、中国企业家协会
	2010中国服务业企业500强	第13位	
	中国商贸流通业	第1位	

〔续表〕

发布时间	项　　目	位　次	排名机构
2011 年	2011 中国企业 500 强	第 33 位	中国企业家联合会、中国企业家协会
	2011 中国服务业企业 500 强	第 13 位	
2011 年	2011 上海企业 100 强	第 3 位	上海市企业联合会、上海市企业家协会、上海市经济团体联合会
	2011 上海服务业企业 50 强	第 1 位	
2012 年	2012 中国企业 500 强	第 36 位	中国企业联合会、中国企业家协会
	2012 中国服务业企业 500 强	第 15 位	
2012 年	2012 上海企业 100 强	第 3 名	上海市企业联合会、上海市企业家协会、上海市经济团体联合会
	2012 上海服务业企业 50 强	第 1 名	
2012 年	上海企业综合竞争力 100 强	第 2 名	上海企业竞争力研究中心等
2013 年	世界 500 强	第 466 名	财富中文网
2013 年	2013 中国企业 500 强	第 84 位	中国企业联合会、中国企业家协会
	2013 中国服务业企业 500 强	第 34 位	
2013 年	2013 上海企业 100 强	第 7 名	上海市企业联合会、上海市企业家协会、上海市经济团体联合会
	2013 上海服务业企业 50 强	第 5 名	

第二章　法人治理结构

百联集团成立后，按照市国资委要求，深化现代企业制度建设，完善集团治理结构，以建立健全集团董事会为重点，健全独立董事和派出监事会制度，形成各负其责、协调运转、有效制衡的治理机制。董事会是集团最高决策机构，完成市国资委下达的保值增值考核目标等；监事会对市国资委负责，依法对公司资产运行实施监督；总裁室依照集团公司章程和董事会授权行使职权，全面负责集团经营管理，对董事会负责并定期报告工作。

第一节　董 事 会

2003 年 4 月 18 日，百联集团召开第一届董事会第一次会议。会议审议通过《上海百联（集团）有限公司章程》《关于设立董事会战略研究室的议案》《关于设立董事会秘书室的议案》《上海百联（集团）有限公司本部行政机构设置的预案》和《关于要求上海一百（集团）有限公司、华联（集团）有限公司、上海友谊（集团）有限公司、上海物资（集团）总公司董事会在对外合资合作、资产变更置换以及重要人事变动时及时报告的议案》。根据《上海百联（集团）有限公司章程》，集团董事会是最高决策机构。集团董事会接受市国资委对其经营业绩的考核评价，完成市国资委下达的保值增值考核目标；执行市国资委的决定，接受授权方的监督管理，服从宏观调控。董事会对市国资委负责，行使相关职权：执行市国资委的决定，并向其报告工作；制定集团中长期发展规划、年度经营计划和重大投资方案；制定集团收购、兼并、产权转让等重大的国有资产处置方案；审定集团对外筹资、融资的重大事项以及集团内外贷款担保事项；议定集团及子公司设立、合并、分立、变更、解散和清算等事项；聘任或者解聘集团总裁，根据集团总裁提议，决定聘任或者解聘集团副总裁、全资子公司经理，聘任或者解聘集团公司财务总监，委派或者免去全资子公司财务总监，向控股子公司推荐财务总监，向控股、参股企业按所占股权比例推荐董、监事人选，任命被投资企业的国有资产产权代表，决定上述人员报酬等事项；审议批准集团年度财务预算方案和决算方案；审议批准集团的利润分配方案和弥补亏损方案；审议批准集团内部管理机构设置方案和集团基本管理制度；制定增加或者减少集团和全资子公司注册资本金方案，修改集团公司章程等事项。会议根据中共上海市委、市政府决定，通过董事长、副董事长任命；根据董事长提议，通过集团总裁任命；根据总裁提议，通过集团副总裁、总裁助理任命。

2003 年 8 月 18 日，百联集团召开第一届董事会第二次会议。会议通过《上海百联（集团）有限公司董事会议事规则》和《董事会会议管理办法》。9 月 30 日，百联集团召开第一届董事会第三次会议。会议审议通过《集团公司国有股权管理暂行规定》《集团公司房地资产管理暂行规定》《集团公司财务会计暂行规定》《集团公司财务总监管理暂行规定》《集团公司预算管理办法》《集团公司资金集约管理暂行办法》《集团公司利润与利润分配管理暂行办法》《集团公司投资管理暂行规定》。审议通过集团事业部、中心机构设置方案，实施“总部—事业部、中心—经营公司（机构）”的管控模式。审议通过各事业部、中心的正职负责人任命等事项。

2005 年，国务院印发《关于 2005 年深化经济体制改革的意见》，提出“以建立健全国有大型公司董事会为重点，抓紧健全法人治理结构、独立董事和派出监事会制度”。为加快建立现代企业制度，进一步完善法人治理结构，确保董事会规范、高效运作，百联集团作为市国资委确定的6家试点集团，制定试点方案，修订公司章程。7月13日，百联集团董事会召开第一届第二十次会议。会议初审决定组建集团董事会专门委员会。9月23日，经集团董事会第一届第二十二次会议审议，决定组建董事会战略委员会、投资与风险控制委员会、预算委员会、提名与薪酬委员会及业绩、审计与监察委员会等5个专门委员会，并对各专业委员会人选作出安排。

2006年4月13日，中共上海市委、市政府决定，薛全荣任中共百联集团党委书记、董事长，张新生调任上海市经济委员会党组书记、副主任。11月17日，市国资委根据《上海市国有资产监督管理委员会出资监管单位公司章程审批和审核办法》，经市国资委主任办公会议审议，批复同意集团董事会对2003年版章程的修改，集团及时办理工商登记变更等相关手续，按照修改后的章程规定，积极建设以商品流通业为主要载体的大型企业集团，加快完善法人治理结构及相关制度建设，不断提高国有资产运营的质量和效率，维护国有资产出资人权益。

2008年1月16日，集团召开干部大会，宣布中共上海市委、市政府决定：马新生任中共百联集团党委书记、董事长。集团被国资委提升为5家“规范董事会”建设单位之一。5月21日，市国资委举行企业集团外部董事聘任仪式，百联集团作为市国资委系统首批按照外部董事制度选聘外部董事集团之一，外部董事进入百联集团董事会。7月21日，百联集团召开第二届董事会第一次会议，决定重新调整设立战略、提名、预算与投资、薪酬与考核、审计与风险控制等专门委员会。其中，战略委员会组成人员为：主任委员马新生，委员冯绍东、吕红兵、晁钢令、吕勇明。提名委员会：主任委员马新生，委员吕红兵、晁钢令、谢华康、吕勇明。预算与投资委员会：主任委员吕勇明，委员冯绍东、吕红兵、晁钢令、谢华康。薪酬与考核委员会：主任委员晁钢令，委员冯绍东、吕红兵、马新生、刘晓敏。审计与风险控制委员会：主任委员谢华康，委员冯绍东、吕红兵、马新生、刘晓敏。12月9日，百联集团召开干部大会，中共上海市国资委党委宣布王春华任集团纪委书记。

根据上海国资国企工作会议“规范董事会”建设新部署，2010年5月24日，市委组织部和市国资委印发《市管国有企业董事会选聘经理班子副职成员的实施细则（试行）〉的通知》，将企业经理班子副职的选聘任免权落实到“规范董事会”建设中，百联集团获集团经营班子副职的选聘任免权。

2013年8月22日，百联集团召开干部大会宣布中共上海市委、市国资委党委决定：陈晓宏任中共百联集团党委书记、董事长。

根据市国资国企管理要求，百联集团自成立起至2013年年底，不断理顺董事会、经理层、监事会和党委会之间的治理关系，规范界定董事会和管理层的权责，形成各负其责、协调运转、有效制衡的治理机制；同步实施分类完善业绩考核，规范薪酬分配，建立短期激励与长期激励互为补充、收入和业绩挂钩、能全面体现企业领导人员贡献的薪酬分配机制，分类推进对各类人才的中长期激励等配套工作。

第二节　监　事　会

根据百联集团章程，集团设立监事会。监事会对市国资委负责，依法对公司资产运行实施监督，包括：检查集团公司财务；监督对董事和总裁履行职务的行为；董事或总裁的行为损害集团公司的利益时，要求董事或总裁予以纠正；提议召开临时董事会会议。监事会下设监事会秘书室。

2004年，监事会起步的首要任务是建立监事会基本工作制度，规范各项基础工作。制定监事会《章程》和基本工作制度 8 个，制定工作职责流程 10 个，依法实施监督职能；做好与集团各部门的联络协调工作，确保监事会工作机构的正常运作；按照《关于国有公司应向监事会提供主要经济信息的要点》的要求，收集决策类、工作类、财务类等十大类监督信息材料，同时做好各类信息资料的整理分析，提高监事会对监督信息的有效利用。

2005 年下半年，集团监事会会同集团党委、纪委、工会、财务总监、审计中心等部门开展“完善监管体系，理顺监管机制”专题调研活动。研究确定 2005 年在实施协同监管工作中的 6 个课题和难题，并制订工作计划，落实责任人。

2006 年，百联集团监事会督促集团加强企业内控制度建设，推进企业内控制度出台；按照市国资委对重大决策、重要干部任免、重要项目安排和大额度资金的使用等“三重一大”监管工作要求，在深入开展调研活动的基础上，向市国资委上报《关于对百联集团 2006 年度重大投资项目开展调研的报告》，密切关注重大投资项目的进展情况，加强过程跟踪了解，及时提出风险警示和预防建议。

2007 年，集团明确集团及各成员企业实行监事会制度，要求各成员企业设立监事会机构。各成员企业监事会成员的组成实行“体外为主，内外结合”原则，集团公司董事会按照所占股权比例向成员企业委派监事；上市公司依据有关规定，设立独立监事。是年，集团监事会会同集团财务部、投资部对累计超过 3 000 万元的投资项目进行普查，并重点抽查集团总部以及重要子公司重大投资项目，向市国资委上报《关于对百联集团 2007 年度重大投资项目开展专项检查的报告》，提出大力加强股权投资管理工作，有效构筑国资监管体系等建议，修改和完善股权投资管理制度。

2009 年 9 月 3 日，百联集团召开干部大会，宣布上海市政府、市国资委任免决定，张成钧担任百联集团监事会主席。

2010 年 4 月 20 日，百联集团召开第二届监事会会议，新一届监事会成立。会议审议通过《百联集团有限公司监事会工作条例》《百联集团有限公司监事会工作细则》和《百联集团有限公司监事会监事履职行为规范》3 个监事会运行制度文件。

从 2011 年起，百联集团监事会进一步探索对重大决策、重大投资事项的评估方式方法，通过企业自评和组织专家评估，全面客观反映重大决策、重大投资项目的方案、过程和效果，反映国有资产的竞争力和控制力。同时，监事会召开专题会议，听取集团对外投资、参股企业调研情况和集团招商采购风险控制调研情况；关注企业营运过程中风险控制；在成员企业中，形成防范、监督共识。

2012 年，百联集团监事会根据市国资委要求，把董事会三年任期评价工作作为年度工作主要任务，形成《监事会对董事会的任期评价报告》，报送市委组织部和市国资委。

第三节　经　营　层

根据《上海百联(集团)有限公司章程》，集团设总裁一名。总裁依照集团章程和董事会授权行使职权，全面负责集团的经营管理，对董事会负责并定期报告工作。集团总裁行使的职权包括：主持集团经营管理工作，组织实施董事会决议；组织实施集团年度经营计划和投资方案；拟订集团年度财务预算方案和决算方案；拟订集团利润分配方案和弥补亏损方案；拟订集团内部管理机构设置方案和组织结构调整方案；拟订集团基本管理制度和集团内部具体规章；提出并实施子公司设立、合并、分立、变更、解散、清算和重大国有资产处置方案；提出并实施重大经营策略、投资方向和项目开拓的方案；提出集团副总裁、全资子公司经理人选名单，报请董事会聘任；任免集团各部门负责人，聘任或者解聘应由董事会聘任或者解聘以外的管理人员；以及集团章程和董事会授予的其他职权。

2007年7月10日，百联集团召开干部大会，宣布中共上海市委、市政府决定：吕勇明任百联集团总裁。2008年12月9日，百联集团召开干部大会，中共上海市国资委党委宣布百联领导班子调整决定：浦静波、徐波任集团副总裁。

2009年9月3日，百联集团召开干部大会，宣布上海市政府、市国资委任免决定：贺涛担任百联集团总裁、党委副书记。吕勇明不再担任百联集团总裁、党委副书记(另有任用)。

集团总裁室不断完善管理制度，通过制度建设，提升管理效率，防范经营风险。总裁室安排有关部门，于2010年9月，把2003年4月—2010年陆续制定的一系列管理制度汇编成《百联集团有限公司管理制度汇编》(第一册)，收编集团综合管理、投资管理、资产管理、财务管理、人事管理、运行及品牌管理、法务管理、安全管理八大类制度58部。同时，不断拓展日常行政管理幅度和深度，建立完善总裁办公会议、总裁专题会议、行政办公会议、月度经营分析会、业绩评审会和年度工作会议制度。集团总裁办公会议由总裁主持，副总裁、财务总监出席，其他列席人员由总裁决定，一般每两周召开一次。集团总裁专题会议由总裁、副总裁或财务总监主持，根据工作需要不定期召开。集团行政办公会议由总裁主持，副总裁、财务总监及集团行政部门负责人出席，其他列席人员由总裁决定，每月召开一次，主要任务是布置落实工作安排、听取有关工作执行情况的汇报、通报集团重要信息等。月度经营分析会由总裁主持，出席范围为集团董事长、总裁、副总裁、财务总监，集团各部门(中心)负责人，下属二级子公司负责人及业务分管责任人。会议主要任务是各公司汇报经营情况及下阶段工作计划、集团布置落实各线条重点工作等。业绩评审会每季度召开一次，出席范围为集团党政班子成员、部门(中心)负责人、下属二级子公司负责人及业绩考核分管责任人，并根据工作专题邀请相关人员参加。会议主要任务是分析集团季度经营业绩情况、听取专项工作执行情况汇报并部署下阶段重点工作等。集团工作会议每半年召开一次，出席范围为集团党政班子成员、集团部门(中心)负责人、下属二级子公司班子成员、二级子公司直属企业班子成员等。通过落实会议制度，进一步加强上下信息沟通，及时解决问题，提高工作效率。加强行政督查督办。重点督查督办市政府及市国资办要求贯彻执行或回复的事项；市国资办要求各部门执行或者落实回复的事项；集团工作会议、办公会议以及专题会议要求落实的重要事项；市政府以及市国资办批请集团有关部门或者负责同志查处或研究处理的事项；市政府以及市国资办的重大决策在贯彻落实过程中发生矛盾和问题，需要调查研究并制定相应对策的事项；集团领导要求督查协调办理的其他事项。通过督查督办，使集团经营管理工作更加规范化、程序化，促进各职能部门改进工作作风，提高办事效率。

2013年8月22日，百联集团召开干部大会宣布中共上海市委、中共上海市国资委党委决定：叶永明任集团党委副书记、总裁。

表2-2-1　2003—2013年百联集团负责人任职情况表

姓　名	职　　务	任职时间
张新生	中共上海百联(集团)有限公司委员会书记	2003年4月—2006年4月
	上海百联(集团)有限公司董事长	2003年4月—2006年4月

〔续表〕

姓　名	职　　务	任职时间
王宗南	上海百联(集团)有限公司总裁	2003年4月—2006年8月
	中共上海百联(集团)有限公司委员会副书记	2003年4月—2006年8月
钟华君	上海百联(集团)有限公司监事会主席	2003年4月—2008年4月
刘晓敏	中共上海百联(集团)有限公司委员会副书记	2003年4月—2013年2月
	中共上海百联(集团)有限公司纪律检查委员会书记	2003年4月—2008年11月
肖义家	上海百联(集团)有限公司副董事长	2003年4月—2003年12月
吕勇明	上海百联(集团)有限公司副董事长	2003年4月—2007年7月
	上海百联(集团)有限公司总裁	2007年7月—2009年9月
	中共百联集团有限公司委员会副书记	2007年7月—2009年9月
周纪东	上海百联(集团)有限公司副总裁	2003年4月—
王志刚	上海百联(集团)有限公司副总裁	2003年4月—
吕　勇	上海百联(集团)有限公司财务总监	2003年4月—
薛全荣	中共上海百联(集团)有限公司委员会书记	2006年4月—2008年1月
	上海百联(集团)有限公司董事长	2006年4月—2008年1月
马新生	中共百联集团有限公司委员会书记	2008年1月—2013年8月
	百联集团有限公司董事长	2008年1月—2013年8月
王春华	中共百联集团有限公司纪律检查委员会书记	2008年12月—
浦静波	百联集团有限公司副总裁	2008年12月—
徐　波	百联集团有限公司副总裁	2008年12月—
张成钧	百联集团有限公司监事会主席	2009年8月—2013年8月
贺　涛	百联集团有限公司总裁	2009年9月—2013年8月
	中共百联集团有限公司委员会副书记	2009年9月—2013年8月
陈晓宏	中共百联集团有限公司委员会书记	2013年8月—
	百联(集团)有限公司董事长	
叶永明	百联(集团)有限公司总裁	2013年8月—
	中共百联集团有限公司委员会副书记	

第三章　管理架构

百联集团成立后，围绕“发展、整合、提升、稳定”八字方针，按照精干高效和扁平化管理要求，建立集团总部、事业部、经营企业三层次的组织架构，完善集团制度体系和运作框架。集团总部设董事会、监事会、党委、行政等工作机构，8 个事业部（超商、百货、生产资料、物流、专业专卖、购物中心、房产置业与综合业务）、四个中心（清理中心、人力资源中心、审计中心、教育培训中心）作为集团总部管理职能的延伸层面。通过相关业务整合到不同的事业部和中心，初步形成高度集约化的组织管理架构。2005—2009 年，集团完成事业部向公司化转制，8 个事业部先后完成公司化转制，形成直接管理的二级公司层级，进一步理顺集团与直接管理企业和成员企业之间的资产、事权关系。

第一节　职能部门

2003 年 4 月 18 日，上海百联（集团）有限公司召开第一届董事会第一次会议，审议通过《上海百联（集团）有限公司本部行政机构设置的预案》等事项。为了更好地发挥集团决策、监管、投资职能，建立一个关系顺畅、分工明确、职能到位、反应灵敏、办事高效的运作系统，按照现代企业制度要求，集团总部行政职能部门设二室、五部、一中心，即总裁办公室（内设法律事务室）、监察室（与纪委合署办公）、人力资源部、资产管理部、财务部、投资发展部、运行管理部、审计中心。党委职能部门、纪委、工会、团委按有关规定设置。在过渡期内，先行按照上述方案组成职能部门筹备组，公司发展战略和管理框架确定后，再行竞聘上岗。

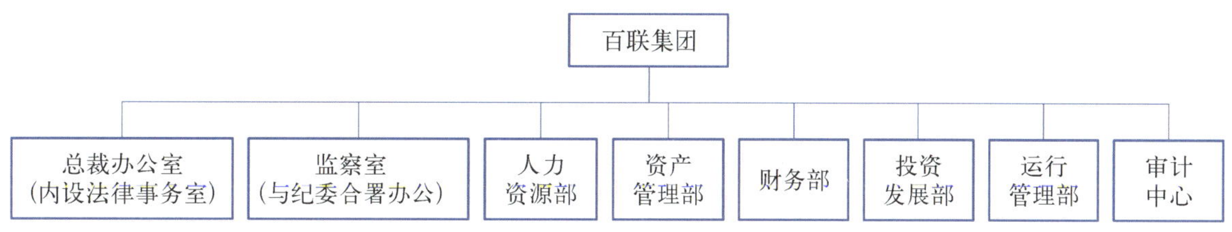

图 2-3-1　2003 年百联集团行政机构图

2003 年 11 月，百联集团完成建立过渡阶段的组织架构与管控模式，即“集团总部—事业部（中心）—经营企业”三层次的组织架构及相应的管控模式，成立超商、百货、生产资料、专业专卖、购物中心、房产置业、物流配送、综合业务 8 个事业部和企业清理、人力资源、教育培训、审计等 4 个中心。事业部、中心作为集团总部的组成部分，其职能是集团总部管理与经营职能的延伸，对所属企业（机构）的相关人、财、物实施集中管理，集约经营。

2009 年 3 月，百联集团成立近 6 年，内外部发展环境发生重大变化，集团的发展战略、管控模式需要优化完善，为此，集团董事会决定对集团部分部室设置进行调整：成立资产管理部，撤销证券事务部；成立安全保卫部（信访办公室）；成立监察室，与纪委合署办公。同时，中共百联集团党委决定：成立党委组织部，与党委办公室合署办公；企业文化中心更名为宣传文化部，增加党委宣传部的职能。

2010 年 7 月 16 日，百联集团召开第二届董事会第十一次会议，通过对总部行政部室设置调整方案：增设信息管理部、品牌管理部(与运行管理部合署办公)；业绩考核部更名为企业管理部，其业绩考核职能并入人力资源部；法律事务管理职能不再归入总裁办公室，成立法律事务部。通过部室调整，进一步强化集团总部的执行力、服务力和控制力，提高集团总部的工作效率。调整后的部室与主要职责是：总裁办公室，负责集团领导的秘书事务、执行事务督办协调以及集团公关接待和协会管理等综合性行政管理工作。人力资源部，负责集团干部管理与企业党政班子建设、人力资源开发、薪酬福利和业绩考核，对党委和行政双向负责。财务管理部(资金结算中心)，负责集团预算、财务会计、税务和资金管理。运行管理部(品牌管理部)，负责协调业务运行、服务管理、收集分析业务信息；品牌管理部负责品牌管理和商标管理。投资发展部，负责拟订并实施投资规则、投资项目管理、工程管理以及合资合作等工作。资产管理部，负责集团内部重组整合、存量资产、上市公司证券事务管理。安全保卫部，负责集团内部正常工作、运行秩序，保障员工和财产安全等工作。法律事务部，规范集团法律事务，保障公司权益，为各项工作的顺利有序开展提供法律保障和支持。9 月 9 日，百联集团召开全体总部干部大会，宣布总部部室机构变动和总部部室负责人续聘调整的有关决定。

2012 年 9 月，百联集团总部办公地址由浦东张杨路 501 号新世纪办公中心迁至中山南路 315 号百联大厦。

2013 年，集团总部部门设置：

党委工作部门设党委办公室、宣传文化部、老干部办公室。纪委、工会、团委单设。

董事会下设董事会秘书室、战略研究室。

监事会下设监事会秘书室。

总裁室下设总裁办公室、人力资源部、运行管理部(品牌管理部)、财务管理部、资产管理部、投资管理部、安全保卫部、法律事务部。

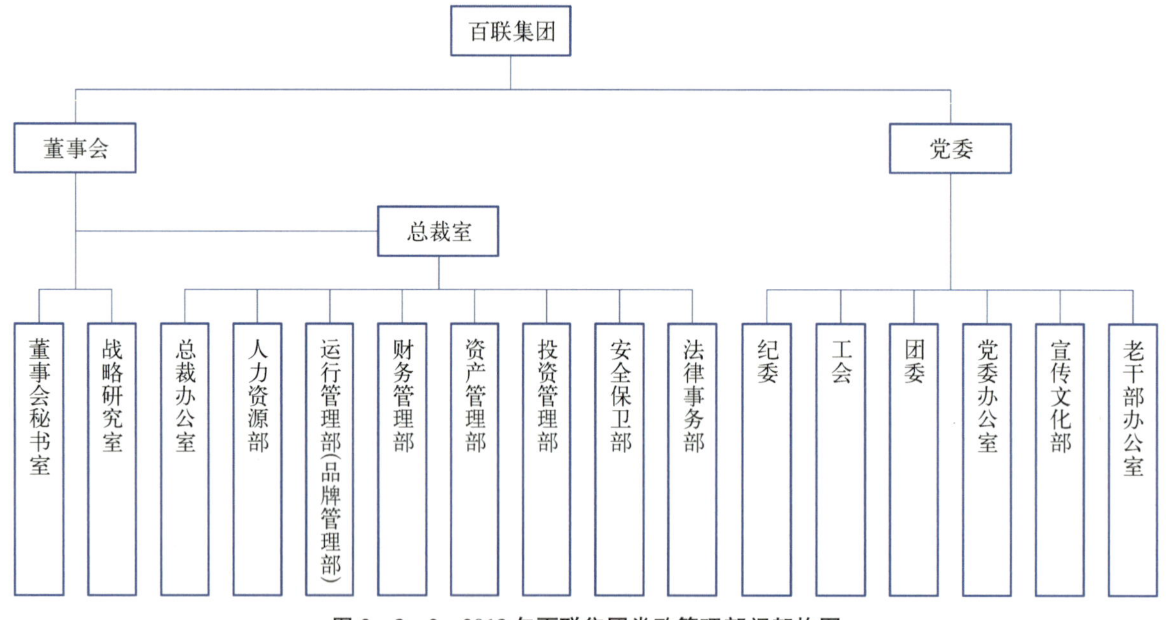

图 2-3-2　2013 年百联集团党政管理部门架构图

第二节　事 业 部

百联集团重组后，原四大集团业务高度同质，并分属于不同的上市公司，根据上市公司法规限制，集团组织架构与管控模式无法一步到位，必须分阶段实施，并逐步完善。经过 5 个月的调研、筹建，2003 年 9 月 30 日，集团董事会第一届董事会第三次会议审议通过集团公司事业部、中心机构设置方案，确定“总部—事业部、中心—经营公司(机构)”的管控模式，成立超商、百货、生产资料、专业专卖、购物中心、房产置业、物流配送、综合业务 8 个事业部，企业清理、人力资源、教育培训、审计 4 个中心，事业部作为集团总部管理职能的延伸，代表集团对其所属业务实施管理；中心作为集团服务功能的延伸，代表集团提供一些功能性的服务，对所属企业(机构)的相关人、财、物实施集中管理，集约经营。事业部直接向集团总裁室负责，承担经济目标责任和接受考核责任。事业部、中心的角色定位是：负责制定各业务板块和中心的战略发展规划、任免主要干部、财务预算管理、筹划经营管理及日常工作管理协调。事业部、中心正职负责人享受集团副职待遇，参加总裁办公会议。事业部、中心的副职及其他人员竞聘上岗。

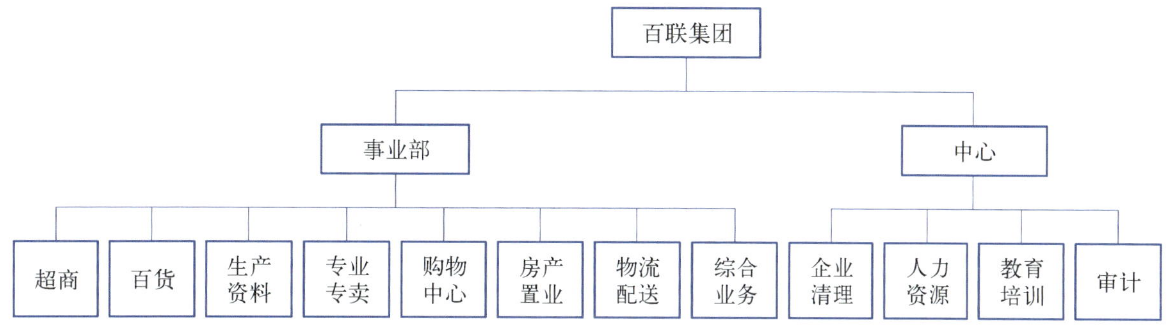

图 2-3-3　2003 年百联集团事业部(中心)管理架构图

为加快推进业务整合，2003 年 11 月 14 日，集团召开 8 个事业部和各有关成员企业干部会议，宣布首批进入事业部成员企业名单，根据“公开、公平、公正”的原则，实施事业部、中心的组建和原有四大集团相关业务和资产的移交工作。11 月 20 日、23 日，百联集团分别下发《百货事业部职责定位(暂行)的意见》《购物中心事业部职责定位(暂行)的意见》《房产置业事业部职责定位(暂行)的意见》《教育培训中心职责定位(暂行)的意见》《清理中心职责定位(暂行)的意见》《人力资源管理中心职责定位(暂行)的意见》《审计中心职责定位(暂行)的意见》《生产资料事业部职责定位(暂行)的意见》《物流事业部职责定位(暂行)的意见》《专业专卖事业部职责定位(暂行)的意见》《综合事业部职责定位(暂行)的意见》和《超商事业部职责定位(暂行)的意见》。事业部主要职责：在集团总体战略规划框架内，负责制定、报批及执行本事业部三年发展战略规划与年度经营计划/预算；审批所属成员企业年度经营计划/预算，并负责督促实施；在集团总体战略规划框架内，提出本事业部的管理模式、组织架构和管理流程，并建立相应的信息平台；集团授权下，对所属成员企业实施全面管理和有效整合，保证集团关键共享举措的贯彻实施；负责事业部所需资源的申请与内部资源的配置；审议并跟踪各成员企业年度经营计划/预算执行情况，定期进行业绩评估；负责集团授权的重大项目的实施，及时掌握与评估各成员企业重大发展项目的进展状况；按照集团有关规定，负责推荐和聘任集团授权范围内的管理人员，并负责对其进行业绩考核；负责有关统计分析工作，按要求上报统计报表与分析报告；配合集团组团式发展战略，负责购建集团组团式发展平台；负责集团交办的其他工作。中心主要职责：在集团总体战略规划框架内，负责制定、报批及执行本中心三年工作计划与年度工作计划/预算；根据集团总体规划和发展目标，负责制定本中心的工作规划、管理模式、组织架构和管理流程；在集团授权下，对集团内企业清理工作进行集中管理，保证集团关键共享举措的贯彻实施；负责中心所需资源的申请与内部资源的配置；负责集团授权的清理项目的实施，及时掌握与评估项目的进展状况；按照集团有关规定，负责推荐和聘任集团授权范围内的管理人员，并负责对其进行业绩考核；负责有关统计分析工作，按要求上报统计报表与分析报告；负责集团交办的其他工作。12 月 23 日，百联集团印发事业部、中心管理第二批企业、单位划分名单。至此，百联集团顺利完成第一阶段整合任务。

为进一步促进集团整合工作的健康开展，理顺集团下属企业事权管理关系，加快集团内部整合步伐，2004 年 2 月 5 日，百联集团下发《关于要求集团成员企业履行相关事项的紧急通知》，要求各下属企业在召开股东会、董事会之前必须向事业部报告会议议程及相关内容，凡涉及股权转让、增资等重大资本运作事项，必须按照集团投资管理规定的要求，先报集团事业部预审，再报集团总部审核。未得到事业部、集团的审核意见，各下属企业不得将相关事项提交其董事会讨论。已列入董事会议案的，必须暂缓审议。凡属集团上市公司控股的企业还必须向上市公司报告有关内容。划入各事业部管理的各下属企业，其董、监事人员如有变动，需先向各事业部报告，如涉及集团高级管理人员，应由事业部向集团提出名单，报集团审核后，按照法定程序，办理有关任免职手续。

在百联集团事业部制阶段，各事业部一方面抓企业剥离整合，另一方面抓管理创新。如超商事业部向管理要效益。针对上海标超门店缺品率较高、门店销售受很大影响的问题，制定《上海标超缺品管理暂行办法》，明确考核目标和责任。短时间内，上海标超缺品率大幅下降。百货事业部向科技要效益，加大业务信息整合工作，基本统一近 30 家百货零售企业的 MIS 系统，为整合建立统一的连锁百货业务平台，打下扎实的基础。生产资料事业部加强监控，有效防范经营风险。重点监控金属材料的经营状况及市场需求、价格走势，建立对主要建筑钢材、有色金属的库存、应收账款、预付账款的实时跟踪报告制度。物流事业部坚持强化集约管理，突出资源集聚效应，确保风险可控。实施资金集约管理，有效提高资金的使用效率和回笼率，保证资金流的畅通；同时，强化代理采购业务集约管理，在注重风险控制的基础上，谨慎推进新的代理采购业务开展，在钢材代理采购业务合作方面，充分发挥出自身资源优势，探索实施“采购—加工—配送—销售”一体化的供应链全过程服务。房产置业事业部创新人力资源管理方法。经营管理人员竞聘方案中，明确每个岗位的职责与薪酬标准，平稳解决整合前各企业分配办法不一致的矛盾。专业专卖事业部开展 41 项专题调研，为事业部加快整合、发展新的经营业态及促进集约化管理起到积极的作用。综合事业部探索公司管控新模式，实现管理重点和管理方式的转型。从强化监控着手实施分类管控，逐步形成投资公司管控方式。

第三节　事业部公司化

自 2004 年起，各事业部陆续制定公司化转制方案，使事业部转制为各业务经营的市场主体，具有独立的法人地位与完善的法人治理结构，依据国家法律与公司章程开展经营。9 月 29 日，综合事业部上报《百联投资管理公司组建方案》。12 月 16 日，百联集团房产置业事业部上报改制与整合方案。

自 2005 年起，随着集团上市公司整合逐步深入，集团开始将部分事业部转制为具有独立的法人地位与完善的法人治理结构的子公司，逐步建立国际通行的扁平化的组织结构及战略控制与一体化经营相结合的管控模式。综合事业部、房产置业事业部、生产资料事业部先后完成公司化改造工作。房产置业事业部改制为百联集团置业有限公司，百联置业与其子公司的组织构架基本建立，公司各职能部门人员也全部到位。生产资料事业部在完成物贸股份的资产重组后，加快推进业务整合与改制清理工作。综合事业部在实现公司制改造基础上，发挥投资性功能平台的作用，并积极探索管理方式的转变，有力支持核心业务的发展。

2006 年 1 月 6 日，集团下发《综合事业部转制为公司化运作的通知》《关于房产置业事业部转制为公司化运作的通知》和《关于生产资料事业部转制的通知》。先后批准撤销百联集团综合事业部，其所有职能转由上海百联投资管理有限公司承担；批准撤销百联集团房产置业事业部，其职能转由百联集团置业有限公司承担。根据生产资料经营业务重大重组整合后基本集中在上海物资贸易中心股份公司的情况，决定上海物资贸易中心股份公司（简称“物贸股份”）作为生产资料业务经营和管理的主体，对已进入物贸股份的生产资料经营企业实施统一经营管理。5 月 8 日，集团决定对百货事业部及购物中心事业部进行转制。由上海百联集团股份有限公司作为集团发展百货以及购物中心业态的平台公司，承担集团百货以及购物中心业务的经营管理以及投资发展等功能。9 月 30 日，百联集团下发《关于物流事业部转制的通知》，决定对物流事业部进行转制。由上海现代物流投资发展有限公司作为集团发展物流业务的平台公司，承担集团物流业务的经营管理等功能。

2007 年 8 月 6 日，集团宣布人力资源管理中心、企业清理中心合署办公，根据“大稳定、小调整”要求，分两步实施；10 月 14 日，两中心人员全部集中办公，确保工作不断不乱。12 月 17 日，百联集团下发《关于专业专卖事业部转制的通知》，同意对专业专卖事业部进行转制。由上海百联商业连锁有限公司作为集团二级独立法人单位，承担专业专卖业务的经营管理等功能。是年，集团推进人力资源管理中心和企业清理中心合署办公，对教培中心与物资党校实行“管教合一”管控模式，整合有效管理资源，为进一步发挥好资产清理和教育培训职能打下基础。

2009 年，集团资产整合实现突破。集团收购上海实业（集团）有限公司所持联华 21.1％股权。超商事业部所属企业的控制权得到增强，资产关系和管理关系得到理顺，超商事业部实施转制条件基本成熟。6 月 25 日，联华股份完成联华、华联资产重组。10 月 22 日，超商事业部召开干部大会宣布，超商事业部管理职能转入联华股份。这标志着百联集团公司化改制任务顺利完成，也是集团以联华股份、百联股份和物贸股份为上市公司三大核心业态管控架构的基本确立。截至 2009 年，百联集团事业部公司化改造宣告完成，8 个事业部转制为 7 家独立核算公司。

2010 年 4 月 6 日，百联集团下发《关于决定调整上海新路达商业（集团）有限公司管理关系的通知》：为进一步理顺下属企业管理关系，经集团研究，决定对上海新路达商业（集团）有限公司管理关系进行调整，上海新路达商业（集团）有限公司按照《公司法》等有关法律法规建立和完善法人治理结构，替代上海百联商业连锁有限公司调整为百联集团有限公司直接管理企业。为贯彻落实市国资委对国有企业资产整合“纵向收缩运行层级、横向收缩管理跨度”要求，加快内部资产整合，优化集团资源配置，理顺资产和管理关系，增强集团核心竞争力，9 月 6 日，集团印发《关于调整上海三联（集团）有限公司管理关系的通知》，将上海三联（集团）有限公司管理关系由原来委托上海百联商业连锁有限公司管理，变更为百联集团有限公司直接管理。9 月 14 日，百联投资管理公司转型为百联资产经营管理有限公司，成为集团全资二级独立法人单位，进一步明确公司的功能定位。

截至 2013 年年底，集团二级公司共有 10 家，事权明确、流程清晰的管理架构日臻完善，战略管控为主的管控模式，有效促进了核心业务和培育业务的专业化经营和发展。

第四节 主要企业

一、直管企业(中心)

自2005年起，随着集团上市公司整合逐步深入，集团开始将部分事业部转制为具有独立的法人地位与完善的法人治理结构的子公司。2006年12月，集团成立百联电子商务有限公司，注册资本5 000万元，为集团直接管理的二级公司。截至2009年10月，8个事业部相继转为7家直接管理企业。2013年8月9日，百联集团财务有限责任公司揭牌成立。

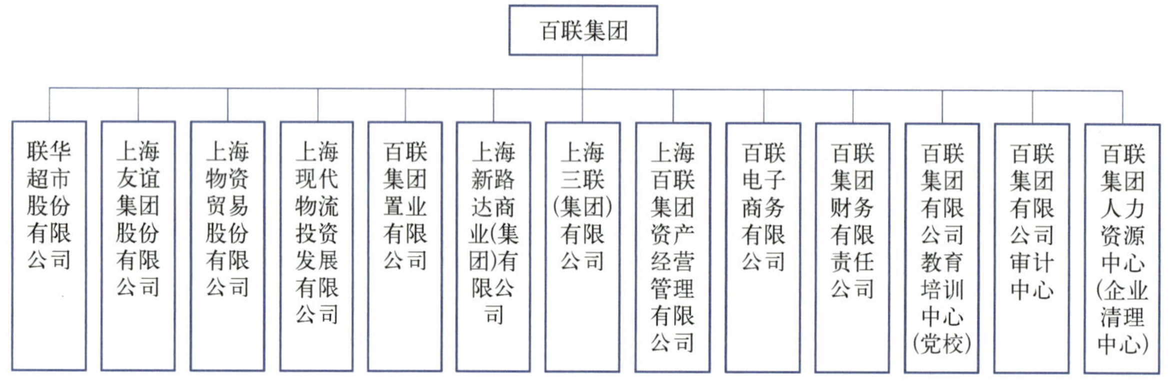

图2-3-4 2013年百联集团直管企业(中心)架构图

截至2013年，百联集团直接管理的企业分别是上海友谊集团股份有限公司、联华超市股份有限公司、上海物资贸易股份有限公司、上海现代物流投资发展有限公司、百联集团置业有限公司、上海新路达商业(集团)有限公司、上海三联(集团)有限公司、上海百联集团资产经营管理有限公司、百联电子商务有限公司、百联集团财务有限责任公司，以及教育培训中心(党校)、审计中心、人力资源管理中心(企业清理中心)。

2013年百联集团业务布局：

核心业务包括超商、综合百货和生产资料贸易3个板块，各板块业态比较齐全。

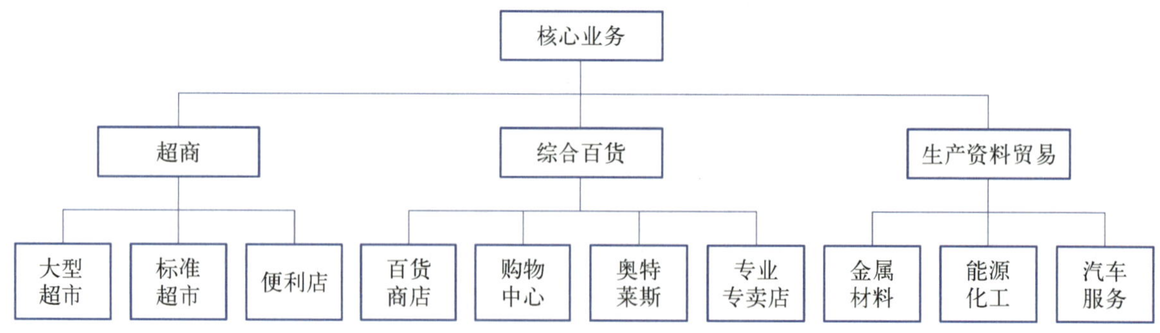

图2-3-5 2013年百联集团核心业务架构图

2014年8月，上海友谊集团股份有限公司更名为上海百联集团股份有限公司。

培育业务包括物流配送、商业置业、电子商务 3 个板块。物流配送业务主要包括城市配送、危化物流、制造业物流等业务。商业置业业务主要包括商业房产开发、商业房产租赁和商业物业管理等业务。电子商务业务主要包括电话及网上零售和电子支付等业务。

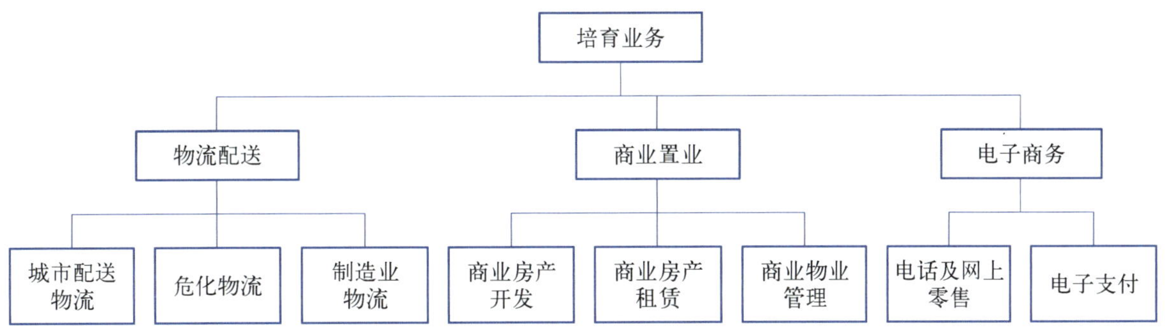

图 2-3-6　2013 年百联集团培育业务架构图

二、三级企业

表 2-3-1　2013 年百联集团三级企业情况表

百联集团直管企业	百联集团三级企业
联华超市股份有限公司	上海联华超级市场发展有限公司
	上海快客便利有限公司
	上海世纪联华超市发展有限公司
	杭州联华华商集团有限公司
	广西联华超市股份有限公司
	联华电子商务有限公司
	华联集团吉卖盛购物中心有限公司(管理企业)
上海百联集团股份有限公司	上海第一八佰伴有限公司
	上海百联集团股份有限公司上海市第一百货商店
	东方商厦有限公司
	上海友谊南方商城有限公司
	上海百联西郊购物中心限公司
	上海百联集团股份有限公司世茂国际广场分公司
	上海奥特莱斯品牌直销广场有限公司
	上海百联中环购物广场有限公司
	上海又一城购物中心有限公司
	重庆百联南岸上海城购物中心有限公司
	上海百联南桥购物中心有限公司

〔续表〕

百联集团直管企业	百联集团三级企业
	沈阳百联购物中心有限公司
	上海虹桥友谊商城有限公司
	上海百联集团股份有限公司东方商厦南东店
	永安百货有限公司
	上海新华联大厦有限公司
	浙江奥特莱斯广场有限公司
	上海百联金山购物中心有限公司
	上海杨浦百联东方商厦有限公司
	上海联庆商业投资管理有限公司
	武汉市百联奥特莱斯广场有限公司
	长沙百联东方商厦有限公司
	上海友谊百货有限公司友谊商城分公司
	上海百联集团股份有限公司上海时装商店
	上海百联集团股份有限公司上海妇女用品商店
	上海华联商厦
	上海普陀友谊商店有限公司
上海百联集团股份有限公司	上海青浦百联东方商厦有限公司
	宁波百联东方商厦有限公司
	上海嘉定百联东方商厦有限公司
	上海浦东华联购物中心有限公司
	上海第一百货松江店有限公司
	上海友谊百货长宁有限公司
	上海华联商厦普陀有限公司
	上海浦东永安百货有限公司
	上海百联集团股份有限公司第一百货淮海店
	上海百联集团股份有限公司物流中心
	上海一百第一太平物业管理有限公司
	上海百联集团股份有限公司中百贸易分公司
	无锡百联奥特莱斯商业有限公司
	百联集团上海崇明新城商业发展有限公司
	上海世博百联商业有限公司
	上海百联徐汇购物广场有限公司

〔续表〕

百联集团直管企业	百联集团三级企业
上海物资贸易股份有限公司	上海物资贸易股份有限公司黑色金属分公司
	上海物资贸易股份有限公司有色金属分公司
	上海百联汽车服务贸易有限公司
	上海燃料有限公司
	上海晶通化学品有限公司
	上海物资集团进出口有限公司
	上海乾通投资发展有限公司
	上海爱姆意机电设备连锁有限公司
	上海森联木业发展有限公司
	上海动力燃料有限公司
	百联集团上海物贸大厦有限公司
	上海二手车交易市场有限公司
上海新路达商业(集团)有限公司	上海第一医药股份有限公司
	好美家装潢建材有限公司
	上海新路达商业(集团)有限公司食品经营分公司
	上海新路达商业(集团)有限公司百货经营分公司
	上海新路达商业(集团)有限公司资产管理分公司
	上海新路达商业(集团)有限公司商业网点经营分公司
	蓝格赛-华联电工器材商业有限公司
百联集团置业有限公司	上海百联房地产经营管理有限公司
	上海百联物业管理有限公司
	上海河岸商业开发有限公司
	上海濠泉房地产有限公司
	百联置业专业市场经营管理事业部
	上海文化商厦
	上海百联保安服务有限公司
上海现代物流投资发展有限公司	上海长桥物流有限公司
	上海商业储运有限公司
	上海华联配送实业有限公司
	上海晶通化轻发展有限公司
	上海宝联五金储运有限公司

〔续表〕

百联集团直管企业	百联集团三级企业
上海百联集团资产经营管理有限公司	上海百红商业贸易有限公司
	上海市华联典当行有限公司
	上海外轮供应有限公司
	上海拍卖行有限公司责任公司
	上海迎宾出租汽车有限公司
	上海一百国际贸易有限公司
	上海百联电器科技服务有限公司
	华联集团资产托管有限公司
	武汉昌宝置业有限公司
上海三联(集团)有限公司	上海三联集团亨得利钟表有限公司
	上海三联集团亨达利钟表有限公司
	上海三联集团茂昌眼镜有限公司
	上海三联集团吴良材眼镜有限公司
	上海三联集团冠龙照相器材有限公司
百联电子商务有限公司	安付宝商务有限公司
	上海百联商贸有限公司
	上海亦佳电子商务有限公司
	上海光联电子商务有限公司
	上海百联集团商业经营有限公司(管理企业)

第三篇

业务布局

概　　述

2003 年 4 月，一百集团、华联集团、友谊集团、物资集团合并组建百联集团，涉及业务包括百货零售、超商业务、专业专卖零售、生产资料贸易、房产置业、仓储物流等。集团成立之初，确立聚焦超商、百货、生产资料三大核心业务，强化商业房产、物流两大支撑业务，培育发展购物中心和专业专卖业务的发展策略。2003 年，百联集团主营业务收入 415.4 亿元，利润总额 6.07 亿元，营业网点 4 955 家。其中，核心业务营业收入 365.33 亿元，占 87.95％。

2003 年 4 月，集团百货业态共有网点 30 家，经营面积 28.82 万平方米。2004 年 6 月，百货业态实施“以现代百货连锁经营为目标，加快品牌整合力度”战略，确定品牌整合总体思路，即将百联旗下百货商店细分为都市型时尚百货、社区型百货和老字号百货。经过持续不断整合、调整和发展，截至 2013 年年底，百联集团百货业态形成以东方商厦为代表的连锁百货，以八佰伴、虹桥友谊等为代表的时尚百货，以及永安百货、第一百货、友谊商店等为代表的经典百货三大类型，经营网点 30 家，营业面积 71.23 万平方米。

集团成立之初，购物中心业态仅有友谊南方商城和华联临沂社区商业中心 2 家，经营面积 10.3 万平方米。2006 年，购物中心被列入核心业务中的重点发展业态，加快市内外布局。截至 2013 年年底，集团拥有都市购物中心、区域购物中心和社区购物中心门店总计 15 家，经营面积合计 159.32 万平方米；与 2003 年相比，经营面积增长 15.5 倍。

百联奥特莱斯业态自 2006 年青浦赵巷首店开业后，快速向市外实施连锁经营布局，并在拓展中通过对杭州奥特莱斯、武汉奥特莱斯项目探索“输出经营管理＋约期股权收购”方式，形成规模优势，奠定百联奥特莱斯在国内行业领先地位。截至 2013 年年底，百联奥特莱斯已成功运行的有 4 家，经营面积达 39.09 万平方米。

超商业务包括标准超市、大型综合超市和便利店三大业态。企业品牌有联华超市、华联超市、世纪联华、吉买盛、快客和罗森。2003 年 4 月，共有网点 3 440 个。其中标超 2 054 个、大型综合超市 72 个、便利店 1 314 个。2003 年 6 月联华在香港上市、2004 年 4 月华联超市增发股票，2006 年华联退市，为百联超商业务整合创造条件。2009 年，联华收购华联后实行双品牌“并轨”营运，并保持 10 多年蝉联中国快速消费品连锁企业百强第一的纪录。标超以直营和特许加盟相结合，快速推动门店总量和经营规模上升，并将布局延伸到全国 14 个省市。截至 2013 年，标超业态共有门店 2 469 家。世纪联华和吉买盛先后在江苏、浙江、安徽、广东、河南等地开设一大批大型综合超市门店，截至 2013 年年底(含吉买盛)，大型综合超市达 156 家。联华快客便利公司直营和加盟店遍布上海、北京、大连、广州和浙江等地。截至 2013 年年底，便利店业态门店总数达到 1 905 个，比 2003 年 4 月增长 44.98％。

生产资料贸易包括新旧汽车贸易、有色金属贸易、黑色金属加工贸易、木材加工贸易、燃料及机电商品贸易服务等。经过 10 年调整发展，主营收入由 2004 年 179 亿元发展到 2013 年 975 亿元，增长 5.7 倍。其中，新旧车贸易拥有通用、凯迪拉克、上海大众、斯柯达、通用别克等 6 家品牌 4S 店，2 个品牌城市展示厅，1 个机动车检测站、2 个旧车交易市场、1 个旧车交易分市场，二手车交易量已占上海市场50%左右份额；截至2013年，黑色金属全年销售实物量达117.8万吨，实物量比2012年增长62.87%；木材加工贸易实物销量比2003年增长123倍；燃料贸易通过对节能排污新颖燃料研发推广，取得市场用户广泛认同。截至2013年，百联燃料不仅建立作为上海市地方成品油最大应急专项储备基地之一的金山油库，还建立长三角及华南地区油品贸易分销体系。

百联集团专业专卖板块主要有第一医药、汇丰医药、吴良材眼镜、茂昌眼镜、亨得利钟表、亨达利钟表和好美家装潢建材超市等。2006年5月，第一医药和汇丰医药实行同业归并，2010年第一医药收购崇明医药公司，进一步扩大品牌和连锁效应。截至2013年，第一医药共有连锁网点102家，其中医保门店35家，网点遍布上海14个区县。吴良材眼镜、茂昌眼镜依托企业技术中心——光学中心，连续多年获得多项技术专利，并以连锁为发展模式，截至2013年，吴良材、茂昌市内外连锁门店突破300家，比2003年53家增长4.7倍，成为具有市场知名度的专业经营品牌企业。亨得利钟表、亨达利钟表通过创新品牌经营和名表维修中心专业维修服务，不仅跟随集团综合百货发展轨迹设点扩大经营，还在市外开设连锁店，扩大品牌影响。

集团电子商务业务源于联华OK网。2006年，集团重组电子商务业务，成立百联电子商务有限公司，使电子商务业务成为集团培育业务。2007年，百联E城开始运行，成为集团实施网上商品信息展示和交易服务功能的综合平台。百联E城还先后开发40多个子网站，以“实体+网络”扩展百货B2C电子商务市场，以“自营+平台”模式扩大商品经营规模。2011年9月1日起，安付宝商务有限公司获央行批准发行第三方多用途预付卡。2012年12月，集团单用途卡通过市商务委备案。

集团房产置业板块包括商业地产经营和物业管理两大板块，主要从事房地产开发、物业管理、房屋租赁以及房产中介等业务。2003年年底，归属百联集团置业公司统一管理的房屋建筑面积8万多平方米，土地面积1.1万平方米。集团授权经营的房产建筑面积约28万平方米，土地面积8.5万平方米。物业管理面积319万平方米。在商业地产经营中，通过盘活、开发、挖掘等途径，体现存量商业房产的历史、文化价值。物业管理业务，一方面跟随集团商业综合项目发展步伐，实施集约保洁、保安和物业设施运营管理，另一方面延伸至社会商业、企业、机关、别墅、学校、银行、研究院、博物馆、使馆等领域，辐射地域除上海地区外，还包括安徽、长春、山东等地。2010年，物业管理还完成世博城市最佳实践区相关物业配套服务工作，在市场中树立专业“管家”的品牌。2013年，物业管理面积达386.95万平方米，比2003年增长21.30%。

2002年年底，集团拥有7个自有物流配送中心，其中4个为超市配送中心、3个主要承接社会仓储运输业务。截至2013年，已形成由联华超市生鲜加工配送中心、联华曹杨路物流配送中心、联华快客拆零配送物流中心、华联桃浦配送中心、第一医药长桥药品仓库等组成的仓储配送中心。第三方物流拥有长桥物流、全方物流、晶通化学桃浦等多个物流基地及相应的码头、仓库、堆场、车队等配套设施，总占地面积约36万平方米，年物流吞吐能力逾500万吨，具有“城市配送体系”“制造业物流体系”和“危险化学品物流体系”三大供应链服务功能和一定规模的现代物流专业经营能力。

截至2013年年底，集团实现营业收入1 639.16亿元，比2003年增长2.95倍。实现利润总额24.15亿元，比2003年增长297.86%。拥有经营网点5 164个，经营面积594.47万平方米。其中，集团三大核心业务实现营业收入 1 593.51 亿元，比 2003 年增长 3.4 倍，占集团全部汇总营收比例的 95.86%，比 2003 年 87.95%提高 7.91 个百分点。集团三大培育业务实现营业收入 41.48 亿元，占集团营业收入的 2.53%。

第一章 综合百货

百联集团成立后，对内部业态和运行构架按照“横向收缩跨度、纵向压缩层级”的工作要求进行整合，围绕做强做优核心业务目标，推动资金、人才等各类资源向主业集中和倾斜。2003年11月，集团组建百货事业部、购物中心事业部，实施对百货、购物中心业务整合发展，致力于尽快培育可与国际百货业巨头在国内抗衡的核心竞争力。随着事业部实施公司化转制及一百股份、华联股份两家上市公司整合，百货业态、购物中心业态和奥特莱斯业态全部归属百联股份统一管理；友谊股份完成与百联股份吸收合并后，综合百货资产、业务进一步归并到友谊股份一家上市公司内，为集团加大百货业态转型、加快购物中心发展及奥特莱斯业态创新拓展，巩固和发展百联综合百货业务在上海乃至全国市场地位和行业优势奠定基础。

第一节 百货商店

2003年4月底，原一百、华联和友谊三大集团共有百货商店30家，分布于上海市内29家，市外1家，经营面积合计28.82万平方米。这些百货商店既有历史名店，也有改革开放后成立的中外合资企业，还有一批尚未形成连锁规模的百货商店分店。其中，有诞生于1949年10月20日的上海市第一百货商店；有开业于1993年1月上海首家沪港合资大型零售百货企业——东方商厦；有1995年12月20日开业的国内第一家经国务院批准的中外合资大型商业零售企业——上海第一八佰伴有限公司；有在永安公司公私合营后多次更名的华联商厦；还有友谊商店、时装公司和妇女用品商品等特色百货商店。

20世纪末，受亚洲金融风暴和日本八佰伴海外扩张受阻影响，日本八佰伴资产负债率达99.15%，企业濒临破产。2003年，上海第一百货商店股份有限公司通过集团香港昌合有限公司收购八佰伴36%股权，使中方持股比例间接上升至100%。2003年年底，中方便开始着手对八佰伴商品结构、商场布局的调整。同年12月，为配合“外滩源”建设，友谊商店从外滩北京东路40号，迁往金陵东路68号过渡经营。

图3-1-1 2004年9月第一八佰伴大弯壁改造后

自2004年1月起，友谊百货南方店对服装、箱包、皮鞋和钟表眼镜类商品进行升级调整，新增并引进亨得利钟表、吴良材眼镜、冠龙照相器材、杰尼卡、罗汉生、艾昂希尔等40家品牌供应商，调整商场布局面积达总经营面积的40%左右，丰富经营商品和品类，提高经营品牌档次和数量。4月28日，作为百联天府购物中心的主力百货店，友谊百货成都店开业。4—5月，第一八佰伴完成商场经营品类和整体布局优化。一楼化妆品经营面积从1 500平方米调整至2 000平方米，在

图 3-1-2　2006 年 11 月，东方商厦礼品工艺商场开业

引进世界顶级品牌香奈儿的同时，引进 10 个世界一线化妆品品牌。对原一楼汽车和珠宝经营场地进行调整，腾出 3 000 平方米经营面积，经营一线品牌服饰。而 4～6 楼的男装、运动休闲、家居商场在调整后也呈现出旺销势头。6 月，为充分发挥百货集约经营优势，百货业态形成具体整合实施方案，通过对既存百货商店的定位、分类，确定全力打造"东方商厦"时尚百货品牌形象，以"东方商厦"品牌实施对外拓展，并对符合条件既存门店先行实施翻牌；挖掘市百一店、华联商厦、妇女用品商店、时装商店和友谊商店等历史名店的文化底蕴，打造具有独特经营理念的经典百货新形象。9 月 17 日，百货事业部召集业务整合动员大会，标志着集团百货业态品牌整合工作全面拉开序幕。9 月 27 日，虹桥友谊商城获得"GSP 认证许可证"，成为上海地区又一家拥有药品经营资质的百货零售企业。9 月 28 日，友谊百货长宁店作为百货主力店，在百联西郊购物中心内开业。9 月 29 日，世界名品城在第一八佰伴一楼全新亮相。有着 6 000 平方米的名品城荟萃 30 多个世界品牌，其中 70%是世界一线品牌，世界名品服饰、名牌化妆品及珠宝等在世界名品城中汇聚一堂。11 月 10 日，上海首家日货主题商厦"东方美莎"，在上海淮海路东段百货圈开业。东方美莎 3 个楼面围绕日货、青年女性、时尚、前卫、个性等要素开展特色经营活动，同时还设立日式料理和音乐咖吧，让消费者体验东京流行时尚。11 月 27 日，常州百联东方商厦开业。常州东方商厦地处常州黄金商圈的繁华地段，商场建筑面积 1.5 万平方米，分 5 个楼层。成为集团首家以东方商厦冠名，以连锁经营为模式走出上海的高档百货商厦。同年，华联商厦实施系统改造工程。通过外立面修复工程，恢复第 2 层和第 6 层长廊、铸铁栏杆、阳台、梁托、窗台花饰及外立面原有色彩；新增彩色铝合金窗、夜间灯光照明；1 楼后移的大橱窗恢复至原骑楼位置，全面恢复永安大厦原有的欧洲古典式建筑风格。对商场内部整修，侧重于对 1 楼总面积 5 500 平方米的南北商场整修，全面改装机电设施，局部抬升调整空调风管，全面翻新地坪、天花、墙面，改善整体环境。北商场、南商场分别于 12 月 3 日、12 月 13 日竣工。在商品布局调整方面，秉承"穿在华联"的经营理念，1～5 楼分别为经典名品馆、优雅女士馆、活力女性馆、蓝色绅士馆和温馨家居馆。12 月 28 日，上海华联商厦恢复 20 世纪二三十年代折中主义古典式建筑真容全新亮相。年内，百货业务板块制定"服务质量""环境设施""管理目标""顾客满意度"等 9 项考评标准，对各百货商店实施统一检查和考核，全方位推进服务质量提升。各百货店纷纷推出个性化举措。如：友谊商城编写中、英、日三种语言的《员工规范接待服务用语手册》，提高员工接待语言能力；东方商厦制定《大类商品首席营业员评定管理办法》，并在百货行业中率先设置首席营业员岗位，实行季考年评；华联杨浦店开展"品牌知识知多少"等活动，加深服务人员对国际国内知名品牌了解。

2005 年 1 月 17 日，市百一店东楼率先翻牌为东方商厦（南东店），成为第一家既存门店翻牌为东方商厦连锁的网点。2 月 5 日上午，华联商厦（杨浦店）举行翻牌为东方商厦（杨浦店）的揭牌仪式。3 月 27 日，启动历史名店板块整合，原第一百货淮海店更名为上海妇女用品商店 B 馆。同时，上海淮海路妇女用品商店 B 馆一楼引进香港"莎莎"（SASA）连锁专卖店，在经营上形成品牌与资源互补效应。4月28日，上海华联商厦正式更名为永安百货有限公司，以“经典百货”为经营理念，以经营个性化、品牌化、特色化中高档服饰类商品为主，推出一系列经营服务举措。如推出早有双狮迎宾、中有阳台萨克斯风、晚有泛光灯下永安风情的三大文化营销品牌。创新推出“一杯茶水、一张座椅、一副手套、一个托盘”“四个一”贵宾式服务标准。恢复永安屋顶花园、引进著名餐饮品牌、建造贵宾会所，增加休闲娱乐功能，提升永安百货品牌价值。下半年，第一八佰伴1楼世界名品城新增5个名品厅房，集中引进首次登陆浦东地区的BALLY、JC范思哲、PAUL&SHARK、CERRUTI1881以及SMALTO等世界知名品牌，全年销售额突破2亿元。12月30—31日，东方商厦青浦店、东方商厦无锡店先后开业。东方商厦青浦店是东方商厦连锁百货进军上海市郊市场的首家门店，开业两天销售额达115万元。东方商厦无锡店是东方商厦连锁百货拓展长三角重点城市市场的新突破，总建筑面积2.1万平方米，共有5个楼层商场。

图3-1-3 宁波东方商厦(摄于2007年6月)

2006年4月30日，东方商厦哈尔滨店开业，是百联哈尔滨购物中心的百货主力店。9月28日，友谊商店结束在金陵东路两年过渡经营，迁往曹家渡长寿路1188号(原沪西商厦)新址全新亮相。商场总建筑面积3.1万平方米，分地上7个楼层，地下2个楼层，经营和服务功能包括购物、休闲、餐饮、娱乐等，成为曹家渡地区当时规模最大、设施最现代化的综合商厦。由百联股份收购长发集团下属宁波长发商厦有限公司90%的股权，更名为宁波百联东方商厦，在对物业进行改造调整后，于9月30日全新开业。该项目是第一家通过资本运作、采用控股方式发展的连锁门店，是集团在长三角地区南翼开设的第1家大型百货商厦。宁波东方商厦营业面积1.5万平方米，新引进商品品牌近50%，以男女服装、化妆品、珠宝首饰、世界名表、皮鞋皮具、家纺等商品大类为经营特色，依托“百联”强大的资源优势，努力打造成为品牌底蕴深厚、文化优雅独特的甬城高端时尚的中心。2006年12月21日，东方商厦(中环店)开业，是百联中环购物广场百货主力店。截至2006年年底，东方商厦连锁百货已建立较为完善的VIP体系。

图3-1-4 2008年东方商厦南东店外墙

2007年1月19日，东方商厦(宝山店)开业，作为百联北上海购物中心的百货主力店，经营面积约1.1万平方米，有40多个品牌是首次在宝山露面。2007年12月16日，位于杨浦区四平路2500号的东方商厦杨浦店举行扩建新装开业庆典。扩建后，东方商厦杨浦店实现金岛老楼、新蓝天大楼地面1～5层和地下1层的衔接，经营面积从原1.2万平方米扩大到3万平方米，以服饰经营为主，

图3-1-5 东方商厦淮海店正门(摄于2010年12月)

集购物、餐饮、娱乐、休闲为一体。12月28日,第一百货商店新楼扩建工程竣工开业,新增近4万平方米经营面积,引进餐饮、新华书店、银行及进口食品超市等业态,使百货经营与功能性设施面积结构调整为2∶1,并以丰富的业态吸引消费,使日均客流明显上升。

2008年1月18日,位于嘉定城区中心、商业繁华地带城中路的东方商厦嘉定店开业,总建筑面积19 248.71平方米。1月19日,百联南桥购物中心开业,东方商厦奉贤店作为百货主力店同时开业。3月,第一百货商店老楼在不停业的情况下,实施建店史上最大规模的整体修缮工程,使老楼整体环境和硬件设施得到全面提升。老楼与新楼无缝衔接,建筑面积由原来3万平方米跃升为7万多平方米,商场布局更趋人性化,购物环境更显舒适,服务功能也更为完善。5月23日,南方友谊商城全新开业,成为南方购物中心又一百货主力店。南方友谊商城位于南方购物中心右侧,总建筑面积6.4万平方米,通过2、3、5层3条联廊与南方购物中心商业大楼连通,地下1～2层为停车库,地面1～5层为经营中高档百货商场,6～9层为餐饮、娱乐、商务酒店式公寓等功能性设施。年底,以经营高档进口食品为卖点的第一八佰伴新世纪食品城开业,经营面积4 200平方米,成为浦东地区商品档次最高的超市。年内,百货板块在推进百货业态发展的同时,还投资编织一张囊括"进、销、结、存"各个环节的信息管理网,推行"进销分离,一级核算"管理模式,为连锁经营提供准确、实时数据,也为进一步密切与供应商的战略联盟关系提供平台。在银行卡与商场POS机一体化通信系统建设过程中,整合与银行通讯网络,提升支付速度和准确性,方便拥有会员卡的顾客在所有门店信息系统上享受优惠折扣、消费积分和查询,激发消费热情,促进销售提升。并从源头上强化新品引进评审工作,组成"新品牌引进委员会",形成"前期预审—公开评审—跟踪分析"三大监控环节。

新华联东扩工程项目经过3年多努力,于2009年1月16日翻牌为东方商厦淮海店并重新开业,成为"东方商厦"高端百货连锁品牌在沪上第9家门店。扩建后,东方商厦淮海店共有6个经营楼层,经营面积2万平方米,硬件设施和软件配套全面升级,还增设残疾人专用盥洗室、贵宾室、母婴室等,形成集百货、餐饮、休闲、商务于一体的多功能商业楼宇。12月18日,重庆东方商厦作为主力店,与百联重庆南岸购物中心同时盛装开业。2010年9月底,设为百联金山购物中心主力店的东方商厦(金山店)开业。

友谊商店在经历金陵东路2年过渡、长寿路1188号3年多时间过渡后,于2011年1月18日搬迁至普陀区中环商圈梅川路重新开业,拥有4个经营楼面,建筑面积8 000平方米。1～4楼分别设名表饰品商场、日用礼品商场、工艺品商场和收藏品商场,在继承工艺品经营特色的同时,汇聚全球手表、饰品、礼品等知名品牌,转型为中高端精品礼品店,与邻近百联中环购物广场形成错位经营。1月31日,东方商厦青浦店举行扩容升级开业仪式。从地下室至5楼整体扩容升级,增加4～5楼约7 000平方米营业面积,经营品牌也从原有的200个左右扩大到了260多个,扩容开业当天销售额达654万元。因成都购物中心后续经营事项与合作方未能达成共识,3月10日,友谊百货成都店关闭注销。4月28日,东方商厦作为长沙乐和城购物中心主力店,以全新形象同步亮相该购物中心，并引入了CKJ、GUESS、REPLAY、TOUCH、G－STAR等潮牌及OOXOO、C.P.U、A&i、TNGT，AmeriBag等首次登陆湖南市场的时尚品牌，营业面积为1.5万平方米，设地下1层地上4层。同年，华联商厦张杨店实施转型改造，更名为永安珠宝(张杨店)，于6月3日开业。永安珠宝(张杨店)是百货业态中小型企业尝试转型的第一家门店，该店经营面积6 500平方米，1楼自营黄金商品区域面积近1 500平方米，其中特辟儿童专区、婚庆专区及摆件专区等；2楼引进four ever mark永恒印迹、通灵、国际铂金协会、ENZO、JCL等知名钻石、珠宝饰品，并专设彩色宝石厅，同时还开设自营品牌"永安珠宝"裸钻厅和投资金条及珊瑚类商品专营；3楼经营翡翠、玉石及象牙类商品；4楼则设置红木家具、摆件经营及金饰品加工、修理、质检等专业服务项目。永安珠宝自营黄金饰品买断达4万多种，相当于400公斤黄金，价值达1.5亿元，创上海百货店自营商品规模之最。9月28日，东方商厦(虹口店)开业。

图3－1－6　上海友谊百货有限公司友谊商城内景(摄于2008年7月)

百联西郊购物中心原主力百货店——友谊百货长宁店经全面改建后，于2012年12月24日转型翻牌升级为东方商厦西郊店。全面改建后的东方商厦西郊店建筑面积比原来扩大80%，达到1.4万平方米，共有3个经营楼层。1楼商场主要经营黄金珠宝、化妆品、男女鞋、烟酒、滋补品、钟表眼镜等；2楼商场主要经营职业女装、少淑女装、羊绒服装、内衣、女包、时尚手表等；3楼商场主要经营男士服饰等。在2012年上海市百货业单店销售20强排行榜上，百联集团旗下共有12家门店跻身榜单，比2011年多了1家，继续占据上海百货业20强的半壁江山，其中，第一八佰伴以45亿元年零售额高居榜首，继续领跑上海百货业。入围20强的百联百货门店还有上海市第一百货商店、东方商厦、永安百货、东方商厦中环店、东方商厦南东店、虹桥友谊商城、东方商厦奉贤店、东方商厦杨浦店、东方商厦青浦店、永安珠宝、东方商厦嘉定店。新入围的是原华联商厦张杨店，其转型为永安珠宝，年销售额达3.4亿元，取代太平洋百货不夜城店，排名第19位。由于集团对上海郊区的前瞻性布局，较早抢占郊区市场份额，20强中郊区百货增长稳健，业绩显著高于市区水平。在2012年郊区百货销售前5位排行榜中，集团百货店占有3席，排在榜首的仍然为东方商厦奉贤

图3－1－7　东方商厦杨浦店(摄于2011年12月杨浦店10周年庆)

店,比2011年增长28.8%,继续蝉联上海单体百货增幅第1位。

百货业态经过10年发展,已形成以东方商厦冠名的连锁百货,以八佰伴、虹桥友谊等为代表融合时尚元素的时尚百货和以永安百货、第一百货、时装商店、友谊商店、妇女用品等为代表的经典百货三大经营格局,保持行业龙头地位。

表3-1-1 2013年年底百货业态既存网点和经营面积情况表 单位:平方米

东方商厦连锁品牌百货			
名 称	经营面积	名 称	经营面积
东方商厦(旗舰店)	32 204	东方商厦(奉贤店)	41 261
东方商厦(南东店)	40 531	东方商厦(金山店)	12 546
东方商厦(杨浦店)	32 350	东方商厦(虹口店)	11 000
东方商厦(淮海店)	27 825	宁波东方商厦	21 689
东方商厦(西郊店)	9 987	重庆东方商厦	33 445
东方商厦(青浦店)	18 983	长沙东方商厦	14 988
东方商厦(中环店)	51 257	东方商厦(嘉定店)	19 249
经典百货			
名 称	经营面积	名 称	经营面积
第一百货商店	72 979	上海妇女用品商店(3家)	5 028
第一百货松江店	6 654	上海时装商店	11 235
永安百货	33 890	上海友谊商店	8 316
永安珠宝	9 438	友谊商店古玩分店	150
时尚百货			
名 称	经营面积	名 称	经营面积
第一八佰伴	131 429	华联商厦(普陀店)	15 159
虹桥友谊商城	19 356	华联商厦	10 380
南方友谊商城	12 414	友谊百货南方店	8 600

第二节 购物中心

集团成立之初,购物中心业态仅有上海市内的友谊南方商城和华联临沂社区商业中心2家。集团成立后,购物中心业态成为集团发展战略中的培育业态。

百联西郊购物中心项目位于上海西部的长宁区新泾地区,总投资5.6亿元,占地面积3.4万平方米,整个建筑物楼层包括地下2层、地上4层及楼顶,总建筑面积11万平方米,于2003年12月建筑结构封顶。项目特别聘请美国著名的购物中心专业设计公司(JEDER捷得)提供总体设计方案,设计理念注重环保、人性化。

由百联集团与成都汇诚房产合力打造的西部第一家现代化大型购物中心——百联天府购物中心于2004年4月28日在成都市科华中路与二环路交汇处开业。建筑面积15万平方米，共计5个楼层，并拥有1.6万平方米的景观广场和约1.3万平方米的空中花园，同时配备2.68万平方米的地下停车场。这是集团加快全国拓展战略实施的突破，是集团集约百货、大型综超、专业专卖、物业管理等业态资源优势，实施组团发展的首次尝试。

图3-1-8　百联西郊购物中心内景
（摄于2006年5月）

2004年9月28日，百联西郊购物中心试营业，是国内第一家建筑风格呈开放式的社区购物中心。该购物中心核心是一个露天开放型中心绿化广场，通过穿越中心广场并贯穿东西两侧出入口步行街、室外与室内交替的环形走廊和天桥，将各个区域建筑有机组合成一个整体，新颖的视觉效果，清新的绿化环境，处处彰显品位和情趣。百联西郊购物中心以“社区型”为经营目标定位，业态组合充分考虑周边居民购物、休闲、娱乐等多方位需求，入驻各类业态店铺达100多家，主要业态有大型超市、精品百货、家居用品、餐饮娱乐、品牌专卖、社区服务等。著名品牌有世纪联华、友谊百货店、迪卡侬、特力屋、永乐家电、亨得利钟表、茂昌眼镜、好乐迪、世纪影城，以及大型知名专业卖场4家、各类餐饮店29家、专卖店62家、社区服务店铺14家、娱乐业态5家。

2004年12月29日，百联世茂国际广场（一期）在南京东路开张试营业（以下简称百联世茂），是百联股份第一家输出管理的购物中心。百联世茂开业，进一步提升南京东路商圈定位，形成南京东路大众、时尚、高档商品错位经营格局。百联世茂（一期）建筑面积2.3万多平方米，入驻品牌和供应商多为国内外知名品牌企业，其中不乏首次来华的国际品牌。试营业期间共有110多个品牌分布在7个楼面。

2005年4月10日，百联集团与爱建集团签约，租赁经营哈尔滨爱建滨江百联商城。

2005年12月30日，坐落于青浦的百联桥梓湾购物中心试营业。该购物中心面积6.2万平方米，试营业期间营业面积近5万平方米，是集团购物中心业态进驻上海郊区的第一家购物中心。2006年元旦，该购物中心试营业实现销售额248万元。

2006年4月30日，百联哈尔滨购物中心开业。总建筑面积16万平方米，为东北地区最大单体购物中心，其主力店是世纪联华和东方商厦，营造业态集聚的经营环境。2006年9月16日，位于长沙五一核心商圈的长沙百联东方广场试营业，经营面积约7.6万平方米，沿街门面长达250米，引进国内外知名品牌多达400家。12月21日，集购物、餐饮、休闲、娱乐、文化为一体的超大型、现代商业广场——百联中环购物广场开业。该购物广场位于上海市普陀区，沪宁高速与中环线交汇处。建筑面积43万平方米，商业面积25万平方米。百联集团麾下东方商厦、世纪联华、妇女用品商店、

图 3-1-9　2007 年百联中环购物广场外景

第一医药等企业组团进入百联中环购物广场，以专业优势和功能特色，共同打造大型购物中心。百联中环购物广场拥有各种业态200余家。齐全的经营业态、众多的知名品牌以及丰富的客源，使百联中环购物广场成为上海西北区乃至整个长三角地区的又一个商业地标。随着百联南方购物中心（老楼）销售额不断上升，购物中心逐步从社区型购物向区域型购物中心发展，但物业硬件瓶颈限制进一步提升空间。同年投资3.2亿元，实施南方购物中心建筑扩建工程。12月西效购物中心、友谊百货长宁店被列入“百购合一”首批试点门店行列。

图 3-1-10　2007 年 1 月 26 日，百联又一城购物中心开业

2007年1月19日，百联北上海购物中心开业，弥补宝山区西部大型百货商场空白。该购物中心位于宝山区蕰川路杨鑫路口，是周边5公里半径范围内最大且唯一的大型商业中心。北上海购物中心建筑面积7.3万平方米，引进运动休闲、餐饮娱乐、儿童系列、美容美发、保健药房以及书城等社区服务配套功能，是集购物、餐饮、娱乐、休闲于一体的一站式大型购物中心。1月26日，建设面积12.6万平方米，坐落于上海商业副中心五角场商圈中心地带的百联又一城购物中心正式开业（以下简称又一城）。又一城购物中心由美国著名专业设计机构ARQ建筑设计事务所设计。建筑物中间是敞开式的明亮锥形中庭，两端是大型百货商店及各具特色的专卖店以及餐饮、书店、电脑游戏、健身中心、溜冰场等娱乐设施，在北端8～9楼拥有8个电影放映厅，在锥形中庭旁为3部自动扶梯和14部垂直客梯。百联又一城购物中心集聚2 000多个精选品牌，并集购物、休闲、餐饮、娱乐、文化、健身等多功能于一体，对提升五角场地区商业格局和层次，满足日益增长的中高端消费需求起到积极的作用。4月28日，位于吉林省吉林市的吉林百联购物中心试营业。该购物中心建筑面积4.4万平方米，由百联股份以输出管理形式实施经营。2007年5月31日，百联世茂二期在南京东路开业，世茂二期建筑面积3.5万平方米，整体建筑面积近6万平方米。

2008年1月19日，上海百联南桥购物中心一期开业。项目位于奉贤区南桥镇百齐路588号，建筑面积近4.8万平方米，东方商厦是其主力店，并引进必胜客、味千拉面、屈臣氏、好乐迪量贩式卡拉OK等餐饮、娱乐、药妆店，集购物、休闲、娱乐于一体。1月25日，沈阳百联购物中心盛大开业。沈阳百联购物中心地处沈阳沈城南北主干道与东西主干道的交汇点，为地铁上盖建筑，总建筑面积11万平方米，其中地下一层2.2万平方米为家乐福超市，地上1～5层为各类时尚店铺，位于大楼中部的是中高档时尚百货，拥有沈阳消费者知晓的熟牌和热销品牌，囊括周大福、潮宏基、东华美钻等名贵珠宝饰品。沈阳百联购物中心以“海派生活、购物休闲、相聚百联”为主题，向沈阳的消费者展现上海时尚风情。4月，百联南方商城购物中心扩建竣工开业。使南方购物中心的商业面积从原来8万平方米增至14.44万平方米，比原来扩大近一倍。设在新楼中的友谊商城作为百货主力店，以适应中高端消费群体为目标。整个建筑包括地上9层、地下2层，建筑面积达6万余平方米，主要经营境内外品牌商品，其中包括相当规模的一线品牌，同时引进友谊商店古玩分店等。新楼还在高层区域设置好乐迪、苏浙汇、世纪友谊影城等餐饮、娱乐消费场所，成为上海西南地区的地标性商业中心。9月，百联集团与加拿大亿万豪剑桥公司完成百联长沙东方购物广场项目股权交易，亿万豪剑桥公司持有百联长沙东方购物广场60%的股权，百联集团持有40%的股权。

图3-1-11　百联南方购物中心(摄于2008年9月)

2009年12月18日，重庆百联南岸上海城试营业。百联南岸上海城位于重庆市南岸区南坪西路38号，建筑面积11.46万平方米，是聚集购物、特色餐饮、娱乐休闲、儿童游乐及各类儿童教育培训功能于一体的家庭亲子一站式大型购物中心。

2010年9月30日，百联南桥购物中心二期工程竣工开业，使南桥购物中心总建筑面积达11万多平方米。南桥购物中心在原有购物、餐饮、娱乐的功能上，增加世纪联华大型超市，引进了第一家全数字式电影院——海上国际影城、第一食品、顺风大酒店、肯德基、避风塘、斗牛士、棒约翰等各色餐饮业态，以及优衣库、苹果专卖店等功能性租户，补充和完善更多综合服务功能，满足消费者一站式购物需求。9月底，百联金山购物中心开业。百联金山购物中心位于卫清西路188号，总建筑面积约8.5万平方米，实现100%招商，100%满铺开业。整个购物中心分A、B、C三大区，包括东方商厦、世纪联华等主力店，是一个集时尚购物、休闲餐饮、文化娱乐和社区服务于一体的多功能购物中心，成为郊区商业中又一新亮点。

图3-1-12　百联南桥购物中心二期外景(摄于2011年5月4日)

由百联集团与崇明县政府共同合作，推进崇明新城区、新市镇商业建设项目——百联崇明购物中心于2010年12月29日举行奠基仪式。

由于哈尔滨购物中心项目股东发生变化，2011年3月15日，百联股份终止哈尔滨购物中心项目输出经营管理合作。4月28日，集团与加拿大亿万豪剑桥公司首个合作项目——乐和城购物中心在长沙隆重开业。引进ZARA、H&M、C&A等快时尚消费品牌首次进入湖南，还引入丝芙兰、星巴克、芒果博纳国际影城等功能项目，开业招商率达96%，成为湖南第一家集购物、餐饮、休闲于一体的大型购物中心。9月28日，坐落于虹口区北宝兴路与同丰路交叉口，有着8.3万余平方米、6个楼面、五大区域、配备300多个停车位的百联虹口购物中心开业。围绕“立足社区，服务社区，融入社区”的经营理念，强化社区消费、服务、文化、休闲功能和商务配套功能，开业之初抢先入驻商户达200余家，商户招租率达100%。虹口购物中心集结东方商厦、世纪联华、第一食品、好乐迪KTV、水游谷电玩、光大通沪、金王及屈臣氏等众多知名专卖店，以及丰收日、辛香汇等多家特色餐饮。另外还配备银行、美容美发、洗衣维修、教育培训等各种服务机构。

2012年1月19日，百联徐汇商业广场在华山路2038号开业。该广场由原新路达商厦改造而成，并引入诸多大面积品牌旗舰店，从内而外炫出“魅力徐汇，时尚百联”的理念。

图3-1-13　2012年12月世博源1区夜景

2012年9月6日，百联股份出资收购上海鹏欣国际家纺投资建设有限公司85%股权，获得杨浦郡江国际项目商业资产，开设集购物、休闲餐饮、文化娱乐和社区服务于一体的社区型购物中心，以填补周边地区中大型商业设施空白，进一步推进购物中心在杨浦区商业网点布局。9月，为进一步完善百联又一城购物中心经营品类，持续提升购物中心经营档次，又一城购物中心在B1层连接地铁10号线和五角场地下商业空间中，辟出3021平方米场地，开设进口食品超市，引进日本特色商业设计元素与世界各国食品品牌，为主流消费群体打造一个具有文化内涵的进口食品购物场所。11月7日，坐落于浦东新区北蔡商业区，位于沪南路2420号，建筑面积约4.8万平方米的百联东郊购物中心开业。该购物中心建筑面积约4.8万平方米，地下1层、地上3层，由友谊股份投资改建。购物中心集购物、休闲、餐饮、教育、娱乐、超市和社区服务于一体，为综合功能性强、购物环境舒适的社区型购物中心。在百货经营品牌选择上，引进周大福、老庙黄金、老凤祥、亚一、欧珀莱、欧莱雅、玉兰油、卡帝乐、Only、JACK&JONES、VeroModa、鄂尔多斯、皮皮狗、春竹等知名品牌。同时引进香港茶餐厅和雷克华夫等首次进入上海市场的餐饮品牌。12月28日，由百联集团和世博发展集团合资打造的世博源一期，在黄浦江畔世博源北端广场举行开业庆典。此次率先营业的世博源一期集美景、美食、美酒于一体的餐饮商户为主，以“创活力源，建快乐城”为使命，让顾客体验前所未有的愉悦消费。这是世博会后对世博轴建筑设施利用开发的一次积极尝试。

2013年2月，友谊股份和浙江台州东森购物中心有限公司签约组建合资公司，以合资租赁方式承租台州东森购物中心项目，5月18日，台州百联东森购物中心开业。该购物中心是百联购物中心业态首次“落子”浙江，标志着百联购物中心业态走向全国又迈出新的步伐。浙江台州百联东森购物中心项目坐落于台州市路桥区，位于西路桥大道130号，总建筑面积25 284平方米，地下1层、地上5层，经营定位以“名品、精品”为主导，引进周大福、老庙黄金、老凤祥、希思黎、兰蔻、雅诗兰黛、欧莱雅、JACK&JONES等近150个知名品牌，成为台州地区综合服务功能完善、购物环境优良的时尚地标。为贯彻集团及拓展泛长三角发展战略，基于对安庆市场未来的发展预期，2013年5月9日，集团同意友谊股份整体收购安庆市大观区安庆马山国际广场中的购物广场，改造为百联安庆购物中心。该项目总建筑面积约7.6万平方米，其中地上1～5层为商业用房，地下1层为设备用房和停车库。同年，世博源开展二期招商工作，涉及建筑面积达28.5万平方米，呈近1公里的长条形分布。世博源二期将购物中心定位于中高端的商品经营与全新的餐饮、娱乐业态相融合，形成各类品牌旗舰店、体验店、概念店的完美组合。

购物中心作为百联集团精心培育和大力推进的新颖业态，通过投资建设、合作经营、收购改造、扩建转型等途径，经过10年的持续发展，形成一批体量大、规模大、功能全、品类多、定位准的都市购物中心、区域购物中心、社区商业中心多级层次。截至2013年，集团在市内外开设的购物中心有百联南方购物中心、百联西郊购物中心、百联世贸国际广场、百联中环购物广场、百联又一城购物中心、百联南桥购物中心、百联金山购物中心、百联徐汇商业广场、世博源、百联沈阳购物中心、百联南岸上海城购物中心、台州百联东森购物中心等15家。

表3-1-2　2013年年底购物中心网点、建筑面积情况表

区域	网点名称	2013年	
		网点数(个)	建筑面积（平方米）
市内	百联临沂购物中心	1	23 169
	百联南方购物中心	1	144 234
	百联世茂国际广场	1	58 000
	百联西郊购物中心	1	110 000
	百联中环购物广场	1	250 000
	百联又一城购物中心	1	126 000
	百联南桥购物中心	1	110 619
	百联金山购物中心	1	85 000
	百联虹口购物中心	1	83 000
	百联徐汇商业广场	1	20 359
	百联东郊购物中心	1	48 000
	世博源	1	285 000
	小计	**12**	**1 341 531**
市外	百联沈阳购物中心	1	110 000
	百联南岸上海城购物中心	1	114 600
	台州百联东森购物中心	1	25 284
	小计	**3**	**249 884**
	合计	**15**	**1 593 265**

第三节 奥特莱斯

奥特莱斯是百联集团组建后重点发展的全新业态，也是核心业务中的重点培育业态。百联奥特莱斯项目自2004年起筹备，经过2年投入建设，2006年4月28日，集团首家奥特莱斯在上海青浦赵巷开业。该项目由百联股份和香港九龙仓集团合作建设。其中百联股份股权占95.03%，九龙仓股权占4.97%；香港九龙仓集团负责百联奥特莱斯前期引进国际大品牌招商工作。百联青浦奥特莱斯品牌直销广场建筑面积11万平方米，其中停车场2万平方米，绿化2万平方米。整个商业广场由23栋欧美风格建筑群组成，并以喷泉、河流、小桥营造出江南水岸景观，在人与景观融合中，为消费者提供购物、度假，放松心情的优雅环境。开业初期共有200间商铺，按不同经营功能分为A、B、C三大区域：A区拥有近40个商铺，主要经营国际一线品牌折扣服饰；B区主要经营国际知名运动休闲品牌、国际二线品牌以及国内著名品牌；C区为餐饮休闲娱乐区。引进国际一线品牌30多个，均由各品牌生产商或亚太地区分销商直接供货，通过严控商品质量关，保护国际知名品牌的知识产权及消费者合法权益。

图3-1-14 百联奥特莱斯广场(上海青浦)夜景(摄于2012年12月)

2007年，百联青浦奥特莱斯开业一年后，经营状况良好，销售业绩日益攀升，特别是引进世界一线品牌经营，对社会公众和品牌供应商产生市场虹吸效应，不仅使上海和江浙一带消费者蜂拥而至，同时也有力地带动了国际二、三线品牌和国内著名品牌争先恐后入驻广场。随着申请入驻品牌商日益增多，奥特莱斯出现商铺区域店面紧缺、消费空间拥挤、经营和购物环境偏紧状况。为保持青浦奥特莱斯休闲、旅游、消费环境的宽敞和品牌经营有序展开，青浦奥特莱斯通过及时调整餐饮区域使用面积，挖掘出2万平方米经营面积，在C1区重新分割改建了95间营业店面，设置1～4楼商铺，增配12部电梯，落实消防器械、相关配套设备设施安装以及公共部位和卫生间装修，有效改善了运营环境。7月11日，中共上海市委书记习近平考察百联奥特莱斯品牌直销广场，并对百联奥特莱斯这一业态的发展成效给予了充分肯定。

2009年4月29日，百联股份以优先购买权悉数收购青浦奥特莱斯港方4.97%的股权，持有100%股权，经营业绩继续攀升，品牌导入日益丰富，为加快奥特莱斯业态发展打下坚实基础。

2009年7月，集团加快奥特莱斯业态发展，在无锡市硕放街道薛典路经一路交叉口，购置293亩(1亩合666.7平方米)土地，筹建无锡奥特莱斯品牌直销广场项目，进一步扩大百联奥特莱斯品牌直销广场知名度，进一步提升企业品牌含金量，对获取国际顶级品牌及一线品牌资源的青睐具有重要的实践意义。整个项目采用一次规划与分期开发方式，其中一期占地约150亩，规划总建筑面积8万平方米。

2009年8月26日，百联股份以“输出经营管理+约期股权收购”方式与浙江杭州下沙奥特莱斯广场有限公司合作，受托经营该公司开发的奥特莱斯品牌直销广场一期项目。项目名称为“百联浙江奥特莱斯品牌直销广场”。该项目位于浙江省海宁市农业对外综合开发区，项目紧邻下沙枢纽，地理位置紧靠杭州，核心商圈覆盖杭州、嘉兴、绍兴等城市；辐射商圈则可以涉及湖州、宁波、金花等城市，项目辐射优势明显。该项目总建筑面积132 047平方米，集奥特莱斯购物和公寓酒店于一体。其中一期为奥特莱斯品牌直销广场项目，总建筑面积75 562平方米，为地上2层、开放园林式建筑布局。2010年6月26日，百联杭州下沙奥特莱斯品牌直销广场试营业，9月21日正式开业，经营业绩逐步提高，发展势头喜人。一些国际一线品牌如Zegna、Bally、Givenchy、HUGO BOSS等也陆续亮相。

2011年3月25日，百联股份以“管理输出＋期权收购”方式，受托经营管理武汉市奥特莱斯投资发展有限公司开发的奥特莱斯广场项目，项目使用“百联奥特莱斯广场(武汉・盘龙)”商号。武汉奥特莱斯广场项目位于武汉市黄陂区盘龙城经济开发区，距武汉市中心约23公里，距武汉天河国际机场8公里，距武汉外环车程仅10分钟。项目用地面积约200亩，经营面积达13.3万平方米，设计商铺近300家，总建筑面积9.2万平方米，地上1层或2层，开放园林式建筑布局，拥有停车位1 200余个。从项目建成正式对外营业之日起计算，委托管理期限定为7年。

图3-1-15　2012年百联奥特莱斯广场(武汉盘龙)中心广场喷泉

2011年6月22日，百联无锡奥特莱斯广场举行奠基开工典礼，标志着百联无锡奥特莱斯项目进入实质性启动。为持续加快奥特莱斯业态布局，百联奥特莱斯在江苏南京江宁区汤山新城又落一子，7月21日，南京百联奥特莱斯广场项目获批立项。9月30日，武汉奥特莱斯17幢单体建筑前部结构封顶，交付供应商进行二次装修；12月24日，百联武汉奥特莱斯广场开业。广场区域布局划分为云集国际一线品牌的A区；主营国际二线品牌和国内著名品牌的B、C区及集聚大型餐饮的D区。整个商业广场集购物、休闲、餐饮、旅游为一体，体现国际化、现代化、时尚化的“一站式”超大型购物广场特色，成为百联集团奥特莱斯业态入驻华中地区第一家标志性门店。根据百联集团加快百联奥特莱斯业态连锁发展思路，于2012年1月起正式启动武汉百联奥特莱斯广场项目51%股权收购工作，并于4月9日向合作方支付1.5亿元股权预购款。

经过两年多的有序筹建，2013年6月29日，百联无锡奥特莱斯广场正式开业。这是集团继上海青浦店、杭州下沙店、武汉盘龙店后精心打造的又一个奥特莱斯项目。百联无锡奥特莱斯广场在坚持百联奥特莱

图3-1-16　百联奥特莱斯广场(江苏无锡)(摄于2013年9月)

斯特色基础上，对业态、品牌、环境和服务进行升级，全力打造一个具有国际一流水平的花园式奥特莱斯。

2013年7月11日，百联青浦奥特莱斯启动改扩建工程。12月底，A区扩建完工后启动B区施工。扩建后百联青浦奥特莱斯新增经营使用面积10 800平方米，拥有400余家商铺、600多个品牌。

截至2013年年底，百联旗下自建或约期收购的奥特莱斯共3家，输出管理1家，经营面积39.09万平方米。在国内奥特莱斯行业中快速形成优势地位，实现创新业务对百联整体经营业绩的贡献。

表3-1-3　2013年奥特莱斯网点、建筑面积情况表

区域	网点名称	网点数(个)	建筑面积(平方米)
市内	百联奥特莱斯广场(上海青浦)	1	105 702
	奥特莱斯市内小计	**1**	**105 702**
市外	百联奥特莱斯广场(杭州下沙)	1	75 562
	百联奥特莱斯广场(武汉盘龙)	1	92 305
	百联奥特莱斯广场(江苏无锡)	1	117 333
	奥特莱斯市外小计	**3**	**285 200**
	奥特莱斯合计	**4**	**390 902**

第二章　超 商 业 务

百联集团超商板块包括标准超市(以下简称标超)、大型综合超市和便利店三大业态。企业品牌有联华超市、华联超市、世纪联华、吉买盛、快客和罗森。集团成立后,超商业务通过整合、转型提升,整体得到较快发展,网点总量、覆盖面和经营规模均居全国同行之首,其中联华、华联品牌成为国内超商业态代表。标超、便利店业态以特许经营形式快速布点,获得加盟者青睐。在沪浙地区"最具影响力特许品牌"排行榜上,联华、华联和快客连续多年名列前三名。

第一节　标 准 超 市

2003 年 4 月,超商板块共有标准超市 2 054 个门店,其中市内门店 834 个,市外门店 1 220 个。标超主要运营品牌有"联华超市"和"华联超市"。

2003 年 6 月 27 日,联华超市在香港联合交易所主板挂牌上市,成为国内首家在联交所上市的中国零售连锁超市公司。2003 年 12 月 30 日,联华潼港店开业。潼港店营业面积达 2 400 平方米,是当时联华标准超市门店中面积最大的单店。该店地处高桥镇繁华地段,开业当天实现销售额 66.8 万元,一跃居于联华标超中销售排行榜首位。

2004 年 7 月 6 日,承担联华标超盆菜、半成品、熟食等大类产品生产配送的联华生鲜配送中心在努力丰富市场供应品种的同时,遵照上海市政府、市经委及有关质监部门"加强夏季食品安全,让百姓放心"的要求,与国家食品质量监督检验中心签订全过程质量监控合作协议。同年,联华浙江公司并购杭州解百 6 家生鲜超市和家得利 2 家超市;联华浙江公司在杭州地区生鲜加强型超市联华超市清波店开业。同年,为适应激烈的竞争环境,联华根据门店规模、商圈环境,对超市业态转型方向进一步细分为生鲜店、社区店和标准店 3 个模式。金汇店作为新型高端生鲜门店试点,进行转型改建,销售提升 63.75%,客流和客单分别提升 15.86%和 38.06%。江苏公司锁金店经过样板店改造,增加自有品牌经营比重,并通过下放经营自主权和改进激励机制等措施,使经营绩效明显提升;浙江公司为进一步增强门店在杭州城西区域竞争实力,分别对华商店和江城店进行结构性调整和改造,华商店营业面积扩大至 6 000 多平方米,成为杭城最大规模的超市门店;江城店经过改造,面貌焕然一新。在加快发展,推升业绩的同时,联华开展"标杆门店"评选活动,通过对同业态门店经营增长、存货周转、销售利润率、人效和平效等 5 项指标评比,带动整体经营能力提高。同年,华联超市新增门店总数达 402 家,以平均 0.91 天开出 1 家门店的速度,创下开店速度历史新纪录。并推行直营门店承包经营责任制,首批 3 家门店承包经营试点获得成功,由此推广至 83 家门店。截至 2004 年年底,华联超市拥有连锁门店 1 693 家,网点遍布上海、北京、江苏、浙江、安徽等 10 多个省市,建立了以长江三角洲为重点,以京沪两地为中心,向全国辐射发展的战略框架。

2005 年,华联公司成立加盟管理总部,对全部加盟店推行业务转型、营运监管、品牌维护工作,通过挖掘加盟店盈利潜力,为公司创造新的利润空间。华联超市加盟总部以业务转型为突破口,在二、三线品牌中挑选部分供应商,作为特供商品试行渠道,给加盟连锁店享受优惠返利政策,提高加盟店对商品促销和出样展示积极性,提升经营成效,在华联超市加盟业务发展中探索出了一条发展

图 3-2-1　1999 年 1 月 9 日，联华超市物流配送中心揭牌

新途径。为有效把控经营商品质量关，华联超市将原来允许加盟商有部分自主权的经营商品比率和品种作了调整，特别规范酒类商品经营管理。3 月 21 日与 350 多家加盟店签订《关于规范酒类商品进货管理责任书》。联华超市定位于中、高档消费群体的联华超市金汇店、定位于中低端消费群体的华联超市罗阳店生鲜转型获得成功。港汇店定位于“联华超级生活馆”模式实施转型。2005 年 4 月 28 日，联华超市港汇店转型为“联华超级生活馆”，生鲜食品达到 40%以上。联华标超香花、海申和羽山店实施向高端门店转型工作。6 月 18 日，联华超市收购无锡民营企业中百超市，首家店改造开业。至 8 月底，14 家门店全部更名为联华超市。除绩效显著提升外，在逐步扩大生鲜商品和进口商品销售占比的同时，商品结构优化工作也均取得了突破。2005 年年底，联华超市已拥有 11 家中高端生鲜转型门店，华联超市 5 家门店成功转型为生鲜门店。

2006 年 5 月，在北京召开的第八届中国特许加盟大会上，华联超市蝉联 2005 年度“中国特许奖”。华联超市自确立发展特许经营以来，已累计发展 1 700 余家加盟店，加盟店经营规模已占公司总体规模的 80%以上，建立一套比较全面的包括授权系统、培训系统、营运系统、信息系统、配送系统等多位一体的特许经营体系。同年，联华上海标超继续加快向中高端生鲜门店转型；浙江公司标超以生鲜供应链建设与商品结构调整齐头并进为转型策略；广西公司标超实行因地制宜，优化商品结构，取得显著效果。

2007 年，联华标超加快特许经营发展步伐，截至 6 月底，联华标超加盟店总数达到 1 002 家，覆盖上海、江苏、浙江、安徽、山东、福建、江西、河南、新疆等 14 个省区市。上海地区 501 家加盟店以郊区门店数量为多，体现联华对发展郊区市场的关注度。8 月 19 日傍晚，中共上海市委书记习近平考察华联超市新昌店，习近平询问商品的品牌、产地、价格和供应情况，鼓励百联员工做细、做好、做实工作。12 月 27 日，华联超市与崇明县供销合作总社签署重组收购崇明供销社超市协议，促进华联超市向崇明地区的渗透。2008 年 2 月 23 日，华联超市崇明公司正式成立，通过拓展市场，做大规模，将“便捷生活，品质华联”的经营服务宗旨融入崇明地区百姓生活之中，塑造“华联”企业的良好形象。

图 3-2-2　2008 年标超生鲜区域

2008 年，针对内外资零售巨头抢滩江苏市场、竞争激烈的趋势，联华江苏公司以“集中化发展，抢占二、三级市场，凸现区域规模优势”为发展战略，在积极开发新店的同时，依托总部资源优势，加大对面积超过 2 000 平方米的阳山店、震泽店、胜浦店和湘城店等重点门店转型提升力度，不断优化供应链建设，积极实践“超市＋百货”的经营模式，经营绩效大幅增长，其中阳山店和震泽店销售比 2007 年分

别增长高达263.49%和224.99%；湘城店和胜浦店分别增长达到26.27%和24.80%。

2009年9月2日，联华超市股份收购华联超市，实施联华、华联两大超市公司标超业务的整合。联华、华联整合后，标超业态销售额达93.19亿元，比2008年增长32.30%。

2010年7月10日，联华、华联标超业务正式合署办公，标超业务全部纳入联华超市公司标超总部，实现双品牌模式的“并轨”营运。其门店规模突破3 500家，销售规模近500亿元，成为中国连锁标超业态规模、销售、利润最大的超市企业。

2012年5月，联华杭州留下社区超市和家园店开业。和家园店经营面积800余平方米，品种和结构基本适应周边居民日常生活所需，而特色生鲜品类更是突出新鲜、优质、品位、便利的经营宗旨，开业当天销售额4万余元，客流700余人次。

2013年1月18日，宝山顾村大型居住社区馨佳苑迎来区域内第一家标准化超市，联华超市菊盛店正式开张。附近1.7万户居民购物难问题得到有效缓解。宝山顾村作为上海新一轮城市建设和人口迁移地域之一，也是上海中心城区外的十大动迁安置和经适房建设基地之一，菊盛店开业满足顾村二号地块民生配套设施建设所需，为居民开门七件事提供生活便利。菊盛店经营面积2 100平方米，销售商品万余种，开业当天，销售达43.8万元。1月22日，联华股份与海军某支队签约，联华标超正式入驻该部队水兵服务中心。浙江联华以转型为抓手，扩销为目的，提升经营能级，通过店群商品结构模板推广、差异化价格策略实施、激励考核机制创新和完善社区服务功能四方面入手推进标超转型工作，扭转业态同店下降趋势，全年标超门店销售比2012年增长2.75%。

图3-2-3　联华生鲜食品加工配送中心

联华标超以提升特许加盟业务质量为抓手，通过加盟直送转配送、积极开拓引进多家自采供应商转入集采，对大米、名酒等门店热销品种实行集采后，经营出现突破性增长，全年自采转集采实现销售6 011万元。

截至2013年年底，集团超商板块中的标超门店总量达2 469家，总经营面积合计83.20万平方米。其中，直营门店641家，占标超门店总数的26%；加盟店1 828家，占门店总数的74%。

第二节　大型综合超市

2003年4月，集团成立后，超商业务中大型综合超市业务归入超商事业部，企业品牌主要有世纪联华和华联吉买盛。其中：成立于1997年11月24日的上海世纪联华超市发展有限公司（以下简称世纪联华）是联华超市旗下拓展、经营和管理大型综合超市的专业经营公司，先后组建华东、华北、东北以及华南四大区域公司，实现跨地区统一运作。截至2003年4月底，集团拥有大型综合超市网点72家，其中市内27家、市外45家，除上海本地外，还分布于江苏、山东、安徽、福建、广州、天津、河南等8个省市。

2003年12月28日，吉买盛长青店开业，商场建筑面积8 800平方米。截至2003年年底，华联吉买盛已有网点21家，其中市内14家、市外7家。

2004年1月21日，中共中央政治局常委、国务院总理温家宝考察百联集团河南郑州世纪联华二七店了解节前粮油物价及超市物资供应情况，并鼓励联华员工在做好服务百姓，服务民生上，继续起到第一的作用。2004年，世纪联华坚持快速发展策略，新店频开，新增网点27家。2004年年初，位于杭州城南、城北的世纪联华江城店和半山中联店相继开业。之后，联华浙江公司在台州地区新开海门店。上半年，联华在沈阳并购大连友嘉旗下2家大型综合超市。6月25日和6月30日，世纪联华安徽蚌埠珠城店和江苏通州银河店分别开业。蚌埠珠城店坐落于蚌埠市朝阳路与虹旗一路路口，经营面积1.8万平方米。同年7月10日，加盟华联吉买盛的新绿洲店正式开业。新开业的新绿洲店由华联吉买盛派出主管以上管理人员，采取加盟托管形式运行，成为华联吉买盛在经营模式上的新尝试。同年8月21日，杭州世纪联华超市在大关南九苑如期开业。大关店是食品生鲜加强型的“社区型大卖场”，经营食品生鲜的面积占卖场总面积的一半以上，商品单品数量达到1万余种，8月27日，经过3个月精心筹备，华联吉买盛沈阳市场第1家门店——华联吉买盛沈阳五爱店开业。华联吉买盛五爱店坐落于沈阳五爱市场东侧，营业面积1.1万平方米，拥有冲饮、南北干货、休闲食品、生鲜日配、熟食面包、日杂、洗化、针棉织品八大类商品。9月28日，经过短短2个月的筹备，世纪联华扬州仪征店开业；10月24日浙江联华公司世纪联华永嘉店开业，时隔一天，浙江乐清联华门店开业。至此，浙江公司在温州地区的世纪联华门店已达6家。同年10月，联华出资约7 700万元，收购河北石家庄万利福超市，将5家大型综合超市收入囊中，总面积达7.5万平方米，并在石家庄周边地区拥有17家加盟连锁店，加上石家庄已有的1家世纪联华大型综合超市，世纪联华在石家庄市场占有率显著提升，市场规模获得迅速扩大。12月28日，世纪联华安徽六安店开业。同日，吉买盛长青店开业，位于上钢新村街道的吉买盛长青店总租用建筑面积达8 200余平方米。年底，联华浙江公司衢州地区第4家门店五环路店也顺利开业。同年，世纪联华在拓展实体门店的同时，大力推进网络技术运用，B2B项目试运行，实现企业之间依托互联网技术处理往来业务，通过订单及对账基本功能，改变与供应商电话联系或传真处理订单效率较低的现状，避免供应商漏接订单，及时掌握交验货和货款动态状况，有效降低库存成本，节约人力与时间成本。为保持卖场经营绩效稳步提升，华联超市还努力提高营运能力和水平，实施大卖场流程再造，专设华联超市卖场管理总部，进一步完善营运系统，使大型综超管理架构和运作更趋合理。

2005年年初，世纪联华接连开出上海铜川店、北京果园店、江苏靖江店、安徽六合店、广东番禺店、河南汝河店、沈阳兴工店和本溪店等8家卖场，使世纪联华网点数达64家。5月10日，华联吉买盛江湾店试营业，建筑面积达23 876平方米，拥有3个经营楼层、1个5 564平方米地下停车库。

图3-2-4 世纪联华卖场商品陈列(摄于2012年11月)

2006年10月18日，坐落于如皋市中心繁华地段的华联超市如皋卖场改扩建工程正式开工。11月2日，世纪联华江苏启东店开业。

2007年6月2日，华联吉买盛朱泾店开业，经营面积5 200平方米，配有免费室外停车场。9月20日，世纪联华柯桥店开业，经营面积 1.2 万平方米，经营定位上强化百货品类，做亮生鲜，设置大家电、服饰专柜品类，并引进阿迪达斯、耐克、Kappa、PUMA 等国际名品。9 月 30 日，世纪联华 3 店同日开业，其中：位于巢湖市中心世纪联华巢湖店，集商场、卖场、办公于一体；世纪联华成山店位于上海浦东新区成山路和云台路交汇处，占地 15 200 平方米，并有地下 2 层停车场 200 个停车位，引进克莉丝汀、福禄贝尔婚纱摄影、森马服饰、娇芙阑美容、鳄鱼皮具、豪雅护眼等 17 家商铺，以满足消费者更多需求；世纪联华月浦店位于宝山区月浦镇，占地面积 1.2 万平方米，其中商场面积 6 100 平方米，引入味之都、克莉丝汀、吴良材眼镜等 13 家商铺。截至 2007 年 10 月 1 日，世纪联华在上海等 14 个省市已拥有 82 家门店。营业面积 2.4 万平方米的联华浙江公司华商店开业以来，经营业绩年年升级，平均年销售增量达 30%。2007 年销售额突破 7 亿元大关，成为浙江地区大型综超单店经营标杆。

2009 年 4 月 17 日，吉买盛国和店开业。吉买盛国和店位于杨浦区中原小区，商店总面积 1.2 万平方米左右，共有 3 个楼面，配有免费公共停车场。5 月 16 日，世纪联华木渎店开业，地处苏州老城厢，营业面积超过 5 000 平方米。木渎店在布局上，以宽敞明亮和通道大色块加以区分，为消费者提供便捷、充满现代生活气息的购物空间。11 月 28 日，地处浦东新区重要商圈的世纪联华浦电店开业，新开业的浦电店面积 2.4 万平方米，商品种类 4 万余种，其中进口商品 3 000 多种。

2010 年 1 月 29 日，世纪联华杭州西郊淳安店开业，经营面积达到万余平方米。同年，世纪联华继续优化供应链，扩大源头采购和买断经营品种，在浙江、四川、湖北、河南、贵州、云南等地，以直采方式引进特色新品 700 余个，同时，扩大进口商品引进。联华浙江公司自有品牌相关品类达 4 个部类，约 70 个中类，单品达 4 600 余个，自有品牌销售占比提升到 4.0%。2010 年，世纪联华全年新增网点 6 家，全国网点总数达到 96 家。

2011 年 12 月 30 日和 31 日，世纪联华巢湖长江路店和世纪联华宣城店接连开业。巢湖长江路店地处巢湖交通要道长江东路与向阳路交叉口，建筑面积达 2 万多平方米，是世纪联华华东区最大的卖场。宣城店地处宣城市梅溪路住宅及商铺聚集区域，建筑面积 11 192 平方米，经营面积 5 940 平方米。汇集 2 000 多种进口商品，招商引入迪信通、欧味多、休闲水吧等众多知名品牌，全方位满足顾客一站式消费需求。面对沃尔玛、大润发和家乐福等外资大卖场竞争，世纪联华频频出击长三角地区，在安徽 6 个城市开设 9 家卖场，其中开设于芜湖、六安、巢湖的卖场成为当地同业态的领头羊。截至 2011 年年底，世纪联华共有各类大型综合超市 102 家，遍布全国 11 个省市和地区，其中有 79 家门店位于泛长三角地区（包括上海、江苏、浙江和安徽），占总门店数的 77.45%。联华浙江公司发展势头强劲，年销售规模过百亿元，分布于杭州、温州、宁波、义乌、嘉兴等地，在杭州占据领先地位，华商店、庆春店等卖场年销售规模均逾 10 亿元。

2012 年 3 月 15 日，位于杭州城北的世纪联华和平购物城开业。该购物城有着 4 万平方米营业面积，主体建筑为 4 层。1 楼主营黄金、服饰、餐饮，2 楼主营生鲜食品，3 楼是百货区，地下 1 层为停车库，是一家集超市、专卖店、餐饮、服务等功能为一体的生活购物中心。开业第一天，购物城销售突破 370 万元。5 月，世纪联华在桐庐市区第 3 家卖场桐庐富春时代广场店开门营业，富春时代广场店主体为一座 4 层购物广场，营业面积达 1.7 万平方米，经营商品达上万种。卖场布局上：1 楼主营流行服饰品牌、一线运动品牌、黄金珠宝及餐饮，凸显休闲购物特色；2 楼主营生鲜、食品，丰富的商品，先进的设施，人性化的布局，提供最为新鲜优质的商品、便利的购买途径；3 楼主营大家电、日用百货，商品品项齐全，品牌商品品质高；底层还配有 150 个车位，为前来消费的有车一族提供方便。

2012 年 10 月 18 日，世纪联华上海地区第 40 家门店——杨浦国和路店开业。为了保持世纪联

图3-2-5　2012年10月18日,世纪联华上海地区第40家门店——杨浦国和路店开业

华在长三角地区的领先地位,稳步发展新网点和改造更新存量网点,确保世纪联华整体规模、市场份额和发展质量,2012年,经百联集团批复同意,对于上海世纪联华超市发展有限公司实施增资,增资总额4亿元,增资后注册资本为5亿元。

2013年1月20日,位于松江区新桥镇明中路的吉买盛新桥店正式开业。吉买盛新桥店卖场经营面积4 300平方米,经营品种基本涵盖居民日常生活必需商品,凸显新鲜、卫生、健康的消费理念。为探索创新转型新途径,世纪联华8月起,在上海区域40家门店中选取11家门店作为实施蔬菜自采自配试点单位,经试点成效显著。蔬菜自采自配经营项目进一步带动门店整体销售和客流提升。10月起,世纪联华开始向另外29家门店全面推广,从而实现蔬菜自采自配在上海区域的全覆盖,销量成倍上升。

截至2013年年底,集团超商板块中大型综超业态网点总数达156家,经营总面积136.47万平方米。其中:上海门店40家,占卖场总门店的25.6%;市外大型综超业态门店116家,占74.4%。大型综超网点总数比2002年增长1.2倍,经营面积增长3.2倍。

第三节　便 利 店

便利店业态归属超商业务板块,主要业态品牌有“罗森”和“快客”。2003年4月底,集团共有便利店1 314家门店,其中:市内928家,市外386家。

2004年10月11日,由快客便利和日本永谷园株式会社共同开发、适合现代城市消费的便利即食型食品制作、配送项目正式启动。快客首批引进的即食食品主要包括2种微波蛋糕和3种即食酱汤。联华快客从专注于社区型网点开发,逐步将网点开发领域延伸到家电城、高档住宅区、商务楼、加油站、医院、机场、轻轨等市场空白点,同时完成新CI形象设计和门店标识更新。快客总部成立与网点开发相配套的区域管理部,强化门店管理深度,根据区域消费特点,优化商品结构。进一步优化上海、北京、大连、广州和浙江等地的网点集中度,大连快客占大连市场份额的52%;杭州、宁波的快客形成竞争优势;北京、广州快客迅速崛起。上海地区网点总量、销售规模等都处于行业领先地位。全年联华快客新增网点493家,占7年网点总发展数的27.39%,累计网点达1 810家,其中特许加盟店达575家,投资回报在保本点以上的加盟店约占总数的90%。同年,罗森新开门店70家,使门店总数突破200家,且在经营上取得财务平衡,首次实现盈利。在此基础上,罗森探索在虹口、杨浦等区域布点开店,加快发展步伐,新开网点的市场目标向商务楼、医药、闹市区和工业园区延伸。

2005年上半年,快客上海地区直营、加盟连锁店齐头并进发展势头迅猛,上海快客门店总数已达1 200多家;大连公司、北京公司、广州公司启动加盟店发展。11月28日,快客第2 000家门店于公司成立8周年欢庆之时,在上海愚园路380号开业。快客通过8年努力,先后获得“中国优秀特许品牌”“上海十大最具潜力4050创业项目”“2005年度中国最具影响的特许品牌奖”等殊荣。同年，罗森在网点选址上，紧随目标顾客，继续在学校、高级住宅区、商务楼地区增设网点，先后在浦东张江高科技园区累计开设8家门店，在古北高级住宅地区累计开设4家门店，全年新增100家网点。

图3－2－6　2006年2月7日，大连联华快客物流新库启用

为了加速快客发展，扩大经营市场规模，2006年，上海联华快客适时成立加盟管理总部，负责加盟网点开发、拓展、运营和管理，全过程监控、培训、督导、支持、服务和协调加盟店日常运营，落实政策优化研究和对全国加盟商的政策指导等事项，有效促进联华快客加盟战略顺利实施。在快客加盟管理总部指导下，快客加盟店经营者中有95％以上实现盈利或保本，很多加盟店经营者获益后积极增开新店。2007年，快客在上海地区累计推出35家转制门店；大连公司完成直营转外加盟门店6家，转制后门店进货额比2006年平均上升幅度达到11％。2007年，快客新开门店224家，并实施对广州公司股权转让，进一步向重点区域集中发展。

2008年5月22日，快客全国第1 000家加盟店“联学店”在上海杨浦区开业揭牌。标志着快客成功地走出一条本土化加盟模式新路，成为国内规模最大的跨区域、以加盟为主体的连锁便利业态企业。截至2008年11月底，快客加盟店总数已达1 033家，占网点总数的52.52％，上海地区加盟店占比达60.45％。2009年，联华快客积极探索“新农村便利店”模式，加快便利店业态向郊区市场延伸。同时积极寻求在松江新老城区、崇明新城、嘉定新城、虹桥交通枢纽港以及其他轨道交通枢纽地区的发展机会。

2010年1月28日，经过近半年时间准备，北京快客开设一家旗舰店——北京快客麦子店西街店。该店面积约110平方米，配备全新设施设备，形成以常温商品为基础、便当即食为核心、金融服务功能为依托的三位一体全新经营模式。有着8年发展经历的北京快客，成为北京知名品牌。同年，联华快客还携手华氏大药房拓展新业态，开设健康立方门店，经营商品包括医学美容、保健食品、健康用品等，采用“顾问和体验”方式提供健康咨询和售卖服务，为便利新业态增值服务进行积极探索。在上海世博会期间，快客便利在世博园内的7家特许店实现销售1.68亿元，罗森便利8家特许店共实现销售3 245万元，罗森便利的“盒饭墙”一度成为世博园内一道特殊的风景。12月7日，快客在原世博园中国馆区的新店——国二店开业。新店专为参观中国馆游客提供热点、热饮和面包等食品。12月28日，大连快客第339家店——民航店在大连国际机场开业，这是品牌便利店首次进驻大连机场。民航店经营面积为25平方米，根据航班安排，定位16小时为机场提供服务，商品全部由总部统一配送，商品结构以休闲商品、礼盒礼品、饮料、大连地产品牌商品（如远洋系列、海鲜系列等）、即食品（茶叶蛋、烤肠等）为主，还引进进口食品，提供热饮服务。在第15届上海连锁加盟展览会上，2010最具影响力特许品牌揭晓，快客在近百家企业中脱颖而出，名列沪浙三甲之一，罗森也连续5年雄踞前列，2010年获第5名。

2011年，北京快客快速发展新网点，市场份额持续扩大。3月，快客再次入选“2010年度北京十大商业品牌”之列，并且获得“2010年度影响北京外埠商业品牌”荣誉称号；快客在大连地区因地制宜开拓市场，与商务酒店配套合作，打造酒店“店中店”；与人才大厦合作，打造商务楼宇零租金便利店，多渠道开辟网点发展路径；快客在上海地区侧重网格化管理，社区型、流量型及复合型低客流样板门店试点成功“店店升计划”，并向其他门店推广，实施效果明显。5月1日，快客首家高端店——长虹店在东江湾路四川北路口开业。

2012年5月7日，中国连锁经营协会发布“2011中国连锁百强”企业榜单，快客便利店以2 014个门店排名行业第3位。9月28日，百联集团同意日方对上海华联罗森便利店有限公司单方面增资3 000万美元，增资完成后上海华联罗森便利店有限公司注册资本为5 000万美元，罗森(中国)投资有限公司持有总资本的60%，日本罗森株式会社持有34%，百联集团有限公司持有6%。

2013年，快客便利在2012年启动改建门店计划基础上，通过不断摸索与调整，以较为成熟的模式进入全面推广阶段，从而使门店设计布局更为合理、商品结构与门店立地条件更加吻合。通过系统性改造后的全国门店，累计销售比2012年增长15.82%。快客以提升鲜食经营为抓手，积极做大做强核心品类，使上海地区鲜食主食经营比2012年增长150%，毛利额增长176%，毛利率由原先的29.67%提升到32.83%，盒饭销售取得历史性突破。

截至2013年年底，集团超商板块中的便利店业态门店总数已达到1 905家，经营总面积90 138平方米。网点数和经营面积分别比2003年4月增长44.98%和23.82%。其中，直营门店数929家，占便利业态门店总数的48.77%；加盟门店总数976家，占便利业态门店总数的51.23%。

第三章　生产资料贸易

集团大宗生产资料贸易业务主要包括汽车贸易(含新车贸易和旧车交易),有色金属、黑色金属生产加工经营及物流配套服务,木材加工经营、燃料科技研究及市场推广,机电商品经营服务等。2003年4月起,通过对汽车贸易、有色金属经营、黑色金属、木材业和燃料等业务整合调整、技术更新、转型拓展和供应链建设,取得一定成效。2006年起,继续加大调整转型步伐,围绕汽车、能源、金属三大核心业务,实施工业与贸易结合、贸易与物流结合、经营与市场结合、营销与服务结合、传统与创新结合,经营规模和经营绩效显著提升。

第一节　汽　车　贸　易

一、新车贸易

2004年7月,经市工商局批准,上物汽车更名为上海百联汽车服务贸易有限公司(以下简称百联汽车)。百联汽车以销售进口汽车、国产汽车为主,并以汽车配件、汽车装潢、技术咨询服务、汽车检测维修、二手车交易、汽车租赁等相关业务及服务功能相配套。更名后,百联汽车借助集团资源优势,实施联动发展,并在不断完善服务过程中,赢得更广阔的市场。9月21日,百联汽车举行公司更名和服务推介会,主动争取百联旗下各企业支持,在百联旗下的超市、大卖场和购物中心组织新款轿车推介展示活动等,扩大公司在消费者心目中的影响力,提升百联汽车市场经营能绩。2004年,新车销售达9 655辆。

2005年1月4日,汽车销售服务有限公司(以下简称汽服公司)华晨汽车4S专卖店在上海国际汽车城落成开业,使百联汽车经营网点总量达到40个,代理品牌由16个增加到40个。3月14日,百联汽车首家汽车快修店——上海车炫风汽车快修美容养护站开业,进一步延伸汽车销售服务链,形成集汽车销售、新旧车置换、车辆维修、养护、美容为一体的经销服务网络。

图3-3-1　2004年6月百联汽车进口车展厅

2005年新春之际,百联汽车抓住春节前后车市回暖走势,邀请16家同行联手开展迎春汽车大联展活动,在3天活动中,销售、预订汽车逾百辆,并结合活动推出汽车展示(收旧供新)、维修装潢、驾驶培训和上牌咨询等各项服务,销售取得大幅上升,经营总额比2004年增长113.52%,实现2005年销售开门红目标。

为了发展多品牌经营,扩大代理品牌,做大做强汽车业态,2006年,百联汽车充分发挥汽车服务贸易综合优势,开通“62576000”服务热线电话，向用户提供收旧供新和供应特种车辆的服务。为克服政策瓶颈、体制瓶颈、资源瓶颈和资金瓶颈，百联汽车还通过嫁接民营资本，积极做大汽车主业，取得突破性进展。7 月 6 日，作为集团重点建设项目之一，地处共和新路 3550 号地块的上海百联沪北汽车销售公司斯柯达 4S 店正式开业，百联斯柯达 4S 店试营业一个月，接受顾客预订斯柯达明锐车型超过 200 辆，交货超 105 辆。同月，由百联汽车和协通集团共同投资组建的“上海协通百联汽车销售服务有限公司”(4S 店)注册成立；8 月 8 日，百联汽车与上海大众签约，获得大众斯柯达品牌代理权，成为斯柯达中国总经销商在上海地区 5 家经销商之一。10 月 18 日，建于共和新路 3200 号的上海协通百联别克 4S 店正式营业。别克 4S 店是上海通用汽车授权的别克品牌系列车辆销售点，其集销售、配件、维修和售后服务功能于一体。同年，百联汽车还与联合汽车市场合作共同开发百联汽车广场项目，与上海逸仙汽车销售公司合作组建北京现代 4S 店项目。年内，百联汽车快速拓展品牌代理，全年新增华晨骏捷、长丰三菱、通用别克、北京现代、斯柯达等多个汽车品牌代理权，进一步拓宽百联汽车品牌代理权。

2007 年 8 月 28 日，百联汽车沪北公司在茂名南路 1 号开设百联斯柯达城市展示中心，并成立首家斯柯达明锐车主俱乐部，定期举办讲座和车友派对，分享用车心得，了解用车、养车技巧，并为广大车友架设和扩大社交渠道。斯柯达展示中心开业后 3 个月，销售斯柯达品牌车 724 辆，实现销售额 11 651 万元，名列同品牌 4S 店前茅。2007 年，百联汽车继续加快在建项目工程进度，储备一批待建项目，如处于规划、论证、筹建之中的百联汽车广场、上海大众 4S 店等。

百联汽车进一步加强与汽车生产企业合作，通过延伸服务链，积极抓实汽车品牌 4S 店客户转化率。2008 年，百联汽车 4S 店汽车用户转化为维修客户的转化率近 95%，维修业务量比 2007 年上升幅度较大；大众斯柯达还与太平洋保险、中国人寿保险公司合作，成为车损定点维修单位。与此同时，百联汽车广场商务中心项目，经过 3 个多月的紧张施工，于 2008 年 11 月初正式投入运行。商务中心运行后，除招商入驻经营外，还引进斯柯达(南汇片)、金杯、大海狮、东风雪铁龙等 4 个汽车品牌经营分销网点，从环境设施投入上对建设百联汽车广场品牌集聚区，持续发展汽车服务贸易提供集成条件。

为支持百联汽车主营业态发展，有利于相关资产开发、处置，优化资产结构，改善百联汽车经营业绩，减轻由于 F3、F11 汽车展厅存量资产引发的资金及经营压力，促进物贸股份汽车项目资本市场融资成功，提升百联汽车经营业绩，从 2009 年起，对上海百联汽车贸易服务有限公司国际汽车城 F3、F13 汽车展厅资产实施内部整合工作。同年，百联汽车在持续建设线下品牌 4S 店，推进经营业态向规范化、品牌化、集成化方向迈进的同时，关注新车电子商务业务的开辟，8 月，以“定制未来，轻而 e 举”为主题的斯柯达品牌首家 E 购经销商上线仪式在茂名南路 1 号斯柯达品牌城市展示中心举行。百联沪北公司成为斯柯达 e 购中心首家 e 购经销商，正式启动汽车营销与电子商务融合的探索之旅。斯柯达 e 购中心采用国际先进的网上实时 3D 数字技术，建立与斯柯达旗舰店展厅同比例的网上 3D 品牌展厅，通过 e 购中心，用户可详细了解斯柯达品牌历史、文化荣誉、车型规格、销售、服务及车友汇等各

图 3-3-2 2009 年 9 月百联沪东汽车展厅外景

方面具体情况，并直接通过 e 购中心进行个性化定制，享受销售顾问提供的一对一服务。与华晨集团合作，探索厂商银企合作融资销售模式，实施华东地区金杯车辆“统进分销”营销新模式。在吸引新客户的同时，继续做好老用户回访工作，促进新老客户的消费热情。全年销售华晨金杯汽车 2 850 辆，比 2008 年增长 186.72%，利润贡献率占新车业务的 40%左右。通过新建大众 4S 店和收购上海市北大众特约维修站，使汽车维修网点由原来的 5 家发展到 7 家，全年维修车辆比 2008 年增长 41.22%，维修收入增长 28.97%，销售客户转化为维修客户率达 47%以上。在做深服务过程中，继续扩大与保险机构联手开展车辆保险和续保业务合作，推进了各品牌 4S 店直接运作的汽车保险业务大幅度提升，2009 年汽车保险业务增长达 128.75%。百联汽车紧紧把握国家拉动汽车消费政策实施形成的市场契机，积极探索品牌 4S 店与旧车市场联动，通过收旧供新方式，加大新车销售力度。全年新车销售增长 65%，营业收入增长 34.21%。

2010 年是上海世博举办之年，百联汽车成为世博会德国馆官方用车上海大众车型唯一提供商。百联汽车向德国馆提供途安、领驭及斯柯达等众多品牌车辆，为入住浦东假日、锦江汤臣、新天哈瓦那、外高桥皇冠假日等 10 家酒店的参展客人往来于世博园区提供接驳服务。为持续提高服务性收入比重，年内，百联汽车重点落实“抓维修客户满意度，抓新车用户转化为维修客户成功率，抓维修工位再利用，抓客户关爱”，汽车维修规模得到快速增长。全年，百联汽车维修产值达 5 700 万元，比 2009 年增长 22.32%。

2011 年 12 月 30 日，百联汽车向全资子公司——上海百合汽车贸易有限公司增资 650 万元，投资建设南汇斯柯达品牌 4S 店。南汇斯柯达品牌 4S 店位于上海浦东南六公路、鹿吉路，租赁物业 5 400 平方米，通过新建斯柯达 4S 店，填补百联汽车在浦东网点的空白。斯柯达(南汇片)项目获得授权，并与通用汽车达成品牌授权意向，汽车品牌代理经营稳步扩大。在落实汽车品牌销售中，通过错位经营，实现新车销售 22 552 辆，比 2010 年增长 24.35%。与此同时，通过强化配套服务，使公司服务性收入比 2010 年明显增长，其中百联汽车代理的上海大众、斯柯达、通用别克、北京现代四大品牌维修产值达 7 741 万元，比 2010 年增长 32.57%。同年，百联汽车获 2011 年度上海名牌称号，这是百联汽车连续 3 届获此称号，标志着百联新车贸易在营销、售后、服务等领域中处于行业领先地位。

为进一步提升百联汽车经销中高档品牌汽车能力、完善网络布局、增强核心竞争能力，百联汽车获得上海通用汽车有限公司凯迪拉克品牌经营代理权，开展凯迪拉克品牌轿车销售、服务、维修以及配件经营活动。2012 年 8 月，百联汽车在上海市闸北区共和新路 3200 号投资 5 900 万元建设凯迪拉克品牌 4S 店项目。同年，百联汽车在继续努力扩大汽车品牌代理范围的同时，通过持续提升服务水平，完善服务功能，提高服务收入，促进公司盈利结构调整。全年经营收入达 4.6 亿元，比 2010 年增长 11.2%，服务性收入成为百联汽车经营利润的主要来源。

2013 年春节期间，百联汽车与 IPTV 合作开展为期一个月、24 小时不间断的“拜年有礼”活动，大幅提升百联汽车品牌知名度，也提高各 4S 店售后进场量。2 月底，凯迪拉克 4S 店投入销售试运行。面对宏观经济下行、油价上涨、新车上牌限控及大众“DSG(直接换挡变速器)召回事件”等市场不利因素，百联汽车通过跟踪分析与控制、强化管理与市场营销、转化潜在客户、细化库存管控等措施，推动新车交易逆势而上，全年新车销售比 2012 年增长 10.15%，销售实物量同比增长 14.49%。汽车维修产值上升为 9 555 万元，比 2012 年增长 6.82%。凯迪拉克年度实现销售 409 辆、维修产值 223.12 万元。

表 3-3-1 2005—2013 年新车业务开业 4S 店(含维修店)情况表

序 号	4S店名称	开业年份
1	华晨汽车金杯 4S 专卖店	2005
2	上海车炫风汽车快修美容养护站	2005
3	上海协通百联(别克 4S 店)	2006
4	北京现代 4S 店	2006
5	斯柯达 4S 店	2006
6	百联斯柯达城市展示中心	2007
7	大众 4S 店	2009
8	广汽长丰专卖店	2009
9	市北大众特约维修站	2009
10	凯迪拉克 4S 店	2013
11	斯柯达 4S 店	2013

二、旧车交易

在集团汽车贸易业务中,旧车交易业务占据一定市场地位。位于上海中山北路、于 1997 年投入运行的上海市旧机动车交易市场,是经市政府批准的专业市场,具有查验、评估、交易、办证和管理服务功能。位于安亭的上海二手车交易市场(以下简称二手车市场),成立于 2000 年 10 月。2002 年实现旧车交易总量 11 988 辆,交易规模居全国同行首位。2004 年,汽车市场呈现出先旺后疲态势,旧车交易发挥优势,累计完成旧机动车交易量 3.2 万辆,比 2003 年增长 1 422 辆。

图 3-3-3 2004 年上海市旧机动车交易市场外景

随着上海二手车交易量逐年放大的市场趋势,百联汽车在二手车市场中努力发展收旧供新,收旧卖旧业务,努力提升经营规模,推进战略目标实施。2005 年 3 月,由百联汽车公司投资,在原二手车交易市场广场上兴建车辆展示立体库,12 月 8 日正式启用。新落成的上海旧机动车交易市场立体库分为 4 层,立体库车位比原来增加 2 倍,可同时展示 800 部车辆,与二手车交易大楼合并面积共计 2.3 万平方米,其中室内车辆展示面积 1.83 万平方米,并设置数字显示屏和功能明确清晰的服务区。二手车交易市场立体车库投入使用 5 个月,成交旧车比 2004 年上升 71.7%,成交金额上升 38%。百联汽车公司立体库的建成和应用,为百联汽车搭建中高档二手品牌车展示平台、多品种二手车选购交易平台和新旧车联动配套服务平台提供条件。为充分发挥旧机动车交易市场扩容后的功能，百联汽车设立二手车经营管理协调部，先后为相关企业提供新旧车置换配套服务，2006年，全年收旧供新业务达1 263辆。旧机动车交易量占到全市交易量的30%以上。2006年，百联汽车还利用原燃料沪北煤场改建为百联汽车广场的一期工程项目，于2006年10月8日开始试营业，二手车经纪公司的入驻率达90%以上，形成百联汽车旧机动车交易南北联动、错位经营的格局。

2007年12月，上海协通百联汽车服务有限公司在中山北路旧车市场内设立诚新二手车展厅，正式对外营业。为二手车提供专业验车和整修标准，以统一的认证程序和可靠的质量保证，向客户提供透明、可靠、专业的全方位服务。

2009年，百联汽车积极探索整体“强企战略”实施，充分发挥旧机动车交易市场地域优势和品牌优势，进一步提升二手车交易服务软环境，通过加强与相关品牌汽车4S店合作，开展以旧换新业务，全年二手车交易达57.6万辆，交易额48亿元，比2008年增长36.34%和40.93%，成为上海市交易量和交易额最大的单体二手车交易市场。

为了不断规范市场行为，发展上海二手车服务产业，让客户享受放心、称心、舒心服务，确保二手车交易更透明、更诚信，2009年物资股份决定对上海市旧机动车交易市场“标车”信息系统公共服务平台升级改造。

为了更好地发挥百联旧机动车交易市场经营优势，争取提升旧机动车交易量，2010年，二手车市场在实践中积极创新拓展思路，紧紧跟踪公交车、出租车更新市场，在二手车交易中重点加大批量旧车营销推广和新增出租车交易，不断扩大二手车交易范围和市场。6月，适逢上海市大公交改革启动，二手车市场立即与公交协会、相关经纪公司取得联系，主动上门查验公交车4 000余辆，完成办证3 000余辆(占总量的70%)，推进公交旧车交易工作顺利开展。7月，百联旧机动车交易市场正式获批在铜川路设置出租车二手车市场预退牌监管场地，并专门为出租车旧车交易设计流程和查验步骤，大大方便客户，全年出租车旧车交易量达到2 000辆。郊县市场业务取得实质性进展。6月，集团获上海市商务委批准，设立上海市旧机动车交易市场金山分市场，8月10日正式启动运行，成为集团和上海市郊首家二手车分市场。该市场占地面积约为1万平方米，设有办证大厅、查验检测区、车辆展示交易区、新旧车置换区等各功能区域，是集二手车展示、查验、评估、办证、监管、维权、信息咨询等服务功能为一体的综合性市场。金山分市场的建设，使百联旧车经营面向市郊市场，进一步完善市场布局，探索突破新车沪C牌照上牌功能，不仅为百联旧车市场立足上海，拓展长三角区域网络布点和辐射，巩固二手车市场在行业内的领先地位打下基础，更为新业务的发展找到更好的载体。2010年，百联旧车市场交易量攀升至75 301辆，比2009年增长24.96%，占全市交易量的24%；年交易额68.49亿元，比2009年增长36.52%，交易量和交易额均创历史新高，交易业绩位居上海地区二手车市场首位。

2011年，金山分市场已具备营业硬件条件，但上海市旧机动车交易市场和金山分市场均因缺乏沪C号牌照交易服务功能，影响上海市旧机动车交易市场和金山分市场的交易规模。1月27日，集团向上海市商务委员会提出《关于上海市旧机动车交易市场申请沪C号牌交易服务功能的请示》，希望在上海市旧机动车交易市场及金山分市场增加新车上沪C号牌、二手车退牌上沪C号牌等服务功能，有利于合理布局，为购车客户提供就近办证、减少交易成本，同时为上海汽车产业的发展打造更好的服务平台。

位于闸北区共和新路3550号的百联汽车广场，经过近7年建设，虽然取得良好效益，但广场内缺乏高端汽车品牌营销服务项目，难以满足不同层次客户对汽车消费的需求。为推进百联汽车广场后续项目建设，2012 年 8 月 24 日，集团批准同意百联汽车投资建设百联汽车展示厅项目，引进上海永达汽车集团有限公司（下称永达汽车）开设“宝马汽车品牌尊选二手车中心”，实施新旧车置换，发展宝马品牌二手车经营。

因嘉定区政府对国际汽车城核心贸易区功能定位进行重新规划，原位于上海市嘉定区墨玉路 1000 号百联二手车市场将通过土地置换方式迁址至江桥物流园区，迁址项目总投资估算为 4.2 亿元。2013 年 5 月 28 日，经百联集团同意，对上海二手车交易市场有限公司增资 3 000 万元，将注册资本由原来的 3 000 万元，增资至 6 000 万元。其中，上海物资贸易股份有限公司按 30%出资比例，实际新出资额 900 万元。

百联汽车在市场拓展中不断创新经营理念，构建服务新渠道。百联汽车与知名二手车经营公司安美途强强联手，共同设立业内领先的天天拍平台（http：//www.motor2.cn），并于 2013 年 9 月 2 日开始试营业。“天天拍”实现线上线下双投标模式，线下客户可到现场看车出价竞拍，线上客户通过网络了解车辆信息进行实时竞拍。“天天拍”还设立热线电话 62165622 解答客户疑问，同时设置微信平台，反映天天拍车辆动态信息。竞拍成功后，平台提供办结车辆退上牌、转籍等手续。试营业一个月，天天拍上线投拍车辆 391 辆，成交 302 辆，成交率达 77%。2013 年，百联汽车旧车交易量增长 17.82%，全面超额完成预算指标。百联二手车市场成为上海地区和江浙地区交易规模最大的二手车市场。

表 3-3-2　2013 年二手车交易市场和线上交易平台情况表

<table>
<tr><th>序号</th><th>名　称</th><th>开业时间</th><th>地点/网址</th><th>关　系</th></tr>
<tr><td>1</td><td>上海市旧机动车交易市场</td><td>1997 年</td><td>中山北路</td><td rowspan="2">上海物贸汽车有限公司参股并经营管理</td></tr>
<tr><td>2</td><td>上海二手车交易市场</td><td>2000 年</td><td>安亭</td></tr>
<tr><td>3</td><td>上海郊区二手车市场</td><td>2010 年</td><td>上海市旧机动车交易市场金山分市场</td><td>百联汽车建设</td></tr>
<tr><td>4</td><td>天天拍网上平台</td><td>2013 年</td><td>http：//www.motor2.cn</td><td>百联汽车与安美途合作</td></tr>
</table>

第二节　有色金属贸易

集团有色金属贸易业务归大宗商品贸易核心业务板块。主要经营单位有上海物贸物资经营有限责任公司、上海物贸中心有色金属交易市场、上海市金属材料总公司、上海乾通金属公司、上海物贸股份有色金属分公司等。

上海物贸物资经营有限责任公司 2003 年上半年销售电解铜实物量 8.58 万吨、电解镍实物量 2 342 吨。上海物贸中心有色金属交易市场全年以 363 亿元成交金额，排名 2003 年度“全国百强商品交易市场第一”“全国金属材料市场第一名”。

2004 年，物资经营公司在稳定原有业务基础上，积极扩大铜、镍金属材料销售，特别是电解铜的销售与 2003 年相比，每月销售增加 2 400 吨；与阳新公司合作，扩大进口电解铜销售，实现代理销售电解铜 2.1 万吨，创造可观的经济效益。全年实现主营业务收入 55 亿元，比 2003 年增长 64%。其中销售电解铜 20 万吨，比 2003 年增长 11%；其他有色金属完成销售 9 000 吨，比 2003 年增长

80%。乾通金属有色金属经营额达15.3亿元，比2003年增长31.1%。

2006年，上海物贸物资经营公司和上海乾通金属公司有色金属业务整合，成立上海物贸股份有色金属分公司(以下简称有色金属)，专业开展有色金属业务经营。

2007年，上海有色金属分公司进行业务流程再造，按照构建“责任有落实、操作有规范、风险有监控、运行有保障、质量有考核、管理有实效”的要求，从风险控制着手，着重对业务监控、赊销审批等管理环节进行流程再造，实施资金、货权、价格三方面更为规范的管控，按经营金属材料类别成立相应的业务部。全年完成铝锭销售2.6万吨、电解铜销售16.2万吨、镍0.34万吨，实现主营业务收入200亿元，比2006年增长25%；实现利润1 000万元，比2006年增长54%。同年，对有色金属交易市场传统贸易模式进行改革，并着手构建有色金属电子商务3个平台(质押平台、网上交易平台、信息发布平台)，努力向有色金属现货贸易组织者和集成商方向发展。

2008年，有色金属贸易业务积极开拓新品种，扩大新用户，采取快进快销、以销定进的营销策略，使企业销售额同比得以上升，取得了良好的经营业绩。铜、铝、镍全面增长；交易市场质押业务增长，全年质押物达到1.3万吨，为客户代购代销1.7亿元；完成汛期防台防汛和迎奥运反恐应急物资储备任务；合理利用外包码头、外包机械、外包库房的“三外包”方法，发展外包服务，物流实物量由2007年同期1个品种、6条船，合计3 441吨，增至2008年4个品种、94条船，合计5.17亿吨。全年实现主营收入230亿元，比2007年增长10%。

2009年，针对生产资料价格大幅下滑、需求萎缩的市场局面，有色金属以总代理、总经销的方式与上游企业开展战略合作，快速拉动铝锭和锌化铝销售。先后与四川宏达集团、青岛德诚集团签订战略合作协议，获得宏达集团锌材、青岛德诚铝锭和氧化铝的总代理和总经销权。有色金属创新业务增加经营收入49.84亿元，全年有色金属业务经营收入达342亿元。在中国物流与采购联合会排名中，销售金额及实物量名列全国第一。同年，物贸股份出资近3 000万元建设的有色金属交易平台基本建成。交易平台于2009年10月试运行，试运行期间已拥有40余家用户。该平台基本具备质押平台、信息平台和交易平台三大功能。其中：质押平台，全年质押物总量达5.9万吨，质押金额8.5亿元；信息平台，以发布行业价格指数为目标，网上点击率逐月递增。

2010年，有色金属网上交易、质押、信息平台功能进一步完善，通过平台运行，注册和使用“商务通”用户会员达100多家，经营规模不断扩大，公司创新业务绩效明显；质押平台效益明显，全年有色金属质押平台委托销售额超过10亿元，实现利润达680万元；信息平台设立的上海物贸有色金属价格指数，对上海有色金属现货市场价格产生较大影响力。同年，为了完善交易服务功能，推进有色金属交易市场规模发展，上海物贸有色金属交易市场经营管理有限公司酝酿吸收合并百联集团物贸大厦有限公司，在改造有形市场的同时，向电子商务网上交易市场拓展。2010年，有色金属交易市场总交易额达到2 400亿元，连续10年被国家统计局、国家商务部市场运行调节司、中国商业联合会评为“全国百强商品批发市场”和“全国百强金属材料

图3-3-4　2009年4月上海物贸有色金属交易市场

批发市场"第一名。

2011 年 1 月 18 日，集团向上海市工商行政管理局呈送《关于上海物贸有色金属交易市场拟增加现货电子交易平台经营范围的函》，积极为有色金属交易市场在原经营范围基础上，争取有色金属现货电子交易经营资质。2011 年 10 月起，有色金属经营业务开展配套服务，共吞吐铝锭 36 751 吨、铅锭 776 吨，并获得 2 家银行质押监管仓库资质，服务收入明显增长，全年营业收入比 2010 年增长 32.84%。有色金属交易市场网上交易、质押、信息平台的竞争能力进一步提高，质押平台委托销售额 13 亿元，创利 1 425 万元；信息平台开设现货铝、铜、镍等品种的早盘提示、季度和半年度报告，日点击率在 4 000 次左右，其价格指数已成为国内不少基金、券商等机构分析有色金属现货市场走势的重要依据。

2012 年，百联物贸大厦转型改造项目竣工，同时，有色金属交易市场升级为全国最大的有色金属交易中心，进一步提升有色金属交易功能。有色金属交易中心现货交易量占全市有色金属交易量的六成以上，年交易额达 4 000 亿元。有色金属贸易业务全年销售收入达 645 亿元，比 2011 年增长 13.92%。

截至 2013 年 6 月，有色金属交易中心办公楼租户超过 440 家，88%从事有色金属贸易。与现货贸易配套的仓储、运输、金融等专业服务企业，也抢占大厦低区办公楼层。实现"一栋楼"集聚一个行业的目标，并探索将"一栋楼"变成"一张网"。通过打造一个集交易配套服务、信息服务、金融服务为一体的平台，使大楼从有形市场迈向无形市场；通过扩大定价影响力，掌握价格话语权；通过为客户提供货物仓储、监管、处置、金融服务等全产业链配套服务，增加核心业务"黏度"，让交易市场真正变为交易中心。有色金属交易中心通过创新现货交易平台，从交易模式、货物监管到金融服务，实现在线申请、审批、复核、风控、融资等配套服务，方便企业即时交易，实时贸易。2013 年，上海物贸有色金属中心年交易规模超过 6 000 亿元，连续多年在全国同类交易市场中排名第一。交易规模比 2003 年增长 7.3 倍。全年有色金属贸易业务针对营收规模大、市场起伏大及价格变化快的特点，及时调整库存结构，实现营收 661.28 亿元，比 2012 年增长 2.84%，比有色金属贸易业务整合后的 2006 年增长 2.3 倍，销售实物量比 2012 年增长 15.36%。

第三节　黑色金属贸易

集团黑色金属贸易业务主要经营企业有上海乾通金属材料有限公司、黑色金属分公司、黑色金属无锡分公司等公司，主营业务为金属材料生产厂商和用户提供包括代理、代销、分销、代购、加工、物流配送、供应链管理等服务，与国内大型钢铁、有色金属生产企业有着长期稳定的业务关系。曾为上海南浦、杨浦、卢浦大桥，金茂大厦、合流污水处理，延安东路越江隧道、磁悬浮列车，松江新城、浦东金桥大型住宅区等上海标志性建筑和重大市政工程项目建设提供金属材料的采购代理、物流配送服务，并为一些生产钢结构的国际著名企业提供供应链管理服务。

2003 年起，乾通金属开始加快经营方式转变，通过加大对直接进货渠道拓展力度，争取到武钢资源代理资格，并与大连、抚顺、马钢等钢厂恢复业务合作关系；通过加大拓展直接用户力度，相继发展一批重点项目和重大用料用户；在西气东输项目服务中，根据用户需要，配送相应管配件，扩大流通加工配送服务市场份额，物流配送比例稳定保持在销售量的 80%以上。2003 年下半年，由乾通金属与鞍钢共同投资组建的上海鞍钢钢材加工有限公司一期热轧线项目投产，通过与国内大企业集团建立战略联盟，有效扩大企业在华东热轧板市场占有率。2003 年，乾通金属完成经营总额

23.52 亿元，实现利润 1 402.7 万元，主营业务保持持续增长。

2004 年，乾通金属与大宗钢铁电子交易中心合作，成为该中心指定交收仓库。乾通金属主动与集团企业之间进行业务对接，为奥特莱斯工程项目供应 4 853 吨建筑钢材。同年，乾通金属与英国阿波罗金属有限公司合资组建上海阿波罗乾通航空材料有限公司，向航空金属材料服务领域迈出了重要一步。在分销体系建设中，乾通金属还在市内江湾、桃浦地区设立直营分销网点。发挥代理制优势和网点作用，对钢板、建材、优钢、不锈钢等品种的集订分销成效均有不同程度突破，特别是不锈钢年分销成效尤为明显。全年钢管、优钢、不锈钢 3 个品种完成销售量 21 506 吨、22 672 吨、5 039 吨，比 2003 年增长 18.2%、28%、45.9%。黑色金属实物销售量共计 65.7 万吨，比 2003 年增长 80.26%。上海鞍钢钢材加工有限公司销售达 8.53 亿元，实现利润 1 205 万元，至 2004 年年底已收回投资成本。

2005 年 9 月，上海阿波罗乾通航空材料有限公司建成投产，并向外供料；10 月，上海鞍钢钢材加工有限公司二期冷轧线建成并投产。乾通金属积极参加社会项目招标，先后中标萧山污水处理工程和四川路嘉杰国际广场 2 个项目的钢材供应，为公司经营发展持续增长争取了新的市场空间。

图 3-3-5　乾通投资公司钢材堆场
（摄于 2008 年 3 月 21 日）

2007 年，上海阿波罗乾通航空材料有限公司进入盈利期。年内，黑色金属贸易业务在经营方式上继续寻求突破，通过不断加大对直供用户销售力度，拓展直供用户量与采购量。如上起厂的中板业务、汇成公司的基础用建材业务、特钢振华港机及优钢启东业务都在巩固中有所提高，销售量占据较大比重；通过拓展多项分销业务，如首钢热卷板的代理分销、鞍钢冷轧基板的分销、宝钢及鞍钢无缝管的分销、中无钢厂及其他钢厂的钢坯分销、不锈钢板的进口代理分销等，带来较大盈利；通过尝试自营进口不锈钢板业务，完成自主进口业务 69 吨；通过利用钢厂直拨销售，为公司及用户节省流通费用，加深了市场客户的认知度。

上海物资贸易股份有限公司黑色金属分公司完成工商登记后，自 2008 年 1 月 1 日起正式营业。黑色金属分公司成立后，业务经营总量在市场探索中不断上升。2009 年，实现主营业务收入 18.84 亿元，经营实物量 63.4 万吨，经营规模 26.9 亿元，实现利润 1 105 万元，净利润 983 万元。

2010 年，黑色金属分公司与大型建筑企业开展合作，深入建筑工地，及时了解工程进度，提前做好供货准备，先后向中建八局等企业提供螺纹钢 7 800 吨，为金鹿建设配送螺纹钢 6 094.63 吨。积极探索与银行合作新模式，开展“商商银”业务，取得银企双赢效果。为了扩大黑色金属经营市场覆盖面，拓展长三角地区业务，11 月 8 日，在无锡不锈钢市场开设黑色金属无锡分公司。截至年底，无锡分公司销售不锈钢达 8 550 吨，取得较好的经济效益。同时，在嘉兴市筹建钢材服务中心。针对市场价格波动对采购、库存、销售带来的风险，根据大宗商品期货市场中“价格发现”机制，充分发挥期货市场“套期保值”功能，利用电子交易平台开展套保业务，成交卷板 37 167 吨，不锈钢 610 吨，实现利润 574 万元。为有效解决资源紧张问题，解除经营后顾之忧，巩固原有资源基地，挖掘资源潜力，加大开发新资源基地力度，先后通过与北台、新抚钢、鄂钢、日照 4 家钢厂接洽，建立稳定的供货关系，实现新增资源进货10.4万吨。增加中厚钢板销售，全年实现冷轧板销量8 684.32吨。成为全国最大的不锈钢生产企业太钢供应商，每月向太钢提供500吨镍铁，打破在特种钢材经营领域的瓶颈。2010年，黑色金属分公司实现经营规模39.96亿元，比2009年增长30.98%；经营实物量75.31吨，同比增长18.78%；主营业务收入27.51亿元，同比增长46%；实现利润2 518万元，比2009年增长127.87%。

2011年，黑色金属贸易业务通过建立战略联盟、双向销售和代理制关系，巩固与鞍钢、首钢、宝钢等大型钢厂的业务合作，新增永钢集团、富鑫钢铁、沙钢等建材资源渠道，发展兴澄特钢等钢板资源渠道和石钢优钢资源和徐州宝丰、利国钢铁、兴达钢铁等钢坯资源渠道。还与央企“中信特钢”探索全面合作新模式，成为“中信特钢”铬铁原材料的供应商和宽薄卷板生产品种的经销商。同年，黑色金属分公司凭借供应渠道、销售网络、流通深加工等功能优势，与钢铁产业链中的上游原材料供应商——山西“明迈特”有限公司建立合作关系，成为“明迈特”公司终端产品代理商和其生产原料的供应商。初步实现由“上拓资源”向“上控资源”转变，提高企业在钢铁贸易产业链中的影响力。

2012年10月11日，民星路技改项目竣工仪式及项目推介会在杨浦区民星路现场举行。民星路技改项目总投资5 000万元，新建一座4 400平方米厂房，建有一条加工厚度5毫米～25毫米、宽度达3 000毫米的国内最宽的热轧钢卷板矫平剪切机组和一条加工厚度3毫米～12毫米、宽度800毫米～2 000毫米的热轧钢卷开卷纵剪分条机组，年加工能力30万吨，添置4台40吨级的龙门行车，2台10吨的库房内桥式行车。成为完善上海鞍钢剪切加工中心一期、二期项目功能的重要配套，为中信特钢、南京钢厂等生产的2 500毫米～3 000毫米超宽热轧钢卷产品剪切加工提供保障。截至2012年年底，黑色金属贸易业务共有3套冷轧钢卷加工机组，4套热轧钢卷加工机组，年加工能力可达60万吨，标志着卷板钢材物流加工配送基地已基本建成。年内，黑色金属贸易业务拓展新品业务，与东方特钢等钢厂签订长期业务合作协议，开发“连铸圆坯”新品资源，同时成为东方特钢热轧不锈钢中厚板业务代理商；铬铁业务销量继续稳步增长，月销量达1.6万吨，并在华东、华南地区开发中小用户；与山西“明迈特”合资的公司，年内实现销售实物量106.7万吨，主营收入、利润总额均超过预算进度；建筑钢材配送服务从市内延伸到杭州、嘉兴、连云港、徐州等地，满足用户个性化、差异化需求，以服务增值获取经营盈利，全年实现工程配送量6.06万吨；嘉兴钢材服务中心项目完成工商注册，通过拍卖取得了第一批项目土地使用权，开始钢材服务中心的筹建工作。

图3-3-6　2012年9月，黑色金属分公司物流部员工作业

黑色金属贸易业务从2013年年初开始完善铁矿、炉料、钢坯和钢材的产业链延伸，通过优化贸易结构，拓展经营业务，增强经营综合实力，并在调整、收缩弱势经营品种的同时，探索性地以代理采购、联合销售、采购联盟等形式开展铁矿石业务，全年铁矿石销售总量87.69万吨，实现利润520万元。进一步探索“钢坯采购联盟”运营模式，使创新课题获得新进展，全年销售实物量达117.8万吨，实物量比2012年增长62.87%。针对市场价格持续下跌的巨大压力，2013年黑色金属分公司果断改变定价模式，增加稳定收益业务比重，提高服务性收入。民星路仓库以物流保障销售，完成吞吐量 97.8 万吨，比 2012 年增长 100.4%。

第四节　木材加工贸易和燃料贸易

一、木材加工贸易

集团成立初期，木业贸易企业主要有森大木业、森联木业、申林木业、森远木业、同兴木业、利德木业等。2003 年，森联出口值突破 3 273 万美元，其胶合板出口值占上海地区胶合板出口总值的 63.3%。

2004 年，木业坚持以“贸易为龙头，实业为基础”的工贸结合发展模式，坚持原材料及初加工在外、产品市场在外“两头在外”的发展策略，加大向欧美、日本等国际高端木制品市场拓展力度，木制品出口量不断攀上新高。通过改制，森远、同兴两家木业公司归入森联木业运行，全年木材加工销售 38.98 万立方米，比 2003 年增长 210%。森大木业坚持有所为有所不为，把月产 20 万张化妆胶合板压缩为 1 万张，以 4 000 平方米厂房，每年向国际市场提供胶合板 10 万立方米，成为世界大型胶合板工厂。森大胶合板畅销日本市场。针对美国市场容量大，高、中档产品兼容并蓄特点，森大木业不断采用先进工艺攻关，先后攻克木材节子、杨木蕊板易变曲等木材加工中的工艺难题，以每立方米 2.4 万元价格进入美国市场，受到美国用户青睐。森大木业在产品畅销日本和美国市场基础上，还积极寻求走向欧盟市场的商机。森大、申林、森远三家木制品加工企业年度实现出口值 5 372 万美元，比 2003 年增长 42.99%。木材加工销售 38.98 万立方米，比 2003 年增长 210%。

2005 年，集团采取积极措施，改变企业之间各自“单兵作战”、沟通合作不多的情况，推进木制品加工企业业务整合，加强所属企业“协同作战”能力，提高整体市场竞争力。森远木业通过技术革新创新创效，强化木材综合利用度。自主创新高精度宽裁板机，拓宽原料进货渠道，开辟三、双拼面板加工新方法，填补国内木业加工设备领域的空白。森大木业、利德木业发展迅速，产品远销欧美等国。

2006 年 3 月，木制品加工企业创立企业联席会议制，为共商联建资源基地、联合采购、联合开发市场、共享信息资源、探索联动发展的具体途径和方法，提供共享平台。11 月 16 日，森大木业顺利完成企业整体搬迁任务。森大木业从徐汇区龙华地区搬迁至南汇区新场地区，整个扩建过程仅用 9 个月时间，11 月 27 日，森大木业公司乔迁庆典在南汇新场新厂址举行。同年，木业贸易业务针对国内外木材资源紧缺状况，坚持在“上控资源、下控网络”上寻找发展空间，加强资源基地建设。森联木业在绥芬河、牡丹江通过中俄边境贸易和在东南亚、非洲等地区开展木业贸易，建立木材资源基地；利德木业在俄罗斯、德国等地分别建立木材资源基地。申林木业的地板、木门等产品已进入百联集团所属 11 家好美家大卖场，形成资源共享、互动发展的良好态势。森联木业还建立营销中心，统一经销所属企业产品，进一步扩大企

图 3－3－7　2007 年森远木业压机

图 3-3-8　2007 年森联木业森远车间全景

业知名度。

2007 年，森大木业由于受人民币升值及调整出口退税政策影响，企业一度陷于出口产品成本倒挂现状。面对不利形势，森大木业大胆进行技术创新，在短期内研制成功当时只有德国和日本两国的公司能够生产的用于各种装潢的接长木片。接长木片以成本低、技术含量高的特点很快打进欧美市场，有力地提高了森大木业在国际木材贸易中的竞争力和市场话语权，确保森大木业年度出口总量继续上升。森联木业在境外建设资源基地，获得新西兰花旗松独家代理权，并占据上海市场 60% 的份额。与上实集团、巴西 HP 公司共同投资 260 万美元，在巴西购置 145 平方公里林地，建设境外木材资源基地项目。还储备名贵木材贸易中心和木材物流中心等待建项目。

2008 年 2 月 22 日，上海森联木业名贵木材集散贸易中心开业。该贸易中心集商务办公、业务洽谈、产品展示、信息发布、产业政策咨询等五大服务功能于一体，具备专业化装卸、储存、加工、运输等“一站式”物流设施，汇集全国木材贸易市场主要经销商和世界知名名贵木材品种，年成交金额高达数十亿元；巴西木材资源基地项目继续稳步推进，落实首批购买当地 7 100 公顷永久采伐权林地，加工厂第一条生产流水线设备进入调试阶段。及时调整产品结构，大力压缩阔叶材和国内基本建设需要、包装用材需要的针叶木材进货量，并与加拿大、新西兰等国的知名公司洽谈，建立独家经营、代理花旗松和辐射松的贸易关系，在上海及周边市场占领销售制高点。森大木业积极进行技术工艺改革，以新西兰辐射松替代原杨木芯板，提高产品价值；推行初加工产品厂内外包做法，节省人工成本；减少锅炉使用并将煤锅炉改造为烧木材废料，节约能源成本。

2009 年 7 月初，国家正式推出跨境贸易人民币结算试点，森联木业成为第一批试点单位之一。8 月 31 日，首次与香港贸易伙伴在进口木材贸易中尝试人民币结算，为集团各企业今后跨境贸易使用人民币结算奠定基础。2010 年，香港渣打银行向森联木业颁发“第一单人民币跨境贸易结算”荣誉标识。

2010 年 1—3 季度，森联木业代理新西兰松木材金额达 7 028 万美元，是 2009 年全年代理额的 143%。森大木业针对人民币升值、出口订单下降、市场竞争激烈的情况，通过推进生产工艺技术革新，大胆改革厚型胶合板生产工艺，一年降低生产成本 1 200 万元，减小人民币升值带来的影响。掌握世界胶合板生产中最环保的无醛胶合板胶合技术，不仅为进入国内高端胶合板市场创造条件，也为森大胶合板进入美国无醛胶合板市场增强竞争力。同年，按照市国资委“聚焦主业，加大主辅剥离力度”的要求，对利德和森远 2 家木制品加工企业实施停产清理。整合原森联木业吴南分公司，转型组建上海物贸生产资料物流有限公司，9 月 1 日，完成工商注册后开始运作。

2011 年 6 月，集团同意上海森联木业发展有限公司投资 500 万元建设进口板材集散中心，改建闲置的 3 万平方米厂房，新建 2 000 平方米卸车棚、200 平方米办公用房、地下卸车槽、消防监控等配套设施，以及配备叉车、牵引车辆等设备。同年，森联木业发挥新西兰花旗松销售优势加大木材销售力度，代理销售比 2010 年增长 41%。全年木材销售达 162 万立方米，企业提前 2 个月完成全年利润预算指标。森大木业成功开发抗紫外线油漆柔软木皮，为木线条与木制品一次成型提供技术支持，创新业务绩效明显提升。

2013 年，森大木业面对美国发起对中国硬木胶合板“双反”调查带来的严重冲击，积极贯彻公司退出木制品加工行业决策，制定并实施停产清理方案，确保公司平稳有序退出经营，遏制“双反”调查形成的不利影响。森联木业坚持以服务贸易、组织贸易为主业，针对宏观经济下行、生产资料市场需求萎缩、资金与库存等风险增加等情况，通过采取跟踪分析、控制风险波动与清晰主业发展路径等策略，确保木材贸易总量提升，2013 年全年销售北美木材 60.32 万立方米，比 2012 年增加 92.9%；全年木材业务销售实物量比 2012 年增长 23.53%。

作为大宗商品贸易业务，木业通过资产整合和业务优化，明晰主业，退出木材加工行业，完成向木业贸易的转型。

二、燃料贸易

集团燃料业务主要包括燃料油和煤炭等大宗商品贸易业务，经营企业主要有上海动力燃料有限公司及其子公司浦东燃料公司。

2003 年第四季度，全国煤电油运出现全面紧张，煤炭供应全线告急，上海动力燃料有限公司（以下简称动力燃料公司）成立油煤应急储备工作组，并派员参加全国 2004 年度煤炭订货会，落实煤炭调运指标。在煤炭、燃料等资源和铁路（海运）运输十分紧张的情况下，克服种种困难，按时完成了市政府下达的 20 万吨台风季节电煤应急储备任务。

2004 年，生产资料市场受宏观经济政策调控影响，煤电油运不仅继续供应紧张，且价格一路上扬。动力燃料公司密切注视国家宏观调控政策和市场走势，及时制定相应措施，积极参与上海市地方煤炭资源战略储备建设，并受市发改委、市经委委托，制定上海地方煤炭战略储备实施方案，为动力燃料公司成为上海地方煤炭战略储备项目主要成员单位奠定基础。2004 年，煤炭、燃料油实物销售量分别为 172 万吨和 160 万吨。

2006 年，浦东燃料有限公司（以下简称浦东燃料公司）为实行产业链延伸，积极探索工贸结合发展道路，通过与南通焯晟公司合作，开展燃料油加工生产、油品调兑业务，提高产品附加值，提前实现年内业务转型创新目标。把握终端用户和售后服务，积极扩大和巩固市场用户，形成一批年配送量在万吨以上的煤炭用户，公司燃料油年供应量占上海市场总量的 60%。动力燃料公司结合环保要求开展新型燃料研发和市场推广工作，2006 年一季度，第一期项目 3 000 立方米水煤浆储罐竣工，并一次调试成功，正式对外供浆。至 2006 年年底，动力燃料水煤浆投放市场 2.5 万吨，接受水煤浆项目客户 15 家，其中包括汇众汽车、上海矽钢、华源化工等企业。

2007 年，继续投资建设水煤浆储罐，库容量达到 6 000 吨，并实现向天原化工和矽钢公司的供浆目标。6 月 10—12 日，在上海市节能环保博览会上，水煤浆节能环保项目引起 100 余家客户关注，该项目被列入上海市节约能源“十一五”规划项目之一。6 月底，该项目提前进入盈利期，并成为市经委认定的示范项目。水煤浆项目的开发不仅在经营模式上实现突破和创新，探索传统的煤炭贸易业务逐步向新能源集成商转型，同时改变上海应用能源的结构，为有效实施节能减排作出贡献。12 月 11 日，百联油库项目获得市发改委批准，12 月 29 日，百联油库奠基典礼在上海化学工业区百联油库工地举行。油库面积 212 亩，项目总投资约 5.2 亿元，设计总容量为 20 万立方米，可满足全市 5～7 天燃料柴油应急需求。同年，企业改制中，浦东燃料公司与母公司分离，又更名为上海燃料公司。

2008年3月，动力燃料公司在上海汇众汽车公司安亭基地实施的水煤浆锅炉项目通过上海市经委、市环保局组织专家评审组验收评审，各项指标均优于国家和上海市制定的相关指标，运用效果良好，不仅符合环保要求，运行成本也显著降低。推动加快水煤浆项目向高吨位锅炉的推广步伐，并探索实行合同能源管理市场拓展模式。7月，先后与佳通超细化纤有限公司、台湾远东集团合作探索水煤浆合同能源管理项目，为水煤浆项目应用推广由量向质的转变创造条件。油库项目自3月1日正式打桩建设至10月底，综合楼、营业楼、泵房等用房完成建筑结构封顶，10个油罐完成主体安装，进入附件施工。在保证项目施工质量和进程的同时，启动运行准备和制定管理规则，明确油库运行模式和经营定位，全面落实油库员工培训工作。同年，在保税油业务上实现外进外出、保管、外汇等方式操作，规避进口油风险，实现保税油业务经营的新突破。

2009年，动力燃料公司与全国最大的水煤浆生产企业山东八一煤电化公司联合投资，在苏州角直建设年产量50万吨水煤浆生产基地，对上海闵行水煤浆中转基地进行二期工程扩建，使年周转能力在原来基础上翻一番，达到20万吨。5月8日，投资近6亿元建设的百联油库在上海化学工业园区开业。该油库储罐设计容量为20万立方米，其中包括3万吨以柴油为主的成品油应急专项储备，年周转量达300万立方米～400万立方米。主要开展原油、汽柴油、燃料油等多种油品的中转和租罐业务，可有效缓解季节性成品油供应短缺情况，满足上海经济发展对石油及其产成品日益增长的需求，并成为上海市地方成品油最大的应急专项储备基地之一。百联油库二季度投入试运行后，还相继完成期货交割库、保税库等功能落地工作。12月1日，上海期货交易所决定增设百联油库等4家单位为燃料油指定交割油库，这是上海期货交易所继华南地区设立燃料油交割库后，根据燃料油期货市场发展实际情况，首次在华东地区增设燃料油指定交割油库。燃料业务除牢牢占据上海市工业用油60%市场外，在江苏重点开拓南京、苏州、无锡市场，在浙江重点拓展宁波船加油市场，带动杭嘉湖地区的油品市场，形成浙江、江苏三级油库体系，工业用燃料油贸易占浙江的17%、江苏的13%市场。同时，积极开发境外保税油业务，截至2009年，实现每月1万吨的境外保税油业务规模，取得良好的经济效益。

2010年，百联油库自建成获得政府批准的应急储备、保税监管和期货交割三大功能后，经过近1年运作，三项功能在带动业务发展、减少运行成本、实行社会效益和企业效益方面取得初步成效，其中政府应急储备3万吨沪标4汽油、2万吨柴油自4月份进入指定油库投入试运转。7月27日，上海燃料公司与市储备商品管理办公室签订市级成品油储备协议，使市级成品油储备工作正式进入实施阶段。燃料业务继续向船舶加油业务领域拓展，加深与中石化长江燃料、中海油、中船燃、广东湛江大鹏等企业的合作，稳固战略发展合作关系。1—9月，成品油销售45.6万吨，比2009年增长432%。2010年第三季度，为扩大保税状态下的销售，上海燃料公司又取得海关监管支持，为下一步拓展保税油业务争取政策条件。同年，与枣庄八一煤矿在苏州地区共同投资的水煤浆生产基地一期项目(年产15万吨水煤浆)，于12月15日投入试生产。临沧分公司4 500吨水煤浆储罐项目，于12月中旬竣工，形成9 000立方米的水煤浆储存能力。

为进一步加快业务转型步伐，提升油品销售能力，完善海关保税、期货交割、政府储备功能落地的物流配套设施，2011年5月26日，百联集团批复同意实施百联油库改扩建(二期)项目，以增加储存汽油功能，新建储罐2.4万立方米，新建2座7 000立方米内浮顶汽油储罐，总投资12 679万元。年内3万吨柴油罐改建一期工程安全顺利完成，进一步扩大百联集团承担政府应急储备成品油的能力。

2012 年，为抓住时机，抢占区域成品油消费市场，8 月 24 日，集团批准上海燃料公司与中国石油化工股份有限公司上海石油分公司共同投资组建上海虹桥加油站有限公司，并投资建设虹桥商务区的 2 座加油站。合资公司负责实施位于虹桥商务区内的 2 座加油站的建设与运行，以经营 93 号汽油、97 号汽油、O 号柴油等成品油销售为主。燃料业务经过多年创业发展，逐步建立立足上海、辐射长三角及华南市场的分销体系，在华东、华南油品市场打响“上燃”品牌。

图 3 - 3 - 9　2010 年百联油库油罐管线

2013 年，在实施百联油库改扩项目过程中，上海能源政策结构调整，陆上燃料油需求基本退出上海市场，与之相关的燃料油期货、保税业务全面萎缩，造成原设定的燃料油储罐空位运行，导致百联油库运营效率低下，处于亏损状态。为了降低投资风险，12 月 18 日，集团同意暂停百联油库改扩建(二期)项目中 8 740 万元投资。燃料业务积极贯彻业务、人员、投资“三个瘦身”要求，压缩资金、库存、应收款总盘子，退出重质燃料油业务，对 2 家投资单位实施股权清理，企业比 2012 年减员 24%；同时通过成立轻质燃料油开发部，补偿汽柴油、非标柴油市场的经营空白。

第四章　专 业 专 卖

百联集团综合百货业务中，医药、钟表、眼镜零售等专业专卖业态在上海拥有经营优势。根据总体发展规划，医药、钟表、眼镜业态经过10年调整、整合、转型及提升，实施一系列有效发展措施，取得一定成效，成为集团核心业态中的组成部分。第一医药股份有限公司和上海汇丰医药药材有限公司是2家业态性质相同、业务结构相似、经营模式相仿的医药零售连锁企业，2006年，第一医药股份并购汇丰医药，实现资产和业务重组，通过重构组织、集约资源、优势互补，进一步发展健康产业。钟表、眼镜专卖业态，进一步发挥老字号经营特色，形成吴良材、茂昌、亨达得、亨得利具有市场影响力的品牌连锁店，并不断导入与国际流行趋势接轨的时尚元素。与此同时，建设光学中心和名表维修中心，以技术创新让老字号焕发新颜。

第一节　医 药 零 售

2003年，百联集团医药零售业态经营企业包括上海第一医药股份有限公司（简称“第一医药股份”）、上海汇丰医药药材有限公司。拥有第一医药连锁有限公司、长城华美仪器化剂公司、深海保健用品公司、第一医药商厦、汇丰大药房连锁有限公司、汇丰便利公司等子公司。连锁网点106家。销售规模8.43亿元，利润总额3 082万元。其中，第一医药商厦单店销售及创利能力位居全国同行之首。

2004年，上海长城华美仪器化剂有限公司为填补国际中高档基础实验室仪器产品在国内市场的空白，在与NUVE品牌商经过半年多洽谈和实地考察后，签署合作意向书，取得独家全权代理经销NUVE品牌基础实验室仪器系列产品的总经销权，迈出国际品牌产品总经销的步伐。3月，上海第一医药股份接受中国非处方药物协会专家组对第一医药商店和蒙自药店GPP（优良药房工作规范）实施结果现场检查测评，评议组专家通过现场检查、查看记录、与药师交流等方式，肯定第一医药股份建设GPP药房取得的成效，第一医药股份成为全国第一家具有GPP示范店资质企业。9月3日，集团审批同意医药板块企业整合方案。5月，第一医药商店对商品结构进行大调整，并联合罗氏、强生血糖仪、西门子和丹麦唯听助听器、松下血压计5家品牌医疗器械研发供应商，在第一医药商店4楼开设上海首家联合品牌医疗器械技术服务中心，为全国各地顾客提供产品选购、维修服务，解除消费者异地购买医疗机械后在使用过程中存在的维修烦恼。同时，在4楼中央区域设立富士、傲胜高档按摩椅、三贵高档轮椅车及百利达脂肪测试仪等专柜，形成一个高档医疗机械产品展示销售和技术服务平台，有效地提升了第一医药股份专业服务档次和品质。为抗衡平价药经营风潮，适应市场竞争趋势，探索医药零售新业态，6月19日，位于中山西路2360号的上海汇丰经济大药房开业。占地面积1 700平方米，是上海首家驻足商业中心和中高档居民楼集中区域的平价大药房。结合日常消费行为关联性需求开展经营活动，经营品种覆盖药品、医疗器械、保健品等药房专营品种，新增包括保健食品、功能食品、生活卫生用品、健康保健饮品、乳制品、南北货、功能性复方茶料等品种近4 000个，从而形成经营品种由治病转向“防、养、治”多元化结构。这些新品引进，不仅丰富和延伸了经济大药房经营范畴，也为经济大药房的定位和缩短培育期，最终从价格竞争迈向概念和服务竞争作出了有益的探索。汇丰经济大药房配备20多位专业药师，对消费者购药予以专业指导，让消费者在知情消费中获得更趋对称的用药信息。10月，第一医药与中国民族医药学会合作，在第一医药商厦设立全国首个“中国民族药专柜”。药柜陈列藏药、蒙药、彝药、回药等20余个具有代表性的民族药品，为它们“下山进城”集中展销开辟“绿色通道”。这一经营项目的增设，既方便市民选购“民族药”，又提升了企业服务功能。

2005年，医药零售板块在连锁药房的转型上进行大胆探索，选择一部分有条件转型的门店，实施24小时营业，同时在时尚药妆、便利药店、特色药房进行转型探索。经调整后，非药品种销售比重占整个药房经营品种的40%，试运行以来，转型药房的销售增幅达1～6倍，效果十分明显。3月，在中国医药百强西湖高峰论坛会上公布的业绩排名表上，汇丰医药人均创利水平位居全国同行榜首，人均销售额排名全国第4位。汇丰医药把药房细分为中西大药房、社区药房、医保定点24小时全天候药房、医馆式药房和经济大药房等5种类型，并根据病症特点和消费群的特殊性，针对肿瘤患者、心脑血管疾病、糖尿病患者等特殊消费群体，设立抗肿瘤药房、心脑血管药房、糖尿病药房、健美药房等一批富有特色的个性化特色药房。特别是佛慈堂东号中医门诊部和西号中医门诊部的设立，形成医药合璧的优势。同年，汇丰医药首次尝试收购、兼并运作，对太和堂等2家公司6家网点实施跨区域收购，并通过整合，输出汇丰品牌和管理模式，使其销售大幅增长。在3月21日上海市质量年会上，第一医药股份再次荣获“上海市质量管理奖”。这是第一医药自1997年首次获得“上海市质量管理奖”后再次荣获这一殊荣，是唯一的医药零售企业。

2005年4月，上海市医保非处方药目录再次增补110种药品，使医保卡直接消费品种达到602种。为了做好医保药品配售服务，第一医药连锁公司后勤和门管部全力配合，紧急增添柜台及货架，做好新增医保非处方药目录核对，对有码无货产品着手落实进货；对无码产品及时落实编码和系统录入，在第一时间将新增品种陈列出样，确保新增医保药品的市场供应。

2006年5月17日，经百联集团同意，第一医药股份向上海新路达商业（集团）有限公司收购其所持有的88.5%上海汇丰医药药材有限公司股权，向徐汇区新路达商业集团集体联合会收购其所持有的11.5%上海汇丰医药药材有限公司股权。9月，第一医药股份收购汇丰医药股权议案分别获得中国证监会和第一医药股份临时股东大会审核通过。收购完成后，第一医药股份持有汇丰医药药材公司100%的股权。至此，百联旗下从事医药零售的两个相同业态企业由最初的业务同轨，真正走向资产重组，形成强强联手态势。为了改变传统销售模式，突破原有经营场地制约，提高黄金地块商场单位面积业绩，10月30日，第一医药商店投资470余万元引进的德国ROWA（欧娲）自动化药房系统在上海市第一医药商店正式启用，标志着“第一医药股份”成为亚洲首家采用自动化药房系统的医药零售企业。自动化药房系统启用后，第一医药商店腾出几百平方米的营业面积，为第一医药商店新增专柜20个，新增健康品种2 000多个，全面提升第一医药商店的销售规模和经营业绩，确保第一医药商店继续保持全国单体药房销售业绩领先地位，连续多天创单日销售超百万元的纪录。同年，医药零售业务加快推进传统药房转型。第一医药继广场药妆店销售比2005年上升46%的基础上，积极筹办组建第一医药深海药妆公司，将深海保健品分公司零售店转为药妆旗舰店，探索药妆店加盟等；汇丰医药在美美药妆店转型销售比2005年上升40%的基础上，对天钥桥路天寿堂国药号进行经营转型，取得良好效果。同年，第一医药股份在网点发展上有新突破，新增林灵店、水电路店、金鼎衙店、新浦江城店、武定路店等连锁药房，使第一医药连锁规模得到进一步扩大；汇丰医药则根据医药改革政策和市场趋向，主动与大华医院共同投资开办汇华药房（自费药房），为未来“医药分业”后能领先一步进入医院药品经营进行有益的探索。第一医药股份在积极推

图 3－4－1　第一医药商店自动化售药系统内仓

进连锁门店经营发展的同时，还着手应用医药销售科技设备，开辟新的市场空间。从 3 月中旬开始，第一医药股份启动电子药柜项目，经过一个多月铺设，在徐汇区、浦东新区、普陀区、静安区、闸北区等全市各区域社区、商务楼、火车站、汽车站、超市、酒店等地布点 20 个，探索无人售药模式。

在第一医药商店引进德国 ROWA 系统并取得运行效果后，2007 年 6 月，地处南京东路、经营面积仅为 73 平方米的冠心药房也引进一条单机版德国(欧娲)ROWA 自动化药房系统，经营面积得到进一步挖掘，增加专柜 10 只，新增品种 500 个，有效地推动了业绩提升，2006 年，冠心药房销售额达 2 321 万元。

根据百联集团发展战略和加快拓展郊区市场布局要求，医药零售积极寻求购并及资本运作项目。为抢占崇明医药零售市场，2008 年 9 月 2 日，第一医药股份公司与崇明供销商业(集团)公司携手，就推进崇明医药发展，签订上海第一医药股份公司重组上海崇明医药药材有限公司合作意向书。

2009 年 5 月，第一医药股份与汇丰公司总部人员迁入乌鲁木齐南路新址合署办公。第一医药股份重组后建立新的经营管理模式和框架，新成立的招商采购部也正式开始运行，实行一头对外集约采购，使第一医药股份和汇丰医药业务整合迈出关键步伐。对争取企业利益和市场话语权，降低采购人力、物力成本，获得供应商在技术开发、货款结算、售后服务、市场运行等方面的支持与合作，提高招商采购在决策中的专业化分工和专业技能效率，最大限度地减少资金占用，都起到保障作用。为应对突发的甲型 H1N1 流感疫情，确保抗疫药品、体温计、口罩、力度伸、消毒液等商品的市场供应，第一医药商店在第一时间专门组建抗甲型 H1N1 流感应急工作小组，积极组织货源，千方百计满足市民需求。2009 年，第一医药商店发展又跨上一个新台阶，年销售额首次突破 3 亿元，比 2008 年增长 14%，继续蝉联全国药房单店销售之最。

2010 年，第一医药商店利用 5 楼腾出的 500 多平方米办公面积，与上海龙华医院合作，开设集名店、名医、名药为一体的中医门诊部，同时获得上海市、区二级卫生部门《医疗机构名称核准通知》《医疗机构设置许可批准书》等设置资格核准。中医门诊部的开设，弥补了医药互补在经营服务上的空缺，同时对第一医药股份延伸经营和服务领域、从事中药配方业务、开发医药经营资源拓展了新的空间。7 月 14 日，第一医药股份获批投资 744 万元控股上海崇明医药药材有限公司。第一医药股份采用增资扩股办法变更项目公司股东和获得崇明医药公司 51%的股权。崇明医药药材有限公司重组后，公司更名为上海第一医药崇明医药药材有限公司，公司经营管理均由第一医药股份负责，通过系统化管理，导入优质商品和优质服务，对提升崇明医药药材公司经营和服务质量，加快崇明医药商业发展和繁荣起到推动作用。同年，医药零售业务在实行总部集约管控的同时，进一步深化供应链整合，启动仓储资源整合，建立长桥药品(商品)配送中心，构建企业新的物流、配送、运输共享体系，提高经营资源利用效率。

2011 年 5 月，根据百联集团压缩层级要求，上海汇丰医药药材有限责任公司所持有的上海汇丰大药房连锁有限公司100%的股权通过上海联合产权交易所，协议转让给第一医药股份，由第一医药股份直接控股，从而实现百联集团医药零售连锁从运行到资本的真正集约化。年内，第一医药商店、第一医药老德记、汇丰天寿堂3家特色大门店参与“环境优化和样板店建设”专项活动，通过对门店环境设施、商品陈列、广告展示、灯光布置、服务质量等方面的改进，全面提升门店精细化管理水平，并取得总部建设、经营模式转型、电子商务放心购药商务网业态加速发展等三大突破。在推进经营转型工作中，通过创新业态品牌，扩大经营外延，实现经营跨越式转型；通过供应链建设和制定运行质量、操作流程标准，医药连锁门店成功转型多家传统药房为复合型药房（药+妆）。转型后的复合型药房突破传统药店风格，注重时尚。商店特设“美妆工具”“染发 & 护发”“身体护理”等专区，引进“健康加芬”各类进口国产药妆品牌，如资生堂、名色、薇姿、雅漾、高姿、菲诗小铺等，以及经营各类进口食品和各类日杂生活用品，经营商品丰富度比原来提升近1倍。对第一医药商店2～4楼也进行较大幅度的布局结构调整，更好地体现了第一医药商店“名、特、优、新、全”的经营特色。

2012年，在继续尝试发展定牌商品OEM品种经营基础上，结合“健康加芬”经营转型项目推广计划，新增“健康加芬”冻裂一号、硅油护手霜、珍珠护肤甘油、餐巾纸、环保纸杯等OEM系列品类，扩大公司对OEM产品的涉足范围，提高经营产出成效，有效地保障了经营质量稳步上升。从构建和拓展网购通道，挖掘经营资源要求出发，对原第一医药股份热线、邮购服务等功能进行融合，初步形成以第一医药股份企业品牌与劳模服务品牌相结合的电子商务购物（药）网，上线运行之初，月均销售万元以上。与此同时，第一医药股份还积极筹划连锁门店从线下向线上的经营辐射，通过落实网上购药准入规则和相关政策要求，取得互联网药品信息服务资格证书，并完成上线药品再注册批件和GSP资质证书等相关资料归整准备事宜，为网上第一医药股份真正走向市场做好热身。至2012年年底，医药零售连锁门店已有18家门店实施转型，门店销售与客流都有明显提升。第一医药股份通过探索并建立复合型药房营运督导机制，实现整体形象统一、服务规范统一、营销策划统一，将“第一医药”品牌与“健康加芬”实现“1+1”有机结合，塑造都市新一代药房新形象。

2012—2013年间，医药零售积极与市场“大品牌”合作伙伴携手，先后导入“余天成”“原之灵”“神象”“上虹”等一批参茸品牌，并新增“鱼跃”“互邦”“经立通”等国产医疗器械品牌驻店入柜经营，在加快品牌集聚力的同时，进一步优化品类配置和经营商品布局。进一步梳理加盟关系和管理规则，对“应收账款回笼账期”“加盟费”“管理费”“押金”标准等条款重新进行约定，强化应收账款函证管理，进一步清理特许经营中的历史遗留问题，相继完成4家内加盟门店转为外加盟门店、3家外加盟门店重新调整签署“特许经营合同”等工作，对提升特许经营管控力度起到保障作用。

为填补“第一医药”网上售药空白，2013年第一医药股份组成筹建电子商务平台专项工作组，通过半年努力，于6月6日顺利通过药监局互联网药品交易许可证的现场验收，取得国家药监局药品网上交易的资格，由此“第一医药”电子商务有了合规合法身份，真正打开线上经营渠道，开启电子商务环境下个人购药（OTC）、咨询和服务的新业务。根据国家食药监管理部门推出“婴幼儿配方乳粉试行药店专柜销售”新政策，第一医药顺应监管政策要求，积极介入与雅培、惠氏、多美滋、雀巢等17个品牌生产商和9家供应商进行接洽，9月1日，南京东路第一医药商厦1楼正式开设了“雅培”婴幼儿品牌奶粉专柜，揭开上海药店经营奶粉的序幕。同年，医药零售业务完成6家药房复合型转型工作，转型门店达到30家。为巩固和提升这些转型门店绩效，形成更加完善的新型医药商业零售模式，推出优胜门店考评标准，其中40%转型门店取得业绩再增长，为企业经营转型扎实推进，塑造可复制样板。在源头产出的管理举措上，落实和推进医保商品经营目录、OEM商品经营目录和高毛利商品经营目录的修订完善工作，共新增引进新品（药品）1 673个，OEM品种单品数量增加到50多个;新增医保目录药品近400个,并为第一医药商厦引进"秘镜堂"松茸,设立"日本进口系列商品"和"中药精制饮片"品牌专柜。通过实施新品、优品、名品导入举措,对完善品类品种、优化丰富品牌、推升企业经营产出起到了前置性保障作用。

截至2013年年底,医药零售网点共有102家。网点遍布上海14个区县。其中包含:医保门店35家,在公司总门店数中占比36.46%,占上海医保门店总数的7.13%;设有中药配方门店23家,在公司总门店数中占比23.96%;转型门店25家,在公司门店中占比44%;经济型综合大卖场式药房1家,占总门店数的1.04%。另有中医门诊部2家、长城华美仪器化剂商店门店4家。医药零售营业收入13.48亿元,比2003年增长60%;实现利润总额4 160.44万元,比2003年增长35%。

第二节 钟表、眼镜零售

一、钟表零售

2003年,百联集团钟表零售业态经营企业主要包括亨得利公司和亨达利公司。截至2003年4月,钟表零售业态共有门店23家。

黄浦区南京东路739号的乐乐辰商城因商业街改造所需,2003年11月全面拆除,影响钟表经营收入8 000万元;欧米茄品牌钟表合作商取消批发环节,改为直接供货,使欧米茄手表批发业务量跌至谷底,年损失批发额约5 000万元。

为应对国际钟表零售商准入形成的市场经营环境变化,解决网点动迁对扩大规模形成的困境,2004年年初,钟表零售业务中大光明钟表店进行整体装修,提升商品档次,并更名为亨达利南东店,形成"两亨"错位经营,提高经济效益。8月,亨达利总店进行内部装修改建,面貌焕然一新。与此同时,钟表公司总部进行换装,以崭新的姿态在南京路步行街上占据东、中、西地理位置,吸引更多新老消费者,钟表销售随之呈现上升趋势。同年,钟表零售业务利用集团网点资源优势,接连开设亨得利一百店、亨得利西郊店2家直营连锁店,使钟表零售业务发展突破空间限制,树立中高档钟表店的市场地位。

针对钟表行业进口品牌过于集中,特别是劳力士、欧米茄两大品牌,占到整个钟表销售份额很大比例,钟表零售业务通过调整经营策略,保持钟表经营淡季不淡,销售上升的良好业绩。2005年9月底,调整部分品牌折扣,提升梅花、英纳格等中档表的销售,宝齐莱、艾美表的销量也随之大幅上升。在市场网点布局中,亨达利钟表又进入南京路百联世贸开设专卖店,并向市外拓展,成功在南京新街口建德广场、无锡百盛广场开设亨达利钟表专业店。特别是亨达利钟表无锡百盛店,月均销售额达100万元以上,平均单价超过上海南京路2家总店,成为钟表零售业态品牌走出上海的成功范例。

随着市场高档手表维保需求日益增长,钟表零售业务凭借"以卖带修,以修促销"技术优势赢得品牌商再次认可,2006年1月,钟表零售业务获取西铁城特约维修权,并在所有的二亨门店中均建立日本西铁城表全国特约维修站,承接全球西铁城表联保,平均月承接国际保单达15只,成为承接西铁城表全世界联保的上海维修服务站。

2006年,亨达利总店所在地块由于地铁10号线工程,面临全面拆除,经集团内部协调,亨达利总店迁址南京路华联商厦(原中联商厦)1楼,于11月28日重新亮相。年内,钟表零售业态在淮海中路开设沪上第1家劳力士专卖店,由劳力士公司专门从瑞士派出知名设计师,全部装修与家具均采取瑞士设计，装潢风格、商品档次等都成为淮海路上的新亮点。继劳力士专卖店后，又在浦东开设亨达利八佰伴店，经营江诗丹顿、卡地亚、积家、名士、欧米茄等七大高档品牌钟表，成为浦东地区钟表零售界又一颗新星，同时深入五角场又一城、万达购物中心等商业综合体中，迅速占据有利地形，填补网点空白。市外，亨达利合肥百大店、亨达利合肥CBD店、亨达利合肥古井赛特店、亨达利合肥瑞景国际店等项目也进入洽谈之中。通过加快区域突围，提升钟表业态经营覆盖面和总体业绩，减轻市政动迁带来的拆迁影响，有效遏制进口钟表品牌商对市场的垄断。通过挖掘有限资源，腾出南京东路456号三联商厦地下室，改建装修，汇聚亨达利和亨得利两大知名品牌的技术精英，开设名表维修中心。在为消费者提供专业而方便的钟表修理的同时，提升亨达利和亨得利钟表经营品牌的体验度。

图3-4-2　2006年，三联集团开设名表维修中心

随着高档钟表品牌纷纷进驻上海，钟表零售板块及时把握市场契机，凭借企业渠道优势，大力引进世界顶级品牌。2007年，亨达利总店引进宝玑、真力时、卡地亚、尊皇，亨达利八佰伴店引进卡地亚等品牌专卖，与劳力士、欧米茄品牌在市场独大局面形成有效抗衡，同时也使亨达利和亨得利两家高档钟表店在销售品种上形成风格迥异、错位经营的布局，适应不同消费层次，有效地推动业绩上升。抓住沪深股市火爆，世界黄金价格再次飙升的时机，储备一批金表，大胆入市，销售异常出色，带动钟表销售稳步上升。

2008—2009年，国际钟表顶级品牌竞争激烈，国外钟表供应商更多转身为零售经营商，对上海中高端钟表市场造成围逼之势。面对欧米茄表撤出亨达利南东店、南西店以及正大店，SWATCH集团从亨得利总店撤出欧米茄、浪琴、雷达、天梭、美度和汉密尔顿等6个品牌，亨达利钟表在永安百货新开劳力士、芝柏、雅典三大品牌专卖店，在置地广场1楼开设欧米茄表专卖店，加大自营力度。

2011年，集团钟表零售业态进口高端钟表经营虽然萎缩，但坚持以“专业技术”为核心竞争力，以“个性特色”为业务创新，以“品牌形象”为工作抓手，抓住“上海购物节”“上海艺术节”“国庆黄金周”积极促进钟表销售。并充分挖掘VIP资源潜在价值，举行VIP新春回馈钟表销售专场，邀请近千名VIP消费者，拉动钟表优惠促销活动。

2012年10月12日，亨得利外滩店开业，以高档装潢、中档销售为定位，吸引外滩周边客流。

进入2013年，随着出境旅游开放程度进一步加大，手表类奢侈品消费外流，电商网络营销掀起，外资零售商更多涌入上海市场，钟

图3-4-3　三联名表维修

表零售业态从买表容易修表难的售后市场入手，加强以修代销，增设维修经营服务点，以售后服务解决困扰消费者的难题，以维修带动中高档钟表销售。并开展全面培训，提升修理人员整体服务水平与接待顾客的沟通能力，增强顾客信赖度，由此减少市场不利因素对钟表经营的影响，进一步拓展销售空间。

二、眼镜零售

2003年4月，集团眼镜专业店共有53家。主要业态品牌有“吴良材”和“茂昌”。年内，茂昌总店、吴良材总店等几家大本营基地门店进行整体装修，购物环境得到改观。

2004年，吴良材南方店、茂昌闵行店、茂昌美罗店、茂昌西郊店等4家眼镜直营连锁店开业，其中开设于西郊购物中心的茂昌眼镜店达到中高档专业店标准。年内，引进世界知名品牌镜架，如阿玛尼、CK、登喜路、卡地亚等时尚新贵，丰富市场供应品种，推动销售上升。与此同时，眼镜零售业态积极拓展市外市场，专门成立“吴良材”商标工作小组，为“吴良材”品牌在长三角地区和全国发展，提供品牌形象维护和法律保障。“吴良材”品牌加盟店拓展到长沙、乌鲁木齐等地，截至2004年年底，吴良材眼镜加盟店突破120家，遍布江浙等6省50多个城市。进一步强化加盟管理，对加盟商进货要求从以往的部分经营商品改变为100%商品。同年，在眼镜经营中依托技术创新提升品牌含金量，茂昌眼镜创建“去毛复新”技术获得国家专利，成为继“青少年渐进多焦镜”后又一科技成果。茂昌眼镜被复评为上海著名商标；“吴良材”被中国工商总局认定为中国驰名商标。

2005年，针对普通树脂镜片存在质地较嫩，容易刮毛起“雾”现象，科研技术人员在三联光学有限公司支持下进行攻关，4月，研制成功具有超耐磨、防污功效的“762钻洁”特耐磨镜片，该镜片在国家QB2506－2001标准规定的试验条件下，耐磨性远优于国际同类产品。为增强产品耐用度，还悉心开发眼镜实用科技，发明“去毛复新”专利技术，并为顾客提供免费服务；继“青少年渐进多焦镜”“去毛复新”等眼镜技术获得国家专利后，全新推出适合于中老年的“宽视宽屏变焦办公镜”“美轻薄镜片”，为“吴良材”“茂昌”品牌赢得市场份额和声誉。眼镜零售业态在以技术含量保持市场领先地位的同时，大幅度提高太阳眼镜自营比率，自主开发十大品牌时尚新潮太阳镜，投入市场后，销售比2005年增长26%，创利百万元。同时，仍然坚持不懈地在上海增设连锁店，扩大市场占有率，同年开设的眼镜连锁店有吴良材一百店、正大店、浦三店、翔殷店、青浦店和茂昌世茂店、大木桥店、凌云店、龙之梦店、冠龙南西店等10余家。

2006年，眼镜零售业态科技研发成果不断涌现，又研发并向市场推出2H1内渐进多焦镜、2H1青少年内渐镜和微创焊接技术，形成科技支撑力。12月，吴良材和茂昌眼镜双双被商务部认定为第一批“中华老字号”企业。全年成功开设吴良材正大店、吴良材浦三店、茂昌凌云店、茂昌眼镜华联店。茂昌眼镜华联店引进卡地亚、阿玛尼、万宝龙、迪奥、古弛等世界品牌，经营档次大幅提高。

2007年，市场上出现平价眼镜店，给整个上海眼镜零售业带来巨大冲击，集团眼镜零售业态及时改变营销策略，结合拥有加工车间和自制定牌眼镜优势，推出200元、300元、400元价廉物美套餐，使各眼镜商店配置商品形成高中低档商品齐备。年内，加快眼镜连锁店发展，增加茂昌又一城店、茂昌万达店、茂昌中环店、茂昌华山店、茂昌奉贤店、吴良材万达店、吴良材中环店、吴良材淮海店、吴良材奉贤店等9家连锁店，进一步扩大市场覆盖面，优化网点战略布局。

集团眼镜零售业态拥有一支专业过硬的技术团队，有国家高级验光技师、国家职业资格验光配镜专业编委、上海杰出技术能手和具有几十年工作经验的技术人员。2007年，瞄准世界眼镜技术最高目标，发起对“双非渐镜”技术领域的科学探索，诞生 2H1－Ⅱ双非渐镜，使国内消费者以千元价格享受到国际市场价值近万元的科技产品。同时投资引进德国进口研磨机、加硬机、检验渐进片的分析图谱仪等先进设施设备，并设立 1 000 平方米的全新光学中心，加工设备基本全部采用国际先进设备，中心包括镜片选料中心、镜片研磨中心、镜片加硬中心、镜片镀膜中心、镜片磨边中心、镜片检测中心等六大部门。加工过程采用全封闭无尘环境，车间室内空气环境洁净度达到十万等级。在树脂镜片的试制与加工生产过程中，从水质上彻底改善镜片的清洗，有效地提高了镜片的质量。光学中心不论是设备、环境、空气还是镜片加工质量，在国内眼镜加工业中都处于领先地位，从而成为吴良材、茂昌等品牌立足市场、不断创新的强大后盾。

2009 年，眼镜零售业态网点规模继续增长，新增吴良材徐汇店、茂昌徐汇店等网点，进一步完善市级商业中心的网点布局。2010 年是举世瞩目的世博年，集团眼镜零售业态不仅签约成为 2010 年世博会太阳眼镜的特许生产商和特许零售商，同时进驻世博园区，在世博轴上开设吴良材世博店，为观博游客提供世博特许商品的经销服务商。年内，在市中心新增茂昌置地广场店、吴良材东方商厦店、吴良材又一城店、茂昌日月光店；在郊区开设吴良材川沙店、茂昌金山店、茂昌川沙店等；在市外，9 月，首开“茂昌苏州一百店”，成为市外第一家眼镜直营连锁店。在注重实体连锁门店持续拓展过程中，同步开发网购业务，以“吴良材”“茂昌”等品牌为后盾，以隐形眼镜、太阳镜为主打商品的独立销售平台 www.sanlianbuys.com 建成开业，销售呈现逐月增加之势。在技术创新上，又新研发科技新品 762 蓝光膜镜片，762 蓝光膜镜片膜层以蓝色为基调，集防蓝光、防紫外线、防电磁波辐射和防静电功能于一身，对抵抗蓝光形成的眼睛的伤害具有很好的防护作用，一经上市便被市场所认可。

2012 年，眼镜零售业态先后开设茂昌长宁店、茂昌豫园店、茂昌松江店、茂昌东郊店等品牌眼镜专业店，继续扩大市场覆盖面。与卫生部 BSL 合作“眼健康传播行动”，还在东方卫视、土豆网、新浪网等全国 43 家主流媒体上加大眼镜品牌宣传，进一步推广企业形象。

2013 年，“吴良材”“茂昌”总店及吴良材万达店、中环店，茂昌天山店、奉贤店、控江店、中环店等重新装修与定位，以更专业、更时尚的面貌向市场展现“高、中、低”档品类并举的销售模式。截至 2013 年年底，眼镜专业连锁门店突破 300 家，在上海眼镜业占有领先地位。

图 3－4－4　吴良材总店内景(摄于 2013 年)

第五章　电子商务

集团电商业务起源于联华电商。2000 年 9 月，联华 OK 网正式投入运营。2003 年，联华电商进入家用电器、手机充值卡、票务订购、银行转付、音像制品等经营领域；2004 年，联华电商向市场推出全新的“OK 网游”(www.okng.com)游戏数字卡网站，通过推行联华 OK 会员制，以千店一卡的便捷性，实现购物网、数卡网、会员网的贯通。2006 年年底，集团重组电商业务，由百联集团有限公司、上海百联集团股份有限公司、联华电子商务有限公司、好美家装潢建材有限公司等共同投资 5 000 万元，创建百联电子商务有限公司，打造百联 E 城网络平台，原联华 OK 网业务迁移至百联 E 城。借助百联 E 城平台技术力量，集团系统 40 多个企业建成子网站。2009 年 12 月 25 日，百联股份网上商城正式上线开业。2011 年 5 月，联华浙江公司官方旗舰店在淘宝商城上线。2013 年 7 月，联华股份又推出联华易购电商平台，成为集团电商业务中向消费者提供“生鲜宅配”的专业购物平台。集团电商业务在发展过程中，充分发挥会员资源优势，合规发行多用途预付卡和单用途预付卡，形成双卡运营亮点。截至 2013 年，集团电商业务商品经营大类覆盖百货、进口食品、生鲜食品、粮油食品、家居装潢、健康保健、清洁用品、数码家电、服装用品、母婴用品、钟表饰品、鞋靴箱包、汽车饰品等。

第一节　沿　　革

联华电子商务有限公司(以下简称“联华电商”)由联华股份、友谊股份、上实集团股份、同振信息技术公司等企业共同投资 5 500 万元，从 2000 年 3 月开始筹建，于 2000 年 9 月 25 日正式投入运营。2001 年，联华电商网络销售商品品种达 3 200 种，主要经营百货、食品、中西药品、工艺品、烟酒、计算机软硬件、网络通讯设备、黄金饰品、图书、音像制品等商品。2002 年 5 月正式启动联华会员制。2003 年，联华电商通过拓宽超市类商品 B2C 业务、扩大通讯产品、延伸超市广告业务、拓展主营业务渠道；通过“推广会员制”，锁定客户群，扩大销售途径。经营服务延伸至家用电器、手机充值卡、票务订购、银行转付、音像制品等领域。

2004 年 3 月，联华电子商务依靠自身网络资源和专业技术，向市场推出全新“OK 网游”(www.okng.com)游戏数字卡网站，开辟新的效益增长点。“OK 网游”卡集中市场上最新、最热门的近百种游戏品种，其超低价格和数字化在线实时交易模式深受用户青睐，推向市场后，游戏数字卡销售呈现日趋走旺之势。

联华电子商务公司通过推行联华 OK 会员制，在发展中形成一个连接联华全国数千家门店的会员制实时网络。以千店一卡的便捷性，实现购物网、数卡网、会员网贯通。联华电子商务还通过与移动、联通合作，建立 96801 特服专线；通过与各大银行合作，实现网上实时转账，方便消费支付；通过与 e 龙公司、智买道公司合作获得网上积分等互享资源。截至 2005 年 5 月，联华 OK 会员已超过 750 万，会员消费总额突破 52 亿元，网上销售商品数已达 1.5 万多种，主营收入达 9.2 亿元，成为中国超市行业内在规模、技术、服务上领先的电子商务交易平台。

联华浙江公司自电子商务上线以来，截至 2005 年 7 月已实现 B2B、B2C 网络平台与业务 ERP

系统无缝链接。B2C 平台网上购物实现销售 130 多万元，会员数达 2 500 余人。B2B 实现交易额约 70 亿元，不仅提高了供应商工作效率，还降低了双方供应链成本，获得良好的运行反馈。

为了做大电商业务，2006 年 12 月，集团重组电子商务业务，由百联集团有限公司、上海百联集团股份有限公司、联华电子商务有限公司、好美家装潢建材有限公司共同投资 5 000 万元，组建成立独立核算的百联电子商务有限公司。

图 3-5-1　2000 年 9 月 25 日，联华 OK 网开通

2007 年，百联电商在原联华 OK 网的基础上，通过技术创新，初步建成百联 E 城网上商城交易平台，吸引集团内外 60 多家商户入驻，展示商品超过 5 万多个，比原联华 OK 网展示商品数翻了 3 倍。5 月，由百联电子商务有限公司公司控股 50%，好美家装潢建材有限公司参股 30%，上海佳投咨询管理有限公司参股 20%，注册资金 100 万元成立上海亦佳电子商务有限公司，主营装潢建材商品的网上销售。为丰富集团内外企业网上信息展示和交易服务功能，百联电子商务有限公司在一年多时间中，累计开发好美家 jaja123 建材网站、百联世贸网站、南方购物中心网站、百联奥特莱斯网站、友谊商店网站、三联集团网站、东方商厦南东店网站、上工批网站等 40 多个子网站，并将联华 OK 网、OK 数卡网商品全部导入百联 E 城。百联电商还积极与集团系统外各类企业进行多层面业务合作，充分应用 OK 卡会员资源，整合集团内外各企业会员资源，为会员提供功能更为完善的服务。如与上海电信 IPTV 运营中心签订创建“IPTV 百联 E 城”一级频道系统开发框架协议，OK 卡在线交易平台与东方电视购物频道将实现实时购物对接，并开办第一届婚庆商品团购活动，吸引 100 多家厂商，200 多个品牌参与。成立联盟商户拓展部，分区域、分业态组织专人大力拓展在线交易应用商，共计发展在线交易应用新商户 1 658 家，比 2006 年增加 53%；通过合作渠道增设 8 家 OK 会员团购服务企业，大大促进在线交易整体发展覆盖面，获得了良好的经济效益。10 月，集团同意上海百联电子商务有限公司和北京光音盛世信息技术有限公司共同投资成立上海光联电子商务有限公司，面向网吧及其他专有渠道提供数字内容统一的支付平台服务，面向渠道零售商提供统一支付网关服务，面向终端用户提供统一支付卡服务，并为其他大型连锁客户提供数字内容统一的支付平台解决方案，为争取经营资质，扩展电商业务经营领域跨出有益的一步。截至 2007 年年底，入驻百联 E 城商户达 60 多家，入驻单品数量为 52 623 个。百联 E 城网站及子平台实现在线和网上交易 56 785 万元，2007 年完成年度计划 348%。百联电商被市经委授予上海市电子商务样板企业。

2008 年，国际金融海啸波及商业经营各个领域，百联电商继续加强技术研发，积极拓展 OK 卡应用商户，向市场推出 RFID 非接触式卡离线交易与 OK 会员卡在线转存相结合的交易模式，实现 OK 卡在线缴付各类公用事业费等功能，大大提高 OK 卡的应用范围。截至 2008 年 11 月底，百联电商已经发展 OK 卡特约商户 3 725 家，实现在线交易 31.6 亿元。年内，开通电脑数码网(oksmw. blemall. com)，汇集 2 000 多种产品；继续增加投入进行技术开发，多方拓展渠道，为全体 OK 会员提供多种服务。在 96801 电话客服平台推出 1.5 万种报刊订阅业务和 86 家航空公司、近万条国内外航线机票订购服务，深得用户欢迎。在加强 OK 会员制市场推广工作中，分别与好美家、中国银行、广发银行、太平洋寿险等企业和机构合作，推出 OK 联名会员卡，做大 OK 会员制的市场影响力。百联 E 城、联华 OK 网、佳家建材网、OK 数卡网、生活 OK 网、OK 会员俱乐部等六大网站，全年网上交易规模突破 15 亿元，比 2007 年增长 169%。通过不断扩大引进入驻商家，形成第三方电子商务平台雏形，至年底，入驻百联 E 城商户达到 145 家，入驻百联 E 城产品达到 10.39 万件。

为进一步做大游戏积点卡代理业务，百联电商通过竞标，于 2009 年 4 月 16 日与盛大签约，获取盛大“永恒之塔”全国总代理权。同月 17 日开始，百联电商启动“永恒之塔”全国区域分销代理商招商工作。截至 5 月 5 日仅半个月时间，回笼货款并实现销售超过 8 800 万元，创造游戏积点卡代理业务短期内回笼货款的最高纪录。

百联股份为了推进传统零售业向“实体＋网络”的电子商务营销模式转变，构建与百联股份旗下中高端品牌供应商的电子商务渠道，实现集中收银和订单处理，统一配送并提供相关的增值服务，2009 年 11 月，成立电子商务部，以 B2C 电子商务业务为核心，建立起内部管理、网站运营、物流配送和客户服务等全系统电子商务平台，形成符合企业自身实际的电子商务业务模型。12 月 25 日，百联股份网上商城正式上线开业，网上商城设置网上奥特莱斯、食品与保健品、特色礼篮和礼盒服务等特色板块，初期上线品种 2 000 多种。借助百联股份招采平台资源，主动挖掘、引进网络热销品牌，做强网上商品大类，商品总数迅速拓展至 4 000 多种，商品大类也由开业之初的 12 个大类拓展至 15 个大类。百联股份网上商城开业，为实现传统零售业向“实体＋网络”电子商务营销模式转变，开拓大型连锁实体百货 B2C 电子商务市场中迈出坚实一步。年内，百联 E 城通过品牌引进和品类开发，塑造具有百联网上商城特色的经营板块，先后开设适应现代青年追求时尚潮流的“韩国商品馆”；与“易果网”合作，引进“进口水果与生鲜食品”；依靠集团资源优势，打造强大的“服饰馆”。并注重构建与餐饮、健身、影院等功能性业态门店的合作模式。携手百联又一城购物中心，推出“会员积分换礼”活动，并与百联又一城购物中心、百联中环购物广场等实体店形成日趋成熟的联动模式。截至 2009 年，百联电商共计增加 OK 卡应用门店 2 841 家，OK 卡在用特约门店已经达到 9 263 家，OK 卡总发售量比 2008 年增长 28%，在线交易增加了 35%。

图 3－5－2　百联股份网上商城开业

2010 年，主营建材、居家、家具、家庭装潢网上销售的佳家网，推出网上商品 3 万余种，并与科勒、TOTO、斯林百兰、穗宝、诺贝尔瓷砖、老板电器、奥普等多种建材家居类一线品牌商建立合作关系，成为这些品牌商品的网上代理商。与此同时，佳家网还结合线下团购和线上活动等形式，对合作品牌进行推广，取得较好的营销效果。为了支持佳家网业务量持续增加，3 月 15 日，经集团同意，上海亦佳电子商务有限公司增资 200 万元，资本金由 100 万元增至 300 万元。针对上海网络建材市场竞争激烈、发展迅猛的现状，亦佳电子商务公司和好美家总部团购、营销、采购、营运等相关部门密切合作，实行“网上销售和实体超市现场选购”双渠道相融合的营销模式，在好美家金桥店举办大型综合建材团购现场会，取得圆满成功。截至 2010 年年底，百联 E 城网上销售产品达到 9.9 万件,实现年度电子商务交易额 32.65 亿元,比 2009 年增加 32%。

2011 年 5 月,联华浙江公司官方旗舰店淘宝商城店上线,上线商品涉及十一大类、500 多个实物,极大地方便和满足了消费者日常需要。百联电商采取各种措施,加快自营电子商务发展,自营电子商务交易额达到 35 亿元,比 2010 年增长 31%。其中,3C 部保持快速增长势头,实现含税销售约 1.04 亿元,比 2010 年增长约 50.72%;通信游戏卡部实现网上交易额 25.04 亿元,比 2010 年增长 80.55%,毛利增长 81.9%。同年,经商务部评选、专家评审以及两次公示,百联电子商务有限公司成为全国 83 家获此称号的企业之一,也是上海地区唯一获此殊荣的国有商业零售电子商务企业。

2012 年 8 月,联华超市股份有限公司注册 5 000 万元,设立上海联华超市科技发展有限公司,专业经营 B2C 供应链平台建设、日常零供交易基础数据维护、供应商信息档案维护。10 月,百联电子商务有限公司租赁上海晶通化轻发展有限公司南大路 458 号仓库,用于投资建设物流配送中心。百联电商物流中心于 12 月初投入启用,使百联电商日处理物流配送能力从原有的每日 500 单上升到 3 000 单。年内,百联电商制定"自营+平台"的发展模式,百联电商自营业务继续保持稳步增长势头,其中通讯游戏卡部加大发展上海移动和上海联通充值及电子卡销售业务,比 2011 年增长 25%,从而使公司保持电子商务交易额稳步增长。同年,百联电商还获得互联网、移动支付、固定电话支付等三类第三方支付牌照,从而为自营业务进一步拓展创造政策空间。

2013 年 3 月 28 日,经上海市国有资产监督管理委员会审议,同意"百联电子商务有限公司"列入市国资委发展电子商务政策扶持试点,要求明确电子商务专项发展和资源整合目标、聚焦试点项目,对内部同类电子商务项目进行梳理整合,消除同业竞争,明确对电子商务的物流配送、平台技术建设、售后服务等后台工作进一步整合。百联电商适时调整业务结构。如调整数字卡业务结构,增加直冲比例,稳定数字卡销售增速;百货礼品部通过与中国移动集团开展"岁末充值送"活动,带来 1.6 亿元主营业务收入;3C 部门则通过调整供应渠道、降低采购成本,进一步丰富 3C 商品品类,门店运营部从单一代理模式逐步向手机运营商深度合作模式转变,已成为移动、联通公司上海地区十大连锁渠道代理商之一。充分利用集团综合资源优势,在原有并行运营的 B2C 网上购物平台、电话购物平台、在线交易平台、手机短信平台、E-mail 短信平台、WAP 平台、会员与积分管理平台等计算机系统及立体电子商务系统基础上,进一步强化线下商务机会与互联网交易集成平台功能,建立集团统一的商品销售信息发布平台。实施错位竞争,不断拓展服务类产品广度和深度,使百联电商业务空间获得新突破。有效结合线上与线下资源,与中粮集团、三星电子、索尼、卡西欧、金龙鱼、伊藤忠华糖等企业正式签订合作框架协议书。与百度、腾讯、华为和联邦快递、顺丰快递、中国邮政等 130 多家国内外著名供应商和联营商及联华快客实体平台实施战略合作,探索联动营销和"网订店取"等业务开展。7 月,联华股份重新调整发展电商业务,正式推出电商平台——联华易购,依托母公司联华超市旗下遍布全市的实体门店资源,以"线上线下"协同为方式,提供"生鲜宅配"和"2 小时快捷送"服务,在线商品数达到 1.4 万余种,涉及食品饮料、调味系列、生鲜食品、母婴系列、美容化妆、个人清洁、家庭护理等民生用品的方方面面,另外还提供实物团购、蔬菜定制、电影票和手机充值等服务,年内线上销售直逼 6 000 万元。截至 2013 年年底,百联电商营业收入完成 6.5 亿元,比 2012 年增长 14.9%。数字卡业务完成销售额 32.4 亿元,增长 2.63%;全年新增特约商户 1 900 多家,总数达到 1.4 万家左右。电子商务成为作为百联集团重点培育的创新业态,在百联集团经济发展中发挥积极作用,在网络新技术应用中,对百联实体经济发展起到技术及运营支持。

第二节 预付卡业务

一、单用途卡

2003 年 4 月—2011 年 12 月，在集团各大百货商店存在几十种单店使用的储值卡。

2011 年，国务院七部委联合发布《关于规范商业预付卡管理的意见》，进一步明确商业预付卡合规合法发行，集团针对各成员企业分散发行单用途预付卡、资金分散沉淀、使用范围仅单店使用的现状，为加强管理，规范操作，做好集团系统内单用途预付卡的发行和使用，决定统一发行集团单用途预付卡，一卡通行集团所有零售业态零售网点。8 月 12 日，集团制定《百联集团单用途商业预付卡实施与管理办法》，明确百联集团单用途商业预付卡的发行机构为上海百联集团商业经营有限公司、上海友谊集团股份有限公司、联华超市股份有限公司 3 家企业。其中，上海百联集团商业经营有限公司是集团单用途商业预付卡的管理主体，负责卡的制作、网点卡机铺设和内部清算工作。要求 3 家公司梳理下属企业原销售预付卡网点，并增加集团内其他企业的代销点。3 个发行机构的售卡预付资金存入集团指定的本企业现金池银行账户，存入资金不低于已售出卡存量资金的 70%；预付资金只能用于银行存款、结算和提供预付卡未来消费的商品备货等经营用途。同时规定集团单用途预付卡的结算体系和办法，即单用途预付卡在集团内各零售企业消费后，由各单用途预付卡消费回笼企业与上海百联集团商业经营有限公司结算消费货款，结算周期原则上为 1 个月。为了让消费者及时、清晰地了解百联单用途商业预付卡销售、使用和管理办法，8 月 21 日，百联集团通过各相关经营单位和零售窗口向社会公开发出集团单用途商业预付卡"告顾客书"，就预付卡销售、使用办法等对社会和消费者作了说明。12 月 29 日，集团向各所属公司下发《关于百联集团会员卡体系建设的意见》，提出集团会员卡体系建设以总体规划，预留空间，分步实施，优先落实基本配置，逐步完善功能并逐步扩大范围为指导思想，即在第一阶段为强化支付功能阶段。对百联会员卡发行与结算，明确由上海百联商业经营公司设计、制作和发行。由友谊股份和联华股份作为百联会员卡的发放机构，承担百联会员卡的核发。百联会员卡的功能主要为充值转存、余额查询、记名挂失。单张卡充值额度最高不超过 5 000 元。各公司、各门店的 VIP 卡和单用途卡可续存平行使用。但友谊股份、联华股份应根据集团最终统一会员卡体系的思路，逐步完善和实现公司层面的集中统一的会员卡体系，为集团建设统一的会员卡体系打好基础。百联会员卡由上海百联商业经营公司设计、制作和发行。暂由友谊股份和联华股份作为百联会员卡的发放机构，承担百联会员卡的核发。百联会员卡可在百联集团系统内网点使用。百联会员卡结算平台依附于百联商业经营公司技术平台，各企业售出的百联卡充值到百联会员卡后，技术平台可追溯其资金沉淀企业而实现资金占用企业与提供商品或服务企业的结算。并要求百联商业经营公司在组织机构、人员到位后，根据本指导意见，制定集团会员卡体系建设具体实施方案，并分步推进。

2012 年 4 月 13 日，集团印发《关于发行推广百联会员卡的通知》，百联会员卡于 4 月中旬上线试运行，5 月 1 日起正式发行。上海百联集团商业经营公司、友谊股份和联华股份（含华联吉买盛）作为百联会员卡的发放机构，承担百联会员卡的核发。好美家、百联电商作为代发机构发放。百联会员卡可在集团系统内各零售企业网点及其购物网站购物消费。百联单用途预付卡分百联会员卡（实名制）和百联积点卡（非实名制）2 种。9 月，商务部颁布 2012 年第 9 号令《单用途商业预付卡管理办法（试行）》，市商务委陆续开展发卡企业的业务培训，鼓励发卡企业主动、积极开展备案工作。

12月11日，集团向市商务委提交单用途预付卡企业备案文件。12月14日，在上海市单用途商业预付卡备案启动仪式上，上海市商务委授予百联集团等10家企业首批备案编号及“上海市单用途商业预付卡首批备案企业”铭牌。百联卡成为合规发行的单用途卡。

2013年2月4日，集团印发《关于进一步规范集团单用途预付卡管理的意见》，进一步明确“百联卡”为集团卡，发行人为百联集团，发卡人为商业经营公司，售卡人为友谊股份、联华股份、百联电商、商业经营公司、华联吉买盛及好美家。要求发卡人、售卡人应严格遵守商务部《单用途商业预付卡管理办法(试行)》《百联集团有限公司单用途商业预付卡章程》的规定及集团委托、授权协议条款，不得违规操作。同时，对相关人员开展“百联卡”章程、制度、流程的全面培训，提高售卡人员的守法意识。商业经营公司配合集团在“百联卡”网站发布章程，并统一印制海报，供各售卡网点现场张贴，各售卡企业应在显著位置张贴商务部“三项制度”(实名登记、非现金购卡、限额发行)。同时，根据商务部办法要求，进一步完善“百联卡”的卡面设计、修改补充发行人、备案号等有关信息。各售卡网点必须按照集团统一印发的购卡协议格式，印制部分购卡协议，供购卡人要求签订购卡协议时使用。售卡人每季度后应按时向集团上报有关售卡信息，包括记名卡、不记名卡的发卡金额、数量及预收资金余额，由集团汇总后报送商务部。售卡人售卡网点如有调整，每月应报集团同意后由集团向主管部门报备。进一步强调资源集约、资金集约的原则，重申“百联卡”是集团系统内唯一的单用途预付卡，各企业各门店要统一思想、统一行动，一致做好“百联卡”的推广、受理，各企业各门店不得自行发行能兑付货物和服务的任何单用途卡或券，一经查实，将追究责任。2013年，集团实现单用途卡销售63.15亿元，比2012年增长14.48%。

二、多用途卡

2003年，联华OK卡使用范围从超市业态延伸到集团各大百货商店、好美家装潢建材超市、吉买盛大卖场、亨得利钟表、茂昌眼镜以及集团系统外元祖食品、特力屋家居、美林阁餐饮等企业，OK会员门店数已达2600多家，联华OK卡成为多用途预付卡。

2004年11月1日起，OK卡积分查询有网上自助查询、门店人工查询服务、客服021-96801电话查询、手机短信查询、E-mail自动提醒等。联华会员总数超过220万人，OK会员的季消费人次超过1000万。

2010年6月21日，央行发布《非金融机构支付服务管理办法》，8月，集团发出《关于进一步规范促销积点卡发行等有关事项的通知》，结合集团实际情况，要求百联电子商务有限公司根据央行《非金融机构支付服务管理办法》的有关规定，尽快调整现有业务，使之符合央行规定，并加紧向央行申请非金融机构支付业务许可证。2010年9月1日起，终止百联电子商务有限公司、联华电子商务有限公司等有关公司的OK积点卡发行业务。同时停止豫园商城股份有限公司等系统外单位OK积点卡或OK积点联名卡的发行业务，并由百联电子商务有限公司处理好业务停止后的善后工作。密切关注央行实施细则的出台，进一步规范OK卡发行主体。同时关注在集团内各网点使用的各种系统外企业发行的消费卡情况。

为了获得第三方支付服务机构经营许可资质，百联电子商务有限公司于2010年12月底注册成立安付宝商务有限公司，注册资金1亿元。安付宝公司成立后即向央行申请预付卡发行与受理、互联网支付、固定电话支付和移动电话支付4项支付服务许可，积极申请第三方支付牌照，并在央行网站进行公示，通过央行上海总部初审并等待最终审批。根据央行规定，在申请业务许可前必须完成相关技术安全测试和认证，2011 年 3 月，安付宝商务有限公司投资 486 万元购置 SUN 服务器、磁盘阵列、内存数据库系统核心系统设备。7 月 26 日，百联集团向金融监管部门做出承诺，从 2011 年 9 月 1 日起，除安付宝商务有限公司获得央行批准发行第三方多用途预付卡外，集团其他企业一律不发行多用途卡，尚未发售的多用途卡全部封存，不再销售。并将百联电子商务有限公司已售出的预付卡资金转入安付宝公司的备付金，接受央行监管。同时承诺加强对安付宝公司多用途卡备付金的管理，严格按照央行的有关规定执行，并对安付宝备付金的使用安全和符合政策规定承担连带担保责任。自 2011 年 9 月 1 日后，百联集团所属企业如发行单用途预付卡，在版面设计和使用说明上与原预付卡要有明显区别，以便于消费者识别并接受有关政府部门的监管，并保证单用途预付卡资金的使用安全，承担连带担保责任。10 月，根据央行“支付机构的实缴货币资本与客户备付金日均余额的比例，不得低于 10%”的规定，集团同意对安付宝商务有限公司增资 1 亿元，增资后注册资本 2 亿元，完备安付宝第三方支付许可监管要求。12 月，百联安付宝公司取得由中国人民银行颁发的“中华人民共和国支付业务许可证”，专营预付卡发行与受理业务。安付宝卡与原联华 OK 卡成为承继关系，原联华 OK 卡的发行与受理、特约商户结算将根据央行规定转入安付宝公司。不再发行联华 OK 新卡，原售出的联华 OK 卡逐步消费回笼。

根据上海市审计局对百联电子商务有限公司预付卡业务提出的部分需进一步合规整改的意见，2012 年 12 月，百联电商落实审计提出的整改内容：一方面从技术上限制新增客户充值超过 5 000 元；另一方面制定子账户自动划转方案，使记名卡账户及相应子账户余额均不超过规定限额。对相关企业积存的多用途卡，在售卡系统中申请注销，并造具清单，交百联商务收回核对一致后，在系统中注销并销毁。同时，停止安付宝卡向联华 OK 会员卡的充值与转存功能。进一步规范安付宝卡的实名登记、现金限额购买制度，并严格贯彻落实。

2013 年 1 月，安付宝商务有限公司获中国人民银行颁发的非金融机构第三方支付许可业务经营范围进一步扩大，业务类型由原仅限上海市的预付卡发行与受理变更为预付卡发行与受理（仅限上海市）、互联网支付（全国）、移动电话支付（全国）、固定电话支付（全国）等 4 项。极大地提升了集团的支付业务能力，也为创新发展第三方支付业务提供有力的保证。至此，集团成为上海唯一具备双卡并立的商业集团。

2013 年，百联集团多用途卡（安付宝）销售总额达 71.28 亿元，比 2012 年增长 9.93%。

第六章　房产置业

2003年百联集团成立后，原分置于一百集团、华联集团、友谊集团和物资集团的存量房地产资源管理、物业管理业务一并统归于房产置业板块中。主要经营企业包括一百置业公司、华联置业公司、友谊置业公司、金江房产、燃料房产经营公司、一百物业、华联物业、友谊物业、浦贸物业、紫嘉物业和申虹物业。房产置业业务根据集团提出的“发展、整合、提升、稳定”的总体要求，在逐步完成企业内部主业归并和资产整合的同时，通过对存量房产挖掘、调整、开发，盘活一大批存量资产，改善经营结构，优化资产品质，清晰布局“一司一业”“一楼一业”，压缩管理层级，提升经营质量，实现存量房产价值再塑和市场化运作的升值空间，为集团战略发展提供可观的资金支持。房产置业业务推进物业管理结构调整，不断优化楼盘结构，努力承接优质项目，形成大型商厦、超市卖场、购物中心、商务办公楼、学校物业和中高档住宅小区管理特色，凭借保安、保洁服务的完善配套服务，具有一定市场知名度。

第一节　商业地产

2003年年底，房产置业板块经营自有房产（包括使用权房产）计60余幅，建筑面积8万多平方米，土地面积1.1万平方米；集团授权经营的房产计110余幅，建筑面积约28万平方米，土地面积8.5万平方米。统一管理的存量房地产资源主要包括四行仓库、苏州河沿岸41号和42号地块、西藏北路和北苏州路老建筑、新昌路房产、浦东联捷商厦、华企大楼、内外联商厦、邮阜大楼、南苏州路仓库、小木桥路仓库、水电路、杨树浦路、东新民路房产、龙吴路地块等。

2004年，友谊置业公司成功出租新昌路80号房产，并及时调整浦东联捷商厦租户。在激活资产的同时，友谊置业公司还投入大量资金，对华企大楼、内外联商厦、邮阜大楼等约2 000平方米陈旧房屋进行装饰修缮，出租率达到97%。9月28日，位于宝山区三门路、逸仙路的“紫逸佳苑”项目破土动工，于2005年如期结构封顶。

为解决四行仓库1.5万平方米空置面积经营难题，2005年3月，四行仓库成立创新创效项目组，将解决经营难题与建立攻关课题相结合，通过广泛的市场调研，制定预案，反复论证，结合“创意仓库”经营理念和经验，最终决定引进以“创意产业”为特色的“四行创意园区”项目。7月“四行创意园区”在光复路1号仓库挂牌成立。占地各为1 200平方米的“创意仓库”与“四行创意园区”引进园区入驻客户51家，出租率达96%。园区突破行业和地域局限，集中时尚设计、影视传媒、广告策划、数字网络、摄影美术、动漫游戏、文化艺术、信息咨询等企业及个人工作室，构建园区内立体多重交叉的集群效应，造就老四行仓库实现经济梯度转移，年收入增长43%。四行仓库还注册“四行仓库”商标，提升无形资产价值。上海四行仓库创意园区的“创意仓库”“创意产业”还被列入上海市政府“十一五”规划中的现代服务业河岸经济范畴之中。同年，房产置业板块通过股权收购形式取得浦建路地块，规划百联锦绣花木项目。7月，一百置业更名为上海百联房地产经营管理有限公司，整合原一百置业、华联置业和友谊置业等企业的房产租赁业务。在梳理原一百、华联、友谊租赁业务的基础上，通过区域化管理，将152幅地块、30万平方米的房产分为6个分公司来经营，提升管理能级,降低空置率,提高出租率;通过清理历史遗留问题,盘活存量、闲置、尚未体现市场价值的房地产资源,使房产开发、租赁经营、物业管理三大主业的运行更趋市场化、专业化、集约化。

2006年6月27日,中共上海市委副书记殷一璀等市领导到百联河岸公司四行仓库进行创意产业工作调研。殷一璀要求创意产业在集团的领导下,积极推进这项开发工作。2006年,南苏州路777号被列为年度房屋品质提升改造重点项目之一。根据市场需求,确定南苏州路777号老式仓库装修改造方案,8月25日正式动工,并同步实施市场化招商,仅用不到一个月的时间,工程就进入收尾阶段,房屋出租率也达到80%,截至2006年年底,南苏州路777号改造项目达到当年收回投资,年租金收入比装修改造前翻一番。年内,对龙水南路地块的历史遗留问题进行处理,提出开发利用的基本方案,并对无锡太湖新城、南汇等郊区等地块项目进行考察与调研,初选开发重点。年底,集商业、住宅功能为一体的"百联锦绣花木"项目正式启动销售。同年,房产置业板块加快推进整合工作,注销金江房产、申虹物业、友谊置业、燃料房产经营公司、物资集团房地产有限公司,保留开发锦绣花木项目的上海金钢房地产开发公司和已改制为房地产经营管理公司的上海一百置业有限公司。

杨树浦路61号是一幢建于20世纪30年代的历史老仓库,随着市、区两级政府对北外滩开发力度的增强,这一地区房地产蕴藏的升值空间逐步体现。经反复研究、充分论证,最终形成依托周边以航运为中心的商务贸易区优势,把61号项目改造成中档商务办公综合楼的方案。2007年1月15日,杨树浦路61号项目正式开工,至3月,房屋加固工程基本完工,4、5楼分隔工作全面展开。2月8日,启动对水电路40号房产的整修调整工作,对该楼盘2、3楼仓库重新进行分隔,单元面积由大改小,以适应楼层功能调整后的经营需要。3月13日,竣工交付使用,房屋出租达86%以上,租金增长60%以上。3月,小木桥路303号改建项目主体工程基本完工,租赁招商工作同步落实。通过整体承租,实现租金收益翻番。杨树浦路"61号老栈"改建后总面积3.8万平方米,办公用房为2.8万平方米,共有6个楼面。第一期工程于7月15日起正式导入客户,先后有60余家客户入驻,当年出租率达70%以上。11月5日,集团批复同意四行仓库与"春申江"终止租赁合同、调整业态、发展现代服务业的方案。年内,还实现平定路88号44.6亩土地的转让,盘活存量土地价值16 725万元;办妥大连西路文宇公寓房地产权证,完成了税务注册地转移工作。解除元博大酒店租赁合同,止住"出血点",解决"华企大楼"清退等遗留问题。全年共盘活存量房产4.85万平方米,体现资产价值5.89亿元。

2008年年初,百联集团与闸北区政府签署《苏州河沿岸41#、42#地块土地储备及开发的合作框架协议》和"国有土地使用权收购合同"。按照协议,河岸公司下属41#、42#地块内的小商品批发市场和上海工业品批发市场,在规定期限完成搬迁。3月1日,小商品批发分公司率先停业,进入清场程序,仅用一个多月时间就完成清场工作,为上海工业品批发市场"东迁西移"创造条件。6月28日,上海工业品批发市场正式清场,清场总面积达94 829平方米,仅用2个月左右时间,实现客户全数转移,搬迁客户数达1 127家。7月25日,上海工业品批发市场在四行仓库重新开业,其中文化礼品市场经营面积达8万多平方米。同时,上海工业品批发市场还在曹安路开拓2.8万平方米经营场地,在甘肃路仓库建起6 000平方米音响通讯市场,以百联品牌筑巢引凤,牵手众多客户做强做大专业市场。年内,百联锦绣花木项目全面完成交付使用。共计实现销售收入3.19亿元,另有7 000平方米产权商铺能为公司带来长期稳定的租金收益。11月,大连西路"文宇公寓"完成销售前期准备工作,销售工作正式启动。先后对云南南路261号和东新民路89号等房产进行装修改造或功能性开发,提升房屋品位,改善设施功能,提高资产产出效率,租金水准普遍提升50%以上,个别甚至达到了150%。

2009年,启动并完成香港路130号的改造,改造后租金大幅提高,客户结构也有明显改善,并在节能降耗上取得较大突破。是年，百联置业完成大连西路“文宇公寓”7 416 平方米的销售任务，实现收入 9 869 万元。

2010 年，房产置业板块抓住市场机遇，对存量资产实现进一步盘活，争取到龙水南路开发项目，实现项目开发的重大突破；完成如皋项目 100%股权转让及全部交割手续；对大连西路 259 号房产裙房成功实现转让。同时，通过拍卖途径成功实现元博大酒店转让，使存量资产在盘活中进一步体现出符合企业战略发展所需的真正价值。房产公司营销中心在河南中路 120 号正式挂牌亮相，成为将企业存量空置房源推向市场窗口。同时，还积极拓展社会房产资源，接受市场房源委托代理，开发市场商业房产租赁业务，扩大企业市场经营占有率。

2011 年 7 月，置业房产公司投资 1 600 万元，全面启动对龙吴路 777 号地块建筑面积近 1 万平方米的二期改造项目，按多媒体创意办公楼主题实施功能改造，打造成继杨树浦路 61 号之后的第 2 个亮点工程。在工程实施过程中，同步施工、同步招商，提前锁定租赁客户。改造后的龙吴路 777 号，楼宇环境发生显著变化，整体提升形象、格调、设施配置和功能，增加 200 多平方米建筑面积，新增绿化设施、停车场。竣工不到 3 个月，出租率达 90%以上，租赁收入接近翻两番。年内，分别采用协议转让、拍卖、土地收储等方式盘活一百杉杉大厦、福兴大厦、芦潮港地块、北京东路住宅等房地资产 10 幅，盘活金额 34.29 亿元。

2012 年，加大对天津路 2 号、东大名路 359 号、四川南路 26 号等重点地块空置房面积 3 385.34 平方米的招租力度，至 10 月底空置面积压缩为 1 723.84 平方米。通过对番禺路 222 弄 11 支 2 号 101 室、西谈家渡路 17 弄 2 号 110 室等 4 套门面房屋拍卖，实现升值幅度 26.4%，并 100%回笼资金；对四川中路 133 号 1～4 层房屋落实回购并已正式接收；对江场路 1240 号、1290 号、1410 号 3 幅地块收储款实现 100%回笼。

2013 年 3 月，“四行天地”项目一期工程正式启动，房产置业板块统一规划西藏北路 18 号抽纱大厦和毗邻的两翼西藏北路 30 号、北苏州路 1056 号两幢老建筑改造项目。6 月 28 日，“四行天地”一期项目开工。年底“四行天地”一期项目改建计划完成后，为西藏北路 18 号抽纱大厦装上“两个翅膀”，打造成以多元化、国际化创意办公为主，餐饮、休闲等配套为一体的综合性创意园。同年，百联置业还与绿地集团接洽，取得北外滩、南外滩等若干楼盘销售代理权限，提升公司的市场地位。

2013 年，集团房产置业业务实现营业收入 6.24 亿元，比 2003 年增长近 11 倍，充分体现了集约效应。

第二节 物 业 管 理

百联集团组建初期，原四大集团中从事物业管理的企业共有 9 家，主要经营企业为一百物业、浦贸物业、华联物业、友谊物业和紫嘉物业 5 家企业。截至 2003 年底，总计物业管理面积为 319 万平方米。其中：商业物业 98.3 万平方米，占 30.8%，办公楼物业 28.5 万平方米，占 9%，商品住宅 157.1 万平方米，占 49.2%，售后公房 14.6 万平方米，占 4%，其他 20.8 万平方米，占 6.5%。

2004 年 6 月 21 日，集团批复同意《物业管理企业整合方案》。整合原四大集团一百物业、华联物业、友谊物业、浦贸物业、紫嘉物业，组建上海百联物业管理有限公司。11 月 1 日，百联物业揭牌。年内，华联物业在实践中探索、积累服务工作规范，在总结、归纳、提升基础上形成具有前瞻性、指导性、系统性、完整性的“商业物业管理企业标准系列”，其中包括作业标准 5 类共 19 项，管理标准 8 类 59 项，共计 135 万字。经上海市技监局、市标准化协会、市物业管理协会等有关部门专家评审，

图 3-6-1　百联物业承接的 2010 中国上海世博会城市最佳实践区物业管理项目(摄于 2010 年 8 月)

认为填补了商业物业管理企业标准的空白。华联物业还针对高校物业管理教学内容较为抽象,学生接受难度较大的困惑,结合多年来积累的管理实践经验和典型案例,与沈阳师范大学(职业技术学院)携手,合作编写《新编物业管理法规案例分析》一书,由大连理工大学出版社出版,成为大学教科书。先后开辟华联吉买盛临平店、马鞍山店和华联超市蚌埠店等 19 个物业管理项目,华联物业还积极向外拓展业务,通过竞标,先后与易初莲花连锁店市外 2 个门店(无锡易初莲花惠山店、金城店)、市人事局大厦、昆山朗晴园别墅、商业会计学校等签订物业管理合约。东方保洁有限公司服务对象除东方商厦、东方商厦常州店等高档百货商场之外,还承接上海八万人体育场、浦东国际机场办公大楼、嘉定区政府大楼、徐汇区政府大楼、百安居、欧倍德、夏普电器等众多建材超市、卖场的保洁工作。在市外,承接宁波国际机场候机楼及南京、杭州、绍兴等众多超市的保洁服务。

2005 年 4 月 4 日,百联物业与上海奥特莱斯品牌直销广场签订服务合约,成为奥特莱斯品牌直销广场的物业管理承担方。全面承接上海银行浦东块全部网点物业和深圳发展银行上海营业部 13 个网点物业。6 月,长春中东集团在对百联物业"询、查、考"后,将旗下 50 万平方米生产资料、生活资料大型市场物业管理委托给百联物业。同年,百联物业获得国家物业管理一级企业资质。

2006 年 3 月,百联物业公司在开发商与专家的严格评审下,直面上海市场竞争对手,夺得兴力达国际广场 41 万平方米物业管理权,为集商业、办公、综合博览中心、酒店、商场于一体的综合性项目提供专业服务。为了进一步推动企业整合,提升集约效应,百联物业公司积极推进保安分公司保安业务市场化运作,在与原外资企业——易初莲花合作的基础上,加快与日本西科姆公司保安业务的合作。5 月,百联物业与山东胜利油田佳怡物业公司商讨物业合作,在考察该司 400 多万平方米管理规模项目后,百联物业向胜利油田佳怡物业公司提出以顾问管理为主要合作模式。7 月,百联物业和山东胜利油田佳怡物业公司签订物业顾问合同,并负责对胜利油田佳怡物业人员传授专业知识。百联物业参与上海市长宁区"南洋新都"业委会举行的物业管理竞标胜出,7 月 1 日,百联物业正式进入"南洋新都",对小区建筑面积 11.3 万平方米、13 幢小高层实施物业管理。

2007 年,百联物业又取得百联中环购物中心、联华超市总部和沈阳购物中心物业管理项目,并拓展伯乐电路板(中国)有限公司的保安业务,还先后与蓝天宾馆二期、苏州凯翔、苏州嘉禾等多家企业签订物业管理顾问业务,业务渠道得到进一步拓宽。

在物业管理市场开拓中,百联物业还将目标延伸到空港领域。2008 年 8 月,上海浦东国际机场货运站第三期工程竣工,面积近 12 万平方米,投入使用前 15 天之内完成全部保洁工作。为此,东方保洁公司制定周密的保洁方案,调派经验最丰富的管理人员,凭借东方保洁在业内良好的信誉和知名度,在众多知名保洁公司的激烈竞标中承接该保洁业务,并提前 2 天圆满完成对该货运场的

“沐浴保洁”任务，再次在市场上展示东方保洁出手不凡的品牌形象。年内，百联物业在调整业务结构中：一方面积极参与商业物业管理项目的市场投标，拓展管理面积42.37万平方米；另一方面，通过不断优化业务结构，凸显商业物业和高端物业管理的定位特色，清退绩差楼盘70.63万平方米，从而使物业管理业务的结构更加优化，商业物业管理面积达到67.74%，有效地提升了物业管理业务的产出能力。

2009年2月，经过对上海世博会7个场馆反复考察，百联物业最终“锁定”“城市最佳实践区”作为竞标项目。通过查阅大量资料、详细掌握技术要素、细化服务方案，分别通过第一轮、第二轮竞标，取得“城市最佳实践区”项目竞标考评总分第一的佳绩。8月17日，百联物业开始进入对“城市最佳实践区”物业管理服务工作的早期准备阶段，在不到100天的时间里，完成与运营商服务界面的划分、能源中心及部分场馆的接管、办公场地搬迁等工作；建立服务手册、管理公约、布展装修、能源中心管理方案等一系列管理制度、工作方案与操作流程，并完成对新进员工上岗前的培训。10月30日，随着台北案例展区的正式移交，现场管理进入装修布展全面启动阶段。12月29日，百联物业与世博会城市最佳实践区签约2010年上海世博会“城市最佳实践区”物业服务合同，正式成为上海世博会服务类供应商。百联物业在为上海世博会“城市最佳实践区”提供物业管理服务的日日夜夜中，用实际行动体现“方方面面的安全，时时刻刻的温馨”的服务理念和“物业，让窗口更明亮”的服务承诺。同月，在投标“新梅共和城”住宅小区（总面积为32万平方米）物业管理项目中，从全国8家一级资质物业管理企业中脱颖而出，取得此项目评标专家、业主代表组综合评分第1名的佳绩，赢得该物业管理项目的优先签约权。截至2009年年底，商业物业的比例由组建初期不到33%上升到70.72%。

2010年9月，经过近3个月的努力，百联物业获得中科院上海高等研究院物业服务合同。继承接世博项目后，百联物业已经从商业楼盘、办公楼盘、民居楼盘跨越到市重点工程和高科技物业市场。9月26日，集团批复同意置业有限公司投资设立上海百联保安服务管理有限公司，注册资金100万元。2011年4月15日，上海百联保安服务有限公司在世博会城市最佳实践区马德里馆前广场举行开业典礼。百联保安服务公司成立后，服务对象包括交通银行、浦东燃气集团、张江微电子公司、中冶宝钢技术公司和日本西科姆公司等企业，业务发展迅速。

2011年，百联物业成立环境管理部，为当代艺术博物馆承担美容服务工作。百联物业以投标方式承接武汉奥特莱斯、虹口百联购物中心等商业物业项目。在努力开拓中高端商业楼盘的同时，退出12个绩差楼盘。通过持续不断的调整，物业服务的楼盘结构更为优化，截至2011年年底，在物业服务管理总面积中，商业楼盘管理面积已占总管理服务面积的72.98%。

2012年，百联保安公司先后拓展15个保安项目，新增保安服务面积29.8万平方米，新增合同金额831.3万元，有效地提升了百联保安公司的经营能级。承接项目中新增阿斯里康、上汽、浦东燃料等企业。2013年2月，百联保安服务公司凭借其良好形象和扎实功底，获得哥伦比亚领事馆的

图3-6-2　2011年4月15日，百联保安服务有限公司开业典礼

保安项目，承接过去由武警负责的保安领域，迈上保安服务市场新高地。保安服务项目由组建之初的16个增加到46个。为了继续推进百联保安公司自身发展，提升企业资质，5月，经集团批复同意百联集团置业有限公司对上海百联保安服务有限公司增资1 100万元，注册资本由100万元增加至1 200万元。年内，百联物业在市场拓展中继续向高端楼盘挺进，新增无锡奥特莱斯购物广场11.8万平方米、徐泾北斗园区1.3万平方米、张江中科院二期项目5.5万平方米、闵行马桥顾问项目19.2万平方米等优质楼盘。此外，与当代艺术馆、青浦工业园区、中科院一期等重大项目也都续签服务合同。百联物业公司的整体经营能级随着中高端楼盘权重的逐年提高而得到稳步提升。截至2013年年底，百联物业管理面积达386.95万平方米，与2003年年底319万平方米相比，增长21.30%。

百联物业公司经过近10年的发展，其业务范围已覆盖物业、保洁和保安服务等各领域，形成日常维护、安全保卫和环境管理的自我配套支持系统和核心竞争能力，且在企业成长过程中，通过不断调整和优化核心业务结构，提升服务档次，塑造服务城市生活环境，为城市创造和奉献专业、优质、放心服务的"管家"形象。

第七章　仓 储 物 流

集团物流业务包括企业物流配送中心和第三方物流两大主要板块。2002年年底，集团拥有7个自有物流配送中心，其中4个为超市配送中心，3个主要承接社会仓储运输业务，占地面积共计85万平方米，分拣及库房面积38.51万平方米。整个物流板块以对内配送服务为主，对第三方服务为辅。主要经营企业包括：上海现代物流公司、上海商业储运有限公司、百联股份物流中心、百联配送有限公司、上海晶通化轻发展公司等多家专业物流公司；集团超商业务自建或租赁的物流配送中心主要有联华、华联、快客、百联股份、第一医药等企业的配送仓储中心等。企业自建的物流配送中心通过整合、发展，建设成为现代化的物流配送中心，不断满足企业外延拓展和核心竞争力的提升。第三方物流通过要素资源整合和业务再造，逐步形成营销集约、资金集约、人才集约、设施设备集约以及信息化集约的统一运作平台，打造包括运输、储存、加工、分拨、配送等环环相扣的完整的物流供应链，形成金融质押、市场价格监控、平仓机制等一系列创新运行模式，带动供应链解决方案和增值服务体系建设，助推集团仓储物流业态向技术型的现代物流集成商转变。

第一节　物流配送中心

2003年4月，一百集团、华联集团、友谊集团、物资集团四大集团共有7个物流配送中心。其中包括华联超市物流中心、华联超市冷链中心、联华生鲜加工配送中心、联华配送中心、联华江杨南路配送中心。这些物流配送中心合计占地面积85.03万平方米；分拣场地及仓储面积40.97万平方米。

随着超市网点和销售规模的进一步扩大，上海联华超市配销有限公司受物流设备配置较低的技术水平所限，吞吐能力和配送质量难以进一步提升，加上其所属物流中心分设于江杨南路和曹杨路两处，物流资源难以共享，管理难度较大，配送费用更是难以进一步降低。2004年1月21日，集团向市经委呈送《曹杨路物流中心技改项目可行性报告的请示》。2月10日，市经委下达了曹杨路物流配送中心项目可行性研究报告(兼项目建议书)的批复，同意联华超市股份有限公司所属的上海联华超市配销有限公司曹杨路物流中心项目可行性研究报告(兼项目建议书)。2005年5月30日，总投资6 000万元联华新物流配送中心正式投入运行。新物流配送中心新增建筑面积2 863平方米，引进自动输送设备、自动控制定位装置、自动数码拣选控制系统和自动信息情报处理控制系统，库容量达30万箱，日商品吞吐量达10万箱，平均每天可配送600家门店，商品周转期从原16天缩短到7天，其储存与配送能级都达到国内领先水平。

2007年，因上海轨道11号线建设，曹库面临动迁移址。3月12日，联华超市股份有限公司提出《关于联华曹杨路配送中心动迁移址所需购地投资的请示》，计划投资1.4亿元，在江桥物流园区购地300亩，新建配送中心。4月2日，集团批复同意联华股份购置位于江桥物流园区内，沪宁高速与博园路、翔江路交叉口的300亩土地，作为曹杨路配送中心动迁移址之地，建设新配送中心。

针对早期开发的物流信息系统与日益发展的超市经营规模在进货和配货需求上存在的不相适应性，2007年5月，华联超市对物流配送业务系统进行升级改造。9月6日，集团批复同意华联超市股份有限公司出资购买租用的桃浦配送中心仓库(老库)的土地使用权及其地上建筑物。华联超市投资3 596万元购得土地使用权面积32.66亩,仓库建筑物面积12 361平方米,堆场面积9 421.9平方米,进一步提升物流配送功能,除常温商品配送外,强化冷链、冷冻食品的配送,同时承担内部业务、门店退调、商品部批发、卖场退调、加盟店订货配送以及第三方物流等配送服务。2008年8月,华联物流中心新信息系统启用,改进作业模式,改善新、老两个仓库的日常配货管理效率。

随着联华股份旗下联华、华联超市业务整合的推进,"两库合一"也开始启动。至2010年11月17日,库存商品移库工作按计划全面完成,标志着两大超市品牌物流配送资源的整合取得阶段性成果。

上海第一医药股份正式完成收购汇丰医药100%股权后,在有序推进供应链整合,归并采购渠道,搭建统一的招商采购业务平台过程中,以"两医"仓库集中为契机,启动仓储资源整合,构建企业新的物流、配送、运输共享体系,截至2010年,形成统一的长桥药品仓库,对库存药品(商品)实施以GSP规范为标准的储存、保管、养护和周转,负责对第一医药、汇丰2家连锁公司下属各药房和社会医疗、用药单位的日常配送运输服务,提高经营资源利用效率。

面对国内零售业市场高度开放,外资跨国零售巨头进入中国市场,国内超市行业已进入白热化竞争现状,联华超市为保持发展后劲和行业领先地位,就完备联华超市未来在上海地区和华东地区的物流基地,支撑和满足联华旗下长三角地区多业态门店未来10年发展的需求,对建设具备对常温商品、生鲜食品、低温、恒温食品、鲜活农副产品配送服务功能的物流基地提出设想。2011年5月31日,集团同意联华物流有限公司投资建设联华江桥物流基地项目。建设地址为嘉定区江桥物流园区,项目总规划用地约合279.89亩。其中,建设用地面积约合201.67亩;项目总投资8.39亿元。在谋划上海和华东地区未来物流基地建设的同时,联华超市对长三角地区未来物流配送设施的建设也提出设想。7月11日,杭州联华华商集团有限公司投资设立浙江世纪联华物流配送有限公司项目获批。项目注册资本500万元,在绍兴市绍兴县杨汛桥镇购置土地建设杨汛桥物流基地。12月16日,联华超市江桥物流基地奠基开工。联华江桥物流基地投资逾8亿元,储存面积超过20万平方米,具有商品采购、储存、分拣、理货、加工、配送、信息处理、资金结算等诸多物流及相关配套服务功能,涵盖与百姓日常生活密切相关的各类快速消费品和耐用消费品。配送范围主要为长三角地区,除联华旗下世纪联华、联华标超、快客便利、网上购物等业态数千家门店外,还包括在该地区有配送业务需求的生产厂商、授权代理商、批发贸易商、电子商务等商品供应链上游企业,以及有配送需求的门店供应链下游零售企业。江桥物流基地总体功能定位为商品供应链、物流服务链的集合体;商品贸易的集散中心和商品流通转运的配载中心;商流、物流、信息流的综合服务平台。联华食品检测中心也一并移入该物流基地,从原料到成品,严格把控食品质量,确保食品安全。2014年,联华江桥物流配送中心投入运营。

2012年5月14日,杭州联华华商集团有限公司投资建设杨汛桥物流基地项目获批。该项目规划总建筑面积为200 037.80平方米。其中,常温配送中心建筑面积84 782.50平方米,第三方物流配送中心建筑面积115 255.30平方米。项目总投资5.96亿元。项目于2012年开工,计划2014年整体建成,建成后分为生鲜和常温两库,2015年可全面投入正常运营。

第二节　仓储及第三方物流基地

2003年6月,集团第三方物流主要承接社会仓储运输业务。物流配送中心占地面积共计74.1万平方米,分拣及库房面积29.7万平方米。拥有各种货运车辆205辆。一百集团全方物流、商业储运公司、友谊物流公司、物资集团长桥物流是百联物流中心主要承担第三方物流配送服务的企业。

2004年，仓储物流板块先后与三菱重工、中国储棉、罗门哈斯、欧尚以及GP超霸电池等多家公司进行商务洽谈，新签合同达到82家。现代物流公司新增代理代购业务实现收入5 000万元；全方物流与百事食品公司建立稳固的合作伙伴关系，配送网点达到600家，配送规模覆盖全市。与此同时，全方和长桥物流还分别与北京李宁体育用品有限公司、澳州天能公司正式确立合作意向。年内，按照集团传统仓储企业向现代物流企业脱胎换骨转型的要求，加速推进长桥物流工程和全方物流二期工程两大现代物流重点项目的建设。全方物流工程是重大国债建设工程。3月，全方物流二期工程1.5万平方米轻钢结构库房和1.2万平方米钢砼三层库房基本竣工。全方物流牢牢抓住“百事食品”销售量大增和大型促销活动机遇，承揽进出仓配送和流通加工业务，与世界500强百事（中国）食品公司保持稳定的合作伙伴关系，为百事（中国）提供24小时全天候从工厂到超市门店的全流程服务方案，包含与4家总仓库、9家便利店、24家经销商、65家独立客户、72家大卖场、421家连锁店进行作业流程对接，为百事公司节约物流成本达11%，百事将其整个储存业务全部移至全方物流。还为客户提供流通加工和成品报废处理等一系列延伸服务，扩展物流功能，满足客户延伸服务需求。全方物流基地引进卫星定位系统、物流配送无线数据通讯系统和计算机管理系统，全面提升服务能级，确保运用准确率可达99.8%以上，提高工作效率和准确率。长桥物流工程占地面积1.56万平方米，项目建成后，形成集物流信息、物流集成、物流仓储、物流展示为一体的现代物流园区，并成为百联集团现代物流的样板基地。8月，晶通化学桃浦仓库的改造工作全面启动。8月27日，现代物流与上海白猫公司签订物流合作协议，建立战略伙伴关系，标志现代物流与生产企业全面物流（配送）合作进入新阶段。同时，在推进供应链全过程服务过程中，也为集团内超商、专业专卖、生产资料等板块的发展提供支持。

图3-7-1　全方物流二期全景（摄于2009年11月）

2005年，以第三方物流业务为主的全方物流，完善供应链全过程配套服务，提升服务能级，在稳定原有老客户的基础上，通过开拓社会资源，先后引进诺华公司、博罗物流、爱莫生公司等客户；长桥物流拥有27.7万平方米基地，有近10多万平方米各类现代化库房，是国债项目和国务院批准的重点技术改造项目。该基地配置最先进的EXCEEDTM4000WMS仓库管理系统，在订单管理、劳动力控制、自动任务生成等方面具有独特的功能；现代物流公司启动世界领先的RFID应用技术的研究，成为国内最早实际应用RFID的物流企业之一。利用RFID技术对物流仓储业务进行了流程再造、优化，配送中心上架准确率达到99.99%以上，收货操作时间比传统模式缩短40%，上架操作速度提高66%，补货、拣货速度提高95%，库存盘点效率提升40%，使百联仓储作业效率与仓储周转能力得到空前提高。百联配送有限公司不断探索和研究信息化流程再造项目，运用SSA-EXEWMS仓库管理系统和MIS管理信息系统，向集团系统的大卖场提供集中配送服务，并实现与华联吉买盛及供应商的EDI子交换系统对接和自动补货系统的上线，使总体作业时间由7～8小时

图 3-7-2 百联物流南大路基地(摄于 2012 年)

缩短至 5 小时,账务同步处理周期由 3～4 天缩短至 12 小时,且准确率达到 100%,并使供应商的缺货率从 3% 下降到 1%。2005 年,现代物流公司名列中国物流企业 50 强、中国物流综合实力 100 强行列,荣获国家首批"4A 级物流企业""物流最佳品牌"和"中国物流实验基地"等诸多称号。

2006 年 4 月,现代物流与世界 500 强企业之一的美国百特医疗中国有限公司签订物流合作协议。5 月,长桥物流 IT 系统项目完成以 EPC - RFID、RF - BARCODE 和 WEB 技术运用为标志的物流仓储管理系统建设。结合现代物流先进管理的电子数据交换、虚拟专网、无线射频、电子标签等技术,为每个客户度身设计运作流程,制定 SOP(标准作业流程),使用 RF 设备以及"盲盘"方法进行盘点作业,大大提高盘点的准确率与效率。在 IT"助跑"系统支持下,长桥物流基地为知名的快速消费品品牌零售商、医用商、工业制造商等不同客户提供服务,库存准确率达到 100%,作业及时率都达到 98%以上,库房设施利用率提高 30%,运作效率提高 40%,客户满意度达到 99%,总体物流收益增长 70%以上。6 月 11 日,现代物流与全球 500 强企业之一——土耳其最大私营企业 KOC 集团旗下的 BEKO 电器正式签约,成为作为其在中国大陆地区的唯一仓储、配送一体化的销售物流合作伙伴。截至 6 月末,现代物流先后成为 3M、联合利华、百特医疗、德国奔驰、和记黄埔等多家世界 500 强企业物流运行合作伙伴。为进一步发挥长桥基地与漕河泾项目的区位联动优势,发挥现代物流公司综合物流业务的竞争力,更大范围地满足客户对供应链集成服务的需求,12 月 14 日,集团批复同意现代物流公司投资建设上海长桥物流基地漕河泾物流信息综合楼项目。项目总投资 2 亿元,总建筑面积 37 420 平方米。桃浦基地总占地面积 24 万平方米,年内,结合上海晶通化轻发展有限公司改制,集团同意桃浦基地一期改造项目立项,要求桃浦基地通过项目建设,在为集团主力业态提供现代物流服务的同时,拓展第三方物流业务,并同步解决好曹杨路物流中心的搬迁问题。12 月 28 日,桃浦物流基地改造项目举行开工奠基。桃浦物流基地通过压缩危化仓库占地面积,扩建普通仓库,使仓储面积增加 42 675 平方米。扩大综合性仓储业务和经营面积,在为超商、生产资料、百货等主力业态提供现代物流服务的同时,拓展第三方物流业务,把桃浦基地改造成综合性的现代物流配送基地。同年,集团以上海现代物流投资发展有限公司为业务平台,承接原物流事业部的业务经营管理等职能,完成物流事业部转公司化改造工作。

图 3-7-3 长桥物流 2 号库(摄于 2013 年)

2007年4月24日，集团批复同意现代物流桃浦基地二期改造项目立项。二期改造包括本库北部区域新建高平台库房约4 900平方米；三分库建设3层楼配送中心约7 600平方米、办公室约1 000平方米和延伸月台库约2 610平方米，改造总建筑面积约1.6万平方米；同时建设约1.5万平方米的现代化堆场，进行基地信息系统和设施设备建设等。7月，桃浦综合物流基地改造项目正式启动，建成后成为一座现代化、功能齐全、生态型，面向长三角、辐射全国的综合性现代物流配送基地。10月底，位于漕河泾占地面积1.5万平方米，总建筑面积38 331平方米，总建筑高度达60米的现代物流大厦建设竣工。整个园区主体由15层主楼、4层辅楼和地下1层停车库组成，大厦实现智能化5A标准管理，并引入国家重大通信项目3T NET。年内，集团同意宝联五金储运有限公司投资冷轧卷加工设备，开展钢材剪切业务。7月，完成冷轧加工设备第一条校平横切线安装调试和第二条校平纵剪线安装，截至7月底，整个冷轧加工设备全面投入生产，公司经营绩效进一步提升。截至2007年年底，现代物流已拥有45个物流基地，面积130多万平方米，在上海不仅为百联集团内吉买盛、世纪联华大卖场提供物流支持，还为家乐福、五月花、朝日啤酒等国内外知名企业提供服务，辐射市内外数千家网点。现代物流公司已形成“城市配送体系”“制造业物流”和“危险化学品物流”三大供应链服务体系，吸引包括世界500强企业在内的众多公司成为合作伙伴。

图3-7-4　2004年3月，全方物流二期工程竣工，图为楼库外景

2008年1月10日，集团积极为长桥物流公司申请GSP资质，向市药监局争取“非药品批发企业从事第三方药品物流储存、配送业务的许可”资质。长桥物流公司配合世界500强美国BT公司，研究开发医药产品电子监管码系统。通过实施药监码，每月收货及时率、发货准确率、发货及时率、库存准确率均达100%；产品破损率为0.003%，低于客户0.008%的目标值；托盘实际破损率为1%，低于5%的目标值。3月，现代物流“危险化学品供应链服务与监控网络”项目，通过上海市经委评审专家现场验收，认为该项目填补了我国危险化学品供应链全流程服务和监控的国内空白，对提高城市企业的危险化学品安全管理水平和企业生产运营效率具有重要意义及推广价值。5月，上海长桥物流公司正式启动“医院药品仓储配送管理服务”项目，落实“延伸服务链、配送进医院”的经营目标。通过项目实施，实现配送零差错，得到医院方和客户的一致好评。长桥物流将供应链管理服务延伸至客户终端，由物流企业承担医院内医药用品运输配送服务，不仅是物流服务模式的创新，也为企业盈利模式的改变开辟新空间。晶通化学品公司所属危化市场与闸北区安监局合作，联

图3-7-5　商业储运公司钢材基地(摄于2013年9月)

图 3-7-6　2006 年开始运营的现代物流丰茂路基地

手研发危化品“网上交易登记系统”，建立上海市危险化学品交易网站，6 月正式启用。“网上交易登记系统”规范危化市场服务流程，强化安全监管力度。10 月，“物流载货标准托盘社会共用项目”开始筹建。同年，乾通投资公司为首钢提供黄浦江沿岸水运码头、库房、堆场，供首钢上海公司作水运物流选择；开展以外包设备、外包库房、外包场地的“三外包”物流业务，完成“两头在外”的模式转型，物流实物量共计 115 条船、6.5 万吨，远远超过 2007 年 14 条船、0.96 万吨的配送规模。

2009 年 3 月，长桥物流公司与世界 500 强台湾企业——华硕电脑公司联合举行销售成品仓库 TPS 活动。通过 TPS 活动，库存周转效率由 30 天下降到 6 天，不良流出控制率为十万分之一。11 月，百联桃浦综合物流基地改造一期、二期工程项目通过竣工验收，正式投入使用。桃浦综合物流基地项目竣工总建筑面积 51 059 平方米，总投资额 10 085 万元。改造后的桃浦综合物流基地集普通商品和危险品仓储、公路运输、铁路运输、危化供应、物流咨询服务功能于一体，具备齐全的物流设施、面向社会的集约化、一体化、信息化的现代物流基地，成为上海西北综合物流园区重要组成部分和现代物流公司经济增长新亮点。年内，乾通投资发展公司面对金融危机引起的经营困难，联手系统内外企业，抱团取暖，与华联典当行开展小额动产质押业务、与华联家维开展“962512”维修热线的家电维修和销售业务、与协通汽车开展福特 4S 店的销售业务、与首钢上海公司开展的物流总包业务，攻坚克难，取得积极成效。

2010 年 3 月，长桥物流在与中外第三方物流供应商的角逐中再次脱颖而出，获得百威啤酒上海吴泾 DC 仓储物流运作服务外包项目。这是长桥物流取得“长海医院”“立邦涂料”外包项目之后，又一个管理输出服务项目。至此，与长桥物流有着服务合作关系的世界 500 强企业客户已达 11 家。6 月，国家药品监督管理局要求凡生产基本药物品种的中标企业，必须在 2011 年 3 月 31 日前加入药品电子监管网，长桥物流公司全力支持客户完成药监码系统的实施上线。通过实施药监码，长桥物流公司与医药企业客户建立更为紧密的战略联盟关系，不仅使长桥物流公司熟悉了解医药物流专业监管过程，也提高了企业在医药物流领域的竞争力。

图 3-7-7　2013 年现代物流科茂路园区

2011 年，药品供应企业向长桥物流租用仓库面积达 1.5 万多平方米，直接带来年营收产值 1 037.6 多万元，比 2010 年增长 42.72%。通过实施药监码，长桥物流公司每月收货及时率、发货及时率、发货准确率、库存准确率均达到 100%；客户所要求的 KPI(关键业绩考核)指标月月达标，受到客户一致好评。为确保上海商业储运有限公司所属江场路等物流基地动迁后持续稳定发展，妥善解决职工分流安置问题，11

月22日，集团批复同意上海现代物流投资发展有限公司以现金方式收购上海变性淀粉有限公司100%股权，获得青浦区崧泽大道9539号地块，土地面积45.5亩，建设物流基地。

2012年12月12日，集团批复同意现代物流现金出资收购上海唯新企业投资有限公司100%股权，以获得嘉定区南翔镇科茂路215号物流基地，弥补上海商业储运有限公司因市政动迁自有经营用房面积逐年减少的不足，确保公司可持续发展。

2013年1月，商业储运公司与上海旗开实业公司达成合作协议，共同开发奉贤区金汇镇一个4万平米地块。该地块开发建设的物流基地是商储公司首个定制化仓库，经营业务以城市物流为主。奉贤金汇镇基地的开发，不仅填补了商储公司物流资源网络在上海南部区域的空白，同时也给商储公司探索拓展模式、扩大经营规模、联动发展创造了有利条件。7月1日，现代物流完成对上海唯新企业(嘉定科茂路215号物流基地)100%股权收购工作。7月19日，集团明确批复同意联谊路库区转型开发为集商用办公、仓储与简单加工、餐饮娱乐等为一体的综合型大楼。项目建成后的基本运营模式，由现代物流以商铺、办公用房、仓库租赁、物业管理服务、保税仓储、物流配送、电子商务交易平台的维护支持等收入来确保该项目的投资回报，同时通过引进外部专业经营团队组建一个多元化的专业经营管理公司。10月8日，由现代物流与武钢物流、浦江物流三方合资建设的武钢物流合资项目正式开业运作，为钢材物流项目提供支撑和更为广泛便捷的物流服务。年内，现代物流还拓展华蔡路3.6万平方米、宝凤路3.8万平方米、共祥路4万平方米、沪华东路1.8万平方米等外借基地，并加速基地招商工作。如为宝凤路基地引进好来喜酒类客户；为晶通发展引进新疆中泰公司，延伸服务功能；为宝联五金引进江西方大钢铁公司，为其提供钢材存储与加工服务等。

2013年，现代物流在上海宝山、徐汇、松江和嘉定地区分别建立4个托盘营运中心，同时建立三级管理体系，开发托盘信息化管理系统一套，培育一支专业的托盘维修保养团队，在上海地区初步形成一个标准托盘租赁服务网络体系。加入标准托盘社会共用服务的企业已覆盖食品业、快消品业、生产制造业、电子业、医药业、大型超市卖场、百货行业、化工行业、物流配送行业等九大行业，其中不乏世界500强和国内知名企业。现代物流拥有长桥物流、全方物流、晶通化学桃浦等6个物流基地(总占地面积约36万平方米)及相应的码头、仓库、堆场、车队等配套设施，年物资吞吐能力逾500万吨。2013年，现代物流经营规模和经营能级实现跨越式发展。

第四篇

成员企业

概　　述

百联集团业务涵盖百货商店、购物中心、奥特莱斯、大型综合超市、标准超市、便利店、医药零售、钟表眼镜专业专卖等日用消费品零售业态，金属材料、能源化工、汽车服务等生产资料贸易业务，商业置业、物流配送、电子商务、金融服务、特种服务和传统服务等业务。

百联集团拥有的上市公司从成立之初的7家整合成上海百联集团股份有限公司（A、B股）、联华超市股份有限公司（H股）、上海物贸股份有限公司（A、B股）、第一医药股份有限公司（A股）4家上市公司。其中，百联股份、联华股份、物贸股份为集团直接管理企业。

百联集团商业置业、物流配送、医药零售、钟表眼镜专业专卖、特种服务等业务板块从成立之初的事业部陆续完成公司化改造，转制成为上海现代物流投资发展有限公司、百联集团置业有限公司、上海新路达商业（集团）有限公司、上海三联（集团）有限公司、上海百联集团资产经营管理有限公司。教培中心、党校、人力资源中心、企业清理中心和审计中心也通过集约整合，形成教育培训中心（党校）、人力资源中心（企业清理中心）、审计中心三大中心。与百联股份、联华股份和物贸股份一起，构成集团事权明确、流程清晰、管理架构完善的专业化经营和发展的直接管理层级。

百联集团拥有一大批享誉沪上、闻名全国的知名企业。在南京路步行街有一批百联大店、名店，如第一百货商店、百联世茂国际购物广场、东方商厦南东店、永安百货、上海时装商店、上海第一医药商店、亨得利钟表商店、亨达利钟表商店、茂昌眼镜商店、吴良材眼镜商店、冠龙照相器材商店等。在徐家汇、新上海商城、五角场、淮海路等市级高档商圈，有东方商厦旗舰店、第一八佰伴、又一城购物中心、东方商厦淮海店。在区级商业中心和社区分布有百联南方购物中心、虹桥友谊商城、百联西郊购物中心、百联临沂购物中心、百联中环广场。百联青浦奥特莱斯、百联南桥购物中心、百联金山购物中心、东方商厦青浦店、嘉定店等深耕郊区市场。联华超市、华联超市、世纪联华、华联吉买盛、快客便利等在实施全国市场战略布局中，加快布点，抢占市场。集团还积极创新发展思路，探索新业务突破，涌现出一批业务新增长点，如百联电商、百联财务公司。百联汽车、百联物业、百联物流、百红商贸、外轮供应公司、上海拍卖行、华联典当行、华联家维公司，突破传统服务模式，在市场竞争中创新发展。

第一章　上市公司及直管企业

百联集团成立之初，拥有 7 家上市公司，涉及 A 股、B 股和 H 股，其中 5 家上市公司业态重叠，同业竞争严重。集团在聚焦发展的同时，对旗下的上市公司进行整合，并于 2011 年整合重组为百联股份、联华股份、物贸股份和第一医药股份 4 家上市公司。各业务板块从成立之初的事业部制陆续完成公司化改造，形成产权明晰、权责明确、管理科学的法人实体和市场主体。人力资源中心和企业清理中心合署办公，教培中心和物资党校形成管教合一管控模式。截至 2013 年年底，集团直接管理的企业和中心包括上海百联集团股份有限公司、联华超市股份有限公司、上海物贸股份有限公司、上海现代物流投资发展有限公司、百联集团置业有限公司、上海新路达商业（集团）有限公司、上海三联（集团）有限公司、上海百联集团资产经营管理有限公司、百联电子商务有限公司、百联集团财务有限责任公司、百联集团有限公司教育培训中心（党校）、百联集团人力资源管理中心（企业清理中心）、百联集团有限公司审计中心。

第一节　上 市 公 司

一、上海百联集团股份有限公司

【概况】

上海百联集团股份有限公司（简称“百联股份”）作为百联集团直管的核心企业，由原上海市第

图 4－1－1　2009 年百联股份百货商店、购物中心、奥特莱斯三大业态组合图

一百货商店股份有限公司、上海华联商厦股份有限公司和上海友谊集团股份有限公司吸收合并重组而成，是以百货、连锁超市、购物中心和奥特莱斯为核心业务的大型综合性商业股份制上市公司。百联股份A股简称：百联股份，代码：600631。B股简称：百联B股，代码：900923。2013年，百联股份营业收入519.25亿元，利润总额18.65亿元。百联股份资产规模、销售规模等关键性指标始终名列A股商业类上市公司前列，经营总商业建筑面积超过600万平方米，经营网点遍布全国20多个省市超过5 000家。几乎涵盖零售业现有的各种业态，如百货商店、购物中心、奥特莱斯、标准超市、大卖场、便利店、钟表眼镜专业店等。百联股份控股香港上市的联华超市股份有限公司、三联集团，拥有上海市第一百货商店、上海第一八佰伴有限公司、东方商厦有限公司、永安百货有限公司、上海妇女用品商店、百联南方、百联西郊、百联中环、百联金山、百联南桥、又一城、百联青浦奥特莱斯、百联武汉奥特莱斯、无锡奥特莱斯等一批市内外知名企业。

【沿革】

1992年2月29日，市经济体制改革办公室、市财贸办批准以上海市第一百货商店为核心层，中百大酒店、市百一店综合服务部、莱索托东方有限公司、市百一店昆山分店、市百一店太仓分店等5家企业为紧密层，以及5家企业为半紧密层和23家企业为松散层组建“上海市第一百货商店集团”。5月21日，市财办批复同意上海市第一百货商店(集团)公司改制为“上海市第一百货商店股份有限公司”。1993年2月19日，一百股份在上海证券交易所挂牌交易。1994年10月20日，值第一百货商店45周年店庆，市百一店东楼(六合路商业大楼)奠基、进出口贸易分公司揭牌成立。

1995年12月20日，由上海市第一百货商店、日本八佰伴流通集团和香港八佰伴国际联合投资设立上海第一八佰伴新世纪商厦试营业。6月5日，在柏林举办的世界百货业联合会第50届年会上，一百股份成为世界百货联合会正式成员。6月15日，一百股份与上海一百集团供配货中心有限公司和上海东方商厦有限公司签约，合资成立上海一百集团交家电有限公司。

1999年1月30日，日本八佰伴株式会社同意将所持有的第一八佰伴有限公司19%的股权以755万美元价格转让给一百股份，一百股份持有第一八佰伴股权比例由45%上升到64%。

上海华联商厦股份有限公司于1992年改制组建，并于1993年2月19日在上海证券交易所上市。华联商厦股份改制后，投资、创办、兼并、扩建10多个合资、独资、联营企业，总资产达12亿元人民币。拥有华联商厦、时代广场、新华联大厦，嘉兴上海华联商厦股份有限公司，全资企业上海市妇女用品商店，全资上海华联超市公司等。1995年7月，华联集团成立，华联股份成为华联集团的龙头企业。2000年，华联超市从华联股份中剥离，借壳“时装股份”上市。截至2003年6月30日，华联商厦股份公司股本总额为4.225 9亿股。公司主要业务为百货、专卖零售。

上海友谊华侨股份有限公司于1992年7月注册成立，注册资金42 919万元，为上海最大规模的涉外零售商业企业。友谊股份A、B股分别于1994年2月4日和1994年1月5日在上海证券交易所上市。2000年，股份公司经过对优势资源的重新组合，实现公司主营业务由传统百货向零售连锁业态转型，确定公司发展的4个核心业务：以国内最大的连锁超市——联华超市股份有限公司为主体的食品、日用品超市连锁；以好美家装潢建材有限公司为主体的专业大卖场连锁；以上海友谊百货有限公司为主体的现代特色百货、品牌专卖店连锁；以友谊购物中心为主体的社区购物中心连锁，并以现代物流、配送以及电子商务系统作为支持。2000年11月，股份公司更名为上海友谊集团股份有限公司。从2001年起友谊股份全面启动全国市场发展战略。公司主营连锁超市、装潢装饰建材、综合百货，同时经营进出口业务、餐饮服务、新旧工艺品、金银制品、家具、古玩收购等。

截至2002年9月30日,公司总股本为3.3015亿股。

2003年4月,百联集团成立。一百股份华联商厦股份和友谊股份均成为百联集团核心业务中的上市公司。9月28日,百联西郊购物中心试营业。百联西郊购物中心是国内第一家建筑风格呈开放式的社区购物中心。为加大业务整合力度、消除同业竞争,2004年,一百股份吸收合并华联股份,更名为"上海百联集团股份有限公司",11月复牌上市。

2004年起,百联股份实施品牌整合,以东方商厦品牌发展连锁百货,进一步实施以第一八佰伴为代表的时尚百货、以永安百货为代表的经典百货转型提升战略;加快"百联"品牌购物中心市内外拓展;探索"百联"品牌奥特莱斯的连锁发展。

2006年4月28日,百联首家奥特莱斯在上海青浦东部赵巷开业,成为奥特莱斯业态上海首店。5月8日,集团百货事业部及购物中心事业部转制,由上海百联集团股份有限公司作为集团发展百货以及购物中心业务平台公司,承担集团百货、购物中心、奥特莱斯业务的经营管理以及投资发展功能。

2009年12月25日,百联股份网上商城开通。

2010年11月4日,友谊股份、百联股份举行吸收合并新闻发布会。2011年8月,友谊股份完成吸收合并百联股份换股上市工作。友谊股份成为国内资本市场经营业态最为齐全、综合竞争实力最强的全国性大型零售商业上市公司,经营业态涵盖百货商店、购物中心、奥特莱斯、大型超市、标准超市、便利店、钟表眼镜专业零售店、网上商店等。

2013年,友谊股份重组后续工作继续按计划推进,启动对百联武汉奥特莱斯广场51%股权以及三菱商社持有联华6.74%股权的收购,进一步提高对核心业态的控制力。2014年8月,友谊股份更名为百联股份。

【特色】

百联股份拥有百货商店、购物中心、奥特莱斯、超市连锁、钟表眼镜专业连锁店等业态。百货业态有连锁百货、经典百货、时尚百货板块。形成以东方商厦冠名的连锁百货,以第一八佰伴、虹桥友谊等为代表融合时尚元素的时尚百货和以永安百货、第一百货、时装商店、友谊商店、妇女用品等为代表的经典百货三大经营格局,保持行业龙头地位。购物中心有都市型、区域型和社区型,包括百联南方、百联西郊、百联中环、百联又一城、百联南桥、百联金山、百联奉贤、百联重庆、百联沈阳等。奥特莱斯包括百联奥特莱斯广场上海青浦店、杭州下沙店、武汉盘龙店和无锡店。控股的连锁业务有大卖场、标准超市和便利店3个业态,包括联华超市、华联超市、世纪联华、快客、华联吉买盛等品牌。钟表眼镜专业店包括亨得利、亨达利、吴良材、茂昌等品牌。

【荣誉】

2006—2010年,百联股份获守法经营示范企业奖牌。2012年,获中国主板上市公司最佳董事会奖牌,全国就业先进企业证书、奖牌,零售创新大奖、中国商业地产领袖企业奖。

二、联华超市股份有限公司

【概况】

联华超市股份有限公司于1991年起在上海开展业务,以直接经营、加盟经营和并购方式发展成为一家具备全国网点布局、业态齐全的连锁零售超市公司。联华股份于2003年6月27日在香港联合交易所有限公司上市，是国内首家于联交所上市的中国零售连锁超市公司。联华股份 H 股简称联华股份，香港联交所代码：00980. HK。2013 年，联华股份销售规模 666.18 亿元，主营收入 330.38 亿元，利润总额 3.6 亿元，5 000 余家门店主要分布在华东、华南、西南、华北、东北等 19 个省份及直辖市 100 余座城市，继续保持在国内快速消费品连锁零售行业领先地位。联华股份经营大型综合超市、超级市场及便利店三大主要零售业态，满足广大消费者的不同需求，拥有世纪联华、联华标超、联华快客、联华浙江公司、联华江苏公司、联华广西公司、联华电商等骨干企业。联华股份保持在国内快速消费品连锁零售行业领先地位。

图 4-1-2　2007 年 10 月，联华超市股份有限公司从四川北路 1666 号迁至真光路 1258 号

【沿革】

1991 年 5 月 27 日，上海联华超市商业公司(简称“联华超市”)成立。9 月 21 日，联华超市第一家门店——曲阳店开业，是上海第一家连锁超市公司。1994 年 8 月 22 日，联华超市与法国家乐福集团签约，在上海合资成立上海联家超市有限公司，致力于大型综超的发展。

1995 年 12 月 31 日，联华超市与法国合资的上海家乐福曲阳店开业。

1997 年 3 月 18 日，上海联华超市商业公司经上海市外国投资工作委员会批准，吸纳上实资产经营公司、日本三菱商事株式会社入股，引进境外资金 8 000 多万元，使资本金达到 1.8 亿元。年底，联华超市以 24 亿元的销售额、230 家门店、3 534 万元的利润，雄踞连锁业榜首，第一次摘取全国连锁业销售排行榜桂冠。11 月 28 日，上海联华便利商业公司(简称联华便利)成立，首批 5 家联华便利店同时开业。

1998 年 10 月 30 日，上海联华超市有限公司更名为联华超市有限公司。12 月 22 日，上海食品集团所属为民超市 48 家门店和天天配送中心整建制划归联华超市。12 月 26 日，联华超市与南京长江超市有限公司实施资产重组成立南京联华长江超市有限公司。1999 年，联华超市以 73 亿元的销售规模，排名零售业第一，改变中国百货业长期居于主导地位的历史。

2000 年 4 月 10 日，联华超市收购东方超值有限公司。9 月 8 日，联华超市世纪联华第一家大型综超上海福山店试营业。9 月 25 日，联华超市和上实联合股份、友谊华侨股份共同组建的“上海联华电子商务有限公司”的联华 OK 网开通，成为中国超市第一网。

2001 年 3 月 26 日，联华超市成为国内首家门店规模达到千家的连锁超市公司。

2002 年，上海联华便利商业公司变更为“联华快客便利有限公司”。7 月，联华超市并购浙江省最大的连锁超市公司华商集团，通过增资扩股方式，注入 2.1 亿元控股该公司，被业界称为中国连锁业并购第一案，确立联华超市在浙江市场主导地位。

2003 年 6 月 27 日，联华超市在香港主板市场挂牌上市，成为国内首家在联交所上市的中国零售超市公司。7 月 17 日，联华与西班牙迪亚公司合资成立的上海迪亚联华零售有限公司在上海市真如镇、罗秀路、唐山路和开鲁路开出第一批折扣店。10 月 26 日，联华浙江公司总面积 7 万多平方米新的现代化配送中心投入运行。

2005 年 4 月 27 日，联华股份出资 1.07 亿元收购广西最大的连锁超市广西佳用商贸股份有限公司 51%的股份，迅速成为广西当地最大的连锁零售企业。5 月 30 日，联华股份投资改建的曹杨路新物流配送中心投入运行，日吞吐量达 10 万箱左右，承担上海及周边 1 000 多家联华门店的商品配送任务。

2009 年 9 月 2 日，联华股份以总价 4.92 亿元收购华联超市股份有限公司 100%股权获股东大会通过。

2010 年 6 月，联华股份以上海联华超级市场发展有限公司为重组平台，合并联华标超、华联标超和联华加盟三大板块的业务；同时将联华江苏公司的管理也纳入该平台，形成联华新标超体系，实行双品牌营运模式。11 月 17 日，联华股份、华联股份“两库合一”顺利完成。

2011 年 4 月 13 日，联华股份召开江桥物流基地项目概念方案专家讨论会。5 月 31 日，百联集团批复同意联华超市投资 8.4 亿元在上海嘉定、江桥建设物流配送中心项目方案。12 月 16 日，联华江桥物流基地开工奠基。

2012 年年初，联华易购上线，共享联华总部商品资源，创新营销模式。是年，江桥物流基地项目获得重大突破，主体工程结构完成封顶，设施、设备已经进入全面招投标阶段，其中信息系统的招投标进入供应商调研阶段。

【特色】

联华构建大型综合超市、超级市场及便利店三大核心业务体系。标超业务实行“联华”“华联”双品牌运营，网点 5 000 余家，主要服务于邻里社区消费者，其生鲜门店提供现代菜场解决方案，生活品类全系经营，粗放为主与精选为辅，满足各层次顾客日常所需。世纪联华是大型综合超市业态公司，在全国有 150 余家门店，致力于服务 3 公里内社区和商圈人群，以齐全丰富的产品满足家庭一站式购物需求。快客便利在全国有 1 200 余家门店，“零售＋餐饮＋个性化服务”新型的经营模式，力求为消费者带去个性化、差异化且精准化的高品质商品，以满足消费者对品质和便利的需求。

【荣誉】

2007 年，联华股份以 75.63 亿元的品牌价值，排名世界品牌实验室《中国 500 最具价值品牌》商业连锁板块第一；2010 年销售规模突破 700 亿元，连续 13 年跻身中国快速消费品连锁零售企业百强第一;2011 年,联华 H 股跻身香港恒生指数成分股,标志着公司市值及交投量已达资本市场认可的水平。是年,联华在中国 500 强排行榜中排名第 138 位。“联华”图形商标被上海市商标协会、上海市著名商标认定委员会和上海市商业联合会评为最具价值的上海服务商标。联华超市还先后荣获中国优秀特许品牌、第十一届全国企业管理现代化创新成果一等奖、全国商业服务业先进企业和上海市文明单位、上海市商业品牌龙头企业等国家和上海市各类奖项 150 余项。

三、上海物资贸易股份有限公司

【概况】

上海物资贸易股份有限公司(简称“物贸股份”)前身系国有企业上海物资贸易中心。1993 年 10 月经批准改制为股份有限公司(中外合资股份有限公司),1994 年 2 月在上海证券交易所上市。物贸股份所属行业为物资流通类。物贸股份 A 股简称:上海物贸,代码:600822;物贸股份 B 股简称:物贸 B 股,代码:900927。物贸股份 2013 年实现营业收入 975 亿元,利润总额 1.01 亿元。物贸股份以生产资料贸易业务为主,包括金属材料、能源化工、汽车服务、木材及木制品加工、机电设备、进出口业务及仓储服务等。

图 4-1-3　上海物资贸易股份有限公司

截至 2013 年年底,物贸股份有全资、控股、参股企业 38 家,其中由公司直接管理并控股的企业 8 家,包括上海百联汽车贸易有限公司、上海燃料有限公司、上海晶通化学品有限公司、上海物资进出口有限公司、上海森大木业有限公司、上海乾通投资发展有限公司、上海物贸炉料有限公司、浙江上物金属有限公司;参股并直接管理企业 1 家,即上海爱姆意机电设备连锁有限公司,直接管理的全资分公司 2 家,分别是上海物贸有色金属分公司和上海物贸黑色金属分公司。受托直接管理的企业 3 家,为上海森联木业发展有限公司、上海动力燃料有限公司和百联集团上海物贸大厦有限公司。

【沿革】

1993 年 9 月,经上海市政府证券管理办公室同意,物贸股份在上海物资贸易中心的基础上进行股份制改革,发行股票 18 987.25 万元;向境外发行人民币特种股票 5 000 万元。1994 年 2 月 4 日,物贸股份 A 股上市;3 月 30 日,B 股上市。

2000 年,为了提高上市公司经营业绩和竞争能力,物贸股份实施上市后第一次重大资产重组,以集团优质资产置换物贸股份的不良资产,提高上市公司的资产质量。投资开发现代物流基地项目,形成以燃料油、煤炭和有色金属为主导,集贸易、配送、售后服务等为一体的具有竞争力的物资企业。

2003 年 4 月,百联集团组建,成为物贸股份控股股东。2004 年 8 月,物贸股份进行上市后第二次重大资产重组。置出物贸大厦（分公司）的全部权益以及波隆国际 100.00%的股权、五丰达 75.00%的股权、浦藤厢车 21.25%的股权、保税行 100.00%的股权和锦绣园中学 56.30%的股权。置入百联集团所属的乾通金属 90.00%的股权、森大木业 75.00%的股权、百联汽车 91.19%的股权、晶通化学 90.00%的股权、金桥热力 60.00%的股权、物资集团进出口 90.00%的股权、爱姆意机电 38.58%的股权和二手车市场 30.00%的股权。物贸股份形成有色及黑色金属贸易、木制品经营、汽车服务贸易、化学品贸易及进出口贸易等核心业务。

2005 年，物贸股份与鞍钢合资共同组建钢材剪切加工中心投产，逐步建成 3 条冷板、2 条热板，年加工量达 40 万吨的剪切加工线。6 月，百联集团实施生产资料事业部公司化改造，物贸股份成为集团经营发展生产资料贸易的平台，成为集团直接管理企业。

2008 年，物贸股份在金山化工区征地 212 亩，投资建成库容量为 20 万立方米的百联油库。基本建成以百联油库为中心，浙江岙山、南通汇丰、上海水产、中粮等为点，总库量为 36 万吨的长三角地区的三级油库网络，并与上游企业合作进行原油生产加工，达到每年加工油品 50 万吨、燃料油调兑 60 万吨的规模。在上海市工业用燃料油市场占有率保持在 60%。同年，物贸股份利用原上海燃料煤场改建成百联汽车广场，经过第一、二期的开发，建成上海百联联合二手车交易市场、斯柯达 4S 店、上海大众 4S 华东旗舰店、百联汽车广场商务中心，增设 4 个汽车品牌经营和分销网点，并引入国际商品拍卖公司成为上海私人生活用车上牌额度标书购买、投标、付款的指定机构，形成汽车服务集聚效应。

2009 年 8 月 24 日，经中国证监会核准，物贸股份实施定向增发。10 月 28 日，7 亿元募集资金足额到位，实现公司上市 16 年来首次在资本市场再融资的历史性突破，有力地支持企业发展。是年，“上海物贸有色金属交易市场网上交易平台”列入“上海市引进技术的吸收与创新计划”。

2013 年，上海物贸有色金属交易市场升级为上海有色金属交易中心并挂牌，着手市场的质押平台、网上交易平台和信息发布平台的建设。

2013 年，有色分公司实现营收 661.28 亿元，同比增长 2.84%。黑色分公司实现营收 195.48 亿元，同比增长 31.37%。新车贸易和二手车交易业务市场竞争力进一步提升，其中，二手车交易量和交易金额继续保持全市第一，新车销售量与旧车交易量分别增长 10.15%、17.82%。

【特色】

物贸股份加快发展，立足上海，辐射周边，拓展长江三角洲，着力提高市场竞争能力和持续发展能力；聚焦汽车、金属、能源、木业四大核心业务重点发展；支持对外贸易、化学品、机电设备等培育业务创新发展；完善电子商务、交易市场、物流基地为功能业态配套发展。汽车、能源、金属和木材业务等核心业务的营业收入对公司贡献度达 97%以上，其中有色、黑色分公司占公司营业收入的 86.37%。

【荣誉】

物贸股份获 2001 年全国金属材料批发市场第 1 名，2002 年全国百强金属材料交易市场第 1 名，2005 年度全国十大金属材料批发交易市场第 1 名；2012 年，上海现代服务业综合试点单位、全国十大金属材料交易市场第 1 名，上海乾通投资发展有限公司获 4A 级物流企业、工人先锋号称号；2013 年，上海物资生产资料物流有限公司获上海市五一劳动奖状。物贸股份生产资料业务营业收入名列全国省市物资集团前 3 位，被中国物流与采购联合会授予“中国生产资料流通改革开放 30

年杰出企业”和“中国生产资料流通创新企业”称号。

四、上海第一医药股份有限公司

【概况】

上海第一医药股份有限公司(简称“第一医药股份”)是通过与“商业网点”资产置换而转制为上市公司的医药零售企业。2002 年 4 月上市。第一医药股份 A 股简称:第一医药,代码:600833。第一医药股份注册资本 1.59 亿元。主要经营中成药(含参茸、银耳)、化学药制剂、抗生素、生化药品、生物制品、医疗器械等业务。拥有上海市第一医药商店、上海市第一医药商店连锁经营有限公司、上海长城华美仪器化剂有限公司、上海深海保健品有限公司及上海第一医药股份有限公司等企业。2013 年,第一医药营业收入 13.48 亿元,利润总额 4 490 万元,在职职工 1 127 人。

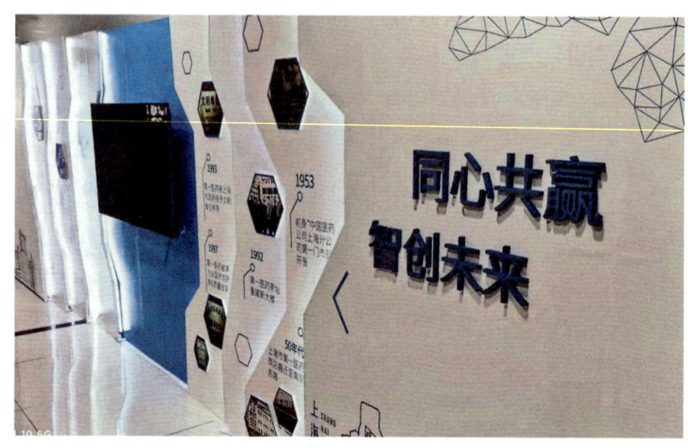

图 4-1-4 上海第一医药股份有限公司

【沿革】

1992 年 2 月 7 日,第一医药商店改建开工奠基;11 月 28 日,第一医药商店新大楼开门营业。

1997 年,黄浦区医药公司改制为上海市第一医药商店有限责任公司,第一医药商店成为其核心企业。

2001 年,上海新世界(集团)有限公司与华联集团有限公司所属“PT 网点”上海商业网点发展实业股份有限公司签订资产注入协议,上海市第一医药商店有限公司整体资产、上海蔡同德药业有限公司 50%股权、南京东路 616 号房产注入“商业网点”用于取代公司原有房地产业务,剥离“商业网点”11 000 万元的不良资产。2002 年 4 月 29 日,商业网点股票在上海证券交易所恢复上市交易,股票简称为“商业网点”。9 月 19 日,“商业网点”更名为“第一医药股份有限公司”。

百联集团成立后,实施医药零售业务板块的整合。2006 年 5 月 17 日,新路达集团收购新世界集团持有的第一医药股份 26.01%股份。7 月 6 日,该项股权收购完成过户,7 月 7 日,公司完成股权分置改革,百联集团直接持股比例变化为 19.04%,新路达集团的持股比例变化为 23.39%,华联(集团)有限公司持股比例变化为 0.78%,上海市劳动保护用品商店持股比例仍然为 2.35%。百联集团直接持股和间接持股之和变化为 45.56%。是年,第一医药股份成功向上海新路达商业(集团)有限公司和徐汇区新路达商业集团集体联合会收购其所持有的 88.5%和 11.5%的上海汇丰医药药材有限公司股权,收购完成后,第一医药持有汇丰医药药材 100%的股权,实现集团内相同业务归并重组。9 月,第一医药股份收购汇丰医药公司股权议案获中国证监会审核通过。10 月 30 日,投资 470 余万元引进的德国 ROWA(欧娲)自动化药房系统在上海市第一医药商店正式启用。

2007 年 12 月,第一医药启动资产、业务、人员重组。2009 年 4 月 27 日,第一医药股份由原址南京东路 616 号迁入徐汇区乌鲁木齐南路 158 号。

2010 年，第一医药股份连锁万康店、汇丰大药房药妆店等 2 家“药妆样板店”和第一医药商店二楼进口商品区顺利开业，迈出第一医药股份从传统药房向美丽药妆转型的步伐。7 月 28 日，第一医药股份与上海崇明供销商业（集团）有限公司签约，增资重组上海崇明医药药材有限公司，以 51%股权控股崇明医药。

2012 年，第一医药建立起复合型药房开店模型，率先在上海地区探索传统药房向“1+1 新概念复合型药房”转型，截至年底，转型门店达到 25 家，塑造都市新一代药店的形象。是年，第一医药股份将网上购物这一工作职责划归第一医药商店。在整合第一医药热线、邮购服务等功能基础上，网上购物电子商务正式上线运行，电子商务初显成果。

截至 2013 年年底，第一医药网点共有 102 家。网点遍布上海 14 个区县，其中包含：医保定点门店 35 家，在公司总门店数中占比为 36.46%，占上海医保门店总数 7.13%；设有中药配方门店 23 家，在公司总门店数中占比为 23.96%；转型门店 25 家，在公司门店中占比为 44%；经济型综合大卖场式药房 1 家，占总门店数 1.04%。另有中医门诊部 2 家、长城华美仪器化剂商店 4 家门店。

【特色】

第一医药股份核心企业第一医药商店位于中华第一街——南京东路步行街。商厦大楼 5 300 多平方米，主要经营中西药品、保健品、参茸补品、化妆品、医疗器械、外用百货等。经营品种达 8 000 余种，包括中西成药 2 500 种、参茸补品 1 200 种、化妆品及外用百货 1 300 种、医疗器械 1 800 种、保健品等其他健康产品 1 200 种。第一医药商店长期以来以齐全的商品种类、优质的药学服务吸引着众多顾客，店内设有专卖屋、品牌柜、医保定点药房、智能售药系统等，提供如医药热线咨询、ROWA 智能售药、代客邮购等多项服务。公司拥有一批医药定点门店和中药配方门店。

【荣誉】

2006 年获由中国医药商业协会连锁药店分会颁发的年度推进行业建设奖；上海市商业零售业规范服务示范单位。是年，在全国医药行业质量管理小组活动成果发表交流会上，“第一医药 QC 小组”获全国医药行业一等奖、全国医药行业质量管理小组活动优秀企业奖。2012 年，第一医药股份获 2012 年中国连锁药店百强企业称号。

第二节　直 管 企 业

一、现代物流投资发展有限公司

【概况】

上海现代物流投资发展有限公司（简称“现代物流”）由百联集团原物流事业部于 2006 年 12 月成立，是百联集团直接管理企业，注册资金 2.83 亿元。现代物流按照现代企业制度的要求，依法组成母公司、全资子公司、控股子公司和参股公司的组织体系。公司主要经营业务为定向采购、加工、运输、包装、仓储、转运、配送、货代、国际货运等完整的供应链物流服务，以及供应链的咨询、规划、管理等服务。初步形成“城市配送物流”“危险化学品物流”“制造业物流”三大供应链体系，是一家集物流、商流、信息流、资金流为一体的现代物流集成商。现代物流公司下属子公司有上海长桥物流有限公司、上海商业储运有限公司、上海百联配送有限公司、上海晶通化轻发展有限公司、上海宝

图 4-1-5　上海现代物流投资发展有限公司

联五金储运有限公司、上海唯新企业投资有限、上海万友置业有限公司、上海汉克国际货运有限公司、上海共享投资发展有限公司、上海友谊集团物流有限公司等 10 家成员企业。

现代物流通过 ISO9001：2000 认证，具有进出口贸易、国内国际货运代理、道路运输、危险化学品港口作业、危险化学品储存证等齐全的物流资质。至 2013 年年底，公司营业收入 28.43 亿元；利润总额 6 322.25 万元；在职职工 1 118 人。

【沿革】

2003 年百联集团成立后，为了加强对国有资产的有效管理，将原上海一百集团、华联集团、上海友谊集团、上海物资集团的第三方物流资源整合，成立百联集团物流事业部。物流事业部成立后，首批进入的独立核算成员企业有 18 家：上海现代物流投资有限公司及全资和控股子公司 5 家、上海商业储运有限公司及全资和控股子公司 5 家、上海华联配送实业有限公司、上海宝联五金储运有限公司、东时实业有限公司、上海包装运输部（含宏辉、宏大包装托运部）、友谊集团物流有限公司、上海托运服务部；新成立上海百联配送有限公司。

从 2005 年起，现代物流启动 RFID（智能标签）技术在物流上应用项目研究，与仓储管理信息系统相结合，实现自动识别或自动收集信息功能，实现实时监控库内作业情况，并向上游制造企业延伸。4 月，百联股份物流中心由物流事业部托管。2006 年 3 月，晶通化轻发展有限公司及控股子公司 3 家和桃浦仓储公司划入物流事业部。物流事业部旗下共有独立核算企业 23 家；物流事业部直接管理的企业有 6 家，分别是上海现代物流投资发展有限公司、上海商业储运有限公司、上海华联配送实业有限公司、上海晶通化轻发展有限公司、上海百联配送有限公司、上海一百股份物流中心（托管）。

2006 年 12 月，根据集团总体部署，百联物流事业部撤销，由上海现代物流投资发展有限公司作为集团发展物流业务的平台公司，承担集团物流业务的经营管理等功能。12 月 28 日，现代物流桃浦基地改造项目开工奠基典礼举行。通过压缩危化仓库占地面积，扩建普通仓库，使仓储面积增加 42 675 平方米。扩大综合性仓储业务和经营面积，在为超商、生产资料、百货等主力业态提供现代物流服务的同时，拓展第三方物流业务，把桃浦基地改造成综合性的现代物流配送基地。

现代物流自成立以来，推进管控模式的优化，减少管理层级，降低管理成本，实现扁平化管理。成立之初，成员企业中有三级公司 9 家，四级公司 9 家，参股企业 8 家，托管企业 2 家。后通过关、停、并、转，取消四级公司的建制，对非主营业务的参股企业，采取股权管理的形式，退出日常经营管理。基本形成总公司下属 6～8 家专业子公司，1～2 家控股公司的两级管理架构。

2008 年，现代物流贯彻集团系统资源整合要求，推进资产股权整合工作。年内，完成汉克国际货运公司、华联配送公司、百联配送公司、外高桥危化公司以及商业储运公司的股权变更工作。

2009 年，现代物流面对市场竞争，充分利用品牌、管理、资源等优势，塑造“百联物流品牌”。百联配送公司成功中标欧尚提供物流外包；长桥物流公司成功引进神州数码等品牌客户；商业储运公司所属全方物流基地加强同百事食品的合作，经营规模进一步扩大。是年，现代物流的《RFID技术物流供应链上的应用》被列入上海市经济和信息化委员会2009年度上海市高新技术产业化重点项目计划。

2010年，现代物流推进托盘共用系统项目。建立托盘营运中心；设计托盘共用系统整体架构，年内完成一期项目建设工作。

2011年，托盘运营基地的标准化建设初具雏形。标准化托盘的社会化推广有实质性进展，先后与百特药业、味之素、鼎通物流、一百股份物流等企业合作，走出标准化托盘社会化租赁的第一步。是年，根据集团要求，减少管理层级，降低管理成本，完成上海全方物流有限公司、上海化轻化工物品运输有限公司的股权划转、层级提升；注销上海宝山联谊内河装卸站；转让上海现代物流资讯有限公司股权；收缩上海宏晖包装托运有限公司和上海百联配送有限公司等层级，有序推进扁平化管理。

2012年，现代物流完成AAAAA级综合服务性物流企业、2012年度上海名牌服务企业、ISO9001：2008等的复审工作。2013年，现代物流完成上海唯新企业（嘉定科茂路215号物流基地）100%股权收购工作。

【特色】

现代物流在传承传统仓储服务模式的基础上，坚持不懈推进“客户满意”工程，以物流供应链建设为突破口进行延伸和拓展，初步形成包括运输、储存、加工、分拨、配送等多环节环环相扣的供应链服务模式和物流供应链，形成金融质押、市场价格监控、平仓机制等服务模式的创新，实物流、信息流（技术流）、商贸流、资金流和人才流等“多流合一”的完整的供应链解决方案和增值服务体系，助推公司向知识密集和技术密集的现代物流企业转变。

企业三大核心业务特征明显：聚焦以商贸零售连锁企业为服务对象，精细配送为基本特征的城市配送物流业务。主要服务对象有百事食品、百特药业、可颂坊、家乐福、世纪联华、吉买盛等，配送范围辐射市内和江、浙两省数千家网点。聚焦以生产、经营、使用危化货品的企业为服务对象，以危化品交易、定向采购和供应链全过程服务为主体的危险化学品物流。公司所属的长桥物流、晶通化学等企业，危化品仓库储存面积约占全市总面积的12%，是第三方物流中经营危化品的重要国有物流企业之一。聚焦以制造业为主要服务对象，供应链管理为基本特征的制造业物流。如公司总部、长桥物流、宝联五金公司等与宝钢、鞍钢、马钢等多家著名企业合作，提供包括“定向采购—加工—配送—销售”等供应链一体化服务。

【荣誉】

百联物流先后获中国物流百强企业、全国先进物流企业、中国物流管理优秀案例奖、全国商业质量效益型先进企业、全国通用仓储企业排名第11名、全国仓储行业发展突出贡献单位、上海市文明单位、上海名牌企业、上海市国资委系统“服务世博　奉献世博”先进集体、上海市用户满意企业、世博安保先进保卫组织等荣誉。RFID项目及所属晶通公司的剧毒品监控项目获2007年度市经委产业技术创新专项，并获得专项资金。2010年，现代物流通过国家AAAAA级物流企业评审；连续多年进入中国物流50强排名；公司所属长桥物流基地为中国物流示范基地。

二、百联集团置业有限公司

【概况】

百联集团置业有限公司(简称“百联置业”)于2006年1月1日由百联集团房产置业事业部转制成立,系百联集团全资子公司,二级独立法人单位。公司注册资本26 800万元,员工总数约4 300人,其中外聘员工约3 100人,约占总数的74%。公司主要从事房地产开发、经营、租赁、置换、咨询服务、物业管理等经营业务。作为百联集团的功能性公司,百联置业承担百联集团存量房地产管理和盘活等功能。百联置业下属企业有百联房产经营管理有限公司、百联物业管理有限公司、河岸商业开发有限公司、上海金钢房地产有限公司以及专业市场经营管理事业部等。

图4-1-6　2007年7月,百联集团置业有限公司改建的杨树浦路61号老栈一期工程峻工后导入客户

【沿革】

2004年起,历时两年半,百联房产置业事业部将原四大集团名下房地产逐步过户至百联集团,厘清集团房地产权属。2005年1月起,房产置业事业部启动公司制的改制工作。5月,经百联集团批准,华联集团置业有限公司更名为百联集团置业有限公司,百联集团向百联置业有限公司以现金增资14 500万元,友谊置业、一百置业、物资房产、金刚房产、未来实业中心、上燃房产、金江物业、申虹物业等公司净资产以划拨方式对置业公司进行增资。增资后公司注册资金为26 800万元。

2006年1月1日起,百联集团房产置业事业部撤销,百联集团置业有限公司承担房产置业事业部所有职能。百联置业通过ISO9001贯标认证,以规范化统领企业管理,并率先在行业内编制和全过程推行《房产租赁服务质量标准》。

2008年1月1日,根据集团“稳步发展、夯实基础、优化结构、强化管理”和“集约经营”总体要求,上海河岸商业开发有限公司资产关系、管理关系划转至百联置业。百联物业管理有限公司受上海市物业管理协会委托,领衔组织制定上海市商业物业管理地方标准《商业物业管理服务规范》。

截至2010年,上海物资集团房地产有限公司所持有的上海紫嘉物业管理有限公司60%股权,上海一百(集团)有限公司所持有的上海一百集团房地产有限公司76.58%股权,上海商业储运有限公司所持有的上海一百集团房地产有限公司4.27%股权,以及上海百联房地产经营管理有限公司所持有的上海百联物业管理有限公司10%股权,无偿划转给百联集团置业有限公司。

2011年,百联置业组建上海百联保安服务公司,积极开拓市场,不断承接优质项目,覆盖大型商场、金融总部、大型会展等。凭借百联品牌优势,2013年初,百联置业一举中标哥伦比亚领事馆项目,在优化业务结构方面迈出积极的一步。12月14日,百联置业签下龙水南路项目土地出让合同,实现项目的真正“落地”。

2013年，百联置业实现营业收入6.23亿元，利润总额1.28亿元，物业管理面积达386.95万平方米。

【特色】

百联置业根据发展战略，打造集团房地资源管理中心和房地产市场运作平台，坚持盘活存量和开发增量相结合，商业房产开发和住宅房产开发相结合的专业经营方向，成为具有持续开发能力与专业管理水平、行业领先的商业房地产企业。上海百联房地产经营管理有限公司于2006年通过ISO9001贯标认证，以规范化统领企业管理，并率先在行业内编制和全过程推行《房产租赁服务质量标准》；百联物业管理有限公司系专业从事以商业物业管理为特色的物业管理企业；河岸商业开发有限公司根据政府“苏河湾”改造规划，将苏州河沿岸1 000米岸线打造成以商务、商业和文化休闲为主要功能的现代服务业集聚区。百联置业坚持推进经营结构调整，通过退出级差楼盘，进军中高端商业、办公楼盘，不断优化楼盘结构，商业等中高端楼盘的管理比重从成立初期的30%上升至近80%。

【荣誉】

百联房地产经营管理有限公司连续两届获上海市文明单位称号。百联物业管理有限公司具有国家物业管理一级资质，为中国物业管理协会理事单位、上海市物业管理行业协会常务理事单位，以及上海市质量协会会员单位；2008年获中国·长三角知名品牌企业称号，2010年列全国物业服务企业综合实力百强企业（排名第84名）。上海工业品批发市场是上海市重合同、守信用单位、上海市文明市场、全国重点商品批发市场。

三、上海新路达商业（集团）有限公司

【概况】

上海新路达商业（集团）有限公司（简称“新路达集团”）成立于1995年12月28日，由原徐汇区商业系统13家国有老企业组建而成；是经上海市政府有关部门批准设立，由徐汇区国资委授权进行资产经营和生产经营的国有独资性质的有限责任公司。1998年8月，按照中共上海市委、市政府关于市区联手、优势互补、共同发展的要求，与华联（集团）有限公司合作重组，股权比例为徐汇区国资委占49%，华联（集团）有限公司占51%。

新路达集团总部位于上海市徐汇区漕溪北路375号中金广场，注册资本28 000万元。集团的主要经营管理业态包括建材家居装潢、药品批发零售、食品生产加工和零售、专业百货及黄金珠宝首饰零售、商业网点租赁等。集团拥有一批知名的企业品牌和“老字号”，如第一医药、食品二店、乔家栅、上海食品厂、东方体育、今亚珠宝等。

2013年，新路达集团实现营业收入27.33亿元，利润总额1.23亿元。

【沿革】

1995年12月28日，新路达集团成立。2001年6月，华联集团、徐汇区国资委对集团体制、班子进行重大调整。

2003年，百联集团成立后，新路达集团由百联集团专业专卖事业部管理。2006年7月，在百联

集团的支持下，新路达集团受让上海新世界(集团)公司所持有的第一医药股份全部股权，成为第一大股东。在股权分置改革前，百联集团及其参控股企业曾控股第一医药股份52%的比例。

2007年4月28日，位于徐家汇商圈华山路新路达商厦开业。新路达商厦总建筑面积25 200多平方米，汇集食品二店、美心酒家、新路达华联吉卖盛等品牌企业。2008年1月，专业专卖事业部改制为百联商业连锁公司，新路达集团由百联商业连锁公司管理。通过资产经营、资本运作、资产置换、投资回报等途径，国有资产得到保值增值。

2010年9月7日，根据管控要求，集团提升新路达集团管理级次，承接原百联商业连锁公司对集团专业专卖业态的管理职能，成为集团直接管理企业，其经营管理的企业，除原新路达集团各下属公司之外，只保留第一医药和好美家，实行税收、党组织关系属地管理。原商业连锁有限公司管理的企业划由百联集团直接管理或委托其他二级公司管理。新路达集团有下属企业6家，分别是好美家、第一医药、食品经营事业部、百货经营事业部、网点经营分公司和资产管理分公司。

2011年，根据百联集团《关于同意上海新路达商业(集团)有限公司收购集体联合会资产、网点及人员安置的批复》，新路达集团与徐汇国资经营公司签订用部分网点使用权交换部分网点产权的协议，取得29个网点(面积9 000余平方米)的完全产权，实现网点经营权和使用权的合一。并按照“平等互利、企业自愿、市场化操作、政府支持推动”原则，推动解决新路达集团228处商业网点“两权合一”的工作，并协调相关部门落实有关政策。

【特色】

新路达集团按照“在调整中发展，在发展中提升”的经营思路，通过优化经营资源，夯实发展基础，取得一定的经营成果。集团通过资产、资源整合、业态归并、调整，支持核心业务发展，组建一批有发展优势和潜力的专业品牌公司，如上海市第二食品商店有限公司、乔家栅饮食食品发展有限公司、东方体育用品有限公司、今亚珠宝有限公司等。集团大力实施“立足区域，走出徐汇”的市场拓展战略，通过资本扩张、借船出海、自组联手、吸收加盟等方式，加大对医药药材、食品零售、旅馆服务、体育用品、黄金珠宝等重点业态发展的投入，完成了一批重大投资项目。

【荣誉】

新路达集团拥有以陶依嘉、乐振平、李耀生、何玲玲等为代表的劳模服务品牌，3个市级文明单位、6个百联集团文明单位和16个区级文明单位称号。

四、上海三联(集团)有限公司

【概况】

上海三联(集团)有限公司(简称“三联集团”)成立于1956年。2002年前，为黄浦区下属企业。其后，分别被友谊集团、百联股份控股，是专业经营钟表、眼镜、照相器材零售批发的企业集团，旗下五大品牌亨达利、亨得利、吴良材、茂昌、冠龙均为闻名遐迩的百年老字号。集团凭借雄厚的实力和规模优势奠定其在专

图4-1-7　2007年，三联开设1 000平方米全新的光学中心

业零售业的龙头地位。吴良材、茂昌作为眼镜业界翘楚，在眼镜业市场份额始终稳居专业前列。2013年，三联集团销售收入13.83亿元，营业收入8.90亿元，利润总额9 906万元，直营网点81家。

【沿革】

2002年7月，友谊集团对新世界集团全资子公司三联集团进行资产重组，友谊集团单方面向三联集团增资7 650万元，持有三联集团60%的股权，控股三联集团。

2004年，三联(集团)直营连锁店开设7家，分别是：钟表2家，亨得利一百店、亨得利西郊店；眼镜4家，吴良材南方店、茂昌闵行店、茂昌美罗店、茂吕西郊店；照相器材1家，冠龙南方店。同时，部分加盟店拓展到长沙、乌鲁木齐等地。

2005年，根据百联集团长三角行动计划，三联集团迈出全国市场拓展的步伐：成功开设亨达利钟表无锡百盛店；巩固上海区域优势，先后开设亨达利世茂店、吴良材一百店、正大店、浦三店、翔殷店、青浦店、茂昌世茂店、大木桥店、凌云店、龙之梦店、冠龙南西店等10余家。是年，三联眼镜研发技术跃上新台阶，吴良材成功推出"宽视宽屏办公用镜"，茂昌以"青少年渐进多焦镜"为特色，并成功推出三联最新的高科技产品——762钻洁镜片，价廉物美，一举获得市场。

2006年，三联集团加快拓展的步伐，编织更大的连锁网络图。开设亨达利劳力士专卖店、亨达利新八佰伴店、亨达利南京德基广场、吴良材正大店、吴良材浦三店、茂昌凌云店、亨达利无锡东方商厦店等。并成功进驻淮海路开设沪上第一家劳力士专卖店，专卖店的装潢风格、商品档次等都成为淮海路上的新亮点。三联集团继成功进军外地市场——无锡百盛后，又开设南京德基广场店。同年，三联集团研发推出渐进新品——"2H1"内渐进多焦镜和"2H1"青少年内渐进镜。凭借维修中心强大的技术优势赢得西铁城特约维修权。所有的二亨门店均建立日本西铁城表全国特约维修站，成为承接西铁城表全世界联保的上海维修服务站。

2007年，"科技创新"已经成为吴良材、茂昌持续发展动力。三联花大资金引进德国进口研磨机、加硬机、检验渐进片的分析图谱仪等先进设备，以满足创新产品的加工要求。光学车间已成为三联镜片后期制作、开发新产品强而有力的后台保障。三联集团在"2H1"渐进多焦镜的基础上，新研发出"2H1-II"双非球面渐进多焦眼镜；自行加工研制出"2H1"—宽视宽屏第二代办公用镜。

2009年，集团开出吴良材徐汇店、茂昌徐汇店等网点。

2010年，三联集团不仅成为上海世博会太阳眼镜的特许生产商和特许零售商，同时也进驻世博园区开设经营网点。以隐形眼镜、太阳镜为主的"三联商厦"独立销售平台 www.sanlianbuys.com 上线，同时在淘宝商城开设以销售照相器材为主的"三联商厦"www.shop60457307.taobao.com。9月，上海三联(集团)有限公司管理关系由原来委托上海百联商业连锁有限公司管理，变更为百联集团有限公司直接管理。

2011年，三联集团亨达利、亨得利名表维修中心历时半年，重新编制整理钟表修理目录，专业化程度更高，目录分类更加细化，操作流程更加规范和统一。在吴良材总店、吴良材淮海店、茂昌总店、茂昌淮海店添置眼底照相机，形成眼底照相机、眼压机、裂隙灯3台仪器系列检查特色，使验光服务向眼病筛查延伸。

2013年，三联眼镜业科技创新，全面推出蓝光膜镜片，成为经营亮点。是年，在上海市人力资源和社会保障局眼镜行业首推首席技师评定中，三联一举囊括3名首席技师。

【特色】

上海三联(集团)有限公司公司拥有亨达利、亨得利、吴良材、茂昌、冠龙五大业态品牌,均为商务部认定的中华老字号。眼镜专业坚持科技领先,光学镜片的科技创新项目获得5项专利。钟表专业除了二亨品牌优势,钟表精修成为专业技术特色。照相业的冠龙继续引领高端发展,形成以专业人士为目标顾客的徕卡等顶级品牌经营特色,推出数码一站式创新服务。

【荣誉】

1991年,国家内贸部认定三联集团注册商标"亨得利"为"中华老字号";1993年10月,上海吴良材眼镜公司被国内贸易部认证为"中华老字号";2001年,茂昌被评定为上海市著名商标;2002年、2005年,吴良材被评定为上海市著名商标;2004年,吴良材品牌被评定为中国驰名商标;2006年,国家商务部认定"吴良材""茂昌"为"中华老字号";2007年,吴良材被评定为"最具特色的上海服务商标",茂昌品牌被复评定为上海市著名商标、上海优秀服务商标;亨达利先后被评定为上海市文明单位、规范服务示范商店。2011年,国家商务部认定"亨达利""亨得利""冠龙"为"中华老字号"。

五、上海百联集团资产经营管理有限公司

【概况】

上海百联集团资产经营管理有限公司前身是上海百联投资管理有限公司,2010年工商更名为上海百联集团资产经营管理有限公司(简称"百联资产经营管理公司")。百联资产经营管理公司注册资本3亿元。主要承担集团核心业务与培育业务板块外的资产管理职能,承接集团非主业业务、对外参股企业的股权管理业务以及由集团主要业务板块剥离的尚不具备处置条件的非主业业务,通过集中规范管理、有效经营及整合处置,实现集团资源管理和效益优化双重目的。基本任务是以百联资产公司为平台,通过整合重组和改制,梳理长期投资、清理交叉投资、减少投资级次和平稳有序处置;对具备一定的市场竞争能力、经营良好,能支持服务于集团总体发展战略的关联业务或特种业务,明确定位、强化管理、增强实力,提升服务水平和市场竞争能力。

百联资产经营管理公司为集团全资二级独立法人单位,下属企业有上海百红商业贸易有限公司、上海市华联典当行有限公司、上海外轮供应有限公司、上海拍卖行有限公司责任公司、上海迎宾出租汽车有限公司、上海百联电器科技服务有限公司、华联集团资产托管有限公司、上海一百重庆家具装饰有限公司、武汉昌宝置业有限公司。

【沿革】

2003年,百联集团综合事业部成立。

2005年9月28日,为充分发挥上海百联投资管理有限公司的投资平台作用,集团同意对上海百联投资管理有限公司增资1亿元。增资完成后,公司注册资本增加到3亿元,为事业部转制做好准备。

2006年1月,综合事业部撤销,其所有职能转由上海百联投资管理有限公司承担,成为集团二级独立法人企业。百联投资管理有限公司根据百联集团文件精神,将华联(集团)有限公司持有的上海华联麦当劳有限公司30%股权转让给美国麦当劳公司。截至2007年3月,上海华联麦当劳有

限公司中方股权全部退出，该公司转为外商独资企业。

2009 年 5 月，按照集中精力做强、做大企业主业的发展战略要求，对百联股份既有的对外投资进行梳理、整合。经百联集团同意，百联投资管理有限公司以协议方式受让百联股份所持有的上海金照国际贸易有限公司 17.65%股权、上海一百国际贸易有限公司 10%股权、上海一百假日酒店有限公司 16.5%股权。

2010 年，为贯彻落实市国资委对国有企业资产整合“纵向收缩运行层级、横向收缩管理跨度”要求，上海百联投资管理有限公司更名为上海百联集团资产经营管理有限公司。

2011 年，百联资产经营管理公司对上海百联电器科技服务有限公司实施增资，以支持百联电器建设政府实事项目平台的配套和以服务业态为发展重点的公司各项经营业务的发展，增强公司的经营实力和竞争能力。

2013 年，百联资产经营管理公司按集团考核口径完成营业收入 27.20 亿元，利润总额完成 9 214 万元。

【特色】

百联资产经营管理公司根据所属企业具有投资性质多样、业态分布广泛、经营规模参差不齐等特点，以发展壮大与集团核心业务关联性强或在特种服务行业领先的企业、培育一批有市场竞争力或行业发展前景良好的行业“小巨人”企业为目标，坚持推行“强企”“创新”“品牌”三大企业发展战略，引导企业按照“区域龙头、行业标杆”的目标要求，在市场环境中抓住并利用社会、行业以及企业周边的聚合、集成资源机会，发现新客户、新业务、新增长点，探索新领域新模式、新机制，激励企业经营团队持续创新和突破瓶颈，骨干企业核心竞争力和行业地位得到巩固和提升，企业品牌影响力进一步显现。

【荣誉】

2009 年，上海拍卖行在行业中第一个被评定为上海市著名商标；2012 年，华联典当行被评定为上海市著名商标、上海拍卖行获上海市五一劳动奖状。

六、百联电子商务有限公司

【概况】

百联电子商务有限公司（简称“百联电商”）是在原联华电子商务有限公司基础上发展而来。2006 年 12 月，由百联集团有限公司、上海百联集团股份有限公司、联华电子商务有限公司、好美家装潢建材有限公司、上海盈双信息技术有限公司共同出资重组设立。注册资本为 5 000 万元。其中，百联集团有限公司出资 3 250 万元，占比 65%；上海百联集团股份有限公司出资 250 万元，占比 5%；联华电子商务有限公司出资 500 万元，占比 10%（其中 100 万元为货币出资，400 万元为经评估后的技术知识产权作价出资）；好美家装潢建材有限公司出资 250 万元，占比 5%；上海盈双信息技术有限公司出资 750 万元，占比 15%。2007 年 3 月，百联 E 城正式上线。

百联电商主要业务包括信息技术、计算机和网络通讯软硬件设备领域内四技服务；通信设备及其相关产品、计算机软硬件及配套的销售和售后服务；百货、工艺品、五金交电、建材及装潢材料、金属材料、汽车及配件、物资贸易、化妆品、文化用品、钟表眼镜、照相器材销售和售后服务；通过公共积分管理系统为签约商户提供信息及服务等。

【沿革】

2000年3月，联华电子商务有限公司(简称“联华电商”)开始筹建，由联华股份、友谊股份、上实集团股份、同振信息技术公司等企业共同投资5 500万元组建。9月25日，“联华OK网”开通。

2002年5月，联华电商启动联华会员制项目，初步建成联华各业态相对统一的会员品牌形象和共享平台，并为OK会员制项目的深化打下基础。

2005年，OK会员制开始向联华系统外的特约商户推广，全年合计发展会员377万人。

2006年12月，百联集团重组电子商务业务，由百联集团有限公司、上海百联集团股份有限公司、联华电子商务有限公司、好美家装潢建材有限公司共同投资5 000万元，组建成立独立核算的百联电子商务有限公司，进一步推进电子商务业务快速发展。为确保电子商务各类业务开展符合浦东税务部门有关规定，经百联集团批准，同意由上海百联电子商务有限公司投资成立上海百联商贸有限公司，为未来业务发展奠定法定条件。

2007年3月，在联华OK网电子商务平台基础上全新打造的“百联E城”(www.blemall.com)并正式投入运营。主要从事B2C、B2B以及信息展示等电子商务平台的建设，百联E城初期开放的商品板块涉及“百货”“建材”“超市卖场”以及“通讯产品”等内容。为了实现对集团内外企业开发网上信息展示和交易网站服务功能的目标，百联电子商务有限公司在一年多时间中，累计开发好美家jaja123建材网站、百联世贸网站、南方购物中心网站、百联奥特莱斯网站、友谊商店网站、三联集团网站、东方商厦南东店网站、上工批网站等40多个子网站，并将联华OK网、OK数卡网的商品全部导入百联E城。

2007—2009年，本着依托百联和联华拓展市场的战略思想，百联电商工作重点集中在发展以OK会员制为基础的全国性、跨业态的OK卡在线交易项目推广上，在百联集团内部和联华各业态提高在线交易应用的同时，开拓多领域、跨行业的联盟商户网点。累计发展OK会员数超过1 800万，会员交易额达到120亿元以上。2008年8月，百联电商取得网上交易的ISO9001-2000质量体系认证证书。截至2009年，百联电商共增加OK卡应用门店2 841家，OK卡特约门店达到9 263家，OK卡总发售量同比增加28%，在线交易同比增加35%。

2010年，百联电商继续聚焦电商核心业务，同时抓住上海世博会机遇，扩销增赢。6月21日，央行发布《非金融机构支付服务管理办法》(简称“办法”)。为了获得第三方支付服务机构经营许可资质，百联电子商务有限公司在12月底注册成立安付宝商务有限公司，积极申请第三方支付牌照。

2011年12月31日，百联电商下属安付宝商务有限公司(简称“安付宝”)获得由中国人民银行颁发的“中华人民共和国支付业务许可证”，专营多用途预付卡发行与受理业务非金融机构第三方支付许可牌照。自获牌照之日起，百联电商原多用途预付卡的发行与受理、特约商户结算根据央行规定转入安付宝公司。

2013年1月6日，安付宝商务有限公司又获3项中国人民银行颁发的非金融机构第三方支付许可，业务许可范围在预付卡发行与受理(仅限上海市)基础上增加互联网支付(全国)、移动电话支付(全国)、固定电话支付(全国)。为了使安付宝公司备付金管理符合央行的规定，百联电商对安付宝增资2亿元，增资后注册资本为5亿元，增资后股权结构为百联电子商务有限公司持有100%股权。

2013年，百联电商营业收入完成6.5亿元，同比增长14.9%；利润总额完成3.48亿元，同比增长13.98%。安付宝多用途预付卡销售总额达71.28亿元，比2012年增长9.93%。

【特色】

百联电商是以预付卡销售、结算为主,线上线下不断发展的企业。

在商品经营与服务方面,以因特网和电话网为基础,联合供应商,组织商品,广泛开展 B2C 和 B2B 业务。商品供应方面以超市日用商品为主,同时为了满足广大顾客的需求,还增设通讯产品、家用电器、电脑设备、PDA、数字卡等商城,以优惠的价格向顾客提供超市前期不经营的手机、通讯卡、大家电、电脑等商品。百联电商主要为上海地区会员提供免费送货上门服务,另外也在积极开拓可为全国用户提供的商品——数字通讯、游戏卡等,逐步将各项业务延伸至上海周边省市。同时,积极地为会员提供更多的优质附加服务——竞价买卖、OK 论坛、短信放送、票务等,为会员创造一个丰富多彩的网络购物平台,让大家获得购物娱乐的双重享受。

【荣誉】

2007 年,百联 E 城被列入市经委 2007 年度"上海市引进技术的吸收和创新年度计划",并获得市经委 2007 年度电子商务样板企业称号。2007 年以来,百联电商下属全资子公司易客便民服务有限公司获得多项知识产权证书及两项软件产品证书,并先后获得软件企业和国家高新技术企业称号。2009 年,百联电商获得上海市政府有关部门颁发的 2009—2010 年度上海市电子商务认证企业称号、2009 年上海商业创新奖、上海市 2009 年度信息技术十大优秀应用成果奖,商务部、工信部、发改委组织颁发的中国电子信息商务应用创新成长 20 强企业等荣誉证书;获得上海市信息委颁发的软件企业证书。2011 年,百联电商获得商务部电子商务示范企业称号。

七、百联集团财务有限责任公司

【概况】

2013 年 8 月 9 日,国内第一家商贸流通企业非银行金融机构——百联集团财务有限责任公司(简称"百联财务公司")在百联集团总部正式揭牌。百联财务公司注册资本为 5 亿元。其中,百联集团有限公司出资 3 亿元,出资比例为 60%;上海友谊集团股份有限公司出资 2 亿元,出资比例为 40%。公司住所为上海市黄浦区中山南路 315 号 8 楼。

百联财务公司主要经营:对成员单位办理财务和融资顾问、信用鉴证及相关的咨询、代理业务;协助成员单位实现交易款项的收付;经批准的保险代理业务;对成员单位提供担保;办理成员单位之间的委托贷款;对成员单位办理票据承兑与贴现;办理成员单位之间的内部转账结算及相应的结算、清算方案设计;吸收成员单位的存款;对成员单位办理贷款及融资租赁;从事同业拆借。

截至 2013 年 12 月 31 日,百联财务公司资产规模达到 27.61 亿元,营业收入为 3 431 万元,吸收成员企业存款为 22.53 亿元,利润总额 467.48 万元。

【沿革】

2011 年 2 月 6 日,为加快建设全国性大集团的步伐,实现国内商贸流通行业领军企业的战略发展目标,百联集团向商务部提出《关于申请组建百联集团财务公司的报告》,作为支撑企业主业发展的金融财务平台。12 月 20 日,百联集团向中国银行业监督管理委员会上海监管局、中国银行业监督管理委员会提出《关于筹建百联集团财务有限责任公司的受理申请书》《关于设立百联集团财务有限责任公司的筹建申请》。12 月 22 日,百联集团向上海市国有资产监督管理委员会提出《关于筹建百联集团财务有限责任公司的请示》。

2012年1月10日,上海市国资委批复同意百联集团向中国银监会申请设立财务公司。8月31日,中国银监会批复同意百联集团有限公司筹建企业集团财务公司。9月21日,为加强对财务公司的组织领导,确保筹建工作有序开展,百联集团成立财务公司筹建领导小组和工作小组,百联集团董事长马新生任组长,总裁贺涛、财务总监吕勇任副组长。

2013年1月5日,百联集团向国家工商行政管理总局申请财务公司名称预核准,核准的名称为"百联集团财务有限责任公司"(英文:Bailian Group Finance Co.,Ltd.)。2月8日,百联集团向中国银行业监督管理委员会上海监管局提出《关于百联集团财务有限责任公司开业受理申请书》。2月25日,就货币信贷政策、利率监测管理、金融统计等12项金融管理项目,百联财务公司向中国人民银行上海总部提交申请材料,获得一次通过。3月19日,又顺利通过中国银监会上海监管局的筹建验收及开业申请现场答辩会。

2013年4月12日,公司获得中国人民银行上海总部关于申请相关金融管理与服务项目的批复,并根据批复内容逐项落实:通过机房及信息管理等的审查验收,对接银监专线,加入人民银行的城市金融网;完成信贷政策及信贷规模的上报和申请;完成利率监测管理、金融市场监测、金融统计等用户的申请和环境的开通;完成财务公司金融机构编码的申请、会计资料备案、重大事项及重要信息报告、法定存款准备金开户及缴存等工作。

2013年5月28日,中国银监会批复同意百联财务公司开业。8月9日,国内第一家商贸流通企业非银行金融机构——百联集团财务有限公司在集团总部正式揭牌。9月13日,集团向下属各公司(事业部)、中心下发《关于由集团财务公司代理各成员企业统一办理结算业务的通知》。通知要求集团系统所有成员企业应在集团财务公司开立结算账户;由集团财务公司代理各成员企业办理对外支付业务,在办理对外支付时统一使用集团财务公司资金管理平台(网上支付),并优先向成员企业提供贷款资金。

2013年11月27日,试运行4个月的百联财务公司因按时保质地提交存款准备金报表工作,受到中国人民银行上海总部的书面表扬,并特许延后提交存款准备金报表资格。截至2013年年底,公司开户企业已达50家,并全部实现集中结算,占成员企业的30.68%。同时,实现91个账户的挂接归集。

【特色】

百联财务公司经营范围包括对成员单位办理财务和融资顾问、信用鉴证及相关的咨询、代理业务;协助成员单位实现交易款项的收付;经批准的保险代理业务等11项本、外币业务。业务核心系统具有实用性、安全性、高可靠性并且符合监管要求。管理信息系统共涉及客户管理、结算管理、信贷管理、资金管理,银企直联、1104报表、财务总账等多个业务功能模块。

八、百联集团有限公司教育培训中心(党校)

【概况】

2003年12月,百联集团教育培训中心(简称"百联教培中心")成立。百联教培中心由原一百集团、华联集团、友谊集团和物资集团教育培训机构重组而成。它是百联集团直属教育培训管理和实施部门。

百联教培中心以集团发展战略和人力资源发展规划为指导,建立与完善"管、教、研、训"一体化的综合平台。在管理上，成为集团教育培训计划制订与实施、教育培训资源与集约的主抓手；在教学上，成为集团党群管理人员、经营管理人员、职业技能岗位人员培训的主阵地；在研发上，成为集团创新力、领导力培训课题研究和项目开发的主渠道；在实训上，成为集团职业技能训练与考核、鉴定的主基地。

百联集团教培中心（党校）紧紧围绕百联集团提出的全国战略、强店战略和人才战略，积极实施集团和企业发展需要的各类培训项目，每年主要开发并实施党校教育、经营管理、职业资质（资格）、综合素质和继续教育等五大类培训项目，年培训规模近 5 万人次。

【沿革】

2004 年，上海市物资党校、上海市物资学校、友谊商业进修学校、华联教育培训中心、马桂宁学校、家电技校及广星工贸公司等 7 家单位划归百联教培中心管理。是年，友谊进修学院和华联教培中心完成注销；原四大集团的培训业务全部整合至百联教培中心基地；完成上海市物资学校与上海家用电器高级技术学校整合。9 月 20 日，百联集团在物资党校增挂“百联集团教育培训基地”牌子。

2007 年，百联教培中心与中共物资（集团）总公司委员会党校进行“管教合一”整合工作，实行“两块牌子，一套班子”运行体制，所有人员均列入党校事业单位编制，实现培训全程一体化管理，更好地适应百联集团发展对人才培训的要求。2008 年 9 月，经杨浦区相关主管部门同意，原上海市华联连锁经营进修学院更名上海百联商贸进修学院。学院隶属百联教培中心。

2009 年 11 月，经百联集团同意，百联集团教培中心（党校）租借创智联合大厦（现址恒丰路 1 号）3 个楼层 2 100 多平方米作为集团教育培训基地的过渡场地，以缓解因培训量逐年增加而对扩大场地的需求。

2011 年，百联集团成为上海首批高技能人才培养基地。集团教培中心以基地建设为契机，以百联商贸进修学院为平台，开发收银员、商品质量监控专项、商品销售专项、木材加工专项等培训项目；完成市人保局营销师（一级）、营销师（二级）行业特有工种的题库提升工作。

2012 年，百联集团董事会批准在民星路建设百联教培中心综合大楼。该大楼建筑面积超过 2 万平方米，总投资 1.5 亿元，具有培训、技能实训、职业鉴定、研究开发等功能，成为集培训、研究、展示、会议于一体的综合性教育培训基地。

2013 年，百联教培中心综合大楼已基本完成项目申报的前期各项准备工作，包括环境影响评估、交通安全评估、修建性详细规划审批、规划设计方案公示等。《百联职业技术学校教学大楼改扩建工程项目请报告》报市发改委核准。该项目于 2013 年 11 月开工，2015 年竣工投入使用。

【特色】

探索培训教学空间由课堂教学逐步向课堂教学与企业岗位实践相融通，理论教学与岗位挂职锻炼相衔接的培训模式，以增强学员经营实务的操作能力。在创新培训内容方面，以提高管理人员的岗位实战能力为目标，突出实务知识和技能的提升。按照企业和学员的岗位能力要求来度身定制培训课程模块。在创新培训形式方面，积极探索互动教学方式，采用案例分析、情景模拟、专题研讨、正反方辩论、实战演练、论坛演讲等方法，增强教学效果。

【荣誉】

2008 年，物资学校获上海市行为规范示范校称号。2010 年，百联教培中心（党校）获 2006—

2010年上海市成人教育先进集体称号;2012年,获2007—2011年上海市学习型社会建设与终身教育工作先进集体称号。

九、百联集团有限公司审计中心

【概况】

2003年4月24日,百联集团组建后,成立集团审计中心。百联集团审计中心是按照《中华人民共和国审计法》、国家审计署《关于内部审计工作的规定》以及有关法律法规、集团相关制度,依法开展集团系统内部审计工作的独立机构,承担着集团系统审计实施和审计管理双重职能。

【沿革】

2004年,审计中心对299家纳入2004年集团预算范围的企业实施审计,占全部预算单位407家的73.46%,提出审计建议85条,出具各类审计报告共计57份。通过预算审计,对集团各成员企业的2004年度预算执行情况进行鉴证,揭示集团系统涉及经营、财务与基础管理方面的薄弱点与存在的问题。

2005年,编制《内审手册》,结合百联集团经营与组织的特点,为百联内审人员提供有章可循的工作辞典。

2009年,审计中心对集团纳入2008年预算的成员企业共计337户中的294户实施审计,占全部预算户数的87.24%。在出具的2008年度预算执行情况审计报告中,揭示审计中发现主要问题五大类83条,提出审计建议72条,按发现问题的性质和内容,分别出具整改通知书和审计建议书共4份。同时,审计中心接受集团人力资源部的委托,共对集团所属企业经营者开展15项经济责任审计。对集团领导关注的百联电商、好美家、汉克等公司开展围绕内控制度的各有侧重的专项审计。参与对物贸股份所属有色分公司的2.15亿元预付货款的专项调研,比较货权质押或股权质押两种方式的特点与存在风险,并提出审计建议,加强风险防范。截至2009年11月底,审计中心在工程项目管理上共完成集团系统132个工程项目的结算审价委托,涉及金额14 744万元。

2010年,审计中心对2009年的预算审计不仅鉴证预算考核指标完成的真实性,且注重对企业的内控制度制定、执行和完善、业务流程的规范、投资项目的控制和执行、重大经济合同的管理和执行、集约采购和价外收入收取、租金收入等重点管理环节的审计,并通过审计及时揭示企业在经营管理等方面的问题。揭示审计中发现主要问题五大类90条,揭示重要事项六大类119条,提出审计建议80条。分别出具6份管理建议书和3份审计整改通知书。单独出具物贸股份有色分公司大额垫资业务及吉买盛资产质量的2份专题报告。并将审计中发现的个别企业5件违纪违规事项提交集团。审计中心受集团相关部门的委托,先后对集团3位市管干部、百联股份、物贸股份、人力资源中心经营者开展21项经济责任审计。

2011年,审计中心对纳入集团2010年度预算范围的343户成员企业中的275户,实施审计,审计覆盖率为80.17%。出具9篇单篇审计报告和1篇综合报告,揭示审计中发现的主要问题157条,揭示重要事项119项,提出审计建议111条。另外出具4篇专项报告。同时,完成3项市管干部离任经济责任审计工作,侧重审计评价和责任认定2个关键环节,通过有效的经济责任审计发现问题和总结经验。

截至2011年11月,在工程项目管理上共完成集团系统84项工程项目的结算审价委托,涉及金额 21.18 亿元，其中：全过程投资监理工程项目 36 项，涉及金额 20.63 亿元。工程项目审价平均核减率达到 16%。基本实现了集团基建工程项目的集约化管理。

经过多年努力，审计中心内审工作形成集团一审到底、三级内审网络运作机制；层层有计划、事事有方案的工作机制；规范审计行为的审计督导机制。多形式、多角度服务于企业。在审计管理中，通过例会、现场指导等方式，重点抓好集团系统各企业内部审计部门的业务指导；通过自身组织和外送培训，开展专兼职审计人员的后续教育，并以审计质量自我评估为抓手，加大对直属公司内审部门的业务指导和培训，由点带面，积极推进集团系统的内部审计管理和质量水平不断提高。

【特色】

审计中心在审计实践中，基本形成年度预算绩效审计，高级管理人员经济责任审计，具有百联特色的专项审计、专题调研、建设工程项目审计管理和配合各类专项审计等常规和自选审计项目。

【荣誉】

百联集团审计中心连续 2 次获得国家审计署授予的“2005—2007 年、2008—2010 年全国内部审计先进集体”称号，上海市审计局授予的“2008—2010 年上海市内部审计先进集体”称号，中国内部审计协会授予的 2012 年“国企扬帆、内审护航——全国内部审计示范企业”称号。

十、百联集团人力资源中心(企业清理中心)

【概况】

2003 年 4 月 24 日，百联集团组建后，成立人力资源中心、企业清理中心。人力资源中心是百联集团实施集约管理的职能机构之一。集中管理集团系统所属企业在破产、兼并、解散、撤销、停业和结构调整中产生的离岗人员，进行分流、安置，促进再就业；承担服务管理集团系统内的离退休干部、退休人员的任务；为集团企业提供职业中介、人事代理和青年见习基地的管理服务工作；通过注销、破产、封存等方式清理企业，解决企业历史遗留问题，保全国有资产，支持和保障集团核心业务发展。2007 年 10 月 14 日，百联集团人力资源管理中心和企业清理中心合署办公，实行“两块牌子，一套班子”运营，除继续承担原两中心的职责外，同时承担原四大集团留守职能。

【沿革】

2003 年，人力资源管理中心组建初期，为了保证三类人员(离岗、离休、退休人员)集约管理平稳过渡，分设 4 个处，分别管理三类人员。通过逐步调整管理人员分工，归并同类工作，理顺管理关系，加快整合进程，基本实现一体化运作。同时制定章程、制度、规定办法和配套的工作流程等 76 个，使各项工作有章可循、有条不紊、规范操作，有效地防止管理漏洞产生和引发各种矛盾。2003 年年底，企业清理中心党政班子成员招聘上岗后，立即贯彻百联集团筹建企业清理中心的原则和有关精神，明确中心的职能定位，设计组织架构、运作模式、业务流程和规章制度体系，明确各部门职责权限，使中心运行主体明确，脉络清晰，责任到位。

2004—2006 年，百联集团分时段下达“关于企业接收通知”，清理中心集中力量，推进企业破产解决历史遗留问题、加快企业关闭防范资产风险、加大力度界定催讨债权、梳理有效资产及时移交集团、变现闲置资产回笼现金流量、核销不实资产抓紧清账调账等方面工作取得成效，基本完成主要清理任务。确保三大集团全面进入注销程序：一百集团、华联集团完成税务注销工作，友谊集团办理税务注销手续；基本完成物资集团可清理事项，有效资产全部梳理完毕，可处置的有效资产基本完成，大部分不实资产通过坏账鉴证、清账调账等途径得到处置。3年累计接收清理企业233户；累计清理资产89亿元，完成接收资产89亿元的100%；累计处置资产59.95亿元，其中：有效资产处置4.41亿元，清账调账54.92亿元，封存2 100万元，各类待摊4 100万元。完成应处置资产89亿元的67%；累计关闭企业196户(分支机构33户)，其中：注销企业175户，封存21户，完成应关闭233户企业的84%；累计完成百货总公司、东方超值公司、交通商务公司3家企业的破产结案；累计现金回笼2.46亿元。

2007年8月6日，百联集团宣布人力资源管理中心和企业清理中心合署办公，根据"大稳定、小调整"要求，分两步实施。10月14日，两中心人员全部集中办公，实行"两块牌子，一套班子"运营。企业清理转为常态化工作，重点攻克难题。年内，完成工商注销11户，封存企业12户；清理资产50 017.82万元：完成资产处置23.55亿元，其中：有效资产处置3.21亿元；清账调账19.56亿元；现金回笼6 726万元。

2008年，企业清理工作重深度，努力加快清理速度，清理工作扫尾成效明显。一百沪西、元博、上文精品、一百纺织、交家电器、金属黑色、化轻二公司等7户工商注销关闭；封存展鹏公司1户；处置15户股权、法人股；收回资金4 474.12万元。

2009年，为对历史负责，保全中华人民共和国成立以来上海商业沿革资料，原一百、华联、友谊集团的企业档案全部集中到蕰川路仓库，启动原物资集团企业档案搬迁工作。严格按照《档案法》和文件规定进行鉴定、分理、立档、销毁，完成4批次计367户企业档案清理，其中立档48 658册(本)；完成销毁185 294册(本)的组合申报工作，经市档案局核准后处置。全年共整理立卷停业注销企业档案14.98万册，经核批销毁档案50.58万册。

2010—2013年，面对剩余清理企业多重障碍叠加的不利环境，积极创新思路，处置疑难历史遗留问题取得突破。取得困扰多年的海联船务、商贸实业2家清理企业注销单；加快一百连锁、协作开发、油墨联销等企业的破产进程；榴莲工贸顺利转入企业关闭阶段；运用法律手段处置申宏公司；配合华联投资公司有序推进航天宝都C楼工程验收取得产证、商业网点公司资产包处置；机电公司歇业关闭、资产盘活处置方面取得有效进展。4年累计注销企业47户，处置资产现金回笼2.61亿元。

截至2013年，通过企业清理中心注销企业240户，资产处置回笼现金6.19亿元。

2004—2013年10年中，人力资源管理中心积极与市社保中心联系沟通，为716名离岗职工和非管理对象解决养老金漏缴问题；积极争取政策，为506名大病、丧偶离岗职工和1 088名特殊工种人员办理提前退职退休，共减少费用1 387.8万元，至退休可减少费用14 761.82万元，实现了"政府政策落实，企业发展减负，职工个人得益"的三赢局面。同时，为4 010名身患大病、重病的离岗职工申办理赔303.41万元；为113名离岗职工解决工龄认定和补建社保账户等问题。

【特色】

企业清理以企业清理和注销为目标，以处置低效资产和不良债务为途径，为主业轻装上阵为己任，勇于创新，强化措施。把握清理企业状态，密切与法院、管理人、工商等协作联系，规避风险，降低成本，借助司法清算或破产途径，实现注销关闭目标。加强内部管理，强化分工协作，增强合力机制，全力做好各类诉讼案件的处置和遗留问题的清理工作，达到规避上市公司风险、了结诉讼案件、企业清理关闭的目标，为集团的企业整合提供有效支持。

人力资源管理全力推进和建立离休干部"企社"双向沟通服务机制。积极探索创新离休干部

“四个就近”工作的形式和方法，探索网络化管理的新措施，扩大和提升离休干部个性化服务内涵。从机制体制上，明确退管工作职责定位。根据“集中管理，分类服务”的原则，履行好接待服务、特殊群体帮困和信访稳定职责，对接社会保障；积极发挥经营企业退管联络员工作制度的作用；用好上海市老年基金会百联工作站的公益帮困资金，逐步扩大退休人员关爱服务覆盖面。通过对离岗职工实行“一门式”接待服务和年内“慰问关爱全覆盖”等措施，切实增强离岗职工的帮扶力度，重点做好生活在全市最低生活水平线上和身患大病、重病等特困对象的动态管理和帮扶工作，整合企业和社会帮困资源，完善离岗人员困难救助机制。建立网上职介平台、拓展人事代理、青年见习基地规模等途径，为服务群体提供快捷、优质的服务。

第二章　三级企业选介

百联集团在整合、发展过程中，实施强店强企战略，新老企业与时俱进全面转型，同步提升经营实力。无论是在南京路称雄半个多世纪的第一百货商店、永安公司，还是建于20世纪90年代的第一八佰伴、东方商厦现代化大型商厦；无论是第一医药商店老字号，还是集团成立后倾力发展的购物中心、奥特莱斯新业态，随着上海商业发展，始终立于行业排头。百联集团积极发展壮大与核心业务关联性强或在特种服务行业领先的企业，培育一批有市场竞争力或行业发展前景良好，有一定市场地位和品牌声誉的知名企业，如上海百联物业管理有限公司、百红商贸公司、外轮供应公司、上海拍卖行等企业。

第一节　综合百货零售企业

一、上海第一八佰伴有限公司

【概况】

上海第一八佰伴有限公司（简称“第一八佰伴”）是经国务院批准成立的国内第一家中外合资大型商业零售企业，于1995年12月20日开业。第一八佰伴位于浦东陆家嘴金融贸易区内，是集购物、娱乐、餐饮及办公楼为一体的多功能、现代化、综合性商业大厦，是浦东十大标志性建筑物之一。第一八佰伴主要经营化妆品、黄金珠宝、服饰、鞋类、皮具、钟表、眼镜、汽车等各类百货商品以及餐馆、咖啡馆、电影院、游艺厅等多种娱乐餐饮项目。2013年，实现营业收入32.44亿元，利润总额5.69亿元。

图4-2-1　1995年12月20日第一八佰伴开业当日，客流高达107万人次，创单店单日客流新高，被载入吉尼斯世界纪录

第一八佰伴新世纪商厦总投资1.2亿美元，占地近2公顷，商厦楼高99.9米，建筑面积14.5万平方米，商场面积10.8万平方米。新世纪商厦由日本清水建设株式会社和上海民用设计院设计。1995年12月20日开业当天，以107万人次客流，创吉尼斯世界纪录。

【沿革】

1991年4月14日，市财办与日本八佰伴签订合资开设特大型商业零售企业意向书。

1992年6月5日，第一百货与日本八佰伴国际流通集团在沪港两地同时宣布：经国务院批准，中日合资兴办的上海第一八佰伴商业有限公司在浦东成立，成为全国第一家中外合资商业零售企业。9 月 28 日，第一八佰伴新世纪商厦在浦东张杨路商业购物服务中心奠基。1995 年 12 月 20 日，新世纪商厦开业，以单日客流 107 万人次创吉尼斯世界纪录。

图 4－2－2　第一八佰伴(摄于 2008 年 1 月)

1997 年 9 月，日本八佰伴因海外投资失败而倒闭；1998 年 3 月底，日方全部撤回国内，新世纪商厦从此完全交由中方经营。1999 年 2 月，第一百货(一百股份)以 755 万美元价格收购日本八佰伴在合资公司全部股权，使中方股权占到 64％，实现中方对第一八佰伴全面控制。2001 年，第一八佰伴实现利润 1 724 万元。2003 年利润突破 8 000 万元。

2003 年 11 月，香港八佰伴所拥有的 36％股权全部转让给百联集团香港公司旗下子公司香港昌合有限公司。完成收购后，百联集团及其所属企业 100％拥有上海第一八佰伴。

2005 年 12 月 20 日，名品城改造竣工开业。BOSS、VESACE、BALLY、PAUL&SHARK、SMALTO 等众多国际一线服饰品牌入驻。2006 年，第一八佰伴实现规模销售 24.3 亿元，比 2005 年增长 15.82％，继续占据全国百货商店领军地位。2008 年，第一八佰伴地下一层食品城开业，汇集 2 万多种商品，其中九成以上为进口品牌。

2010 年 6 月，第一八佰伴进行开业 15 年来较大规模调整，二楼、三楼商场分别变身为“女士名品馆”“都市俪人馆”，全新引进国际二线品牌和设计师品牌，与一楼商场形成品牌梯度衔接，进一步扩大和锁定中高端顾客。下半年，一楼世界名品城实施品牌升级。9 月，百联集团收购香港昌合公司持有的第一八佰伴 36％股权。11 月，百联集团资产重组，友谊股份收购百联集团的持有的第一八佰伴 36％的股权，第一八佰伴由中外合资企业转制为内资企业。12 月，顶级奢侈品爱马仕全球第 4 家钟表珠宝店在公司一楼世界名品城隆重登场，大大提升第一八佰伴世界名品城的经营能级，增强商厦拓宽高端消费市场的内在实力。第一八佰伴全年实现年销售 39.2 亿元，利润突破 4.4 亿元，再创历史新高。

2012 年 11 月，友谊股份换股吸收合并百联股份，第一八佰伴由友谊股份 100％控股。

【特色】

倡导新生活理念。第一八佰伴世界名品城历经三期改造，国际一线大牌纷纷落户；新世纪食品城网罗世界风味美食，堪称浦东地区最高档的进口食品超市之一；女士名品馆、都市俪人馆汇集知名时尚品牌，演绎现代女性的激情活力；时尚休闲广场、家居生活馆向消费者传递着品牌、品质、品味的现代生活理念。与时俱进的经营调整赋予商厦超越自我、追求卓越的新生活力。开展多维度营销。第一八佰伴一年一度的“岁末惊喜迎新年”跨年酬宾与独树一帜的“8·3 男人节”盛典，成为第一八佰伴远近闻名的经营名片。实施全方位服务和“精细化”管理渗透到商厦运营的每个环节、每个流程。

【荣誉】

1995 年，获上海市商业建筑最佳形象荣誉证书。从 1998 年起，第一八佰伴连续六届被评为上海市文明单位。2005 年,获全国商业顾客满意企业、全国模范职工之家称号。2006 年,获全国五一劳动奖状、全国金鼎级百货店称号,总服务台获上海市劳动模范集体称号。2007 年,获上海市模范职工之家、上海市商业零售规范服务示范单位称号。2009 年,获全国商业服务业十佳企业、上海市商业零售业规范服务示范单位称号,世博服务卓越奖和迎世博贡献奖。第一八佰伴建筑曾获中华人民共和国成立五十周年经典建筑铜奖和浦东开发开放十年建筑金奖。

二、东方商厦有限公司

【概况】

上海东方商厦有限公司(简称“东方商厦”)于 1993 年 1 月 10 日开业,是上海试点的第一家沪港合资百货商厦,隶属百联股份。东方商厦位于漕溪北路徐镇路路口,占地面积 5 900 平方米,建筑面积 2.6 万平方米,营业面积 1.5 万平方米,是集购物、餐饮、休闲于一体的“旅游涉外定点商店”。2013 年,东方商厦实现营业收入 13.36 亿元,利润总额 1.16 亿元。东方商厦以零售为主,兼营批发,经营的商品品种达 6 万多种,主要包括包装食品、日用百货、包袋、洗涤化妆品、黄金珠宝、钟表眼镜、工艺礼品、名烟名酒、服装鞋帽、家居用品、家用电器等。经营商品中约 1/3 为进口商品,包括一些国际知名品牌,其他均为中外合资企业的产品和国内名特优商品。东方商厦坚持以高档商品为主经营方向、以礼品化经营为特色、以星级服务为规范的经营策略。

图 4-2-3　东方商厦(旗舰店)外景(摄于 2008 年 12 月)

【沿革】

1990 年 10 月 20 日,市政府批准由香港上海实业有限公司和上海市商业开发公司合资成立东方商厦。11 月 9 日,东方商厦获市工商局核发的营业执照。

1993 年 1 月 10 日,东方商厦开业。这是上海改革开放后开业的第一家现代大型百货零售商店。坚持以高档为主、高中档结合、注重适销对路的经营方针,高档商品约占 70%,中档商品约占 30%。

1994 年,东方商厦在保留原有高档商品的同时,增加许多适销对路的中档商品,使商品种数从开业之初的 2.5 万种增加到 6 万多种。全年销售额达 4.85 亿元,比 2003 年增长 54.5%,实现利润 163.2 万元,创大型零售商业开业第 2 年实现盈利之先。

1995 年初,东方商厦提出“礼品的世界、礼仪的氛围、礼貌的服务”和“礼品商品化、商品礼品化”口号,在促销活动中突出宣传礼品化经营特色,在商品采购、经营服务、环境布置等方面突出一个“礼”字。同时,还实施“以节兴市”,先后举办东方节、音乐节、服务节、父子节、育苗节、啤酒节、教育节、名品节等各种大型促销活动。率先在上海商界倡导和推出“星级化服务”。制定“星级服务标准”8款80条，提出星级服务管理模式，对仪容仪表、店容柜貌、服务接待、专业素养、商品陈列、班前例会、定岗巡视等作出具体规定；制定“商品部星级服务评定办法”和“商品部星级服务评定考核标准”，实施一星级至五星级不同等级的考核要求。

1996年，香港上海实业控股有限公司控股东方商厦51%的股权。

2003年5月，百联集团以1.17亿元向香港上海实业集团购回上海东方商厦51%的股权，全资拥有东方商厦。

2005年，东方商厦为打造都市时尚百货样板店，全面提升企业形象，投入2 000余万元资金，对内外环境进行全面改造。调整品牌300余个，新引进品牌20余个；调整四楼、五楼的经营格局，整个商厦经营高档时尚百货的形象更为鲜明；进一步改善购物环境拓展服务功能，建立顾客服务中心；全面改造建筑外墙，在保留原有风格的基础上，体现大气和时尚特征。

2007年7月9日，百联集团与百联股份实施资产置换，由百联股份以持有的法人股、房产及其他股权性投资置换百联集团持有的东方商厦100%的股权。2008年6月，百联股份命名东方商厦为东方商厦旗舰店。是年，东方商厦实现销售收入15.05亿元，比2007年增长7.76%；利润1.28亿元，增长16.36%，在上海单店销售排名中为第4位。

2009年1月18日，以“服务创造价值，品牌展示风采”为主题的上海商业十大服务品牌汇报展示系列活动在东方商厦举行。

2010年11月27日，东方商厦开展ISO9001和ISO14001管理体系认证工作，于12月初获上海质量体系审核中心颁发的质量和环境认证证书。

2012年，东方商厦获上海单体百货销售20强榜单排名第5位。2013年1月8日，东方商厦举行开业20周年庆典。

【特色】

东方商厦（旗舰店）确定“高档创名、中档创利”的方针。在坚持经营高档商品的同时，追求高雅的购物环境、追求高档的销售服务、追求高明的营销管理、追求高尚的文化品位。坚持“礼品化经营”理念，追崇以“礼品的世界、礼仪的氛围和礼貌的服务”为核心的经营方式。倡导“礼在东方，美集麒麟”的企业文化，多角度深层次打造“立体化服务”概念，创新塑造“企业品牌、商品品牌、员工品牌”三大企业竞争优势，为广大消费者带来高品质的购物体验和优雅享受。

【荣誉】

东方商厦先后获得全国文明单位、上海市文明单位、全国金鼎百货（精品店）、全国五一劳动奖状、全国最佳购物环境商业企业、全国商品质量先进单位、上海商业创新奖、上海商业文化建设奖、百城万店无假货活动示范店、中国百货行业优秀企业和由中国保护消费者基金会授予的第四届保护消费者奖等荣誉。2010年东方商厦通过ISO9001质量管理认证和ISO14001环境管理认证。

三、上海市第一百货商店

【概况】

第一百货商店（简称“第一百货”）位于南京东路830号，是上海百联集团股份有限公司旗下的企业。第一百货诞生于1949年10月，是中华人民共和国成立后第一家国有百货商店，被陈毅市长

图 4-2-4　第一百货商店被商务部认定为中华老字号（摄于 2011 年 2 月）

图 4-2-5　20 世纪 30 年代大新百货旧貌

称为“我们自己的商店”。1985 年起，第一百货曾连续 14 年雄踞全国百货商店年销售额第一，是全国购物的首选之地。第一百货地处“中华商业第一街”南京路步行街路口。第一百货近代优秀保护建筑与一百新楼和东方商厦南京东路店三楼合体，横跨六合路，以近 15 万平方米的总面积，全新演绎经典与时尚的相互融合。

2008 年 3 月，第一百货老楼在不停业的情况下，投资 1.28 亿元，实施建店史上最大规模的整体修缮工程，老楼的整体环境和硬件设施由此得到全面提升。完成改扩建后的第一百货新、老楼贯通连为一体，建筑面积由原来的 3 万平方米跃升到 7 万多平方米，商场布局更趋人性化，购物环境更显舒适，服务功能也更为丰富完善。一批高端、时尚、知名的品牌纷纷入驻，引进的餐饮、茶座和影院等吸引更多的年轻人光顾驻足，实现传统与现代的有机融合，转变为具备满足顾客购物、休闲、娱乐不同需求的多功能、综合性百货商店。

2013 年，第一百货营业收入 14.44 亿元，利润总额 5 599.48 万元。

【沿革】

第一百货前身是“公营上海市日用品公司门市部”，1949 年 10 月 20 日开业，原址在南京东路 627 号（现华侨商店地址），营业面积为 1 000 多平方米，是上海解放后第一家国营百货商店。1950 年 5 月，更名为“中国百货公司上海市公司门市部”。1952 年 12 月 10 日再次更名为“国营上海市第一百货商店”。1953 年 9 月 28 日，第一百货迁入南京东路 830 号原大新公司旧址。计划经济时期，第一百货商店为平抑物价、保障供给，作出积极贡献。

20 世纪 80—90 年代，第一百货年销售额连续 14 年名列全国第一。

1993 年 2 月 19 日，上海市第一百货商店股份有限公司上市，第一百货商店成为其核心企业。

1995 年，经市、区有关部门的统筹规划，六合路以东沿南京东路的“王星记扇庄”“利男居食品店”“大光明钟表店”择地搬迁，六合路一侧的居民动迁，地块规划新建一百东楼。1997 年 10 月 20 日，东楼建成营业，主楼 22 层，高 98.6 米，建筑面积 44 968 平方米，有 3 个楼面与老大楼跨空对接。

2003 年 4 月 25 日，与黄浦区签约获得用于兴建第一百货新大楼（北楼）地块面积 3 227 平方米，40 年土地经营权。2007 年 12 月 28 日第一百货新楼竣工开业，建筑面积 4 万多平方米。

2008 年 3 月，第一百货在不停业情况下，投资 1.28 亿元，实施大规模整体修缮工程，11 月 27 日全部竣工。老楼与一百新大楼贯通连为一体，总建筑面积达 7 万多平方米。新老大楼实现传统与时尚的时空连接，交叉式的自动扶梯，透光的穹形天棚，以时新的硬件，引进众多高端、著名品牌入驻，集餐饮、咖吧、茶座、影院、游戏厅等复合功能，营造一个令顾客耳目一新的购物、休闲、娱乐环境。

2010 年 1 月 20 日，在上海世博会开幕倒计时 100 天之际，全市经营面积最大、经营品种最多的第一百货世博特许商品旗舰店开业。截至 10 月 31 日，实现世博特许商品销售 4 000 万元。

2011 年 7 月 10 日，商店六楼商场引入新华书店，让这个老百姓熟悉喜爱的品牌重回南京路，也给商店增添浓浓的文化气息。2012 年 4 月 28 日，著名休闲品牌优衣库在新楼二楼开业，又一次给第一百货注入清新之风。

【特色】

第一百货始终坚持“一店的商品，一百个放心；一店的服务，一百个满意”质量方针。商店通过强化质量管理体系，对售前、售中、售后商品质量和服务质量实施全方位、全过程控制，提高经营管理水平，最大限度地满足顾客需求。在激烈的市场竞争形势下，商店经济效益始终保持国内同行的领先地位，以质量和牌誉赢得广大消费者的厚爱。第一百货塑造“放心为魂”的企业文化，培养以马桂宁为代表的劳模及大批经营管理人才，创造百货经营管理、服务的典范模式。

【荣誉】

1991 年，第一百货被国内贸易部认定为中华老字号企业。至 2012 年，连续多年获上海市文明单位称号。2006 年 10 月又被国家商务部评为全国首批金鼎百货店(品牌店)。2010 年，被国家商务部认定为中华老字号企业。2011 年，获 2009—2010 年度上海市文明单位称号。2013 年，获上海零售商 2012 年度经典百货奖。

四、永安百货有限公司

【概况】

永安百货有限公司(简称“永安百货”)是百联股份下属企业。永安百货创建于 1918 年 9 月 5 日，1956 年 1 月 16 日公私合营，1988 年更名为华联商厦。1992 年，上海华联商厦股份有限公司改制上市，华联商厦成为其核心企业。2005 年 4 月，更名为“永安百货有限公司”。永安百货坐落于被誉为“中华商业第一街”的南京路步行街中心(南京东路 635 号)，总面积约 3.2 万平方米。公司注册资本 5 000 万元。2013 年，营业收入 65 218.05 万元，利润额 5 568.35 万元。永安百货以典雅的建筑、高雅的环境、优雅的服务，成为具有深厚历史底蕴与独特文化，集购物、餐饮、休闲于一体的经典百货；百联集团成立后，重组上市公司，华联商厦成为百联股份百货业务中经典百货的代表企业。

【沿革】

永安百货于 1918 年 9 月 5 日开业，由以郭乐为核心的永安资本集团创建。1956 年 1 月 16 日，永安百货宣布公私合营。1966 年 12 月，永安公司改名为国营东方红百货商店；1969 年，更名为上海市第十百货商店。1985 年，商店销售额从 1969 年 3 000 万元猛升到 3 亿元，销售增长 10 倍，利润递升 15 倍。

图 4-2-6　2006 年 12 月永安百货外景

图 4-2-7　1918 年开业的永安百货旧貌

1987 年，商店进行全面改建和装修，1988 年 1 月竣工营业，更名为上海华联商厦（简称“华联商厦”）。全面改建后的华联商厦内部设施焕然一新，安装两台中央空调、四台自动扶梯，商场布局新颖，购物环境舒适。商店经营以名优精品、“三资”企业产品和部分进口商品为主，逐渐形成“穿在华联”的经营特色。

1990 年，华联商厦创上海大型百货商店销售上升幅度、利润增长幅度、单位面积销售额 3 项第一。1992 年，上海华联商厦股份有限公司股票发行上市。华联商厦作为其核心企业继续坚持“穿在华联”经营特色，以中高档品牌商品为企业经营取向，以“我的华联，我的家”为企业服务理念，为消费者提供舒适温馨的购物环境、满意的商品和服务。

1994 年 1 月，华联商厦进行第二次全面改建和装修，商厦电气设备全部更新，新增 8 台自动扶梯、4 台空调。建筑结构也有所改动，新增大光井、小光井，新建三至五楼南部楼面，六楼改建为办公室，新增面积约 4 000 平方米。

2003 年，年销售额超过 10 亿元，利润总额 7 000 余万元。2004 年，华联商厦实施“历史名店，再铸辉煌”综合提升工程，大楼建筑恢复历史原貌，重现欧陆建筑风格。从商场内部装修、环境布置、经营定位、商品结构、商品布局、服务理念都按照“经典”要求进行调整，引进一系列国际知名品牌，建立完善的服务管理体系，建立科学的用工分配考核体系，修订运转模式与流程，营造高档、温馨购物环境，打造具有鲜明经营个性的特色经典百货商厦。

2005 年 4 月 28 日，华联商厦更名为永安百货有限公司。是年，永安百货重新恢复屋顶花园，开设空中百鸟园，成功引进鲜墙房餐饮。2006 年，永安百货引进星巴克，打造永安休闲街。2007 年，永安文化节首次结合上海购物节，围绕“享受经典，快乐购物”主题，推出书画联名展等活动。2008 年 9 月 5 日，永安百货举行成立 90 周年庆典。

【特色】

永安百货以“穿在华联”饮誉沪上，闻名全国，形成服装、化妆品与黄金珠宝的商品大类特色。永安百货以典雅的建筑、高雅的环境、优雅的服务，成为具有深厚历史底蕴与独特文化，集购物、餐饮、休闲于一体的经典百货。永安百货培育出王震、楼幗玲等劳模品牌，诠释“经典百货”服务理念。

【荣誉】

1991 年，永安百货被国内贸易部认定为中华老字号企业。连续获上海市文明单位称号。曾获中国商业首批金鼎百货、中国商业名牌企业称号。2013 年，列上海百货业单体(店)20 强、上海商业 100 强(第 86 名)，获中国上海零售商年度总评榜年度服务创新奖。

五、上海百联西郊购物中心有限公司

【概况】

2004 年 12 月 2 日，上海百联西郊购物中心(简称"西郊购物中心")开业。西郊购物中心位于长宁区新泾地区，总投资 5.6 亿元，占地面积达 3.4 万平方米，建筑面积 11 万平方米，整个建筑物分地下二层和地上四层。截至 2013 年年底，西郊购物中心员工人数 106 人，经营规模 23.60 亿元，利润总额 8 827 万元。西郊购物中心定位于社区型购物中心，集聚 140 余家各类业种店铺。业态组合包括东方商厦、世纪联华、特力屋和迪卡侬等主力店和专卖店、餐饮、娱乐、文化教育、社区服务等业态。专卖店超过 80 家，涵盖少淑女装、运动休闲与牛仔服装、儿童用品、床品、钟表眼镜等多个品种。餐饮、娱乐、休闲、文教、服务类等非商品业态经营面积比重超过 35%。星巴克、屈臣氏、丝芙兰等国际知名品牌在西郊购物中心开设第 1 家社区店。

西郊购物中心由美国捷得(JEDER)设计公司规划设计，采用开放式建筑风格，体现人性化设计理念，通过贯穿东西两侧出入口的步行街、室外与室内交替的环型走廊和天桥、开敞的园林景观中心广场，将 3 个区域建筑有机地组合成一个整体，新颖的视觉效果，清新的绿化环境，处处彰显品位和情趣。

图 4-2-8　百联西郊购物中心外景(摄于 2009 年 5 月)

【沿革】

2001年9月，西郊购物中心通过公开招投标取得项目用地。2002年12月，破土动工。2004年9月，工程建设基本完工；12月2日，对外营业。

2005年，西郊购物中心经营规模达6.04亿元。2006年，西郊购物中心实现利润175.22万元；随后，企业利润逐年递增。

2010年，为了顺应市场需求，结合上海世博会的召开，西郊购物中心开设世博专柜销售各种礼品、纪念品；通过前期筹备、挖掘潜力，百联西郊自营品牌——工艺礼品商场也正式登场。是年，西郊购物中心完成贷款清偿工作，年经营规模达14.44亿元，实现利润2 002.88万元。

2011年起，西郊购物中心实施“百购一体化”管理，统一购物中心与主力百货店的组织架构和人员管理，进一步提高管理效率。原“友谊百货”更名为“东方商厦(西郊店)”，以全新的形象为顾客提供更好的服务。

2013年，为配合购物中心整体形象提升和布局调整，百联西郊购物中心进一步在商场内硬件的完善和优化上下功夫，在中庭广场玻璃幕墙打造“东方鼓韵”立面景观；在步行街及中庭广场引进主题为“音乐人生”和“企鹅岛”的全新彩绘雕塑；对仙霞西路剑河路入口处大门台阶进行翻新改建，用全新的大理石台阶打造大型花坛，同时配以“In My Life”的字样，提高购物环境的舒适度和视觉美观度。

【特色】

西郊购物中心定位于社区型购物中心，形成主力店、专卖店和服务类店铺优势互补的经营特色。主力店为核心店铺，满足社区居民的基本生活需要和提升生活品质的体验消费需求；多品类的专卖店组合为经营个性所在，涵盖少淑女装、运动休闲与牛仔服装、儿童用品、床品、钟表眼镜等多个业态；餐饮、娱乐、休闲、文教、服务类等非商品业态构成购物中心人气指标，吸引社区居民舍远取近、在家门口购物消费。

【荣誉】

2004年西郊购物中心获上海商业创新大奖；2005年获上海十大最具发展前景商业地产、最具影响力商业地产、最具创新理念商业地产称号；2006年获中国购物中心专业认证中国最佳商业地产创新大奖、商务部颁发的全国示范社区商业称号；2009年、2011年获上海市文明单位称号；2010年获经济发展贡献奖多个荣誉称号。

六、上海奥特莱斯品牌直销广场有限公司

【概况】

2003年9月28日，上海奥特莱斯品牌直销广场有限公司[简称百联奥特莱斯广场(上海青浦)]成立，总投资5.59亿元，注册资金1.31亿元。初期由华联股份出资12 448.93万元(占95.03%股份)和香港华镫管理公司出资651.07万元(占4.97%股份)合资成立。2006年4月28日，百联奥特莱斯广场(上海青浦)试营业。2013年，实现营业收入25.01亿元，利润总额1.94亿元。

百联奥特莱斯广场(上海青浦)坐落于沪青平高速公路赵巷出口处200米，南靠佘山国家旅游度假区，西临淀山湖、朱家角、周庄等著名江南水乡风景区，距市中心人民广场26公里，车程30～40分钟。占地面积16万平方米，总建筑面积约11万平方米。建有可停放2 800余辆机动车的大型停

图 4-2-9 百联奥特莱斯广场(上海青浦)六周年店庆(摄于 2012 年 4 月)

车场、可容纳 600 辆车的地下车库及旅游巴士专属的停车位。

【沿革】

2003 年 9 月 28 日,上海奥特莱斯品牌直销广场公司成立。

2006 年 4 月 28 日,百联奥特莱斯广场(上海青浦)试营业。整个广场由 23 栋欧美风格建筑群组成,并以喷泉、河流、小桥营造出江南水岸景观。开业初期引进国际一线品牌 30 多个,均由各品牌生产商或亚太地区分销商直接供货。广场内按不同经营功能分为 A、B、C 三大区域:A 区拥有近 40 个商铺,主要经营国际一线品牌折扣服饰;B 区主要经营国际知名运动休闲品牌、国际二线品牌以及国内著名品牌;C 区为餐饮休闲娱乐区。

2007 年,针对店铺紧缺、消费空间拥挤的问题,调整餐饮区域使用面积,挖掘出 20 000 平方米经营面积,在 C1 区重新分割改建 95 间营业店面,设置一至四楼商铺,增配 12 台电梯,安装相关消防器械、配套设备设施,以及装修公共部位和卫生间,改善购物环境。

2009 年 9 月,百联股份以 6 000 万元收购华镫管理公司 4.97%的股权,百联奥特莱斯广场(上海青浦)成为百联股份全资企业。同年,百联奥特莱斯广场(上海青浦)收回投资,还清贷款,销售额达到 15 亿元,年创利 3 亿元。2011 年,销售规模超过 20 亿元。

2013 年年底,逐步对 A 区、B 区的 7 栋主题建筑进行加层改建工程。通过原有的一层变二层,增加约 1.5 万平方米的经营面积,品牌商铺的商品陈列空间更为宽阔,货品的存储量大幅提升,销售额也相应提升,陆续打造一批品牌旗舰店,拥有 400 多家商铺,600 多个品牌。呈现全新面貌。

【特色】

百联奥特莱斯广场(上海青浦)以销售国际国内著名品牌折扣商品为主,集购物、休闲和旅游为一体,拥有 300 余家商铺,600 多个品牌,主要经营国际一、二线服饰品牌、国际知名运动休闲品牌以及国内著名品牌的折扣商品，包括 Armani、Zegna、Burberry、Ralph Lauren Polo、COACH 等，以国际品牌汇聚度之高跻身同行前列。

【荣誉】

百联奥特莱斯广场(上海青浦)2012 年获全国五一劳动奖状，2015 年获全国模范职工之家称号，2007—2009 年度获上海市劳模集体称号，2007—2018 年获上海市文明单位称号，2010 年获工人先锋号称号。

七、上海又一城购物中心

【概况】

上海又一城购物中心(简称“又一城”)于 2007 年 1 月 26 日试营业。又一城坐落于上海城市商业中心五角场商圈中心地带，注册资本 28 000 万元。

图 4-2-10　百联又一城购物中心(摄于 2008 年 9 月)

又一城地下 1 层直通五角场下沉广场和地铁 10 号线，周边有 38 条公交路线，交通十分便捷。总建筑面积 12.6 万平方米，坐拥地面 9 层与地下 3 层，集购物、餐饮、休闲、娱乐、健身等功能业态于一体，荟萃 2 000 余种国际、国内的精选品牌。又一城建筑由美国 ARQ 建筑设计事务所设计，上海多家著名建筑设计院所担任设计顾问并承担部分项目设计，建筑外立面富有很强的时代气息和现代美感，成为五角场地区的标志性建筑。

2013 年，又一城营业收入 9.45 亿元，利润总额 9 033.35 万元。

【沿革】

又一城由上海华联商厦股份有限公司和上海华联商厦杨浦有限公司共同投资。

2003 年 3 月 22 日，举行“又一城”项目奠基仪式。

2005 年，又一城注册资本由 5 000 万元增加到 28 000 万元，百联股份持有 98.21%的股权，上海华联商厦杨浦有限公司股权减持为 1.79%。

2007 年 1 月 26 日，又一城举行开业庆典。

2008 年 6 月，又一城启动北区商场改建工作，实施北区客梯移位、北区商场门头拓宽等改建工程。9 月 28 日，又一城北区二至六楼商场改建完成并恢复营业。

2010 年 4 月 24 日，又一城主题百货——扬族百货挂牌仪式在北区西门外举行。是年，又一城经营规模达 10.21 亿元，营业收入 6.16 亿元，利润总额 0.36 亿元。

【特色】

又一城的主力百货店扬族百货作为一家以年轻时尚为经营定位的时尚百货，扬族百货突破百货“购物—娱乐—休闲”的传统诉求，致力于开创一个“感受—创造—共享”的具有归属感的生活空间，通过对品牌、布局、服务、环境、营销等元素的融合，达成组合效应的一致性和最大化。

【荣誉】

又一城 2008 年获“中国・长三角知名品牌企业”称号；2009—2010 年获上海市文明单位称号。2011 年成为“上海市消费者权益保护示范联络点”、上海市标准化工作“先进集体”；2011—2012 年获上海市文明单位称号。

八、上海时装商店

【概况】

上海时装商店坐落于南京东路 660～690 号，营业总面积达 5 000 多平方米，是上海最大的综合性服装商店。1956 年 5 月，公私合营为南京路时装商店。1966 年 9 月，更名为上海服装商店。1985 年 3 月，更名为上海时装公司。2003 年更名为上海时装商店。上海时装商店成立以来，保持着全国最大的时装专业经营特色。上海时装商店 2013 年营业额达 2.27 亿元，利润额 2 654.17 万元。

图 4-2-11　上海时装商店（摄于 2006 年 8 月）

【沿革】

1956 年 5 月，上海时装商店公私合营后迁入南京东路 660～690 号，建筑面积为 11 235.39 平方米，分别位于大楼东部一、二层和西部一到六层。8 月 12 日，上海最大的国营时装零售商店——南京路时装商店，在原上海先施公司旧址开业。1966 年 9 月，更名为上海服装商店。

1980 年上海服装商店率先在商业系统应用计算机管理，促进企业的效益提高。

1985 年 3 月，上海服装商店更名为上海时装公司。以零售业务为主，同时兼营服饰配套商品和服装批发业务。经营的服装商品有 150 多个大类，3 100 多个品种。从新生婴儿穿的毛衫毛裤，到老年人穿的棉衣棉裤；从两三元一件的小商品，到万元一件的高档服装，四季服装应有尽有。4 月，上海时装公司成立一支职工业余时装表演队，开始传播时装文化、展现时尚魅力，是全国商业系统第一支企业职工时装表演队。

1991 年，上海时装公司对先施大楼进行一次大规模的商场改造。营业面积扩大到 7 200 平方米，自动扶梯可送顾客达到四楼商场。商场内配有闭路电视、电子显示屏和中央空调等设备，购物环境有显著改观。11 月，上海时装公司通过向社会公开招聘，成立由 12 名队员组成的专业时装表演队。时装表演队先后承担各种时装表演任务，多次参加上海举办的大型文艺演出及国际服装节的各项活动，并代表中国上海时装表演队出访俄罗斯、越南等国作文化交流和大型时装表演，在国内外具有相当高的知名度。

1992 年，上海时装公司以“商场设计一流、产品质量一流、服务质量一流”，摘取上海市零售服装行业销售超亿元桂冠。10 月，上海时装(集团)公司成立，上海时装公司成为核心企业。

1997 年底，上海时装公司更名为上海时装股份有限公司时装商店；1998 年年底，更名为上海时装有限公司。

1998 年，上海时装有限公司开始探索“自主经营”和连锁经营新模式，创立培育“依都”品牌。

2001 年 11 月，更名为上海华联商厦股份有限公司时装经营管理分公司。

2003 年 3 月，更名为上海华联商厦股份有限公司上海时装商店。

2005 年 3 月 18 日，更名为上海百联集团股份有限公司上海时装商店。

2010 年，百联集团同意时装商店一楼东部 500 平方米商场装修。

图 4-2-12　上海时装商店(摄于 2007 年春节)

【特色】

根据市场发展要求，结合商店特点，着眼于提高商店服务水平，组建由设计室、小工厂和时装表演队为依托、以门店批零为渠道的“依都”自有品牌公司。培育、创建“舒馨”服务品牌。诞生于 2000 年 6 月的“舒馨”服务品牌，有羊毛衫织补、整烫、咨询等 7 项服务项目，创出特色，创出成效，产生良好的社会影响。

【荣誉】

1991 年，被国内贸易部认定为中华老字号企业。2001 年起，连续 6 届获上海市文明单位称号。2006 年起，连续 5 届获上海名牌(服务类)称号。2010 年，被国家商务部认定为中华老字号企业。

第二节　连锁经营企业

一、华联超市股份有限公司

【概况】

华联超市股份有限公司(简称“华联超市”)成立于 1992 年。以直营、特许加盟并举的发展方式，以超级生活馆、社区超市、生鲜超市的市场定位，加快标准超市的发展和业务模式、经营模式和管理模式的转型。同时，优化供应链建设、经营能力的提高和运营系统的优化，推动华联超市的业务增长。

【沿革】

1992 年 2 月，上海华联超市公司成立。1993 年 1 月 9 日，首批 6 家门店同时开业。

1995 年，华联超市开始由单一的直营连锁向发展特许连锁转变，逐步形成直营与加盟并举、侧重加盟的经营模式，走出一条连锁超市业低成本扩张的可持续性发展之路。是年8月9日，华联超市出资780万元兼并上海淬火厂，开发建造公司总部大楼和隆昌路店。

1999年，华联超市扩大桃浦配送中心建设，收购42亩土地，建成2.7万平方米仓储设施，配备完善的电脑库存管理系统、条形码商品现货管理系统及40辆卡车形成的物流配送货体系，大大提高管理水平和工作效率。是年，华联超市门店总数达500家。

图4-2-13　华联超市

2000年，华联集团通过华联股份和时装股份实施资产置换，推动华联超市公司借壳时装股份上市。10月，时装股份公司更名为“华联超市股份有限公司”复牌上市，成为“中国连锁超市的第一股”。

2001年1月，北京西单华联超市有限责任公司的成立，此举拉开上海超市企业进军北京、拓展华北市场的序幕，标志着华联超市全国战略的全面推开。

2004年4月，华联超市增发方案获中国证监会发审委通过；7月，华联超市增发取得成功，比例配售认购倍数高达25倍，公司募集资金净额60 038万元。

2006年5月，为消除百联集团超市业务同业竞争，百联集团启动华联超市与上海新华发行集团有限公司的资产置换工作。新华传媒成功“借壳上市”，百联集团出资3亿元设立上海华联超市股份有限公司用以承接华联超市上市公司有效资产。

2008年2月23日，华联超市崇明公司成立。华联超市以2 450万元价格收购崇明供销社超市有限公司70%股权。

2009年6月29日，联华股份在香港联交所发布公告，以总价4.92亿元人民币收购华联超市全部股权。

2010年6月，联华、华联合并重组为上海联华超级市场发展有限公司，实行双品牌营运模式。整合后公司门店规模突破3 000家，销售规模近500亿元，成为中国最大的连锁标超企业。8月9日，集团批复同意，华联超市通过再次收购，持有上海华联超市崇明有限公司100%股权。

【特色】

华联超市以特许加盟为经营特色，形成以标准超市为主营业态，以现代化物流和信息化管理为核心技术，以开拓全国市场、参与市场竞争为目标的经营格局。在通过国际知名质量体系权威认证机构——英国标准协会(BSI)太平洋有限公司“连锁经营食品与百货的销售及连锁经营管理的输出”ISO9002质量体系标准认证后，以调整加盟策略、业务转型、品牌维护为主线，对标超特许的业务模式、管理模式、服务模式实施转型和提升，进一步提高加盟体系质量。

【荣誉】

自1995年起，华联超市连续七届被评为“上海市文明单位”。1996年，获“为人民服务，树行业新风”全国商业文明服务十大示范单位称号。1999 年，获全国精神文明创建工作先进单位（公司总部）称号。2000 年 11 月，获中国特许经营品牌荣誉。2003 年获“全国商业服务业 2002 年度先进企业”“中国优秀特许品牌”称号。2004 年，华联超市“962828 送货服务热线”获“上海市 2001—2003 年劳模集体”称号。2005 年，获中国特许经营最高奖——中国特许奖。从 2005 年起连续 3 年被评为“上海最具影响力特许品牌”。2009 年 5 月，获“2008—2009 年度中国特许经营管理创新奖”。

二、上海联华快客便利有限公司

【概况】

上海联华快客便利有限公司（简称“快客便利”）成立于 1997 年 11 月 28 日，是上海联华超市股份有限公司全额投资，以发展连锁便利店为目标的公司。1997 年，联华便利注册地址为杨浦区吉林路 6 号，2003 年变更为虹口区黄渡路 87 号。2013 年，快客便利实现营业收入 20.78 亿元，利润总额 9 217.5 万元。

图 4－2－14　2006 年 1 月 27 日，上海快客便利高端门店开业

快客便利创建以来，依托联华总部战略资源和品牌影响力，以收购兼并、合资合作、吸收加盟等发展方式迅速做大连锁规模，先后发展上海直营公司、上海加盟公司、大连联华快客公司、北京联华快客公司、浙江联华快客公司和广州联华快客公司。

【沿革】

1997 年 11 月 28 日，上海联华便利商业有限公司（简称“联华便利”）成立。是日，联华便利 5 家门店同时开张，从此拉开本土化便利店发展的帷幕。

1998 年 10 月 31 日，联华便利在上海开出第一家联华便利加盟店莲花店。2000 年 6 月，联华便利根据社会大量下岗人员就业困难的情况，以优惠的政策向社会推出“七万元做个小老板”加盟模式，得到市政府的肯定和社会各界的热烈反应。由此，联华便利开始在上海吸引和扶持社会力量广泛参与加盟店的推广工作。

2001 年 6 月 11 日，大连联华便利公司启动运作；9 月 11 日，大连联华便利 5 家门店开张营业，联华便利全国战略正式启动。7 月 26 日，宁波联华便利公司成立暨 5 家门店同时开张；9 月，原杭州联华便利千家伴公司由加盟转为合资公司。

2002 年 4 月 30 日，联华便利曹杨物流中心竣工开通，拆零配送中心正式运作，上海市人大常委会副主任任文燕、上海市副市长冯国勤及市商委、普陀区领导出席开通仪式。6 月 12 日，北京联华便利公司成立。6 月 25 日，上海联华便利商业有限公司更名为上海联华快客便利有限公司，并开始将“快客”商标适用于门店店招和近百种定牌生产、销售商品上。8 月 30 日，北京联华便利有限公司第一批 3 家门店同时开张试营业；9 月，广州联华快客便利有限公司成立。至此，快客便利走出上海，相继进入大连、北京、杭州、宁波和广州，并迅速成为区域市场龙头企业，形成以上海为中心，江浙为依托，并向华北、华南、东北辐射的全方位连锁便利店立体网络。11月28日，快客便利5周年之际，第1 000家门店揭幕，上海市人大常委会副主任任文燕、上海市副市长冯国勤出席揭幕仪式。2003年5月，宁波快客公司与杭州快客公司合并管理，浙江快客公司成立。

2004年4月28日，快客便利成立上海营运管理总部，主要管理上海地区直营门店和加盟店。9月14日，快客便利完成注册“快客”商标，11月12日，新的快客便利CI形象正式确定，于2005年起在市内外门店推广使用。

2005年1月，快客便利启动对21世纪便利门店的具体收购工作。

2006年1月11日，快客便利上海加盟管理总部成立，对加盟业务进行专业化管理。11月28日，快客便利成立9周年之际，快客便利第2 000家门店在上海开业。12月22日，快客便利与赛壹便利签订广州联华快客便利连锁有限公司股权转让协议，退出广州便利店业务。

2008年2月，快客便利全国加盟网点超过1 000家，占到门店总量的50.4%，成功地走出一条本土化自主创新加盟模式的新路径。2010年5月，快客便利在世博园区开出7家世博特许店，创下184天销售1.69亿元的业绩，取得社会效益和经济效益的双丰收。

2011年5月，快客便利第一家高端店在虹口区四川北路的繁华商务区开业，在激烈的市场竞争中实施向高端市场发展的战略转型。2012年，快客便利高端店管理总部对原有的店招进行升级改造，改变以往传统的装修风格，并采用以金黄色与咖啡色为核心，品牌标志改为以太阳、月亮和时钟的组合图案，并淡化文字的全新CI形象。

2013年9月8日，高端门店中环店开业。米饭柜、咖啡机、专用面包柜和免费的Wi-Fi，更具人性化的服务体验。店内3台一体机的进驻，方便顾客在快客购买商品的同时登录百联E城进行网上选购。至2013年年底，快客便利拥有注册商标13件，涉及国际尼斯分类29～35个大类，核准商品涉及日常用品、生活用品、各种食品和服务达130多种商品。

【特色】

快客便利是满足消费者即时性、便捷性需求的便利店业态，主营饮料、食品、牛奶、香烟和快餐食品。快客便利推出“快客，我的快乐时刻”的品牌主张，通过业态优化让消费者尽享即时、便利、愉悦的购物体验。快客便利转型“Q＋e”经营模式，在门店可以通过拉卡拉实现银行还款，在百视购网上购物，在易付捷多媒体自助终端机上支付公用事业费、手机话费充值、购买机票、支付保险费和医院预约挂号等。快客便利高端店门店以新的风格、新的模式、新的理念亮相申城，逐渐成为大众生活服务、信息服务、金融服务的集合体。

【荣誉】

快客便利获2002年度中国优秀特许品牌，2005—2013年“最具影响力特许品牌”（历年），2003—2004年度上海市文明班组，2007—2008年、2009—2010年、2011—2012年上海市文明单位，2009—2011上海市著名商标，2010年迎世博贡献奖——优质服务奖，上海世博工作优秀集体、上海世博服务卓越奖，上海世博会商业服务先进集体，上海世博会世博园区服务保障先进集体等荣誉；快客便利世博园区浦明店获上海市五一劳动奖状；快客便利长青店获2010年全国青年文明岗；北京快客便利获2010年度、2011年度、2012年度影响北京外埠商业品牌称号；并获2011—2012年度中国零售优秀特许加盟品牌、2013年商业特许经营荣誉品牌称号。

三、杭州联华华商集团有限公司

【概况】

杭州联华华商集团有限公司(简称“华商集团”)由联华超市股份有限公司控股。其前身是成立于1950年的国营杭州市百货公司。1997年,从传统批发业态转向连锁超市企业。2002年7月,华商集团被联华超市收购,更名为杭州联华华商集团有限公司。

华商集团拥有分公司和子公司70余家,总资产近130亿元,员工总人数1.5万人,销售规模近150亿元,年纳税额超3亿元,连续20余年位居浙江省内连锁超市行业前列,是G20杭州峰会食材总仓建设、保障单位,进入中国服务业五百强、浙江省商贸业百强、浙江省服务业百强排行榜。网点510家,会员1 400万人,拥有五大物流基地,致力于打造全时空、全渠道、全领域的销售模式,涵盖城市生活中心、购物中心、大卖场、综合超市、标准超市、精品超市、便利店等零售业态,拥有“印悦里”“天华世纪城”“Green&Health”“鲸选”等业态品牌。

【沿革】

1997年前,华商集团前身是一家有50多年历史的国有批发企业——杭州市百货公司。1997年,公司决定在新建大楼开设超市。12月25日,公司所属首家超市门店“家友超市庆春店”开业,标志着公司从传统批发业态向连锁超市转型迈出关键的一步。

1999年,在杭州市商业局支持和协调之下,系统内的百货、交家电、烟糖和友谊副食品4家国有批发企业重组成立杭州华商集团公司,加快发展步伐。

2001年6月21日,顺应商业企业产权制度改革的要求,公司改制为杭州华商集团有限责任公司。业态发展上剥离批发业态,确定以大中型综合超市为业态定位的发展思路。

2002年7月,联华超市通过增资扩股方式,注入2.1亿元控股华商集团,公司进入一个快速发展时期。2003年上半年,与同属联华超市的联华万家福实施整合,进一步巩固公司在省内连锁业的领先地位。

2004年,华商集团下属“家友超市”标超和大型综超业态,全部翻牌为“联华超市”“世纪联华”,实现品牌的真正融合。控股临安家得利超市,整合其旗下门店;增资扩股和受让解百集团股份的方式,成功对杭州解百生鲜超市实施控股;改造和提升江城店,成为公司新的利润增长点。

2008年,华商集团主动适应新的市场发展趋势,率先实施从思想到组织、从策略到模式、从机制到文化的全面战略转型。即经营目标上从重点关注经营规模向关注综合绩效的转型;竞争策略上从关注竞争对手为主转向关注顾客需求的转型;发展思路上从跳跃式全面布点、3个业态齐头并进向以大卖场综超为主力业态,重点区域重点发展转型;评价体系上从追求又快又好向又好又快转型;业务模式上从单一结构向以市场细分为基础的多元组合转型;管理方式从强调管控效率向协同综效灵活应变转型。

2009年4月29日,百联集团批复同意杭州华商集团生鲜加工配送中心异地扩建项目。项目位于杭州市余杭勾庄地区。总投资约1.62亿元,扩建面积5.05万平方米。2011年竣工投入运营。

2010年,战略转型为公司的发展再次注入新的活力,在一系列的转型和调整之后,联华华商发展再次跨上新的台阶,实现销售规模108.35亿元的历史性突破。

2012 年，华商集团开始探索盈利模式的转变，聚焦商品经营技术的提高。根据外部环境的变化，消费者需求的改变，再次探索新的经营业态。首家社区型购物中心和平店开门营业。

2013 年，华商集团启动“十二五”战略规划的中期调整。根据行业环境的变化，在服务理念、运营技术、盈利模式、管理模式上再次升级。实现营业收入 141.77 亿元，利润总额 6.44 亿元，继续巩固在省内连锁业的领先地位。列浙江省综合百强企业第 69 位，服务业百强企业第 16 位。

图 4-2-15　2004 年 9 月 23 日，华商店举行“告别家友，迎接世纪联华”揭牌暨世纪联华华商店开业典礼。公司进行统一店招切换，根据门店经营规模，原家友超市和万家福超市的所有大型超市、综合超市，统一更名为“世纪联华”，标超统一更名为“联华”

【特色】

华商集团立足于浙江省零售市场，业务涉及全渠道零售、仓储物流、餐饮、家装、消费服务、数据服务、金融业务、跨境贸易等领域，以“让消费者更喜爱我们，致力于打造百年企业”为愿景，以“好商品，好体验，构建人情好生活”为使命，致力于建设以零售为基础的数智化融合型商业服务新平台，打造“让消费者更喜爱我们”的美好生活新中心。华商集团以市场为导向，以顾客需求为核心，以大中型超市为主要业态定位，立足浙江区域，专注零售事业，提供优质卓越的购物体验。

【荣誉】

2003 年，所属超市被杭州市人民政府授予“市级农业龙头企业”荣誉称号。2005 年被杭州市人民政府授予突出贡献商贸服务企业荣誉称号；2006 年被上海市人民政府授予上海市劳模集体荣誉称号。2006 年再次名列浙江省纳税百强企业。2010 年被评为杭州市“扩内需、促消费”突出贡献企业。2011 年公司被评为浙江省综合百强企业第 68 位、服务业百强企业第 15 位。2012 年被杭州市人民政府授予杭州市十大商贸突出贡献企业荣誉称号。2013 年被评为优秀的“浙江省重点流通企业”。

四、好美家装潢建材有限公司

【概况】

1998 年，好美家装潢建材有限公司(简称“好美家”)成立。好美家是一家全国性装潢建材专业连锁超市公司，由上海友谊集团股份有限公司控股投资。公司主要经营装潢建材和家居用品，经营品种规格达 4.5 万余种，并提供居室装潢设计、导购选料、施工监理和维护保养等一条龙家装工程服务。2013 年，营业收入 59 969.16 万元。

2003 年，好美家打造的全国装潢建材行业的门户网站 www.homemart.com.cn 上线。以好美家超市商品为依托，提供上万种商品信息和图片供选择；提供装修预算分析、新型商品介绍、装潢实

图 4-2-16 好美家

例及分析;提供企业新闻、行业新闻、生产企业新闻和市场状况。

【沿革】

1998 年,上海好美家装潢建材有限公司成立。9 月 26 日,好美家第一家门店曲阳店开业,并取得当年立项、当年建设、当年开业、当年盈利的业绩。1999 年,好美家开设南方店和光新店;武汉好美家装潢建材有限公司成立。

2000 年,好美家在浦东新区开出第 4 家店陆家嘴店;启动电子商务业务,与佳家网合作,使佳家网成为好美家转型业务的重要平台。

2001 年,好美家在上海开设第 5 家店吴中店,在武汉市开设第 1 家市外门店武汉团结店。历时 3 年,完成作为建材零售连锁超市企业的初创阶段,取得三大成果,即:创立好美家品牌;建立连锁经营体系雏形;形成企业可持续发展的能力和空间。年内,好美家加大连锁总部的建设,相应成立专司开店职能的空间管理部,制订开店流程、商品陈列配置与开店要素蓝本,以适应连锁企业快速开店需求。

2002 年 2 月 1 日,上海好美家装潢建材有限公司更名为好美家装潢建材有限公司,开拓出以北京为中心的好美家华北区域、以广州为中心的好美家华南区域、以武汉为中心的好美家华中区域、以上海为中心的好美家华东区域、以成都为中心的西南区域,全面实施全国拓展战略。是年,好美家新开 7 家店,其中有 5 家是市外门店。年销售额也从 1998 年的 3 500 万元攀升至 2002 年的 12 亿元。

2003 年,好美家新开门店 6 家,其中市外门店 4 家;到 2003 年年底,好美家下属专业连锁超市已超出 20 家,家装工程公司 2 家,网点遍及全国 9 个城市,经营面积达 20 万平方米以上,实现销售额达 16 亿元。

2004 年,好美家新增门店 4 家,其中市外门店 3 家。至此,好美家在全国十大城市拥有门店 27 家,其中市外门店 14 家。销售规模达到 25 亿元。

2005 年 9 月 28 日,为了进一步控制好美家负债率,解决近两三年发展经营网点所需的配套资金,由百联集团和友谊股份共同对好美家增加注册资本 1.6 亿元。截至 2005 年,好美家全国门店 30 家;商场面积 30 万平方米;市内外员工 3 000 人;年销售规模 30 亿元。

2007 年 11 月,好美家国际家居生活馆 ihome 在南方店开馆营业。

2008 年,好美家南方店、陆家嘴店及光新店先后因地块改造、动迁停业,出现经营亏损。2008 年、2009 年,好美家实施企业内部调整,关停扭亏无望的市内部分门店和市外所有的亏损门店,止住企业短期内无法扭亏为盈的出血点,2 年相继关闭 14 家门店。同时不断尝试调整创新,探索新的生存发展空间,在天山店尝试百福特欧美家具馆,倡导家具设计为先导的装修设计理念;2010 年 3 月,重新调整后的共江店开业,调整效果明显。到 2010 年,好美家只保留上海 11 家连锁门店,进入企业收缩调整阶段。

【特色】

好美家以一站式连锁建材超市零售为特色，为消费者提供质量保证、价格透明的卫生洁具、油漆涂料、墙地砖、地板、门窗型材、五金工具、家居用品、园艺、电工电料、厨房设备等大类商品；提供油漆调色、定制加工、免费送货、无理由退货、DIY工具出租、团购、家庭装潢设计施工、知识讲座、学习手册等优质服务。同时，依托多年来在家装市场形成的品牌优势，以佳家网为重要平台，实施以建材零售为核心向以家装业务为核心的转型。

【荣誉】

连续四届获上海市文明单位称号（第十届、第十一届、第十二届、第十三届）；2000年，获中国建筑五金行业优秀企业称号；2004年，获上海市商业系统专利保护工作示范单位称号；2006年，被授予2005年上海名牌；获2005上海商业创新奖；2007年，获2006年度中国著名家居建材超市称号、长三角地区优秀品牌企业称号；2008年，获2007年度上海名牌称号。

第三节　特种服务企业和贸易企业

一、上海有色金属交易中心

【概况】

上海有色金属交易中心（简称"有色金属交易中心"）（www.smechina.com.cn）由上海物资贸易股份有限公司主办，位于上海市中山北路2550号的物贸大厦内，主要承担有色金属现货交易中心管理和积极推进现货市场创新发展。经过10多年的精心培育，已成为在国际、国内具有重大影响的有色金属现货交易中心，是有色金属现货价格的形成地。经营范围：有色金属现货电子商务，商务信息咨询（除经纪），国内贸易（专项审批除外），广告设计制作，利用自有媒体发布广告，会务服务。

有色金属现货首发价已成为国内价格风向标。交易中心集聚涵盖有色金属生产、流通、用户等产业链中的龙头企业，银行、仓储、物流等现货贸易所需配套体系完善，入驻商户足不出楼即可完成贸易全过程；交易中心入驻率100%。

【沿革】

1990年4月10日，上海物资贸易中心试营业，上海市市长朱镕基出席并称其为与上海地位相称的物资贸易中心。入驻企业大多从事黑色金属、有色金属、化工、汽车、机电等商品的现货贸易。在计划经济向市场经济转变过程中，按照原国家物资部要求，开始探索中国期货交易市场，引进国际先进期货交易方式，在上海物资局抽调相关行业骨干进行筹备，1992年5月28日，上海金属交易所在市场内开业。交易所主要上市交易品种为铜、铝、铅、锌、锡、镍等工业原材料的期货远期合约，吸引国内主要有色金属生产厂家和流通企业参与期货交易，期货经纪公司常驻在市场内开展期货交易业务。11月，中共中央总书记、国家主席江泽民考察上海金属交易所和上海物资贸易中心，并为物贸大厦题名"上海物资贸易中心大厦"，以物贸大厦为龙头的中山北路生产资料一条街开始建立。

1997年10月，中国商品交易中心分中心在物资贸易中心内设立。之后，中国期货业发展迅猛，全国出现 30 多家期货交易所，经国家清理整顿，全国仅保留 3 家交易所，即上海期货交易所、郑州商品交易所、大连商品交易所。上海物资贸易中心决定向有色金属专业市场转型。

1999 年，上海物资贸易中心商品交易市场成立，致力于打造专业有色金属市场。2001 年，物贸信息网站上线，开拓信息资讯服务，市场现货价格通过网络对外发布。2002 年 5 月 26 日，上海物资贸易中心商品交易市场更名为上海物贸中心有色金属交易市场，从综合型贸易转化为专业性的贸易市场。

2005 年，现货铜首发价成为行业定价风向标。2006 年 5 月，注册成立上海物贸有色金属交易市场经营管理有限公司。2009 年 2 月，抽调上海物贸有色金属分公司相关业务骨干，探索现货网上交易平台建设。上海物贸有色金属交易市场网上交易平台项目投资 800 万元，目标是建设网上交易平台和信息发布平台，通过生产资料贸易形式的革新，建立在互联网介质上的生产资料大卖场。建立仓库存储管理系统、银行结算系统网上交易管理系统、价格指数生成系统和交易信息发布系统。是年，“上海物贸有色交易市场网上交易平台”被列入《上海市引进技术的吸收与创新计划》，获得 180 万元专项补贴。

图 4－2－17　上海物贸有色金属交易市场

图 4－2－18　1992 年 5 月 28 日，上海金属交易所开业

2011—2012 年，有色交易中心投资 7 001 万元，对物贸大厦楼宇进行改造，将位于 21～30 层的宾馆改造成商务楼宇，营业面积由 2 万平方米增加至 4 万平方米，使现货市场的入驻企业翻番，通过一楼金融区的建设、二楼物流区的设立、五楼体验区的建设，逐步形成现货交易不出楼、价格形成不出楼、资金结算不出楼、货物交割不出楼、行情研讨不出楼的“五个不出楼特色”，聚集国内有色金属期货和现货交易龙头企业参与现货交易，形成从上海自贸区进口的铜通过市场向华东地区辐射的货物集散功能，贸易的核心圈基本形成，成为国内有色金属现货市场的龙头。

2012 年，随着有色金属交易市场的扩容，重新规划发展目标，通过《上海有色金属现货交易平台》建设项目，推进交易市场向交易中心的转型。该项目被纳入《2012 上海现代服务业综合试点》，得到财政部、商务部、上海市扶持资金 1 420 万元。项目建设获得初步成果：通过搭建网上交易服务平台，延伸市场服务链，促进物流、金融、资讯等服务功能，平台会员数达到预期目标。改造现有市场的硬件设施，提高市场智能化水平，提升市场服务能级；集聚龙头企业；实现贸易倍增的目标，成为有色金属现代化交易服务的引领者。项目顺利通过验收。

2013年，为了更好地融入转型驱动，创新发展，助推上海国际贸易中心建设，作为上海国际贸易中心建设的子项目之一，上海物贸有色金属交易市场具备向“上海有色金属交易中心”发展的条件，更名为上海有色金属交易中心。交易中心力争把传统的物业服务转变为提供产业链服务；从为入驻客户的有形服务转变为向全国客户提供互联网服务；从行业集聚转变为引领行业发展。交易中心加快运用电子商务手段，探索有色金属现货交易平台。是年，网上商城上线，突破实体市场局限建立人脉商圈。实现信息研发报告在路透彭博上发布。是年，市场成交额达到6 048亿元，成交量1 898亿吨。

2014年，网上交易实现期现联动定价，配置资源更加优化。3月18日，发布上海有色金属现货价格指数SMEI。SMEI样本包括铜、铝、铅、锌、锡、镍六大有色金属品种，所涉现货成交量占全部有色金属贸易总量的90%以上，而在伦敦金属交易所(LME)上市交易的正是这六大有色金属期货品种。夺得有色金属的价格话语权。

【特色】

上海有色金属交易中心推出现货交易系统，以电子存货凭证为标的，通过期现联动报价方式，采用实时交割结算，转变有色金属现货贸易模式。B2B金属商城、洽谈交易模式，提供“找企业、找产品、找人脉、代服务、做交易”等功能，使传统的电话联系升级到网络洽谈。上海有色金属交易中心致力于打造生产资料贸易领域的“淘宝”，以“网络引领商机，服务创造价值”为理念，加快运用电子商务手段，探索有色金属现货网上交易，着重建设“现货交易平台、金融服务平台、信息资讯平台”三大平台，引导有色金属行业交易模式的转型Info. smechina. com. cn有色金属行业门户网站，提供国内外宏观资讯、有色金属行业资讯、行业研究报告等。上海有色金属交易中心还通过“期现联动”方式，实现有色金属流通方式转型升级，提升我国在有色金属行业的国际话语权和定价权。

【荣誉】

2001—2011年，蝉联“全国百强商品交易市场第一名”和“全国十大金属材料交易市场第一名”。

二、上海百联汽车服务贸易有限公司

【概况】

上海百联汽车服务贸易有限公司(简称“百联汽车”)是物贸股份组建的一家多元投资的股份制企业，前身是2000年8月23日组建成立的上海物资集团汽车贸易有限公司，2004年7月，经市工商局批准更名为上海百联汽车服务贸易有限公司，位于上海市中山北路2907号，下辖20家全资、控股、参股企业，主要经营汽车销售、二手车交易、汽车维修、配件销售、汽车检测、汽车租赁咨询服务和新车上牌等相关业务。

百联汽车依托新车销售、旧车交易、汽车维修三大支柱业态平台，通过投资引进众多项目，全面实现跨越式发展。拥有汽车展示厅10家，2个旧车交易市场，1个旧车交易分市场，1个机动车检测站，3个维修站，1家维修装潢厂。代理销售凯迪拉克、通用别克、上汽大众、斯柯达、北京现代、名爵、华晨金杯等汽车品牌12个。年新、旧车销售实物量达6万余辆，经营规模超过50亿元。2013年，百联汽车营业收入15.74亿元，利润总额4 165万元。

【沿革】

2000 年 8 月 23 日，物资集团组建成立上海物资集团汽车贸易有限公司。

2004 年 7 月，更名为上海百联汽车服务贸易有限公司。

2005 年 3 月，由百联汽车公司投资，在原二手车交易市场广场上兴建车辆展示立体库，12 月 8 日正式启用。新落成的上海旧机动车交易市场立体库分为四层，立体库车位比原来增加 2 倍，可同时展示 800 部车辆，与二手车交易大楼合并面积共计 2.3 万平方米，其中室内车辆展示面积 18 300 平方米，并设置数字显示屏和功能明确清晰的服务区。

2006 年 3 月，百联汽车和上海协通（集团）有限公司合资成立上海协通百联汽车销售服务有限公司，注册在上海市闸北区共和新路 3200 号。主要经营别克品牌汽车整车专卖专营，零部件（含轮胎）零售，别克品牌汽车修理。4 月，为应对二手车交易全面放开带来的变化，百联汽车与上海联合汽车（集团）有限公司合资设立上海百联联合二手车交易市场经营管理有限公司，租赁共和新路 3550 号中 43.8 亩土地作为经营场地，为二手车交易市场提供管理服务。7 月 6 日，地处共和新路 3550 号地块的上海百联沪北汽车销售公司斯柯达 4S 店正式开业。

2008 年 7 月，共和新路上海大众 4S 店对外营业。经过近半年的精心打造，百联沪东上海大众 4S 店客流量在上海地区 34 家经销商中名列第一。

2010 年 8 月 10 日，上海市旧机动车交易市场金山分市场正式启动运行，成为集团和上海市郊首家二手车分市场。该市场占地面积约为 1 万平方米，设有办证大厅、查验检测区、车辆展示交易区、新旧车置换区等各功能区域，是集二手车展示、查验、评估、办证、监管、维权、信息咨询等服务功能为一体的综合性市场。全年百联旧车市场交易量攀升至 75 301 辆，比 2009 年增长 24.96%，占全市交易量 24%；年交易额 68.49 亿元，比 2009 年增长 36.52%，交易量和交易额均创历史新高，交易业绩位居上海地区二手车市场首位。

2011 年 12 月 30 日，百联汽车向全资子公司——上海百合汽车贸易有限公司增资 650 万元，投资建设南汇斯柯达品牌 4S 店。

2012 年 8 月，百联汽车在上海市闸北区共和新路 3200 号投资 5 900 万元建设凯迪拉克品牌 4S 店。同时，集团批准同意百联汽车投资建设百联汽车展示厅，引进上海永达汽车集团有限公司（下称“永达汽车”）开设“宝马汽车品牌尊选二手车中心”，实施新旧车置换，发展宝马品牌二手车经营。

2013 年 9 月 2 日，百联汽车与知名二手车经营公司安美途强强联手共同设立业内领先的天天拍平台（http://www.motor2.cn），开始试营业。

图 4 - 2 - 19　2013 年 3 月凯迪拉克展厅外景

上海百联沪东汽车销售服务有限公司继 2012 年荣膺上海大众六星级经销商之后。2013 年上半年，在上海大众汽车大众品牌经销商能力审核中再创佳绩，从全国 600 多家经销商中脱颖而出，以 747.2 分的总成绩（满分 800 分）获得 DCA 审核“全国第一”。

【特色】

百联汽车服务从具有一定规模的集汽车品牌代理销售、汽车品牌维修、二手车交易向汽车装潢、私车额度中标付款、汽车定点上牌、保险代理等汽车服务延伸，发展成为具有相关产业功能的综合性汽车贸易服务商。

【荣誉】

2003—2005年，百联汽车连续3年获上海市著名汽车销售企业；2007年、2009年、2011年、2013年获上海名牌称号。百联汽车是上海市汽车销售行业会长单位、上海市公安局车辆管理部门授权指定的汽车上牌单位和车辆安全检测单位；公司所属的上海市旧机动车交易市场是全国重点联系交易市场之一；是中国人民解放军总装备部通用装备保障部车辆器材定点采购单位。公司通过了ISO9000质量体系认证。

三、上海百联物业管理有限公司

【概况】

2004年11月，上海百联物业管理有限公司（简称“百联物业”）成立，实现四大集团物业企业的整合重组。百联物业是上海市物业管理行业协会副会长单位。

图4-2-20　百联物业管理项目

百联物业以大型商业建筑物业服务为核心业务，物业管理面积近450万平方米，项目涵盖大型商业建筑物业、公众物业、高新园区、商务楼宇等中高端业态，形成以商业物业管理为主业的多业态发展格局。公司提供专业保安、保洁、绿化、设备管理、停车场管理、配套餐饮、招商策划、会务礼仪、场馆讲解，以及物业顾问等特色服务，致力于成为全国领先。

【沿革】

2004年11月，由一百物业、华联物业、友谊物业、浦贸物业、紫嘉物业等企业整合重组而成的上海百联物业管理有限公司成立，启动对原四大集团旗下物业企业的整合重组。年内，先后开辟19个集团内物业管理项目、2个集团外物业管理项目。

2005年4月4日，百联物业成为百联青浦奥特莱斯品牌直销广场的物业管理承担方。全面承接上海银行浦东块全部网点物业和深圳发展银行上海营业部13个网点物业。8月12日，按照集团“统一管理，集约经营”的要求，将原四大集团所属的物业管理企业包括上海华联物业管理有限公司、上海宝都物业公司、上海浦贸物业管理有限公司、上海一百物业管理有限公司、上海友谊物业管理有限公司、上海紫嘉物业管理有限公司、上海金江物业管理公司、上海延江物业有限公司、上海森厦物业管理有限公司、上海申虹物业管理有限公司等进行资产重组，所有人员和业务划归上海百联物业管理有限公司统一经营管理。是年，百联物业获得国家物业管理一级企业资质。

2006年1月1日，百联物业通过ISO9001质量管理体系认证、ISO14004环境管理体系认证。2月2日，百联物业当选上海物业管理协会常务理事单位。

2008 年 6 月 18 日，百联物业获上海市实施卓越绩效先进企业。2009 年 2 月 8 日，百联物业牵头起草中国第一部商业物业管理地方标准《商业物业管理服务规范》，并于 5 月由上海市质监局发布实施。

2010 年，百联物业承接上海世博会城市最佳实践区和世博园马当路出入口物业服务，为世博会提供优质服务。

2011 年 4 月 15 日，上海百联保安服务有限公司在上海世博会城市最佳实践区马德里馆前广场举行开业典礼，并获上海首批保安专业经营许可。

2013 年，百联物业以人才资源、服务品质、设施管理为核心竞争力，深化推进企业战略转型。截至 2013 年年底，百联物业管理面积达 386.95 万平方米。

【特色】

百联物业坚持专业化管理、集约化经营、市场化运作的方向，以商业物业管理为经营特色，建立与发展相适应的规模、效益体系，发挥百联物业的品牌优势。以科学发展观为指导，坚持“依托集团，面向市场”的发展方向，提高企业员工的凝聚力、客户的吸引力和市场的竞争力，持续实现物业管理有规模、有效益、有质量的增长。为百联集团的核心业务服务，为集团的战略发展作贡献。不仅是百联集团核心主业的后勤保障服务商，也是社会中高端物业服务品牌企业，其最终目标是形成以商业物业为主、办公与公众物业为辅的中高端、多业态发展格局，打造全国一流的商业物业管理企业。

【荣誉】

百联物业获 2005 年 ISO9001、ISO14001 质量管理体系认证证书，相继获上海市物业管理二级、一级资质证书，公司《商业物业企业标准化管理首创实践》获市企业管理现代化创新成果二等奖。2005—2006 年度、2007—2008 年度上海市文明单位。2007 年上海市品牌企业。2008 年中国长三角知名品牌企业、上海市实施卓越绩效先进企业。2010 年，当选上海质量协会理事单位、被评为首批上海物业管理行业诚信 AAA 级企业、当选中国物业管理协会常务理事单位、被评为首批全国(上海)服务业管理五星级现场。2011 年中国物业管理改革发展三十年综合实力百强企业。2013 年通过 OHSAS18001 职业健康安全管理体系认证，在“物业管理”专项服务中获上海市用户满意服务单位称号。

四、上海拍卖行有限责任公司

图 4-2-21　上海拍卖行

【概况】

1989 年 12 月 18 日，上海拍卖行有限责任公司(简称“上海拍卖行”)成立。公司业务涉及房地产、机动车、艺术品、产(股)权、物资设备、无形资产等社会经济生活的方方面面。公司坐拥北外滩商务区四川北路 73 号独立办公楼，有多个功能齐全的拍卖厅、展示厅。公司拥有拍卖师、律师、会计师、鉴定师、估价师、经济师、房地产经纪人、产权经纪人、中(高)级文物经营者、国有土地招牌挂主持人、品牌管理专员等各类专业人才近 30 人，公司研发启用拍卖信息管理系统和网络同步拍卖系统，在业内首批率先实现拍卖全流程信息化管理和网络同步拍卖。上海拍卖行原隶属华联集团，2004 年百联集团成立后划归综合事业部管理，2007 年后隶属百联投资管理有限公司。

上海拍卖行投资参股企业有上海大众典当有限责任公司、上海市华联典当(连锁)有限公司。

2013 年，上海拍卖行营业收入 4 755.39 万元，利润总额 1 565.11 万元。

【沿革】

上海拍卖行于 1989 年 12 月 18 日成立。

上海拍卖行 1992 年年底将首次盈利全部捐赠给东亚运动会，并在 1993 年 3 月 4 日发起业内首次慈善义拍以来，已累计发起、组织各类慈善义拍百余场，募集善款逾 6 000 万元，捐赠各类财物近 700 万元。

1996 年起，上海拍卖行执槌央视广告招标，屡创佳绩。

2000 年 9 月 8 日，上海拍卖行主持俄罗斯籍“土克曼尼斯坦”轮的拍卖，以 67.5 万美元成交。这是《中华人民共和国海事诉讼特别程序法》颁布实施后首次由拍卖船舶委员会组织拍卖外轮，也是上海拍卖行历史上第一次以美元成交的拍卖会。

2001 年起，上海拍卖行发起参与上海市慈善基金会主办的“蓝天下的至爱——点亮心愿”慈善义拍项目，成为上海的城市名片。公司五度成功执槌，获得社会各界广泛好评。

2003 年 3 月 28 日，公司投资设立的上海大众典当有限公司开业，标志着拍卖企业在市场经济的形势下，又一个全新运作模式的探索成功；2006 年，公司收购上海国际经纪有限公司，成功搭建起“拍卖、收藏、典当”企业生物链。

2008 年汶川地震后，公司又组织发起“6・12 上海百家拍卖企业赈灾慈善义拍”，奉献爱心，赢得各界好评。是年，公司捐资建立江西遂川上拍希望小学。上海拍卖行成为行业内义拍场次最多、合作公益机构最广的拍卖企业之一，也是上海市首批“慈善之星”的获得者。11 月 20 日，公司作为唯一一家沪上拍卖企业，参加“2008 上海商标展”。

2011 年 12 月 12 日，经百联集团批复同意，上海百联集团资产经营管理有限公司出资收购上海拍卖行有限责任公司原股东上海宏肄工贸有限公司、上海壹信拍卖有限公司所持有的 8.825%的股权。是年，在长沙以 33.58 亿元招标总额，成功连续主持湖南卫视广告招标会，为企业持续发展打下扎实的基础。

截至 2012 年 11 月，上海拍卖行连续 16 年主持央视广告的招标会。2012 年，以 158.81 亿元成交总额创历史新高，比 2011 年增幅达 11.39%。

图 4－2－22　2008 年 11 月 27 日，江西遂川上拍希望小学竣工

【特色】

上海拍卖行是上海市政府指定的罚没物资、无主物资拍卖单位，上海海关指定的走私物资物品的拍卖单位，上海市高院司法委托拍卖入围单位，上海市公安系统确认的罚没物资拍卖人，是上海市产权交易管理办公室批准的国有产权拍卖单位以及国家文物局批准的一、二、三类文物拍卖资格单位。主持的上海慈善义拍、央视广告招拍、湖南卫视广告招拍成为企业名片。

【荣誉】

上海拍卖行通过 ISO9001：2000 国际质量体系认证。公司连续 9 届获得上海市文明单位称号；公司注册商标获得“中国驰名商标”“上海市著名商标”称号。公司还获有“上海市优秀企业”“上海市工人先锋号”“上海市慈善之星”“上海市青年文明号”“全国青年文明号”等称号。2001 年 4 月 9 日，被评为上海市拍卖行业五强企业。

五、上海市华联典当行有限公司

【概况】

上海市华联典当行有限公司（简称“华联典当行”）成立于 1992 年 7 月 31 日。注册地址：上海虬江路 1130 号。企业股本结构：上海百联投资管理有限公司持有 81.13％股权，上海拍卖行有限责任公司持有 10％股权，上海外轮供应有限公司持有 2.5％股权，自然人持有 6.37％股权。主要经营动产质押典当业务、财产权利质押典当业务、房地产抵押典当业务、限额内绝当物品的变卖、鉴定评估及咨询服务等。

2013 年，华联典当行营业收入 5 539.24 万元，利润总额 1 565.11 万元。

【沿革】

上海市华联典当行有限公司的前身是 1992 年由市财办批准成立的上海市典当行，办公地址在南京东路 233 号，经营地址在虬江路 1139 号。成立之初，分别开设上海市典当行其仓栈分行、上海市典当行人民路分行和上海市典当行昌里路分行。

1999 年 9 月，经中国人民银行批准，上海市典当行改制成立三家独立法人的典当行：原上海市典当行改制成立上海市华联典当行，原人民路分行改制成立上海市天源典当行，原其仓栈分行改制成立上海市天宝典当行，昌里路分行由人民银行收回。2002 年 12 月，3 家典当行同时增资，由 500 万元注册资金增至 1 000 万元。上海市华联典当行改名为上海市华联典当行有限公司，上海市天源典当行改名为上海市天源典当行有限公司，上海市天宝典当行改名为上海市天宝典当行有限公司。

2003 年 1 月 5 日，上海市华联典当行有限公司开设宜山路分行，上海市天源典当行有限公司开设齐河路分行。5 月，上海市天源典当行有限公司更名为上海市华联天源典当行有限公司，上海市天宝典当行有限公司更名为上海市华联天宝典当行有限公司。12 月，上海市华联典当行有限公司通过市场化运作，经上海市经济委员会批准，由 5 家法人、39 名自然人共同筹资 6 000 万元注册资金，收购合并上海市天源典当行有限公司和上海市天宝典当行有限公司。

2004 年 2 月 28 日，上海华联典当（连锁）有限公司挂牌成立，成为中国第一家现代典当连锁企业。2004 年，上海百联投资管理有限公司持有其 81.13％的股权。

自 2005 年 4 月 1 日起实施的《典当管理办法》规定典当企业不得对外进行投资，按照华联典当

6 000 万元的资本金规模只允许设立 6 家分店，此后每增加 1 家分店就相应增资 1 000 万元。2006 年，为了进一步发展典当行业，经百联集团董事会第一届第二十九次会议同意，对上海市华联典当行有限公司增资 2 000 万元，公司注册资本增加到 8 000 万元。其中上海百联投资管理有限公司占 84.75%股权，上海拍卖行有限责任公司占 7.5%股权，上海外轮供应有限公司占 2.5%股权，自然人股东占 5.26%股权。拥有 9 家直营门店。

2007 年，典当销售规模 12.17 亿元，利润总额 1 379 万元。经营业务从民品典当为主的单一格局向民品、机动车、房产、财产权利等典当并存的多元化格局转变。是年，注册资本金从 8 000 万元扩大到 1 亿元，增资 2 000 万元，增资部分向原股东按比例定向增发。

【特色】

20 世纪 90 年代华联典当成立之初，以“自愿抵押、估价公平、收费合理、安全保密、信誉第一”为经营宗旨，典当以小额民品为主，满足当户小额资金急需，为客户排忧解难、救急济需服务。2004 年，面对典当行业扩容，市场竞争加剧之际，公司通过组建典当（连锁）有限公司，充分发挥连锁、集约优势，积极推广“华联典当”服务品牌，推出免费鉴定、免费估价、免费清洗黄金饰品等一系列诚信、承诺服务举措。服务群体从个人趋向于中小企业，单笔典当额从数千元跃升至数百万元。

【荣誉】

华联典当行自 1999 年以来，连续 6 届 10 年获上海市文明单位称号。2001 年，任第三届全国典当专业委员会主任单位。2004 年 6 月，上海市典当行业协会成立，华联典当行被选举为会长单位。2008 年，获最佳团队贡献奖；2009 年度上海市“工人先锋号”称号；2012 年，被评为上海市著名商标。

六、上海百红商业贸易有限公司

【概况】

上海百红商业贸易有限公司（简称“百红”）是由一百集团和日本丸红株式会社合资、经国务院批准成立的国内第一家中外合资批发贸易企业。2001 年 9 月 19 日，百红在上海锦江小礼堂举行揭牌庆典。中方股权 51%；日方股权 49%。主要经营国内商品和自营商品的国内批发业务；组织国内产品出口，仓储、简单商品加工、配送，自营商品零售等业务。

2013 年，百红营业收入 14.08 亿元，利润总额 2 208.47 万元。

【沿革】

1996 年 7 月，日本丸红株式会社向上海一百集团表达物流项目的合作意向。1998 年 3 月，上海市外资委批复同意双方合资建立物流公司的项目建议书。但日方认为，纯物流项目的投资回报率（IRR）过低、投资风险高，项目几乎处于停顿状态。1999 年 6 月 25 日，经国务院批准，国家经贸委、外经贸部颁布《外商投资商业企业试点办法》，允许外商在 4 个直辖市各投资设立一家合资批发企业，双方启动批发合资项目筹建。2000 年 5 月 8 日，中日双方在锦江宾馆举行百红可行性研究报告签字仪式。6 月初，百红可行性研究报告经上海市外资委、市商委、工商局等部门联合初审通过；7 月中旬，市商委、市经委、市外资委、市计委联合上报国家经贸委立项审批。8 月下旬，受国家经贸委委托，由国内贸易局、国务院发展研究中心、国家经贸委外经司、外经贸部外资司、工商总局企业注册局等部门有关专家组成的评审组，在北京对上海百红商业贸易有限公司可行性研究报告进行评审后基本认可。10 月 19 日，国家经贸委下发《关于上海百红商业贸易有限公司项目可行性研究报告的批复》，同意双方组建合资批发公司，并要求签订合资合同、制定公司章程后，办理报批手续。

2001 年 7 月 12 日，外经贸部下发《关于同意设立上海百红商业贸易有限公司的批复》，同意双方签订的合同、章程、补充协议书。8 月底，所有营业条件准备完毕。9 月 3 日，以上海百红商业贸易有限公司为抬头的第一张发票终于开出，标志着合资公司开始正式营运。9 月 19 日，百红在上海锦江小礼堂举行揭牌庆典，标志着中国批发业向外资开放。

2002 年 1 月，市商委批复同意百红建造曹杨路物流中心。2003 年 5 月 25 日项目竣工，建成 11 120 平方米的库房及其辅助设施，其中常温库 9 100 平方米，恒温库 460 平方米，办公及辅助用房 1 560 平方米。是年，ERP 系统顺利上线，与金税发票系统实现对接，内部业务实务与仓库、财务管理等流程实现无缝链接。2004 年 8 月 2 日，百红曹杨路物流中心启用。合资公司基本形成集商流、物流、资金流、信息流“四流一体”的现代批发雏形。

2005 年 1 月 21 日，中方投资者由上海一百（集团）有限公司变更为百联集团有限公司。2006 年 5 月 1 日，公司本部迁至天目西路 547 号 8 楼营业。

百红物流中心地块于 2007 年由普陀区土地中心收储，10 月起租赁百联集团所属晶通化学品公司南大路新建仓库，后经增租，面积达到 12 131 平方米。百红在鼎盛时期，日用品的日进仓量曾突破 8 万标准箱；日出仓量超过 2.5 万标准箱、彩妆品超（主要是欧莱雅旗下品牌）20 万支；日配送门店超过 500 家。

2008 年，全球金融危机爆发之后，逐渐波及国内流通领域。百红营业收入、利润总额、净利润增长率自 2010 年起由两位数增长开始下降至个位数。

【特色】

中国首家中外合资批发企业上海百红商贸有限公司致力开发日化用品市场，积极探索批发配送模式。百红经营 40 余个知名品牌，涵盖化妆品、医疗器械、食品、纺织服装等大类。是欧莱雅上海地区独家经销商。百红商贸的日化产品国内批发销售占到公司销售总额的九成以上，成为欧莱雅、妮维雅、强生、尤妮佳等著名化妆品品牌的中国最大分销商。

七、上海外轮供应有限公司

【概况】

上海外轮供应有限公司（简称“外轮供应公司”）坐落于东大名路 359 号 7 楼，是国家指定的从事上海口岸国际航行船舶港口供应的国有企业，成立于 1957 年 3 月，原名上海海轮服务公司。股权比例为上海百联投资管理有限公司占 10%，上海金照国际贸易有限公司（简称“金照公司”）占 90%。

外轮供应公司专门为到港的中、外船舶提供船舶伙食、船舶物料、船舶生活用品、船舶备件、船舶油漆、免税品、医疗服务等，还为外商驻沪机构、各国领事馆以及各大宾馆提供食品和饮料等商品。下设国际海员商店，为到港国际海员、旅游外宾提供各类商品服务。1988 年，经市外经贸委批准，拥有进出口商品经营权。公司拥有 2 座标准仓库，面积 5 000 平方米；2 座可储存 1 000 吨的冷冻库;1 座 50 米长的泊位专用码头;并备有专送浮筒或吴淞口外停泊外轮所需货物的机运船 3 艘,总吨位 135 吨。

2013 年,外轮供应公司营业收入 4.5 亿元,利润总额 2 201.51 万元。

【沿革】

1957 年 3 月,上海海轮服务公司成立,隶属市外贸局领导。1965 年 7 月 1 日,外轮供应公司划归第一商业局管理。

1978 年 4 月,上海市外轮供应公司更名为上海市对外供应公司,下设外轮供应部。

1988 年 4 月,上海市对外供应公司划出外轮供应部,成立上海市外轮供应公司,实行独立核算,直属第一商业局领导。

1996 年,外轮供应公司加入国际船舶供应商协会(ISSA),是国内最早加入该协会的成员单位,并担任中国友谊外供商业协会副会长单位。

2006 年起,外轮供应公司整合各方资源和优势,为皇家加勒比、歌诗达邮轮公司等世界一流邮轮公司提供服务。2010 年,为了贯彻百联集团资产整合、层级压缩工作要求,上海百联投资管理有限公司将金照公司并入上海外轮供应有限公司,并注销金照公司。外轮供应公司成为上海百联投资管理有限公司的全资子公司,并于 2011 年获增资 1 000 万元,增资后外轮供应公司注册资本为 1 800 万元。

【特色】

外轮供应公司与国内外 400 多家船公司和客商发生业务往来,向 70 多家大中型宾馆和外国驻沪机构提供商品服务,积累较丰富的对外经营经验,并充分运用国际上通用的贸易惯例,积极做好小批量进出口业务,被誉为“港口小外贸”。公司经营 5 000 多种商品,根据船方需要代购代办商品亦达 2 000 多种,还经营部分进口商品和保税烟酒饮料等,并与新加坡、挪威佐顿集团在沪设立“企鹅牌”船用油漆代销站,供应来沪各国船只。

外轮供应公司秉承“全天候登轮、全方位服务、全身心投入”的三全经营理念,通过 ISSA 质量标准认证,拥有完善的船舶供应网和一支业务经验丰富、服务水准精良、高素质的经营团队。外轮供应公司供应区域广阔,除黄浦江、长江口岸之外,在洋山港设有分公司,成为上海口岸最具竞争优势的国际航行船舶供应商,担负着为中外货轮、班轮、邮轮等供应商品的重任。

第五篇

整合调整

概　述

百联集团是政府推动、由4个集团重组而成的国有企业集团。组建后，针对所属7家上市公司涉及A、B、H股，业态重叠，同业竞争，有的上市公司经营绩效不理想，不能发挥融资功能，股份背景复杂，股权管理层级繁多的情况，加快破解重组难题。集团先后完成第一百货商店股份有限公司（简称"一百股份"）吸收合并华联商厦股份有限公司（简称"华联股份"），友谊集团股份有限公司（简称"友谊股份"）和上海百联集团股份有限公司（简称"百联股份"）重组；实现上海物贸中心股份有限公司（简称"物贸股份"）的资产置换重组；实现联华超市股份有限公司（简称"联华股份"）在香港成功上市并完成首次增发、华联超市股份有限公司（简称"华联超市股份"）在国内成功增发，完成联华股份收购华联超市股份全部股权，实现联华股份、华联超市股份合并重组；实施第一医药股份有限公司（简称"第一医药股份"）股权重组，注入"汇丰医药"优质资产等。

在进行上市公司整合的同时，百联集团分步有序开展业务、品牌和资产的整合。以事业部、中心为平台，对业务实施合并同类项，最终通过事业部公司化转制，使各业务板块转制为以资产为纽带的法人治理结构完善、业务特色鲜明、承担资产增值责任的市场经营主体。超商板块以联华股份为平台，夯实大型综合超市、标准超市和便利店三大业态，把潜在的资源优势转化为市场的竞争力。联华股份以上海联华超级市场发展有限公司为重组平台，合并联华标准超市、华联标准超市和联华加盟店三大板块的业务，同时将联华江苏公司的管理纳入该平台。百联股份大刀阔斧地推进整合，形成统一市场拓展、统一招商采购、统一资源管理的集约优势。生产资料事业部以物贸股份重组为契机，积极推进业务整合，形成专业化经营、集约化管理的管控模式，加快推进金属材料、燃料、汽车服务贸易和木制品加工业的发展。在业务整合的基础上，集团加快资产整合，先后完成国有资产权益调整及集团层面、二级公司层面和三级公司及以下层面的股权调整，使股权结构和管理层级进一步清晰。

百联集团拥有许多知名品牌，具有悠久的历史与深厚的文化底蕴。集团针对旗下企业众多、品牌众多的状况，确立品牌整合重组的总体思路，构建由企业品牌、业态品牌与自有商品品牌组成的"伞状"品牌体系，即建立统一的企业品牌"百联"，购物中心、奥特莱斯统一使用百联品牌；标准超市逐步统一使用"联华"品牌；百货业态使用"东方商厦"品牌；对确有历史文化价值的企业，保留品牌，纳入连锁企业管理；同时，梳理自有商品品牌，在加快品牌培育的同时，实施品牌的集中和更新。

百联集团加快资产清理，盘活存量资产70亿元。积极支持上海市政工程和安居工程建设，为集团主业发展提供资金保障。通过清产核资，核销不实资产12亿元，处置历史遗留问题；清理非持续经营企业，通过"关停并转破租售放"，处置不良资产近26亿元，减少亏损企业，有效止住"出血点"，加快国有资本从小企业退出和改制。

第一章　上市公司整合和股权分置

百联集团成立之初，拥有一百股份、华联股份、华联超市股份、友谊股份(A、B股)、物贸股份(A、B股)、第一医药股份、联华股份(H股)等7家上市公司，主营综合百货和超商业务的上市公司业态重叠严重，物贸股份、第一医药股份经营绩效不理想或经营能级有限，融资功能不能充分发挥。集团与证券监管部门积极沟通，根据不同上市公司特点，一一破解难题，先后完成一百股份与华联股份整合，友谊股份与百联股份整合，联华股份与华联股份整合。一百股份吸收合并华联股份、友谊股份吸收合并百联股份，均成为国内证券市场A股上市公司间、AB与A股上市公司间吸收合并第一例，实现证券市场的金融创新，对国内证券市场产生良好的示范效应。对现行的法律法规、会计处理政策、保护中小股东利益等，进行积极、有益的探索和尝试。2011年，百联集团上市公司整合为4家，分别是友谊股份(A、B股)、联华股份(H股)、物贸股份(A、B股)、第一医药股份(A股)。

第一节　上市公司整合

一、综合百货上市公司重组

百联集团成立后，即着手上市公司的整合。2003年11月21日，百联集团将一百股份吸收合并华联股份方案报送至证监会审核。2004年4月6日，整合方案获得证监会批准。按照方案，华联股份全体非流通股股东将其持有的股份按比例折换成一百股份的非流通股份，折股比例以每股净资产为基础，确定为1∶1.273；全体流通股股东将其持有的股份按比例折换成一百股份的流通股份，折股比例以双方董事会召开前30个交易日加权平均价和双方未分配利润为基础，确定为1∶1.114；华联股份的全部资产、负债及权益并入一百股份，注销法人资格，存续公司更名为上海百联集团股份有限公司。为保护中小股东利益，合并设置现金选择权方案，一百股份和华联股份非流通股现金选择权价格按照每股净资产值分别定为2.957元和3.572元；流通股按照双方董事会会议召开前12个月加权平均价格上浮5%分别确定为7.62和7.74元。是月7日，合并双方停牌，分别召开董事会，审议合并方案，签署合并协议。4月8日，百联集团、一百股份和华联股份在金茂大厦联合举行新闻发布会，宣布一百股份和华联股份合并消息。是日，一百股份、华联股份两家上市公司发布董事会通过合并预案公告。这次合并案一百股份作为合并方，华联股份作为被合并方，通过吸收合并方式进行重新整合。合并完成后，华联股份的全部资产、负债、权益并入一百股份，一百股份作为存续公司继续从事经营业务，并更名为上海百联集团股份有限公司。合并后的新公司拥有14家大型百货商场及3家购物中心，股份公司总资产达到59.71亿元，主营业务收入达41.65亿元，利润总额达2.2亿元，股东权益32.29亿元，其总资产和净资产规模均名列沪深两市商业类上市公司第一位。此次合并成功，既解决资源集约和消除同业竞争的问题，又为百联集团资本层面的整合扩张和多元化改造搭建一个全新平台，东方商厦等集团内优质资产开始逐步注入。

2004年5月8日，中共上海市委常委、副市长冯国勤到百联集团现场办公，听取集团组建一年来的工作汇报，重点研究有关上市公司资产重组等问题。中国证监会上海证监局、市经委、市国资委、市金融办等相关领导一同参加。

2004年5月10日，一百股份、华联股份两家上市公司分别召开股东大会，就一百股份吸收合并华联股份方案进行表决，一百股份有表决权股份数为7 725.313 2万股，同意7 572.213 8万股，占出席会议有表决权股份总数的98.018 2%；华联股份有表决权股份数为5 849.216 6万股，同意5 768.707 1万股，占出席会议有表决权总股数的98.62%，吸收合并方案获高票通过。11日，百联集团、一百股份、华联股份再次举行联合新闻发布会，百联集团董事长、总裁就公众关注的问题回答记者提问。16日，百联集团在上海证券大厦召开投资者沟通会，就一百股份、华联股份合并案向各证券机构、基金公司沟通情况，并回答券商代表的提问。28日，市政府批准一百股份和华联股份吸收合并事宜。6月16日，市国资委出具关于一百股份吸收合并华联股份有关问题的请示，并于6月29日上报国务院国资委。

2004年8月，国务院国资委批复百联集团，同意一百股份吸收合并华联股份。按照《关于上海市第一百货商店股份有限公司吸收合并上海华联商厦股份有限公司国有股权管理有关问题的批复》，同意在一百股份吸收合并华联股份时，非流通股按1∶1.273的折股比例、流通股按照1∶1.114的折股比例实施换股方案及其配售现金选择权方案，吸收合并完成后，存续公司总股本为110 102.729 5万股，其中百联集团持有55 120.362 6万股，占总股本的50.06%，股份性质为国家股。

2004年9月23日，市国资委同意东方商厦100%股权（账面净资产8 151万元）与百联股份持有的部分社会法人股、长期投资及2块商用房产（账面净资产8 703万元）进行置换，差额以现金补足的方案。这是根据中共上海市委、市政府对百联集团改革发展的总体要求和百联集团战略规划的安排，将集团持有的相关优质资产定向增发到百联股份。11月26日，百联股份复牌上市交易。12月28日，百联股份召开2004年度第一次临时股东大会。大会审议通过公司董事会、监事会换届选举的议案。

2010年11月4日，百联股份、友谊股份吸收合并新闻发布会在百联集团大厦举行。此次重组，友谊股份以增发A股股份的方式换股吸收合并百联股份（确定百联股份与友谊股份的换股比例为1∶0.861，即每股百联股份之股份换0.861股友谊股份之A股股份），并收购百联集团持有的第一八佰伴36%股权；同时，为保护重组过程双方股东利益，重组方案中设置异议股东的收购请求权和现金选择权。重组完成后，百联股份和友谊股份综合百货业务的同业竞争问题得到彻底解决。存续公司涵盖百货类和超商类的各种经营业态，包括百货店、购物中心、奥特莱斯、大型综合超市、标准超市、便利店和钟表眼镜专业店等业态，成为国内经营业态最全、综合实力最强的零售业上市公司之一。

图5-1-1　2010年11月4日，友谊股份吸收合并百联股份新闻发布会

2010年12月8日、12月13日，国务院国有资产监督委员会和市国资委相继发文同意《百联集团有限公司关于上海友谊集团股份有限公司以新增A股股份换股吸收合并上海百联集团股份有限公司方案的请示》和《百联集团有限公司关于以资产认购上海友谊集团股份有限公司非公开发行股份方案的请示》，同意友谊股份换股吸收合并百联股份。同意百联集团以所持有的上海第一八佰伴有限公司36%股权，认购友谊股份非公开发行的302 394 810股股份。此次重组完成后，友谊股份总股本增至1 722 495 752股，其中：百联集团持有749 515 870股，占43.51%；上海友谊复星(控股)有限公司持有98 921 224股，占5.74%(按换股吸收合并中友谊股份异议股东未行使收购请求权且百联股份异议股东也未行使现金选择权的情况计算)。各国有股东具体持股数量按重组完成后实际情况确定。

图5－1－2　2010年12月9日，友谊股份吸收合并百联股份网上路演

2011年4月21日，上海市发展和改革委员会按照国家对外商投资项目管理的有关规定，将友谊股份换股吸收合并百联股份方案核准事项上报国家发展改革委。随后，收到国家发展改革委的核准批复，同意友谊股份实施吸收合并百联股份及发行股份购买资产等重组方案，并要求按照国家有关规定办理，确保国有资产保值增值。7月22日，中国证券监督管理委员会核准友谊股份向百联集团发行股份购买资产及吸收合并百联股份的批复。核准友谊股份向百联集团发行302 394 810股股份购买相关资产；核准友谊股份以新增947 984 500股股份吸收合并百联股份。8月11日，友谊股份和百联股份完成收购请求权和现金选择权实施工作，并于8月26日完成百联股份的换股上市工作。8月29日，市商委批复同意友谊股份增资扩股并吸收合并百联股份。此次增资扩股后，存续公司注册资本从47 211.644 2万元增至172 249.575 2万元，每股面值1元人民币，总股份从47 211.644 2万股增至172 249.575 2万股。其中，百联集团持有(国家股)74 932.557 0万股，占总股本的43.50%；上海友谊复星(控股)有限公司持有(法人股)9 892.122 4万股，占总股本的5.74%；其他境内上市人民币社会公众股(A股)69 453.076 1万股，占总股本的40.32%；境内上市外资股(B股)17 971.819 7万股；占总股本的10.43%。2014年8月，友谊股份更名为百联股份。

二、超商业务上市公司整合

2003年6月27日，联华股份(H股)在香港联合交易所有限公司(简称“联交所”)上市，是内地首家于联交所上市的中国零售连锁超市公司。2004年4月2日，华联超市股份增发方案获得证监会发审委通过。华联超市股份增发不超过7 000万流通A股，募集资金用于在北京、上海等13个城市建设20个大型综合超市，合计筹资60 037.6万元。增发后，华联超市股份流通股超过1亿股。此次增发系华联超市股份2000年“借壳”时装股份上市后第一次公开募集资金，对于缓解发展资金压力，增强百联集团超市业态的发展动力和竞争能力起到非常重要的作用。

2005年10月28日，联华股份宣布以9 593万元人民币，分别收购其股东上实商业、上海友谊在世纪联华发展有限公司的22.21%、35.70%的股权，此次收购还包括联华股份杭州联华华商收购上海立鼎在世纪联华的22.09%的股权。

2006年，在国家证管委、国家国资委、上海市政府、市国资委、市证管局等各有关管理部门的主导下，百联集团实施华联超市股份与新华传媒的资产置换，通过新华集团以其拥有的传媒资产与华联超市资产进行置换，使新华传媒资产得以“借壳上市”，华联超市资产从上市公司中置出，成立上

图5-1-3　2009年上海购物节华联超市空间展示

海华联超市有限责任公司，为联华股份与华联超市的重组做好准备。

2007年1月4日，百联集团同意联华股份受让上海实业联合集团商务网络发展有限公司持有的上海世纪联华超市发展有限公司22.21%的股权。为优化华联超市资产结构，夯实资产，提高整体盈利能力，增加国有资产价值，2008年1月24日，百联集团董事会通过《关于同意整合优化华联超市资产的决议》，将华联超市拥有的无锡华联超市70%股权、盐城华联超市的94%股权、蚌埠华联超市的100%股权、如皋华联超市的100%股权等4家卖场股权按2007年12月31日净资产划转给上海华联超市南京有限公司，并委托华联超市代管。

2009年6月8日，百联集团同意将百联集团持有的华联超市股份99.4%股权转让给联华股份；百联集团置业有限公司持有的华联超市股份0.6%股权转让给上海联华超市发展有限公司。6月26日，联华股份在香港联交所发布公告，联华股份偕同其附属上海联华超市发展有限公司与百联集团及百联集团置业公司签订买卖协议，以总价约4.92亿元收购华联超市股份全部股权。9月2日，联华股份以约4.92亿元收购华联超市股份获股东大会通过，股东大会赞成此收购案的投票股东达99.43%。这一重大收购案浮出水面，标志着集团超商板块的资产整合取得突破性进展。收购完成后，华联超市股份成为联华股份的附属公司。联华股份的门店总数增至5 268家，继续保持中国快速消费品连锁企业百强第一的地位。是月14日，市国资委批复同意上述转让。

2013年10月16日，日本三菱商事株式会社将其拥有的联华股份的7 542万股股份(相当于目标公司总股份的6.74%)转让给百联集团。

三、物贸股份重大资产置换

2004年9月29日，为恢复物贸股份的融资功能，市国资委批复同意乾通金属等7户控股、参股公司的股权(账面净资产3.74亿元)与物贸股份持有的12户子公司股权、1块土地(账面净资产4.06亿元)进行置换，差额以现金补足的方案。12月29日，物贸股份召开第四届第四次董事会、监事会，审议通过关于重大资产置换暨关联交易的议案。物贸股份与控股股东百联集团(持有物贸股份57.13%的股权)于是日签署《资产置换协议》。置出上海物贸大厦分公司全部权益及上海波隆国际贸易公司的100%股权、上海五丰达建筑装饰工程公司的75%股权、上海浦藤厢车公司的21.25%股权、上海物资贸易中心保税行的100%股权、上海市民办锦绣园中学的56.3%股权。置入上海乾通金属材料公司的90%股权、上海森大木业公司的75%股权、上海百联汽车服务贸易公司的91.19%股权、上海晶通化学品公司的90%股权、上海金桥热力公司的60%股权、上海物资集团进出口公司的90%股权、上海爱姆意机电设备连锁公司的38.58%股权和上海二手车交易市场的30%的股权。

2005年6月，物贸股份重大资产重组方案经中国证监会审核通过。物贸股份置出资产和置入资产评估价值的差价部分为 448.43 万元，由物贸股份以现金补足，支付给百联集团，该款项于 7 月 28 日支付完毕。通过产业整合，乾通金属、晶通化学、森大木业、百联汽车、集团进出口公司、爱姆意机电、二手车市场等公司成为物贸股份子公司，标志作为百联集团三大核心板块之一的生产资料业务进入更大的整合平台和可持续发展新阶段。6 月 28 日，物贸股份召开 2004 年度股东大会，审议通过公司重大资产置换、更改公司注册名称、增加公司经营范围和调整公司董事会部分董事等 15 项议程。

2007 年 8 月 16 日，根据国务院国有资产监督管理委员会《国有股东转让所持上市公司股份管理暂行办法》，百联集团决定减持物贸股份国有股股份，减持现金用于百联集团生产资料业务的进一步发展。2008 年 1 月 8—16 日，百联集团在二级市场共减持物贸股份 2 624 614 股，占物贸股份总股本的 1.038 5%。此次减持后百联集团持有物贸股份由 138 261 806 股降为 135 637 192 股，持股比例由 54.71%相应降为 53.67%，仍保持绝对控股地位，对物贸股份的实质控制力未发生变化。

图 5-1-4　20 世纪 90 年代的物贸大厦

四、第一医药股份资产重组

2005 年 8 月 25 日，百联集团同意第一医药股份持有的上海联一医药有限公司 15%股权转让，转让价格 150 万元人民币。12 月 28 日，百联集团通过下属控股公司新路达集团与上海新世界（集团）有限公司签订《股份转让协议》，新路达集团受让第一医药股份 26.01%股权。是日，百联集团下属全资公司上海东时实业公司持有的第一医药股份 1.39%的股权转让给新路达集团。上述股权转让完成后，新路达集团直接持有第一医药股份股权为 27.4%，百联集团直接和间接持有第一医药股份达到 52.56%。11 月 15 日，百联集团批复同意第一医药股份持有上海运佳黄浦制药有限公司 12.25%的股权，转让给香港运佳远东有限公司。双方完成转让：股权转让协议价为 524 万元，高于投资总额 130 万元；按运佳黄浦制药有限公司 2005 年 9 月 30 日账面净资产测算，溢价 110.03 万元；按 9 月 30 日经审计调整后的净资产测算，溢价 106.31 万元。

2005 年 12 月 29 日，根据第一医药股份股权整合、资产重组及股权分置改革的相关工作，百联集团同意与徐汇区国有资产监督管理委员会共同对新路达集团增资 6 150 万元，其中，百联集团增资 3 130 万元，徐汇区国有资产监督管理委员会增资 3 020 万元。增资后，新路达集团注册资本金增加至 28 000 万元，其中，百联集团出资 14 280 万元，占比 51%，徐汇区国有资产监督管理委员会出资 13 720 万元，占比 49%。

2006 年 5 月 17 日，百联集团同意第一医药股份分别向新路达集团和徐汇区新路达商业集团集体联合会收购其持有的88.5%和11.5%的上海汇丰医药药材有限公司股权。收购价格以该公司2005年12月31日的评估报告为基价，分别为人民币3 274.5万元和425.5万元，合计3 700万元。收购完成后，第一医药股份持有汇丰医药药材公司100%的股权。7月4日，中国证券登记结算公司上海分公司发出过户登记确认书，确认上海新世界(集团)公司持有的第一医药股份41 450 000股转让给新路达集团。

图5-1-5　2006年10月30日，第一医药商店启用自动化药房系统，图为第一医药商店智能售药区

2009年5月5日，百联集团同意百联股份持有的上海国大药房连锁有限公司35%股权以协议方式转让给第一医药股份。股权转让基准日为2008年12月31日，在完成评估报告备案手续后，相关资料提交百联集团，由集团向市国资委申请办理协议转让手续。

2012年2月29日，百联集团同意新路达集团所属第一医药股份以现金方式对上海汇丰医药药材有限责任公司增资2 505.80万元。增资后，上海汇丰医药药材有限责任公司注册资本增加为人民币3 300万元，仍由第一医药股份100%持股。

第二节　股权分置

物贸股份作为第6批18家股权分置改革的上市公司之一，也是百联集团6家上市公司中首家股权分置改革的企业。2005年10月20日，物贸股份公布股权分置改革方案，物贸股份控股股东百联集团以送股方式向流通A股股东支付对价，每10股流通A股可获得2.5股股票，百联集团共需支付3 327 500股股票。公司募集法人股不支付对价，也不获得对价，公司境内法人股股东由百联集团代为支付对价。12月2日，物贸股份召开A股股东会议，审议通过股权分置改革方案，成为百联集团旗下首家通过股改方案的上市公司。

2006年1月16日，百联股份公布股权分置改革方案。2月20日，市国资委同意百联股份股权分置改革方案，即百联股份发起人股东百联集团同意向流通股股东支付对价，以换取百联股份所有非流通股股份的流通权，百联股份的公募法人股股东在这次股权分置改革中既不参与支付对价也不获得对价。该方案实施股权登记日股本结构为基数，流通股股东每持有10股流通股获得发起人股东百联集团支付的3.0股股票对价，百联集团向流通股股东支付98 090 913股股票，即百联集团每10股向流通股股东支付1.779 6股股份的对价。百联集团在股权分置改革时收购82家公募法人股股东所持31 394 566股股份，占总股本比例2.851%。此次股权分置改革完成后，百联股份总股本为1 101 027 295股，其中：百联集团持有国家股484 507 279股，占总股本的44.01%，上述股份具有流通权。4月10日，为保证百联集团对百联股份的持股比例，百联集团分别与上海食品集团公司、中国上海外经(集团)有限公司、上海宋庆龄基金会、上海国际收藏品有限公司等82家公募法人股股东签订《股权转让协议》，受让上述单位持有的百联股份公募法人股共计31 394 566股，占百联股份总股本的2.851%。股份转让价格为每股3.5元人民币，百联集团以自有资金109 880 981元支付转让价款。收购后，百联集团持有百联股份582 598 192股股票，占总股本的52.91%。

2006 年 5 月 10 日，友谊股份公布最终的股权分置改革方案。5 月 22 日，市国资委批复同意友谊股份股权分置改革方案，即非流通股股东百联集团与友谊复星向 A 股流通股股东支付对价，以换取公司所有非流通股股份在 A 股市场的流通权。公司的募集法人股股东在本次股权分置改革过程中，既不参与对价支付，也不获得对价。根据股权分置改革方案，以方案实施股权登记日股本结构为基数，A 股流通股股东每持有 10 股流通 A 股将获得 2.5 股股票的对价。支付完成后，公司非流通股股东持有的非流通股股份即获得 A 股市场的上市流通权。此次股权分置改革完成后，友谊股份总股本为 429 196 765 股，其中：上海友谊复星(控股)有限公司(国有控股单位)持有国有法人股 89 928 385 股，占总股本的 20.95%；百联集团持有国家股 25 429 828 股，占总股本的 5.92%，上述股份具有流通权。股改方案实施后，百联集团直接持有友谊股份非流通股 25 429 828 股，占公司总股本的 5.92%(其中国家股 21 006 989 股，占股本总额的 4.89%，募集法人股 442 283 939 股，占股本总额的 1.03%)；通过友谊复星间接持有非流通股份(国有法人股)89 928 385 股，占公司总股本的 20.95%；通过百联股份持有募集法人股 1 633 802 股，占公司总股本的 0.38%。以上股份合计达 116 992 015 股，占公司股本总额的 27.26%。

2006 年 6 月 9 日，市国资委同意第一医药股份股权分置改革方案，即第一医药股份流通股股东持有的每 10 股流通股获得参加公司此次股权分置改革的非流通股股东支付的 2.5 股股票，以使第一医药股份非流通股获得流通权。股权分置改革方案实施后，公司每股净资产、每股收益、股份总数均维持不变。公募法人股不需要支付对价，在法规规定的限售期满后即可上市流通。6 月 19 日，第一医药股份召开的相关股东会议，以流通股东 81.1%的赞成率审议通过第一医药股份的股权分置改革方案。此次股权分置改革完成后，第一医药股份总股本为 159 347 391 股，其中：新路达集团持有国有法人股 37 275 090 股，占总股本的 23.39%；百联集团持有国家股 30 912 532 股，占总股本的 19.40%；华联集团持有国家股 1 238 988 股，占总股本的 0.78%，上述股份具有流通权。

第二章　资 源 整 合

百联集团成立后，根据“有所为，有所不为”的原则，对系统内的各种经营管理资源进行有序整合，重点发展百货、超商与生产资料贸易三大核心业务；调整发展商业房地产、物流两大支撑业务；培育发展购物中心与专业专卖业务；逐步退出集团其他业务。为了解决集团内部业务重叠、资源分散、效率较低等问题，集团和各事业部根据业态及业务组合的要求，有序推进内部业务和资源的整合、集约。百联集团拥有许多知名品牌，具有悠久的历史与较深厚的文化底蕴。这既是集团无形资产的优势，但分散、各自独立运作，也是集团品牌整合需要梳理的问题。集团在分析对比国际零售巨头的品牌体系之后，确立百联集团品牌整合重组的总体思路，构建由企业品牌、业态品牌与自有商品品牌组成的“伞状”品牌体系。

第一节　业 务 整 合

一、业务归并

2003 年 9 月，经过 5 个月的筹建准备工作，百联集团主要业务板块构架形成，初步建立高度集约化的组织架构，在反复酝酿的基础上，组建超商、百货、生产资料、专业专卖、购物中心、房产置业、物流配送和综合业务等 8 个事业部，以及企业清理、人力资源、教育培训和审计等 4 个中心。通过对业态的整合，形成各业务群发展战略的基本思路。11 月 14 日，为了加快推进业务整合，百联集团召开 8 个事业部和各有关成员企业干部会议，宣布进入事业部的成员企业名单。经过前期调研和集团班子多次讨论，首批进入超商事业部的成员企业有 5 家、百货事业部有 18 家、生产资料事业部有 11 家、专业专卖事业部有 8 家、购物中心事业部有 6 家、房产事业部有 6 家、物流事业部有 7 家、综合事业部有 26 家。

超商事业部是百联集团对集团内超市行业实行专业化管理的机构，其管理范围内的超市包括联华、世纪联华、快客、华联、吉买盛、罗森 6 个知名品牌；拥有 3 种主力业态：大型综合超级市场、超级市场、便利店；探索 2 个业态：折扣店和电子商务。

百货事业部包含一百股份、华联股份、东方商厦、市百一店、第一八佰伴、市百一店东楼、华联商厦、华联商厦杨浦店、友谊商店、时装商店等一批享誉全国的著名企业，销售额约占上海市百货行业销售额的 1/3，经营面积、网点数量和销售业绩已具备国内领先的规模优势。

生产资料事业部主要经营油品、煤炭、黑色金属、有色金属、机电产品、化轻产品、汽车、木材及木制品等生产资料贸易业务；有上海物贸股份、上海有色金属交易市场、上海二手车交易市场、上海旧机动车交易市场、上海危险化学品市场等较大规模和影响的专业交易市场；主要企业有 66 家。

专业专卖事业部拥有 7 家成员企业：新路达集团、好美家、三联集团、第一医药、电工照明、华联王震、华联家维。大部分企业在行业竞争中处于领先地位：好美家装潢建材超市的门店位居上海第一；医药股份第一医药商店是全国商品种类最为齐全的医药商店；三联集团在上海的钟表、眼镜、照相器材三大领域中一直主导行业市场、处于龙头地位；家维公司在家电维修行业中连锁网点数量全市第一，同业服务最为规范。

购物中心事业部管理的企业有友谊南方商城、华联购物中心临沂店、上海工业品批发市场、校园生活中心（复旦、交大、上师大）等。

房产置业事业部经营范围涉及房地产开发、物业管理、房屋租赁以及房产中介、建筑装潢等业务，共开发房地产项目 27 个，面积为 88.28 万平方米，物业管理面积总数达 320 万平方米。

物流事业部拥有物流基地面积 146.36 万平方米，库房面积 75.21 万平方米。首批进入物流板块的有上海现代物流投资发展有限公司、上海商业储运有限公司、上海华联配送实业有限公司、上海友谊集团物流有限公司等多家知名物流企业。

综合事业部下属企业主要分为品牌代理及贸易、典当拍卖寄售、广告媒体服务、宾馆出租汽车、市场招商资产管理等五大业务簇群，其中包括中国第一家中外合资批发贸易企业百红公司、控股企业华联典当行、中日合资的旭通广告公司和上海广告装潢公司、一百假日酒店、凯恩（万恒）宾馆、迎宾出租汽车公司、金照贸易公司（外轮供应公司）等。

企业清理中心的主要职能是承担集团内困难企业的集中管理，对已停止经营并明确进入清理中心的企业，通过注销、破产、封存等方式实施清理任务的功能性机构。

人力资源管理中心集中管理集团系统所属企业在破产、兼并、解散、撤销、停业和结构调整中产生的离岗人员，进行分流、安置，促进再就业；为集团系统所属企业离休干部、退休人员提供管理服务；为集团所属企业提供各类人事代理服务。

教育培训中心是集团实施集约管理的职能机构之一，下属单位有上海物资党校、上海市物资学校等。

审计中心是百联集团集约化管控模式的职能部门之一，在集团董事会、总裁室领导下独立、依法开展内部审计的专职机构，发挥监督、评价企业经营活动的职能。

表 5-2-1　2003 年 11 月首批进入集团事业部的单位情况表

事　业　部	首批进入单位
超商事业部	华联集团吉买盛购物中心有限公司
	华联超市股份有限公司
	上海华联罗森有限公司
	联华超市股份有限公司
	上海世纪联华超市发展有限公司
百货事业部	上海第一百货沪西商厦
	上海第一百货商店股份有限公司 所属：西楼 东楼 上海第一百货淮海店 上海第一百货松江店 上海第一八佰伴有限公司
	东方商厦（含上海东方保洁有限公司）
	上海东方美莎有限公司

〔续表〕

事　业　部	首批进入单位
百货事业部	上海华联商厦股份有限公司 所属：上海新华联大厦股份有限公司 　　　上海华联商厦普陀店 　　　上海华联商厦杨浦店 　　　上海华联商厦南东店 　　　上海妇女用品商店 　　　时装经营分公司 　　　华联股份有限公司张杨店 　　　中联商厦
	上海友谊百货有限公司 （含上海友谊商店、南方商城店）
	上海虹桥友谊商城有限公司
	上海友谊之春百货公司
生产资料事业部	一百永达汽车有限公司
	上海物资贸易中心股份有限公司
	上海物资汽车贸易有限公司
	上海乾通金属材料股份有限公司
	爱姆意机电连锁有限公司
	上海乾通投资发展有限公司
	上海晶通化学有限公司
	上海森联木业有限公司
	上海动力燃料有限公司
	上海二手车市场
	物资集团进出口公司
购物中心事业部	上海河岸开发有限公司（含上海四行仓库、上海工业品批发市场）
	上海又一城购物中心有限公司
	上海浦东华联购物中心有限公司（含华联校园生活中心）
	上海友谊南方商城有限公司
	上海友谊购物中心发展有限公司
	一百商城
房地产事业部	上海一百置业有限公司（含上海一百集团房地产有限公司）
	华联集团置业有限公司
	上海华联房地产经纪有限公司
	上海广丰建筑工程有限公司
	上海服饰中心

〔续表〕

事　业　部	首批进入单位
房地产事业部	上海友谊集团置业有限公司
	上海友谊房产经纪分公司
	上海友谊曲阳商厦有限公司
	上海友谊集团物业有限公司
	上海物资集团房地产有限公司
	上海紫嘉地产经纪有限公司
	上海紫景经营发展有限公司
	上海紫汇房地产有限公司
综合事业部	上海全方授卖管理有限公司
	上海时运广告有限公司
	上海时运电脑印刷经营部
	上海旭通广告有限公司
	上海一百集团会展服务有限公司
	上海一百假日酒店有限公司
	中国广告杂志社
	上海百红商业贸易有限公司
	上海百文迎宾出租汽车有限公司
	上海广告装潢有限公司
	一百重庆家具公司
	一百股份进出口公司
	上海金照国际贸易有限公司
	上海外轮供应有限公司
	上海拍卖行
	上海华联港佳商业经贸管理有限公司
	上海华联商务服务有限公司
	华联集团资产托管有限公司
	上海华联国际信托贸易有限公司
	上海市华联典当行有限公司
	上海市天源典当行有限公司

〔续表〕

事业部	首批进入单位
综合事业部	上海市天宝典当行
	上海可颂坊食品有限公司
	上海华联麦当劳有限公司
	上海友谊拍卖有限公司
	上海飙谊贸易有限公司
	上海友谊集团维益沙布公司
	上海国际拍卖中心有限公司
物流配送事业部	上海商业储运有限公司
	上海华联配送实业有限公司
	上海友谊集团物流有限公司
	上海宝联五金储运有限公司
	上海包装运输部
	上海宏辉包装运输部
	上海现代物流投资有限公司
	上海外高桥生产资料交易市场
	上海万友置业有限公司
	上海长桥物流有限公司
专业专卖事业部	国大药房
	上海第一医药股份有限公司
	上海新路达(集团)有限公司
	华联王震信息科技有限公司
	华联商厦股份公司照相器材分公司
	华联集团电工照明器材有限公司
	上海好美家装潢建材有限公司
	上海三联(集团)有限公司

2004年3月18日,百联集团下发《关于集团事业部、中心管理的企业划分的补充通知》。百联集团所属的上海文化用品商厦(包括文化商厦房产)、上海上文精品总汇有限公司整体委托专业专卖事业部代为管理,有关经济指标不计入事业部考核范围,仍由一百集团合并报表;专业专卖事业部抓紧办公用品连锁经营新公司的筹建工作;新公司成立后,吸收上述两家公司的经营业务和所需人员;两家公司的企业体划入集团企业清理中心管理;分流人员由集团职能部门安置;房产划归房地产事业部管理。一百集团所属的上海苏拿光学有限公司委托综合事业部代为管理,主要职责是推进该公司转制工作,有关经济指标不计入事业部考核范围,仍由一百集团合并报表;公司转制完

成后，企业整体划入集团企业清理中心管理。第一百货商店股份有限公司所属的部分需要清理的企业，均由一百股份公司自行清理；部分人员如需由百联集团安置的，按照集团人力资源有关管理办法执行。华联集团的华联教育培训中心划归百联集团教育培训中心统一管理。

2005年6月15日，一百集团、华联集团、友谊集团等3个集团留守办的管理关系划归集团清理中心。6月21日，上海市第一百货纺织品公司交由综合事业部进行管理。8月2日，集团同意上海市燃料总公司沪北公司等企业交由生产资料事业部管理。

二、事业部(二级公司)、中心业务整合

【综合百货业务整合】

2004年4月1日，为开发苏州河沿岸百联仓库群并统一管理，购物中心事业部经百联集团同意组建“上海(河岸)工业品批发市场经营管理有限公司”。该公司注册资本200万元，其中上海河岸商业开发有限公司出资140万元，占70%；上海四行仓库出资60万元，占30%。同时“上海工业品批发市场”更名为“上海工业品批发市场经营管理中心”，继续承担上海工业品批发市场的固定资产折旧、递延资产分摊。

2004年9月17日，百货事业部召开业务整合动员大会，部署业务整合的推进步骤和实施计划、主要措施和要求。10月9日，百货事业部召开招商采购工作会，从统一采购入手实施业务整合。事业部把东方商厦、一店东楼、华联杨浦店和新华联商厦采购人员集中到招商采购部新址办公。是月11日，百货事业部招商采购中心成立，改变百货商店多年来各自为政、分头招商采购的格局，同时集约资金、结算，构成连锁百货的重要内核。采购中心将东方商厦、一店东楼、新华联和华联商厦杨浦店率先纳入统一的招商采购平台，开始采购集约化的探索与尝试。明确第一步先全面提升一店东楼、华联杨浦店30%以上的品牌。同时，着力做好友谊百货长宁店和成都店的品牌调整、商品布局工作。常州东方商厦开业后，成为采购集约化的第5家门店。百货事业部在整体资产关系尚未理顺前提下，从组织架构调整、业务流程再造、服务规范建立、企业文化创建等多方面，把原来分属一百、华联、友谊三大集团的管理系统，通过总体协调和逐步过渡的方式，基本实现事业部统一指挥。同时，事业部基本确定业务整合方案，分两期实现业务整合目标：既存企业划为三大板块，即都市型时尚百货、MALL百货和老字号百货，重点发展连锁都市型时尚百货；最终目标是通过资产、资源、品牌、人员等的整合，实现高度集约、统一指挥的连锁经营模式。百货事业部针对20家商店不同经营状况，分门别类对商品经营情况、商场布局情况、购销分离情况以及总代理、总经销和自有品牌的运作情况以及采购人员基本情况作全面调研，对各自经营特色、品牌特色、管理特色进行深入分析，在此基础上组成临时招商小组，负责统一招商采购工作，并在

图5-2-1　2005年1月17日，第一百货商店东楼更名为东方商厦南京东路店(简称南东店)

采购中心集中办公,大类商品临时召集人承担起对有关商店的品牌提升、招商采购和商品调整等工作任务。在建立统一计算机信息平台方面,完成对中联商厦、成都店、时装公司、新华联、长宁店、东方商厦、一百东楼计算机系统改造切换工作,统一 IT 信息平台逐步形成。

2006 年 4 月,百联股份重组后,承接百货事业部和购物中心事业部的职能,初步形成规范化、标准化、集约化的管理工作方向。逐步整合旗下百货企业的客户资源。6 月,在百联股份平台上,招商采购中心升级为招商采购总部。

2007 年 3 月 28 日,百联股份召开业务整合工作推进动员会。招商采购总部业务范围大大拓展,基本纳入百联股份旗下百货和购物中心门店。8 月 13 日,百联股份招商采购总部完成对旗下 29 家百货店及购物中心业务集约整合工作。在此次集约整合过程中,重新修订和调整各类合同多达 3 000 余份,重新制订和修订各项业务流程为 38 个。为配合此次业务集约整合工作顺利推进,总部还组织 MIS 系统培训、合同管理培训、业务流程培训、OA 系统培训等 10 多次培训活动。9 月 10 日,百联股份加速建设集约平台,为连锁经营配置高效信息链。百联股份采取先难后易的方法,以东方连锁为先导,对东方商厦、东方南方店、新华联、东方杨浦店、东方青浦店、东方无锡店等进行系统建设,然后对供应商超过千家的第一八佰伴和市百一店重点进行切换;采取高度集约的标准,采用刚性与弹性相结合原则,做到"八个统计表",即统一信息管理系统、采购大类编码、供应商编码、品牌编码、商品类别编码、商品编码、合同管理、商品管理等。至此,百联股份信息系统建设基本完成,公司、门店和供应商三方,都在不同程度上获益。10 月 26 日,百联集团批复同意百联股份物流中心调整管理关系,由上海现代物流投资发展有限公司划回百联股份。

2008 年 5 月 22 日,百联集团批复同意"百联股份物流中心"外借租赁使用的 3 处仓库(思星路、锦秋路和三门路仓库)一并整体划转百联股份。11 月 21 日,百联集团同意自 2009 年 1 月 1 日起,将华联王震信息科技有限公司的管理关系及管理责任,由上海百联商业连锁有限公司划回百联股份,理顺公司的资产和管理关系,有利于百联股份对企业进行整合和管理。

上述整合工作的完成,从组织机构和业务架构上,为百联股份的连锁经营奠定坚实的基础。

【超商业务整合】

2004 年 4 月 5 日,超商事业部创新管理模式,举行直管企业产权代表任命仪式。这是超商事业部管理创新的一项重大举措。根据集团授权,事业部任命联华、华联、吉买盛、罗森 4 家企业 12 名产权代表,还分别明确首席代表,并推出《产权代表管理办法》,规定产权代表的产生、任期、职责和义务,向事业部报告方式、内容及考核等要求。

2005 年 3 月,超商四大品牌企业联合采购获得较大突破。超商通过信息共享、方案共定、谈判共商、合同共签、成本共降、利益共得而形成采购新机制。联合采购涉及 570 种商品,其中三得利啤酒销售比 2004 年上升 28.47%,利润上升 55.75%,获得较好的收益。3 月 14 日,超商事业部首次组织下属门店(上海地区)进行一次顾客满意度调查测评,结果顾客(日间)满意度高达 83.55%。在调查测评的基础上确定改善服务措施。

2009 年 10 月 22 日,超商事业部管理职能转入联华股份。超商板块以重组后的联华超市为平台,循序渐进地展开两公司的业务集约化管理,夯实所属大卖场、标超和便利店三大业态,把潜在的资源优势转化为市场的竞争力。

2010 年 5 月 26 日,联华股份召开上海地区业务整合大会。6 月,联华超市以上海联华超级市场发展有限公司为重组平台,合并联华标超、华联标超和联华加盟三大板块的业务,同时将联华江苏公司的管理也纳入该平台。新标超体系吸取了各方优势，成为中国连锁标超业态规模、销售、利润最大的超商企业板块。此次联华业务整合，以集中办公、资源共享为指导，以机构合并、人员集中、资源整合为重点，通过循序渐进方法逐步推进。联华股份在上海地区6个商品采购体系，即商品管理总部、联华标准超市商品部、联华快客便利商品部、联华加盟商品部（含商流公司）、世纪联华商品部、华联超市商品部，合并成立联华股份商品管理总部，由联华股份商品总监统一领导，负责世纪联华、联华标准超市、华联超市的商品合同谈判和采购管理工作，以及商品的推广谈判和营促销谈判。联华快客商品部和联华加盟商品部，作为新商品管理总部派出机构，在商品管理总部授权下负责特色商品采购，以及总部集中采购商品推广。新商品管理总部设8个二级部门，并根据需要分别下设三级部门，整合初期阶段明确各部门核心小组和负责人。6月17日，新商品管理总部开始运作。各采购体系人员在各分类经理领导下分别操作原分管业务，逐步有序地推进业务整合。10月，作为供应链保障体系的联华华联生鲜配送两库合一整合项目着手启动，其目标是通过最合理、简便、快速的方式，对联华、华联的生鲜配送资源进行整合。在联华生鲜配送、华联桃浦配送、公司信息管理总部、财务管理总部、商品管理总部、生鲜采购管理总部和联华新标超的共同配合下，12月，联华、华联高效完成两库合一整合项目——生鲜配送新平台整合到位开始并网配送。

图5－2－2　2000年12月开业的华联超市浦电店

【生产资料贸易业务整合】

2004年9月14日，百联集团就企业归口管理问题，批复上海物资（集团）总公司，同意将上海森远木业有限公司、上海同兴木业有限公司、上海爱意劳动服务公司、上海飞翔仓储有限公司、上海永大期货经纪有限公司、上海三灵金属材料仓储中心、上海生产资料交易市场等7家企业移交给生产资料事业部管理；10月29日，经百联集团同意，上海市燃料总公司沪东公司、上海平定农贸有限公司、上海临沧燃料有限公司、上海玫洛国际贸易有限公司等4家企业移交给生产资料事业部所属企业托管。

2005年，生产资料事业部以物贸股份重组为契机，积极推进业务整合，形成专业化经营、集约化管理的管控模式。1月13日，生产资料事业部召开年度工作会议，明确加快推进业务整合，在做好木制品加工业务整合同时，解决与现有上市公司业务交叉、重复经营的问题。9月26日，物贸股份实施

图5－2－3　2010年森大木业工作区

《关于理顺企业管理关系的总体方案》,针对生产资料事业部和上市公司所属企业管理幅度较大,主要业务之间相对独立性较强等情况,对所属企业实行分类、分级管理,确定金属材料、汽车服务贸易和木制品加工业为核心业务。对上市公司中存在相当一部分属于"小(规模小)、散(管理粗放)、差(效益差)、难(处置难)"以及与主业关联程度低的企业,果断实行"关、停、并、改",做到"成熟一家,改制或清理一家",提高管控能力。根据规范化、科学化的要求以及资产重组后经营管理体系发生的新变化,进一步完善法人治理结构,健全产权代表制度。11 月 3 日,为有利于进出口业务一体化运营和企业稳定发展,经集团同意,上海物资集团进出口有限公司吸收合并上海市物资外贸有限公司。

2006 年 4 月 10 日,百联集团为推进整合工作,理顺资产与管理关系,决定原由百联投资管理有限公司管理的上海国际商品拍卖有限公司移交给生产资料事业部管理。8 月 7 日,百联集团决定生产资料事业部下属上海国际汽车城发展有限公司等 9 家单位管理关系重新进行调整。上海国际汽车城发展有限公司和上海市物资信息中心交由百联集团负责管理;上海一百永达汽车销售有限公司交由百联股份负责管理;上海蒲藤箱车有限公司交由上海百联投资管理有限公司进行管理;上海市燃料总公司沪北分公司、上海物资贸易中心保税行、上海波隆国际贸易有限公司、上海森亚酒楼交由企业清理中心管理;上海市民办锦绣园中学交由百联集团教培中心管理。

2007 年 4 月 16 日,百联集团同意上海物贸大厦有限公司整合方案。即通过成立百联集团上海物贸大厦有限公司整合原上海物贸大厦有限公司、上海物贸大厦物业管理有限公司和上海生产资料交易市场 3 家企业,形成协同效应。

2008 年 12 月 31 日,百联集团同意物贸股份对上海百联汽车贸易服务有限公司国际汽车城 F3、F11 汽车展厅资产实施内部整合工作。为支持百联汽车主业发展,优化资产结构,减轻由于 F3、F11 汽车展厅存量资产引发的资金及经营压力,促进物贸股份汽车项目资本市场融资成功,提升百联汽车经营业绩,物贸股份以国际汽车城 F3、F11 汽车展厅账面值为基准收购 F3、F11 汽车展厅资产。

【专业专卖业务整合】

2004 年 9 月 3 日,百联集团同意专业专卖事业部关于医药企业整合设想的报告。根据事业部行业背景、主要竞争对手及现有企业现状分析,专业专卖事业部考虑先对新路达集团内的 2 个医药企业实行资产重组,同业归并,对第一医药股份实施内部机构整合,并尝试医药板块企业间的业务联动和集约经营。11 月 29 日,专业专卖事业部以"连锁"和"集约"为抓手,围绕连锁经营开展 2 个业态(建材大卖场和小型连锁店)3 家企业(好美家、第一医药股份、汇丰药业)项目投资成本管理调研及现有网点分布、使用情况调研,为下一步提升连锁经营水平打下基础;以整合归并同业企业,形成资源集约、扩大连锁规模为着眼点,开展医药板块和文化板块调研,通过调研调整商品结构,形成集约优势。其中,好美家大胆探索"家"用品的延伸,引进居家配套数百个品牌系列,以买断、专供和定牌等一系列办法,有效地提升毛利空间。三联集团应对国际钟表零售商的准入,加大门店装修和调整力度,将大光明钟表店装修更名为亨达利,提升商品档次,并让"二亨"错位经营,提高经济效益。汇丰药业突破"问病卖药",在新开出的经济大药房内扩大延伸医药相关商品,积极尝试向同业连锁配送、扩大总代总销、争取专卖权限等。

2005 年 12 月 20 日,为理顺业务关系,百联集团同意上海乔家栅饮食总公司变更为新路达集团分支机构。

2007 年 6 月 11 日,百联集团同意专业专卖事业部提出的"上海文化商厦和上文精品合并重组整合方案”。该方案在上海文化商厦吸收上文精品总汇全部人员基础上,完成对上文精品业务和财务的归并工作,并负责清理上文精品债权债务;上海文化商厦在整合2家企业原有经营业务基础上,通过扩大直销、开拓网上和目录销售、有效盘活现有资产存量等形式,扩大企业市场销售份额。

【房产置业业务整合】

2004年5月24日,百联集团房产置业事业部召开物业企业集约整合研讨会。会上,事业部推出《关于物业企业集约整合方案》。方案通过对物业企业的概况、现状及特点的分析,提出房产置业事业部对物业企业整合的指导思想和原则,阐述了整合方案的实施办法和风险及对策。

2004年6月21日,百联集团同意房产置业事业部上报的《物业管理企业整合方案》。对一百物业、浦贸物业、华联物业、紫嘉物业企业先行整合,改组成立百联集团物业管理有限公司;友谊物业暂时保留,维持原经营模式,由百联物业对其控股。百联集团物业管理有限公司成立后,将其持有100%股权的华联物业、一百物业、浦贸物业、紫嘉物业的法人资格注销,形成百联物业的主体。继续保留友谊物业公司法人资格,并成为百联物业公司控股公司。同时,各置业公司通过收购其他公司持有的物业公司股权,投资成公司股权,成立“百联集团物业管理有限公司”(简称“百联物业公司”),注册资金为1 000万元。9月14日,集团同意将上海申虹物业有限公司、上海森厦物业有限公司、上海延江物业管理有限公司上海金钢房地产开发公司、上海金江物业公司、上海未来实业公司等6家企业移交给百联集团房产置业事业部管理。上述企业移交后,原投资关系暂时不变动。10月20日,房产置业事业部召开干部大会宣布:百联物业公司成立。这是房产置业事业部迈出企业集约、重组整合实质性的第一步。10月29日,百联集团同意上然房产经营公司、义泰兴实业发展中心2家企业移交房产置业事业部托管。

2006年4月12日,为推进集团整合工作,理顺资产与管理关系,百联集团同意原上海百联投资管理有限公司管理的华联商务公司和飙谊公司划归百联集团置业有限公司管理。11月9日,根据集约经营总体要求,百联集团同意把上海河岸商业开发有限公司的管理关系由百货事业部划归置业有限公司。

【物流业务整合】

2004年,百联集团物流事业部围绕“发展、整合、提升、稳定”总体思路,企业整合和业务整合有序推进。经过调研论证,物流事业部将直管的8家企业整合为3家,横向收缩管理幅度;加强对业务资源的整合,探索重要客户资源的开发引进,实现管理配置的共享。物流事业部推进信息资源共享平台的搭建,实现事业部内部的资源共享。3月8日,物流事业部召开企业整合工作会议。此次整合,上海友谊物流公司、上海包装运输部(包括宏晖、宏大)以及上海华联配送公司下属的上海托运部一并交由上海商业储运公司托管;上海东时公司交由上海华联配送公司托管;上海宝联五金储运公司交由上海现代物流公司托管。

2005年6月21日,上海百联集团股份有限公司物流中心交由物流事业部管理。2006年1月17日,为推进物流业务的集约和整合,百联集团决定上海市化工轻工总公司桃浦仓储公司和上海晶通化轻发展有限公司交由物流事业部管理。6月27日,集团同意上海晶通化轻发展有限公司及上海化工轻工总公司桃浦仓储公司整体改制方案。改制完成后,上海晶通化轻发展有限公司迁入宝山区,作为桃浦物流基地的运作主体,并根据集团有关精神,规范公司名称。上海化工轻工总公司桃浦仓储公司实施清理,移交企业清理中心。

图 5-2-4 全方物流高平台库

【投资及托管业务整合】

2004 年 6 月 10 日，百联集团同意华联集团资产托管有限公司整合方案。投资及托管企业包括华联国际信托贸易有限公司、上海市劳动保护用品商店、上海国际经纪公司、上海旧货交易市场、上海积压品调剂中心、上海凯恩宾馆有限公司、中海鞋业有限公司、上海市服装鞋帽有限公司、上海交家电商业集团公司。其中前 7 家企业进入综合事业部管理；服装鞋帽公司和上海交家电商业集团公司待进入企业清理中心进行清理。对上海国际经纪公司其壳资源进行转让；对上海华联国际贸易信托公司暂时保留其壳体，等待虎丘路使用权房动迁补偿；对上海旧货交易市场和上海积压商品调剂中心以出租场地和柜台维持经营；对上海凯思宾馆有限公司通过一百假日酒店对其进行集约管理；对上海市劳动保护用品商店调整其国有独资股权结构，寻求多元投资，国有股权逐步减持并适时退出；对中海联合鞋业有限公司暂时保留其壳体，在以租金收入偿还资产托管公司借款的同时，等待公司所处的南汇卢潮港地块的开发动迁补偿；对上海市服装鞋帽有限公司和上海交家电商业集团公司划归企业清理中心。由全方投资管理有限公司受让华联集团持有的华联典当 68.63%(4 118 万元)股权，并同时受让华联集团资产托管公司和上海华联国际贸易信托公司各持有的 7.5%的华联典当股权，通过以上转让，全方投资公司拥有华联典当 81.13%的股权。华联集团资产托管公司通过上述整合，管理企业减少为 2 家(凯恩宾馆和劳动保护用品商店)；其资产总额预计为 6 600 万元，负债总额预计为 5 100 万元，净资产预计为 1 500 万元。按照其本身的托管职能，华联资产托管公司履行清理企业的职能。

2004 年 9 月 11 日，百联集团下发《关于将部分集体企业委托集团综合事业部代为管理的批复》，同意将上海化工轻工总公司化轻塑料厂、上海市化工轻工总公司新村路供应公司、上海华丰油漆檬塑制品商店、上海华裔化工油漆商店、上海市化工轻工总公司华天经营部、上海市长桥化工油漆综合经营部、上海市机电设备总公司江南公司、上海大公商务合作公司上海市燃料总公司、上海龙华特种胶带厂等 9 家企业委托给集团综合事业部代为管理，业绩不计入事业部考核范围。上海物资(集团)总公司原所属的集体联社(非法人组织)一并划归综合事业部管理，并继续履行原职责，人员支出仍按原渠道列支。

2004 年 9 月 14 日，百联集团下发《关于集体企业交由集团综合事业部代为管理的通知》。为统一归口管理集团系统的集体企业，原挂靠各单位管理的集体企业，统一交由集团综合事业部代为管理，但其业绩不计入该事业部考核范围。

第二节　品 牌 整 合

百联众多品牌具有深厚的历史底蕴，尤其是业态品牌，依附于相关的上市公司，对每一个品牌取舍都可能会引起证券市场的波动。百联集团从成立开始，重视品牌整合。集团经过反复研究和咨询，决定配合证券市场操作，以“东方商厦”作为连锁百货的品牌，以“联华”作为连锁超商的品牌，以“百联”作为集团在各省会城市组团式发展的品牌，将相关业务逐步整合进去，最终形成相对集中的百联系列品牌。同时，对确有历史文化价值的企业，保留品牌，纳入连锁企业管理。这样，既可以发展百联的整体形象，又可以提升百联的内在价值。至此，百联集团基本确立品牌整合的思路。

2004 年，百联集团司标试用。司标主体由英文字母 BL 组合而成，外形似汉字“飞”，极富动感，寓意百联腾飞。3 月 18 日，“吴良材”被认定为中国驰名商标信息发布暨上海市著名商标“茂昌”授牌仪式在南京东路举行。“吴良材”成为第一批全国驰名商标之一。5 月 31 日，百货事业部上报《关于百联集团百货事业部品牌整合的情况报告》，实施企业品牌、商品品牌的整合。百货事业部根据不同价值定位，把属下商店划分为三大板块，形成三大企业品牌：以“东方商厦”为商号的都市型时尚百货品牌；以“友谊百货”（暂名）为商号的社区型百货品牌；以市百一店、华联商厦、时装公司、友谊商店和妇女用品商店 5 家商店组成的“老字号”百货品牌。在进行旗下企业品牌重新定位基础上，百货事业部积极推动现有商店可行的商品品牌整合，积极调整商品大类组合和品牌组合，最大限度地支持新的定位策略。商品品牌整合具体内容为：统一招商平台、建立供应商战略联盟、集约总代理、总经销品牌、发展自有品牌。

2004 年 7 月，为重新整合百联汽车服务贸易品牌，提升凝聚市场感召力，“上海物资集团汽车贸易有限公司”更名为“上海百联汽车服务贸易有限公司”。是月，一百东楼、新华联商厦以及华联杨浦店成为第一批翻牌“东方商厦”商号的百货商店，启动更名工作。新拓展的时尚百货，也统一使用“东方商厦”商号。8 月 12 日，百联集团批复同意有关物业管理企业整合后冠名为“上海百联集团物业管理有限公司”。为保证百联集团对外形象推广的明确、完整、强势、有效，是月 20 日，百联集团下发《百联集团有限公司关于统一对外形象宣传的通知》，决定集团规范形象与标识系统的管理，统一标识设计、统一宣传步骤、统一形象展示母版，并整合宣传网络、宣传资源、宣传载体和宣传形式。11 月 4 日，为统一旗下购物中心名称和形象标志，百联集团同意购物中心事业部注册“百联购物中心”商标。购物中心事业部根据集团“搭建发展平台”“组团式发展”的精神，对下属经营购物中心注册、使用统一的商标，以统一旗下购物中心名称和形象标志。

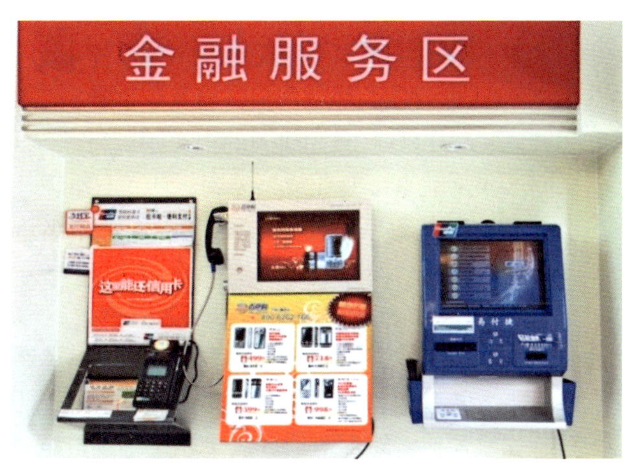

图 5-2-5　2008 年快客便利店金融服务区

2005 年 1 月 10 日，联华快客新一代 CI 形象正式推出。1 月 17 日，百货事业部第一百货东楼率先更名为东方商厦，成为第一家东方商厦连锁百货网点;3 月 27 日,百货事业部启动历史名店板块整合,原第一百货淮海店更名为上海妇女用品商店 B 馆;4 月 28 日,上海华联商厦更名为永安百货有限公司。6 月 22 日,百联集团下发《关于严格规范使用 CI 手册的通知》。为确保百联集团对外形象推广的准确性、完整性、有效性,要求百联各事业部、中心、上市公司在不同场合,严格按照集团 CI 手册内容及格式标准使用。

2006 年,百联集团在《百联集团“十一五”规划》中,确立品牌整合重组的总体思路,即集团在坚持既定的“伞”状品牌战略不变情况下,重点突出“百联”品牌,强化完善业态品牌体系,包括连锁百货品牌、超商品牌、专业专卖品牌、生产资料品牌、购物中心品牌等,重点加强“联华”“东方商厦”“上海物贸”的品牌建设。专业专卖事业部再造品牌旗舰店;研发品牌新产品;提升品牌含金量。物贸股份把打造“上海物贸”品牌作为品牌建设的一项重要工作,重视推进“上海物贸”及乾通投资的企业商标的注册工作;百联汽车使用“百联”的商标获集团授权;燃料浦东、动力燃料受让“上燃”商标的使用权已获批准。加快培育上海市著名商标,利德木业“固”牌地板、木门,“爱姆意在线”被授予上海市著名商标。好美家获“上海名牌”企业称号。是年,商务部公布全国首批 35 家“金鼎百货商店”和 224 家“达标百货店”商店名单,集团下属东方商厦徐汇店、虹桥友谊城、市百一店、第一八佰伴商厦、东方商厦南东店、永安百货等 6 家百货店成为首批“金鼎百货商店”。

图 5-2-6　2009 年 1 月,新华联商厦更名为东方商厦淮海店

2007 年 1 月 15 日,百联集团同意又一城购物中心更名为“百联又一城”,并以集团名义申请注册“百联又一城”商标。1 月 23 日,商务部认定第一批“中华老字号”,集团旗下上海乔家栅饮食食品发展有限公司乔家栅食府(注册商标:乔家栅)、上海百联集团股份有限公司上海妇女用品商店(注册商标:漂亮妈妈)、上海三联(集团)有限公司(吴良材眼镜公司,注册商标:吴良材)、上海三联(集团)有限公司(茂昌眼镜公司,注册商标:茂昌)等入选。3 月 6 日,“上海商标发展工作推进大会”上,百联集团获“最具影响力上海服务商标奖”。此外,联华股份获“最具价值上海服务商标奖”,上海华联王震信息科技有限公司、上海爱姆意机电设备连锁有限公司、上海三联集团有限公司吴良材眼镜公司获“最具特色上海服务商标奖”。

2008 年 3 月,华联家维获得上海市著名商标称号,这是上海市家电服务行业第一个上海市著名商标。12 月,百货事业部使用最新视觉识别执行手册。

2009 年 3 月,百联集团旗下的上海拍卖行、联华快客获上海市著名商标称号。同时,联华快客又获 2008 年度北京市商业成长品牌。

2010 年 1 月,百联中环、百联电器被上海市名牌产品推荐委员会评为“2009 年度上海市名牌”企业。

2011 年,为深化联华、华联标准超市品牌重组,统一品牌运作体系,联华股份从年初起,对新开标准超市直营门店采用“联华超市”品牌及标识体系;联华或华联既存直营门店如遇转型、到期续租,在出租方及其他相关方无异议的情况下,采用“联华超市”品牌及标识体系;加盟仍然采用双品牌运作,如果加盟者对加盟联华或华联无特别指定,原则采用加盟联华门店方式。以制度形式明确品牌及标识系统运作规范,统一标准超市业态的品牌运作体系。是月,上海物资贸易股份有限公司获国家工商总局颁发的商标注册证。同时，商务部评定的第 2 批中华老字号企业出炉。百联集团上海市第一百货商店、上海时装商店、上海市第一医药商店、亨达利钟表公司、冠龙照相器材公司等 5 家企业获中华老字号称号。12 月 6 日，百联集团批复《上海现代物流投资发展有限公司“百联物流”服务品牌 CI 设计方案》，同意以“百联物流”为品牌进行资源整合，并为“百联物流”进行统一的 CI 设计；“百联物流”的 CI 设计方案中凡是使用“百联”文字及图形的，必须严格遵照集团颁布的《CI 系统形象识别手册》，确保“百联”品牌的完整性、统一性。

2012 年 7 月 23 日，因利德木业公司停产清理退出木制品行业，“固”牌商标失去使用价值，百联集团同意上海利德木业有限公司按 2011 年 12 月 31 日基准日评估价值转让“固”牌商标。是年，新路达集团先后对“新路达”文字商标及图形商标进行申请注册，对乔家栅等 23 个商标实施统一持有，对恶意注册乔家栅等商标的行为开展维权，并在境外华人较为集中的 10 个国家和地区申请注册。

图 5－2－7　2008 年 11 月 4 日，爱姆意机电设备连锁有限公司参加工博会

2013 年 1 月，百联集团下属现代物流投资发展有限公司、第一医药股份有限公司、今亚珠宝有限公司名列上海名牌服务榜单。12 月，百联集团系统有 8 家单位被评为 2013 年度上海市名牌(服务类)。包括百联电器科技服务有限公司的“华联家维”品牌、百联汽车服务贸易有限公司的品牌图案、东方商厦的“东方爵士”品牌、三联(集团)有限公司的“茂昌”品牌、上海时装商店的“舒馨”品牌、百联中环购物广场的“百联中环购物广场”品牌、乾通投资发展有限公司的品牌图案、爱姆意机电设备连锁有限公司的“爱姆意在线 MY”品牌被评为 2013 年度上海市名牌(服务类)。

第三章　资　产　整　合

百联集团成立后，根据发展战略，在实施业务整合的同时，优化资产配置，发挥资产集约优势，提升综合竞争能力，理顺现有企业的投资及管理，推进资产整合进程，通过对所属企业全面梳理，理顺国有资产权益，调整股权结构，明确管理关系和管理层级，完善法人治理结构。同时盘活存量资产，配合市政动迁和政府土地收储，出让存量资产，支持城市建设。

第一节　国有资产权益调整

2003 年 11 月 14 日，为了理顺产权关系，有利于推进集团的资产整合工作，百联集团上报上海市国有资产监督管理委员会（简称“市国资委”）《关于要求将原授权上海一百（集团）有限公司等四集团经营的国有资产划转我司统一经营管理的请示》，请求市国资委同意将原授权一百集团、华联集团、友谊集团、物资集团经营的国有资产，以 2002 年 12 月 31 日为时点、暂以四大集团会计报表所有者权益额 444 404.74 万元（上述所有者权益额中含部分少数股东股益、待核销不实资产等）为基础，待 2003 年度会计决算，清产核资工作完成和市国资委考核基数确定后，经过调整确认，作为划转百联集团统一经营管理基数，以便百联集团真正成为国资保值增值经营主体，承担国资保值增值的责任。

2003 年 11 月 18 日，为了强化百联集团对相关上市公司国有股权的监督管理，确保上市公司正常运行，亦有利于集团对相关上市公司的调整重组，百联集团上报市国资委《关于要求将上海一百（集团）有限公司等四集团所持有的相关上市公司的国有股权划转我司统一持有的请示》，请求市国资委将一百集团所持有的“第一百货”45.18%股权（国有股权），计 26 334.89 万股、华联集团所持有的“华联商厦”35.05%股权（国有股权），“华联超市”10.10%股权（国有股权）、友谊集团所持有的“友谊股份”6.08%股权（国有股权）、物资集团所持有的“物贸中心”57.13%股权（国有股权）、华联集团所持有的“第一医药”0.92%（国有股权），以国有股权划转的方式，划转百联集团统一持有。划转的基准时间点为 2003 年 6 月 30 日。

2003 年 12 月 31 日，市国资委同意一百集团、华联集团、友谊集团、物资集团等 4 个集团的国有资产划转给百联集团。资产划转时点定为 2002 年 12 月 31 日，并暂以 2002 年度报表为依据，划转金额为 444 404.74 万元。

2004 年 8 月 11 日，根据国务院国有资产监督管理委员会《关于上海市第一百货商店股份有限公司等 6 家上市公司国有持股单位变更有关问题的批复》精神，市国资委同意上海市第一百货商店股份有限公司（简称“第一百货股份”）、上海华联商厦股份有限公司（简称“华联商厦股份”）、华联超市股份有限公司（简称“华联超市股份”）、上海第一医药股份有限公司（简称“第一医药股份”）、上海友谊集团股份有限公司（简称“友谊股份”）、上海物资贸易中心股份有限公司（简称“物贸股份”）的国家股持股单位由原一百集团、原华联集团、原友谊集团公司、原物资集团统一变更为百联集团。持股单位变更后，第一百货股份、华联商厦股份、华联超市股份、第一医药股份、友谊股份、物贸股份的总股本不变。其中：百联集团分别持有第一百货股份 26 768.444 万股、华联商厦股份

16 569.369 5 万股、华联超市股份 1 619.875 2 万股、第一医药股份 549.233 5 万股、友谊股份 2 007.999 3 万股、物贸股份 14 438.129 8 万股，分别占 6 家上市公司总股本的 45.93%、39.21%、10.50%，3.45%、6.08%、57.13%，以上股份性质均为国家股。

2005 年 8 月 3 日，根据国务院国有资产监督管理委员会《关于上海第一医药股份有限公司国有股划转有关问题的批复》精神，市国资委同意上海国鑫投资发展有限公司所持第一医药股份司 3 214.504 1 万股国有法人股划转给百联集团。11 月 14 日，第一医药股份公示，关于该公司原第二大股东上海国鑫投资发展有限公司持有第一医药股份国有法人股 3 214.504 1 万股(占本公司总股本的 20.17%)以无偿划转的方式划给百联集团一案，获得市国资委、国务院国有资产监督管理委员会、中国证券监督管理委员会文件批准。划转交割手续完成后，第一医药股份总股本仍为 15 934.739 1 万股。百联集团以 26.55%的总股本成为第一医药股份有限公司的第一大股东。

第二节　股 权 调 整

一、集团股权调整

百联集团成立后，根据资产整合进程的整体需要，有计划、分阶段实施原 4 个集团作为出资人的股权调整。2004 年 3 月 22 日，集团决定，华联集团置业有限公司(简称“华联置业公司”)出资人由华联集团变更为百联集团，置业公司作为百联集团全资子公司；上海现代物流投资发展有限公司(简称“现代物流公司”)、上海乾通金属材料有限公司(简称“乾通金属公司”)、上海物资集团汽车贸易有限公司(简称“汽车贸易公司”)出资人由物资集团变更为百联集团，分别持有现代物流公司、乾通金属公司、汽车贸易公司 88.41%、90%和 91.19%股权；上海友谊集团置业有限公司(简称“友谊置业公司”)出资人由友谊集团变更为百联集团，友谊置业公司作为百联集团全资子公司。7 月 22 日，百联集团决定将一百集团所属企业持有的上海商务中心股份有限公司(简称“商务中心”)2.5%的股份(减资后)和友谊集团所持有商务中心 7.75%的股份(减资后)，合并变更为百联集团持股，变更后百联集团持有商务中心 10.25%的股份。

2004 年 6 月 7 日，上海市燃料总公司持有的上海金桥热力公司 60%的股权转让给百联集团。8 月，物资集团持有的上海物资集团进出口公司 50%股权变更至百联集团，百联集团出资受让上海市燃料总公司持有的上海物资集团进出口公司 40%股权；由上海百联集团汽车服务贸易有限公司受让上海市燃料总公司所持有的上海物资集团进出口有限公司 10%股权。股权变更后，上海物资集团进出口有限公司注册资本仍为 1 100 万元，其中：百联集团持有 90%股权 990 万元；上海百联集团汽车服务贸易有限公司持有 10%股权 110 万元。9 月 8 日，集团董事会决定，吉买盛出资人由华联集团变更为百联集团。9 月 17 日，百联集团、华联超市股份、西单上海华联超市(北京)有限责任公司(简称“北京华联超市”)三方签署资产置换协议。三方同意百联集团持有的吉买盛 40%的股权置换给华联商厦股份；华联商厦股份持有的上海华联超市青岛有限责任公司 97%的股权和上海华联超市南昌有限责任公司 90%的股权置换给百联集团；北京华联超市拥有的团结湖商场的资产置换给白联集团。11 月 10 日，市国资委批复同意吉买盛 40%股权(账面价值 4 983.856 万元)与华联超市股份所持有的上海华联超市(青岛)有限公司 97%的股权、上海华联超市(南昌)有限公司 90%的股权、西单上海华联超市(北京)有限公司团结湖商场的商品存货和固定资产(账面价值合计 2 512.776 万元)进行置换，差额以现金补足的方案。交易方式为百联集团持有的吉买盛 40%的股权转让价与华联超市股份持有的上海华联超市(青岛)有限公司97%的股权、上海华联超市(南昌)有限公司90%的股权转让价之间的差额,由华联超市股份以现金方式支付给百联集团;北京华联超市团结湖商场的商品存货和固定资产的转让价由百联集团以现金方式支付给北京华联超市团结湖商场。12月27日,集团决定,上海全方投资管理有限公司等45家企业出资人分别由一百集团、华联集团、友谊集团和物资集团变更为百联集团。

表5-3-1　2004年12月百联集团第二批(45家企业)变更出资人的企业情况表

序号	变更企业名称	变更前出资人	变更后出资人
1	上海曲阳商厦有限公司	友谊集团	百联集团
2	好美家装潢建材有限公司	友谊集团	百联集团
3	上海三联(集团)有限公司	友谊集团	百联集团
4	上海友谊集团物流有限公司	友谊集团	百联集团
5	上海友谊之春百货有限公司	友谊集团	百联集团
6	上海友谊集团物业管理有限公司	友谊集团	百联集团
7	友谊复星(控股)有限公司	友谊集团	百联集团
8	上海一百置业有限公司	一百集团	百联集团
9	上海一百集团房地产公司	一百集团	百联集团
10	上海第一百货沪西商厦	一百集团	百联集团
11	上海东方商厦有限公司	一百集团	百联集团
12	上海广告装潢有限公司	一百集团	百联集团
13	上海东方国际贸易商行有限公司	一百集团	百联集团
14	上海全方投资管理有限公司	一百集团	百联集团
15	上海东方美莎连锁有限公司	一百集团	百联集团
16	上海河岸商业开发有限公司	一百集团	百联集团
17	上海旭通广告有限公司	一百集团	百联集团
18	上海工业品批发市场	一百集团	百联集团
19	上海四行仓库	一百集团	百联集团
20	上海百红商业贸易有限公司	一百集团	百联集团
21	上海商业储运有限公司	一百集团	百联集团
22	上海二手车交易市场有限公司	物资集团	百联集团
23	上海国际汽车城发展有限公司	物资集团	百联集团
24	上海动力燃料有限公司	物资集团	百联集团
25	上海森联木业发展有限公司	物资集团	百联集团
26	上海森大木业有限公司	物资集团	百联集团
27	上海乾通投资发展有限公司	物资集团	百联集团

〔续表〕

序号	变更企业名称	变更前出资人	变更后出资人
28	上海物资集团进出口有限公司	物资集团	百联集团
29	上海晶通化轻发展有限公司	物资集团	百联集团
30	上海晶通化学品有限公司	物资集团	百联集团
31	上海爱姆意机电设备连锁有限公司	物资集团	百联集团
32	上海物资集团房地产有限公司	物资集团	百联集团
33	东方典当行	物资集团	百联集团
34	上海新路达商业(集团)有限公司	华联集团	百联集团
35	上海拍卖行有限责任公司	华联集团	百联集团
36	华联集团资产托管有限公司	华联集团	百联集团
37	上海中联商厦	华联集团	百联集团
38	上海可颂食品有限公司	华联集团	百联集团
39	上海华联国际信托贸易有限公司	华联集团	百联集团
40	上海金照国际贸易有限公司	华联集团	百联集团
41	上海华联配送实业有限公司	华联集团	百联集团
42	上海华联罗森有限公司	华联集团	百联集团
43	上海市华联典当行有限公司	华联集团	百联集团
44	上海外轮供应有限公司	华联集团	百联集团
45	上海华联麦当劳有限公司	华联集团	百联集团

2005年1月13日，百联集团同意调整上海河岸商业开发有限公司股权结构，由百联集团出资收购闸北区国有资产投资公司持有的上海河岸商业开发有限公司36%的股权，由上海百联投资管理有限公司出资收购闸北区国有资产投资公司持有的上海河岸商业开发有限公司15%的股权。6月8日，百联集团批复同意物资集团持有的上海市金属材料发展总公司100%的股权以及上海市燃料总公司100%的股权，划转百联集团。12月28日，根据百联集团董事会《关于同意变更上海实业开发有限公司合同主体的决议》决定，上海实业开发有限公司出资人由一百集团变更为百联集团。变更后，派出董事人选不变，一百集团在上海实业开发有限公司的所有权利及义务全部转让给百联集团。

2006年7月21日，根据有关法律、法规规定，经各方友好协商，友谊集团与百联集团达成转让协议：友谊集团所持有的上海张杨商业建设联合发展有限公司19.5%的股权作价585万元人民币转让给百联集团；附属于股权的其他权利随股权的转让而转让。8月11日，根据市国资委《关于上海一百(集团)有限公司等四个集团国有资产划转的批复》精神，为了加强对国有资产监督管理，有利于对外投资管理，百联集团决定华联集团所持有的浙江江南大厦股份有限公司11.047%的股权划转百联集团。9月5日，根据市国资委文件精神，经友谊集团与百联集团协商，达成国有资产划转接收协议。友谊集团所持有的上海友谊复星(控股)有限公司52%的股权以资产2.08亿元划转给百联集团;附属于股权的其他权利随股权的划转而划转。是月 20 日,为理顺产权关系,市国资委同意百联集团所属上海百联房地产管理有限公司所持有的上海百联投资管理有限公司 1.33%的股权以协议方式转让给百联集团。9 月 21 日,百联集团同意上海市燃料总公司所持有的上海动力燃料有限公司 10%的股权,划拨给百联集团持有。10 月 10 日,上海市燃料总公司所持有的上海动力燃料有限公司 10%的股权无偿划转给百联集团。股权划转后,百联集团出资额为 5 000 万元,占 100%股份。上海动力燃料有限公司变更为国有独资有限公司。是月 16 日,百联集团批复同意上海市化轻总公司所持有的上海现代物流投资发展有限公司 11.59%的股权计 3 280.20 万元,划拨给百联集团持有。是月 31 日,百联集团同意一百集团所持有的上海《上海百货》杂志社 100%的股权,按审计后的净资产划拨给百联集团持有。是日,百联集团同意一百集团所持有的上海百联人力资源有限公司 90%的股权,按审计后的净资产划拨给百联集团持有。

2007 年 1 月 29 日,百联集团同意上海市化工轻工总公司持有的上海现代物流投资发展有限公司 11.59%的股权划转至百联集团。8 月 28 日,百联集团同意由百联集团受让徐文华名下上海森联木业发展有限公司 14.29%的股权。10 月 12 日,百联集团同意收购中国轻工业品进出口技术服务公司等股东所持有的上海华联家维技术服务有限公司 25.05%的股权。

2009 年 3 月 4 日,为推进超商业态的资产整合,提高集团对主业的控制力,市国资委同意百联集团协议收购上实商务网络 100%的股权。

2010 年 8 月 26 日,市国资委同意百联集团下属全资公司昌合有限公司所持有的上海第一八佰伴有限公司 36%的股权协议转让给百联集团。11 月 2 日,市国资委同意百联集团控股子公司百联电子商务有限公司所持有的上海宇联文化办公用品有限公司 100%的股权协议转让给百联集团。

2013 年 1 月 27 日,市商务委同意上海森大木业有限公司的投资外方百联(香港)有限公司所持有的公司 25%的股权及相应的权利和义务,以 9 002.55 万元的价格转让给百联集团。10 月 15 日,日本三菱商事株式会社与百联集团签订股份转让合同。日本三菱商事株式会社所持有的联华股份的 7 542 万股股份(相当于目标公司总股份的 6.74%),转让给百联集团,转让金额为 23 131.3 万港元(3.067 港元/股)。

二、二级公司股权调整

【百联股份】

2005 年 4 月 15 日,百联集团同意以上海河岸商业开发有限公司(简称“河岸公司”)注册资本金为股权转让价格,实施《关于同意上海百联投资管理有限公司结构调整的批复》中列明的河岸公司股权结构调整事宜。即购物中心事业部与上海百联投资管理有限公司就收购河岸公司股权事宜进行协商。鉴于此次股权收购主要涉及集团内部企业,为便于实际操作,降低成本,以河岸公司注册资本金作为股权收购价格,由上海百联投资管理有限公司收购河岸公司股权。5 月 23 日,为理顺其产权关系,市国资委批复同意百联集团所属上海中百大酒店所持有的上海第一百货松江店有限公司 10%的股权,以协议方式分别转让给百联股份 9%、华联商厦杨浦有限公司 1%。同意华联集团电工照明器材有限公司所持有的永安百货 10%的股权,以协议方式分别转让给百联股份 9%、华联商厦杨浦有限公司 1%。

2006 年 6 月 28 日,市国资委同意百联集团所属华联集团家用电器有限公司所持有的上海华联王震信息科技有限公司 10%的股权以协议方式转让给百联股份。7 月 11 日,百联集团同意百联股份收购上海华联商厦杨浦有限公司所持有的上海第一百货松江店有限公司1%的股权。收购完成后，上海第一百货松江店有限公司成为百联股份全资子公司。是日，百联集团批复同意百联股份收购上海华联商厦杨浦有限公司所持有的永安有限公司1%的股权、上海华联商厦普陀有限公司所持有的上海华联商厦杨浦有限公司10%的股权、上海华联商厦杨浦有限公司所持有的上海浦东华联购物中心有限公司10%的股权以及上海又一城购物中心有限公司所持有的0.017 9%的股权、上海第一百货纺织品公司所持有的上海第一百货资源开发有限公司10%的股权。收购完成后，上述5家企业成为百联股份全资子公司。是日，百联集团同意百联股份受让上海快乐（集团）有限公司所持有的上海华联商厦普陀有限公司10%的股权。股权受让后，上海华联商厦普陀有限公司成为百联股份全资子公司。是月28日，为理顺产权关系，市国资委同意百联集团所属上海华联商厦杨浦有限公司持有的上海第一百货松江店有限公司1%的股权以协议方式转让给百联股份。

图5-3-1　百联金山购物中心

2008年4月18日，百联集团同意上海华联商厦普陀有限公司所持有的上海杨浦东方商厦有限公司10%的股权，划转给百联股份持有。6月30日，市国资委同意百联集团所持有的上海一百第一太平物业管理有限公司49%的股权转让给百联股份。8月27日，百联集团同意上海杨浦东方商厦有限公司所持有的上海又一城购物中心有限公司1.79%的股权，按2007年12月31日经审计的账面净资产值划转给百联股份。是日，百联集团同意上海杨浦东方商厦有限公司所持有的永安百货有限公司1%的股权，按2007年12月31日经审计的账面净资产值划转给百联股份。

2011年3月14日，百联集团同意百联股份受让下属全资子公司上海浦东华联购物中心有限公司所持有的上海东方大学城校区商业有限公司55%的股权。

【联华股份】

2005年10月28日，联华股份以9 593万元分别收购其股东上实商业、上海友谊在世纪联华发展有限公司的22.21%及35.70%的股权，杭州联华华商收购上海立鼎在世纪联华的22.09%的股权。

2007年5月8日，百联集团同意上海联华超级市场发展有限公司出资600万元受让上海新吴淞商贸总公司持有的上海联华新新超市有限公司45%的股权。同时，为理顺联华内部的股权关系，对上海联华新新超市有限公司的股权结构进行调整，即新吴淞公司将其所持有新新公司45%的股份转让给上海联华超级市场发展有限公司，联华股份将所持有的新新公司45%的股份按转让基准日的每股净资产价格转让给上海联华超级市场发展有限公司。

2009年5月7日，百联集团同意联华股份受让其控股子公司杭州联华华商集团有限公司所持有的上海世纪联华超市发展有限公司22.09%的股权。

2011年1月12日，百联集团同意联华股份受让上海立鼎投资有限公司所持有的上海联华快客便利有限公司30%的股权。11月，联华股份以600万元的价格收购天津一商集团有限公司所持有的天津联华20%的股权；天津联华以总价150万元的价格收购天津一商集团有限公司分别持有的天津一商世纪联华商贸有限公司15%的股权及天津一商世纪联华购物广场有限公司15%的股权。是月4日，联华股份及上海世纪联华超市发展有限公司分别持有的上海联华超市嘉定有限公司81.76%、18.24%股权转让至上海联华超级市场发展有限公司所有。

【物贸股份】

2004年5月，为做强、做大木制品加工业务，物贸股份收购上海物资集团房地产公司所持有的利德木业有限公司200万股股权；收购北京远通物资公司所持有的利德木业有限公司198万股股权；收购自然人隋玉堂所持有的利德木业有限公司300万股股权。

2005年1月18日，百联集团董事会决定以上海市旧机动车交易市场、上海汽车交易市场等2家企业的国有资产内部划拨协议转让方式对控股子公司百联集团汽车服务有限公司进行增资，并上报市国资委备案。5月16日，百联集团同意保税贸易行持有的上海物贸物资经营有限责任公司10%的股权，分别转让给物贸股份和上海物贸物流有限公司各5%。7月13日，市外国投资工作委员会批复同意上海森大木业有限公司的投资中方百联集团在合资公司75%的股权，全部转让给物贸股份。股权转让后，上海森大木业有限公司（简称“森大木业”）的投资总额和注册资本均不变，投资各方出资比例分别为：物贸股份出资652.5万美元，占注册资本的75%；香港万信国际贸易发展有限公司出资217.5万美元，占注册资本的25%。

2006年4月11日，为理顺产权关系，百联集团同意由物贸股份收购集团持有的上海乾通投资发展有限公司95%的股权。收购完成后，乾通投资公司注册资本仍为4 000万元，其中物贸股份占95%，闸北区市北工业新区投资经营有限公司持有5%。是日，百联集团同意由物贸股份、浦东燃料和乾通投资共同受让永大期货全部股权。受让后永大期货公司注册资本仍为3 000万元，其中物贸股份占45%，浦东燃料占30%，乾通投资占25%。6月21日，市国资委同意百联集团所报的上海金属材料发展总公司持有上海永大期货经纪有限公司67.67%的股权分别转让给物贸易股份45%和上海乾通投资发展有限公司22.67%；同意百联集团持有的上海乾通发展有限公司95%的股权转让给物贸股份。10月14日，百联集团决定对上海物贸大厦（分公司）、上海物贸大厦物业管理有限公司、上海生产资料交易市场等3家公司进行整合。由百联集团出资500万元，设立全资子公司百联集团上海物贸大厦有限公司，适时取消上海物贸大厦。该公司成立后由生产资料事业部管理。原上海物贸大厦所属上海物贸大厦物业管理有限公司85%的股权，划转至百联集团上海物贸大厦有限公司；上海市国际信托贸易公司持有的上海生产资料交易市场100%的股权，划转至百联集团上海物贸大厦有限公司。11月3日，百联集团同意上海一百集团百文有限公司持有的上海国际光学有限公司11.19%的股权、上海文化用品总公司持有的上海油墨工商联销公司50%的股权实施转让。为使百文公司和文化总公司能及早清理关闭，上海一百集团百文有限公司所持有的上海国际光学有限公司11.19%的股权和上海文化总公司所持有的上海油墨工商联销公司50%的股权协议转让给物资集团。

图5-3-2　乾通投资

2007年8月28日，百联集团同意由物贸股份收购上海申化房地产开发经营公司所持有的上海晶通化学品有限公司10%的股权；由物贸股份收购上海乾通金属有限公司自然人所持有的10%的股权。收购完成后，上海乾通金属材料有限公司成为物贸股份的全资子公司。

2008年12月12日，市国资委同意百联集团所属物贸股份所持有的上海物贸物流有限公司100%的股权，上海动力燃料有限公司和上海浦东燃料责任有限公司分别持有的上海玫洛国际贸易有限公司85%和15%的股权，以协议方式转让给上海乾通投资发展有限公司。

2012年1月，上海物贸有色金属交易市场经营管理有限公司整合收购百联集团上海物贸大厦有限公司100%的股权、上海物贸大厦物业管理有限公司100%的股权、上海生产资料交易市场100%的股权。物贸股份收购百联集团上海物贸大厦有限公司所持有的上海物贸有色金属交易市场经营管理有限公司5%的股权。

2013年12月12日，百联集团同意物贸股份对上海燃料有限公司股权进行结构调整，将持有的上海燃料有限公司30%的股权在上海联合交易所实行转让交易。同意上海晶通化学品有限公司、上海乾通金属材料有限公司进场参与交易，分别受让不超过15%的股权。同意物贸股份持有的上海森大木业有限公司75%的股权在上海联合交易所转让交易，百联集团参与受让交易。

【新路达集团】

2006年6月30日，百联集团同意新路达集团收购华联集团上海经济发展有限公司及上海华联投资发展有限公司所持有的上海乔家栅饮食食品发展有限公司23%和25%的股权；上海美心餐饮管理有限公司收购华联集团上海经济发展有限公司所持有的上海乔家栅饮食食品发展有限公司2%的股权。收购完成后，新路达集团持有上海乔家栅饮食食品发展有限公司98%的股权，上海美心餐饮管理有限公司持有上海乔家栅饮食食品发展有限公司2%的股权。7月28日，为理顺产权关系，市国资委同意百联集团所属上海今亚实业有限公司和上海华联王震信息科技有限公司分别持有的上海东方体育用品有限公司41.90%和10.20%的股权、上海东方体育用品有限公司和上海今亚实业有限公司分别持有的上海今亚珠宝有限公司90%和10%的股权、上海华联投资发展有限公司和华联集团上海经济发展有限公司分别持有的上海乔家栅饮食食品发展有限公司25%和23%的股权以协议方式转让给百联集团所属新路达集团。

2008年7月11日，为理顺成员企业资产关系，明晰股权结构，百联集团同意上海市第二食品商店有限公司等8家企业股权结构调整，上海美心餐饮管理有限公司通过减资缩股方式，退出所持有的上海市第二食品商店有限公司10.15%的股权；减资缩股后，上海市第二食品商店有限公司注册资本为718.8万元。同意上海新路达餐饮服务业管理有限公司通过减资缩股方式，退出所持有的上海美心餐饮管理有限公司20%的股权。减资缩股后，上海美心餐饮管理有限公司注册资本为400万元。同意上海美心餐饮管理有限公司通过减资缩股方式，退出所持上海乔家栅饮食食品发展有限公司2%的股权。减资缩股后，上海乔家栅饮食食品发展有限公司注册资本为980万元。同意上海今亚实业有限公司通过减资缩股方式，退出所持有的上海新路达餐饮服务业管理有限公司70%的股权。减资缩股后，上海新路达餐饮服务业管理有限公司注册资本为300万元。同意上海今亚实业有限公司通过减资缩股方式，退出所持上海新路达资产管理有限公司10%的股权。减资缩股后，上海新路达资产管理有限公司注册资本为180万元。同意上海市第二食品商店有限公司通过减资缩股方式，退出所持有的上海食品厂有限公司35%的股权。减资缩股后，上海食品厂有限公司注册资本为940.35万元。同意上海汇丰医药药材有限责任公司通过减资缩股方式，退出所持有的上海徐汇中药饮品有限公司10%的股权。减资缩股后，上海徐汇中药饮品有限公司注册资本为468万元。同意上海今亚实业有限公司通过减资缩股方式，变更公司注册资本为4 676.1万元。上述8家企业股权结构调整后，均为新路达集团全额投资公司。12月15日，市国资委同意上海新路达典当行有限公司等5家公司股权协议转让，同意上海汇丰医药药材有限责任公司所持有的上海新路达典当行有限公司10%的股权、新路达集团持有的上海汇丰大药房有限公司10%的股权以协议方式分别转让给上海百联投资管理有限公司和上海汇丰医药药材有限责任有限公司。同意上海市第二食品商店有限责任公司所持有的上海食品厂有限公司35%的股权、上海今亚实业有限公司所持有的上海新路达餐饮服务业管理有限公司70%的股权和上海新路达资产管理有限公司所持有的10%的股权以协议方式转让给新路达集团。

2009年5月11日，百联集团同意新路达吉买盛长青商业有限公司通过减资缩股方式，注册资本由200万元缩减为170万元，吉买盛退出所持有的该公司15%的股份。完成减资缩股后，该公司成为新路达集团全额出资的一人有限公司。

2012年2月29日，百联集团同意新路达集团所属第一医药股份以现金方式对上海汇丰医药药材有限责任公司增资2 505.80万元。增资后上海汇丰医药药材有限责任公司注册资本增加为人民币3 300万元，仍由第一医药股份有限公司100%持股。

【百联置业】

2005年5月17日，百联集团同意一百集团所持有的上海一百集团房地产有限公司30%的股权、上海时运物业(集团)公司所持有的一百房地产有限公司10%的股权，以及上海商业开发总公司所持有的一百房地产有限公司10%的股权，划转给百联集团置业有限公司。股权划转完成后，置业公司共持有一百房地产有限公司50%的股权。

2006年7月25日，百联集团同意将上海友谊集团置业有限公司和百联集团分别所持有的上海友谊曲阳商厦有限公司90%的股权和10%的股权，按2005年12月31日经审计的账面净资产值划转给百联集团置业有限公司。9月6日，百联集团同意上海友谊集团置业有限公司和百联集团分别持有上海友谊之春百货市场经营管理有限公司90%和10%的股权划拨给百联集团置业有限公司持有。

2007年1月29日，百联集团同意上海物资集团房地产有限公司所持有的上海紫逸房地产有限公司90%的股权、上海巨峰房地产开发有限公司25%的股权、上海茂民实业有限公司90%的股权划转至百联集团置业有限公司持有。上海茂民实业有限公司所持有的上海紫逸房地产有限公司10%的股权和上海紫汇房地产有限公司所持有的上海茂民实业有限公司10%的股权转让给百联集团置业有限公司。

2008年6月5日，市国资委同意上海商业储运有限公司所持有的上海百联房地产经营管理有限公司11.57%股权以协议方式转让给百联集团置业有限公司。8月13日，百联集团置业有限公司所持有的上海航天宝都置业有限公司5%的股权，按2007年12月31日经审计的账面净资产值划转给上海华联投资发展有限公司。

2010年4月，一百集团所持有的上海一百集团房地产有限公司76.58%的股权、上海商业储运有限公司所持有的上海一百集团房地产有限公司4.27%的股权一并划转置业公司持有。8月，上海百联房地产经营管理有限公司所持有的上海百联物业管理有限公司10%的股权划转给置业公司持有。

【现代物流】

图 5-3-3　长桥物流 1 号库(摄于 2009 年 8 月)

2004 年 7 月,上海现代物流投资发展有限公司受让上海友谊(集团)置业公司所持有的上海宝联五金储运有限公司 51.14%的股权。12 月,上海现代物流投资发展有限公司收购上海市化工轻工总公司所持有的上海长桥物流有限公司 40%的股权。根据集约化管控模式的要求,上海现代物流投资发展有限公司出资 200 万元收购化轻总公司所持有的长桥物流有限公司 40%的股权,完成收购后,取消上海长桥物流有限公司独立法人地位,将其变更为上海现代物流投资发展有限公司分公司。

2006 年 6 月,上海友谊集团置业有限公司所持有的上海宝联五金储运有限公司 51.14%的股权划转至上海现代物流投资发展有限公司。

2007 年 1 月 24 日,为尽快理顺上海现代物流投资发展有限公司的投资和股权关系,百联集团同意百联集团和上海时运房产开发公司分别持有的上海商业储运有限公司 89.89%的股权和 0.84%的股权,总计 90.73%股权;上海申化房地产开发经营公司所持有的上海晶通化学品有限公司 10%的股权;百联集团、上海市化工轻工总公司和上海申化房地产开发经营公司分别持有的上海晶通化轻发展有限公司 20%的股权、20%的股权和 30%的股权,总计 70%股权;百联集团所持有的上海友谊集团物流有限公司 10%股权等,按 2006 年 12 月 31 日经审计后的净资产,以国有资产无偿划转方式划转至现代物流公司持有。上海商业储运有限公司出资收购百联集团和华联集团资产托管有限公司分别持有的上海华联配送实业有限公司 41.11%的股权和 58.89%的股权,总计 100%股权。百联集团以现金偿付上海商业储运有限公司往来债务 2 097 万元,用于解决收购上海华联配送实业有限公司 100%股权所需,差额暂行宕账,另行处理。7 月 23 日,为理顺部分企业股权关系和管理关系,百联集团决定上海市化工轻工总公司桃浦仓储公司的出资人由上海市化工轻工总公司通过划拨方式变更为上海现代物流投资发展有限公司。7 月 26 日,市国资委同意百联集团所属上海商业储运有限公司持有的上海汉克国际货运有限公司 51%的国有股权,以协议转让方式转让给上海现代物流投资发展有限公司。

图 5-3-4　上海商业储运公司(摄于 2012 年 10 月)

是月 30 日，百联集团同意对上海外高桥危险化学品交易市场经营管理有限公司股权进行调整。由上海现代物流投资发展有限公司分别受让陆琨所持有的 13%的股权、上海万友置业有限公司所持有的 8.52%的股权；贺伟受让陆琨所持有的 10%的股权。

2008 年 6 月 5 日，市国资委同意百联集团所属上海百联房地产经营管理有限公司所持有的上海商业储运有限公司 9.27%的股权以协议方式转让给上海现代物流投资发展有限公司。6 月 30 日，百联集团同意百联集团和华联集团资产托管有限公司所持有的上海华联配送实业有限公司 100%的股权，以 2007 年 12 月 31 日经审计后的净资产为基数，划转给上海现代物流投资发展有限公司持有。8 月 13 日，百联集团同意上海现代物流投资发展有限公司和上海商业储运有限公司所分别持有的上海百联配送有限公司 30%的股权、40%的股权，合计 70%股权，按 2007 年 12 月 31 日经审计后的账面净资产值划转给上海华联配送实业有限公司。

2009 年 2 月 24 日，百联集团同意上海现代物流投资发展有限公司缩减对上海商业储运有限公司投资额 4 113.15 万元。

【百联投资管理有限公司(资产经营公司)】

2005 年 3 月 29 日，百联集团同意综合事业部对上海一百国际贸易有限公司和上海百文益商经贸有限公司实施整合。上海一百国际贸易有限公司股权中百联股份所持有的 80%股权，上海多盛贸易有限公司所持有的 10%股权，共计 90%股权转让给上海百联投资管理有限公司。上海百文益商经贸有限公司歇业。4 月 4 日，百联集团同意由上海百联投资管理有限公司受让百联集团内所属企业申宏公司、华联集团和物资进出口有限公司等 3 家企业合计持有的上海(圣彼得堡)贸易中心有限公司 18.18%的股权。4 月 29 日，百联集团同意上海百联投资管理有限公司受让上海市华联典当行有限公司所持有的上海华联特种商品寄售有限公司 60%的股权。6 月 20 日，为理顺现有企业投资及管理，推进资产整合进程，市国资委同意百联集团及百联集团所属企业所持有的上海市华联典当行有限公司 81.13%的股权、上海金照国际贸易有限公司 64.70%的股权，百联集团持有的上海拍卖行有限责任公司 35.30%股权、上海可颂食品有限公司 20%的股权、上海外轮供应有限公司 10%的股权，以协议方式转让给百联集团所属上海百联投资管理有限公司。

2005 年 7 月 13 日，市国资委同意百联集团所属企业所持有的上海新路达典当行有限公司 40%的股权以协议方式转让给百联集团所属上海百联投资管理有限公司。11 月 11 日，市国资委同意百联集团所属百联股份和上海多盛贸易有限公司分别持有的上海一百国际贸易有限公司 80%股权和 10%股权以协议方式转让给百联集团所属上海百联集团投资管理有限公司。12 月 31 日，为理顺产权关系，根据《中华人民共和国中外合资经营企业法》规定及合资企业外方股东放弃优先认购权的决议，市国资委同意百联集团下属的上海市木材总公司所持有上海森远木业有限公司的 75%的国有股权，以协议转让的方式转让给上海百联投资管理有限公司。股权转让后，上海百联投资管理有限公司出资 4 275 万元，占注册资本的 75%；百联(香港)有限公司出资 1 425 万元，占注册资本的 25%。2006 年 3 月 23 日，上海市外国投资委员会批复同意。

2006 年 6 月 9 日，百联集团同意百联集团所持有的华联集团资产托管有限公司 100%的股权以及上海百红商业贸易有限公司 30%的股权划转至上海百联投资管理有限公司。

2008 年 3 月 4 日，百联集团同意上海市金属材料总公司所持有的无锡锡兴钢铁股份有限公司法人股 30 万股，按账面净值 45 万元配比资本公积金划拨给上海百联投资管理有限公司持有。

2010 年 8 月 12 日，为了理顺集团内部企业间资产与管理关系，百联集团同意上海百联投资管理有限公司出让所持有的上海百联购物中心有限公司1.6%的股权。

2011年7月1日，百联集团同意上海百联集团资产经营管理有限公司通过划转方式受让上海金照国际贸易有限公司所持有的上海外轮供应有限公司90%的股权。12月12日，百联集团同意上海百联集团资产经营管理有限公司对上海外轮供应有限公司增资1 000万元，增资后注册资本1 800万元。上海百联集团资产经营管理有限公司100%以现金方式出资，增资后股权比例为上海百联集团资产经营管理有限公司100%股权。是日，百联集团同意上海百联集团资产经营管理有限公司保留上海金照国际贸易有限公司并将其注册资本减少至100万元；减资总额为1 600万元；减资后注册资本为100万元；减资后上海百联集团资产经营管理有限公司100%持股。百联集团同意上海百联集团资产经营管理有限公司出资收购上海拍卖行有限责任公司原股东持有的8.825%股权。

第三节　盘活存量资产

2002年年底，原四大集团共有房地资产450幅，建筑面积210.95万平方米。房产中自有房产273幅，建筑面积194.35万平方米，占比92.13%；授权房产170幅，建筑面积16.6万平方米，占比7.87%。地产中：授权土地363幅，土地面积222.93万平方米，占比86.16%；划拨土地30幅，土地面积8.7万平方米，占比3.36%；批租土地46幅，土地面积27.10万平方米，占比10.48%。量多而广，相当部分处于上海黄浦、徐汇等商业发达区域，其开发、置换增值空间巨大。

2003年12月25日，为加强房地产资源管理及顺利办理房地产权证户名变更等手续，百联集团下发《关于四个集团有效资产划转百联集团的通知》，决定先行实施房地产权证移交工作。移交范围：权利人为一百集团、华联集团、友谊集团和物资集团的房地产权证；权利人为一百集团、华联集团、友谊集团和物资集团所属全资企业（含各集团内部企业持股所形成事实上全资企业）的房地产权证。移交内容包括各集团及全资企业房地产权证清册，各集团及全资企业持有的上述移交范围的所有房地产权证，授权房屋、土地的授权文件（复印件）。移交时间定为2004年1月15日。

2004年，为推进盘活存量，尽早有所突破集团房地产资源综合利用工作，房产事业部开展房地产资源情况的普查，对权利人状况、房屋及土地面积、使用和权利受限情况进行全面的调查。编制百联集团房地产资源综合利用规划，初步列出69幅拟盘活的地块，经过深入分析和排队比较，列出13块重点盘活的房地产项目，加快盘活进程，推进存量房地产盘活。是年，为支持上海现代物流有限公司开发物流国债项目，在百联集团协调下，物资集团、现代物流公司、化轻总公司三方签订虹漕路420号原上海市化轻总公司橡胶供应公司虹漕路仓库土地使用权（含房产）转让协议。4月20日，为加大存量盘活力度，市国资委同意百联集团将南京东路353号房地产（东海大楼）转让给上海华通机电（集团）有限公司。年内，盘活大连西路文宇公寓、实现中山东二路24号甲房地产置换、华企大楼整体出让、沪闵路65号等动迁地块盘活、物华路房产整体转让、北广场大酒店整体转让、荆州路265号新东亚商务楼转让等项目，盘活资产价值6.93亿元。

2005年，在通过市场调研分析，拓展信息渠道，扩大沟通范围，抓住关键，突破重点，继续推进盘活存量、闲置、尚未体现市场价值的房地产。与东外滩公司签订出让意向书，平定路地块年底完成置换手续；加强对沪西商厦租赁户的清退工作，为盘活项目有实质性谈判创造条件。

2006年6月6日，为理顺产权关系，市国资委同意百联集团持有的泰兴路652号、674号、688号国有土地使用权按照账面价值整体划转给静安区国有资产监督管理委员会；同意百联集团所属上海义泰兴实业发展中心的国有资产按照企业2005年3月31日账面净资产整体划转给静安区国有资产管理委员会。全年共盘活存量房产 4.85 万平方米，体现资产价值 5.89 亿元。

2008 年 6 月，为支持上海黄浦大楼置换开发有限公司对其管理的北京东路 280 号房产整幢改造出租，集团所有的北京东路 290 号房屋使用权与上海黄浦大楼置换开发有限公司北京东路 310 号房屋使用权互换使用，通过市场化操作，实现双赢。

截至 2009 年年底，集团共处置土地 70 幅，土地面积 14.69 万平方米，建筑物面积 15.03 万平方米，其中：划出土地 1 幅，土地面积 8 032 平方米，建筑面积 10 389 平方米；置换土地 4 幅，土地面积 6 915.3 平方米，建筑面积 18 152.88 平方米。处置过程履行相关审批程序，并按相关规定规范操作。

2010 年 3 月 16 日，百联集团成立存量资源整合专项工作推进小组，进一步推进集团及下属企业的股权整合工作；推进及指导百联集团房地资产的存量盘活工作；对下属企业的资源整合工作计划完成情况进行动态跟踪、反馈。百联集团加大权属房地产管理力度，加快处置效益低的存量资产，完成平定路、龙水南路、大连西路等地块以及元博大酒店、如皋项目等房地产的处置工作，全年盘活资产达 20 亿元。百联置业公司系统调研梳理了集团存量房地产的权属和使用现状，完成集团权属房地产管理系统的开发，实现网上查询，为进一步加强集团权属地产管理打下基础。

2011 年 12 月 5 日，根据百联集团对元芳弄商务大楼出让的总体安排，上海现代物流投资发展有限公司所属上海商业储运有限公司的四川中路 126 弄 10～20 号房地产于 12 月 25 日前进行正式移交。年内，创新盘活方式，分别采用协议转让、拍卖、土地收储等方式盘活一百杉杉大厦、福兴大厦、芦潮港地块、北京东路住宅等房地资产 10 幅，盘活金额 34.29 亿元。

2012 年，集团重点完成了番禺路 222 弄 11 支 2 号 101 室、西谈家渡路 17 弄 2 号 110 室等 4 套门面房屋拍卖；完成江场路 1240 号、1290 号、1410 号土地收储交付；签订惠民路 470 号、新泰路 41 弄和 57 弄、四川中路 126 弄 10～20 号收储(转让)合同。

2010—2012 年，集团盘活存量资产面积近 30 万平方米，为集团的战略发展提供了可观的资金支持。

第四节　市政动迁和土地收储

2004 年 6 月 28 日，生产资料事业部向百联集团上报《关于市政府要求森大木业和沪北煤场限期搬迁的情况汇报》。列入市环境保护和环境建设三年行动计划的企业共 96 家，涉及百联集团共 2 家，其中要求上海森大木业有限公司 2004 年启动搬迁工作，2005 年完成搬迁至南汇新址；沪北煤场 2004 年启动并完成搬迁工作。上海市燃料总公司沪南公司地块年内整体转让给上海地产集团。10 月，一百集团置业有限公司经营管理的汉口路 452 号房产建筑面积 30.98 平方米，列入黄浦区 144 街坊西块改造项目。经沟通协商，就动迁补偿条件达成初步意向。12 月 7 日，市建委和市国资委召开上海第二煤球厂动拆迁工作的专题会议，决定成立由市苏州河环境综合整治领导小组办公室牵头，由静安区和百联集团参加的上海第二煤球厂动拆迁工作协调小组，具体负责协调该项工作的开展。

2005 年 2 月 24 日，百联集团同意房产置业事业部转让曲阜路 130 号等 6 处房地产，保证国有资产收益最大化。9 月 30 日，因北外滩整体改造的需要，上海华联家维技术服务有限公司的溧阳路仓库面临动迁，11 月 30 日前移交该房地产。是日，百联集团同意溧阳路 69 号、东大名路 338 号和东大名路 346 路等 3 块房地产动迁总价。黄浦区“外滩源”动迁，涉及集团委托百联房地产经营管理有限公司管理的圆明园路 87 弄 10 号、虎丘路 40 弄 2～4 号、北京东路 100 号、106 号、114 号等处房产，合计建筑面积 2 188.55 平方米。经与市重大办多次协调，11 月 11 日，百联集团同意圆明园路87弄10号等5处房地产动迁补偿总价。20日，百联集团与上海建中房屋拆迁有限公司就集团坐落于东大名路346号，建筑面积为90.87平方米产权房，达成动迁安置协议书。

2005—2006年，物资集团及时做好有关房地产动迁置换工作。物资集团共计处理位于军工路、虎丘路、老沪闵路、肇家浜路、南京东路及苏州市等6处房地产动迁及出让，涉及房产面积9 968.02平方米，土地面积7 687平方米；并配合房产事业部，开展闵行地块动迁工作；协助集团，推进龙华煤场"三通一平"工作。2005年，2块房地产均分别移交闵行区动迁办和市地产集团。

2006年，集团与上海市政工程管理处签订动迁协议书，同意动迁河南中路129～137号、广东路282～284号、河南中路141号、河南中路145号、河南中路149号、河南中路151～153号、河南中路197～201号、河南中路273号、河南中路642号、南苏州路399号，建筑面积2 439.63平方米房产，支持市政建设河南路改建工程。

2006年4月6日，百联集团与上海鼎鼎房地产开发有限公司签署黄浦区204号地块中的中山东二路24号和人民路344弄11号、人民路344弄9号、新永安路29号动迁补偿安置合同。是月，根据上海机电产品贸易中心该南京东路208/15～17号、南京东路208/15～17号、南京东路212号、南京东路212号、南京东路212～220号共计建筑面积1 336.82平方米的使用权房产，因涉及轨道交通10号线南京东路建筑而列入重大市政工程动迁，根据上海市重大工程建设办公室的通知，集团同意上海机电产品贸易中心与相关动迁实施单位签订动迁补偿合同。7月31日，百联集团与上海新黄浦（集团）有限责任公司达成北京东路59号四层房产置换补偿协议。根据上海市有关政策，经双方协商同意，北京东路59号四层办公用房采用货币补偿的方式进行协议置换。

2006年，河岸项目的土地储备工作启动，涉及位于乌镇路以西、共和新路以东、光复路以北、曲阜西路以南的大统基地、福建路引桥拓宽项目、天安二期动迁、新泰仓库房产。9月18日，百联集团与静安区市政工程和配套管理局达成康定东路16号1 070平方米建筑拆迁补偿安置协议。

2006年9月29日，百联集团与上海市政工程管理处达成北京东路304、306、314号、拆迁补偿、安置协议。该拆迁建筑面积260.75平方米。是月30日，由于市政工程河南路拓宽改建工程，百联集团与上海市市政工程管理处达成河南中路129～137号、河南中路141号、河南中路145号、河南中路149号、河南中路151～153号、河南中路197～201号、河南中路273号、广东路282～284号拆迁补偿安置补充协议。是日，百联集团与上海市市政工程管理处达成南苏州路399号、河南中路660号、北京东路310～314号、河南中路647号拆迁补偿安置补充协议。11月8日，百联集团与上海地产（集团）有限公司就徐汇区龙华路1960号房地资产签署交接书，并举行正式交接仪式。

2007年1月10日，河岸公司再次参加河岸项目41号、42号街坊地块招投标及百联集团在苏州河北岸河南路至山西路沿线非保留建筑动迁工作会议。会议要求核心区东块41号、42号地块春节前拆平，区委、区政府已经下达任务，41号、42号地块在4月初茶文化节时以捆绑方式推出招投标，并要求百联集团配合签订捆绑意向书。年内，上海托运服务部使用的百联集团权属的北苏州路482号房产列入动迁，百联集团与动迁单位上海闸北动迁公司签订动迁协议。百联置业有限公司与上海森大木业有限公司达成喜泰路229号土地面积35 384平方米的（原上海森大林业有限公司厂房）房地产补偿协议书。2月1日，根据市政府相关协调会议精神，配合平定路道路以西连同上海制皂厂的土地用于建造上海工业博览园区建设，百联集团批复同意转让集团拥有的平定路88号（东块）占地面积约47亩的土地使用权。5月26日，百联集团与上海东外滩地产开发公司签署《国有土地使用权收购合同》。6月，百联集团与上海市政工程管理处达成人民路632号、江西南路118号、军工路46、58号拆迁补偿安置协议。10月16日，百联集团董事会第一届第四十二次会议决定同意出让龙华路1970号地块。10月，百联集团与闸北区政府达成苏州河北岸东块一街坊单位动迁补偿协议书，同意动迁北苏州路482～484号、北苏州路526～586号、山西北路4、6号共2 422.3平方米建筑，支持闸北区开发苏州河北岸。12月17日，百联集团与上海地产(集团)有限公司签订龙华路1960号国有土地面积约为5 122平方米使用权收购合同补充合同。截至2007年年底，百联集团权属房地产已被动迁并完成内部安置项目共有17项，包括曹杨路1450号、物资龙华路、河南中路197～201号、河南中路151～153号、河南中路149号、河南中路145号、河南中路141号、河南中路129～137号、河南中路273号、广东路282～284号、河南中路647号、河南中路660号、北京东路310～314号、南苏州路399号、军工路46～58号、江西南路118号、人民路632号。

2008年1月21日，百联集团位于长治路70号房屋被上海市虹口区房屋土地管理局列入拆迁范围。置业公司与上海中虹(集团)有限公司多次谈判，百联集团同意长治路70号房地产动迁。24日，百联集团批复同意对原租赁方为上海市化工轻工总公司橡塑部的底楼2间门面使用权房，由上海百联投资管理有限公司会同百联置业及清理中心负责动迁补偿事项洽谈。是日，百联集团与上海市市政工程管理处签订非居住房屋拆迁补偿安置协议。石龙路345弄16号地块由2004年市政府决定纳入上海地产南站有限公司实施上海铁路南站用地范围，3月14日，百联集团同意由物资集团出具证明，确认上海机电设备总公司江南公司动迁谈判主体资格。溧阳路848号(四平路61号)地块土地面积1 888平方米，经虹口区房地局批准拆迁许可，由上海三至酒店投资管理有限公司对地块动迁改造，经协商已达成动迁补偿意向。5月7日，百联集团同意北苏州路988号、北苏州路1016号、北苏州路912号和曲阜路95号，房产总面积73 561平方米，土地面积18 607平方米地块土地收储后有关补偿等事项。7月30日，百联集团支持市重大工程闵浦大桥项目建设，与上海市公路管理处签订闵行区龙吴路5300弄3号土地面积14 488平方米部分非居住房屋、土地拆迁达成补偿安置协议及补充协议。22日，因福建路桥改建工程，集团撤让占地面积948平方米、拆除建筑面积2 302.3平方米，与上海轨道交通10号线前期工程闸北段指挥部签订福建北路桥改建拓宽工程单位动迁补偿协议书。

图5-3-5　2008年1月2日，百联集团与闸北区政府举行合作开发苏河湾现代服务业聚集区签约仪式

2009年3月20日，根据2008年9月26日上海市重大工程建设办公室《关于大定海排水系统泵站涉及百联沪东燃料公司地块动迁专题会议纪要》，平定路88号(西侧)土地、房地产被政府列入重大市政工程动迁(收储)范围，百联集团下发《关于同意平定路88号(西侧)土地动迁(收储)的决议》，同意由上海市杨浦区土地发展中心收储平定路88号(西侧)房地产占土地面积约39 915平方米；同意上海市城市排水有限公司对泵站建设规划红线范围内土地4 732平方米(约7.098亩)实施动迁。4月17日，百联集团与上海市杨浦区土地发展中心签订《上海市杨浦区工业系统国有土地使用权收购合同》。5月11日，百联集团同意西康路1035～1037号房地产动迁。6月25日，为支持太平报国寺市重大工程项目建设，百联集团董事会决定，同意兰州路407号地块房屋面积3 953平方米，土地面积3 975平方米动迁补偿方案，同意集团、上海帆星工贸合作公司分别与杨浦区指定的动迁公司签订相关动迁补偿协议。7月15日，百联集团与上海市杨浦区土地发展中心签订《上海市杨浦区工业系统国有土地使用权收购合同》。是月24日，百联集团与上海市卢湾区绿化管理局签订《卢湾区延陕、延茂公共绿地工程拆迁协议书》，集团为支持卢湾区延陕、延茂公共绿地市、区重大工程项目建设，同意拆迁坐落于陕西南路1号非居住系统房，土地面积958平方米、建筑面积1 916平方米。闸北区政府为推进北上海物流园区建设，拟对共和新路沿线区域内土地实施收购储备，百联集团所属上海商业储运有限公司托管的上海托运服务部所属寿阳路200号地块属首批动迁范围，9月11日，百联集团第二届董事会第三次会议经全体董事表决，一致通过《关于上海托运服务部寿阳路200号地块动迁的议案》，同意上海托运服务部与闸北区土地发展中心签订寿阳路200号地块动迁补偿协议。同时，一致通过《关于外马路762号房产动迁的议案》，同意接受拆迁人上海申江两岸开发建设投资(集团)有限公司对外马路762号地块房屋面积2 166平方米、土地面积2 614平方米动迁。12月7日，百联集团同意杨树浦路603～605号房地产动迁，由百联置业公司会同上海托运服务部，共同做好动迁补偿协议的洽谈工作。截至2009年年底，集团动迁土地65幅，土地面积131 994.7平方米，建筑面积121 738.12平方米。

2010年6月11日，因轨道交通12号线曲阜站项目建设，百联集团甘肃路79号、曲阜路130号2处房地产列入动迁范围。2处房地产建筑物面积合计7 013.27平方米，土地面积3 759平方米。为支持城市轨道交通建设，百联集团董事会《关于同意甘肃路79号、曲阜路130号房产动迁补偿事宜的决议》，同意与上海轨道交通12号线有限公司、上海凯成动迁有限公司签订动迁补偿安置协议。位于军工路、平凉路口的军工路58号部分土地因长阳路辟通(运河桥)工程项目建设，10月26日，百联集团批复同意军工路58号部分土地377.8平方米动迁方案。12月2日，百联集团与上海桥盛拆迁有限公司签订《长阳路辟通(运河桥)工程动迁补偿协议书》。

河岸商业开发有限公司与闸北区经委、建委、旧改办等部门经过多年沟通，闸北区政府提出百联集团参与苏州河北岸土地储备与开发的初步方案，百联集团保留核心区东块老仓库(也可含四行仓库)，与区政府、市城投联合开发。区域范围东起浙江北路、西至西藏北路、南起苏州河、北至曲阜路(该区域内含41号、42号动迁基地及地铁8号线西藏北路站点和以百联保留建筑为主的老仓库群组成)。2011年1月6日，百联集团第二届董事会第十七次会议同意《苏州河沿岸41、42地块房屋及国有土地使用权收购合同》和补充协议。集团保留四行仓库老建筑。集团权属江川东路840号房产已被闵行区列入土地收储动迁范围。江川东路840号位于闵行区老街东侧约3公里，土地面积5 509平方米。6月7日，百联集团批复同意江川东路840号房地产动迁。位于上海肇嘉浜路36～38号的华青化工油漆商店接到市政动迁要求。在上海百联集团资产经营管理有限公司的牵头下，组织协调集团内各相关单位共同努力，如期完成动迁。8月23日，百联集团第二届董事会第二十三次会议同意，集团以土地收储补偿方式对杨树浦路1196号地块房屋建筑面积6 105平方米、土地面积8 828平方米房地产进行处置。年内上海商业储运有限公司辖下的元芳弄大楼、江场路1240号仓库、江场路1290号仓库以及江场路1410号仓库面临市政动迁。共计土地面积31 676平方米，建筑面积27 358平方米。9月30日，百联集团同意江场路1240号、1290号和1410号3处房地产以动迁补偿方式进行土地收储。因市政道路改造需要，是月17日，百联集团同意江场路1397号土地面积6 851平方米、建筑物面积4 494平方米房地产以动迁补偿方式进行土地收储。10月19日，百联集团同意以动迁补偿与还产相结合的方式处置龙华路130号、龙华路2812号和龙华路2814～2816号3处房产；同意用大木桥路零陵路约1 800平方米还产房与徐汇区教育局拥有的中金广场商务楼约1 494平方米房产按等价原则进行置换。生产资料事业部下属上海森联木业发展有限公司按计划在6月底移交区政府70亩经适房用地后，10月底基本完成二期腾地目标的要求开展工作，对余下的100亩土地上660多家承租户开展腾地清租攻坚战。喜泰路231号20亩于10月30日移交百联置业公司，12月31日前后，将2号、3号、4号地块北端共约近40亩地移交置业公司进行评估后拆房平地。

2012年，百联集团与上海市申江两岸开发建设投资(集团)有限公司签订外马路531号建筑面积502.36平方米房屋拆迁补偿安置协议。交通路3967号地块占地面积2 680平方米，建筑面积2 198.80平方米，处于真如城市副中心开发建设范围，已被普陀区列入土地收储项目；集团权属闸北区新泰路41弄4～8号、57弄2～6号房产已被闸北区列入土地收储动迁范围，房屋建筑6 105平方米，土地面积2 228平方米。1月12日，集团同意普陀区交通路3967号房地产以动迁补偿方式进行土地收储。同意闸北区新泰路41弄48号、57弄2～6号房地产以动迁补偿方式进行土地收储。4月6日，上海市普陀区土地发展中心发函拟对百联集团位于桃浦镇626街坊8丘、武威路865号，土地面积10 611平方米，地块进行土地收购储备，用以建设上海桃浦科技智慧城建设。9月11日，百联集团与上海市闸北区土地发展中心签订闸北区苏州河沿岸2、4街坊建筑面积6 105平方米、土地面积2 228平方米土地储备项目如新泰路41弄4～8号、57弄2～6号房地产动迁补偿协议。10月31日，百联集团与上海市普陀区土地发展中心签订普陀区交通路3967号百联集团机电仓库用地(237坊16丘)土地储备搬迁补偿合同。

2013年，百联集团与静安区第一房屋征收服务事务所有限公司签订石门二路384号房屋建筑面积4 504平方米征收补偿协议。3月27日，黄浦区土地储备中心发函，为加快黄浦区的旧区改造和城区建筑风貌保护，对黄浦区023—01地块进行土地储备，百联集团位于新昌路80号的房屋属于本次土地储备范围。"彩虹湾"地块(动迁安置房)项目，是经市政府批准的重大民生工程项目，是虹口区区内建设的动迁安置房项目，因项目建设需要，收储百联集团江杨南路51～57号(现门牌号为江杨南路255号)房地产，涉土地面积30 147平方米、建筑面积41 761平方米。4月2日，虹口区政府与百联集团就"彩虹湾"地块(动迁安置房)项目所涉及百联集团江杨南路51～57号范围内的土地(含地上建筑)收储及"彩虹湾"商业项目相关事宜交换意见并形成共识。5月20日，百联集团与虹口区土地发展中心签订收购江南南路51～57号国有土地使用权实施补偿合同。百联配送公司江杨南路255号地块被列入虹口区经济适用房地块动迁，占地面积30 147平方米、建筑面积41 761平方米，7月15日和虹口区土地发展中心办理地块第一期土地及房屋移交手续。是日，百联集团批复同意因石门路384号房地产动迁，支持静安区政府"恒丰路消防站"项目。8月1日，百联集团同意惠民路470号房地产房屋建筑面积7 123.84平方米动迁。12月25日，百联集团将虹口区386街坊江杨南路51～57号二期场地及相应土地上的房屋搬清腾空，移交上海市虹口区土地发展中心，双方签订《土地移交书》。

截至2013年，为配合市政建设和住宅建设，集团以动迁、被收储方式共处置土地90幅，土地面积29.22万平方米，为城市发展和安居保障做出国企贡献。

第四章　资产清理

2003年6月9日，百联集团根据上海市清产核资办公室《关于进一步完善本市国有企业清产核资工作的若干意见》要求，制定集团清产核资工作方案，在百联集团系统内全面开展清产核资工作，彻底清查资产，摸清企业"家底"。通过核销不实资产，核准企业实际占用国资总额；处置历史遗留问题；通过"关停并转破租售放"等形式，处置与主业关联度不大的小企业，减少亏损企业，有效止住"出血点"。

第一节　历史遗留问题处置

2002年12月31日，百联集团企业总户数为919户，资产总额307.12亿元。

2003年6月9日，百联集团根据上海市清产核资办公室《关于进一步完善本市国有企业清产核资工作的若干意见》要求，制定集团清产核资工作方案。6月10日，上海市清产核资办公室同意百联集团开展清产核资工作方案。集团成立清产核资领导小组，下设清产核资办公室，由财务部、资产管理部、人力资源部等部门人员组成，具体负责组织、培训、协调和日常工作。一百集团、华联集团、友谊集团和物资集团相继成立清产核资领导小组。整个清产核资工作按企业、单位隶属关系分级有序进行。清产的工作时点自2003年6月1日起至2003年8月下旬结束，历时3个月；核资的工作时点自2003年8月30日起，由市国资办确定进度与结束期。百联集团系统内全面开展清产核资工作，彻底清查资产、摸清企业"家底"。完善基础管理措施与制度，推进适应现代经济发展和市场化经营的国有资产管理体制建设。6月，中国工商银行上海市分行积极支持上海商业系统企业体制改革，充分运用现有政策，切实帮助企业消化历史包袱，如百联集团下属友谊集团、华联集团约核销呆坏账3.8亿元、剥离不良贷款近12.7亿元，使企业降低负债，得以进一步地发展。物资集团留守企业（含物资集团本部）共申报不实资产26.21亿元，其中：申报损益处理的9.86亿元、申报核销权益的16.35亿元。经审核，同意申报核销权益9.03亿元，须自行消化17.18亿元。留守企业（含物资集团本部）共有不良贷款总额为20.24亿元（其中挂账停息8.1亿元），涉及15家银行、金融机构，另有负债9 500万元（对外担保）。8月26日，为了落实副市长冯国勤《关于请求解决上海物资（集团）总公司下属代理制试点流通企业8.1亿元停息挂账问题的报告》的批示，物资集团派人专程到北京，分别向国家财政部经济建设司和国家商务部商业改革发展司汇报，并对政策性亏损核销的解决方式商谈初步的意见。10月9日，百联集团向市国资委上报《关于百联（集团）有限公司核销不实资产的请示》，上报不实资产总数33.15亿元，占资产总额的10.79%。其中：一百集团3.87亿元，占11.67%；华联集团1.73亿元，占5.21%；友谊集团1.34亿元，占4.04%；物资集团26.21亿元，占79.08%。

2004年4月13日，百联集团经过调整修改，向市国资委再次上报《关于调整已申报的核销不实资产部分数据的请示》，上报不实资产总数33.14亿元，其中申报核销国资权益数为12.97亿元。根据百联集团不实资产审计认定工作中所反映的实际情况，为确保集团不实资产核销工作顺利进行，在保持申报核销不实资产129 703万元总额不变的前提下，要求对已申报核销权益不实资产部分申报内容进行调整,并商请审计局对调整内容进行追加审计认定工作。8月30日,上海市审计局发给市国资委《关于上海百联(集团)有限公司不实资产审核意见的函》。根据市国资委《关于商请对上海百联(集团)有限公司不实资产进行审计的函》,百联集团申报的不实资产为12.97亿元,经审计审核,截至2002年年底,符合核销条件的不实资产为4.89亿元,其中各集团被授权经营所属国有资产前形成的不实资产为1.26亿元,被授权经营后形成的不实资产为3.63亿元。根据市国资委《关于同意上海百联(集团)有限公司调整原申报不实资产部分数据的函》,百联集团调整部分原申报内容,调整增加申报的不实资产为3.34亿元。经审计审核,截至2002年底符合核销条件的不实资产为2.43亿元,其中各集团被授权经营前形成的不实资产为1.41亿元,被授权经营后形成的不实资产为1.02亿元。在百联集团上述申报核销中,有上海市机电设备总公司、上海市金属材料总公司等12家申报单位净资产为负数或净资产小于符合核销条件的不实资产金额。这些单位申报核销的不实资产为4.53亿元,经审计审核,符合核销条件的不实资产为3.28亿元(已包含在上述2次审计认定的符合核销条件的金额中)。

2004年9月,百联集团与工商银行经过多次友好协商,本着双赢和共同对国家财产负责的原则,最终达成一揽子解决历史债务的备忘录,双方同意以20%的清偿率,计人民币3.15亿元,解决百联集团下属企业累计欠工商银行历史债务本息15.78亿元(其中本金为11.56亿元,欠息4.22亿元)。百联集团欠工商银行的不良贷款主要是由原一百集团和原物资集团部分下属企业,由于历史原因长期形成和积累的不良贷款,其总数占到百联集团全部历史负债部分的49%,加上集团成立以来通过各种方式解决或已经达成解决意向的历史债务,累计已经超过百联集团全部历史负债的80%。这些历史债务的解决,对于解决历史问题,为新企业发展减轻包袱、轻装上阵打下良好的基础。

截至2004年年底,企业清产工作结束。通过清产工作,百联集团申报核销不实资产12.97亿元,经市审计局专项审计鉴证和市国资委组织的专家评审会评审认定的不实资产合计为12.04亿元,其中:市审计局专项审计鉴证认定的不实资产为7.32亿元,专家评审会评审认定的不实资产为4.72亿元。对未认定的不实资产9 294.28万元,由百联集团自行消化。

2005年8月10日,市国资委下达《关于百联集团有限公司不实资产冲减国家所有者权益的批复》,确认并同意百联集团核销不实资产冲减权益数为11.93亿元,其余自行消化。由集团负责准予核销的不实资产全部移交给上海国有资产经营有限公司,协助该公司做好资产移交、资产处置等有关工作。12月28日,百联集团下发《关于加快处置不实资产工作的通知》。根据2005年市国资委《关于百联集团有限公司不实资产冲减国家所有者权益的批复》精神,以国有权益核销不实资产11.93亿元;剩余不实资产21.21亿元由企业通过各种方式自行消化。同时,原四大集团所属的企业须清理解决的不良贷款本息有35.60亿元,经过集团多方努力,已处置解决不良贷款本息超过33亿元,并获得一定量的银行豁免债务。明确对原四大集团的不实资产等历史遗留问题最迟应在2006年底前处置完毕。据此,为加快历史遗留问题处置进程,采取多渠道处置办法,即通过国资权益核销一部分、通过清理收入消化一部分、通过银行等债权人的豁免债务直接消化一部分等方式,积极处置遗留的不实资产;对已转销的不实资产,要实行账销案存的管理办法,继续组织力量进行清理处置,避免国有资产流失。加强与财税主管部门的沟通联系,积极争取政策上的支持,并与集团有关职能部门密切配合,妥善处理好各项有关的具体工作。2005年12月,百联集团开始进行申报批准部分不实资产的核销工作,到年底已全部销账。同时,企业自行消化部分不实资产,截至2005年12月31日,累计自行消化不实资产总数为12.13亿元。

物资集团共有不实资产 26.2 亿元，经市国资委审批，以权益核销的方式，核销 8.3 亿元不良资产。同时，通过损益核销和银行豁免债权的方式，处理 8.22 亿元不良资产。截至 2006 年 8 月底，26.2 亿元不实不良资产已经处理 16.52 亿元，达总数的 63.05%。尚有 9.68 亿元不实资产尚待继续处理。物资集团重点抓工商银行 8.1 亿元挂账停息和华融资产管理公司 5.6 亿元贷款问题处置。在财政部驻沪特派员办公室、市政府和集团支持下，最终工商银行挂账停息的 8.1 亿元以 2.1 亿元的清偿额解决。经与华融资产管理公司谈判，5.6 亿元贷款由 7 个二级公司平均以 16.68%的清偿率解决，清偿额为 9 341 万元。2 笔重大债务的清理，共节约支出 10.67 亿元，为百联集团减负及规避其他资产风险起了重要作用。

2007 年 9 月 4 日，百联集团向市国资委上报《关于确认原四大集团不实资产处置结果的请示》。经过清理，原四大集团应处置不实资产总额 40.91 亿元，其中，2006 年底前已处置不实资产 32.92 亿元，2007 年后尚需处置的不实资产 7.99 亿元。在已处置总额 32.92 亿元中，已经市国资委批准同意权益核销的有 11.27 亿元(核销权益额度差异：批准 11.93 亿元，实际核销 11.27 亿元)、企业自行审批消化处置的有 21.65 亿元。其中，通过审计鉴证符合条件自行处置 4.47 亿元；通过审计鉴证并经国资委批准符合核销权益条件而自行处置 0.66 亿元；上报市国资委专家评审未予批准核销权益而自行处置 0.11 亿元(核定差异：上报 4.72 亿元，核定 4.61 亿元)；通过百联集团内部专家评审已自行处置 15.53 亿元；企业清理中心与百联对账内部差异自行处置 0.88 亿元。自行处置不实资产 21.65 亿元中，已经审计鉴证并符合处置条件的有 5.13 亿元，未符合审计鉴证要求的有 16.52 亿元。

2007 年 12 月 29 日，百联集团同意企业清理中心申报的已经中介机构审计鉴证符合核销条件的不实资产 1.08 亿元，按照自行消化原则核销账务；对于属于费用性支出，因各种原因长期挂账未处理的不实资产经内部专家组审定的 72.68 万元，按照一般会计核算要求转账列支相关损益科目；对经内部专家组审定的确属事实上损失，但因资料不齐或手续不全等未通过中介审计鉴证的不实资产 5.82 亿元，按照自行消化、账销案存、继续清理的办法处置。

2008 年 2 月 2 日，鉴于上海广龙汽车销售有限公司已清理歇业，百联集团同意对造成上海华联投资有限公司及其下属华联集团上海经济发展有限公司投资广龙汽车的投资损失 31.48 万元，进行报损处理。4 月 21 日，市国资委批复同意百联集团申报核销资产损失合计为 1 301.14 万元，并请按有关规定进行账务处理。5 月 9 日，经市国资委批准，百联集团批复同意上海现代物流投资发展有限公司核销资产损失合计 1 301.14 万元。12 月 31 日，鉴于申请处理的不实资产 2 428.74 万元，已造成事实上的损失，为加快清理工作进程，百联集团同意对企业清理中心申报的不实资产进行账销案存处置。

2010 年 8 月 11 日，为了加快企业清理进度，企业清理中心委托上海公信中南会计师事务所于 2010 年 4—7 月对化轻桃浦、华联集团、物资集团申报的不实资产 250 笔 1 970.46 万元进行审计鉴证，其中：符合核销条件 249 笔 1 251.62 万元；审计认可形成事实上坏账 1 笔 718.84 万元。百联集团同意对申报的不实资产进行账销案存处置。

第二节　非持续经营企业清理或转制

2003 年，东方超值、百货总公司先后实施破产，物资集团 26 家企业被吊销营业执照。1 月，上海东方超值连锁有限公司资产进行初步清理。10 月，东方超值连锁公司确定通过破产方式终结企业。12月，按照破产要求，该公司对企业的资产清理情况做进一步核查，排摸、登记企业债权人信息，共计361户；整理被诉案件26起(标的300多万元)，列入破产程序一并解决。从2月起，开始清理上海百货总公司对外投资、法人股、房产主要资产；注销所属子公司，并完成相关账务调整工作；对公司进行破产前资不抵债审计；会同清算事务所拟定破产方案，并经市国资委、百联集团、原一百集团审批，同意对公司实施“计划外破产”。9月，根据破产要求，上海百货总公司清理公司劳动债权，妥善安置公司在编人员352人；梳理公司4起被诉案件资料，并申请列入破产程序予以解决。

2004年3月5日，百联集团同意企业清理中心《关于处置被清理企业资产权限的请示》，其中2年以上一般商品损失金额超过70%以上的上报集团审批；长期投资中的法人股投资损失的上报集团审批。除上述2条外，同意请示中其他设定的权限。2004年，经百联集团同意，一批企业进入清埋中心实施清理，包括上海苏那光学有限公司、上海交电家电商业(集团)公司、上海市服装鞋帽有限公司、物资集团本部及所属闵行国继公司、生资公司汽车经营公司、上海国际经纪公司、上海积压商品调剂中心有限公司。一批企业歇业清算或注销，涉及的企业有上海华联教育培训中心、上海华联旧机动车经纪有限公司、友谊拍卖行、上海友谊商业进修学校、上海一百集团进出口分公司，适时注销上海百文益商经贸有限公司。国有资本从上海旧货交易市场有限公司、上海友谊拍卖有限公司退出。5月20日，为加快驼毛厂破产结案工作，由企业清理中心牵头落实华联集团妥善解决破产过程中的欠税问题。

表5-4-1 2004年首批停止经营划入企业清理中心的企业情况表

一	**一百集团**	18	上海百文小商品有限公司
1	上海百货总公司	19	上海百文家用器皿有限公司
2	上海百货总公司中发公司	20	上海针织总汇有限公司
3	上海中百实业公司	21	上海霓虹电器厂
4	上海中百洗涤化妆用品公司	22	上海百文洗涤化妆用品有限公司
5	上海文化用品总公司	23	上海元芳纺织品百货有限公司
6	上海文化用品总公司文具分公司	24	上海元芳供配货中心
7	上海文化用品批发市场	二	**友谊集团**
8	上海笔类文具市场	25	上海友谊集团经济发展有限公司
9	上海纸张交易市场	26	上海市商业建设总公司
10	上海文浩书写文具贸易部	27	上海五金机械总公司
11	上海上文实业总公司	28	上海友谊集团储运公司
12	上海上文纸张批发发展公司	29	上海市商业建设装饰工程公司
13	上海一百集团百货连锁有限公司	30	上海天天配送有限责任公司
14	上海第一百货重庆店有限公司	31	上海为民超市有限责任公司
15	上海东方超值有限公司	三	**华联集团**
16	上海一百集团供配货中心有限公司	32	上海交家电商业(集团)公司
17	上海一百集团百文有限公司	33	上海灯具总店

（续表）

34	上海交通器材公司	39	建设摩托销售公司
35	上海东信实业总公司	40	上海凯恩实业总公司
36	上海志诚商社	41	上海驼毛厂
37	交家集团平凉商场实业公司	42	上海依顿国际信托贸易有限公司
38	上海九丰楼酒家		

2004年3月8日，物资集团第一批26家企业移交清理中心，其中：上海市燃料总公司2家（上海星晨塑钢厂、昌明贸易有限公司）；上海市金属材料总公司2家（上海金属保税贸易行、上海永宁国际贸易有限公司）；上海市化工轻工总公司4家（海联船务贸易公司、上海浦东中联化工原料公司、上海华仕化工经营部、上海化工轻工保税行）；上海市木材总公司6家（上海森和物资有限公司、上海沪木物资公司、上海江森物资公司、上海江海仓储部、上海木材交易市场申晖木材经销部、上海朋森国际贸易有限公司）；上物资产管理有限公司12家（上海市物资协作开发保税贸易行、上海海际物产保税贸易行、上海海工模具材料有限公司、上海申物期货经纪有限公司、上海兆东国际贸易公司、上海申牡联合经贸公司、上海尚骛贸易有限公司、上海海资实业公司、上海惠工物资贸易公司、上海上物经贸公司、上海市物资局劳动服务公司、上海市物资协作开发公司）。6月1日，物资集团第2批17家企业移交企业清理中心。其中：上海市燃料总公司2家（上海市燃料总公司仓储配送中心、上海佳嘉国际贸易公司）；上海市化工轻工总公司2家（上海锦华化工贸易公司、联谊化工经营部）；上海市国际信托贸易公司2家（上海市生产资料服务公司汽车经营公司、上海闵行国继物资供应有限公司）；上海市机电设备总公司7家（上海市机电设备总公司工矿公司、上海市机电设备总公司电工公司、上海市机电设备总公司成套公司、上海市机电设备总公司第一经营公司、上海市机电设备总公司进口产品部、上海市机电设备浦东总公司、爱姆意房地产公司）；上海市金属材料总公司2家（上海市金属材料总公司淞沪公司、永强建筑装潢材料有限公司）；上海市木材总公司2家（上海大森地板厂、上海奥克兰木业有限公司）。

2004年6月，上海交电家电商业（集团）公司被企业清理中心接收、清理。企业清理中心启动对该企业的基本清理工作，对其下属的14家企业实施关闭，同时对该企业资产清理情况进行核实。8月14日，百联集团同意物资集团形成重组后遗留问题的处理和所属企业改制整合方案。分4种方向进行分流，即：进入事业部、改制放小、进入百联集团企业清理中心、自行清理。8月17日，经请示百联集团同意，华天经营部、长桥经营部2家小集体企业转让给经营者，对畅通人力资源中心改制放小，并按《公司法》有关程序规定进行；同意公司本部及下属13家子公司、按方案清理的28家企业、上海上物资产管理有限公司及托管的14家企业统一交由企业清理中心清理；同意东敬建筑机械租赁有限公司评估转让，辉煌汽车公司、第五经营公司、公平旧机动车经纪有限公司评估转让或歇业。同意统一交由企业清理中心清理，并尽快进行；同意闸北招待所、森南酒店、檀香村大酒店改制放小。8月25日，百联集团同意物资集团第3批10家企业移交企业清理中心。其中：上海市燃料总公司1家（上海泰山油品储运有限公司）；上海市木材总公司2家（申尤木业联合经营部、振泰木业有限公司）；上海市金属材料总公司3家（上海市金属材料总公司杨浦公司、上海市金属材料发展总公司沪北公司、上海市金属材料总公司沪东公司）；上海市化工轻工总公司4家（上海市化工轻工总公司、第一化工供应公司、上海市化工轻工总公司徐汇供应站、上海市化工轻工总公司橡胶供应公司)。是月30日,因公司经营亏损、现金流量严重缺乏,无法维持经营,虽经努力仍无法使公司走出困境,百联集团同意上海华联集团家用电器有限公司停止经营。8月31日,为了进一步加快集团中小企业改制,积极落实市国资委《关于进一步推进本市国有中小企业改制重组的指导意见(试行)》精神,百联集团设立中小企业改制领导小组,负责推进集团中小企业改制的各项工作。领导小组的主要职能是研究拟定有关企业转制的政策文件,制定企业转制规划,审批转制企业有关事项,协调转制企业相关人财物的处置等。9月30日,物资集团同意浦南加油站进行转让;总公司仓配中心、技嘉国际、东宝物业所属的7家单位交企业清理中心进行清理;技嘉汽车装饰、捷达油品公司在最大限度地减少损失的前提下自行清理。上海市燃料总公司星展望钢厂、昌明贸易有限公司两家全资企业,移交企业清理中心;控股企业泰山油品公司和航头燃料储运公司,分别进行歇业清理、股权转让。年内,原物资集团列入改制范围的企业共15户。11月19日,百联集团同意上文实业斯迈司商行等10家企业先行注销工商登记。注销企业包括上文实业斯迈司商行、上海交家裕安物资公司照明分公司、上海大森地板厂、浦东中联化工股份合作公司、燃料总公司、昌明贸易有限公司、上海海际物产保税贸易行、上海海工模具材料有限公司、上海江森物资公司、上海森和物资有限公司、上海延茂发展有限公司。是月23日,百联集团同意上海物资(集团)总公司移交第4批清理企业,其中:上海市化工轻工总公司4家(上海市化工轻工总公司第二化工供应公司、上海市化工轻工总公司涂料公司、上海市化工轻总公司工塑料公司、上海市化工轻工总公司长桥仓储贸易公司);上海市金属材料总公司2家(上海浦东金属材料公司、上海市金属材料发展总公司不锈钢公司);上海市木材总公司3家(上海市木材总公司杨浦木材厂、上海市木材总公司沪北公司、上海钙塑箱厂);上海上物资产管理有限公司1家(上海隆传贸易有限公司);上海物资(集团)总公司1家(上海物资集团印务公司)。

2004年12月10日,集团同意上燃沪西公司的固定资产通过评估出让给铜川煤炭公司后,企业通过审计清算,进行税务、工商注销。12月22日,百联集团同意物资集团移交第5批企业到企业清理中心。清理企业包括:上海市化工轻工总公司2家(上海化工商品贸易中心、上海申化房地产开发经营公司);上海市金属材料总公司2家(上海浦东黑色金属材料公司、上海市金属材料发展总公司有色公司);上海市木材总公司6家(上海市木材总公司沪西公司、上海市木材总公司沪中公司、上海市木材交易市场、上海市木材总公司南市木材厂、上海森新木业有限公司、上海大森房地产经营公司);上海市燃料总公司1家(上海东宝物业公司)。是月23日,百联集团同意上海华联投资发展有限公司受托清理的康奈公司及其对外投资企业的清理收尾工作移交企业清理中心。年内,东方超值和上海百货总公司的破产也有结果。9月,东方超值公司破产方案及审计结果经百联集团审批同意,送上海市静安区法院审理。9月21日,上海百货总公司、上海东方超值连锁有限公司两家企业申请破产方案通过上海市高院的破产预审,于2004年10月19日经上海市静安区法院裁定正式立案,法院认为,上海百货总公司、上海东方超值连锁有限公司因严重亏损导致资不抵债,不能清偿到期债务呈连续状态,符合法定破产条件,并进入破产清算程序。12月20日,上海市静安区人民法院作出终结两家企业破产清算程序的裁定。至此,两家企业所涉及的全部债务问题、诉讼案件及其他相关问题均依法得以解决。通过破产程序,两家企业涉及的债务问题得以"零"清偿。主要包括:账面债务3.79亿元、账外或有债务1.36亿元。通过破产程序,两家企业涉及的31起被诉案件得以彻底终结,相关债务无须继续执行或清偿;通过破产程序,两家企业涉及的400余万元欠税和资产得以合法规避。全年集团企业清理中心共接收账面资产9.44亿元,资产主要内容是债权、存货、固定资产、股权等,经对接收资产进行反复梳理、排摸、分析和处置,清理和处置资产8.6亿元,在清理和处置的资产 8 377.50 万元。此外,清理和处置职工售后房产 68 740 平方米(共 687 套)。

根据 2004 年年底上海交电家电商业(集团)公司负债总额 38 685.79 万元,亏损总额达 37 318.46 万元,严重资不抵债的情况,2005 年 5 月 8 日,百联集团同意对上海交电家电商业(集团)公司实施破产的请示。上海交通商务实业公司因严重亏损,不能清偿到期债务,申请破产还债一案,黄浦区人民法院依法组成合议庭,公开进行审理,早已于 2003 年 3 月 5 日裁定宣告上海交通商务实业公司破产,依法成立上海交通商务实业公司破产清算组,负责上海交通商务实业公司破产财产的管理、清理、处理和分配。2005 年 6 月 8 日,第三次债权人会议讨论通过清算组提交的分配方案。是月 10 日,上海黄浦区人民法院根据上海交通商务实业公司破产清算组提交的第三次债权人会议讨论通过的上述破产财产分配方案符合有关法律规定,给予认可。准予执行上述破产财产分配方案。年内,百联集团同意一批企业移交清理中心实施清理,包括华联港佳商业经营管理有限公司、上海申林地板有限公司、第一百货深圳贸易公司、上海一百集团交家电有限公司、上海富士德服饰有限公司、上海康姆司科技开发有限公司、上海依都服饰制衣有限公司、上海市金属材料总公司、上海鑫德国际贸易有限公司、上海市金属材料发展总公司、上海市基建物资公司、上海新物业建设公司、上海工业商品网络有限公司、上海申宏公司、华联集团劳动服务有限公司、上海波隆国际贸易有限公司、华联国际信托贸易公司、百文益商经贸公司、上海燃料总公司、上海百文办公设备技术服务公司。5 月 31 日,百联集团同意物资集团 10 家企业移交企业清理中心,并加快余下 22 家企业在岗职工分流安置工作。8 月 16 日,百联集团同意将上海市木材总公司等 10 家企业移交企业清理中心管理。12 月,百联集团同意物资集团移交第 6 批 12 家清理企业。清理企业名单如下:上海市金属材料总公司 2 家(上海市金属材料总公司黑色公司、上海鸿昌物资联营公司);上海市木材总公司 7 家(上海市木材总公司沪东公司、上海市木材总公司沪南公司、上海市木材总公司中南公司、上海市木材总公司闸北木材厂、上海市木材总公司徐汇木材厂、上海市木材总公司长阳木材厂、上海木材保税贸易行);上海市机电设备总公司 3 家(上海机电产品贸易中心、上海市机电设备总公司汽车公司、上海蓬莱机电经营公司)。截至 2005 年年底,清理中心清理完成资产 41.81 亿元,其中:存货 1.13 亿元;固定资产 1.13 亿元;应收款项 30.88 亿元;长期投资 3.05 亿元;其他资产 5.62 亿元。

2006 年,百联集团同意上海华丰化工油漆橡塑商店清理关闭;华联集团作为上海依都服饰制衣有限公司歇业后的保结单位;上海申宏有限公司实施歇业清理;注销上海森厦物业有限公司及上海延江物业管理有限公司;上海一百日绵汽车贸易有限公司提前清算歇业;物资集团为上海海际物产保税贸易行歇业出具保结证明;物资集团为上海新物业建设公司注销税务登记提供保结;第一百货沪西商厦(含沪西所属元博)的清理工作由百货事业部负责;上海商贸实业有限公司、信宜分店、上海第一百货纺织公司移交企业清理中心。8 月底,物资集团对 153 家所属企业完成分类处置工作,占企业总数的 94.44%。其中移交企业清理中心 98 家,占 60.49%,账面累计资产总额 37.71 亿元,负债总额 40.07 亿元,现金及银行存款 1 814 万元。股权转让及放小改制 10 家,占 6.17%,原始投资 1 302.97 万元,已收回投资 5 532.28 万元,增值 4 229.33 万元。自行清理并经工商注销 8 家,占 4.90%。至 9 月 30 日,企业清理中心共接收清理企业 243 户,已注销 128 户,已封存 37 户,尚需清理的企业为 78 户。截至 2006 年年底,百联企业清理中心完成资产处置 32.92 亿元,其中:有效资产处置 2.0 亿元,清账调账 30.92 亿元。3 年累计处置资产 59.95 亿元,其中:有效资产处置 4.41 亿元,清账调账 54.92 亿元,封存 2 100 万元,各类待摊 4 100 万元。完成应处置资产 89 亿元的 67%。

2007 年,经百联集团同意,上海广龙汽车销售有限公司实施资产清算,办理工商注销手续;上海上物强生二手机动车经营有限公司实施歇业清理；封存暂时无法办理工商注销的49户企业；华联集团电工照明器材有限公司移交给企业清理中心，实施歇业清理并注销公司。至11月底，企业清理中心工商注销企业186户（共接收企业245户），尚余59户未注销企业中，12户企业因股权转让及工商注销报批程序时间较长，正在抓紧办理投资清理和工商注销前的报批手续，包括已送国资委报批的集团本级企业3户、正在办理注销前准备工作4户、正在办理股权转让手续的企业5户；其余47户企业因有特殊工种、欠税、税务挂账、有效资产处置障碍、股东问题、保结风险等诸多影响工商注销的客观因素，经企业清理中心多次和集团财务部、人事部、法务部、人力资源中心及工商有关部门沟通，都无法进入工商注销程序，其中：因有特殊工种及其他人员问题的企业12户；因欠税，税务挂账问题的企业7户；因股东问题无法形成股东会决议的企业12户；诉讼保结风险及子公司无法清理等原因的企业16户。

2008年，经百联集团同意，上海上燃新龙华煤炭销售服务有限公司、上海康惠旧机动车经纪有限公司实施歇业清算。上海友谊大厦有限公司企业法人营业执照至2008年1月7日到期。由于种种原因，上海友谊大厦有限公司的工商注销手续无法办理。5月28日，百联集团同意百联集团置业有限公司对上海友谊大厦有限公司实施依法申请破产。

2009年，百联集团同意关闭上海百联集团股份有限公司照相摄像器材分公司、沈阳百联沈河购物中心有限公司；上海未来实业中心在完成企业税务注销、工商登记注销工作后，移交企业清理中心；上海物资贸易中心保税贸易行、百联股份上海华联商厦、百联股份玉顺店、上海百家美商业发展有限公司实施工商注销；上海申宏有限公司、上海浦藤厢车有限公司实施歇业清算。以企业清理中心为主、与百联房产经营公司、百联投资公司共同组成工作小组，负责上海加兴人家酒店的接收、歇业清理；上海市燃料总公司房产经营公司进行改制，改制后公司更名为上海联燃房地产经营有限公司，公司性质为一人有限公司；上海东方国际贸易商行有限公司、上海共欣物业管理有限公司实施清理关闭；上海中外企业精品展销有限公司司法清算途径诉请法院，进行强制清算。

2010年，百联集团同意上海森远木业有限公司在限定时间内停产清理；上海百合汽车销售有限公司实施歇业清理；上海徐汇中药饮片有限公司的整合方案；新路达集团转让上海徐汇中药饮片有限公司100%股权，若在股权转让不成功的情况下，对上海徐汇中药饮片有限公司实施停业清理；上海市金属材料发展总公司实施注销；注销上海金照国际贸易有限公司，其业务并入上海外轮供应有限公司；上海东方美莎连锁有限公司实施清理关闭；上海友谊集团有限公司等3家公司投资的上海商品城发展有限公司实施解散清算；上海新路达农副产品市场经营管理有限公司实施歇业清理；注销上海华联超市南京有限公司；上海创新旧货有限公司解散清算。

2011年，百联集团同意一百商城分公司办理工商登记注销；上海利德木业有限公司实施清理；上海申科木材有限公司、上海申晶建筑模具租赁有限公司在企业清理完毕后予以工商登记注销；上海东方建材市场经营管理有限公司实施企业清理及工商登记注销；上海现代物流投资发展有限公司对下属全资4级子公司——上海百联配送有限公司实施企业清理后办理歇业手续，同时实现层级收缩；上海油墨联销公司的员工安置以解除劳动关系为主，部分员工可暂时安排在企业清理中心，待上海油墨联销公司清理完毕后由百联集团置业有限公司安排工作。上海油墨联销公司在2012年底前完成清理关闭工作。同年，百联集团完成对上海东方国际贸易商行有限公司实施清算。4月7日，为进一步推进非主业企业清理调整工作，百联集团上报市国资委企业改革处，决定对上海市物资协作开发公司、上海联谊化工经营部、上海科成金属材料有限公司3家资不抵债企业进行破产清算，并申请上述3家企业加入市高院国企破产名单。9月20日，通过半年多时间的有效工作，在对所有壳体企业认真梳理基础上，并经与清算事务公司反复探讨认证，百联集团再次向市国资委申请对上海市物资协作开发公司、上海联谊化工经营部以及上海海联船务贸易公司等 3 家企业实施破产清算。11 月 22 日，百联集团同意上海联谊化工经营部实施破产。

2012 年 1 月 9 日，百联集团同意百联企业清理中心向人民法院申请按法定破产程序对上海海联船务贸易公司实施破产清算。7 月 20 日，百联集团同意百联企业清理中心向人民法院申请按法定破产程序对上海市物资协作开发公司实施破产清算。12 月 7 日，百联集团同意对上海油墨工商联销公司依法申请破产，并通过市国资委报请市高级人民法院备案。年内，百联集团同意上海东方建材市场经营管理有限公司以缩减注册资本方式清理自然人和外部股东所持有的 60%股权，完成减资后，清理关闭上海东方建材市场经营管理有限公司；上海友谊拍卖有限公司实施工商注销手续；上海一百集团百货连锁有限公司依法申请破产。

2013 年 4 月 19 日，百联集团同意新路达集团对上海霞飞大酒家有限公司、上海梦露婚纱摄影有限公司、上海美伦影娱有限公司及上海诺亚大酒店有限公司实施破产清算。年内，集团同意上海亦佳电子商务有限公司进行歇业清理；上海申燃化工配送有限公司、上海共欣物业管理有限公司、上海一百重庆家具装饰有限公司、上海市燃料总公司沪东公司、上海平定农副产品批发市场经营管理有限公司、上海普雁贸易有限公司、上海上工批国际文化用品礼品市场经营管理有限公司、苏州百联物业管理有限公司实施清理注销。

百联集团企业清理中心自 2003 年年底起至 2013 年年底，承接原隶属物资集团、一百集团、华联集团及友谊集团四大集团的被清理企业 253 户，秉承低成本、高效率的清理原则，历经 10 年的清理工作，攻坚克难，注销企业 240 户；接收账面资产 80.38 亿元，处置资产 78 亿元，企业注销率和资产处置率双双达到 95%以上；变现回笼现金 6.8 亿元，为百联集团的整合发展负起“清道夫”作用。同时，集团根据市政府《关于进一步推进国有资本从小企业中退出工作若干意见》及《百联集团国有小企业改制办法》，围绕做强做优集团三大核心业务目标，推进集团从一些“有所不为”领域有序退出，减少非主业企业数量，集团企业清理中心和各公司合计清理注销与主业关联度不大的小企业近 400 户；通过“关停并转破租售放”等形式，减少了亏损企业，有效止住“出血点”。

第三节　参股企业股权清理

百联集团成立后，为贯彻集团战略规划关于“强主干、去枝杆”，做大做强核心业务，加大资源集约力度，挖掘内部潜力，不断提高资产使用效率的有关精神，加强对参股企业股权清理。

2003 年 8 月 1 日，因上海商联电子商务技术服务有限公司(简称“商联电子公司”)2001 年 7 月成立后一直未进入正常经营状态，而且也不可能与联华超市业务进行有效整合。百联集团同意友谊集团持有的商联电子公司 10%股权，转让给上海中商亿商通网上销售服务有限公司，转让价格按 2003 年 5 月 31 日经审计评估的商联电子公司净资产确定。12 月 29 日，百联集团同意 2004 年 1 月 1 日起一百集团百文有限公司持有的上海一百集团会展服务有限公司 30%的股权分别出让给中国香料香精化妆品工业协会、中国文教体育用品协会、会展公司经营者群体各 10%；一百集团持有会展公司 40%的股权全部出让给会展公司经营者群体。同意会展公司沿用“上海一百集团会展服务有限公司”企业名称至 2004 年 6 月 30 日止，自 2004 年 7 月 1 日起会展公司不得以“一百”及“一百集团”冠名。

2004 年，百联集团同意以下参股企业股权转让：转让友谊集团所持有的上海弘扬房地产开发有限公司12%的股权，其中2%的股权转让给上海市浦东土地发展(控股)有限公司，10%的股权转让给个人。上海一百集团百文有限公司所持有的上海国际光学有限公司11.19%的股权转让给该公司的其他股东。中百洗化所持有的华银公司11.8%的股权转让给其他股东。上海市燃料总公司所持有的上海明耀置业有限公司40%的股权转让给东浦公司。物贸中心全资子公司上海燃料浦东有限责任公司转让所持有的上海长阳加油站等3家公司股权。上海全方投资管理有限公司所持有的上海时运广告有限公司60%的股权转让给上海时运广告有限公司的经营者。物资集团下属上海强农(集团)股份有限公司所持有的上海强农工程设备有限公司15%的股权，及上海强农集团物业经营有限公司所持有的上海强农工程设备有限公司25%的股权转让给上海强农工程设备有限公司的职工自然人。上海市机电产品贸易中心所持有的上海锅炉成套供应公司13.89%的股权，转让给上海锅炉成套供应公司职工。上海一百集团房地产有限公司所持有的上海百润房地产有限公司60%的股权转让给常州华润房产。上海市燃料总公司所持有的上海航头燃料储运有限公司51%的股权对外转让，转让价格不低于净资产评估值的90%。上海全方投资管理有限公司所持有的上海时运广告有限公司60%的股权按原始投资价值30万元转让给上海时运广告有限公司的经营者。上海强农(集团)股份有限公司所持有的上海强农机械制造有限公司47.7%的股权转让给机械公司职工自然人。华联集团置业有限公司所持有的上海华联房地产经纪有限公司30%的股权转让给自然人。上海市燃料总公司所持有的上海黄浦商业发展有限公司23.53%的股权转让给自然人。上海一百集团房地产有限公司所持有的上海一百加和建材有限公司49%的股权转让给上海世华浩方投资管理有限公司。同意国有股退出上海新友物流有限公司。

2005年，百联集团同意以下参股企业股权转让：百联股份所持有的上海康姆司商用计算机有限公司股权转让给上海康弘商务咨询有限公司及债权清偿。新路达集团所持有的上海新路达阳光油气有限公司45%的股权转让给中国石油化工有限公司。第一医药股份所持有的上海联一医药有限公司15%的股权转让给上海大爱实业有限公司。上海华联国际信托贸易有限公司所持有的上海国际经纪公司100%的股权转让给自然人。上海木材总公司中南公司所持有的上海森南酒店100%的股权转让给有意受让的社会法人和自然人。上海市燃料总公司所持有的上海中油灵广加油站有限公司0.67%的股权，按不低于净资产评估价值的价格出让。上海生产资料交易市场所持有的上海石化物资交易中心有限公司25%的股权经资产评估确认后出让。上海新物业建设公司以1 050万元的价格把所持有的上海九联证券经纪有限公司5%的股权转让给中国航天科工集团公司。华联集团家用电器有限公司所持有的上海华联家维技术服务有限公司5%的股权，转让给上海华联投资发展有限公司。上海市燃料总公司下属上海东宝物业公司所持有的上海东宝饮料有限公司35%的股权经资产评估确认后出让。对新康国际置业有限公司股权处理的方案和意见，即股东双方就房地产由新发展公司收购、确定价格达成共识。上海市机电设备总公司汽车公司和上海机电产品贸易中心分别持有的上海公平旧机动车经纪有限公司90%和10%的股权，经资产评估确认后出让于社会自然人。物资集团出让长江经济联合发展(集团)股份有限公司股权，每股出让金额不得低于0.8元，股权转让统一由无锡市经济协作开发总公司办理。上海市国际信托贸易公司和上海生产资料交易市场汽车公司所持有的上海生资旧机动车经纪有限公司各50%的股权转让给企业职工。上海森申建筑装饰工程有限公司经资产评估后整体出让给上海森申建筑装饰工程有限公司经营者(社会自然人)和上海强盛建筑装饰工程有限公司。上海友谊置业有限公司所持有的上海昕昶物流有限公司29.34%的股权，股权转让在同等条件下，原股东具有优先受让权；或向社会公开转让并在产权交易所挂牌。同意上海友谊房地产经纪有限公司国有股退出方案。

2006 年，百联集团同意以下参股企业股权转让：友谊集团所持有的深圳兴华实业股份有限公司的 110.73 万股股份(占该公司总股本的 1.25%)以协商价格转让。百联集团持有的上海五丰达建筑工程有限公司 75%的股权转让。上海服装鞋帽有限公司以退股方式退出上海榴花经贸有限公司。上海市燃料总公司投资上海虹莘加油站有限公司的股权(占全部股份的 9.6%)转让给中国石油天然气股份有限公司。对浦东汽销公司进行改制，出让物贸股份所持有的浦东汽销公司 68%的股权给自然人。上海市化工轻工总公司第二供应公司所持有的新疆联达实业股份有限公司 400 万股法人股，以每股不低于 0.95 元的价格转让给锦州市沈宏实业股份有限公司。挂牌转让上海强农(集团)股份有限公司和上海市木材总公司沪东公司分别持有的上海乾农农机产品配售有限公司 60%和 40%的股权。上海一百集团百文有限公司转让所持有上海油墨工商联销公司 50%的股权。上海申宏有限公司所持有的上海利和物流有限公司 20%的股权转让给上海申宏境外就业服务有限公司。企业清理中心对上海服装鞋帽有限公司投资上海榴花经贸有限公司的股权，采取减资方式退出。同意以 570 万美元的总价款，转让上海华联麦当劳有限公司 30%的股权。同意以不低于原始出资额(36 万美元)90%的价格，对外转让百联股份所持有的上海沪泰服饰有限公司 30%的股权。同意企业清理中心对上海盛龙劳保用品商店股权实施转让；同意转让上海华联国际信托贸易有限公司股权。同意上海内外联合贸易公司所持有的上海市内外联合商业有限公司 10%的股权，对外挂牌转让。转让上海乾通金属材料有限公司所持有的上海永联金属材料有限公司 5%的股权。转让上海市化工轻工总公司所持有的上海塑协工贸发展经营部 16.67%股权。上海浦东金属材料公司所持有的深圳市金牛金属现货网络交易市场有限公司 3.2%的股权转让给深圳金牛进出口贸易有限公司。上海东宝物业公司所持有的上海东宝饮料有限公司 35%的股权转让给自然人。8 月 17 日，百联集团下发《关于加强集团系统企业非控股法人股资产管理的有关意见》。

2007 年，百联集团同意以下参股企业股权转让：上海飙谊贸易有限公司持有上海绿韵美食苑有限公司 80%的股权，对外挂牌转让。申宏公司持有的英和公司和利和公司各 20%的股权，加上内外联所持有的联成国际 50%的股权(包括 1 010 万元应收款)抵偿申宏公司所欠文盛公司的全部债务。上海申燃物业管理有限公司所持有的上海复昕物业管理有限公司 25%的股权挂牌转让。上海乾通金属材料有限公司所持有的浦东昌申物资 4%的股权转让价格，按评估价值作适当下浮，再次挂牌交易。上海强农(集团)股份有限公司所持有的乾农农机 60%的股权，以及上海市木材总公司沪东公司所持有的乾农农机 40%的股权的转让价格，按评估价值作适当下浮，再次挂牌交易。转让上海燃料浦东有限责任公司所持有的上海中油康桥石油有限公司 37%股权。转让上海国际商品拍卖有限公司所持有的上海东方典当行有限公司 30%股权、上海国拍投资管理有限公司所持有的东方典当行 18%股权以及物资集团持有的东方典当行 10%的股权。上海上物强生二手机动车经营有限公司所持有的上海优斯物业管理有限公司 10%的股权转让给上海上强二手机动车经营有限公司。广西联华超市股份有限公司所持有的上海家联联盈采购有限公司 25%的股权，按该公司最新净资产价格转让给山东家家悦超市有限公司。同意按法定程序拍卖上海市内外联合贸易公司所持有的上海联成国际有限公司的股权。上海市金属材料发展总公司所持有的上海永大期货经纪有限公司的股权进行公开转让。

2008 年，百联集团同意以下参股企业股权转让：百联股份所持有的上海一百永达汽车贸易有限公司 47%的股权转让给上海永达(集团)股份有限公司。上海燃料浦东有限公司所持有的上海东燃油气站有限公司 60%的股权进行公开挂牌转让。上海化工轻工总公司所持有的上海化工染料有限公司 30%的股权和上海晶通化工胶粘剂有限公司 30%的股权的转让价格，按第一次挂牌价格下浮10%后再次挂牌交易。上海联华快客便利有限公司所持有的商联公司8%的股权转让给上海凌虹商务咨询有限公司。上海市金属材料总公司在上海联合产权交易所挂牌转让所持有的上海申井钢材加工有限公司18%的股权。

2009年,百联集团同意以下参股企业股权转让:同意放弃锦绣园中学的股权优先认购权。上海徐汇中药饮片有限公司持有的上海汇丰龙医药品商店有限公司20%的股权和上海仁达药品经营有限公司10%的股权以公开挂牌方式征集意向受让人。百联股份转让上海妇女用品商店所持有的上海雁荡酒家100%的股权。上海燃料有限公司持有的上海常德路加油站有限公司35%的股权,公开挂牌进行转让。上海卢湾木材厂所持有的上海申林装饰工程有限公司100%股权,通过上海联合产权交易所公开征集受让方实施股权转让。联华快客再次挂牌转让商联公司8%的股权,同意以2008年8月31日为基准日,不低于标的公司净资产评估价值的90%确定挂牌转让价格。对申宏公司持有的上海申宏工艺品有限公司的股权进行处置,即以评估结果作为申宏公司减资退股的作价依据。新路达集团出售其所持有的3 088 830股交大昂立股份公司股份。8月17日,百联集团同意企业清理中心建议,先由华联经发公司以协议方式收购第一医药所持有的上海新康国际置业有限公司(简称"新康公司")的股权,再对新康公司实施清算歇业,新康公司的人员由新发展公司负责安置,对新康公司股权进行处置。

2010年,百联集团同意以下参股企业股权转让:上海现代物流投资发展有限公司所持有的上海现代物流资讯有限公司28.18%的股权转让给自然人。沪东公司对上海乾农农机产品配售有限公司投资实施退股减资。百联集团系统9家企业所持有的申宏公司股权遵循国资挂牌程序一并转让。同意暂不整体转让上海市内外联合贸易公司的股权,在符合国资转让程序的基础上,转让内外联合贸易公司持有的申宏公司42.81%的股权。上海燃料有限公司对参股企业南京浦宁石化有限公司实施清理注销。上海乾通金属材料有限公司以退股方式从上海金强金属材料有限公司撤资。乾通金属公司以退股方式从上海永兴硬质合金有限责任公司撤资。百联集团资产经营管理有限公司出让所持有的无锡锡兴钢铁股份有限公司30万股法人股股权。华联集团上海经济发展有限公司对交大超市50%的股权,以退股方式从交大超市撤资。

2011年,百联集团同意以下参股企业股权转让:广西联华超市股份有限公司所持有的上海家联联盈采购有限公司25%的股权转让给山东家家悦超市有限公司。上海商业储运有限公司所持有的中外运上海集团快捷便配送有限公司24.68%的股权转让给外运集团公司下属中外运公司。上海动力燃料有限公司所持有的上海浦东新区六里燃料有限公司50%的股权通过上海联合产权交易所以公开挂牌形式转让。上海第一药股份所持有的上海新康国际置业有限公司50%的股权转让给外高桥公司。

2012年,百联集团同意以下参股企业股权转让:上海动力燃料有限公司通过上海联合产权交易所以公开挂牌形式转让其所持有的上海上燃何家湾燃料销售有限公司50.83%股权。通过缩减注册资本方式对上海申东木材有限公司自然人股东所持有的27.21%的股权及上海市木材总公司沪东公司复兴岛仓储部所持有的20.56%的股权实施退出,再择机清理关闭上海申东木材有限公司。通过缩减注册资本方式对上海欣普贸易有限公司自然人股东所持有的30%的股权实施退出,再择机清理关闭上海欣普贸易有限公司。

2013年,百联集团同意以下参股企业股权转让:上海多盛贸易有限公司所持有的上海一百国际贸易有限公司10%的股权,通过公开拍卖等方式在上海联合产权交易所实施转让。联华股份转让上海德诺产品检测有限公司20%的股权,通过上海联合产权交易所挂牌交易确定。上海动力燃料有限公司通过公开挂牌方式将所持有的上海赛孚燃料检测有限公司30%的股权转让给自然人。上海友谊集团置业有限公司通过公开挂牌方式转让上海内外联礼品有限公司1%的股权。上海市燃料总公司通过公开挂牌方式出让上海浦联燃料储运有限公司33%的股权。联华股份通过公开挂牌方式转让上海联华复星药房连锁经营有限公司50%的股权。

第六篇

转型发展

概　述

百联集团重组后，在加快资源整合、业务整合的同时，注重核心业务的转型提升。超商业态是集团的三大核心业态之一。2004年，按照市政府要求，根据集团发展规划和联华股份可持续发展的内在动力，联华标超业态实施以强化生鲜为突破口的转型提升，探索发展生鲜型超市业态新模式。联华快客便利业态在转型改造中，大力发展增值服务项目，形成“传统服务、增值服务、即食鲜食”三分天下“Q＋e”模式。世纪联华、华联吉买盛通过门店转型改造和实施“强店战略”，推进“超市＋精品百货”的经营模式，促进生鲜商品扩销增效，提升门店的经营档次。超商板块与全国众多专业合作社、龙头企业建立“农超对接”和生鲜基地，打造生鲜供应链，丰富生鲜品种。通过供应链管理平台建设，加强与供应商的合作，共同构筑工商之间稳固的联盟关系。联华商品管理总部加强品牌建设，完善品类管理，提高自营品牌经营能力；开发自有品牌，提高门店销售占比。物流管理总部通过优化流程、信息化建设，提升门店要货满足率。加盟管理总部实施全国市场拓展战略，以加盟形式快速发展网点，得到投资者的青睐，加盟管理模式由松散型向紧密型转型。履行社会责任，重点把好食品安全进货关、现场管理关和临保商品处理关，实行源头、物流和销售全过程食品安全控制。

综合百货业务中，无论新老业态，都把转型提升作为永恒的发展主题。百货商店随着市场的变化，消费需求的提升，进行一系列的经营结构调整。按照末位淘汰原则、提升品牌原则、注重坪效原则，对东方商厦连锁品牌企业和各经典、时尚百货商店进行经营结构调整，打造“百货＋食品超市”新模式；改造门店环境设施，完善功能布局，体现全方位服务理念。华联商厦改造恢复大楼20世纪初古典式建筑风格，更名为永安百货，打造“经典百货”。购物中心是集团快速扩张的新兴业态，集团发挥业态多元组合、品牌联动和功能集聚等优势，通过组团发展、集成发展策略，快速布点。同时推行“百购合一”管理模式，凸显竞争优势，提升服务功能。奥特莱斯业态是集团重点发展的项目，截至2013年，先后在市内外开出4家奥特莱斯，取得不俗的经营业绩。百联股份建立与供应商的战略联盟，制定对供应商的评价指标及标准，加强供应链的建设。扩大自营商品比例、加强自有品牌开发和市场推广。根据三大业态的不同要求，修订《全方位服务标准》进一步规范企业的服务标准化建设。

2006年，集团重组电商业务。通过资产重组和业务整合，在原联华超市OK网的基础上，开发功能强大的百联E城网上商城拓展电商新业务。2012年12月，集团百联卡通过市商务委备案。2013年1月，安付宝商务有限公司获中国人民银行颁发的非金融机构第三方支付许可，业务类型由原预付卡发行与受理（仅限上海市）变更为预付卡发行与受理（仅限上海市）、互联网支付（全国）、移动电话支付（全国）、固定电话支付（全国），形成集团双卡并行的优势。百联电商利用百联E城平台的品牌优势，加大商品类入驻商品的开发力度，完成电商会员与支付会员应用级别分离，两套完全独立的会员系统对不同的业务体系，进行不同的会员营销、服务、管理。

按照中共上海市委、市政府和市国资委“服务全国、融入全国”的总体要求，为了加快核心业务的发展，集团在超商、购物中心、奥特莱斯、医药零售等重点业态开展一系列市内外兼并收购工作，迅速扩大业务布局版图，提高集团经营规模和经营业绩。同时，投资新建、改建、扩建百货商店、购物中心、奥特莱斯、物流基地等一大批重点项目，进一步提高国有资本的控制力，巩固市场地位。10年累计投资建设金额超过200亿元。

百联集团组建时在册的独立核算企业有903户，企业层级多达9级。集团成立后，按照“横向收缩跨度、纵向收缩层级”的要求，推进“有所为，有所不为”。减少非主业企业数量，缩减企业层级，收缩行业范围，加大力度推进非主业退出和壳公司关闭工作，全面及超额完成市国资委资产整合和层级收缩目标。2009年，纳入集团合并报表范围394家，企业层级划分由9级压缩到7级。到2013年，集团层级压缩至4级。

集团以泛长三角地区为重点，进一步加大实施全国市场拓展的力度，加快网点建设的速度，推进市场拓展战略的实施，先后与地区政府、央企、知名大型企业等建立各种战略合作和业务协作，共同开发建设大型城市商业综合体。同时引进外资，重组、组建一批中外合资合作企业。

第一章 超商转型

超商标准超市、大型综合超市、便利店三大业态创建于20世纪90年代，面对新业态、电子商务的冲击，通过门店经营结构转型，建立蔬果、家禽和肉类直采生鲜基地，实现“农超对接”，扩大生鲜商品销售，提升网点客流。通过优化特许加盟模式，巩固业态品牌优势；通过物流配送中心改造，提升高支撑体系对销售端的支持力度；加强自有商品开发和推广力度，提高自营商品经营能力，拓展商品盈利空间；健全完善总部、区域、门店三级质检管理体系，全面构筑食品安全防线。

第一节 门店经营结构调整

一、标超调整

2004年7月21日，根据市政府要求，集团召集超商事业部领导班子座谈，就加快标超、生鲜超市转型的问题展开讨论，进行工作部署。年内，联华超市市场管理总部制定营运管理组织架构调整方案，根据门店规模、商圈环境，把未来超级市场业态的转型方向确定为生鲜店、社区店和标准店3种模式。联华标超金汇店作为新型高端生鲜门店试点，转型后销售提升达到63.75%、客流和客单分别提升15.86%和38.06%，对标超转型明确方向。

2005年4月28日，位于徐家汇港汇广场地下一层的联华超市港汇点转型为“联华超级生活馆”重新开张，新增可温控货架保证商品新鲜度，2 000多种进口商品可以满足不同阶层的需求。6月，联华超市启动香花店、延平店改建转型工作，分别于7月24日和29日改建后重新开张营业。香花店改建后日均销售比2004年增长42%，生鲜占比达40%，客流上升9%；延平店改建后3天实现销售比2004年增长80%，生鲜占比达46%，客流上升35%。由于转型定位准确，结合商圈特点、调整布局，推出中高端生鲜超市模型，两家门店的客单价同比提升近30%。作为联华超市第一家生鲜转型的门店，金汇店销售比2004年增长63.45%，销售利润率增长6%，平均人效538万元/人，平均人效0.34万元/平方米，获得联华“标杆门店”项目评选的综合指标最高分95.71分。全年联华超市完成对港汇、香花、延平、海申、羽山等10家高端门店的转型改建任务，与2004年相比，其中的港汇店销售增长59.03%，香花店增长38.79%，延平店增长44.29%。转型门店生鲜经营取得突破，带动门店客流大幅提升。金汇店、港汇店和延平店，生鲜商品销售占比分别由2004年同期的35.84%、19.49%和24.29%提高至45.29%、27.82%和33.13%；客流分别提升21.6%、27.98%和7.14%。进口商品的占比逐步扩大带动销售，商品结构得到优化。金汇店和港汇店进口商品销售占比提升至6.85%和8.58%。华联超市在5家门店转型试点的基础上，积极探索特色经营，在56家直营门店引进品类管理，推广“美丽百宝箱”项目，客流、销售与毛利比2004年均有所上升。

2006年1月，联华标超延平、香花、羽山、海申和南丹5家门店被市经委授予“上海市生鲜超市”称号。3月，联华标超有22家转型门店，与2005年相比，转型门店累计客流平均上升20.55%，累计客单平均上升23.53%。截至年底，联华、华联标超完成67家门店转型，其中联华51家、华联16家。联华转型门店总体销售额比2004年上升37%，毛利率上升1.48%，利润额上升2倍，商品周转加快3.3天，门店人效提升15.92%，平效提升36.13%。华联超市确定中高端生鲜加强型超市、中高端食品加强型超市、标准生鲜加强型超市3种类型的转型模式。联华浙江公司标超转型采取基础营运提升、生鲜供应链建设与商品结构调整齐头并进的策略，引进冷藏冷冻的进口产品、火腿肉制品、高档水产、蔬菜精包装商品、加工类的半成品等，丰富门店生鲜经营品项。在蔬菜、水果自营取得实效后又尝试水产自营，效果显著，水产销售得到大幅提升。与2005年相比，联华浙江标超同口径门店销售增长10.8%，其中21家转型门店销售增长23.9%，单店销售增幅在20%以上的占43%；门店毛利率提高0.83个百分点，其中生鲜毛利率提高2.54个百分点；人效提升12.37%。

2007年，联华浙江公司标超共完成转型门店30家，利润比2006年上升109.57%。联华江苏公司完成转型门店10家，其中新区店根据地处高档商务区的特点，重新调整布局，更新门店形象，优化品类结构，在经营面积缩小近一半的情况下，销售比2006年增长7.56%，客单提高43.11%。联华广西公司转型坚持多种模式并举，完成生鲜加强型门店2家、结构功能型门店2家、经营机制转换型门店19家。上海标超完成转型门店51家，销售比2006年增长19.92%。上海标超转型门店达到112家，占门店总数的1/3。已转型门店保持良好绩效。其中2005年转型的门店销售比2004年增长6.94%，门店利润增长21.93%；2006年转型的门店销售比2005年增长14.12%，门店利润增长424.47%。

2008年3月，集团提出实施“强店战略”，超商大部分跟踪门店完成“强店战略”提升目标，75家重点跟踪门店和联华浙江快客公司实现销售额比2007年上升17%，销售利润率上升36.9%，客单价上升12%，15家门店转亏为盈。“强店战略”起到良好的带动效应，一些未列入跟踪范围的门店，自我加压实施各项强店举措成效明显，联华广西公司全年利润比2007年增长近70%。年内，超商业态继续加快门店转型改造，完成转型门店115家，转型门店总数增至307家。其中，上海标超新增转型门店36家，联华浙江公司新增7家，联华江苏公司新增18家，联华广西公司新增28家。业务模式转型推动门店绩效持续增长，全年联华超市同店增长8.58%，其中浙江公司、江苏公司和广西公司分别增长17.52%、12.05%和10.75%，实现双位数增长。

图6-1-1 2009年2月标超百色店生鲜转型后一角

2009年，华联超市凌兆店实施“二次转型”，改变经营策略，按照“民以食为天”的规律，将生鲜类商品作为销售重点，扩大生鲜种类和品种多达30余种，受顾客喜爱的糖果、糕点等50余种零称商品，以及调味品、粮油类等民生必需品，吸引众多的客流。全年门店销售比2008年上升20.77%，毛利额增长22.29%，利润增加9.91万元；客流增长13.5%。年内，联华标超将“强店战略”与“迎世博”这两项工作有机结合、共同推进，其中，“强店战略”样板门店标超四平店，拓展生鲜新品品类，开发出生鲜新品35个、净菜商品30个，“多管齐下”抓销售，实现销售比2008年上升13.1%，客流上升3%。全年上海转型标超门店59家，以联华金贸店为代表的超级生活馆模式为标超发展打开新的空间。联华浙江公司26家转型门店销售比2008年增长6.74%。

2010年，重组后的联华新标超，充分发挥“联华”和“华联”的品牌影响力，重点放在门店绩效提

图 6-1-2　2009 年 9 月 16 日，联华浙江公司首家都市生活超市延安南路店开业

升、优化供应商结构、增强生鲜经营能力和优化商品结构上，对销售、客流双重下降门店制定赢利对策，同口径转型门店销售比 2009 年增长 5.10%。5 月 1 日，联华新标超武宁生活馆开业。作为上海标超第 2 家以超级生活馆定位的武宁店，万余种商品中有 2 000 多种进口商品，能满足不同层次顾客的需求。生鲜食品汇集各类中高档蔬果、肉类和水产。全年联华新标超生鲜不含税销售 8 465 万元，比 2009 年上升 27.89%；毛利额 931 万元，毛利率 11%，其中蔬菜、水果、鸡蛋销售增幅均达 40%左右。联华浙江公司持续推进新店开业和老店调整转型工作，实现外延和内涵同步提升。5 家公司级转型门店全面改造后，业绩提升显著。临安钱王店自 5 月 28 日调整完成后，截至 11 月，累计销售 8 519.72 万元，日均销售 46.05 万元，比 2009 年增长 46.96%。

2011 年，联华股份推进实施"强店战略"，增强单店核心能力。根据强店、旗舰店、样板店项目要求，通过实行月度、季度、半年度阶段性项目进展跟踪沟通机制，推进实施"强店战略"。联华新标超积极探索新的业态模式，稳步发展生鲜型超市。1—10 月，新开 8 家生鲜型超市，生鲜经营面积占比 40%，生鲜销售占比近 20%，生鲜比重明显提高，生鲜销售稳步提升。其中 2 家门店生鲜销售比 2010 年分别上升 24.60%和 18.25%。年内，联华新标超在门店推进新雅半成品和爱森肉联销，新增盆菜、包装菜、卤味等，从肉类、豆制品等入手引进新的生鲜品类，生鲜销售比 2010 年上升 1.55%。通过抓旗舰店、样板店和潜力店销售提升，及时跟踪解决门店经营中的问题，101 家旗舰、样板和潜力门店前 9 个月销售比 2010 年上升 7.24%。联华浙江公司专门成立"强店战略"项目组，36 家门店列入"强店战略"实施范围，通过价格策略调整、品类布局优化、购物环境改善、营运内涵提升等举措，推进强店项目建设，推动同店绩效增长，增强单店经营能力。联华广西公司通过树立旗舰店、样板店，深化"强店战略"，优化商品结构、提高货架产出，实施差异化经营，提升强店竞争，销售比 2010 年增长 23.55%。其中，旗舰店销售增长 10.62%；样板店销售增长 30.48%，客流增长 17.78%。同年 10 月 18 日，联华标超浦电超级生活馆转型重新开张迎客，当天营业销售 66.50 万元，客流达到 7 452 人次，客单价为 90 元，均创门店新纪录。

2012 年，联华股份推进"强店"工作成为提升既存门店绩效的常态业务，更加体现业态创新、资源集约和流程优化。联华浙江公司"强店"24 家转型后，航海店销售比 2011 年增长 39.71%；彩虹城 CITYLIFE 模式转型完成后销售增长 78.46%。联华标超崇明西门店通过"强店"，大力引进百货商品，增设进口商品专卖区，坚持"新鲜、平价"的生鲜差异化优势，销售增长 33.68%，毛利增长 23.17%，客流增长 10.93%。

2013 年，联华新标超东宝店转型为首家快捷店。东宝店有 3 500 种商品，根据快捷店的特点，商品价格同等于标超，适合这些过路客的需求，定位在标超门店各大类动销较快的日常生活必需品上。其中生鲜商品以各类包装蔬菜、盆菜和自制的冻转鲜品的肉制品盆菜为主；奶制品有沪上三大品牌的齐全品类；民生商品的食用油，以多类型、多品牌的 1～2 升的小瓶装油为主。尤其是点心类商品和进口商品，深受顾客的欢迎。日销售比 2012 增长 83.3%。全年联华新标超转型 6 家快捷店。年内，超商业态根据市场需求及时调整策略，通过扩大蔬菜自采自配试点，覆盖上海地区标超 323 家直营门店，使销售和毛利实现同步提升。联华浙江公司深化营运模式的转型，从店群商品结构模板推广、差异化价格策略实施、激励考核机制创新和社区服务功能四方面入手推进标超转型工作，通过客流和客单价双提升，扭转业态同店下降趋势，标超门店销售稳中有升。

图 6-1-3　2013 年 10 月 11 日联华超市田林店转型后生鲜商品区域

二、便利店调整

华联罗森有限公司从 1996 年 7 月在上海开设第一家门店起，就成为市内第一家标准的 24 时营业的便利店。

成立于 1997 年的上海联华快客便利公司，发展到 2005 年有 2 000 家门店，遍布上海、北京、大连、广州、宁波、杭州等大中型城市。在大卖场和标超的错位经营中，同样也面临转型的挑战。

2006 年，华联罗森直营店主要有 3 类：一是标志性店铺，如浦东机场、金茂大厦店等；二是培育性店铺，主要指高租金、培育期相对较长的店铺；三是试验性店铺。年内，华联罗森制定本土化提升标准，建立 5 个样板店，实施啄木鸟制度。

2007 年，上海地区联华快客大力发展增值服务项目，在做好以往代收公用事业费等项目基础上，在各网点构建具有支付、销售、自助、预订、资讯等内容的增值服务中心，并形成“支付中心”“卡券超市”“自助卖场”“金融通道”“预购驿站”等品牌标识。随着 ATM 自动取款机、拉卡拉信付通、PHOTO-ME 自助拍照亭等设备的引入，扩大客流数量，助推顾客层次提高。联华快客抓住“2008 北京奥运会”热点，率先获得体彩中心“即开型奥运体育彩票”代销授权，在各网点销售多达 5 个品种的彩票。

2008 年上半年，上海联华快客便利有限公司与宁波银行上海分行签订战略合作协议。宁波银行卡持卡人不仅可以在快客享受消费优惠，还可享受信用卡积分兑换等各种优惠，联华快客增值服务项目收益以超过 50%的增长速度领跑国内便利业态。

2009 年，联华快客上海公司有 90 家门店完成转型改造重新开业。形成“传统服务、增值服务、即食鲜食”三分天下的“Q+e”模式，销售业绩普遍增长，转型后的便利店突出时尚与便利性。门店通过创新性的专设便利自助即食区，将原有的串串锅、蒸包机、热饮机等即食品全面整合，新增烤鸡翅、奶茶系列、“依享”盒饭、裸装面包等品类。同时利用自助模式提升门店档次。多数转型门店即食品销售比 2008 年增长 30%～80%以上。门店利用自助即食台下存放冰箱，冷饮类商品改变陈列方式后醒目、方便；收银台改造成控温蛋糕柜与面包柜的组合模式，挖掘出新的销售空间，特制 2 个小货架用以遮挡 POS 机后的电线，分别放置糖果与计生用品，使收银区呈现出简单的设计布局。门店通过酒柜内商品的特殊陈列，带动下层普通酒类档次与毛利率共同提升。进口商品端架一般放置在进门第一组端头货架与酒柜呼应，打造出快客进口时尚品牌。年内，联华快客浙江公司将面包类的亮点工程作为 2009 年度重点推进的项目之一，杭、宁两地参照业态领先模式，制作新型面包陈列专架，配以背景包装物和配套道具，制作适合快客门店的玻璃面包专架。杭、宁两地门店引进包装生动、口味独特、造型时尚的新品，平均每月推出2～3只新品，不断满足顾客的求新需求。经过一系列的调整，杭、宁两地的面包销售有所提升。年底，联华快客又与88家新开门店的加盟业主签订“拉卡拉”安装协议，提升门店形象、扩大延伸服务，得到消费者的好评。

2010年，随着便利业态竞争的加剧，大连快客引进“咔咔士”章鱼小丸子、香港CATE365等，新店以复合店形式通过差异化策略，探索具有大连特色的转型升级、创新发展之路。大连快客便利店的“复合式餐饮”由中心厨房统一制作，与“咔咔士”章鱼小丸子结盟，现制近10种口味小丸子，配有休闲座椅，不仅提升单店日销售水平，同时带动便利店的其他消费需求。上海快客便利港城店与香港CATE365结盟，涵盖早餐、中餐、晚餐快捷消费方式，经营热狗面包、葱油饼、现榨豆浆、冷饮等多项速食商品，经营品种10个以上，不仅价格适中，而且品种、花样多，全部现制现卖。联华快客便利以样板店作为“强店”切入口，每个区域2家门店作为2样板门店，从不同品类入手，推广成功经验，32家样板店销售比2009年增长7.59%。年内，联华快客便利携手华氏大药房拓展新业态，健康立方门店正式开业。商品包括医学美容、保健食品、健康用品等，采用“顾问和体验”的方式形成健康咨询和售卖服务，为便利新业态增值服务做出有益的探索。

2011年，联华快客上海直营管理总部根据“扩张、整固、优化、创新”的工作要求，对流量型门店重点进行即食类商品销售提升的试点。联华快客万航路店从卖场结构与陈列方式调整着手，封闭式临街玻璃幕墙被改造成半开放式展示窗口后，食品类的陈列由内转外，直观又醒目，蒸包机、烤肠机、串串锅、茶叶蛋等即食品临街展示，提升消费者的购买欲望。万航店的销售同比增长25.46%，整体毛利率增长1.5个百分点。熟食类仅热狗肠、青团、肉包、烧卖等8个单品对销售贡献较大；蒸包机、烤肠机的增配使该门店有了新的销售增长点。5月1日，上海联华快客首家高端店——长虹店在虹口区东江湾路四川北路口开张迎客。门店尝试以新的风格、新的模式、新的理念，为快客便利转型提供经验。门店商品布局一改以往门店以常温商品、香烟为主体的结构，50%划为鲜食区，并设有快餐屋，每天提供10多种美味快餐，关东煮车8个独立煮锅，烧制不同口味的串点；鲜果汁机、现磨咖啡机、烤肠机、蒸包机等提供不同类型的即食品；风柜中摆满寿司、色拉、水果、甜点、即食蔬菜、乳制品和各类饮料。9月，联华快客召开“大力推进鲜食品经营工作会议”，推进盒饭、关东煮、寿司等鲜食商品等业务。以上海地区55家直营门店为试点，共推出37款鲜食商品。引进烤肠、现磨咖啡、冷热饮品、三明治、汉堡等鲜食新品，拓展即食商品新的销售增长点，鲜食品销售占比从43%提高到50%，鲜食品销售比2010年增长12.5%。其间，联华快客专门成立高端店管理总部。第二家高端店于10月18日开业，进口商品销售占比15%，鲜食品销售占比超过28%。同时，积极探索电子货架预购业务模式，在26家门店实施“视惠产品团购快客取货”项目试运行。联华快客以旗舰店、样板店建设为抓手，通过每月对门店5-Q服务标准评估，推进门店形象提升。75家强店销售比2010年增长19%，客流增长9%。

2012年12月，上海联华快客先后有5家高端门店开张。5家高端门店分布在学校和商务楼中。针对目标顾客，高端门店专门设计进口商品区域，强化现制热饮豆浆、快餐盒饭、烤肠、关东煮等即食品品类的销售。全年联华快客完成100家门店的“强店”目标。明亮的标识、通透的店堂、优化的商品结构和服务功能使顾客对快客的品牌认知也随之转变，由此带动门店销售和客流增长。

2013年，联华快客在上海繁华区域、轨道交通集散地、商务楼、学校的高端门店有21家。通过创新形象，标识由原来的红色块设计为金黄、咖啡色，内场设计以时尚、潮流来吸引眼球，内墙饰以小Q围幔、流行的设备设施、休闲区域、舒适的购物环境等突出高端特色。创新商品结构，鲜食经营、自有品牌、进口商品改变快客以常温商品为独轮经营的模式，商品结构鲜食占40%，常温占

45%，香烟占15%，突出主打鲜食经营。创新服务，逐步打造一站式体验购物环境，强化早餐工程、金融服务、网络业务、快递网购等体验。联华快客以较为成熟的模式进入全面的推广阶段，门店设计布局合理、商品结构与门店立地条件更加吻合。全国改造门店累计销售比2012年增长15.82%。

三、大型综合超市调整

2004年，联华浙江公司为进一步增强在杭州城西区域的竞争实力，投入巨资，分别对世纪联华华商店和江城店进行结构性调整和改造。华商店营业面积扩至6 000多平方米，成为杭州市内最大规模的超市门店。调整改造后的华商店最高日销售额超过150万元，江城店重新开业首日销售达到102.8万元。两家门店制订以培养忠诚顾客为目标，以顾客资源数据分析为依据，以积分抽奖、年终返现和定期会员三种促销形式的会员制。全年联华股份整体会员人数接近300万，世纪联华的会员销售占比达到28%，联华浙江公司会员销售占比达到53%。

2006年，联华浙江公司通过多种经营方式，扩大大卖场百货类商品经营比重，推出“大卖场+精品百货”模式，重点尝试服装自营，服装类销售额比2005年增长32%，实现毛利额1 437万元，增长36.6%，毛利率16%，提升3%。

2007年7月20日，位于杭州市东部的联华浙江公司世纪联华外海店停业调整改造后重新开业。开业首日销售达到144.36万元，客流达到12 289人次。外海店在卖场环境、设施设备和商品结构进行全面升级，新增营业面积3 300平方米。百货类经营是改造提升的重点，全新引进耐克、乔丹、啄木鸟、七匹狼、太子龙、迪士尼等服装鞋类品牌；资生堂、微姿、欧莱雅等彩妆系列产品；曼妮芬等中高档女士内衣系列；埃迪蒙托、内野等床上用品；居之岛、浪漫樱花家居用品等。生鲜销售比2006年销售增长59.79%。年内，联华浙江公司20多家世纪联华门店完成调整改造。11月9日，华联超市无锡卖场经过调整改造重新开业，扩大二楼家纺部的面积，新增“安睡宝”系列高档床品。三楼强化进口商品区域，设置葡萄酒专用高档货架。

2008年5月，华联吉买盛控江店在经过全新布局、调整后重新开张营业。作为吉买盛转型创新的试点门店，改建后的控江店，在强化生鲜经营的同时，着重对进口商品、高档酒类、个人护理用品、小家电等方面尝试百货化布局与陈列，灯光配置、氛围烘托更具个性，购物环境得到明显改善。开业当日销售同比增加264.26%，客单价同比增长70.58%，客流量同比增长113.97%。年内，世纪联华以提供全国品类信息数据支持，提升指导门店品类分析能力，实施优势品类业绩提升方案。联华浙江公司全面深化生鲜自营，着力提升采购能力、加工配送能力和门店经营能力，生鲜总体销售比2007年增长33.8%，毛利额增长34%。

2009年9月，吉买盛通过推进块状模型实施门店二次转型创新，以差异化竞争优势，提升经营绩效，增强企业核心竞争力。调整后的酒类销售比2008年增长11.3%，进口食品销售增长99.7%。联华股份在推进“强店战略”工作中，加强生鲜供应链建设，成立生鲜采购总部，世纪联华上海地区生鲜销售比2008年增长7%。联华浙江公司水产自营销售比2008年增长20%；毛利额增长23%。世纪联华引进服饰新品，涵盖男女衬衫、居家便装、户外休闲、内衣衫裤、儿童服饰、鞋类等系列超过500种商品，形成差异化竞争优势。

2010年，世纪联华以打造一批样板店为抓手，以点带面实现业绩的提升。加强对新品、季节性商品、集采买断商品、TOP单品、高毛利商品管理，上海区域必备商品销售占比平均达到20%～22%，达到提升重点商品销售的目的。9家“强店”门店累计含税销售比2009年增长8.55%，利润总额增长达173.32%。联华浙江公司运河店推进"超市+精品百货"的经营模式，通过调整针纺品、床品、婴童用品、洗护品等类别，强化百货板块的品类增长点；通过对进口食品、休闲食品、冲饮食品的商品结构梳理，增强食品板块的品类活力点；通过将品类管理思路引入生鲜经营，实现各生鲜类别的战略定位，树立生鲜低价优质的市场形象。全年销售比2009年增长21.89%，利润总额增长60%。联华广西公司世纪联华航生店在全面实施经营管理提升、做活生鲜和商品结构调整齐头并进的策略中，全年销售、利润比2009年分别增长18.18%和38.88%。

2011年6月起，吉买盛推出自己的优质低价品牌系列商品，即"加强折扣型商品"（"G便宜"）。树立企业"低价亲民"的形象。6—8月，共推出5批近250只"G便宜"品牌系列商品，涉及生鲜、食品与非食品中的多个品类，促进这些商品销售总额比2010年同期增长近54%。年内，世纪联华通过打造"强店"业绩对标平台，建立内部支撑体系跟踪机制，细化、量化各项提升措施，深化"强店战略"。世纪联华15家跟踪门店，销售比2010年增长4.03%，利润增长28.67%。通过优化生鲜经营品项、深化生鲜经营激励机制、强化员工专业技能、坚持生鲜基础建设打造特色化生鲜经营模式。梳理中式点心及肉类联营商品，完善一品一码表，尝试引进进口猪肉分割品提升分类销售。上海地区生鲜销售比2010年增长3.75%，毛利额增长12.75%。

2012年12月28日，世纪联华虹口店重装开业，开业第一天就吸引客流多达1万人次，销售额达到133万元。调整改造后的虹口店营业面积15 600平方米，设三个楼层。一层为招商区，引进餐饮、服饰箱包、休闲娱乐等业态。"绿色超市"是虹口店改造后的一大特色，在卖场内外随处可见带有绿色环保标语的装饰，分布着大量的绿色商品。如一级能效、二级能效的节能电器共有288种，有机食品、驰名商标商品等多达890种。是日，联华浙江杭州世纪联华施家桥店改造升级重新开业，是联华浙江公司继延安南路店及彩虹城店后的第三家city life高端店，继续沿用city life的装修风格，打造温馨、柔和、舒适的购物环境，提升顾客购买欲望。食品、百货、生鲜等区域均采用不同的装修风格，并利用卖场动线引导顾客消费。在商品结构上重点对中高端商品进行强化，其中进口商品占比达到30%左右；其次在蔬果、肉品、水产等生鲜各个品类中均引进高端品项，并强化生鲜商品的现场推广，增设水果现场加工、烹饪中心、自助试吃台等。同时在招商区域引进美珍香、唐饼家、安之秀果等品牌专柜，综合提升门店的经营档次。

2013年8月，联华股份生鲜采购总部和生鲜管理总部着力推进生鲜商品扩销增效，在上海世纪联华选取11家门店，作为实施蔬菜自采自配的试点。每天采购、组配品种近100种，销售比2012年增长134.04%。在11家门店试点取得销售增长的基础上，向其他29家门店全面推广。

第二节 供应链建设

一、生鲜基地

2006年4月，为了探索差异化经营和提升生鲜食品竞争能力，拓宽蔬菜供应渠道，打通产供销流通环节，华联吉买盛在崇明县建立蔬菜生产基地，引进羊肉、白扁豆、芦笋等农产品，加强门店蔬菜自营能力推进转型工作。联华浙江公司为了降低生鲜经营的采购成本，制定生鲜基地采购操作流程，规范基地采购标准，全年生鲜基地采购品种185个，销售量达20 790吨，完成预期目标的140.38%。

2007年，联华商品管理部门积极拓展采购渠道，深购远采，加强采购集约化，联采质量和生鲜商品毛利贡献显著。联华浙江公司继续加强生鲜商品的基地建设，拥有合作基地 86 个，销售的基地商品品种 464 个，基地商品销售占比达 32%，毛利占比达 45%。

2008 年，联华浙江公司自成立生鲜基地采购专业团队以来，生鲜源头采购有了质的提升。全年基地蔬菜销售比 2007 年增长 181%，毛利增长 176%；水果销售增长 42.66%，毛利增长 43.28%；水产销售增长 21%，毛利增长 11%。联华总部生鲜采购项目小组以源头采购和品牌建设相结合，致力于产销对接，"天元"猪肉覆盖所属 137 家门店，"天元"猪肉发货总量比 2007 年上升 14%，金额上升 46.78%。年内总部生鲜采购项目小组深入产区，积极开发水果鲜品基地和引进品牌水果，如"天天"红富士、江西赣南橙、福建蜜柚。"天天"红富士苹果发货量达 815 吨。

2009 年 6 月，百联集团与崇明县政府联手举办"相聚百联，情系三农——2009 崇明生态农产品推介会"。联华标超、世纪联华、华联超市、华联吉买盛的 31 家门店，推出 100 多个具有崇明浓厚地方特色的优质农产单品。这是探索"农超对接"的产销模式，加快构建农产品从田头到餐桌的质量保证体系一次实践。年内，超商事业部大力推进"农超对接"工作，延伸产业链、完善供应链、提升价值链、不断拓宽对接渠道。先后在山东、江西、福建、陕西等地新建 30 个蔬果、家禽和肉类直采基地，从松散型基地向紧密型基地、从销地代办向产地代办、从田间收购向订单采购转型。6 月 25 日起，华联吉买盛金山蔬菜基地的首批黄瓜、西红柿、茄子等绿色优质农产品开始在门店销售。首批 2 000 公斤蔬菜上市一销而空。吉买盛在近郊和外埠不断开发建立农特优产品基地，如山东招远苹果、兰溪杨梅、绍兴优质农特产品、崇明优质玉米基地等，形成产销连动，丰富生鲜品种，实现差异化经营。

2010 年，联华浙江公司华商店在"农超对接"项目实施过程中，开展一系列工作，使市民"菜篮子"更加丰富多彩，也使"农超对接"商品在门店销售规模逐步扩大。对"农超对接"的 130 个蔬果、90 个水产单品进行独立的商品营销；举办"农超对接"推广会，如"奉化水蜜桃推广会""东魁杨梅推介会""高原夏菜进超市""陕西苹果推荐会""攀枝花芒果节"等。联华浙江公司建设纯生鲜基地 119 个。其中，水果基地商品销售同比增长 70.73%，占水果品类销售的 63.69%。联华广西公司通过基地建设和"水果节"联动营销，形成生鲜经营特色，销售比 2009 年增长 28.85%，毛利增长 54.09%，毛利率增长 19.59%。年内，联华股份继续加快生鲜基地建设，增强生鲜经营能力，打造生鲜供应链，对接的生鲜基地达 210 个，生鲜食品销售比 2009 年增长 37.5%。

2011 年，联华股份进一步加强生鲜体系建设，扩大蔬果源头采购，增强生鲜经营实力，建立生鲜基地 37 个，引进基地商品 68 个，销售比 2010 年增长 37.2%。联华浙江公司与 154 家生鲜基地建立合作，采购品种达 407 个。为提高生鲜商品竞争力，尝试蔬菜单品规模化种植。如小黄瓜规模化种植，降低进价 20%。土冰糖、红糖等商品通过源头采购，获得低于市场价格 20%的优势。联华广西公司在生鲜基地建设加大自营项目开发力度，在开展技能评级上寻求新突破，生鲜整体销售比 2010 年增长 31.62%，毛利额增长 21.13%。

2012 年，联华股份与全国众多专业合作社、龙头企业开展"农超对接"，并与合作期较长的农民专业合作社实施订单采购模式。仅在上海地区，就建有 48 家蔬菜直采基地，采购量 17 981 吨，"农超对接"商品销售占蔬果整体销售近 40%，综合收益率达 23.5%。广西金橘、陕西红富士通过与联华浙江公司、联华广西公司联合到基地谈判，直接配送到门店，减少中心环节，质量更易控制，价格更有优势。联华股份实施"农超对接"后，改变超市蔬菜从"菜园子"到"菜篮子"需经过多个环节层层加价传统流通模式，只需产地→联华生鲜配送中心→门店 3 个简单步骤，实现流通环节费用的下降。年内，联华股份以项目管理的方式，新增基地 5 个，新增品种 8 个，新增采购数量 1 500 吨；蔬果

10个品种实行全国基地集采与全国配送。至2012年年底，联华生鲜采购总部累计建设蔬果基地59个，基地采购商品93个，销售比2011年增长22.57%。试点的陕西红富士及山东红富士苹果基地直采，由于减少中间环节，平均进价下降15%左右。联华浙江公司"农超对接"基地增至232个，商品品种超过600个，全年实现销售20多亿元，约占农产品总销售的60%。联华广西公司通过自营商品毛利管控等举措，建立15个生鲜基地，并成为自治区首家"农超对接"项目重点扶持企业。全年生鲜销售比2011年增长6.12%，毛利额增长23.03%。

2013年，联华股份总部新增直采基地9个，新增生鲜品种9个。累计建有生鲜直采基地67个，产品覆盖蔬菜、水果、禽蛋等102个品种，基地直采商品销售占生鲜总销售的15.74%，销售比2012年增长28.24%。联华浙江公司累计建立生鲜基地236个，基地采购品种1 144个，销售额比2012年增长21.32%。

二、供应商战略联盟

2003年，联华股份累计有703家供应商加入供应商综合服务系统平台。供应商通过对其商品库存信息、销售信息的及时查询和监控，提高对门店的服务质量，加快送货的周期，商品配送满足率得到提高。商品管理总部和联华第一大供应商"捷强"本着互惠互利的原则，采用新思路、新模式，协同上海烟草贸易中心共同推出卷烟销售网络服务，促进销售增长。联华总部卷烟类销售比2002年增长16.23%，非卷烟类销售增长40.65%。

2004年7月，联华股份举行"2004年供应商战略合作联盟高峰年会"。与光明乳业、广州宝洁、上海申美和捷强烟草等50家重点供应商签订合作框架协议，缔结战略联盟，并按协议确定的10项工作推进新型工商关系的建设。年内，通过发挥重点供应商的品牌优势、商品资源优势以及信息资源优势，实现联华与供应商互为依存、互为发展的目标。商品管理总部与广州宝洁进行基于供应和销售增长的一体化业务流程再造；与可口可乐一起实行精彩之旅联合营销等活动。

2005年，联华股份与IBM公司合作，在世纪联华推进B2B项目。通过大型供应链管理平台建设，加强与供应商的合作，与供应商形成双向互动，实现成本的节约和效益的提高，共同构筑工商之间稳固的联盟关系。8月1日，平台试运行，根据供应商满意度调查，77%试运行供应商反馈满意或非常满意，没有不满意的反馈。到年底，签约供应商达1 863家，完成计划120.2%，上线运行供应商1 719家。

2006年，世纪联华进一步推进B2B项目，截至12月份，上线供应商的订单满足率由年初的74%提高至88%，数量满足率由67%提高至83%，品种满足率由72%提高至83%，金额满足率由51%提高至75%。联华浙江公司通过自主创新，实现B2B平台上线运行，提高供应链效率和商品满足率，受到供应商的好评。

2008年，联华浙江公司为了充分发挥连锁集约化经营优势，在区域内实施联合采购，把集中谈判与区域采购有机结合起来。通过零售商、品牌商、经销商三方联合谈判，对价格、促销、新品等主要交易条件进行规划和约定，建立三方合力拓展市场的业务平台，使区域内商品资源得到效益最大化的利用，实现区域内联采的有惠氏、雅培、威露士、达能、德芙、强生(直供)、LG等12个品牌。

2010年，联华股份的网络优势与供应商商品优势融合为相互依存、共同发展的战略合作关系。新组建的商品管理总部持续巩固重点供应商的战略合作，集约联华和华联230家重点供应商；引进新品62 905个，比2009年增长14.8%；淘汰商品55 278个，比2009年增长23.8%。商品结构得到持续优化。为确保商品订单质量,尤其保障节假日供货,组织1 025家供应商进行主题培训,有效提高商品要货满足率。年内,世纪联华联手重点供应商加强对新品、季节性商品、集采买断商品、TOP单品、高毛利商品的管理。上海地区必备商品销售占比平均达到20%~22%,达到提升重点商品销售的目的。联华浙江公司优化供应商管理,通过商品议价增加补差收益;实施系统化联营清算,获取联营补差毛利比2009年增长209.45%;引进新商品28 235个,新商品毛利率为14.07%,高于整体毛利率0.17个百分点。

2011年,联华股份通过对各业态供应商结构分析,选取相同的优质供应商实施集约采购,使集采占比提高到57%。通过对各业态相同供应商合同条件对比分析,以规模优势争取最低进货价,提高合同交易条件,实现合同提升率11%。

三、自营买断

2005年,联华新增20家联采供应商,全年采购金额比2004年增长26.92%。至2005年年底,联华股份联采供应商达107家。2006年,联华商品管理总部继续加大商品采购集中谈判的力度,以买断的方式获得最低商品进价,实现集约采购效益最大化,买断商品的进价相对原价下降13%~23%。

2010年,联华商品管理总部依托整合后的规模优势和商品议价能力,以买断经营的方式扩大收益,共买断147个单品。世纪联华构建全国采购供应链,做大差异化品项和高毛利商品。在浙江、四川、湖北、河南、贵州、云南等地,以直采的方式引进特色新品700余个。不断优化进口商品结构,扩大进口商品直采规模。联华浙江公司自营服装深化源头采购,合计引入直供厂商190家,直供销售占比达44.3%。

2011年,为提升大宗商品买断经营水平,联华股份专门成立大宗商品买断经营项目组,制订商品涨价前期买断计划、畅销品买断计划和年节备货商品买断计划,买断商品范围由原来局限于个别大类扩展至全部品类。买断商品涉及杂货、家电、纺织、家百四大类628个单品,先后对庄臣雷达日化系列、六月鲜酱油、华夏长城干红葡萄酒、海丰丝苗香米、顶味拉面、龙须面、通用磨坊水饺系列、格兰仕微波炉等商品实施买断经营。联华浙江公司针对原材料价格预测有较大变化商品、季节性商品以及节日紧缺货源,根据市场民生用品普遍上涨的趋势,重点加强大米、食用油等销售影响较大的主力商品的批量买断储备,通过加强买断商品源头考察与市场询价管理,完善买断商品评审引进机制,买断商品比2010年增长45%。

2012年,联华股份买断商品金额比2011年增长28.1%。境外商品直采额比2011年增长137%,销售额、综合收益率双双提升。

2013年8月,联华股份生鲜采购总部和生鲜管理总部在上海地区世纪联华的40家门店中选取11家门店,作为实施蔬菜自采自配的试点。形成直接到直供基地自采、直接到直供基地运输、完全自己配送的模式。自采自配从8月26日起步运作至10月8日的44天里,每天采购、组配品种近100种,销售同比增长134.04%。在11家门店取得销售增长的基础上,10月26日开始向另外29家门店全面推广,实现蔬菜自采自配在世纪联华的全覆盖并延伸到标超门店300家,使销售和毛利实现同步提升。联华商品管理总部继续推进买断商品,扩大进口商品采购规模,使进口商品销售比2012年增长17.2%,实现综合收益增长35.2%。联华标超实现买断商品综合收益率达到28.05%,比2012年增长5%。

四、自有品牌

2003年,联华自有品牌开发与销售体系建设稳步推进,产品开发部加强自有品牌的集中化管理,根据不同品牌作不同分类和分析,确立以“LH”为主,以生先、亨生、家友为辅的自有品牌商标管理架构。同时根据门店反馈的信息,重新设计自有品牌产品的包装,以“蓝、黄”色为基调的自有品牌新包装,体现简洁、明快的风格。

2004年,联华股份通过推进自有品牌开发项目,全年实现自有品牌销售额4.287亿元,销售占比3.33%。其中,上海标超自有品牌销售占比达到3.53%,联华快客自有品牌毛利率达到26.14%。

2006年7月7日,“联华天元冰鲜肉”在上海标超21家门店上市。这是联华联手沪上知名的上食食品有限公司开发的定牌商品。统一的品牌形象,确立上海标超更加精准的猪肉经营定位,增强标超门店猪肉经营的市场竞争力。“联华天元冰鲜肉”在门店试点阶段,销量成倍增长,如四平店从原先一周销售2爿,到每天销售1～2爿。

2008年,联华总部生鲜采购项目小组通过源头采购与品牌建设相结合,加快自有品牌发展。“联华天元冰鲜肉”覆盖137家门店,天元猪肉发货总量比2007年增长14%,销售金额增长46.78%。联华超市全年共开发277种新品,“联华蔬菜”销售比2007年增长9.66%,华联罗森自有品牌销售占比首次突破20%。

2009年,华联超市对定牌商品进行深入探索,使定牌部门成为“内部供应商”。全年新定牌业务收入完成指标102.2%,新定牌综合收益率31.6%,高于指标1.6个百分点。

2011年,联华股份通过对自有品牌商品梳理整合,使自有品牌商品从1 500个单品,精简整合至600多个稳定品。1—9月,自有品牌商品在联华标超的单品有效性比2010年增长30%以上,实现销售增长26.55%,全业态销售占比达3.27%,超过全年预算目标。联华浙江公司自有品牌商品有4个部类,约70个种类,商品品种数超过4 600余个。利用“春节商品推广会”“自有品牌诚品315”活动等契机,加大自有品牌终端推广力度。1—9月,自有品牌商品销售比2010年同期增长24.94%。联华广西公司通过优化采购组织架构,突破供应链瓶颈,攻克自有品牌开发薄弱环节,1—10月,自有品牌销售比2010年同期增长31%。世纪联华定牌商品销售比2010年增长11.84%。联华快客以小Q衍生商品开发为重点,陆续开发纸手帕、湿纸巾、魔力盒、旅行杯、阳伞等8个小Q定牌商品。

2012年,联华定牌商品销售同比增长7.50%,销售占比提高了0.09个百分点。其中联华浙江公司定牌商品销售比2010年增长9.52%,销售占比达到4.59%;世纪联华销售比2010年增长15.70%,销售占比达到1.38%;联华快客销售比2010年增长12.13%,销售占比达到2.11%。联华广西公司销售比2010年增长18.89%,销售占比达到1.58%。

2013年,联华股份重视自有品牌的开发与经营,取得不俗的成绩。定牌商品(含生鲜)销售比2012年增长2.7%,销售占比达到3.42%。

第三节 物流配送中心建设

2004年12月,联华曹杨路仓库改造竣工,先进的作业流程提高门店配送效率,加快门店商品周转，优化门店库存结构。联华浙江杭州配送中心经过磨合、调整，实现跨业态配送。人均配送额达到357万元；库存周转12.6天，优于计划14天水平1.4天；账货相符率达到99.9%，配货总量达12.6亿元，总件数达900万件。

2005年年初，联华超市曹杨路新配送中心进入试运转阶段。改建后的曹杨路配送中心仓库商品品种在6 500种左右，有24条发货配送流水线自动分拣机口，可同时为24家门店配货，整条流水线收发货差错率为零。在配送货运车辆上，安装GPS卫星定位跟踪系统，可实时监控在途车辆的情况，大幅提高车辆利用率。仓库日吞吐量达10万箱左右，承担上海市及附近地区1 000多家联华门店的商品配送任务。年内，联华物流管理总部转变思维模式，以服务为导向，通过优化流程、信息化建设，提升服务水平。订单响应时间从原来的48小时已缩短至24小时，而且部分门店订单已实现12小时响应。第三季度，库存周转天数为7.11天，综合满足率达到95%，费率降低到2.79%，配送差错率达到万分之三，商品损耗率达到十万分之一点六，服务满意度达到84%。联华浙江公司配送中心坚持“改革创新，提高服务，加强管理，降低成本”的工作方针，门店要货满足率由90%提升至94%，库存周转天数由12天减少至9天，配送费率由2.8%降低至2.5%。

2006年，联华曹杨路配送中心通过流程创新实现为世纪联华上海门店集中配送宝洁商品，全年增加配送额约6 000万元，有效地支持了门店销售。

2007年，联华股份为了更好地支持销售增长、绩效增长，加强信息技术、管理技术的运用，供应链效率得到明显提高。通过推广自动补货系统，门店要货更加合理，缺品率下降。联华浙江公司整体缺品率仅为0.64%，较2006年同期又下降0.12个百分点。世纪联华加强商品循环管理，通过自动订单使用率、修改率与缺货率、库存周转率分析，指导门店提高订货质量，使门店缺品情况得到改善。物流管理总部创新业务流程，建立与世纪联华商品主档相匹配的配送模式，实现宝洁商品为世纪联华上海、江苏和安徽门店的集中配送，扩大服务范围。同时在基础信息水平提升方面，实施商品编码统一项目，建立“8+6”14位码的商品编码统一模式，简单实用，节约成本，而且在不影响各业态、区总业务正常运行的情况下，为总部加强资源集约化管理提供保障。

2008年，物流管理总部全年完成配送总额16.04亿元，比2007年增长5.7%，综合满足率为97.61%、库存周转6.83天，分别比年度预算指标提高1.11%和加快了1.17天。联华快客上海配送中心积极挖掘潜力，门店订货满足率达到98%，比2007年同期提高近2个百分点，配送额增长5%，库存周转加快0.5天。联华浙江公司加强物流配送管理，努力提升商品的到货率，门店要货满足率达到92.04%，比预算指标提高3.04%，比2007年提高3.83%。联华江苏公司配送中心在物流管理总部的帮助下，于3月完成系统升级，门店中仓要货满足率由原先的80%提高到93%，周转天数由原来的23天下降至14天，发货数量提高50%，发货准确率达到99%，每月商品盘点准确率达到100%。联华广西公司配送中心划入商品部直接管理，加大直改配工作力度，配送金额比2007年增长21.00%，库存周天数减少1天。

2009年4月29日，集团批复同意联华浙江公司购置50亩地投资建设生鲜配送中心项目。项目位于杭州市余杭勾庄地区，项目总投资1.62亿元。

2010年上半年，经过反复论证，联华股份确定以生鲜加工配送、大型综合超市和标超业态的配送服务为基础的江桥物流基地第三期设计工作。将华联超市桃浦基地的管理纳入联华总部物流管理体系，将曹杨路仓库物流移库进入桃浦物流基地，完成联华新标超的物流合并，并支持世纪联华通过曹杨路仓库物流加大集中配送。

2011年5月，集团同意联华物流有限公司投资建设联华江桥物流基地项目，项目位于嘉定区江

图6-1-4　联华江桥物流基地奠基

桥物流园区，规划建筑总量约18.65万平方米。其中：常温库建筑面积15万平方米，生鲜库建筑面积3.15万平方米，行政办公及生活服务设施建筑面积约4 000平方米。项目总投资8.39亿元。常温商品配送原则以储存型物流为主，通过型物流为辅；服务地域范围覆盖上海、江苏、安徽、山东；配送业态范围包括标超（联华，华联，包括加盟）、大卖场（世纪联华、吉买盛）。生鲜食品配送原则以通过型物流为主，储存型物流为辅；服务地域范围以上海地区为主；配送业态范围包括标超（联华，华联，包括加盟）、大卖场（世纪联华、吉买盛）、快客便利；加工则以生鲜食品加工为主，其他常温商品加工为辅。年内，联华股份完成联华（华联）标超直送商品网上要货平台系统切换（原华联B2B平台切换至联华总部B2B平台）；提升生鲜配送中心两库合一的系统支撑；加强生鲜配送系统对华联加盟店生鲜要货支持（直接对加盟平台发挥自动冻结、扣款功能）；完成桃浦及曹杨“两库合一”后的区总系统理赔库及商品退调功能整合。生鲜配送“两库合一”前后相比，配送里程增加16%，配送车次增加14%，配送门店增加9%，配送商品增加6%。

2012年，曹杨路配送中心配送额比2011年增长36.45%。配送区域覆盖世纪联华上海、江苏、安徽。桃浦仓库配送金额满足率提高5.88%。年底，联华江桥物流基地项目主体工程结构完成封顶，设施、设备进入全面招投标阶段，其中信息系统的招投标进入供应商调研阶段。

2013年，联华浙江公司杨汛桥物流配送中心项目开工建设，项目位于绍兴市下属绍兴县杨汛桥镇，占地面积23.07万平方米，建筑总面积为20万平方米。项目总投资5.96亿元，规划建成一个集信息化、自动化和智能化为一体的综合型物流配送基地，成为浙江省第一、国内领先的大型现代超市物流配送中心。

第四节　加盟模式转型

2004年，联华股份实施特许加盟支撑体系建设项目，加盟管理总部强化规范管理，以评选星级门店为抓手，帮助加盟店进行调整、提升。

2005年，华联超市结合自身特点，完善“加强加盟工作领导力量、制度、合同”等6项措施，成立加盟管理总部，对千余家加盟店强化业务转型、营运监管、品牌维护，挖掘加盟店盈利潜力，为公司创造新的利润空间。华联罗森加强对加盟商的支持和管理．对加盟人员进行培训、对门店给予增加设备支持等，确保加盟商无一流失。

2006年，联华快客为了加快加盟店发展，实现发展模式转型，建立独立的特许加盟管理部门，全年发展加盟店226家。

2011年，联华股份从管控自采为切入点，推动标超加盟模式转型有实质性进展。5月，联华标超加盟系统对自采商品管控立项，首先在上海建立健全有效的加盟店自采商品质管体系，将1 200家左右门店的自采商品纳入系统监管。按总部新品引进要求审核、统一编码，建立加盟店自采商品主档，制定包括《加盟店自采商品管理办法》《自采商品操作须知》和《门店自采申报表》等规章制度。

确定合格自采商品 5 339 只，涉及八大类，其中食品 1 637 只占比 31%，工业品 3 702 只占比 69%，基本满足占上海门店总数 82%的 300 平方米以下加盟店的需要。截至 12 月底，对上海地区 312 家门店实施切换。

2012 年，联华标超加快推动加盟管理模式由松散型向紧密型转型。5 月，联华标超加盟系统完成上海 671 家 300 平方米以下门店主档的切换，同时，新开门店将全部采用受控的主档系统。至此，上海地区 80%以上加盟店的自采商品，将从此得到切实有效的监控。从“松散型”的加盟管理模式，逐步转型为“适度紧密型”的管理模式。对剩余的大型门店，标超加盟系统组织力量在年底前纳入新系统。转变督导员角色，使原来的“监督员”转变为“服务员”，为加盟店绩效提升出谋划策并辅以专业指导，104 家加盟店形象明显提升，106 家加盟店实现销售增长，完成“双百”目标。在网点净减 120 家的情况下，加盟商品批发额比 2011 年增长 6.06%。同时全部完成 912 家加盟店的信息系统升级改造工作，建立加盟店自采商品目录，制定自采商品引进规则，为食品安全加装“放心锁”。

2013 年，联华标超加快推进加盟业务模式转型，积极引导加盟店由自采转为集采。同时，以提升特许加盟业务质量为抓手，稳步推进紧密型加盟业务的发展。通过两个“转”推动加盟业务模式市场化。加盟直送转配送、直送扩大项目取得较大进展；积极开拓引进多家自采供应商转入集采，尤其体现在大米、名酒等门店热销品种，销量有突破性增长。全年自采转集采实现销售及特许加盟批发同步增长。

第五节　食品安全

2008 年 7 月 1 日开始，世纪联华在上海地区的所有 25 家大卖场和联华标超的港汇店、桃浦店 2 家门店，正式启用猪肉流通安全信息追溯系统。消费者只要在网上输入猪肉产品标签的追溯码，就能了解到该肉产品从养殖、屠宰到超市和卖场的详细资料。年内，“问题乳制品”事件发生后，根据中共上海市委、市政府及有关部门要求，集团和超商事业部分别成立“问题乳制品”善后处理工作应急领导小组，并向社会公布联华、世纪联华、华联等企业“问题乳制品”37 家退货门店名称和地址，受理所有社会商业出售的“问题乳制品”退货。截至 9 月 24 日，集团上海地区超商门店共受理“问题乳制品”退货价值近 30 万元、市外近 300 万元。回收工作总体比较平稳。相关企业承担并自行消化退货造成的损失，得到市政府有关方面领导肯定：百联集团作为国有零售流通企业在此次“问题奶制品”应急处理下架及退货等环节上，顾大局、讲政治，体现国有企业主渠道作用。

2009 年 1 月，作为市政府实事项目，上海部分大卖场和超市(共计 300 家)安装 QS 终端查询系统。联华股份所属 22 家世纪联华门店和 26 家标超门店，列入市质监局首批安装定点门店名单。QS 终端查询系统开通后，消费者可通过查询终端对食品的 QS 证书、生产许可证、名牌、免检等信息进行查询，为市民选购安全可靠的食品提供一个权威的食品安全查询和追溯平台。

2011 年 4 月 11 日，央视披露上海联华和华联两家超市部分门店销售由上海盛禄食品公司生产的“问题馒头”后，联华股份极为重视，第一时间启动应急程序，提出应对措施，对涉嫌商品下架封存。超市迅速发布“问题馒头”召回公告，接受消费者退赔。由公司党政主要领导及班子成员带队，对 39 家食品制造商和多家超市门店进行为期 3 天的地毯式突击检查。实施组建食品安全部、投建食品安检中心、引入巡厂员制度、提高供应商入市质量门槛、推行供应商食品卫生保证承诺制度等食品监控五大举措。联华股份食品安全部组建运行，世纪联华、联华标超和联华快客的营运管理部直接与联华食品安全部对接，在食品质量监控管理上，形成点面结合、纵横交叉的无缝对接。联华股份成立食品检测中心，累计对涉及蔬菜、糕点、水产、豆制品、方便食品、熟肉制品和速冻米面制品类等612个单品、906个项目实施质量安全检测。世纪联华重点完善质量管理流程，修订规范质量管理相关制度，健全完善总部、区域、门店三级质检管理体系。联华标超以食品安全为抓手，成立食品安全稽查组，全体加盟督导员、访销员郑重签署质量承诺书，加强对1 500余家加盟店的督查力度，全面构筑食品安全防线。联华快客加强采购源头管理，加大厂家抽检频率，加大门店检查力度，加强代理商的商品管理，与供应商签订"食品质量安全承诺书"，与加盟店签订"食品安全告知书"。联华浙江公司加强食品安全环节控制，强化食品安全专题培训，实施食品加工原料统一采购、统一配送、统一审核的管理模式，加强源头监管，把好食品准入关。联华广西公司通过规范证照管理，完善业务环节抽检送检体系，加强现场质量安检，形成较为系统的商品质量管控机制。吉买盛在修订完善11项制度流程和规定基础上，重点把好食品安全"三关"，即进货关、现场管理关和临保商品处理关，从源头上保障食品安全。6月1日起，联华股份率先在所属大卖场、标超和便利店三大业态流通领域正式开始实行国家商务部《酒类流通随附单》相关规定，坚决遏制假冒伪劣酒类商品流入流通市场，保护企业和消费者的正当权益，进一步规范流通市场。

2012年8月，为把食品安全工作变后台为前台，让顾客对食品安全看得见、摸得着，联华股份率先在世纪联华中环店、世纪联华仙霞店、世纪联华花木店3家卖场生鲜现场投资设立"玻璃检测房"。新设立的现场"玻璃检测房"，每天对上柜的蔬果、水产、肉类抽取样品进行现场复验，让消费者放心。年内，联华股份在世纪联华上海全部门店基本建立食品安全检测室。联华生鲜采购总部推行"超市＋农业投资公司＋农户"模式，确保农产品食用安全。通过多层次、多渠道、全方位举措加强商品质量管控，完成微生物检测234个单品、461个项目，常规检测648个单品、828个项目，第三方送检232个单品、1 045个项目；工厂审核29家，资质审核230家供应商。

2013年7月，杭州市工商局在联华浙江公司和平购物城生鲜区召开自制食品技术锁定办法现场推广会，向全市各大商超企业推广联华首创的自制食品过期预警系统。现场展示一袋已过期的自制面包在收银台扫描条形码，收银机马上显示商品已过保质期、限制销售、取消后重试。这是联华浙江公司自己研制的食品过期预警系统，对已过期自制食品进行成功拦截。年内，联华浙江世纪联华所有门店全部使用这套自制食品过期预警系统，覆盖熟食、面包、盆菜等自制食品，并将这套系统推广到临近保质期食品，同时进一步完善在生产、销售、销毁等环节技术监控，保障食品安全。

第二章 综合百货转型

百货板块自集团成立起，积极推进业务转型和创新工作，打造具备竞争优势的供应链，取得新突破、新发展；不断推进深化自营业务和自有品牌建设，进一步明确业务发展重点；全面深化“强店战略”，推进各业态样板店提升，百货板块进一步提升强势大类的品牌延伸，对百货商店引进功能业态进行探索；购物中心板块不断深化品牌调整结构，增强服务功能；奥特莱斯板块调整商品结构、优化品牌结构、提高品牌级数。

第一节 门店经营调整

一、百货商店调整

【经营结构调整】

2003 年，虹桥友谊商城经过调整，主动引进国际品牌，形成品牌经营特色。法国的 LANCOME，意大利的 Cennui、Cerruti Jeans、Zegna、FERRE，英国的 GIEVES&HAWKES、Aguascutom，德国的 LACEBFELD，以及香港迪生集团带来的江诗丹顿、伯爵、劳力士等世界著名钟表品牌，使商城世界一、二线品牌服饰的占有率达到 20%左右，男装更是高达 40%，在上海综合型百货商厦中世界知名品牌集中度最高。

2004 年 5 月，第一八佰伴对一楼商场化妆品部进行装修和调整，化妆品部扩大营业面积近 500 平方米，先后引进 CHANEL、CLINIQUE、YSL、EETEE LAUDER、ELIZABETH ARDEN、PAYOT 等品牌，荟萃近 30 家世界知名品牌。9 月 16 日，国际品牌卡地亚东方商厦专卖店开业，仅手表就荟萃 2004 年全部新款 90 余种。29 日，第一八佰伴世界名品城开业。6 000 平方米的名品城荟萃 30 多个世界品牌，其中 70%是由香奈儿、雅诗兰黛、倩碧、碧欧泉等世界一线品牌组成的化妆品区域；3 000 平方米的世界服饰皮具区域里包括 ZEGIA、K&C、雅格诗丹、1881、登喜路等世界名牌；在世界名表城里有卡帝亚、江诗丹顿、肖邦、尊皇等品牌。12 月，虹桥友谊礼品商场经过调整，汇集世界顶级礼品、化妆品莱丽水晶制品(LALIQUE)、百乐(Baccaeat)金笔、饰品万宝龙(MONTBLANC)、瓷像瓷器制品高宝(Goebei)、维居维德(WEDGUOOD)、赫伦(Herend)、卡蒂亚等品牌。

2005 年 5 月，第一八佰伴引进国际著名品牌 HUGOBOSS 在 1 楼世界名品城开设专卖店。专卖店面积 180 平方米，属上海之最，也是浦东地区第一家 HUGOBOSS 专卖店。10 月下旬，第一八佰伴一楼世界名

图 6-2-1 2009 年 9 月第一八佰伴世界名品城

品城进行重新改造，新增5个厅房，集中引进BALLY、JC范思哲、PAUL&SHARK、CERRUTI1881以及SMALTO等世界知名品牌。东方商厦食品日用商场经营面积1 400多平方米，有保健品、不锈钢厨具、食品、酒类、配饰、家庭生活用品、烟具等各大系列近万种商品，年内，对商场中岛区域、配饰馆、保健品区域均进行大面积装修调整，新增了波都渡帝、登喜路等高档烟斗及宝时捷等雪茄烟具，引进集健康、营养、环保、节能于一体的不锈钢厨具，如双立人、菲仕乐等。

2006年，第一八佰伴调整经营面积超过1万平方米，品牌更新率达34%，涉及7个商品大类。如住居关联大类全年共引进品牌20个，品种3 000多个，成为上海百货店中厨房用品和日用品最齐全的一家。4楼绅士服饰商场调整形成了进口男鞋绅士区域和休闲知名男鞋品牌区域，调整后平均人效上升24.5%，平均客单价增长14.6%。

2008年4月18日，COACH店铺在第一八佰伴开业。第一八佰伴是COACH在浦东新区引进的第一家店铺。同时，调整一楼名品、5楼男装和5楼运动休闲服饰商场，引进CANALI、DAKS等20多个新品牌，调整经营面积2 000多平方米。7月，永安百货进行大规模品牌调整，重点是2～4楼的服饰类商场，涵盖男装、女装、运动休闲、针织内衣等大类在内的160家供应商，调整面积达8 000多平方米。新引进品牌33家，淘汰品牌18家。重点扩容男装及运动休闲大类，新引进LEO、古杰师、沙驰、TONY WEAR、威斯康尼、金狐狸、黄金熊等21家知名品牌，由原来44家扩容至65家；运动休闲新引进NIKE360、匡威、NEW BALANCE、极地等知名运动品牌，由原来20家扩容至27家。东方商厦旗舰店对1～4楼半进行大面积调整和装修，涉及七大类、113个品牌，调整面积约1 765平方米。东方商厦南东店对1～2楼、5～6楼商场进行大面积调整。东方商厦中环店调整品牌106个，涉及经营面积达2 000多平方米。此外，东方商厦杨浦店、东方商厦嘉定店、东方商厦青浦店、妇女用品商店中环店、华联商厦张杨店等成长型门店也实施经营结构调整。年内，百货业态积极探索“高档百货+食品超市”的经营模式。通过近一年的调研、探索，12月19日，第一八佰伴“新世纪食品城”开业，这是集团百货业态第一家高档食品超市。新世纪食品城面积3 800平方米，仅冰柜就有99台，商场各专柜配有LED显示屏，随时滚动播出食品城促销活动及商品信息。食品城商品以生鲜加工食品、进口食品为主。生鲜商品有来自日本、澳大利亚的牛肉和日本的鱼、蟹、虾及其他海鲜类产品，还有品种繁多的新鲜蔬菜和进口水果。食品城内日本寿司、意大利料理、西班牙料理、中华料理均由专业厨师亲自掌勺，现做现卖。恒温酒窖、雪茄吧在上海百货业态也独树一帜。

图6-2-2　2008年12月19日，第一八佰伴新世纪食品城开业

2010年6月25日，第一百货进口食品超市开业，是继第一八佰伴成功打造“百货+食品超市”新模式后的第2次尝试。经营面积为1 772平方米的第一百货进口食品超市，拥有万余种商品，合作的供应商有108家。年内，结合新上海商城商圈结构，百联股份探索华联商厦张杨店错位经营，从综合百货转型为追求商品线窄而深的主题百货，打造永安珠宝主题百货店。探索“永安珠宝主题百货店”和“进口食品超市”发展模式和连锁化经营。并进一步加大既存门店的调整力度，第一八佰伴完成2～7楼、1.1万平方米面积的调整，调整品牌达400个，品牌能级得到较大幅度提升；第一百货8楼调整为家电卖场，调整面积2 430平方米；东方商厦淮海店对2～5楼部分品牌调整，调整面积600多平方米。在推进重点项目调整的同时，东方商厦嘉定店、华联普陀店、东方中环店等门店进行点对点的品牌调整。

图6-2-3　2009年6月东方商厦南东店一楼

2011年1月31日，东方商厦青浦店重装开业，4、5楼原租赁商场划归门店自主经营，楼层经营布局重新作了调整，增加经营面积4 500平方米，新增运动休闲和儿童商品大类。6月，永安珠宝张杨店开业，营业面积约6 400平方米，第一家由中小型百货转型为主题百货门店，并于9月第一八佰伴和永安百货开设两个连锁专柜。年内，第一百货松江店4楼原“运动100”租赁商场整体撤出改由门店自主经营，楼层布局重新规划，经营面积增加近800平方，新增黄金珠宝大类。长沙东方商厦为配合购物中心调整定位，对1～3楼进行重新定位、布局和规划，调整面积约6 000平方米，引进ck jeans、GUESS等潮流品牌。南方友谊商城全新引进SISLEY、FANCL、SHISEIDO 3个化妆品领头品牌，2楼引进G&H品牌。永安百货引进SK-Ⅱ、施华洛世奇等品牌。第一八佰伴重点对2～5楼进行调整，涉及品牌225个，实际经营面积13 760平方米，新引进49个品牌。东方商厦杨浦店引进顺风大餐饮，增加人气和客流，对3楼及B1楼进行调整，调整面积近1 000平方米，调整品牌50个。第一百货二期1楼39号通道改造完毕，6楼商场新华书店全新开业，8楼家电商场的平台改造调整面积近1 000平方米。

2012年，东方商厦旗舰店“优化楼层布局和做强优势大类”，完成B1楼、3～5楼半的调整，涉及面积近6 700平方米，调整引进品牌近200个。第一八佰伴以提升品牌级数和整体形象为目的，重点对3、6、8楼进行调整，涉及面积近5 000平方米，调整引进品牌近150个。第一百货以提升门店形象和经营业绩为目标，对B1～5楼进行大规模调整，调整面积近4 700平方米，品牌近200个。东方商厦南东店错位经营和提升业绩，对1～3楼及8楼进行调整，涉及面积4 000平方米，调整引进品牌55个。东方商厦嘉定店调整1～4楼，涉及面积近1 600平方米。

2013年，东方商厦中环店扩建，新增化妆品类，梳理并提升女鞋品牌级数，适当扩大黄金珠宝面积。永安百货1～3楼进行较大规模的调整，引进六福、翠佛堂、千百度、斯莱德等品牌，调整经营面积近1 500平方米。东方商厦南东店品类增加，扩充以休闲和餐饮区域，在1楼引进星巴克并开辟9楼玖飨道，引进4家餐厅。东方商厦嘉定店提升引进六福珠宝、思加图、莱尔斯丹等知名品牌，调整面积近1 500平方米。此外，第一八佰伴、东方商厦旗舰店、东方商厦杨浦店、永安珠宝、华联普陀等既存门店持续调整，使商场的定位更为明确、品牌布局更趋合理。

【功能布局调整】

2004年3月，百联业态按照全方位服务的各项要求，实施服务设施提升。根据都市型百货、特

图 6-2-4 2000 年浦东开发开放 10 年之际的第一八佰伴

图 6-2-5 2007 年 12 月东方商厦旗舰店一楼商场

色百货、社区百货等不同定位，实施盥洗室装修改造。虹桥友谊 1 楼盥洗室改建后，宽敞明亮，设施齐全，达到星级宾馆的标准；第一八佰伴盥洗室平均面积 60～70 平方米，侧重美化环境，配置了风景画和绿色植物，增加 170 多只节能灯；东方商厦投资 160 万元提高盥洗室材质，体现环境高贵典雅；第一百货 12 间盥洗室增设排风机，配置长春藤等植物，环境体现人性化；时装商店因地制宜采用简洁明快的材料，增设静音排风、装饰画，使历史老建筑盥洗室达到星级水准。注重服务功能提升。第一百货、虹桥友谊、东方商厦等在女盥洗室内设置婴儿护理台；时装商店扩出化妆台面积；第一八佰伴、东方商厦、第一百货均设有残疾人设施；各门店都配齐洗手液、手纸等用品方便顾客。东方商厦继 1 楼重组咨询台后，成立“客户服务中心”，进一步完善对 VIP 贵宾顾客的服务，不断提升公司服务能级。12 月 28 日，华联商厦一期改造工程竣工，外立面改建“修旧如旧”，恢复永安大楼 20 世纪初折中主义古典式建筑风格，重现老建筑历史原貌，并将屋顶露台恢复为屋顶花园，打造成上海的“经典百货”。

2005 年 4 月 28 日，华联商厦翻牌为永安百货有限公司。按照“经典百货”的经营理念，推出早有双狮迎宾、中有阳台萨克斯风、晚有泛光灯下永安风情的三大文化营销品牌等，并创新推出“一杯茶水、一张座椅、一副手套、一个托盘”的“四个一”贵宾式服务等。7 月，第一八佰伴对名品城进行三期扩建改造，按照南大门的设计风格，在崂山西路上开辟第一八佰伴的第 5 处入口——东大门，形成“开四面门，迎八方客”的格局。

2006 年，第一八佰伴开展“卓越服务三部曲”和员工服务技能大比武，提升服务品质。商厦为 80 位公司服务大使制作服务名片，提高介绍商品的针对性、专业性和有效性。商厦总服务台新增出售香烟、租借雨伞等，加上原先外币兑换、票务代理等，服务功能增至 12 项。为解决旺季的停车瓶颈，商厦实施车库改造工程，将车位数增至原先的 2 倍。

2008 年 9 月 27 日，第一百货建成以来最大规模的整体修缮工程完工全新开业。改建后的商场环境更显人性化，自动扶梯的整体移位并改成交叉式、地下停车库的配置、商场通道的增宽，3 楼以上各商场均设置有咖吧、茶座和餐饮。增加盥洗间并设有无障碍设施。商店新开通的中门上方设置穹形天棚，提高舒适度。新型空调、通风设备以及新型节能型照明灯具，不仅进一步改善商场空气质量还节电 30%左右。新、老楼形成一体后，第一百货的建筑面积由原来的 3 万平方米增加到 7 万多平方米。年内，“百联杯”2008 年上海优秀商业购物环境评选活动揭晓。东方商厦旗舰店荣获评选最高奖项——优秀购物环境大奖。第一八佰伴、虹桥友谊商城获得优秀购物环境金奖；永安百货和东方商厦南东店分获铜奖和优秀奖。

2011 年，第一八佰伴经过调整，10.8 万平方米的经营面积，先后引进文化、娱乐、餐饮功能性业态经营面积 2 万多平方米，百货经营面积与功能性经营面积占比接近 4∶1，销售占比 17∶1；永安百货总面积是 3.2 万平方米，其中鲜墙房餐饮、星巴克等功能性业态经营面积约占 3 300 平方米，百货经营面积与功能性经营面积占比接近 10∶1，销售占比 20∶1；第一百货引进餐饮、娱乐功能性业态，还引进书店、银行及进口食品超市，使百货经营面积与功能性经营面积占比接近 2∶1，销售占比 9∶10。

图 6-2-6　2012 年 7 月，第一百货一楼商场焕新开张

2013 年，第一八佰伴 8 楼儿童用品商场从布局调整和特色营销入手，以“创造体验优良的中高端儿童商场”为诉求点，实施改造升级。商场在布局调整中以增加现场体验和提升品牌级数为抓手，一方面用配套服务吸引客流、树立口碑，另一方面用中高端品牌带动客单价的提高，从而弥补客流减少带来的损失。原有的“母婴休息室”改建“哺乳室”，增加婴儿床、沙发、饮水机和备有冷热水的洗手台盆，给目标顾客提供一个舒适、安全的空间。

二、购物中心调整

【管理模式转型】

2004 年 12 月，购物中心事业部确定以百联西郊购物中心作为建设项目样板和以百联南方购物中心作为社区购物中心的旗舰店，制定《工程项目建设基本制度》和《内部运营管理流程》，为建立购物中心管理制度框架打下基础。百联南方购物中心在管理中创建和完善一系列营运制度、管理方式、工作流程以及考核办法。从 ISO9001 质量管理流程的认证实施到发动中层业务骨干编纂《购物中心经营与管理》一书，从意识创新到流程再造等全方位地进行触及内部传统管理模式的大变革。对集团购物中心管理模式的转型提供借鉴作用。

2006 年 8 月，百联西郊购物中心和友谊百货长宁店首先实行“百购合一”管理模式的转换，即购物中心与主题百货合体联动、一体化管理的模式。管理模式转换后，两家企业班子合一，制度合一，人员合一，友谊百货员工基本按原岗位编制与百联西郊合并。两种业态的合体管理有效降低投资风险，减少选址困难，增强项目聚客与盈利能力，缩短项目培育期，降低人工成本。改建后的友谊百货长宁店更名为东方商厦西郊店。

2007 年 1 月 26 日开业的百联又一城购物中心，实施“百购合一”新模式，结合百联股份初具规模的购物中心和百货业态优势，以混合型购物中心的全新概念，重新定义购物中心的商业内涵。

2008 年 1 月 19 日，百联南桥购物中心开业，南桥购物中心、东方商厦奉贤店作为百联股份在郊区开出的第一家“百购合一”模式的门店。开业当年，南桥购物中心依靠主力百货东方商厦奉贤店时尚新潮的商品和奉贤第一家必胜客、第一家味千拉面、第一家屈臣氏、第一家好乐迪量贩式卡拉

OK 吸引消费者。“百购合一”这一模式，体现做强主题百货赢利培育购物中心、购物中心吸引人气反馈主题百货的优越性。

图 6-2-7　百联西郊购物中心内景(摄于 2008 年 8 月)

【业态结构、服务功能调整】

2004 年 12 月 29 日，由百联股份输出管理的百联世茂国际广场一期试营业，建筑面积 2.3 万多平方米，试营业期间共有 110 多个品牌分布在 7 个楼面。百联世茂国际广场开业后作业态结构调整，先后引进 STDUPONT、BROOK BROTHERS、PIOMBO 等 16 家品牌，占百联世茂 92 家品牌的 17%。其中有 15%为国内或上海首家专卖店，使百联世茂雄踞步行街品牌制高点。

2006 年 12 月 21 日，百联中环购物广场开业。购物广场位于上海市普陀区沪宁高速公路和真北路中环线交汇处，占地 10 万平方米，广场总建筑面积 43 万平方米，由购物中心、酒店、商务楼和酒店式公寓楼群组成。

2007 年 1 月 26 日，百联又一城购物中心开业，总建筑面积 12.61 万平方米，拥地上 9 层与地下 3 层，集中百货、餐饮、电影院、真冰溜冰场、餐厅、健身会所等特色业态，其中地上 1～6 层分布十大主题生活馆。5 月 31 日，百联世茂国际广场二期开业。世茂二期面积 3.5 万平方米，共有 10 个层面，引进 MARISA、ARTE、恩裳、玛斯菲尔等知名品牌，共计 1 902 平方米，经营定位是集购物、休闲、餐饮、娱乐为一体的百货购物中心。随着二期的对外营业，百联世茂整体面积近 6 万平方米。

2008 年，百联又一城购物中心北区以“打造年轻时尚的主题百货”为目标，调整近 200 个品牌，涉及经营面积 7 000 多平方米。百联中环购物广场东方商厦调整品牌 106 个，涉及经营面积 2 000 多平方米。

2009 年 4 月，百联中环购物广场对月星家居、申涌体育以及东方商厦中环店等近 10 万平方米经营场地进行第二次招商和调整。3 个月完成近 10 万平方米场地的调整招商，先后引进食品一店、宝大祥专业店和艾斯普利特、衣恋馆、汤尼威尔等 112 个品牌，引进体检中心、保龄球馆、室内卡丁车馆和一批知名的餐饮企业，全面提升经营能级。

2010 年 4 月 24 日，“扬族百货”开业。位于百联又一城购物中心内的“扬族百货”定位于年轻时尚的主题百货，是购物中心内部百货经营的一次尝试，调整涉及面积 8 317 平方米、六大类 122 个品牌。

2011年4月,百联集团与加拿大亿万豪剑桥公司首个合作项目——乐和城购物中心在长沙开业。乐和城不但吸引ZARA、H&M、C&A等快时尚消费品牌首次进入湖南,还引入丝芙兰、星巴克、芒果博纳国际影城等功能项目。长沙东方商厦作为购物中心的主力店,同步以全新形象亮相。引进CKJ、GUESS、REPLAY、TOUCH、G-STAR等潮牌,以及OOXOO、C.P.U、A&i、TNGT,AmeriBag等首次登陆湖南市场的时尚品牌。在品牌能级提升方面,年内,南方友谊商城全新引进了SISLEY、FANCL、SHISEIDO 3个化妆品领头品牌,2楼引进G&H品牌。百联金山购物中心和百联南桥购物中心进一步完善业态布局,引进日系服装集合店优衣库。其中,金山购物中心调整面积近2 000平方米,调整品牌30个。百联又一城重点调整扬族百货2楼及3楼少女装、4楼男士休闲服饰和南区绅士馆,引进Armani Jeans等品牌。

图6-2-8　百联又一城购物中心内景(摄于2008年9月)

2012年,百联西郊购物中心将百货区域3楼规划调整为经营男士商品,涉及面积450平方米,品牌35个。百联又一城购物中心推进B1～1楼、6～7楼的整体调整,涉及面积1.5万平方米。同年9月14日,集团批复同意百联又一城购物中心进口食品超市项目,在又一城购物中心B1层开设进口食品超市卖场,总面积为3 021.4平方米。提升又一城购物中心的商品档次,丰富商品布局,更好地满足周边商务白领、居民及游客的消费需求。年内,百联中环购物广场完成2～3楼调整,调整引进品牌37个,涉及面积9 000平方米。百联南桥购物中心引进永安珠宝,完成1～2楼调整,涉及面积2 700平方米,品牌23个。

2013年,百联南方购物中心咖啡甜品街建成开业,入驻的品牌包括哈根达斯、星巴克、COSTA、途尚咖啡、爱茜茜里、香芒山和茶香书香等,涵盖中西各类咖啡、甜品品牌,满足不同年龄层次消费者的需求。咖啡甜品街的新装开业,标志着南方购物中心与之前开业的美食城、娱乐城、家电数码城、童品城、眼镜城、工艺品城、化妆品城、玩具城、黄金珠宝城、钟表城和社区服务街形成“十城二街”。百联世博源购物中心二期招商建筑面积达28.5万平方米,定位中高端的商品经营与全新的餐饮、娱乐业态相融合,形成各类品牌旗舰店、体验店、概念店的组合。在布局上打破按大类集中布局的传统,采用按服饰风格男女混搭、配饰和服饰混搭的布局。餐饮和娱乐的比重突破性地超过50%,通过将清餐饮、咖啡和甜品穿插在服饰等零售中,解决项目纵向过长、消费者逛商场容易产生疲劳的问题,改善消费体验。全年共调整4家购物中心共1.01万平方米营业面积。12月10日,集团批复同意世博源新世纪食品城项目。世博源新世纪食品城建设面积约为5 626平方米,为商场B1层,分内外卖场,外卖场以招商为主,内卖场为自营超市。食品城于2014年开业。

三、奥特莱斯调整

2006年4月，青浦百联奥特莱斯(Outlets)品牌直销广场开业，首批引进 Emporio Armani(阿玛尼)、Lane Crawford(连卡佛)，VERSACE(范思哲)、Zegna(杰尼亚)等200多家世界著名品牌。其中，国际一线品牌有30多个。

图6-2-9　百联奥特莱斯广场(江苏无锡)的观光小火车

2012年，青浦百联奥特莱斯以提升名品名店形象为目的，通过商铺改建和调整、品牌扩柜、供应商调整等措施，增加商品品类，完善业态布局，提升销售业绩，调整涉及面积近7 000平方米。BURBERRY商铺改建成复式店铺后，增加营业面积近1倍。杭州、武汉2家奥特莱斯以提升经营能级和销售业绩为目标，在主动线、次动线上继续引进国际知名品牌，杭州百联奥特莱斯调整面积约8 400平方米，引进品牌51个。武汉百联奥特莱斯招商面积超过5 000平方米，引进一线品牌12个。

2013年，友谊股份投资1.03亿元，改造扩建青浦百联奥特莱斯。对A、B区部分建筑由一层加高二层，增加建筑面积15 329平方米，其中A区增加建筑7 606平方米，B区增加建筑面积7 723平方米，扩建后总建筑面积达114 278.11平方米。杭州百联奥特莱斯分别引进GAP和UGG品牌，入驻后品牌销售业绩稳步提升。武汉百联奥特莱斯着重优化品牌结构、提高品牌能级，引进GAP品牌、ARMANI品牌等。

2013年6月，无锡百联奥特莱斯开业。在坚持以往百联奥特莱斯特色的基础上，在业态、品牌、环境和服务方面进行升级。结构上打造下沉式广场，增设景观和服务功能，如观光小火车以及儿童大型游艺设施。尝试商品品类结构扩展，增加化妆品、厨具等商品大类，并首次引进小吃广场。通过其经营品类和经营内涵的提升，打造成为集休闲、餐饮、娱乐、旅游诸多商业业态于一体的第三代奥特莱斯购物广场。

第二节　供应链建设

一、战略联盟

2006年，百联股份建立与供应商的战略联盟，完成对现有供应商的调研，制定对供应商的评价指标及标准，统一招商合同文本，拟定包括化妆品、名品等12类商品共150家战略联盟供应商，并召开“供应商联盟大会”，与第一批150家战略供应商签订联盟契约，实质性启动供应商分级和积分升级计划，从制度、流程上保证百货连锁对外拓展的成功。

2007年，百联股份通过召开重点供应商座谈会，探讨与供应商进行更为广泛和深层次的战略合作。在百联股份业务集约平台初步建立的基础上，逐步梳理、整合成员企业与供应商的各项资源，形成企业分类、品牌分级和供应商分类管理办法。建立“新进供应商引进评审会”制度，定期召开评审会，按照量化标准对新引进供应商就企业实力、市场地位和发展潜力进行全面的筛选和评估，完善与企业发展相配套的供应链体系，继续扩大战略供应商的范围，年内新增130家战略联盟供应商。

2008年，百联股份继续与供应商保持相互的信息畅通，召开重点供应商座谈会和“机遇、合作、共赢”供应商大会，就共赢发展模式等方面与供应商进行深入探讨。为进一步强化新品引进评审制度，百联股份每月25日召开评审会议，每次提交评审的品牌数量40个左右，先后评审通过272个品牌（供应商），形成“前期预审—公开评审—跟踪分析”的3个环节。

2010年，百联股份把发展电子商务作为推进业务转型的一项重点项目，加大商品大类的开发力度，涉及13个商品大类、近1.5万种商品、138家合作供应商，初步确定将大类重心放在“食品、化妆品、婴童用品、小家电”4个大类。

2011年，友谊股份制订品牌招商实施推进计划，并完成第一阶段招商工作，近50家供应商采取联销合作模式，27家供应商采取品牌专卖店合作模式。

2012年年初，友谊股份创新供应商服务平台，加强与供应商的沟通。结合年中庆营销活动和市场态势，分大类召开重点品牌供应商座谈会，交流信息、取得共识。完善网站系统和功能开发，对网站前台、报表和会员管理等功能模块进行优化，新增线上供应商83家，品牌233个。

2013年，友谊股份对新进品牌评审制度进行改革，取消每月一次的新品牌评审会，重新制定《新进品牌储备和入选管理办法》，进一步规范品牌引进程序，提高引进质量。通过品牌库的建立，储备和优化新进品牌，根据门店的个性需求，提高品牌与门店的适配性，进一步加强品牌供应链的建设。

二、自营直采

2006年，根据集团对百货业务转型的要求，百联股份招商采购总部与意大利供应商洽谈，6月，派采购人员赴意大利采购以皮具为主的大类商品，8月，组织招采总部的相关人员赴法国采购商品，百货板块的商品采购金额400多万元，12月，顺利举办“法国商品周”。年底，在百联又一城和百联中环两个新建购物中心开设“意大利皮具馆”。

2007年，百联股份调整境外采购策略，有序推进自营品牌销售。3月、9月与意大利 buying office 合作，完成“2007秋冬季和2008春夏季”服装的订货，2次总订货量分别为235万元（成本金额）和189万元（成本金额）。年内，招商采购总部增加意大利精品皮具馆的店铺数，分别在东方商厦中环店、百联又一城、东方商厦南东店和第一八佰伴开设专柜，总店铺数量达到5家。9月1日开始，改变奥运特许商品原先由东方商厦南东店买断，其他门店经销的模式，改为由百联股份经销、各门店代销

图6-2-10 2009年第一八佰伴商场内景

的办法,促进奥运特许商品的销售,并新增友谊百货长宁店、永安百货、百联又一城3家特许专柜,奥运特许商品专柜数达到12家。

2008年,百联股份自营品牌管理系统全面实施,在第一八佰伴、第一百货商店、东方商厦旗舰店等8家成员企业全面推行,逐步提高自营商品比例。同时加强境外买断商品的经营,年内赴意大利、法国采购订货总额约40万欧元,新增2家意大利精品皮具馆专柜。通过完善自营商品管理、加强商品营销、优化库存结构、提高经营水平,全年自营品牌销售总额达到6 402万元,完成年初预算的102%,比2007年增长85.27%。转变自营品牌单一经营模式,给予资金、经营网络和机制保障,推进自营品牌业务模式转型。北京奥运会闭幕后,及时调整奥运特许商品经营策略,将经营重点转向控制压缩商品库存。

2009年年初,百联股份组织相关部门赴广州、深圳、东莞等地采购鞋类、T恤夹克类以及针织内衣类商品,扩大自采商品的销售。7月29日,"中国百联・欧洲零供贸易对接会"在上海四季酒店举行。百联集团大举引进进口商品,推进跨国采购。对接会共对接欧洲18个国家127家生产商,洽谈商品超过3 000种。10月,举办"2009法国商品周",推出首次进入中国市场的法国商品新品。与意大利GIUDI品牌签订总代理合同,12月11日,在东方商厦南东店开设第一家专柜。增加采购GUCCI、PRADA、TODS、D&G等名品8 000余件,着力推进自营品牌——意大利精品皮具馆。

图6-2-11 2013年10月,东方商厦旗舰店皇家道尔顿品牌传人签售会

2010年,百联股份继续推进自营品牌经营,将"意大利精品皮具馆"升级为"欧洲名品馆",以经营皮包、小皮件为主,适度增加名品库存买断商品,在百联股份成员企业开设9家专柜。同时加快推进总代理GIUDI品牌,增加休闲皮包类商品,拓展产品线,开设9家专柜。

2011年,友谊股份推进自营业务发展,在自营品牌经营上完成9家欧洲名品馆更名翻牌工作,增加名品经营比重,陆续引进PRADA、BV、Dior、GORGIO ARMANI及GUCCI等品牌,并重点利用奥特莱斯销售平台全力推进库存消化。新开GUIDI品牌专柜2家,皇家道尔顿品牌专柜1家,通过货源调整和多样化促销促进销售。

2012年,进一步拓宽采购渠道,完善自营品牌结构。友谊股份与皇家道尔顿品牌签订为期6年的中国区总代理合同,在集团系统外杭州万象城店和天津乐天百货店新增2家销售网点,皇家道尔顿品牌销售网点达到15家。年内,对百联南桥购物中心和百联青浦奥特莱斯广场"欧洲名品馆"实施重新装修升级。

2013年,友谊股份招商采购总部根据自营品牌经营实际,着手加快自营业务的创新突破。对皇家道尔顿自营品牌的专柜拓展,完善重要考量标准,如制定目标商场菜单,通过新开门店业绩跟踪,寻求自营品牌拓展的盈亏平衡点,改变"盲目开店,缺乏核算理念"的现状。确定发展皇家道尔顿品牌，停止发展GUIDI品牌，调整提升欧洲名品馆的思路，完善《招商采购总部自营大类考核办法》。优化总代理、总经销业务的每年境外采购模式，通过互联网进行预定和采购，快速应对市场变化，及时补充货源。

三、自有品牌

2005年6月，百联股份招商采购中心加大自有品牌开发力度，确定自有品牌以羊绒衫为突破口，重点打造在意大利和国内注册的“EALIO”“MEITHA”男女装羊绒衫自有品牌。相继开出第一八佰伴、东方商厦旗舰店2楼和3楼、东方商厦南东店、东方杨浦店、新华联大厦和东方商厦常州店6家商店7个专柜。

2006年，结合百货业务转型，加大自有品牌开发，提高经营毛利水平，进一步聚焦“EALIO”自有品牌，确定开柜数量和操作规程。全年百联股份自有品牌销售比2005年增长32.9%。

2007年，百联股份不断完善自有品牌经营，调整选择供应商。选择鹿王、锦典、帝高、圣雪绒等知名企业为合作伙伴，制订定牌商品订货计划和订货预算。同时，对“EALIO”皮具供应商进行调整和发展。年内，增加专柜扩大销售，在原有8家门店9个专柜的基础上，增加第一百货商店、友谊百货南方店、时装商店和妇女用品商店A馆4个专柜，“EALIO”自有品牌专柜总数达到13个。

图6-2-12　第一八佰伴(摄于2010年3月15日)

2008年，百联股份改变自有品牌经营模式，增加专柜数量、延伸产品线、丰富产品种类，重新设计包装专柜形象，提高门店的销售积极性，提升自有品牌经营规模和经营绩效。

2011年，EALIO羊绒衫和皮具自有品牌继续加强百联系统外网点开店速度，EALIO羊绒衫年内新增镇江商业城和镇江万千百货2家专柜。EALIO皮具市外网点新增5家，市内外网点扩大到42家。

2013年，友谊股份招商采购总部在自有品牌推进工作中有新的突破，从单一品类向多元化的商品品类上发展。与东方国贸初步达成合作意向，联合成立合资公司，选定衬衫作为首批开发的品类，并逐步向男士西裤、男鞋等其他品类延伸。同时，为进一步配合自有品牌的后续发展，在招采总部范围内开展自有品牌商标征集活动。

第三节　服务标准统一和提升

2004年6月，百货业态在第一阶段全方位服务工作推进的基础上，制定“服务质量”“环境设施”“管理目标”“顾客满意度”10个方面、100条标准。成立督察小组，对19家百货商店进行第一轮的检查和考核。东方商厦、第一八佰伴、第一百货商店、华联商厦等8家企业开通“幸福800热线”。东方商厦、第一八佰伴、第一百货东楼3家企业实施销售商品异店退货的服务项目。19家商店建立总督导岗位，加强现场服务管理。各商店还统一背景音乐，规范播音员的操作规程。增设楼层品牌导购示意图，进一步完善总服务台的功能，增加商场营业场地的绿色植物的布置等。第一八佰伴率先建立VIP贴心服务站，为VIP宾客提供休息、查询、咨询及自助服务的场所。

2009年，在迎世博倒计时300天之际，百联股份以“400服务受理热线”开通仪式为契机，启动统一的服务平台，统一服务受理热线、统一公司网站宣传、统一无障碍标准、统一窗口服务标准、统一窗口服务培训、统一窗口服务形象，全面实现统一的服务管理。

2010年，百联股份世博服务工作在继续做好“六大统一服务”的基础上，进一步加强全方位服务检查指导力度，通过组织现场服务交流研讨，开展管理人员培训等措施提升企业的服务水平。在上海世博园区的百联门店推出双语导购、免费雨伞租借、异店退货等措施。各成员企业推出特色服务举措，第一八佰伴成立14个语种的导购志愿者服务队等。

2011年，百联股份根据百货商店、购物中心和奥特莱斯三大业态的不同要求，修订完善《全方位服务标准》，形成百货2011版、购物中心·奥特莱斯版，同时启用相配套的全方位服务考核办法（2011版），进一步规范企业的服务标准化建设。

2012年，百联股份确立为“服务环境优化提升年”。年初，市内外的36家成员企业制订年度门店服务环境优化工作计划，重点关注以购物中心为主的门店服务环境提升，借助考核机制，从硬件设施、软件配套、服务功能、营运管理等方面入手，确立定性、定量两个方面的考核指标，全方位服务与优化服务环境工作相结合，坚持动态跟踪门店服务环境措施整改落实情况，对在沪门店进行4次季度性检查。

2013年年初，百联股份在2012年开展的第三方满意度测评结果的基础上，对顾客反响比较大、意见比较集中的问题，进行重点关注，进一步规范督察结果的汇总与反馈，统一设计并下发标准模板的现场督查情况表和社会督导督查情况表，及时将成员企业违反服务标准的现象反馈给企业，加强整改的力度。为配合新开企业的员工招募培训工作，适应成员企业日常管理和员工培训的需要，启动制作新的百货版和购物中心（奥特莱斯版）两个版本的培训教学片。每个版本依据不同使用对象，由“管理细则篇”“考核篇”和“新进员工篇”3部分组成。

第三章　电子商务转型提升

重组后的百联电商业务，充分发挥百联集团在零售渠道、商家信誉、支付方式等方面的号召力、影响力，利用综合优势加强在线商品销售，探索与网上零售相适应的营销方式，扩大网上商品销售业务量。百联E城交易平台大力拓展线上业务和服务功能，增加商品经营品类，探索网购店取、线下订购等服务，探索线上与线下业务联动及营销联合模式，交易额持续增长。集团成功获得第三方支付业务资质，顺利通过单用途预付卡备案，为集团进一步发展扩大优势。

第一节　业务重组

2006年9月，为进一步推进电子商务的发展，集团成立百联集团电子商务推进委员会。集团电子商务推进委员会下设工作小组，具体负责执行电子商务推进委员会的各项决定。12月4日，集团决定，突破原来联华电商经营业务、经营主体的局限，在联华OK网基础上重组成立百联电子商务有限公司，注册资金5 000万元，投资企业分别为：百联集团有限公司出资3 250万元持有64%股权，联华电子商务有限公司出资500万元持有10%股权，上海百联集团股份有限公司出资250万元持有5%股权，好美家装潢建材有限公司出资250万元持有5%股权，上海双盈信息技术有限公司出资750万元持有15%股权。是月，百联电子商务网站系统进入整体开发阶段，搭建数据库系统框架；百联E城的网站架构基本成型；急需设备和系统软件到位。与此同时，由百联电商开发的好美家购物网站、奥特莱斯、百联世贸、友谊商店的网站也基本成型，并与第一医药、三联集团和物贸股份达成网站开发的意向。

2007年，佳家网整体迁移到百联电商的jaja123.blemall.com网站试营业。百联电商利用技术优势和设备资源，年内重点为集团内企业开发各类信息展示和交易网站，包括好美家总部网站、友谊百货南方购物中心网站、上海百联世茂国际广场网站、上海奥特莱斯品牌直销广场网站、上海友谊商店网站、友谊百货长宁店网站、友谊百货南方店网站、华联商厦普陀店网站、上海三联集团网站、上工批网站、百联西郊购物中心网站、东方商厦南东店网站、联华生鲜食品加工配送中心网站等约20个网站。电商业务重组意义和效果初步体现。

2007年10月，为了开展服务贸易业务，上海百联电子商务有限公司投资成立上海百联商贸有限公司，注册资金500万元。

2009年年初，百联电商针对办公耗材、礼品、电子数码产品的巨大需求市场，整合原有的业务项目，成立团购业务部。3月，集团同意百联电子商务有限公司投资成立上海奥飞斯文化用品有限公司，从事文化用品的服务贸易业务。10月，百联股份设立电子商务部，实施B2C电子商务项目，在百联电商开设百联股份网上商城，由百联股份B2C电子商务提供独立的网站结算体系和技术维护等服务。12月25日，百联股份网上商城举行开业仪式。百联股份网上商城的特色板块有网上奥特莱斯板块、食品与保健品板块，以及特色礼篮和礼盒服务，上线各类商品约5 000种。年内，百联E城网上销售产品达到11.68万件，全年实现电子商务交易额12亿元，完成计划266.7%，进一步体现重组后的集约效应和规模效应。

2010年3月15日，根据佳家网业务量不断增加、注册资金偏小不利于业务发展的状况，集团同意上海亦佳电子商务有限公司增加资本金200万元，使其资本金由100万元增至300万元。

第二节 创新业务

百联电子商务有限公司成立后，2007年，通过技术创新，开发百联E城网上商城交易平台，吸引集团内外60多家商户入驻，展示商品超过5万多件，平台效应逐步显现。先后为集团外部的企业开发特力屋网站、港隆国际网站、豫园电子商务网站、橱易网站、红樽坊红酒专卖网站和今申音像专卖网站等网站。百联电商与上海电信IPTV运营中心完成总体框架合作协议的签约，合作进行系统开发，在IPTV电视上推出一个“IPTV百联E城”一级频道，频道初期下设“日用消费品”“建材装潢”“汽车荟萃”“名店总汇”等4个二级频道。与东方电视购物频道(www.ocj.com.cn)开展合作，OK卡在线交易平台与东方电视购物频道实现实时购物对接。与团市委、城市青年网、好美家等单位合作，举办“金秋婚典——婚庆商品团购活动”，有100多家厂商、200多家品牌参与。与快钱和易宝支付平台合作，开展双向的结算支付，为网上购物和OK会员卡用户提供支付结算服务。与上海申美饮料食品有限公司合作，通过百联E城网络平台和96801电话平台，经营上海申美桶装饮用水订购业务。年内，上海百联电子商务有限公司和北京光音盛世信息技术有限公司共同投资成立上海光联电子商务有限公司。注册资金500万元，其中百联电子商务有限公司出资225万元，占45%；北京光音盛世信息技术有限公司出资275万元，占55%。主要开展面向网吧以及其他专有渠道提供数字内容统一支付平台服务；面向渠道零售商提供统一支付网关服务；面向终端用户提供统一支付卡服务；进行游戏卡、杀毒软件等产品的代理和经营业务。

2008年，百联电商提升OK卡交易技术，拓展OK卡的应用商户。进一步推出RFID非接触式卡离线交易与OK会员卡在线转存相结合的交易模式，在上海市公安局上万名干警的20多个食堂就餐系统试点应用。通过开通OK卡在线缴付各类公用事业费等功能，增设OK卡的团购销售网点，发展OK卡特约商户3 725家，实现在线交易31.6亿元。与好美家合作推出好美家OK会员联名卡，与中国银行合作发行中行·百联OK联名会员卡，与广发银行合作共同发行广发·百联OK联名信用卡，与地产星空合作推出针对购房用户的地产星空OK会员卡，与太平洋保险合作推出太平洋寿险OK联名卡。为了进一步开展互联网业务，扩大电子商务商品经营范围，增加新的业务增长点，经过对专业从事日本商品邮购和电子上网的中日合资企业上海百必百商贸有限公司的市场分析与风险评估，11月，百联电子商务有限公司以1元对价收购甲斐整美(上海)电器安装装饰有限公司持有的上海百必百商贸有限公司5%股权，增加日本品牌护肤化妆品、保健瘦身品、家居日用品和服饰、家电经营品类。同年，百联电商专门成立电子商务工作推进办公室，加大B2C、B2B业务推进力度，相继开展手机、电脑数码、办公用品、家用电器等经营业务。

2009年，百联电商成立商务拓展部，开拓各类相关和配套的业务。在开通网上水电煤公用事业缴费、机票电话订购的基础上，进一步开发报纸杂志、保险产品、彩票网上和电话代理自营业务，同时与航信公司的直联接口，开展网上各类机票的自助订购业务，实现各类第三方交易191万笔，共计4.2亿元。成立通信游戏卡部，推进通讯卡、游戏卡网上销售，在各大通信公司大幅度降低30%以上代理费率的基础上，全年网上销售各类通信游戏卡24.7亿元，比2008年增长

75%。利用公司的大量团购会员资源，组织适应团购用户的世博会门票、世博特许产品等产品销售，共计销售世博会门票24.8万张，销售世博特许产品计155万元。

2010年，百联电商把手机充值卡、IP电话卡、游戏卡、杀毒软件等各类卡类业务的经营，集中到通信游戏卡部，理顺内部流程和对外关系，改进支付功能、用户服务和管理效率，提升esale批量代理商销售系统应用功能，在各大通信公司大幅度降低代理费率的基础上，全年网上销售各类通信游戏卡25.81亿元。利用公司团购会员资源，拓展世博特许产品的市场，累计代理销售世博会门票200万张，销售世博特许产品2 399万元，销售世博特许纪念OK卡24亿元。年内对百联E城、联华OK网、OK数卡网、OK会员网、佳家建材网、OK手机城、生活OK网等进行全面改版，新增世博特许产品专区、OK金饰网，促进网上浏览量的增加，百联E城访问量达4 201万人次，比2009年1 771万人次的点击量增加237%。成立专门的订单和配送部门，加快订单处理速度，与大型第三方物流建立配送系统对接，完善对自营重点商品从支付、订单处理、进货、配送、查询等整套网上电子商务的流程控制和管理。百联电商加强技术研发，拓展OK卡的应用商户，优化应用环境。年内，根据6月21日央行发布的《非金融机构支付服务管理办法》，集团明确百联电商作为集团开展电子商务、第三方支付服务和会员制业务的平台，尽快调整现有业务，加紧向央行申请非金融机构支付业务许可证。9月1日起，集团终止百联电子商务有限公司、联华电子商务有限公司等有关公司的OK积点卡发行业务。为集团预付卡发行做准备，集团同意百联电子商务有限公司所属全资子公司上海宇联文化办公用品有限公司更名为上海百联集团商业经营有限公司。同时，为了有效整合集团所属电子卡发行平台，更好地满足非金融机构提供支付服务办理支付业务许可证的条件，经上海市国有资产监督管理委员会批复同意，上海宇联文化办公用品有限公司100%股权协议转让给百联集团。根据央行对第三方支付机构出资人条件限制，11月30日，同意百联电子商务有限公司投资新设支付服务公司，公司注册资金1亿元，其中首期注册资本5 000万元，由百联电子商务有限公司以现金方式100%出资。12月底，第三方支付机构安付宝商务有限公司成立。

2011年8月，集团明确全资子公司上海百联集团商业经营有限公司是集团单用途商业预付卡的管理主体，负责卡的制作、网点卡机铺设和内部清算工作。12月31日，百联电商安付宝公司成功获得中国人民银行颁发的多用途预付卡业务资质。年内，百联电商获国家商务部命名的“电子商务示范企业”称号，这是上海地区唯一获此殊荣的国有商业零售电子商务企业。

2012年5月1日，百联会员卡正式发行。年内，百货礼品部克服世博特许商品完全退出经营的不利条件，通过调整优化商品品类，开拓增加金银饰品和收藏礼品两大新业务。大力推进通讯卡直充业务，直充业务比2010年增加约3倍。改进支付功能、用户服务和管理效率，全年通信游戏卡部实现网上交易额25.04亿元，比2010年增长80.55%。推出各类网上团购活动423场，实现销售604万元。百联电商自营电子商务交易额达到35亿元，完成年度计划指标的116%，比2010年增长31%。年内，百联电商在做好自营业务的同时，利用百联E城平台的品牌优势，加大商品类入驻商品的开发力度，百货礼品部拓展入驻商户数26家；综合业务部引入携程网，使百联E城建立机票、旅游、酒店预订等专业旅游产品频道。创新预付卡销售的方式，改变以往网点贩卖单一销售方式上，构建网上网下立体的预付卡推广体系。百联E城实现电子商务交易额37.4亿元，比2011年增长5.35%；预付卡发行完成年度预算目标的145%。12月14日，集团单用途卡通过市商务委备案，被授予首批10家企业备案编号及“上海市单用途商业预付卡首批备案企业”铭牌。百联集团同时拥有多用途、单用途两种类型的预付卡。

2013年1月6日，安付宝商务有限公司获中国人民银行颁发的非金融机构第三方支付许可，业务类型由原预付卡发行与受理（仅限上海市）变更为预付卡发行与受理（仅限上海市）、互联网支付（全国）、移动电话支付（全国）、固定电话支付（全国）。百联电商与快客便利发挥双方资源优势，于8月中下旬正式开启“O2O快客网订店取”业务，即用户在百联E城选购商品全额付款后，凭短信密码前往指定的快客便利门店自提。通过试点，业务覆盖上海市区、郊区295家快客自营门店。“O2O快客网订店取”，探索解决“最后一公里”的配送瓶颈，消费者网购的体验及便利性再次打开上升的空间。继上年百联电商与第一八佰伴尝试合作开通网上支付通道后，年底，第一八佰伴再次与百联电商实施营销联合模式，采取二维码手机支付的形式，利用手机移动客户端作为线下支付工具，通过手机支付账户充值—在手机上生成支付二维码—收银机上扫描二维码完成支付等三步流程，避免银行卡、预付卡和现金支付排队拥堵的低效率支付，简化支付流程，使购物更便捷。年内，新增平台入驻商户53个，入驻商户总数达到80家。做深自营商品，SKU总数突破10万个，相比2012年翻番。百联电商继续推进企业团购业务，与电力集团下属恒能公司达成共识，成立祥泓E城购物网站，为恒能公司员工提供后勤商品服务，服务网点达到25家。完成电商会员与支付会员应用级别分离，进一步将支付系统与电商系统从架构上进行综合改造，2套完全独立的会员系统对应不同的业务体系，实施不同的会员营销、服务和管理。年底，为进一步推进商务电子化工作，提升集团核心竞争力，经集团党委研究，决定成立百联集团商务电子化领导小组，负责确定集团商务电子化战略方向和实施方案，集团探索线上与线下业务融合踏上新征程。

第四章　重 大 项 目

按照中共上海市委、市政府"立足上海、走向全国、连接世界"要求，集团通过实施全国拓展战略，有效整合社会资源，加快集团的发展速度，保持国内行业领先地位。超商、综合百货等核心业态实施一系列的兼并收购举措，扩大集团的经营规模、市场竞争力和品牌影响力。根据总体发展战略，集团资源向超商、百货、生产资料三大核心业务板块倾斜，投资建设购物中心、奥特莱斯和大宗商品贸易重点业态和物流基地、配送中心等支撑体系一批重大项目。

第一节　兼 并 收 购

2003 年 4 月，百联集团成立。按照中共上海市委、市政府和市国资委的要求，和"注册上海、走向全国、连接世界"以及"服务全国、融入全国"的总体要求，年内，先后在沈阳、南京、北京、无锡、武汉等地开展一系列购并谈判。

2004 年 8 月，联华超市投资 1.2 亿元，收购并整合万利福超市 4 家 1 万平方米以上的综合超市、3 家电器专营店，增加经营面积 7.5 万平方米。并在石家庄周边地区拥有 17 家加盟连锁店，供应商资源和区域规模优势迅速提升。

2005 年 3 月，联华超市出资约 1 450 万元收购无锡中百超市(配销)有限公司(无锡中百)的 14 家超级市场门店、1.5 万多平方米经营面积，进一步优化联华超市在江苏地区集中化优势。4 月，联华超市以 1.07 亿元注资于广西最大型连锁超市企业广西佳用商贸股份有限公司"广西佳用"，持有"广西佳用"51%的股权，新增 77 家门店，包括 8 家大型综合超市、28 家超级市场、41 家便利店(其中 18 家为直接经营门店，23 家为加盟店)和库存总面积达到 5 万平方米的配送中心，提升配送和批发两方面的优势。年内联华快客完成对上海美亚 21 世纪便利 51 家门店的接收和改造。新路达汇丰医药对太和堂等 2 家公司 7 家网点实施跨区域收购。

2006 年 1 月 17 日，上海百联集团股份有限公司收购宁波长发商厦有限公司 90%股权，受让价为长发商厦有限公司经评估后公司净资产的 90%。长发大厦共 9 层，融商业、酒店为一体的综合大楼，大厦占地 4 114.8 平方米，总建筑面积 21 330 平方米，其中商场经营建筑面积 15 485 平方米。3 月，长沙百联东方商厦有限公司收购长沙怡海置业有限公司 100%股权，资产总价约 5.304 亿元，商业建筑总面积 75 768 平方米。9 月 30 日，长发商厦进行改造调整后重新开业，更名为宁波百联东方商厦有限公司。12 月，百联集团收购上海建配龙房地产有限公司 100%股权。建配龙房地产有限公司拥有"中环生活广场"房地产项目的开发权。"中环生活广场"位于上海市普陀区真北路 1531 号，土地面积为 53 361 平方米，规划建筑面积 257 262 平方米。

2007 年 11 月，百联股份收购宁波百联东方商厦有限公司 10%股权，全资拥有宁波东方商厦。12 月，华联超市股份有限公司收购崇明供销超市有限公司 70%股权，收编 1 个配送中心、4 个配送批发站、28 家直营标超，增加 145 家加盟店。

2008 年 1 月，百联股份以 9.2 亿元收购沈阳新拓鹿城置业发展有限公司 100%股权，获得位于沈阳市沈河区青年大街 55 甲"领先国际"项目的商业物业。"领先国际"项目地上 1～5 层及地下1～2层，商业建筑面积10.45万平方米。

2009年2月，集团以10.56亿元转让价格协议收购上海实业医药投资股份有限公司及其全资子公司上海华瑞投资有限公司共同持有的上海实业联合集团商务网络发展有限公司100%的股权，从而间接持有联华超市21.17%的股权。同月，上海新路达商业(集团)有限公司以5 895万元价格协议收购徐汇区国资经营公司39个网点产权，获得网点建筑面积11 898.39平方米。4月，杭州联华华商集团有限公司收购杭州中都超市管理有限公司100%股权；百联股份以5.85亿元收购金山金天地购物中心项目，总建筑面积约8.5万平方米，其中地上5.5万平方米，地下3万平方米。

2010年3月，百联(香港)有限公司收购K. P. I. (BVI) Retail Management Company Ltd.公司100%股权，收购完成后，华联吉买盛成为集团全资子公司。7月，上海第一医药股份有限公司收购上海崇明医药药材有限公司51%的股权，将其更名为上海第一医药崇明医药药材有限公司；上海新路达商业(集团)有限公司收购集体联合会资产。

2012年1月，上海友谊集团股份有限公司启动收购武汉市奥特莱斯股权项目。9月，友谊股份通过收购上海鹏欣国际家纺投资建设有限公司85%股权的方式获得杨浦郡江国际项目商业资产，收购物业总建筑面积约85 342.77平方米，资产收购总价为7.97亿元，打造百联杨浦滨江购物中心。12月，上海现代物流投资发展有限公司收购上海唯新企业投资有限公司100%的股权，取得嘉定区科茂路物流基地。

2013年5月，友谊股份在安徽省安庆市大观区以整体收购形式开发百联安庆购物中心项目。总建筑面积约7.6万平方米。7月，友谊股份收购武汉百纵商业发展有限公司51%的股权，收购对价为人民币10 782.3万元。对武汉奥特莱斯从输出经营管理方式转为控股经营管理。

第二节　重大项目建设

2004—2007年，集团重大建设项目共有9项，主要分布在购物中心、奥特莱斯、百货和物流基地项目建设，包括百联西郊购物中心、又一城购物中心、一百商城、长桥物流基地、全方物流二期、森大木业迁建、上海青浦奥特莱斯、新华联东扩、百联南方购物中心扩建等项目。其中，百联西郊购物中心项目总用地面积为34 153平方米，层高4层，地下局部2层，总建筑面积为11万平方米。项目于2002年12月动工建设，2003年12月结构封顶，2004年9月工程基本完工，9月28日试营业，12月2日正式开业。又一城购物中心项目占地1.47万平方米，总建筑面积约13万平方米，包括地上9层和地下3层。2004年9月28日工程正式开工，2004年年底完成全部工程桩的施工，2006年年底基本完成外立面施工和主要机电设备安装，装修工程正进行地下1层南端与环岛下沉式广场连接通道的装修。2007年1月26日开业。长桥物流基地项目面积为277 229平方米。长桥物流国债第一阶段项目为两栋轻钢结构仓库(1号、3号仓库)，于2003年10月21日开工，2004年10月完工并正式投入使用。第二阶段工程于2005年竣工。漕河泾分基地工程2005年12月28日正式开工。全方物流二期项目占地面积45 473平方米，项目总建筑面积27 780平方米，其中单层仓库面积15 140平方米，3个层面仓库面积12 466平方米，并建设GPS全球定位系统一套，对公司原有的计算机管理信息系统、供应链管理信息系统等进行改造扩建。项目于2003年4月正式开工，建筑安装工程全部结束并进入试运营，处在验收和审计阶段。一百商城项目占地面积5 068平方米，2004年先后将申花大楼和大上海电影院的房地产权证办理至一百股份名下，并拆除太和大楼、大上海电影院和申花大楼，2004年年底达成金叶大厦转让协议。2005年1月7日，取得选址意见书后进行基础施工，并于2007年12月28日开业。森大木业迁建项目2005年年底完成搬迁项目的选址、可行性研究及论证、资产受让谈判签约、有关资产交接等工作。搬迁至南汇区新场镇沪南公路8587号原上海新锦木业有限公司厂址生产经营。2006年11月完成搬迁，至年底正在办理相关权证手续。奥特莱斯项目于2004年7月破土动工，至2005年年底工程建设已接近整体完工，进入收尾工作。2006年4月28日开业。新华联东扩项目2006年年底尚处于动迁谈判阶段。南方购物中心扩建项目2007年年底进行自动扶梯、电梯、锅炉、水泵、冷冻机房、屋面机房基础工程施工。9个项目至2007年年底合计投资金额28.23亿元。

2008—2010年，集团延续及新增重大建设项目共9项，其中延续项目有新华联东扩和南方购物中心扩建项目，新增项目包括桃浦物流基地改造、百联油库、第一百货老楼修缮、陆家嘴世纪大都会、重庆上海城、上海零星危险化学品物流基地、金山百倍购物中心等项目。南方购物中心扩建项目到2008年年底，1～6楼已完工开业，完成7、8楼总体布局和9楼业主设备划分。补充9楼遗留设备的订货并报投资监理审价。新华联东扩项目年初对外营业，办公楼装修完工，后广场地面已完工。桃浦物流基地改造到2008年年底，项目基本完工，竣工验收备案工作启动，完成消防、防雷、环保和卫生的验收及规划测量工作，进入规划、档案、质监备案等部门的验收程序。百联油库项目到2008年年底主体工程全部完工，2009年试运行。第一百货老楼修缮项目到2008年年底工程全部完工，各楼层都已重新开业。陆家嘴世纪大都会到2009年年底，A区累计完成工程总量的97%。2010年因世博会停工，11月1日复工。至年底，第2层土方开挖及外运全部完成，现场进行支撑钢筋绑扎和建筑工作。重庆上海城项目完成建筑物外立面装饰工程，进入收尾阶段。上海零星危险化学品物流基地建设项目完成项目前期的各类审批工作，2010年12月27日取得施工许可证。至年底，土建和安装工程逐步推进。金山购物中心项目于2010年9月28日开业。至2010年年底，9个项目合计投资金额17.43亿元。

2011—2013年，集团延续及新增重大建设项目共11项，其中延续项目包括陆家嘴世纪大都会、上海零星危险化学品物流基地，新增项目包括无锡百联奥特莱斯、江桥物流基地、世博源购物中心、杨汛桥物流配送基地、崇明新城购物中心、龙水南路综合开发项目、建配龙购物中心、南京奥特莱斯广场和义乌都市生活超市。陆家嘴世纪大都会项目到2011年年底完成基坑围护第四道支撑，2012年春节前完成底板浇筑，年内完成百联区域电梯招投标工作。上海零星危险化学品物流基地建设项目到2012年年底完成消防、防爆、防雷、技防等验收工作。无锡百联奥特莱斯项目规划总建筑面积约20万平方米。到2011年年底，基本完成前期相关工作；2012年年底，该项目完成A区、B区主体结构封顶，启动外配电工程。江桥物流基地项目位于上海西北综合物流园区江桥基地，规划建筑面积总量为约19万平方米。2011年项目开工建设，截至2012年年底，进行主体结构施工。世博源购物中心项目位于世博园区浦东片区内，租赁原世博轴并经改造而成。改造后总建筑面积34.78万平方米。至2012年年底，项目一区试营业。杨汛桥物流配送基地项目位于绍兴县杨汛桥镇，建筑总面积为20万平方米。至2012年年底，进行土地招拍挂准备工作。崇明新城购物中心项目位于崇明城桥镇新城核心区，总建筑面积为22.18万平方米，主体购物中心建筑面积约10万平方米，商业街约2万平方米，其他商业约2万平方米。截至2012年年底，基桩工程开工。建配龙购物中心项目总建筑面积25.77万平方米，商业面积11.09万平方米，办公面积9.95万平方米；2012年年底，对项目原涉及的债权、债务等进行梳理。南京百联奥特莱斯广场项目位于南京市江宁区汤山新城核心区，规划总建筑面积约14.6万平方米。义乌都市生活超市项目总建筑面积5.44万平方米。2个项目均在筹备阶段。至2013年年底，11项已建，在建项目合计投入资金78.67亿元。

2004—2013年，集团25项重大建设项目共投入资金124.33亿元。

表6-4-1　2004—2013年百联集团重大建设项目情况表

项目名称	项目名称
百联西郊购物中心项目	桃浦物流基地改造项目(二期)
又一城购物中心项目	百联油库项目
长桥物流基地项目	第一百货老楼修缮工程
全方物流二期项目	百联金山购物中心项目
百联青浦奥特莱斯项目	上海零星危险化学品物流基地项目
一百商城项目	无锡百联奥特莱斯项目
森大木业搬迁项目	联华江桥物流基地项目
新华联大厦东扩项目	杨汛桥物流基地项目
重庆上海城项目	百联世博源购物中心项目
南方购物中心西侧扩建项目	百联崇明新城购物中心项目
桃浦物流基地改造项目(一期)	南京百联奥特莱斯广场项目
陆家嘴世纪大都会项目	建配龙购物中心项目
义乌都市生活超市项目	

第五章　明晰业务

百联集团组建时在册的独立核算企业903家，企业层级多达9级，其中，直接管理的企业502家。通过理顺股权层次，减少交叉持股，压缩层级，到2008年年底，集团所属企业在国资产权层级系统登记数为469家，其中纳入集团合并报表范围394家，按照企业层级划分共有7级。2009年，集团对所属的所有各级企业进行国资产权层级的梳理，根据“有所为，有所不为”的原则，进一步聚焦主业。至2013年年底，集团层级压缩到4级。

2008年，集团依据国资战略规划设定的战略目标及做大做强三大核心业务及三大培育业务，聚焦主业、收缩、退出非主业，清理壳公司，业务结构进一步优化。

第一节　压缩层级

2003年4月，百联集团组建时原一百集团、华联集团、友谊集团、物贸集团四大集团在册的独立核算企业903家，企业层级多达9级。其中，直接管理的企业502户。经过梳理和分类，将279家正常经营和发展前景较好的企业纳入相关事业部，走专业化、集约化、连锁化的道路。其余企业将按照债务交清理中心清理、下岗分流员工和离退休员工人员移交人力资源中心管理或转岗分流、房产土地交房产置业事业部开发、非主业但可持续经营的企业改制转让的思路进行整合。

截至2008年年底，集团所属企业在国资产权层级系统登记数为469家，其中纳入集团2008年合并报表范围394家。在上述394家企业中，按照企业层级划分共有7级，其中：本级企业1家、二级企业23家、三级企业113家、四级企业66家、五级企业67家、六级企业111家、七级企业13家。在百联集团国资产权系统的469家企业中，按照企业层级划分也有7级，其中：二级企业有26家、三级企业有163家、四级企业有79家、五级企业有74家、六级企业有114家、七级企业有13家。

2009年，集团对所属的所有各级企业进行国资产权层级的梳理，找寻国资报表数（469家）和集团实际合并企业数（393家）的差异，并对差异企业分门别类，对新增合并企业进行国有产权补登记（11家），对集团非合并企业的国有产权进行注销或补充说明，对应办未办企业国有产权登记证的企业（92家）进行补办等。根据市国资委“纵向收缩运行层级、横向收缩管理跨度、点上收缩国有股权比重”的要求，集团制定《百联集团投资公司股权调整与资产经营管理公司设立方案》，并依此设立资产经营管理公司，对部分企业的股权结构做初步调整，为下一阶段理顺股权与管理关系，进一步推进非主业企业调整工作的具体实施做好充分准备。百联集团加强扁平化管理，通过理顺股权结构，减少管理层级，控制管理成本。2009年，集团产权层级为7级，既是由于历史投资关系形成，也有地方税收问题。根据市国资委有关要求，集团通过系统内合资企业独资化、相同业务企业合并等途径，促进企业层级、跨度减少，努力把集团的管理层级缩减到4级。年内，百联集团在调整非主业企业的同时，加强同类业务整合，有效减少管理层级。按照《公司法》、上市公司管理等相关制度的要求，并结合零售企业连锁发展、税收属地化等实际情况，对同类业务进行整合，并积极利用资本市场的各种手段，通过资产整合等措施，明显减少管理层级。

2010年，集团多次召开专题会议，制定落实具体的企业层级压缩方案，各公司通过清理关停、内部合资企业独资化、相同业务企业合并等途径，压缩存续企业层级，降低管理成本，提高管理效率。全年共完成企业层级压缩36家，除联华超市外，其他企业管理层级已缩减到5级以内。同时，根据管控要求，集团提升新路达、三联的管理级次。新路达明确新的管理架构；百联投资管理公司转型为资产经营管理公司后，进一步明确公司的功能定位。上海百联汽车服务贸易有限公司通过股权收购减少企业层级，分别收购上海悦安汽车检测维修服务有限公司持有的上海悦新汽车维修有限公司87%的股权、上海申物汽车销售咨询服务有限公司持有的悦新修理公司10%的股权及自然人股东持有的悦新修理公司3%的股权；收购上海市旧机动车交易市场持有的上海求是物业管理有限公司67%的股权、上海汽车交易市场持有的求是物业公司33%的股权。收购完成后，百联汽车持有两家公司100%的股权，使两家企业成为百联汽车二级公司。

2011年，累计完成层级收缩42家，超额完成全年23家的层级收缩年度计划。2012年，集团全年完成企业清理26家，其中注销14家、破产9家、股权转让3家；完成层级压缩5家，超额完成市国资委下达的清理任务。

2013年，集团清理任务超额完成。全年完成企业清理26家，其中注销14家、破产9家、股权转让3家；完成层级压缩5家，超额完成市国资委下达的清理任务。截至年底，集团层级压缩到4级。

第二节　非主业调整

2003年，按照中共上海市委、市政府和市国资委的要求，百联集团根据"有所为，有所不为"的原则，重点发展超商、百货与生产资料贸易三大核心业务；调整发展商业房地产、物流两大支撑业务；培育发展购物中心与专业专卖业务；逐步退出集团其他业务。同年，超商、百货、生产资料三大核心业务占集团总营业收入的比重为77%，优势十分明显。

2007年8月28日，集团第一届第四十次董事会正式确定百联集团主业目录：核心业务为超商业务、综合百货业务、生产资料贸易业务；培育业务为物流配送业务、商业置业业务、电子商务业务。主业目录上报上海市国有资产监督管理委员会。9月29日，市国资委印发《关于公布〈出资监管企业主业目录(第一批)〉的通知》，确认集团上报的主业目录并予以公布。明确2008—2010年主业发展目标、非主业调整目标和分年度实施计划，并采取切实措施，确保有关目标和责任得到分解落实。企业投资活动应遵循突出发展主业的原则，严格控制不属于主业的投资活动，避免盲目扩张，减少对非主业的投资，集中有限资源加快发展主业。

2008年，集团依据国资战略规划设定的战略目标，做大做强三大核心业务及三大培育业务的指导思想，集团非主业企业调整及壳体企业清理按照以下三大原则推进：对业务内容重叠的企业根据其所属的相关主业业务进行相应的归类、调整、合并；通过梳理长期投资、清理交叉投资和减少投资级次，以达到横向收缩管理跨度，纵向收缩管理层级的目标；对不符合集团战略发展目标的企业或项目予以调整，以聚焦主业、收缩非主业。年内，物贸股份全资子公司上海乾通金属材料有限公司为进一步做强主营业务，转让其持有的上海乾通阿波罗航空材料有限公司40%的股权；上海百联集团股份有限公司根据汽车销售非主业实际，从整合资产，突出主业，理顺对外投资管理出发，转让持有的上海一百永达汽车贸易有限公司47%的股权。

2009年，集团坚持横向收缩跨度，成立资产经营管理公司，采取“清、并、关、停”等方式，对非主业进行剥离调整，最大限度地盘活存量资产，支持主业发展。集团90%的资产集中在核心业务，90%以上的收入和利润来自核心业务。同年，百联集团成立资产管理部，根据集团的战略发展计划，综合考虑集团实际情况，对集团所属企业的股权结构、财务状况等进行全面梳理；按照市国资委关于“强化主业、剥离辅业”的要求，为加快推进集团资源整合，进一步提升集团核心竞争力，在各相关公司开展非主业企业情况调查，进一步摸清非主业企业名称、设立时间及股权结构、财务状况、工商、税务登记状况等情况。列出集团所属非主业企业的范围（113家）及具体企业名单，制定百联集团《非主业企业调整三年计划》与《主辅剥离及资产整合计划》，2009—2011年，计划通过股权出让、内部归并、转型或破产清理等方式对下属114家竞争力弱的非主业企业，以及主业中经营状况不佳、与主业关联度不高的企业进行调整。对一些盈利状况较好的非主业企业，通过产权交易市场整体出售，或在上海国资层面进行资产置换；少数与核心业务关联度较大的优质企业或资产注入核心业务上市公司；对一些规模不大的贸易公司，通过将股权转让给经营者的方式退出；对一些经营状况不佳的企业进行歇业退出，员工由集团负责安排解决，资产进行出售。具体采取“清、并、转、关”等4种途径。即“清”，对壳公司创造条件进行清理。积极争取政策支持，创造条件，妥善解决好尚存壳公司存在的大量历史债务、大额欠税、重大被诉案件等历史遗留问题，争取尽快清理完毕。“并”，对与集团主业有比较密切关联度、有一定竞争能力的业务进行优化整合。“转”，对与集团主业关联度不高，但经营良好、有一定发展潜力的非主业企业进行多种方式转让。“关”，对竞争力弱的非主业业务进行关闭。坚决关闭没有竞争能力、连年亏损的企业，止住出血点，让其占用的资源发挥应有的作用。对有大量员工的企业，将探索“人跟资产走”的方式，整体转让给相关企业集团或公司，以平稳操作。

2010年，根据市国资委行业收缩调整工作“总体规划、分类指导、全面推进、确保稳定”的指导方针，年初，百联集团上下在充分认识行业收缩调整工作重要性及意义的基础上，建立集团行业收缩调整工作领导小组，由集团副总裁挂帅，并组建了具体工作推进工作小组。根据市国资委的“三个方案同步”及“五个不出台”为要求，在具体工作中以“制定积极、稳妥、务实、有效”作为行业退出工作要点，针对上海利德木业有限公司等3家木材加工企业的行业退出个性化方案，采用内紧外松、先易后难、循序渐进、平稳实施的工作方法，确保木材加工行业收缩调整工作顺利实施，圆满完成市国资委要求的百联集团退出木材加工行业目标。截至12月底，上海利德木业有限公司等3家企业全面停业，基本完成人员分流安置，着手进行资产处置工作，并依据会计准则对会计报表不再合并。全年集团周密部署、紧扣目标、措施到位、责任到人，集团下属成员企业紧紧围绕发展主业、收缩非主业的目标，完成资产整合77家，其中注销企业48家、股权转让13家、归并转型2家、企业改制1家、减资退股5家、集约管理5家、行业退出3家，全面及超额完成市国资委对集团资产整合考核指标17家的452.94%、力争指标37家的208.11%，完成了行业退出指标的100%。

在2010年行业收缩调整工作基础上，2011年，集团继续贯彻“总体规划、分类指导、全面推进、确保稳定”的原则，更加注重“三个结合”（行业收缩调整与开放性市场化重组、企业管理层级压缩、产业结构调整工作相结合），采取“七个一批”（关闭、改制、放小、转型发展、梯度转移、冷冻、调整）的办法，坚持“三个方案同步”（行业收缩调整方案、社会稳定风险防范控制方案、人员安置和配套政策方案同步）和“五个不出台”（风险防范控制力不强的不出台，工作队伍未建立的不出台，工作方案不完善的不出台，困难职工实际问题未解决的不出台，政策资金未落实的不出台），力争平稳有序地实现“保五争六”目标，为“十二五”期间国资行业布局结构的调整打好基础。年内，加强对非主业企业的剥离重组工作，着力推进非主业的“开放性、市场化”重组联合。对与集团主业关联度不高，但经营良好、有一定发展潜力的非主业企业进行多种方式转让。将一些目前盈利状况较好的非主业企业，通过产权交易市场整体出售，或在上海国资层面进行资产置换。对一些规模不大的公司，通过将股权转让给经营者等方式退出。如注销凯恩宾馆；上海爱姆意机电设备连锁有限公司下级企业上海国际商品拍卖有限公司出让所持上海产权拍卖有限公司15%的股权。全年完成企业清理 53 家，其中注销关闭 29 家、股权转让 5 家、归并划转 19 家，超额完成市国资委下达的 2011 年 34 家清理指标，基本实现国资三年整合计划。木业加工业退出工作已基本完成，出租车业调整方案也已确定。2011 年，累计完成层级收缩 42 家，超额完成全年 23 家的层级收缩年度计划。

2012 年，根据集团 2012 年工作计划及领导要求，职能部门编制《百联集团 2012 年企业整合、层级收缩、行业退出、资产盘活工作计划》，并形成了目标考核责任书。通过对外投资参股情况专项检查工作，梳理集团及下属公司涉及参股企业总户数为 113 家，结合集团企业清理实际情况，通过股权转让、资产出售等方式关闭缺乏市场竞争力、连年亏损的非主业企业，列入清退计划 11 家，积极推进与集团主业关联度不高且具有一定发展潜力的非主业企业的退出工作。

2013 年，从事胶合板生产销售的出口型企业上海森大木业有限公司面临经营环境不断恶化、效益大幅下降和美国“双反”的压力，按照市国资委对集团退出木制品加工行业的要求，启动对森大公司退出经营、股权转让；上海一百假日酒店有限公司整合工作基本完成，初步具备注销企业的条件，启动规定程序注销一百假日酒店工作。

第六章 国内合作

集团以泛长三角地区为重点，加大实施全国市场拓展的力度，加快网点建设的速度，推进市场拓展战略的实施。以超商、综合百货为拓展重点业态，加强政企合作，与上海市区(县)和安徽、浙江、江苏、山东等地政府签署战略合作协议；加强行业合作，与安徽徽商集团、上海光明集团等国内大企业建立战略联盟；加强跨界合作，与中国银行合作，共同设立上海首家消费金融公司；联手上海绿地、陆家嘴、现代建筑设计、电影集团等企业签订战略合作协议，共同开发建设大型商业综合项目。在引进外资方面，与英国阿波罗金属有限公司、法国 TRAMAR 集团 BLD INTERNATIONAL s. A. s. 物流公司、法国蓝格赛集团、日本株式会社诺薇雅、加拿大亿万豪剑桥公司组建合资公司，并投资参与俄罗斯“波罗的海明珠”项目开发。

第一节 战略合作

一、市外发展

2003 年，集团进一步加大实施全国市场拓展的力度，加快网点建设的速度。全年净增网点 1 240 家，其中大卖场 35 家，标准超市 481 家，便利店 430 家，其他营业网点 294 家，新增营业面积 66 万平方米。营业网点分布到全国 22 个省、市、自治区，市外销售占集团销售的比例由 2002 年的 17%上升到 23%。年底，集团主要零售业态在江、浙、沪两省一市的网点 4 200 家，营业面积 220 万平方米，销售收入达到 535 亿元。

2004 年，集团发展工作围绕总体发展战略和“注册上海、走向全国、连接世界”以及“服务全国、融入全国”的总体要求，各业态的网点总数突破 6 000 家，净增加 1 127 家；营业面积达到 335 万平方米，新增 72.56 万平方米。其中，在长三角地区的网点总数达 5 152 家，同比增加 21.85%，占集团网点总数的 85%。年内，集团出台《百联集团有限公司长三角地区五年发展行动计划》，以超商大卖场、便利店、时尚百货、一站式购物中心、社区购物中心以及装潢建材超市为重点发展，向长三角地区杭嘉湖、苏锡宁等重点城市延伸。截至 2004 年年底，超商在市外网点数达 2 613 家，比年初净增 582 家；好美家在武汉形成规模优势，先后开出 4 家门店。百联天府购物中心、东方商厦常州店开业。

2005 年 1 月 6 日，百联集团与大商集团在大连就百联集团正式参与大商重组的有关事宜签订战略合作框架协议，共同组建“大商国际有限公司”。2 月 17 日，百联集团举行 2005 年全国发展战略沟通会。来自 23 个省市的驻沪办事处主任和上海市各区县商委主任共 50 多人出席会议。会上，集团介绍区域发展战略，并表示进一步加强战略联盟，内外协同，实现双赢。全年，集团各业态新增网点 1 438 家，净增网点 879 家，网点总数达到 7 163 家；集团积极推进“长三角五年行动计划”的实施，进一步提高网点布局的集中度。在长三角地区的网点总数为 5 880 家，比 2004 年增长 12%，占集团网点总数的 84%，营业面积达到 293.78 万平方米，占集团营业面积总数的 80%。其中联华股份在长三角地区的网点规模优势得到进一步巩固，江、浙、沪共新增网点

586家，占新增网点总数的76.70%。除长三角地区，集团在其他省市的发展主要集中在省会和重要的二级城市，如百货事业部选择长沙作为都市型百货在长三角以外地区发展的第一家门店。

2006年，集团在长三角地区既存网点6 362家，比2005年年底增长8.20%。其中联华股份在江、浙、沪新开网点395家，占新开网点总数的78.06%，累计网点存量达2 992家，占联华股份网点总数的78.92%。年内，百联股份市外新增3个网点，分别是哈尔滨购物中心、宁波东方商厦、百联长沙东方商厦。

2007年，超商、百货、专业专卖新增网点与经营面积主要集中在长三角地区，长三角实有网点6 357家，占比为89.27%。其中联华股份继续在长三角地区保持较高的发展速度和集中度；百联股份百联吉林购物中心开业。

2008年，集团实有网点7 385家，其中，市外网点2 765家，占37.44%。世纪联华、上海标超、联华快客、联华浙江公司完成全年新增网点80%集中在长三角地区。年内，百联股份百联沈阳购物中心开业。

2010年，集团新增4 500平方米以上大型网点15个，营业面积约40万平方米，在长三角地区的市场优势地位进一步得到巩固。世纪联华全力拓展泛长三角地区，新开网点6家，全国的网点总数达到96家(含联华郑州公司)，其中上海网点占比达34.42%；江苏网点占比达29.17%。联华浙江公司继续坚持以质量为核心的集中化策略，新开门店26家，比2009年增长18.18%。联华广西公司紧紧把握梳理与拓展并举的发展方针，细分市场，优化业态，新开门店7家，直营门店累计达到82家。年内，百联股份百联奥特莱斯广场(杭州·下沙)开业。

2011年，围绕集团《泛长三角三年行动计划》，各业态公司细化网点发展计划，全年集团新开大型商业网点18家，其中大卖场16家，购物中心1家，奥特莱斯1家，新增商业面积32万平方米，累计新增面积达到468万平方米。

2012年，经过3年的努力，集团泛长三角拓展共落实53个大型项目，百联奥特莱斯广场(武汉·盘龙)开业，是友谊股份走出长三角区域的首家奥特莱斯门店。

2013年，集团共计开业大型网点7家，增加商业面积超过17万平方米。截至年底，集团共有网点5 164个，市外网点1 709个，占33.1%。友谊股份台州百联东森购物中心、百联奥特莱斯广场(江苏·无锡)开业。超商市外网点占其全部网点的36.7%。

二、战略协议

2003年12月10日，集团与上海实业(集团)有限公司、上海锦江国际(集团)有限公司、上海世纪出版(集团)有限公司、上海电影(集团)有限公司共同签署《关于共同拓展全国市场的战略合作框架协议书》，根据优势互补、互惠互利、共同发展的原则，各方联手合作，在全国市场拓展过程中实施组团式发展，发挥各行业之间的协同作用，实现强强联合，组成战略联盟，巩固和发展在全国商贸流通、房地产和文化娱乐等行业的领先地位。

2004年2月6日，百联集团与重庆协信集团正式签署《重庆百联协信购物中心发展有限公司合资合同》，由百联购物中心事业部和重庆协信集团合资组建重庆百联协信购物中心发展有限公司，用3～5年的时间开设商业购物中心。3月31日，百联集团与工商银行上海市分行签订《银企合作协议书》，工商银行以50亿元综合授信额度支持百联集团发展资金需求。年内，集团与上海实业集团、锦江国际集团、上海绿地集团等签署协议，一致同意组建上海海外联合投资股份有限公司，开发俄罗斯“波罗的海”明珠地产项目。

2005年8月15日，百联集团有限公司与上海电影(集团)公司签署影院发展战略合作协议，以上影集团资源优势，在百联购物中心项目中实施影院设计建造、设备安装、电影资源合作开发。10月11日，百联集团与黄浦区人民政府建立商业发展战略联盟签约仪式及首届高层战略研究峰会在集团总部举行。百联集团和黄浦区政府联手打造国际一流南京路，在共同推进老大楼风貌保护、功能重塑，支马路配套开发，引进国际领先百货店，打造标志性零售店；联手开发北京路国际装备制造业服务贸易区；联手发展老字号品牌、共同拓展社区商业市场，共同整合中华老字号品牌资源等；联手推进苏州河沿岸(黄浦段)的功能开发；联手加强国际交流与合作等五个方面开展商业发展战略合作。12月20日，百联集团与长江经济联合发展(集团)股份公司全面战略合作签约。集团在实施“长三角五年行动计划”的过程中，更加关注巩固上海市场的领先地位，先后与卢湾、徐汇、青浦、闵行、嘉定、奉贤等区政府加强战略合作，加快在郊区、城乡接合部的布点工作。12月17日，集团与上海世纪出版集团合资组建上海百联世纪图书连锁有限公司，构筑中国图书连锁新网络，首家门店——百联世纪川沙书局开业。

2006年8月25日，“百联集团郊区商业发展恳谈会暨项目签约仪式”举行。嘉定区人民政府与百联集团签署区域商业发展战略合作的框架协议；上海百联集团股份有限公司与上海南方国际购物中心有限公司签订购物中心项目合作协议；上海百联集团股份有限公司与上海同运百货有限公司签署北上海广场项目合作协议。10月18日，百联集团与绿地集团全面战略联盟及项目合作签约仪式举行。根据白联集团和绿地集团战略合作协议，双方就有关项目达成初步合作意向，首批合作商业地产项目超过8万平方米。11月27日，百联集团与南汇区政府签署全面战略合作协议暨项目合作意向。双方联手共同构筑前瞻性商业网络体系，形成合作拓展机制，加强行业和企业之间的多种形式合作，积极推动合作项目的落实等方面进行友好沟通协作机制。百联集团置业有限公司与周浦镇、航头镇、港城集团签订合作意向书；好美家装潢建材有限公司与惠南镇签订合作意向书。12月15日，百联集团有限公司与中国移动通信集团上海有限公司举行战略合作协议签约仪式。

图6-6-1　2006年，百联集团与南汇区人民政府签订合作协议

图6-6-2　2007年9月，百联集团与嘉定区人民政府签订合作协议

2007年3月29日，百联集团与中国建设银行上海分行举行银企合作签约仪式。6月14日，百联集团与交运集团举行战略合

作框架签字仪式，双方达成优势互补、互惠互利、全方位合作的共识。6 月 18 日，百联集团与金山区政府签署全面战略合作协议。百联股份公司与金山区枫泾镇签订合作意向书。9 月 11 日，百联集团与嘉定区政府举行“百联嘉定行暨合作项目签约仪式”。9 月 16 日，百联集团和金山区人民政府共同主办的“相聚百联，品味枫泾——2007 巡展活动”开幕式在百联世茂国际广场举行。这是金山区政府与百联集团在签署战略合作协议后落实推进的一个合作项目。10 月 10 日，百联集团与上海绿地集团签署《全面战略合作框架协议书》。

2008 年 1 月 2 日，百联集团与闸北区政府签署苏河湾现代服务业集聚区合作开发协议，双方根据市政府确定的苏州河沿线旧区改造土地储备计划，共同推进苏州河沿线土地储备和开发。5 月 28 日，百联集团有限公司与安徽省徽商集团有限公司签署战略合作框架协议，开展全面战略合作，共同推进两集团的发展。7 月 11 日，百联集团与奉贤区战略合作框架协议暨农副产品进超市、南方购物中心二期合作、开设世纪联华卖场等项目签约仪式在奉贤区举行。9 月 10 日，百联集团与光明食品集团举行全面战略合作框架协议签约仪式。9 月 12 日，在上海市都江堰市灾后重建(产业发展)项目推介会上，百联集团与都江堰市签署《关于发展区域商业战略合作意向书》。11 月 10 日，百联集团与上海建工集团举行全面战略合作协议签约仪式。12 月 16 日，百联集团与崇明县政府合作洽谈会在崇明县城桥镇举行。洽谈会明确，百联集团进一步加快重组企业的整合、提升和新的合作项目的重组进程，进一步参与崇明新城区、新市镇的商业建设。崇明县政府对百联集团实行两个全面开放，即全面开放行政资源和全面开放市场资源，鼓励当地企业和百联集团进行重组联合，达到互利双赢的目标。

2009 年，集团加强跨行业合作，与工商银行合作，集团获得上海首笔并购贷款；与中国银行合作，共同设立上海首家消费金融公司。联手上海绿地、陆家嘴、现代建筑设计等大集团签订战略合作协议，共同开发大型城市综合体，打造城市商业新地标。10 月 24 日，百联集团与马鞍山市人民政府战略合作协议签约仪式在马鞍山市举行，这是集团在泛长三角地区 41 个省辖市中，第一个建立政企战略合作的城市。仪式上，马鞍山市政府、百联集团签署促进服务业发展战略合作的框架协议；马鞍山中房置业公司与联华超市股份公司签订合作项目合同书。11 月 19 日，百联集团与陆家嘴集团签署战略合作框架协议。百联与陆家嘴两大集团合作，体现各自在商业经营和商业房地产开发上的优势互补、强强联手。签约项目中的世纪大都会项目，将在两大集团的合作下，成为浦东新区新一轮发展中的又一个商业新地标。

图 6-6-3　2009 年 11 月 19 日，百联集团有限公司与陆家嘴(集团)有限公司在浦东东锦江大酒店举行战略合作框架协议书签约仪式

2010 年 1 月 12 日，百联集团有限公司与上海医药(集团)有限公司签署战略合作框架协议，建立全面、深入的战略合作伙伴关系，以期建立起业务规模全国领先、商业模式新颖、核心竞争力强大的现代医药健康服务产业。2 月 10 日，百联集团有限公司与上海国盛(集团)有限公司签署战略合作协议，决定在战略层面建立合作伙伴关系，以双方主业拓展为核心，采用各种合作形式，相互支持、整合资源、拓展市场、实现双赢。9 月 15 日，百联集团有限公司与中国建设银行股份有限公司(上海市分行)签署百联龙卡项目合作协议。为进一步提升双方的品牌形象,发展长期、稳定、互惠的合作关系,同意合作发行以龙卡标准信用卡为基准的联名卡——百联龙卡。9月28日,百联集团有限公司与中国工商银行股份有限公司上海市分行签署全面战略合作协议,双方在"一、二级"现金管理平台搭建、债务重组和资产清理、重大项目投融资及银行配套服务等方面卓有成效的银企合作基础上,为百联集团提供全方位定制化金融综合服务,在联名卡发行、国际业务、非金融支付机构托管银行选立及百联集团各项新发展项目等方面加强合作。

2011年4月14日,集团与浦东新区商务委、建交委分别签订《支持浦东大型居住区商业套建设战略合作框架协议》《关于奥特莱斯建设的战略合作框架协议》。8月11日,百联集团与上海世博发展集团举行世博园区后续开发利用合作项目签约仪式。世博轴项目是由百联集团与上海世博发展集团共同开发建造百联世博园购物中心,经营面积达13万平方米。8月23日,百联集团有限公司中国银行股份有限公司上海市分行签署银企合作协议。在账户的开立和保留、授信和融资额度等方面开展合作。年内,集团进一步加强战略合作的工作力度,继续深化与锦江集团、绿地集团、上实集团、建工集团、现代设计集团等市属大型国有企业集团之间的战略合作关系,进一步加大业务合作的范围,形成互动双赢的战略合作格局。继续深化和拓展与市外大型集团之间的战略合作,进一步探索与徽商集团、夏商集团在电子商务等领域之间的业务合作。

2012年3月13日,百联集团与上海同盛(集团)有限公司在洋山深水港举行合作开发油品储备与油品销售业务合作意向书签约仪式。6月4日,百联集团与黄浦区人民政府举行长期商业发展战略合作协议签约仪式。合作期限由5年转变为长期。双方围绕共同推进黄浦区两大商业街(即南京路、淮海路)的商业结构调整和功能提升,共同推进外滩金融集聚带的建设,共同推进百联集团在黄浦区的发展等方面内容展开更深层次的合作。

图6-6-4　2012年,百联集团与上海银行签约

2013年7月,百联集团与上海恒能集团签署合作框架协议书。利用百联集团的采购平台,降低恒能集团采购成本,发展电子商务业务,拓展商务公司业务范围。

第二节　引进外资

2004年2月9日,集团批复同意华联集团出资194.17万美元收购日本株式会社罗森在上海华联罗森有限公司中的21%股权。收购后上海华联罗森有限公司中的股权结构为华联(集团)有限公司占51%,日本株式会社罗森占49%,合资公司的经营管理由中方全面负责。3月9日,商务部批复同意上海华联罗森有限公司的投资者株式会社罗森将公司21%的股权转让给华联集团。8月19日,上海乾通金属有限公司与英国阿波罗金属有限公司共同投资组建上海阿波罗—乾通金属材料有限公司(暂定名)。总投资300万美元,注册资金200万美元,其中:英国阿波罗金属有限公司出资120万美元,占总股本的60%;上海乾通金属有限公司出资80万美元,占总股本的40%。11月23日,百联集团与法国蓝格赛集团就上海地区成立合资公司项目初步协议签约。

2005年5月31日，集团批复同意上海汉克国际货运有限公司股权重组。商业储运公司、上海汉克国际货运有限公司与法国TRAMAR集团BLD INTERNATIONAL s. A. s. 物流公司合资重组。商业储运公司向法国BLD INTERNATIONAL s. A. s. 物流公司转让其持有的上海汉克国际货运有限公司14%的股权，商业储运公司持有上海汉克国际货运有限公司51%的股权，香港翘运公司持有35%的股权。11月11日，集团批复同意专业专卖事业部提出的与法国蓝格赛集团组建"蓝格赛—华联电工照明器材有限公司"的方案。年内，专业专卖事业部所属华联电工照明与法国蓝格赛集团的合资项目正式签约。

2006年2月28日，中外合资企业蓝格赛—华联电工照明器材有限公司注册成立。注册资金8 300万元。法国蓝格赛公司(Rexel Distribution S. A.)和上海百联集团股份有限公司分别出资5 395万元、2 905万元，分别占65%股权和35%股权。7月3日，中外合资企业蓝格赛—华联电工器材商业有限公司正式开业。10月19日，集团批复同意百联股份合资组建上海诺薇雅商贸有限公司(暂定名)。上海诺薇雅商贸有限公司(暂定名)注册资金500万元，其中上海百联集团股份公司现金出资125万元，占总股本的25%；上海联友理佳贸易有限公司现金出资125万元，占总股本的25%；日本株式会社诺薇雅(Noevir Co. ,Ltd)现金出资250万元，占总股本的50%。12月19日，集团印发《关于同意上海华联罗森有限公司股东变更事宜的批复》，同意上海华联罗森有限公司的中方股东由华联(集团)有限公司变更为百联集团有限公司。

2007年3月1日，集团原则同意生产资料事业部所属上海森联木业发展有限公司与上实集团上海海外公司、巴西HP公司在巴西合作投资森林资源，建设木业项目。项目投资总额为260万美元，其中上海森联木业发展有限公司出资104万美元，占总股本的40%；上海海外公司出资60万美元，占总股本的40%；巴西HP公司出资30万美元，占总股本的20%。项目购买森林砍伐权的地块，从事原木粗加工出口贸易业务。

2008年，集团积极推进合资合作工作，与加拿大亿万豪剑桥公司签署协议，约定在购物中心管理、开发等方面进行多层次合作，并就长沙百联东方合作项目达成一致意见。

2012年9月，集团同意上海百联集团资产经营管理有限公司延长上海可颂食品有限公司合资经营期限20年，至2033年7月。股权结构：上海百联集团资产经营管理有限公司持有20%的股权，新加坡Bright Vallcy Private有限公司持有80%的股权。12月，友谊股份通过上海联合产权交易所公开挂牌方式转让所持有的蓝格赛—华联电工器材商业有限公司35%的股权。

第七篇

企业管理

概　述

百联集团坚持规划引领，明确各发展阶段的发展方向和目标。先后制定《上海百联（集团）有限公司总体战略规划（2004—2015年）》《上海百联（集团）有限公司国资战略规划（2004—2006年）》《上海百联（集团）有限公司事业部（中心）三年规划（2004—2006年）》《上海百联（集团）有限公司人力资源规划、投融资规划（2004—2006年）》《百联集团有限公司“十一五”发展规划》《百联集团有限公司“十二五”发展规划》《百联集团有限公司科技创新战略规划（2006—2010年）》，确立集团的使命与愿景、业务组合战略、管控模式，描绘发展蓝图，制定发展目标。并根据市国资委要求和集团战略管理办法，制定滚动规划，加强战略规划的控制；制定相应的分类规划和行动计划，如《百联集团长三角五年行动计划》《百联集团“十一五”信息化发展规划》《科技创新战略规划（2006—2010年）》《百联集团2008—2010年郊区市场拓展行动计划》《法制工作三年规划（2009—2011年）》《百联集团2010—2012年泛长三角市场拓展的三年行动计划》，确保战略规划的实施。

在实施战略规划管理的基础上，建立完善各种规章制度，加强制度创新，规避经营风险。在经营管理方面，加强运行管理。建立市场应急体系，为保障市场供应，承担国企责任；连续6年，根据年度工作重点，持续实施强店战略，对标国际先进企业，推动业务模式转型和业务流程再造；发挥集团渠道优势，开展集团统一主题、统一设计的各种节日营销、主题营销和服务营销；加强食品安全管控，推动企业肉品流通安全信息追溯系统建设，做好问题商品的善后处置和长效管理机制的完善。严格资产管理。明确国有股权分级管理原则，加强国有股权转让监督，制定国有房地产管理办法和国有资产评估管理规定，维护国有资产出资人的合法权益。完善绩效管理。创建具有百联特色的全面绩效管理体系，坚持业绩评审会制度，建立业绩考核激励与约束机制，完善集团总部与二级公司高级管理人员的业绩考核办法。强化品牌管理。构建企业品牌、业态品牌和商品品牌组成的“伞状”品牌体系，强化商标保护意识和集团CIS的规范应用。

在证券投资管理方面，加强投资管理，先后出台集团并购项目管理、投资项目评审、投资项目管理、固定资产投资项目管理、股权投资项目管理等办法，严格各类投资审批权限和管理权责，对投资方向、业态分布、资金筹措、风险指数加以管控和规范。加强工程管理，开展工程项目咨询、审价和后评估，制定建设工程项目招投标、工程监理招投标管理办法和实施细则，进一步强化对建设工程质量、进度等过程控制。加强证券管理，制定上市公司证券事务管理办法，增强集团对上市公司重大事项分析、建议和参与；制定上市公司信息管理制度，规范内幕信息的保密和披露。

在财务管理方面，实行从财务预算向全面预算管理的转变，全面预算工作覆盖集团经营活动全过程，形成业务经营、投资、人工成本、财务、存量资产盘活处置和专项预算等全面预算体系。2010年，集团制定全面预算管理办法，全面预算管理提升为预算目标管理、经营预算管理、财务预算管理和预算绩效管理等4个子项目，使全面预算更加完整、细化，预算内容更加充实，预算执行与调整更具操作性。加强资金管理，集团成立结算中心，开发财务风险预警信息系统，设立财务公司，形成集团加强资金集约化管理特色。

在人力资源管理方面，探索建立新型劳动关系，置换总部和事业部管理人员身份，完善能进能出、竞聘上岗劳动用工机制；出台全面薪酬管理意见，设计具有激励性的薪酬制度，制定以集团宏观指导、企业分级管理为原则，以成本预算控制、专项费用落实为导向的年度工资总额管理方案，形成科学合理、兼具竞争性与公平性的分配机制。重视人才培养，加大后备人才的培养力度，输送青年骨干参加国外培训，开设后备高管培训班，以及各种店长培训班，出台高技能人才培养实施意见，进一步完善职工继续教育体系。

在内控管理方面，加强审计监督，制定内部审计制度、高管任期经济责任审计办法、委托社会审计办法、工程项目审计管理办法；建立三级内审网络，推动集团管理提升。开展效能监督工作，组建效能监察员队伍，实施对重大项目的效能监察；成立内控制度领导小组，开展内控建设专线调研，形成内控管理体系建设实施方案，针对集团因投资层级多、业态跨度大、管理关系复杂、风险易发点分散的特点，启动集团制定内控管理手册工作。

在专项管理方面，强化法务管理，制定合同管理办法、项目谈判法律咨询规定，建立三级合同审核体系，建立健全合同员队伍，实施法律意见书制度，使企业合同、协议、章程严谨、准确，提高风险防范意识。推动信息化建设，开发集团办公信息系统、合同管理信息系统和财务信息系统，提高管理效率。重视安全稳定，建立维护安全稳定工作三级网络责任制，制定安全生产实施方案，推进安全生产标准化建设，完善安全生产管理机构设置，进一步提高企业安全防范和应急处置能力。

第一章 战略管理

百联集团成立之初，聘请麦肯锡为集团发展战略提供咨询、建议，制定《2004—2015年总体战略规划》，并根据总体规划，先后制定国资战略规划、事业部（中心）三年规划、集团“十一五”规划和“十二五”规划，进一步强化战略管理，把握战略定位和发展方向。并根据五年规划，制定各种分类计划和行动计划。同时，按照战略规划管理要求，检查规划年度实施情况，细化年度实施计划。使集团进一步明晰业务体系，聚焦核心业务发展。至2013年年底，集团形成由超商、综合百货和生产资料贸易三大核心业务，物流配送、商业置业、电子商务三大培育业务以及其他业务构成的清晰的业务体系。

第一节 战略规划

2003年5月8日，集团举行发展战略咨询听证会，听取三家国际著名咨询公司罗兰·贝格、波士顿与麦肯锡“关于百联集团发展战略咨询项目建议书”的报告。集团领导班子对3家所提的项目建议书进行评估后，最终确定国际著名咨询公司麦肯锡为集团战略咨询顾问人选。“对标”世界一流零售企业，在集团内部开展21项专题调研，从集团的使命与远景目标、业务组合战略、管控模式、业绩文化框架等方面入手，编制完成《百联集团2004—2015年总体发展战略规划》。9月29日，集团举行发展战略咨询方案论证会。邀请有关领导和专家对麦肯锡公司所作的百联集团发展战略咨询方案进行论证。与会领导和专家认为麦肯锡方案内容全面，发展战略、组织结构、运营模式等符合实际，对集团下一步的发展具有参考价值。

2004年7月20日，集团下发《上海百联（集团）有限公司战略管理暂行办法》，明确集团战略规划由3个层次组成：集团总体战略规划、各事业部（中心）战略规划以及各经营公司战略规划。集团总体战略规划的重点内容包括集团的使命与远景、战略目标、战略环境分析与评估、战略指导思想与主要战略及战略的实施。各经营公司战略规划的重点内容包括经营公司战略目标、经营环境分析与评估、市场拓展策略、资源配置方案、前一年战略规划的差异和总结及其他重要内容。并提出战略规划的实施、监督控制和考核办法。同年，集团相继制定《2004—2006年国资战略规划》《2004—2006年事业部（中心）三年规划》等。至2005年年底，集团基本完成核心业态、发展业态、支撑业态的架构布局、资产整合、企业重组等工作，形成超商、综合百货、生产资料贸易三大核心业务。集团实现主营业务收入593亿元，利润总额8.6亿元，网点数7 163家，经营面积466万平方米。三大核心业态实现营业收入576.32亿元，占91.45%。集团的百货业务具有较强的竞争力，在上海的主要商圈都拥有知名品牌网点，继续保持上海市场的领先地位；超商业务在日益激烈的竞争中保持较强的竞争力；生产资料贸易业务具有一定的市场地位。集团的网点数量、面积和分布区域等资源优势领先于国内同行。物流与房产置业成为两大支撑业务。集团建立并完善新的管控模式，进行人事制度改革与机制创新，进行内部资源的整合与集约，促进核心业务的发展。“对标”一流企业，推进流程再造，上市公司整合完成一百股份和华联股份的整合并更名为百联股份，重大投资项目取得突破性进展，清理不良不实资产及债务取得明显成效，坚持以稳定为基础，创造良好的工作环境，初步形成集团企业文化框架。

2006年10月，集团制定的“十一五”规划，经集团一届32次董事会讨论，正式批准执行。“十一五”规划总体目标是确保集团流通行业“中国第一”的市场领先地位，为最终成为“国际一流”奠定基础。到“十一五”末，实现主营业务收入1 000亿元左右，利润总额15亿元左右，销售利润率达到1.5%，净资产收益率达到2%，总资产达到390亿元，资产负债率控制在70%以下。保持集团总体规模位居国内同行第一的市场领先地位。其中，核心业务位居国内市场第一，其他核心业务地位力争进入国内前3位。“百联”“联华”“东方商厦”“上海物贸”等集团主要品牌成为国内著名品牌；集团自有品牌的销售比例逐年提高。集团成为国内流通行业业态与经营方式的重要创新者，拥有国内领先、接近国际先进水平的运营管理体系。至2010年年底，集团实现营业收入1 149.48亿元，复合增速14.2%，利润总额20.6亿元，复合增速19.1%。经过“十一五”时期的发展，集团核心业务的市场地位进一步得到巩固和提升。核心业务包括超商、综合百货和生产资料贸易3个板块，实现营业收入1 114.25亿元，利润总额24.82亿元，比2003年分别增长205%和179.5%。核心业务营业收入、利润总额占集团的总业务比重持续上升。核心业务各板块业态比较齐全。超商业务拥有大型超市、标准超市和便利店3个业态。其中超商业务在快速消费品零售行业排行第一位；联华超市有限公司居快速消费品行业百强排行第二位；大卖场业态经营规模居全国同行业前5位；标准超市业态经营规模居全国同行业第一位；便利店业态网点规模居全国同行业第三位。综合百货包括百货商店、购物中心、奥特莱斯等综合性零售业态和医药商店、装潢建材超市、钟表眼镜专业专卖连锁店等多业态。百货业务经营规模居全国同行业第一位；百联股份在以百货或购物中心为主要业务的同类公司中处于领先地位。生产资料贸易主要有金属材料、能源化工、汽车服务等业务。生产资料贸易业务经营规模居全国省市级物资集团第三位；其中，上海有色金属交易市场交易量列全国第一位，旧机动车交易市场交易量居上海第一位。培育业务包括物流配送、商业置业、电子商务3个板块。其中，物流配送主要包括城市配送、危化物流、制造业物流等业务。商业置业主要包括商业房产开发、商业房产租赁和商业物业管理等业务。电子商务主要包括电话及网上零售和电子支付等业务。培育业务中，物流配送、商业置业对核心业务的支撑力度不断加强，电子商务业务的销售规模不断扩大，市场影响力不断增强。此外，集团的其他业务还包括国内日用品分销、进出口贸易、船舶供应等贸易类业务，拍卖、典当、寄售等特种服务类业务，以及宾馆酒店、出租汽车服务、家电服务等传统服务类业务。集团业务进入全国20多个省市，市外销售占整体销售的比例达到20%左右。在“十一五”规划期内，通过收购上实所持联华股权，提高集团对联华的控制力，完成联华股份对华联超市的股权收购，超商资本层面的整合基本到位，为业务层面整合奠定基础。通过再融资实现资本规模扩张，为企业发展提供支撑。完成第一医药的股权重组及内部医药资产的合并重组，为医药专业连锁发展奠定基础。根据由中国企业联合会、中国企业家协会公布的2010年度中国企业500强排名，百联集团列中国企业500强第28位，服务业企业第13位。根据德勤2011年发布的排名，百联集团列全球零售250强第70位，在中国内地入围企业中列第1位。

2011年5月19日，集团制定的《百联集团有限公司“十二五”发展规划》经集团第二届董事会第二十一次会议审议通过。明确2011—2015年“十二五”规划期发展目标，即跻身世界五百强，提升中国五百强排位，在上海企业百强、中国连锁百强中保持前3位。超商板块、百货板块保持国内行业前3位；生产资料贸易业务保持全国省市级物资集团前3位。巩固上海龙头地位，确立泛长三角优势地位，基本建成全国性网络体系。提出新一轮发展重点，即继续聚焦发展超商、综合百货和生产资料贸易三大核心业务，大力发展物流配送、商业置业、电子商务三大培育业务，不断扩大主业的销售规模，不断加强主业的市场影响力。进一步优化业务体系，聚焦发展大型综合超市、购物中心、奥特莱斯、大宗物资贸易与物流、电子商务等五大重点业态，积极开发新业态，梳理发展其他业务。通过实施全国战略、强店战略、资源整合战略、品牌战略和创新战略，进一步加强传统业务创新和新业务开发，并不断创新经营与管理，实现由传统业务为主向传统业务与业务创新相结合转变。9月19日，中共中央政治局委员、上海市委书记俞正声考察集团总部。他对百联"十二五"发展规划表示赞许，并希望百联在"十二五"期间加快发展步伐、创新商业模式，真正走向全国。至2013年，集团实现营业收入1 639.16亿元，比2003年增长294.60%；实现利润总额24.15亿元，比2003年增长297.9%。三大核心业务营业收入1 593.51亿元，比2003年增长336.20%，核心业务占比95.86%，比2003年提高7.91个百分点。集团以年营业收入252.02亿美元跻身世界500强第466位；物贸股份(生产资料)、友谊股份(综合百货)、联华股份(超商)在2013年财富500强中排名第46位、第105位、第154位。集团的三大培育业务也有长足发展，现代物流按照建成"现代物流集成商"的战略定位，以物流供应链建设为突破口进行延伸与拓展，初步形成包括运输、储存、加工、分拨、配送等完整的供应链服务模式和物流供应链，向技术密集的现代物流企业转变，经过10年发展，现代物流主营业务收入增长21倍，利润总额增长35倍。集团商业置业加大房地产管理力度，在加快处置低效存量资产中迅速成长，先后改造杨树浦路61号、龙吴路777号、抽纱大厦、四行仓库等楼盘，提高物业价值。百联电子商务公司在原联华OK网的基础上，转型打造百联E城网上交易平台，展示商品增加3倍。

第二节　规划实施

根据市国资委要求和《上海百联(集团)有限公司战略管理暂行办法》，集团重视制定滚动规划，加强战略规划的控制；制定相应的分类规划和行动计划，确保战略规划的实施。

2004年，集团相继制定《2004—2006年人力资源规划》《2004—2006年投融资规划》，为实现战略目标，在人力资源保障、投融资方面，提供支持。从8月初到10月底，百联集团开展历时3个月的长三角调查研究，超商、百货、购物中心、专业专卖事业部形成业态长三角五年行动计划。在此基础上，集团制定《百联集团长三角五年行动计划》。12月7日，集团召开工作会议，正式发布该计划。以长三角为重点发展区域，明确杭州、南京、宁波、无锡、苏州为重点发展城市。南通、常州、嘉兴、台州、绍兴、湖州、泰州、金华、扬州、温州、镇江、盐城和淮安为重点延伸城市。确定超商大卖场、便利店、标准超市、都市时尚百货、都市购物中心、社区购物中心和装潢建材超市为重点发展业态。

2006年，集团制定《百联集团"十一五"信息化发展规划》。围绕集团"十一五"发展规划整体战略目标，大力推进信息化建设，充分发挥信息化促进各业态迅速发展的重要作用。为管理、业务流程的再造，资源、信息的重组共享提供技术支撑。集团信息化发展的战略重点是形成集团高效的信息管理架构，完善信息基础设施；为集团监控企业建立切入点，管控企业运营风险和资产安全；在流程重组优化的基础上，充分利用现有的应用系统，进行升级和重新开发。实现各级数据仓库集约化管理，形成整个集团资金、资产、人力资源、知识的共享与增值；建立发展高效的供应链，形成优质的支持平台和有效的财务控制手段；加强信息资源的开发利用，为业务提供有效的运行管理工具；提高集团员工信息技术应用能力，发挥IT系统的效能。

2007年3月20日，集团上报《科技创新战略规划(2006—2010年)(草案)》，提出集团科技创新工作目标，即利用科技创新，加强企业业态创新建设；积极引进先进商业科学技术，初步形成适应集团发展战略需要的供应链体系；用科技创新丰富品牌的内涵，积极培育集团品牌体系，扩大自主品牌开发的品种和能力，进一步提升核心品牌的竞争力。确立规划期科技创新工作6个方向及10个重点项目。6个方向是：供应链体系平台建设；连锁业态管理系统平台建设；现代物流建设；电子商务平台建设；标超业态的转型与升级建设；老字号品牌产品开发建设。10个重点项目有：联华超市现代供应链管理项目、联华超市快客便利管理系统项目、百联股份连锁信息管理系统、智能化售药、高端供应链物流和危险化学品物流品牌、OK生活网平台、“爱姆意在线”电子商务平台、有色金属现货交易市场平台、联华超市标超业态转型与升级、开发镜片项目。物贸股份“上海物贸有色金属交易市场网上交易平台”和联华股份“多业态跨区域零售资源共享信息平台”均被列入2008年《上海市引进技术的吸收与创新计划》。

2008年3月7日，集团召开“郊区市场拓展汇报会”。会上，集团向上海市分管商业副市长，市经委、国资委领导，9个郊区县的主要领导和分管领导、经委主任介绍《百联集团2008—2010年郊区市场拓展行动计划》，进一步加快上海郊区项目的对接和落实，加快郊区商业布点，提升郊区商业能级，满足郊区日益增长的消费需求，为建设新农村和郊区商业的繁荣发展做贡献。为进一步推进长三角（郊区）市场业务拓展，7月9日，集团成立长三角（郊区）市场拓展领导小组和工作小组。

至2009年集团成立6年，已形成一套较为完整的法制工作体系，有一支齐全的法律骨干队伍；有一套完整的工作制度和流程；有一个完备的法律服务体系；有一套有效的法律救济措施；有一套管控下属企业的方法。2009年6月10日，为推进集团法制工作再上新台阶，集团印发《法制工作三年规划（2009—2011年）》，进一步加强企业法律顾问制度建设。建立企业总法律顾问制度；建立集团下属企业法律顾问队伍制度；建立法制工作进度通报和评价制度。完善企业法律风险防范体系。加强和完善企业规章制度建设；加强企业法律管理体系模式的创新建设；加强对重大项目重大合同法律意见书制度的推行力度；加强对重大法律纠纷案件的管理；加强法律救济工作和诉讼案件结案报告制度建设；加强对集团知识产权的依法管理和保护。9月18日，集团向市国资委报送《2009—2011年三年行动规划》。提出2009—2011年集团发展关键性阶段的发展思路，即明确建设一流商贸流通大集团目标，抓住在整合中发展，在发展中整合两个重点，突出全国战略、强店战略和人才战略三大战略，实现经营理念向现代化转变，经营方式向集约化转变，经营管理向信息化转变，经营机制向市场化转变。保持销售规模、营业收入、网点总数、经营面积、经营效益在国内同行“五个领先”。明确战略定位，即以消费品流通和生产资料贸易为核心业务，以物流配送、商业房产和电子商务为培育业务，建设以“中国第一、世界一流”为发展愿景的投资控股型商贸流通企业集团。

2010年3月12日，集团向市国资委上报《三年行动规划2009年度实施情况和2010年度实施计划》，对2009年度行动规划实施情况，从主业营业收入、利润总额、收缩层级、理顺股权关系、推进非主业企业调整、科技创新等多方面进行分析检查。6月8日，集团印发《百联集团2010—2012年泛长三角市场拓展的三年行动计划》。划定江、浙、沪、皖三省一市所辖40多个城市为泛长三角区域范围。明确购物中心（百货）、奥特莱斯、大卖场、装潢建材超市、汽车4S店、旧车交易市场和城市综合体为市场拓展的重点业态。大卖场、购物中心和奥特莱斯更为重中之重。百货店作为购物中心中的主力店组团发展，不再单独开店；医药、钟表眼镜、食品等专业专卖业态以跟随集团购物中心等项目的组团拓展形式，实施泛长三角市场拓展。并提出各业态拓展策略分类指导意见，明确拓展目标及分解计划。7月8日，百联集团召开泛长三角市场拓展行动计划专题会，进一步落实泛长三角市场拓展行动计划，为提高区域集中度，做大做实泛长三角市场，有力地支撑下一步全国市场发展战略的实现，落实拓展模式、拓展机制、资本运作、激励机制、核心技术等各项保障措施。

2012 年 6 月 6 日，集团召开《百联集团有限公司 2012—2014 三年行动规划》专家论证会，对规划期目标、结构、重点、内容等方面进行论证。并对集团进一步加强业态创新、模式创新、资源整合、产融结合、“走出去”发展等提出具体的意见和建议。7 月 18 日，集团董事会通过新三年规划。8 月 29 日，集团向市国资委报送《百联集团有限公司 2012—2014 三年行动规划》。

2013 年 3 月 28 日，集团向市国资委上报《三年行动规划 2012 年度实施情况和 2013 年度实施计划》。确定主业发展目标：进一步优化业务体系，聚焦发展超商、综合百货和生产资料贸易三大核心业务，大力发展物流配送、商业置业、电子商务三大培育业务，不断扩大主业的经营规模，提升经营能力，增强市场影响力。规划期内，重点发展大型综合超市、购物中心、奥特莱斯、大宗物资贸易与物流、电子商务业态，同时积极开发商贸流通新业态。主业的营业收入、利润总额等指标占集团总指标的比重保持在 97%左右。超商以大型综合超市作为重点发展业态，3 年内新开大卖场不少于 35 家。同时，强化供应链建设，江桥物流基地、杨汛桥物流基地一期完成建设并投入使用，江苏、安徽等地区枢纽物流基地完成规划布局。超商业务保持中国快速消费品百强前三的地位；综合百货以购物中心和奥特莱斯为重点发展业态，3 年内新开奥特莱斯不少于 3 家，新开购物中心不少于 6 家。同时，推进主力百货商店与购物中心的组团式拓展，进一步加强医药零售、钟表眼镜、装潢建材等专业连锁业态的集约经营能力，探索发展主题百货业态和新的专业店业态。百货板块保持国内行业前三的市场地位。生产资料贸易不断推进业务转型创新，构建大宗物资的供应链，做大做强金属材料、能源化工等大宗物资业务，积极推进有色金属交易平台建设，打造具有资源配置能力的现代化现货交易平台；重点发展汽车服务业务，积极拓展新车销售、旧车交易、汽车维修和客户服务，提升服务质量和服务品牌。生产资料贸易业务保持全国省市级物资集团前三的地位。物流配送不断推进业务流程创新、服务模式创新和物流信息化，加快电子射频(RFID)技术在仓储管理系统(WMS)等信息化技术的提升和应用。商业置业加强商业地产开发，推进百联崇明新城等城市综合体项目，探索商业发展与商业房地产开发相结合。电子商务加大培育和投入力度。加快建设生产资料网络交易平台，重点建设有色金属电子商务交易平台，规划期内上线运营并不断完善功能配套，网上销售规模力争达到 100 亿元。

2013 年 12 月 26 日，为进一步推进集团商务电子化工作，提升集团核心竞争力，集团成立商务电子化领导小组，负责确定集团商务电子化战略方向和实施方案，集团主要领导分别任组长、副组长。

图 7-1-1　2013 年 11 月 28—29 日，百联集团召开 2014 年度工作务虚会

第二章　经营管理

集团成立后，在经营管理上，主要通过运行管理、资产管理、绩效管理、品牌管理，建章立制，发挥集约效应，改进管理模式，形成管理特色。重点是在应对突发事件过程中，建立健全市场监控机制和市场供应应急保障机制；在快速发展的同时，持续推进强店战略，实施门店、业态和总部业务模式转型，创建全员全面绩效考核管理体系；在加大业务整合的同时，实施从集团到经营企业的业务流程再造，规范股权和资产管理，突出“百联”“联华”“东方商厦”和“上海物贸”的影响力。

第一节　运行管理

一、市场供应

2003年5月7日，集团积极主动应对“非典”突发事件，立足防大疫，层层抓落实。敦促各成员企业全部成立预防“非典”领导小组和工作小组，做到纵向到底，横向到边。集团建立防治“非典”工作信息网络，要求从上到下严格遵守“零时间”报告制度，一有异常情况必须在第一时间上报集团。一线企业全面制订防治“非典”措施规定和应急预案，添置必要的消毒药水、防范器具，建立24小时值班制度。同时，把保障市场供应工作放在首位，做到供应不脱销，价格不上涨，货架不空档。各零售企业千方百计，主动与供货商联系，争取支持，拓宽进货渠道，增加商品投放，充实库存储备，尽一切可能确保预防“非典”的医药商品以及消费必需商品的供应。12月，集团根据市经委、市发改委文件精神，落实冬、春煤炭市场保障供应工作，以争取落实煤炭资源、保障供应为目标，要求燃料经营企业从组织保证、人员落实等方面全力做好此项工作。并制定应急预案，保持6万吨日库存量，在规定时间内每日上报有关部门煤炭库存日报表。

2005年4月12日，集团制定《2005年迎峰度夏煤炭储备应急方案》，利用罗泾码头装卸能力和118亩土地场地储存条件作为储存基地，储存适用各大电厂煤炭；利用燃料公司黄浦江沿岸租赁的水路场地5个煤炭堆场，储存各大电厂适用煤炭；利用燃料公司新龙华煤场、南翔江桥煤场和西站铜川煤场，以两淮和皖北品种为主的煤炭，保证各大电厂迎峰度夏煤炭的储备。

2008年5月12日汶川地震发生后，集团快速反应，伸出援手，支援汶川地震灾区。根据市经委紧急调运要求，集团组织联华超市、华联超市做好紧急调运救灾物资的应急预案，业务部门、储运部门层层落实，确保在非工作时间2个小时内工人赶到仓库并装货上车，1个小时赶到浦东机场。5月22日，集团下达《关于贯彻落实〈上海市经委关于做好应急物资供应和保障市场供应工作的通知〉的意见》，建立健全各级应急物资调运保障机构，相关人员保证24小时开通手机，确保以最短时间调运应急物资；建立应急商品管理调运机制，确定矿泉水、方便面、饼干、洗洁精、洗手液、84消毒液、药皂、清凉用品、应急灯、手电筒、电池、被子、毛巾、毛巾被等应急商品目录，明确应急商品根据情况临时补充。截至5月25日，联华超市、华联超市等企业紧急调集运往灾区的抗震救援物资共10个批次。包括应急灯、消毒液、清洁用品、食品、药品、卫生用品、睡袋、帐篷、毛巾、毛巾被、夏凉被、蚊帐、收音机、学习用品以及垃圾袋等。6月20日，集团发出《关于保障地震灾区市场供应的通知》,依托百联在川企业,建立前方市场保障机构。四川成都百联天府购物中心、友谊百货成都店、世纪联华天府店、东方明珠店以及德阳店在继续保持当地市场商品供应和物价稳定的同时,关注都江堰市的市场商品供应和货源情况。建立以前方企业为主、集团总部全力支持的市场保障工作机制。根据地震灾区灾后恢复重建阶段的市场需求特点,由集团在川企业承担对都江堰市的市场货源组织和供应任务。同年,集团按市防汛指挥部办公室要求储备防台防汛储备物资。加强对市场动态监测,完善因市场波动引发的商品短缺和价格变化的预案。规范促销行为,严格执行价格备案制度,确保市场供应和商品价格稳定。

2009 年 4 月 30 日,集团响应商务部家电下乡号召,在世纪联华青浦店举行"百联家电下乡启动仪式"。集团组织在上海地区联华超市、世纪联华、华联吉买盛、华联超市等企业 50 多家门店,通过销售网点备案审查,正式开通家电下乡销售业务。集团发挥网点覆盖全市城乡的优势,完善售前售中售后服务,积极反馈农村市场家电消费需求,加强与生产企业的信息沟通,共同完成这项持续时间长、涉及面广、流程繁复的实事工程。家电下乡工作启动一个月后,已备案通过的集团在上海地区销售网点占全市备案网点的 9.18%;向郊区农民销售指定下乡商品占全市售给农民金额的 14.57%。8 月 17 日,市商务委家电以旧换新招投标工作揭晓,在全市首批中标的 21 家销售企业中,集团所属企业占 10 家,包括世纪联华、百联电器、好美家、东方商厦、华联吉买盛、第一百货商店、华联王震公司、华联超市、百联商贸公司和第一八佰伴,其中世纪联华、百联电器、华联吉买盛和华联超市等 4 家企业同时中标废旧家电回收企业。集团销售及回收网点超过 100 家。

2010 年 2 月 8 日,根据市发改委、市经信委有关文件,为确保上海市 IV 标准成品油市场供应,集团下发《关于做好市级成品油储备工作的通知》,启动市级成品油储备,落实物贸股份与燃料公司制定具体工作方案,建立并完善储备管理机制,密切关注成品油市场供应与价格变化,加强风险防范,确保上海世博会前成品油储备到位。春节,全国范围内雨雪天气增多,国务院要求做好雨雪灾害防范措施。2 月 12 日,集团发出《关于防范气候突变、做好市场供应及商品储备的紧急通知》,要求会员企业密切关注天气变化,提前做好各项防范工作和应对措施。各超市公司适当增加民生商品的储备,及时保持与供应商的沟通联系。配送中心安排仓储、货运人手,保证商品及时收货、调运,并密切关注生活必需品的库存情况,确保市场供应。各成员企业积极做好启动应急商品响应机制的准备,确保应急商品调运畅通。保持信息沟通,及时反馈市场波动。年底,为贯彻落实国务院、市政府关于稳定市场供应、加强价格监管、规范流通秩序的总体要求,集团建立市场监控机制,落实百联股份、联华股份、物贸股份等重点企业,每半月汇总分析 34 种监控商品价格走势,及时上传监控商品价格、销售以及备货等信息,为各级领导提供决策参考依据。

2011 年 3 月,国内市场相继发生全国性和区域性的食盐、洗化品抢购风波,考验百联集团的快速反应机制和响应能力。3 月 17 日,针对市场上出现的食盐抢购及因抢购而引发的暂时性脱销现象,上海市召开研究食盐市场供应工作的专题会议。市长韩正要求立即成立应急协调小组,第二天早上必须"开门见盐",确保市场供应充足,让群众放心。集团连夜落实市政府要求。联华超市物流管理总部曹杨路配送中心连夜配送食盐,从军工路盐仓先后装车食盐 8 400 箱共 168 吨,分别送往上海 33 家"世纪联华"大卖场,确保 18 日早上开门时食盐上架供应。4 月 20 日,集团印发《关于建立集团市场应急体系和完善应急机制的通知》,要求联华股份、百联股份、物贸股份、新路达、百联置业、现代物流、资产公司进一步完善二级公司层面的体系建设。为强化市场应急工作的协调指挥,集团成立市场应急工作领导小组、市场应急工作领导小组办公室。集团主要领导担任市场应急工作领导小组组长、副组长,小组成员由集团分管领导和二级公司主要领导组成。集团市场应急工作领导小组下设办公室,分设7个工作小组。各公司主要领导担任工作小组的组长,并按照“纵向到底、横向到边、责任到人”的原则,明确由商品采购、仓储物流、现场运营等管理环节负责人组成工作小组成员,形成协同作战的应急机制。一旦发生重大事件,按先上报事件、后上报详情及处置措施、结果的原则及时沟通情况。明确集团市场应急体系的主要任务:确保生活必需品、商务部应急商品、上海市储备油的应急调运。企业物流配送部门、集团物流企业在接到启动应急机制通知后,必须24小时待命。动用一切集团内部资源,必要时借助社会资源,在规定的时间把应急商品送达指定地点或迅速在集团网点内投放。一旦市场发生波动,相关企业要迅速组织货源,并快速投放市场,以最快速度,减少断档脱销的现象,迅速稳定市场、平抑物价。一旦发生食品卫生质量安全突发事故或事件,各企业启动快速处置程序,在及时上报集团应急领导小组和应急办的同时,问题商品马上下架并承担召回责任;对存在严重食品卫生安全隐患的供应商采取清退措施;通过有效的公关策略,消除不良社会影响。同时,积极组织同类质量信誉较好的商品货源投放市场。在加强日常监测的同时,进一步完善对生活必需品、快速消费品以及关系经济运行的重要商品的价格、销售以及货源等异动情况的预警。

图7-2-1 2011年5月11日,集团召开食品安全与市场工作会议

二、业务模式转型

2005年7月11日,集团召开“创造成功,追求卓越——门店业绩报告会”,交流推广优秀企业的成功经验,开展内部和外部的对标,迅速提高门店绩效。会上,联华金汇店、好美家江汉店、联华浙江公司庆春店、第一八佰伴分别作业绩报告。会议还邀请专家对4家门店的业绩报告进行点评。同年,针对市外网点迅速发展,网点规模、销售规模快速增长,供应链瓶颈的矛盾日益突出的问题,集团对超商、百货、购物中心、物流等重点业态及企业开展商流、物流、企业组织管理架构对供应链体系的影响、集团内部资源整合等多方面重点调研,经过多方研讨、反复论证,形成集团供应链体系建设行动纲领。10月,集团加入GSI(全球标准化组织)理事会,进一步承担起推动行业标准化的使命,提高在供应链领域的国际化声誉和领导力。

2006年1月9日,集团在物贸大厦召开供应链体系建设研讨会,正式发布《百联集团供应链体系建设行动纲领》,并将供应链建设列为2007年度的重点工作之一,进一步改善和解决供应链瓶颈问题,提升企业核心竞争力,整合现有资源,实现集约联动,优化物流基地布局。超商、百联股份、现代物流等作为重点实施供应链建设行动计划的重点事业部(公司),按照行动计划提出的年度目标和时间节点,推进各项工作的落实,完成网点布局和供应链体系建设。

2007年3月26日,集团制定《“提升既存门店绩效”工作行动方案》,并列入百联集团2007年10项重点工作。为提高集团整体绩效,贯彻实施百联集团“又好又快”发展战略,增强集团竞争能力和提炼集团品牌价值进行有效探索。

从2008年到2013年,集团连续6年持续推进"强店战略",加快推动业务模式转型,并确定每年"强店战略"的工作重点。2008年3月26日,集团召开"强店战略"实施动员会,提出实施"强店战略"的总体目标,即通过若干年的努力,在百联集团核心业态中,培育出一大批在行业中绩效指标和运行指标名列前茅、流程标准规范、顾客满意度较高、技术装备先进、管理精益求精、具有较强学习创新能力和一定社会影响力的门店。以这些门店为标杆,带动集团全体门店绩效的提升和竞争能力的提高,为实现又强又大一流商贸流通集团的远景目标打下良好的基础。4月1日,集团出台《2008年"强店战略"实施方案》,确定2008年"强店战略"从集团和公司(事业部)两个层面展开,跟踪对象分为集团直接跟踪对象和公司(事业部)直接跟踪对象共100家。其中,30家集团跟踪门店营业收入指标在年初预算基础上平均增加8个百分点,利润总额指标在年初预算基础上平均增加6个百分点。6个业态总部支持项目所提出的提升目标具有一定的突破意义。

2009年3月10日,集团下发《2009年"强店战略"行动计划》。结合集团《迎世博600天行动计划》的落实,进一步巩固和发展2008年门店"强店战略"工作成果,在绩效提升、业务转型、商品管理、营销管理、流程建设、顾客服务、技术改造等方面更上一层楼。以零售业业态总部为重点,以集团五年战略规划为导向,瞄准行业先进标准和与竞争对手的差距,诊断、分析和检测商品采购招商方面存在的关键影响因素、关键薄弱环节,突破性地解决其中若干重点问题。6月26日,集团召开2009年"强店战略"实施推进大会,发布《2009年"强店战略"业态总部建设项目考核目标》,重点考核目标包括联华超市集中采购、联华超市生鲜集中采购和华联超市自有品牌新模式开发推广;百联股份的优化集约采购项目,优化流程提升营运效率,提高自营商品销售比重;好美家总部建设项目,高库龄商品管理,扩大集中配送规模和门店实行集约送货等项目。会议提出实施"强店战略"要处理好集团导向性与企业门店主动性的关系、粗放式经营与精细化经营的关系、业态总部与门店的关系、长期绩效与短期绩效的关系、模仿创新与原始创新的关系。随后,集团"强店战略"领导小组对下属各企业上报的"2009年'强店战略'业态总部建设项目计划"进行评议、审核。

图7-2-2 2009年2月26日,集团召开"迎世博"工作推进暨"强店战略"实施动员大会

2010年5月10日,集团下发《2010"强店战略"行动计划》。年度重点跟踪目标明确为核心业务中的业态总部,以集团《三年发展行动规划》为导向,瞄准行业先进标准、与竞争对手的差距,诊断、分析和检测影响经营发展方面存在的关键影响因素、关键薄弱环节,继续突破性地解决若干瓶颈问题,力争在核心竞争能力方面有明显提高。具体项目包括联华股份"商品集中采购项目""自有品牌开发培育项目""加强加盟店管理项目""百联股份自营商品推进项目""电子商务推进项目";物贸股份"百联汽车企业品牌提升项目";商业连锁"好美家调整与提升项目"。经过持续强力推行"强店战略",至2010年年底,"强店战略"获得三方面突破:业态总部建设得到加强;经营模式转型取得进展;业态创新有所突破。联华、华联标超完成业务整合,成立商品管理总部,顺利完成曹安路仓库和桃浦物流基地功能定位和移库工作,为进一步深化业务、管理、盈利模式转型迈出坚实的一步。世纪联华充分发挥总部、区域及门店的协同效应，9家试点门店销售同比增长8.55%；百联股份探索主题百货和专业卖场，在又一城推出“扬族百货”、在第一百货新开进口食品超市；物贸股份探索“商商银业务”，实现销售近1.6亿元；第一医药又开出两家药妆店；现代物流开展银行监管质押业务等。集团合资设立中银消费金融公司、积极探索网上销售业务（百联E城交易同比增长32%）、物贸股份有色金属网上“商务通”会员已达100多家，质押平台全年利润达700万元。

2011年5月13日，集团下达“2011年强店战略行动计划”和业态总部项目考核目标。继续重点推进业态总部项目，包括联华股份公司的商品集中采购项目、强化加盟点管理项目，百联股份公司的自营商品推进项目、电子商务推进项目，物贸股份公司的有色金属交易平台建设项目，新路达公司的连锁网点发展标准化模式项目等。

2012—2013年，集团“强店战略”把转变经营模式，提高自主经营能力作为重要内容，重点推进业态总部项目在前两年基础上进一步细化，包括联华股份主要大宗商品采购和农超对接项目、强化加盟管理项目侧重加盟店进货管理和集中采购；友谊股份公司的提升自营能力项目，分解到自有品牌商品、买断商品、总代理、总经销商品等。奥特莱斯连锁营运模式项目，重点连锁营运模式的标准化、科学化和规范化程度及推广运用情况；新路达公司的复合型药房建设项目，具体到开店数量、运行模式和运行效益等。

2013年1月11日，集团印发《关于商业创新工作的实施意见》。创新的主要领域包括业态创新、业务模式创新、技术创新和管理创新。业态创新方面，重点支持电子商务、奥特莱斯、药妆店等新型业态的培育和发展；重点支持超市转型、百货店转型、业态组团发展项目。业务模式创新方面，重点支持有色金属交易市场转型、百货的自营（包括总代理，总经销，买断经营）、超市的农超对接、厂商直采、加盟技术提升等项目，重点支持零售商自有品牌开发项目。技术创新方面，重点支持技术含量高、示范带动作用强、抢占制高点的重大产业化项目，有利于促进企业内涵式发展的重大技术改造项目，博士后工作站、企业技术中心，检验检测中心等研发机构；重点支持技术领先、示范作用强、效果明显的节能技改项目。管理创新方面，重点支持技术领先、综合性强的信息化平台建设项目；重点支持有助提高企业风险管控能力的流程再造、系统优化项目。根据不同类型企业在创新方面的特点，实施分类考核、分项奖励。鼓励企业引进和培养创新人才，以国家和市政府重大专项、集团年度创新计划（项目）为依托，为各类人才施展才华创造更加有利的条件。

三、业务流程再造

2003年6月5日，集团召集一百、华联、友谊及有关零售企业分管领导进行专题研究，为加强集团内部的协调、协同发展，合理利用资源，完善发展环境，避免在集团重组整合过程中出现内部竞争、重复布点、成本增加等问题，7月27日，印发《关于加快全国发展协调网点布局的意见》，针对相关集团业务重叠、同业竞争尚未得到解决的现状，提出过渡阶段协调管理大型网点的开设指导意见，各企业开设大型网点，需通过集团相关部门预审后报请集团分管领导审批同意。

2004年，为充分发挥集团业态优势、资源优势和规模优势，集团制定《全国发展网点布局的指导意见》；利用现有的资源与规模的综合优势和连锁经营的管理优势，加快全国市场拓展，制定《内部组团发展的暂行办法》，通过组团发展的模式，实施全国拓展战略，以体现集约协同效应，确保集团协调发展、健康发展和可持续发展。同时，制定《全国发展信息管理暂行办法》，建立健全体现全国性集团特征的信息沟通体系，把握发展方向。

为了实现集团战略目标，顺利完成集团内部整合，促进集团转变增长方式，2006 年 3 月 13 日，集团召开流程再造工作会议，部署实施流程再造工作，提出流程再造工作的总体目标，即到 2010 年，建成国内领先、接近国际水平的企业运营管理体系。体现从集团到事业部（公司）和企业形成完整协调的管理流程与业务流程体系；符合国际惯例，形成标准化、规范化的流程；管理流程和业务流程简洁可控、优化，运营效率不断提高。同时，用 IT 技术将管理流程与业务流程固化。集团总部、各事业部（公司）与中心随即开始管理流程再造制订计划工作，随着调研诊断、优化改进和制订实施计划等工作的完成，7 月正式实施新的管理流程。东方商厦根据六条工作原则制定管理制度与流程：符合企业战略目标，适应企业发展需要；命令统一，权责相符，分工明确；降低管理成本，提高效率，优化企业流程；激励与考核相结合，协作与制约相结合，监督与服务相结合；专业化管理，规范化操作，法制化运行；具有可操作性。百联汽车旧车市场对《交易管理规定》等 100 多项原有的制度进行梳理，实现了市场管理组织（市场管理委员会）、市场（监控操作）和驻场公司（执行）三级管理体系，变松散型管理为紧密型管理，变一头管理为分级管理，变管人管车到管企业。以流程再造创新管理手段。

2009 年 2 月 5 日，集团下发《关于完善集团系统服务投诉管理体系的通知》，根据上海市迎世博 600 天窗口服务指挥部要求，结合集团业态特点，集团建立由总部、各公司（事业部）及直属企业多个层面构成的服务投诉管理体系。形成集团服务投诉由集团一头受理，各公司分头处理，并及时反馈的处置原则；对投诉案件进行分类管理，明确处理时限和相应措施。

2010 年 7 月 2 日，集团重新梳理完善统计管理办法，制定《百联集团有限公司统计管理办法》。进一步明确集团统计工作实行统一管理，分级负责。集团运行管理部负责对集团系统内的统计工作实行统一管理、业务指导和组织协调，制定并完善集团系统各行业的统计制度，承担集团综合和汇总的具体统计工作。各公司（事业部）、中心负责管理范围内企事业单位在管理和资产方面的统计调查工作。各级企事业单位根据统计工作的需要，确定承担统计职能的部门和专兼职统计人员，并负责本企业的统计调查工作。各公司（事业部）、中心及下属各级企事业单位可以在集团《统计制度》的基础上，根据本企业的实际经营需要，适当增加统计内容，并制定本企业的统计制度。

2011 年以前，政府有关部门一直采取"堵"的办法取缔或严禁发放各种商业卡券。面对商业预付卡市场发展迅速，2011 年 5 月 23 日，国务院办公厅转发人民银行、监察部、财政部、商务部、税务总局、工商总局、预防腐败局联合制定的《关于规范商业预付卡管理的意见》，对专营发卡机构发行的多用途预付卡和商业企业发行单用途预付卡实行合规监管。集团抓住发展机遇，出资成立符合监管要求的专业支付公司——安付宝商务有限公司，取得第三方支付牌照，发行安付宝多用途预付卡，承继原有百联 OK 卡业务。6 月 29 日，集团下达《关于做好百联集团制度流程建设和强店战略上半年工作总结的通知》。在制度流程建设方面，要求集团总部部室梳理、调整和新建集团总部行政制度实施流程，包括文件流转管理、投资管理、资产管理、财务管理、运行及品牌管理、人力资源管理、法务管

图 7-2-3　2009 年 11 月 18 日，百联集团签署世博特许商品经营目标责任书

理、安全管理等流程，并汇编成册，作为集团行政管理制度汇编本的附件。公司（事业部）根据各自最新的发展战略目标、管控模式、行业经营特征、企业文化等要素，对总部的所有行政管理制度进行梳理、调整（包括修改、合并、分拆、废止等）和新建，并将梳理、调整和新建后的制度汇编成册。12月29日，集团印发《关于百联集团会员卡体系建设的意见》，提出总体规划集团会员体系，预留空间，分步实施，优先落实基本配置，逐步完善功能并逐步扩大范围，最终目标建设覆盖整个集团网络的多功能的会员卡体系。通过强化支付功能、扩展服务功能、完善分析功能等三大步骤，明确各公司、各门店的VIP卡平行使用平稳过渡，逐步完善和实现公司层面的集中统一的会员卡体系，最终建设集团统一的会员卡体系的技术方向。在多次调研、专题研究基础上，针对下属企业26张购物卡，变堵为疏，通过顶层设计，打通技术层面和思想层面的障碍，统一发行一张卡——"百联卡"。规定百联会员卡的发行与结算机构、适用范围和申领办法。为集团会员卡的高度集约和统一提前做好流程和技术设计。

为了进一步提高企业管理水平，提升企业内部的"法治"水平，保证企业经营管理的连续性和稳定性，为下一步企业制度流程的变革创新、推进制度流程信息化管理创造基础条件，2012年3月5日，集团下发《2012年度健全制度流程工作实施方案的通知》，全面梳理优化现有的所有制度流程，所有制度流程有完整的PDCA循环过程。对各项制度流程进行科学分类，进行标准化的编号编码；按照制度流程内容的逻辑关系确立不同的等级效力，做到授权适度、职责明确、权责一致、互相制约。删除繁复和不合理制度流程，合并重复制度流程，增补必要制度流程等，所有重点制度流程要做到简洁、清晰、流畅。优化总部制度流程，集团推进总部工作流程的修订和完善，在2010年总部制度汇编基础上，形成一级流程32个，二级流程47个，其中涉及集团投资、资产、资金管理等核心业务流程51个。

四、整合营销

2004年12月8日，集团超商事业部、百货事业部、综合事业部、专业专卖事业部联袂举办的"2004百联进口食品节"在华联吉买盛通河店举行开幕仪式。这是集团四大事业部首次尝试联手举办进口食品节。"食品节"上参展的40余个品种，直接从澳大利亚、奥地利、新加坡等国采购，同时在第一八佰伴、第二食品商店、华联吉买盛彭浦店、同心店、曹杨店、新村店等13家门店展示销售。

为了扩大集团的社会影响，树立良好的公众形象，结合2005年元旦、春节传统节日，"欢乐百联、幸福百姓——2005百联集团新年营销月"整合营销活动在新年的第一天拉开帷幕，以期实现2005年销售开门红。在集团统一主题下，有效利用集团零售渠道资源，全面展开各企业的节日促销、主题营销、服务营销。活动在分布全国23个省市的6 000

图7-2-4　2011春节东方商厦南东店中庭

多家营业网点统一主题、统一风格展开。活动组织劳模现场服务技能演示和提供咨询服务、市民巡访团开展“百姓眼中的百联”顾客评议、主要零售业态春节商品促销等74项，全面展示百联集团拥有为消费者提供居家生活、时尚生活、精致生活、健康生活、社区生活服务的优势，实现销售额同比增长20.57%。这是集团成立后首次策划组织的整体营销活动，各事业部、成员企业根据集团总体方案，进一步细化制定业态营销方案，形成统一主题与个性活动相结合的营销格局，集团与企业上下联动的广告投放，活动与广告互动的叠加效应和放大效应，为进一步实施整合营销策略奠定基础。

为了配合意大利中国年主题，加强与意大利的经贸交流，建立与意大利生产企业的长期合作关系，提升集团企业核心竞争力，集团与意大利对外贸易委员会上海代表处进行了长达11个月的磋商，2005年6月底，双方签订合作举办意大利商品展框架协议。7月，集团组团前往意大利采购，正式启动合作项目。2006年1月18—28日，“缤纷百联，精彩百姓”2006百联集团意大利商品展在集团10家大型网点成功举办。这是百联集团成立后第一次与意大利政府进行贸易合作，也是意大利商品首次在中国进行大规模驻店展销。在合作方式、资源集成、活动规模等方面有较大突破。集团组织系统内超商、百货、专业专卖、物流及投资等5个事业部和二级公司、11家独立核算企业直接参与，对接系统外2个机构26家供应商，全程体验商品从生产商—船公司—进口商—物流配送—零售终端的物流、资金流、信息流供应链整合；集约采购、多店分销的联动模式，提升集团的业态、功能和资源的集成能力；源头采购、买断经营，突破传统业务模式，提升企业采购能力；突破合作方式，意大利对外贸易委员会提供海外供应商资源和市场推广政策支持，集团以强大的业态优势和销售网络，为意大利中小企业提供特色商品展示舞台和打开上海乃至中国市场销售通路的便利，增强国际合作能力。采购展销商品覆盖时装皮具、工艺品、食品、厨房用具、办公用品。商品总量装载12个集装箱。

继意大利商品展后，2006年7月，集团与法国驻上海总领事馆签署合作举办法国商品展备忘录，9月，集团组团赴法国采购。12月22日，“锦绣百联，绚丽百姓”2006百联集团法国商品展在东方商厦旗舰店揭幕，并同时在集团旗下13家大型商店进行主要展示。采购商品包括皮鞋、金银饰品、雕塑、桌布、水晶制品、餐具、花瓶、瓷器、手表、浴露浴盐、手提包、矿泉水、糖果、巧克力、饼干、葡萄酒、橄榄油等。此次活动，是集团为形成进口商品经营优势、提升自营能力的又一次积极探索，通过商品资源优势和渠道资源优势的互补，进一步提升集团的市场竞争力。

2009年5月22日，崇明县政府与百联集团联手举办的“相聚百联，情系三农——2009崇明生态农产品推介会”开幕式在百联西郊购物中心举行。联华超市、世纪联华、华联超市等31家大卖场和超市集中展销老毛蟹、老白酒、白山羊等深受市民喜爱的百余种崇明特色生态农产品，并以“零费率”的优惠措施为崇明农产品开辟绿色通道。

2011年7月23日，由百联集团与光明食品集团共同主办，以“放心食品、安心购物”为主旨的“2011联华、光明食品推广周”在百联中环购物广场拉开帷幕。在联华股份旗下世纪联华、联华和华联超市上海地区500多家门店同时展销1 000余个原生态的特色产品。

至2013年，集团还相继组织“诚信百联，情系百姓”主题营销活动、“相约百联，品味枫泾”百联巡展、“五彩百联，欢庆百姓”百联集团五周年庆、“畅购百联，乐享百姓”、“活力百联·福满百姓”等20余项整合营销活动，使集团整合营销成为营销品牌，充分表达和强化百联为百姓、购物到百联的亲民形象诉求，达到广泛传播集团品牌、宣传集团品牌内涵的目的。

五、节能降耗

2007年9月17日，集团成立节能降耗工作领导小组，负责协调解决集团节能降耗的重大问题，全面推进节能降耗各项工作。集团主要领导担任节能降耗工作领导小组组长、副组长，领导小组成员由分管领导、二级公司主要领导和运行管理部负责人组成，工作小组设在集团运行管理部。2007年，集团万元主营业务能耗为0.0310吨标准煤，同比下降9.53%，超额完成年初制定的下降5%的目标。

2008年5月16日，在上海市产业节能暨产业结构调整会议上，集团总裁与市政府签订产业节能及产业结构调整工作目标责任书。6月12日，集团召开节能降耗工作会议，落实上海百联集团股份有限公司、上海第一八佰伴有限公司、上海联家超市有限公司、华联超市股份有限公司、上海又一城购物中心有限公司等重点企业降耗任务。

2011—2013年，根据市商务委每年公布年度商业重点用能单位名单和进一步加强重点用能单位节能管理的要求，推进企业点与面结合开展节能降耗工作。上海百联集团股份有限公司、联华超市股份有限公司、上海世纪联华超市发展有限公司、吉买盛购物中心有限公司、上海联家超市有限公司、上海第一八佰伴有限公司、上海奥特莱斯品牌直销广场有限公司、上海联华快客便利有限公司等8家企业作为重点用能单位建立健全能源计量、内部能源审计、统计和节能激励机制，并根据《用能单位能源计量器具配备和管理通则(2006)》要求，加强能源计量管理，配备合理的能源计量器具、仪表，配合节能主管部门和统计部门做好能源消耗监测分析工作。

第二节　资产管理

2005年6月27日，集团印发《关于治理产权交易中商业贿赂自查自纠工作实施方案》的通知。要求依照国家和上海市的有关规定，对百联集团及所属企业所有的国有产权转让交易过程中，执行产权交易制度的各项行为开展检查，切实纠正违反商业道德和市场规则，影响公平竞争的不正当交易行为；依法查办违反规定，给予和收受财物或其他利益的商业贿赂案件。通过开展自查自纠，进一步规范集团及所属企业产权交易行为，促进企业资产整合和资源优化配置工作。重点查处不按规定在产权交易机构中进行交易，提供虚假会计资料，低估漏估国有资产，在信息披露和受让方选择过程中违反公平竞争原则，规避竞价或虚假竞价以及违规操作损害职工合法权益等不正当交易行为。

2006年，上海百联投资公司对所属企业进行国有产权转让行为全面检查。自查结果表明所有的产权交易项目均根据国家法律法规及百联集团的相关要求，按照“制定改制方案和批准、财务审计或资产评估、签订产权交易合同”等程序，制定改制方案或申请报告，并均获得集团批复同意。所有产权交易项目，全部由集团委托的产权经纪公司在上海联合产权交易所进场交易。在国有产权转让中，没有管理层受让情况。按照国家有关法律法规和集团相关政策，处理涉及职工劳动关系的股权转让项目，落实职工安置事项。

2007年3月22日—5月22日，集团对上海市物资学校、上海市物资信息中心、上海物资(集团)总公司党校、上海电视大学物资(集团)总公司分校、上海汽车交易市场进行资产清查。6月1日，集团形成《关于行政事业单位资产清查工作情况的报告》。通过这次清查，摸清集团下属事业单位家底，并在清查结束后，结清各类应付款项。

为了加强金融资产管理和内部控制，2008 年 9 月 24 日，集团印发《金融资产管理办法》。对企业投资的各类证券（包括一级、二级市场的债券、基金、股票），企业投资的各类理财产品（包括央行国债、票据产品、商业银行本外币理财产品、信托理财产品等），企业的委托理财、委托贷款等形成的资产，商品期货、各种金融衍生工具即金融期货（指货币衍生产品、利率衍生产品和股票衍生产品），明确合法性原则、安全性原则、效益性原则、流动性原则和分级管理原则，进一步规范金融资产投资行为，控制金融资产风险，提高金融资产收益，确保金融资产保值增值。

2010 年 6 月 9 日，市国资委下达《百联集团有限公司等五家单位开展国有资产评估管理办法调整试点工作》，根据《关于开展本市出资企业国有资产评估管理办法调整试点工作的意见》精神，同意百联集团有限公司等 5 家单位开展国有资产评估管理办法调整试点工作。要求严格按照评估管理有关法律法规，进一步加强国有资产评估管理，落实企业审核责任，认真做好试点工作。集团积极响应，制定及修订《百联集团有限公司国有资产评估管理暂行规定》和《百联集团有限公司资产评估报告审核实施细则》等评估管理制度；明确百联集团资产管理部作为评估工作日常管理职能部门，并配备相关人员。同时，着手组织百联集团所属成员企业分管领导及有关人员进行相关培训。7 月 2 日，集团印发《国有股权管理暂行办法》，界定国有股权管理范围，并对市国资委授权范围内的国有资产，即由集团统一经营管理的国家资本及其权益，以及由集团投资形成的国有法人资本及其权益和集团内依法认定为国家所有的其他权益，实施规划、运营与监督，承担保值增值责任。明确国有股权管理原则：增值性原则，国有股权管理与集团的发展规划、国有资产有效运营和保值增值目标相协调，并服务于上述目标的实现。分级管理原则，国有股权管理按照管理层级对成员企业实行分级管理，集团重点管理二级公司以上的国有股权；其他层级企业的国有股权由集团授权委托二级公司依照本办法实施管理。全过程管理原则，国有股权管理系对国有资产的投入、运行、收益、监控、考核进行全过程管理。强调重大事项管理要求，即二级成员企业的国有资产产权代表在企业决定重大事项 15 天之前，以书面形式向集团董事会或向集团授权委托的部门报告，并按集团要求，经企业董事会表决后报告集团。同日，集团印发《国有房地产管理办法》，对集团拥有所有权或租赁使用权的土地、房屋建筑物；集团独资或控股企业拥有所有权或租赁使用权的土地、房屋建筑物，实行“集中管理、专业经营、优化配置、有偿使用”，对企业权属房地产实行“统一规划、两级管理、自主经营”。集团及下属企业购建房地产按国资委、集团有关投资管理的规定执行。三级及以下企业原则上不得购置房地产。并对集团权属房地产日常经营管理、房地产转让或置换的审批、房地产购入和处置价格的确定及产权交易、处置费用损失承担和收益归属等内容作出明确规定。为进一步加强国有资产评估工作的管理，规范操作程序、提高工作效率、保证评估质量，维护国有资产出资人的合法权益。7 月 7 日，集团印发《国有资产评估管理暂行规定》和《百联集团有限公司资产评估报告审核实施细则》，对集团及下属各级独资、控股企业及实质控制的参股企业和集团管理的集体企业和事业单位国有资产评估提出明确要求，把企业产权变动涉及的经济行为、企业非货币资产处置涉及的经济行为以及对相关非国有资产进行评估的经济行为，全部纳入管理范围。实施细则进一步细化管控体制、审核内容、审核权限、审核流程，更具操作性。

2011 年 11 月 9 日，为了建立权责明确、管理集约、运作高效的土地监管和管理体系，促进百联集团可持续发展，集团制定《进一步推进土地集中管理的工作方案》。土地集中管理做到“三个集中”，即土地权证集中到一级企业，土地重大事项管理集中到一级企业，土地收益管理集中到一级企业。基本形成土地集中管理体系框架，建立土地资产数据库；通过规范土地资产管理、解决历史遗留问题，全面推动国有企业改革重组工作；加强土地资产管理，以制度化、标准化、流程化防范土地管理过程中可能产生的违规违法现象。土地处置收益实行“收支两条线”管理，严格按照有关规定入账并使用：对已出资注入上市公司的土地房产，原则上收益权归上市公司所有；涉及下属企业使用、集团权属的土地，原则上收益权归集团所有，下属企业人员安置、经营生产补偿的具体情况，由其制定具体方案，另行上报集团审批，可酌情从土地收益中予以消化。

第三节　绩 效 管 理

2004年，集团初步创建具有百联特色的绩效考核体系。该体系紧紧围绕集团的愿景、战略规划、经营计划和预算，导入现代绩效考核方法设计的理念，运用现代绩效考核的技术手段，结合集团的文化建设，形成具有百联特色，以全员化、全过程和全方位为特征的全面绩效考核管理体系(TPMS)。在集团层面，直接考核的对象是集团总裁室、各事业部和中心领导班子和集团总部部室员工；在企业层面，由事业部和中心或事业部下属企业具体负责。为保证集团战略规划、经营预算和特定工作目标的实现，建立以业绩考核为核心内容的管理控制、管理激励和管理服务流程，集团制定《业绩考核管理暂行规定》，出台《2004年事业部和中心领导班子业绩考核办法(试行)》，进一步落实国有资产经营责任，实现集团“打造中国第一、世界一流流通产业集团”的愿景目标，通过建立集团内部的全面业绩考核管理体系，充分利用业绩考核的管理杠杆作用，以达到管理控制、管理激励和管理服务的目的。4月29日，百联集团召开首次业绩评审会。评审会的宗旨是：抓进度，排问题，明确下一步经济工作重点。会议提出要采取跳跃式、推土机式的工作策略，形成局部优势，加快拓展。开展与先进企业的“对标”，加快提升百联集团的管理水平和竞争能力。

2005年1月31日，集团召开2004年度业绩评审会，对2004年工作业绩作了简要评价：运行、财务绩效超过预算目标，发展成绩显著；整合工作有了良好开端和实质性突破；提升工作有步骤开展。提出年度业绩考核5项具体要求：深刻理解战略规划的意义和内涵，引领各项工作；深入开展战略价值分析，不断提升核心竞争力；建立科学、规范的业绩考核评价体系，发挥管理激励效用；努力宣传业绩文化的真谛；求真务实，努力学习，大胆创新，提高综合素质。8月10日，集团成立绩效管理沙龙，不断提高集团的经营业绩、运行质量和竞争能力，推进业绩文化价值理念的传播，充分开发集团人才资源的潜力。绩效沙龙首批会员28人，由具有较扎实理论知识和较丰富工作经验的中高级专业技术人员组成。主要任务是针对集团运行和发展中的“热点”“难点”问题开展研讨，提出对策；观察和搜集处于市场第一线企业运作中的具体问题，及时向总裁室反馈。

2006年3月7日，集团出台《关于推进企业战略绩效管理工作的指导意见》，明确企业战略绩效管理的主要内容，即提高与企业战略的关联度，促进企业竞争力的培育和提升，加强企业运行的战略价值分析，强化战略绩效管理的功能，规范战略绩效管理的基础工作；提出推进措施：对企业绩效管理工作开展情况进行调研，开展企业绩效管理工作经验交流，开展战略绩效管理工作试点；需要关注的问题。3月27日，集团召开2005年度业绩评审会，提出强化延伸战略绩效管理。战略绩效管理工作从事业部、中心层面延伸到下属经营企业。注重对门店的绩效管理，提高分析水平。注重绩效管理与职工收益相结合，与企业自主创新能力相结合。7月14日，集团制定《关于强化业绩考核激励与约束机制的实施意见》，“奖励基数三年不变，确保增长目标，加大奖惩力度，挂钩任职条件”。改进2006年业绩考核办法，新增奋斗目标激励办法，完成奋斗目标，主营业务收入、利润总额和国有净利润3项指标超年初下达预算目标部分在按《业绩责任书》规定的评价办法基础上，提高奖励系数。同时加大对未完成指标的扣奖力度。强调让员工共享企业发展成果。

2007年10月29日，集团推出“关于贯彻《强化业绩考核激励与约束机制的实施意见》的若干规定”。确定以主营业务收入和利润总额为奖励基数和奖励办法，对未完成预算目标和完成或超额完成预算目标都有定量界定，使考核更科学、公正。

2010年6月10日，集团修订集团公司（事业部）高级管理人员业绩考核办法。考核对象为各公司（事业部）专职董事长、党委书记、总经理和财务总监。从“提升集团整体优势”“促进主业销售增长”“提高运营利润”“提高资产有效性”4个维度来设置团队绩效指标；从集团对各公司（事业部）高级管理人员所要求的个人能力、素质、贡献等维度来设置个人评价指标。评价方法分为定量评价、定性评价和否决评价。

第四节　品 牌 管 理

2004年5月，集团在分析对比国际零售巨头的品牌体系之后，确立百联集团品牌整合重组的总体思路：构建由企业品牌、业态品牌与自有商品品牌组成的“伞状”品牌体系。其中，企业品牌，由集团建立统一的企业品牌“百联”（包括司标）。集团在旗下所有门店（包括直营与授权加盟）、生产设施与办公场所、对外宣传广告等标上“百联”司标。主要业务品牌，超商业务标准超市将逐步统一使用“联华”品牌；大型卖场继续使用“世纪联华”和“华联吉买盛”两个品牌发展全国市场，相机统一到“联华”品牌；便利店则对“罗森”和“快客”进行整合，逐步发展。百货业态，都市时尚百货使用“东方商厦”品牌。由于“第一百货”“华联”“友谊”在全国各地都有，因此，在百货实施全国拓展时，不适宜做购物中心与社区百货品牌，集团将建立新的品牌。鉴于原有的“第一百货”“华联商厦”“友谊商店”“妇女用品商店”等品牌在国内商业的特殊地位，予以保留。购物中心，原则上全部用“百联”品牌。专业专卖，原则上保留传统品牌。自有商品品牌，由企业层面加大自有商品品牌的培育与建设，并以此作为提高企业毛利率、实施差别化战略、增强企业竞争力的重要手段。9月20日，集团下发《百联集团有限公司关于统一对外形象宣传的通知》。为保证百联集团对外形象推广的明确、完整、强势、有效，集团规范形象与标识系统的管理，统一标识设计、统一宣传步骤、统一形象展示母版，并整合宣传网络、宣传资源、宣传载体和宣传形式。由集团总裁办公室统一管理集团司标的使用，制定集团的司标颜色、比例和组合方式标准。

2005年6月22日，集团完成集团CI手册的设计制作，下发《关于严格规范使用CI手册的通知》。为确保百联集团对外形象推广的准确性、完整性、有效性，要求百联各事业部、中心、上市公司在不同场合，严格按照集团CI手册内容及格式标准使用，同时，做好下属企业的规范使用与指导。

2006年9月，集团在《百联集团“十一五”规划》中强化品牌战略，提出坚持既定的“伞”状品牌战略不变，重点突出集团品牌，强化业态品牌和服务品牌，加大自有品牌开发力度，更进一步强调“百联”品牌建设。扩大“百联”品牌的载体范围，集团现有的主要门店统一安装“百联”标识，百联门户网站与《今日百联报》加强“百联”品牌宣传，成为传播“百联”品牌的重要载体；同时，通过主题营销、社会公益活动等形式，不断强化“百联”品牌在社会和顾客中的影响力。建立业态品牌体系，包括连锁百货品牌、超商品牌、专业专卖品牌、生产资料品牌、购物中心品牌等。对现有相同业态的不同品牌进行整合，对规模不大但社会影响大的历史名牌予以保留。重点要加强“联华”“东方商厦”“上海物贸”的品牌建设。加大自有品牌的开发。充分利用工业加工制造的富余能力，设计加工消费者喜爱的商品；充分利用集团对市场的熟悉，委托加工社会消费量大的商品；充分利用集团的连锁网络，贴牌加工能提升企业知名度的商品；并力争使其中的一到两个自有品牌成为国内知名的商品品牌。同时，加大国际、国内知名品牌的引进力度，不断满足人们对国际、国内一线、二线品牌商品的消费需求。

2007 年 9 月 6 日，集团下发关于贯彻执行《百联集团商标管理暂行规定》的通知，对“百联”“”和“＋百联集团＋BAILIAN GROUP”组合的使用人和使用的要求提出进一步规范，严禁自行改变商标的文字、图形、颜色或组合。

2011 年 4 月 21 日，集团下发《关于进一步规范门店店招使用集团 CI 标识的通知》，要求下属企业严格规范使用百联集团 CI 形象识别手册，确保集团对外形象推广的准确性、完整性、有效性。明确凡是集团下属直营门店，必须在其店招使用集团 CI 标识；对于尚未在其店招使用集团 CI 标识的，在以后更换店招时必须使用。凡是新开的加盟店，其店招不再使用集团 CI 标识；对于原先已经使用集团 CI 标识的，在以后更换店招时不再使用。并要求各成员企业结合“门店服务环境优化工作”，对集团 CI 标识应用作重点检查，对形象未达标的门店要加强管理并限时整改。6 月，集团在《百联集团有限公司“十二五”发展规划》中再次强调品牌战略：完善集团初步形成的由企业品牌、业务品牌及自有品牌组成的“伞”状品牌体系，进一步整合现有品牌，强化“百联”品牌，推动业务品牌、自有商品品牌和服务品牌的建设，不断提升集团品牌形象。加强品牌规划，完善品牌定位。加强品牌宣传推广力度，提高品牌知名度、影响力。加大品牌法律保护，推进自有商标注册力度，规范“百联”品牌授权使用的管理，做好商标的维权工作。加强业务品牌和自有商品品牌的商标规范使用和维权工作。12 月 6 日，集团批复《上海现代物流投资发展有限公司“百联物流”服务品牌 CI 设计方案》，同意以“百联物流”为品牌进行资源整合，并为“百联物流”进行统一的 CI 设计；“百联物流”的 CI 设计方案中凡是使用“百联”文字及图形的，必须严格遵照集团颁布的《CI 系统形象识别手册》，确保“百联”品牌的完整性、统一性。

第三章　投资与证券管理

百联集团在市场拓展和战略布局中，一方面通过兼并收购扩大布局版图，另一方面通过投资自建重大项目，实施外延扩展。集团注重兼并收购、股权投资、固定资产投资、重大项目投资的规范运作；注重工程建设的计划、组织、协调和控制，注重工程项目施工建设、施工监理招投标规范，在工程管理上做到 3 个到位：制度落实到位，计划检查到位，队伍培训到位。注重上市公司证券事务、内幕信息的依法合规管理。

第一节　投 资 管 理

2003 年 11 月 12 日，根据市经委《关于上报 2004 年上海市工商领域重大骨干项目计划的通知》要求，为加快推进上海工商领域重大固定资产投资项目建设，及时掌握重大建设项目的进展情况，加强对全市工商领域投资项目的管理，2004 年百联集团项目总投资在 1 亿元以上、计划在 3 年内建成、具有标志性的商业投资项目上报市经委，包括一百商城、友谊仙霞路购物中心、又一城购物中心、苏州河北岸开发、长桥物流基地、多业态腾飞城信息系统、物流配送中心及企业信息化、物流配送等项目。

2004 年 3 月 22 日，集团印发《并购项目管理暂行办法》《投资项目评审暂行办法》等制度。一方面鼓励企业通过并购、投资建设方式占领当地市场制高点，形成区域优势；另一方面建立和健全并购和投资项目的立项、审批、实施、监督制度，规范并购、投资行为，规避项目风险。7 月 20 日，集团下发《股权投资项目管理办法（试行）》《外商投资项目管理办法（试行）》等管理制度。在促进企业对外开拓和发展的同时，对股权投资行为实行全过程规范管理；依照国家《公司法》《中外合资经营企业法》和《中外合作经营企业法》，加强与外商合资合作项目的管理。11 月 10 日，集团下发《关于严格执行集团投资管理制度加强投资管理工作的通知》，针对《投资管理暂行规定》《股权投资项目管理办法》《外商投资项目管理办法》《固定资产投资项目管理办法》试行过程中，个别企业、个别项目未严格执行集团有关投资管理制度的问题，重申项目审批权限规定，投资总额在 100 万元（不含）以上的固定资产项目或者自有资金出资 50 万元（不合）以上的股权项目，由相关事业部、中心出具初审意见后必须事先报集团公司审批。投资总额在 100 万元（含）以下的固定资产项目（含技术改造、大修理、装修，下同），或者自有资金出资 50 万元（含）以下的股权投资项目，由成员企业董事会审批，报集团投资发展部和相关事业部、中心备案。连锁经营企业在年度预算范围内的发展门店的固定资产投资项目，由其董事会自行负责审批。凡属境外投资项目（包括港、澳、台地区投资项目）、中外合资合作项目及按规定须报国家或市政府有关部门批准的其他项目，不论投资规模大小，均须经集团公司审核后转报国家或市政府有关部门批准。

2008 年 8 月 18 日，集团颁发修订版的《固定资产投资项目管理办法》，进一步明确固定资产投资项目的管理原则、审批权限，其中，固定资产投资项目实行二级公司、集团总裁、集团董事长、集团董事会四级审批权限制度，审批权限较 2004 年版有较大调整。百联股份、联华股份和物贸股份可自行审批投资金额在 2 000 万元以下的单项固定资产项目；投资金额在 2 000 万元以上的，报集团审批；其他二级公司自行审批投资金额在1 000万元以下的单项固定资产项目，投资金额在1 000万元以上的，报集团审批。报集团审批的固定资产投资项目或集团的固定资产投资项目，单项投资金额在5 000万元以下的，由集团总裁审批；单项投资金额在5 000万元以上、8 000万元以下的，由集团董事长审批；单项投资金额在8 000万元以上的，由集团董事会审批。

2010年7月2日，为了规范公司注册登记行为，集团出台《百联集团有限公司公司注册登记管理暂行办法》，切实加强对公司设立、变更、注销过程的监控和管理，确保公司合法合规运行。强调新设公司名称中使用"百联"字样，须向集团提出书面申请，申请报告中须说明使用场合、使用年限和相关权利义务，在取得集团书面同意后方能使用；公司无论用何种方式出资，其注册资本必须通过具有法定资质的验资机构出具证明；集团二级以下公司，不得作为新的股权出资单位。特殊业务需要的，需报请集团核准。为了切实加强集团固定资产投资项目的管理，规范投资行为，让投资项目在阳光中进行、在监管中成长。

同日，集团颁布修订版的《股权投资项目管理办法》，修订版管理办法对应进一步量化和细分审批权限，如对股权投资项目实行二级公司、集团总裁、集团董事长、集团董事会四级审批制度。百联股份、联华股份、物贸股份可自行审批投资金额在200万元以下的单项股权投资项目；200万元以上的单项股权投资项目，报集团审批。其他二级公司可审批单项股权投资金额50万元以下的项目，50万元以上项目报集团审批。二级公司报集团审批的股权投资项目，单项投资金额在1 500万元以下的，由集团总裁审批；单项投资金额在1 500万元以上、3 000万元以下的，由集团董事长审批；单项投资金额在3 000万元以上，由集团董事会审批。二级公司参股性股权投资项目，或与经营者及其关联人、关联法人共同组建企业的股权投资项目，不论投资规模大小全部报集团审批。集团直接投资的股权项目，不论投资规模大小全部报集团董事会审批。进一步规避盲目投资风险，大大增强投资正确率。为进一步理顺综合性重大项目投资与管理关系，明确项目管理权责，10月20日，集团印发《关于集团综合性重大项目投资与管理关系的若干意见》，明确二级公司不具备条件或能力开发综合性重大项目，经集团核准后，其投资与管理主体可以分离。即项目资金由集团或上海百联集团资产管理有限公司出资，而委托相关二级公司实施管理。其中，以商业为主的综合性重大项目，原则上委托上海百联集团股份有限公司管理和经营，如有需要，百联集团置业有限公司可予以配合；以非商业为主的综合性重大项目，原则上委托百联集团置业有限公司管理和经营，其商业部分相关业态公司予以配合。

2011年3月10日，集团印发《关于集团公司出资企业合资或合作合同、章程用印管理暂行规定》的通知，凡集团出资的企业因变更公司名称、公司住所、经营范围、经营期限、公司法定代表人、公司董事人数，需集团公司在合资或合作合同、章程上用印的，由集团法务部统一签署审核意见，经集团分管法务副总裁批准后，加盖集团公司公章。集团法务管理部留存复印件备查。

图7-3-1　2010年9月28日，上海百联金山购物中心有限公司开业

2013年11月7日，为进一步强化对出资企业的股东职责，完善集团管控方式，集团规范出资企业报告制度。对集团全资、控股、参股企业召开董事会会议,事前事后报批报备流程和资料要求作出明确规定。对集团控股上市公司上报有关发布公告的请示,也明确具体操作流程。

第二节 工程管理

2004—2007 年,集团重大项目建设基本形成开业一批、建设一批、储备一批的轮动发展机制。面对基建项目集中建设的局面,集团成立内控制度领导小组,开展以财务监督为核心的投资风险控制,以效能监察为抓手的项目后评估,同时还加强工程项目内部审计工作,通过制度规范工程管理,提高工程管理效率。

为了进一步加强建设工程项目管理,规范建设工程项目行为,提高建设工程项目的管理水平,2008 年 10 月 14 日,集团印发《建设工程项目管理暂行办法》,严格规范项目的计划、组织、协调和控制行为,要求按要求编制项目预算、进行项目准备、完善项目的实施和项目验收,保证施工质量和施工安全,控制施工进度和工程造价,提高项目管理水平。办法进一步细分工程管理各个环节,从预算管理、资金管理、信息管理、档案管理、合同管理、成本管理、进度管理、质量管理到安全管理等,无一遗漏。对工程款支付,要求项目单位做好项目资金支付的年度和月度计划,对项目付款进行计划管理。同时,按工程合同要求,经施工监理等中介机构审核,项目单位审批同意后才能付款。做好工程款支付台账,定期与财务部门核对支付情况,保证支付正确,保证工程款项支付与工程形象进度相匹配。项目审价未结束,工程款不得全部支付,严禁超额支付。

2010 年 7 月 2 日,为了规范招标投标行为,有效控制建设工程费用,提高经济效益,确保建设工程质量和进度,集团印发《建设工程招标投标管理办法》,包括招标方式与管理流程、设备采购与集约管理、责任和检查等内容。凡建设工程项目的勘察、设计、施工、监理以及与工程建设有关的重要设备、材料等的采购,金额达到一定标准的,必须进行公开招标,具体为施工单项合同估算投资 200 万元以上的;重要设备、材料等货物的采购,单项合同估算价 100 万元以上的;勘察、设计、监理等服务的采购,单项合同估算价 50 万元以上的;单项合同估算低于前三款的规定,但项目总投资在 3 000 万元以上的。法律规定应采用公开招投标方式的其他建设工程项目都要进行公开招标。

为了进一步加强重大建设工程项目的管控力度,促进招标工作规范有序开展,控制工程造价,2011 年 10 月 26 日,集团下发《建设工程项目招标代理机构管理实施细则》,投资总额在 5 000 万元(不含)以上的建设工程项目,招标代理机构由集团在入选招标代理机构名单中推荐 2～3 家,通过邀请招标方式最终确定。友谊股份、联华股份和物贸股份及其下属企业投资总额在 5 000 万元(含)以下、2 000 万元(不含)以上的建设工程项目,其他成员企业投资总额 5 000 万元(含)以下、1 000 万元(不含)以上的建设工程项目,招标代理机构由集团在入选招标代理机构名单中选定。友谊股份、联华股份和物贸股份及其下属企业对投资总额在 2 000 万元(含)以下的建设工程项目,其他成员企业对投资总额在 1 000 万元(含)以下的建设工程项目,自行选择招标代理机构。

2012 年 3 月 27 日,集团召开"开展 2009—2011 年建设工程项目专项检查工作会议",正式启动集团建设工程项目专项大检查。检查的范围包括属集团同意、投资额在 500 万元及以上的工程项目;检查采用自查和抽查相结合的方法。会后,邀请中介机构进行《工程造价控制的重点分析》《工程项目招投标管理实务》的专题培训。

为了进一步加强集团建设工程项目的管理,规范建设工程施工监理招投标活动,加强建设工程施工质量、进度、投资的控制,2013 年 1 月 15 日,集团印发《建设工程施工监理招标投标管理实施细则》。对施工监理招标范围和招标方式作明确规定，项目总投资在 3 000 万元以上，或者工程施工监理费在 50 万元以上的工程项目，按上海市建设工程施工监理招标投标有关程序办理相关招标手续。项目总投资在 3 000 万元以下、2 000 万元(含 2 000 万元)以上，且工程施工监理费在 50 万元以下的实行施工监理的工程项目，从集团推荐的施工监理单位名单中选取 3～4 家，由二级公司组织邀请招标方式，择优选取一家施工监理单位。项目总投资在 2 000 万元以下、200 万元(含 200 万元)以上，且工程施工监理费在 50 万元以下的实行施工监理的工程项目，从集团推荐的施工监理单位名单中选取 2～3 家，由二级公司组织邀请招标方式，择优选取一家施工监理单位，并报集团投资发展部备案。项目总投资在 200 万元以下的工程项目，二级公司参照实施细则执行。

图 7－3－2　2012 年 1 月 19 日，百联徐汇商业广场开业

第三节　证　券　管　理

2006 年 8 月 15 日，为顺应全流通背景下证券市场的新格局，建立集团对下属上市公司的统一协调管理制度，集团制定并下发《上市公司证券事务管理办法》，对上市公司召开董事会及监事会会议议程及议案报送时间、职能部门的综合分析建议、上市公司董事会、监事会决议、公告文本及相关备查文件报备、上市公司重大重组计划报送、职能部门参与制定重组方案等均作出具体规定，以维护国有股权的保值增值，在健全上市公司法人治理结构的同时，规范上市公司运作和信息披露，强化投资者关系管理并保持与证券监管部门的良好沟通。

2010 年 7 月 2 日，集团经修订后再次印发《上市公司证券事务管理办法》。修订后的办法文字更加缜密，管理更加严格。并增加相关条款，如管理办法中的条款与各上市公司的上市地规则发生冲突，则以上市地规则为准，但各上市公司仍需在相关信息披露或上报政府机构前将有关资料及时报告集团。并规定集团及上市公司所有知晓未公开披露信息的人员负有保密义务。

为了进一步规范百联集团内幕信息和内幕信息知情人的管理，加强集团内幕信息保密工作，维护信息披露的公开、公平、公正原则，在对上市公司内幕信息管理工作进行全面梳理与自查的基础上，2012 年 7 月 24 日，集团制定《上市公司内幕信息管理制度》，从内幕信息的保密管理、内幕信息知情人的登记备案、涉及上市公司重大事项的决策、交易限制和责任追究等方面为上市公司内幕信息加密。并补充对信息泄露、发生传言及股价异常等情况时，采取应对预案；与相关人员签署保密协议或者取得其对相关信息保密的承诺；完善知情人个人信息；集团董事会重大事项决策后依法合规做好相关信息的披露工作等条款内容，进一步完善上市公司信息管理。

第四章　财务管理

集团的财务管理重点在预算管理、资金管理和会计核算等方面，不断建立健全各项规章制度，提升管理水平。在预算管理中，全面预算工作覆盖企业经营管理活动的全过程，预算编制与执行由各部门、各企业共同参与，责任到人。在资金管理上，集团采用集约管理办法，集团及成员企业的资金筹集、资金使用、往来结算和效益评价都按规定的程序实施集中管理。在会计核算中，建立会计核算规范，设置会计核算流程，实施新的会计准则。从而规范企业经营行为，确保集团经营目标顺利实现，确保国有资产保值增值。

第一节　预算管理

2004年是集团正式运行的第一个完整会计年度。年初，由于重组、整合工作尚在起步阶段，集团对原四大集团所属企业的实际情况调查排摸分类、清产核资、不良债务清理等工作尚在进行之中，无法对所属众多企业的财务、经营状况及今后趋势作出较全面客观的判断。全面预算管理根据集团对所属企业实行事业部管控模式和企业整合频繁的实际，在确定预算管理基本框架的基础上，建立并实施以事业部（公司）为一级责任主体，侧重于内部业绩考核的全面预算管理，和以集团公司为主体，按照企业股权投资关系，侧重于国资预算管理的内外部预算管理模式。在征得市国资委同意后，2004年度的一般经营预算是以原四大集团合并报表范围内的单位为编制口径、以原四大集团合并会计报表汇总财务数据为编制依据。在预算管理方面，由于所属企业在资产关系与经营管理的分离，同时企业数量庞大，投资层级多，给预算管理工作造成一定的困难，有待进一步改进、完善和提高。

2005年起，按照现代企业制度的要求，为规范企业经营行为，切实加强对集团经营全过程的监控、协调和指导，确保集团发展战略的稳定推进及顺利完成，按照"集中领导，分层管理；全面预算，全员参与；突出重点"的原则，集团实行全面预算管理。根据全面预算管理要求，预算工作按照企业的资产关系，覆盖百联集团和原四大集团及其所属的全资、控股的子公司以及有实质控制力的参股企业，做到纵向到底，横向到边。预算范围包括：百联集团本部含各事业部、中心本部；各事业部、中心管理的全部成员企业；集团直属上市公司及其本部；原四大集团本部及其所属（未进事业部、中心）的企业。预算的内容和结构结合国资预算管理要求和企业经营状况类型，分为一般预算和特别预算两大类别。一般预算的内容包括业务经营预算，含各项经营收入规模、主营业务收入预算以及经营网点、营业面积发展计划等；投资预算含各项股权、固定资产投资项目预算以及投资活动引起企业股权结构变化及现金流量需求；专项预算含重点专项工作，如资产重组、存量资产盘活、房地产占用费、人工成本（薪酬）、教育培训等预算；财务预算含上述各项预算编制的年度损益预算、资产负债预算、现金流量预算。特别预算的内容包括企业清理收入预算；企业清理支出预算；企业清理专项预算，含不实资产核销、自行消化预算、不良债务处置预算、企业人员分流、安置费用预算、存量资产盘活处置预算等；财务预算含上述各项预算编制的年度损益预算、资产负债预算、现金流量预算。预算编报的结构，则包括预算年度环境分析、年度总体经营纲要、预算前提条件、预算主体内容及主要经济指标、预算指标编制依据及详细说明，以体现全面预算的科学性和完整性。根据集团现行组织结构和管理方法，2005 年全面预算编制方法，除业务预算、投资预算、专项预算继续沿用 2004 年的方法外，财务预算的编制在原有的按照资产关系编制的合并预算和按照管理关系编制的汇总预算的基础上，突出强化以资产关系为主编制企业的合并预算。

2005 年 1 月 10 日，集团总裁室召开干部会议，部署 2005 年预算编制和绩效考核工作。围绕年度经济工作“发展、整合、提升、稳定”八字方针，在预算指标的编制和绩效考核安排中，突出“前瞻性、先进性、科学性、合理性和严肃性”；在编制预算过程中，注意参与性和程序性，做到主要领导亲自挂帅，管理团队分工负责，按时间节点要求完成预算编制和绩效考核工作，并把绩效考核工作推广到基层企业。6 月 22 日，集团印发《总部成本费用管理办法》，在试行基础上进行修订，从费用管理原则、成本费用管理内容、成本费用管理责任归口、成本费用日常管理权限及审批办法、成本费用核算、集团总部、事业部、中心及原四大集团报销事宜在集团财务管理部统一办理等方面进一步细化、规范。在归口管理的基础上，统一支出标准，集中控制，降低成本。

随着企业整合主要工作的基本完成，集团的管控模式发生调整，原有的预算管理模式也随之调整，逐步过渡到按照投资关系的公司制分级管理模式，并结合自身实际状况，修订完善一系列切实可行的预算管理制度和流程，充实完善全面预算管控体系。不断扩大预算的覆盖面和深化预算的精细度，逐年细化全面预算和专项预算管理内容。2006 年 10 月 10 日，集团印发《关于开展 2007 年度全面预算工作的通知》，除结合国资预算管理的要求外，对持续经营企业的一般预算，突出分类预算控制办法，按照既存企业、发展项目、总部或成本费用中心三大类别进行预算编制与控制。既存企业一般预算中，除了历年业务、投资、财务、人工成本预算外，单列存量资产盘活处置预算。发展项目预算包括业务经营预算、工程项目建设预算和财务预算。对于清理企业，根据原四大集团的主要清理工作已基本结束的实际情况，预算形式改变历年一般预算与特别预算并列独立编制的做法，把部分尚未清理结束的企业的清理收支结果，以特别预算的内容，纳入集团的一般预算中。

2008 年，集团加大对预算过程管理，及时预测预算执行中重大因素对预算执行的影响，通过预算调整工作，解决出现的偏差问题，更好地把握预算执行的准确度；并通过增设预算指标准确度考核指标，从业绩考核上引导企业加强预算工作准确性、科学性管理；对客观原因导致预算执行出现偏差，但又不属预算调整范围的情况，按照规定及时向上级主管部门报告。

2010 年 9 月，集团印发《全面预算管理办法》，用企业规章的形式固化全面预算管理。完善集团全面预算管理组织机构，建立三级预算管理体系。集团董事会是全面预算管理工作的最高决策机构，下设预算与投资委员会工作机构；集团总裁室是全面预算管理工作的管理机构，由集团战略研究室、运行管理部、投资发展部、人力资源部、资产管理部、财务管理部、业绩考核部等专业职能部室对集团总裁室负责；集团所属的公司及其管理的企业、集团所属专业中心等是全面预算管理的执行主体，并分别按照管理关系建立相应的基层预算管理机构。全面预算管理的主要内容包括 4 个子项目：预算目标管理、经营预算管理、财务预算管理、预算绩效管理。4 个子项目相互衔接。预算目标管理重点是根据集团发展愿景、规划和发展规划确定的总体目标，收集整理情报信息，进行内、外部环境分析，分解提出年度集团预算目标及举措。经营预算管理是根据年度集团预算目标及举措，实施包含年度各项经营计划和预算目标制订和分解、年度经营计划和预算平衡和编制、年度经营计划和预算调整、年度经营计划和预算执行监控等管理工作。主要内容包括销售计划和预算、投资计划和预算、人力资源计划和人工成本预算、资产经营计划和预算。财务预算管理实施包含年度财务预算编制、财务预算调整、财务预算执行与差异分析等管理。主要内容包括损益表主要项目预算、资产负债表主要项目预算、现金流量主要项目预算。预算绩效管理则根据全面预算的执行结果，实施包含预算绩效考核方案制定、经济责任下达、预算绩效监控与沟通、预算绩效评估与改进等管理。办法进一步明确全面预算的管理流程，形成确定年度目标、编制年度预算、审批下达预算、执行预算、调整预算、预算考核等阶段。

至2013年，集团以发展愿景和战略规划为目标，以业绩为导向，以完善法人治理和健全内控管理为支撑，坚持统一领导分层管理、全员参与原则，积极探索和实践，致力于预算的前瞻性、科学性和有效性管理，加强内部审计和业绩考核，不断增强全面预算管理对经营、管理过程的指导力和控制力，为企业整合提升、快速发展发挥积极的作用，并积累较为丰富的工作经验。集团全面预算管理组织架构日趋健全，预算管理流程日趋清晰，预算内容不断充实，预算目标确定与下达、预算执行与调整、预算过程控制与反馈、预算考核与激励等主要环节相互衔接，互为联动，对经营管理的控制力日益增强，预算管理的薄弱环节也逐步得到改进和提升。在全面预算管控体系建设方面，随着企业组织架构和管控模式的变化而变化并得到逐步完善。在集团成立事业部管控模式的基础上，不断扩大预算的覆盖面和深化预算的精细度，逐年细化全面预算和专项预算管理内容。随着企业整合主要工作的基本完成，集团的管控模式发生调整，原有的预算管理模式也随之调整，逐步过渡到按照投资关系的公司制分级管理模式，并结合自身实际状况，修订完善一系列切实可行的预算管理制度和流程，充实完善全面预算管控体系。在全面预算管理制度保障的完整性方面，较好地达到提升级，初步达到管控级；在执行性方面，也达到提升级。在预算执行流程方面，基本上形成预算监控体系，能够根据业务事项的重要程度，分为事前控制事项逐项审批，事后控制事项范围内授权执行的方式进行过程控制，在预算执行过程中，预算内事项授权执行，预算外事项严格控制，预算调整分为常规和非常规，非常规调整需经特别的程序。预算差异能得到及时体现和反映，并根据执行情况做调整。在预算评价流程方面，对各部门的业务指标进行量化和细化的评价，形成与目标、计划、指标相联系的评价指标体系。预算和实际的误差能及时、有效得到分析，按照权责利对等的原则对预算执行结果进行评价，作为考核的依据。预算目标和考核方法也基本上体现管理重点。在预算管控协同方面，达到提升级的要求，初步达到管控级，并在进一步深化集团管控协同效应。预算管理模式能够和集团管控模式相适应，各层级对应的预算管理重点，且可以根据企业发展阶段调整；预算编制能做到逐级汇总，上下沟通；预算差异能及时向下追溯到子公司、具体经营业务。内部控制和预算管理能够有机结合，在管理中发挥重要作用，能进行全面的财务风险预警，配套体系较为完善。在预算信息系统方面，由于集团公司尚未建立一套完整的预算管理信息系统，因此暂处于准备级的水平。11月7日，集团向国资委报送《百联集团全面预算管理阶段目标和推进方案》，目标是短期内通过月度滚动预算加强预算评价流程控制；中期建立集团层面的全面预算管理信息化系统。长期建立涵盖专业预算的全面预算管理制度体系。规划建设集团整体预算管理信息系统，使其成为集团整体ERP项目中的一个组成部分，从最初编制到执行监控的整个过程全部实现系统信息化管控，从而在根本上提升集团预算管理的信息化水平。

第二节 资金管理

2004年4月12日，集团下发《关于贯彻管理工作会议精神进一步落实资金集约化工作的通知》。资金集约化管理是集团2004年资源整合的主要内容之一，是提升集团核心竞争力的重要举措。集团全面开展银行账户清理工作，严格控制新增银行账户的开设。并要求各事业部对下属各企业进行清理检查，根据集团资金集约管理实施细则，完成对银行账户的分类（可销、过渡、保留、结算户），以便结算中心审定后使原有业务能有序平稳过渡。同时，做好2004年银行借款的预算编制、实施、控制工作，尤其是新增借款必须详细列明理由以及目前借款落实情况，待集团董事会批准后，由结算中心协调落实。6月15日，集团与中国工商银行上海市分行签订银企合作协议，工行市分行营业部为集团资金集约管理的主办银行。为使集团所属企业资金结算等金融业务尽快纳入集团资金结算中心管理系统，加强对所属企业资金筹集、使用的监管，同时也为进一步发展与工行市分行的合作，特向工行市分行提出归并行内业务，由工行市分行营业部一头负责集团所属企业在工行市行的所有存贷款及结算业务的请求，要求工行市分行协调解决集团所属企业在工行市分行黄浦支行、徐汇支行、南市支行、浦东分行等分支机构的现有金融业务能够平稳向工行市分行营业部归并。

2007年6月27日，为充分发挥资金集约管理预警系统的作用，有计划、有步骤地推进集团财务集约化管理的进程，集团印发《百联集团资金集约管理预警系统运行规范（试行稿）》，强调集团资金集约管理预警系统是集团财务集约化管理的基础平台（包括资金集中、财务信息集中平台），是加强企业内部控制、防范风险的有效手段。明确该系统的应用范围、职责分工、信息集中内容、数字认证管理和操作规范，使集团财务信息集中管理平台逐步完善。同日，为了加强集团内企业流动资金管理，规避证券投资风险，集团印发《关于规范企业资金进入证券市场的通知》，对企业参与证券市场资金监管作出新的规定，严禁企业进入二级证券市场投资交易；重申企业严禁以银行信贷资金进入证券市场，包括一级市场新股认购；企业以自有资金申购新股中签后，必须在该新股上市的当天抛售了结；企业应认真履行集团资金集约有关规定，将新股申购间隙期间的存量资金及时存入集团结算中心。

2008年12月21日，集团下发《关于2009年度加强内部挖潜增收节支管理工作的意见》。要求各成员单位加强费用管理，采取可控费用（或变动费用）总额与费用单项管理相结合、费用水平（定率）与费用额（定量）管理相结合的办法，提出切实有效的管理措施，降低成本费用支出。要求预算年度可控费用（或变动费用）总额和费用水平均应比上年实绩有一定程度的下降。把调整经营方式、改进管理流程与降低营运成本的目标结合起来；把加强投资、工程建设项目管理工作与降低投资（工程）成本的目标结合起来；把加强资产整合、减少管理层级的工作与节约管理费用的目标结合起来，从根本上有效降低企业运行成本。要求预算年度内的办公费、修理费、会议费、业务招待费、差旅费（境内和境外）及车辆费用等费用，单项支出额比上年实绩下降10%（含）以上。从严审批，缩减参加外部会议性、报告性培训，节省费用支出；一般不再批准学历性教育费用的报销。从严审批，控制一般性的出国考察批次和人员，减少出国费用支出。加强办公用品的集约采购力度；提倡无纸化办公，厉行节约，节省办公费的开支。

2010年，建立财务风险预警体系已列入市政府和市国资委2010年度的重点工作之一。根据市国资委有关要求，5月21日，集团下达《关于财务风险预警信息系统上线试运行的通知》，用3年时间（2010—2012年）逐步建立起较为完善的、运行有效的风险预警系统。预警系统自上而下覆盖集团总部、集团所属全部全资子公司、控股子公司。2010年，确定预警工作方案，在集团总部并选择一个主要的子公司试点运行预警系统。7月2日，集团印发《资金集约及管理办法》，原《资金集约化管理实施细则（试行）》废止。进一步强调集团及成员企业对外资金结算、存贷款业务原则上应由集团结算中心实施统一管理。集团及成员企业除保留银行基本户、纳税专户、养老金专户外，一般结算账户应开立在集团结算中心合作银行的结算平台下，原则上不得在其他金融机构另行开户。确因经营活动等需要在其他金融机构开户的，应向集团结算中心提出申请，获得批准后方可办理。因集团结算中心业务需要成员企业在其他金融机构开户的，由集团结算中心报经集团批准后办理。

《资金集约及管理办法》指出，使用集团结算中心管理的资金，实行预算管理办法。每年年初，成员企业可根据当年经营预算需要，提出年度资金需求预算，经由集团直接管理的二级公司（或事业部）初审、汇总、编制资金预算，报集团结算中心，由其按规定程序审核汇总集团及成员企业年度资金需求总体预算，报集团财务管理部纳入集团全面预算管理，经批准后执行。7月，集团印发《资金支付审批权限及流程》。对各类资金支付的审批权限和审批流程作出明确规定。

图7-4-1　2010年6月12日，中银消费金融有限公司挂牌仪式

2011年，集团财务风险预警工作按照市国资委财务风险预警体系建设总体规划要求有序推进。6月29日，集团下发《关于直属企业开展财务风险预警工作的通知》，继续完善集团层面财务风险预警体系建设；总结物贸股份试点经验，全面推进子公司层面财务风险预警体系建设，在2011年年末初步形成各公司（事业部）层面的财务风险预警体系；预警内容在完善生存类财务风险预警工作的基础上，进一步推进发展类财务风险预警工作。财务风险预警结果通过红、黄、绿3种颜色的亮灯状态进行发布。红灯表示出资企业在该风险方面可能存在重大的负面影响；黄灯表示出资企业在该风险方面可能存在一定的负面影响；绿灯表示出资企业在该风险方面没有显著的负面影响。针对不同风险的亮灯结果，企业进行深入的调研和分析，挖掘真正的风险成因，制定切实可行的风险应对措施，确保风险应对措施得到有效落实。

2012年5月9日，集团印发《融资担保管理办法》，规定集团公司或所属成员企业原则上只为集团成员企业提供融资担保，未经集团公司董事会授权，集团公司及所属成员企业不得对集团公司系统以外的企业提供融资担保。担保形式一般采用信用担保形式。未经集团公司董事会授权，集团公司及所属成员企业不得以自有财产为其他公司提供担保。提供担保的企业实行担保总量控制，未经集团司董事会批准，担保总额不得超过集团公司净资产的50%。除经集团公司批准的子公司的投资项目外，集团公司原则上不对属于投资性的借款提供担保。

第三节　会计核算

集团成立之初就制定了《财务会计管理制度（试行）》，规定根据会计核算的一般要求，设置会计核算流程，建立和健全会计核算规范，切实加强会计基础工作。建立适应管理要求的内部控制制度，统一成本和费用开支标准，加强财务收支监督，严格执行各项规章制度。建立定期和不定期账务核对和各类财产盘点制度，每半年或每年末至少进行一次全面账务核对和各类资产清查盘点工作；对盘盈、盘亏、毁损、报废应履行报批手续，确保账证、账账、账实相符。

2005年5月10日，集团下发《关于按照〈企业会计制度〉的要求编报2004年度企业财务决算报表的通知》，要求集团范围内所有企业以资产关系为主，按照《企业会计制度》要求编制2004年度企业财务决算报表（包括资产负债表，损益表、现金流量表）。原执行行业会计制度的企业，需按照附件所列要求，计提各项准备后，在已经过审计的财务决算报表的基础上进行编制。原已执行企业会计制度的企业，上报经审计的2004年度财务决算报表。同日，集团发布《资产减值准备管理办法

(暂行)》,规范各企业正确反映企业财务状况,规避企业财务风险,提高企业资产质量。资产减值准备主要包括短期投资跌价准备、应收款项坏账准备、存货跌价准备、长期投资减值准备、固定资产减值准备、在建工程减值准备、无形资产减值准备、委托贷款减值准备。办法还明确资产减值准备计提依据和方法、资产减值准备账务处理、短期投资跌价准备的核算、资产减值准备报表列示等。10月11日,集团印发执行《企业会计制度》工作计划。对2005年年初尚未执行企业会计制度(执行行业会计制度)的一般核算104户企业,按要求执行企业会计制度;新办企业,按规定营业初始执行企业会计制度。进入特别预算的存续企业不纳入此次执行企业会计制度范围;已划入事业部管理的企业,纳入执行企业会计制度范围,并对所属企业下达完成执行《企业会计制度》的时间节点、工作计划与步骤。

2007年12月26日,为进一步推动企业全面执行企业会计准则,有利于加强监管部门、企业与投资者之间的沟通和交流,促使企业提高管理水平、完善公司治理结构、建立现代企业制度,集团下发《关于全面执行企业会计准则的通知》,要求企业执行企业会计准则注意制定主要会计政策和会计估计,做好各项转账工作,做好科目重分类工作,做好报表模拟编制工作。同时,集团出台《主要会计政策与会计估计》,明确公司以持续经营为前提、以实际先发生的经济事项为内容,以人民币为记账本位币,以借贷记账法为记账方法,按照公历起讫日期划分会计期间,按照企业会计准则——基本准则、各项具体会计准则和规定进行会计核算,提供财务会计报告。并对外币业务核算方法、金融资产和金融负债的核算方法、存货核算方法、长期股权投资的核算、在建工程核算方法、无形资产核算方法等都作了具体规定,使集团财务核算有章可依。

集团于2008年1月1日起开始执行新会计准则,根据《企业会计准则第38号——首次执行企业会计准则》《企业会计准则解释第1号》《企业会计准则解释第2号》的规定,对2008年年报的期初数进行追溯调整,并编制《执行新会计准则期初数申报表》及报表重要项目说明。10月,市国资委同意百联集团执行新《企业会计准则》并编制企业财务决算。12月15日,集团制定《关于企业房地产动迁补偿款使用管理及会计核算的暂行办法》,对房地产动迁补偿款计入明细科目、使用范围、直接列支的支出项目和间接列支的支出项目都作出明确规定。

集团及所属企业结合执行新企业会计准则工作,对各项资产进行全面检查,特别对可供出售金融资产公允价值变动形成的利润或损失,直接计入所有者权益(其他资本公积);结合相关账簿资料,分析计算各项资产、负债的计税基础,通过比较资产、负债的账面价值与其计税基础之间的差异,确定应纳税暂时性差异和可抵扣暂时性差异,并在此基础上确认递延所得税资产、递延所得税负债以及递延所得税费用等。加强对下属企业会计基础工作的管理。针对年度会计报表附注尚有个别项目未完整披露、个别项目存在勾稽关系前后不一致及部分关联方应收应付款项余额披露不一致等问题,一方面,当即查明原因,及时更正;另一方面,加强对下属企业会计基础工作的指导,组织专业人员学习培训,准确掌握企业会计准则精神,不断提高专业知识,同时及时反馈情况,解决日常核算中出现的问题。并加强对各层级企业会计报表的审核工作,提高会计报表的质量。此外,还加强与各有关会计师事务所的工作协调沟通,密切配合,严格按照国资委审计工作的统一要求,规范编制审计工作底稿,切实提高审计报告质量,正确全面反映经营成果和财务状况。

2012年12月17日,为了规范企业资产减值准备计提与核销行为,防止资产损失,集团印发《资产减值准备管理办法》,包括资产减值准备计提依据和方法、资产减值准备计提审批、资产减值准备账务处理、资产减值准备报表列示、资产损失的核销办法等。明确集团公司、集团所属上市公司、集团所属非上市公司(含集团各级非上市全资子公司和控股子公司)审批权限和审批流程,实行分类审批。

第五章 人力资源管理

人力资源管理重点围绕劳动用工、薪酬福利和人才培养等方面，积极探索制度创新、流程再造，完善集团能进能出、竞聘上岗的劳动用工机制；建立以工资总量控制为抓手的全面薪酬体系，形成岗位评价机制、岗位竞争机制、绩效考核机制和人工成本预算预警机制，试行企业自主决定工资水平；开展各种中高级人员培训和后备高管培训，加强职工继续教育，形成人才培育机制。

第一节 劳动用工

为了建立适应社会主义市场经济并符合现代企业制度需要的新型劳动关系，完善和规范集团公司能进能出、竞争上岗的劳动用工机制，集团决定对总部管理岗位和事业部、中心管理岗位实行竞聘上岗机制。在管理人员的配置上，引入市场竞争机制，积极推进干部人事工作的市场化进程。2003 年 8 月 27 日，集团召开总部管理人员竞聘上岗动员大会，集团总部董事会、党委、行政 3 个系列首批 36 个工作岗位在全集团范围实行公开招聘。9 月 9—15 日，竞聘面试工作全面展开。10 月 31 日，集团进行各事业部（中心）高级管理人员竞聘（选拔）工作，事业部副职、财务总监、管理人员，事业部和中心党组织负责人实行公开选拔。截至 2003 年年底，集团总部董事会、党委、监事会、行政 52 个岗位内部完成招聘，择优录用。通过公开竞聘选拔工作，拓宽企业选用人才的视野，增强干部职工的市场意识，进一步确立“岗位靠竞争，收入靠贡献”的新观念。竞聘上岗的管理人员，同步鼓励自愿改变劳动关系。在录用的总部管理人员中，100％选择变更劳动关系，事业部、中心的管理人员中，84.7％选择变更劳动关系，使干部队伍结构进一步优化，精神面貌有了全新的改变。

为了推进集团离岗人员集约管理和分流安置工作，促进人力资源合理流动和有效配置，2004 年，集团出台《离岗人员管理办法》，按照“承认历史，锁定人员原则；开拓岗位，促进就业原则；保障生活，保持稳定原则”，对离岗人员采取两种管理形式，即经营企业和停止经营企业采取委托管理，破产、解散或被撤销企业采取直接管理。离岗人员的分流安置形式有推荐就业、安置就业、自谋职业、劳务输出、企业内部退养、病残职工保障安置、自助就业和保留劳动关系等。5 月 21 日，集团在人力资源管理中心举行大型招聘活动，近百名集团系统下岗待业人员参加了 196 个工作岗位的应聘。提供的岗位主要集中在超商事业部所属企业、好美家装潢建材超市、三联集团和东方商厦。集团成立以后，为了保证经营性企业能够集中精力抓发展，实现一线经营性企业和二线功能性机构的主辅分离，将人员分流和非在岗职工的管理职能移交给人力资源管理中心，截至 10 月 31 日，人力资源中心集约管理 3 类人员 41 833 名，其中：离岗人员 9 554 名，离休干部 761 名，遗属 267 名，退休及其他人员 31 251 名。人力资源中心服从整合进度的整体部署，积极做好 3 类人员的接收和分流工作，分头走访被分流企业，按月排出接收计划，规范接收程序，加快接收进程，保证集团重组进度特别是老企业清理工作的顺利推进。在接收人员的同时，中心积极研究保分流途径，对 9 554 名离岗人员的情况进行排摸，通过提出自主就业的分流方式，分流隐性就业人员 811 名；通过组织参加集团内部的公开招聘，分流 42 名；通过向集团内部其他事业部、企业寻求就业岗位，通过在浦东、黄浦、宝山、闸北等 4 个区职介所设立窗口，对待分流人员进行系统培训后成功分流 8 524 名，累计分流率达到了98.1%。

2005年11月29日，上海市劳动和社会保障学会百联工作委员会举行成立大会，集团系统52家企业成为首批会员。工作委员会在上海市劳动和社会保障学会指导下，组织研究大型企业劳动科学和社会保障理论及实际问题，向政府部门反馈信息，为企业提供支撑，建立和发展适应集团超常规、跨越式发展战略的劳动和社会保障体系。

2006年3月9日，集团启动校招工作，在上海财经大学和复旦大学分别举办推介会，这是集团成立后首次进入大学校园直接进行的招聘活动。集团总部、各事业部及成员企业共推出120个招聘岗位。为了确保高级管理人员退休回聘有章可循、规范操作，12月25日，集团出台《高级管理人员退休回聘实施意见》，规定审批权限和回聘工作期限。同年，为了加强集团公司人事档案工作，提高科学管理水平，有效地保护和利用档案，促进人力资源信息管理，集团出台《人事档案管理办法》。人事档案采取集中统一、分级负责、动态调整的管理模式。对管理职责、管理范围、档案内容、档案材料的收集与归档、档案的查阅与借用、档案的传递与保管等都提出规范要求。

结合2008年1月1日实施的《劳动合同法》，集团组织高级管理人员进行《劳动合同法》专题培训，做好《劳动合同法》实施的衔接工作，有效防范因用工不规范所引发的劳动赔偿风险，优化人力资源管理。

2009年，集团五次组团参加市国资委、市总工会、市高校毕业生专场招聘会及市残疾人大学毕业生用工洽谈会等，扩大集团影响力。2010年上海世博会开幕前夕，集团人力资源管理、企业清理中心就业部积极与商业会计学校、物资学校联系，组织专场招聘会，为罗森、快客公司在世博园区开设的12家便利店和世博特许门店招聘280名营业员。

截至2013年年底，集团在岗员工数为32 444人。从年龄结构看，集团员工年龄结构总体分布合理，主要集中在36～51岁年龄段。但零售行业的行业特点和薪酬水平对青年员工尤其是应届毕业中专职校生缺乏吸引力，导致各企业普遍存在青年职工流动性强和招工难的问题。但随着新项目的拓展及企业“新陈代谢”的需要，各企业积极拓展招工渠道，结合青年见习基地、校园专场招聘会、多媒体发布招聘信息、利用百联劳动协会创造内部就业市场等多种方式，引入较多社会青年人力资源，使青年职工数量有明显增加。

表7-5-1　2004—2013年百联集团在岗职工年龄结构情况表　单位：人

年　份	全　部	20岁及以下	21～35岁	36～51岁	51岁以上
2004	35 252	731	13 723	17 415	3 383
2009	32 697	310	12 351	14 702	5 334
2010	31 542	251	12 218	14 106	4 967
2011	34 004	487	13 063	15 361	5 093
2012	34 429	480	8 912	19 427	5 610
2013	32 444	364	10 496	15 826	5 758

第二节　薪 酬 福 利

2004年2月26日，集团出台《总部(事业部、中心)加班工资等相关费用支付的暂行规定》，对职工的加班工资、值班津贴、家属劳保的支付办法都做了明确规定。10月15日,集团就工资总额向市国资委请示,市国资委批复同意集团人均工资发放水平。并根据规定,集团公司负责人2004年人均工资发放水平(包括岗位薪和绩效薪)按年终经市国资委考核确认的水平列支;引进的专业人员薪酬按公司内部分配制度实行单列考核;派往所属企业管理人员年薪单列考核发放。12月29日,为适应市场经济发展的要求,推进企业工资的市场决定机制,市国资委根据集团的请示,同意集团按照劳动力市场价位和市政府颁布的工资增长指导线,指导企业结合实际情况,不断完善工资集体协商机制,合理确定工资水平,并按有关规定,认真做好自主决定工资水平的日常管理工作。批复同意上海晶通化学品有限公司、上海现代物流投资发展有限公司、上海华联投资发展有限公司、上海东燃油气站有限公司、上海东冉化工配送有限公司、上海赛孚燃料检测有限公司自2004年起试行自主决定工资水平办法。

集团成立后,在发展战略、管控模式、业务整合和企业文化等方面迈出实质性的步伐。集团站在人力资本的战略高度设计具有较强激励性的薪酬制度,吸引人才、留住人才、调动人才的积极性,为集团的发展注入活力。2005年7月25日,集团下发《关于加强全面薪酬管理的指导意见(试行稿)》。根据效率优先、兼顾公平,按劳分配与按要素分配相结合,物质奖励与精神奖励相结合,分级管理、分级负责等原则,建立以工资总量控制为抓手的薪酬管理体系,形成高级管理人员的薪酬制度、引进高级人才的薪酬制度和委派异地人员的薪酬制度。在实施全面薪酬管理中,建立岗位评价机制、岗位竞争机制、绩效考核机制、人工成本预算预警机制。减少固定薪酬支出,加大浮动薪酬投入;减少普通岗位成本支出,加大向关键岗位紧缺人才投入;减少无效成本支出,加大有效成本投入;减少人工成本重复支出,加大推进再就业工程投入;减少薪酬管理的随意性,加大相关制度的约束力;减少集约磨合期的震荡,加大全面薪酬管理的内控力度。12月31日,上海市国有资产监督管理委员会、上海市劳动和社会保障局、上海市财政局下达《关于百联集团有限公司2005年实行工资总量调控办法的批复》,同意百联集团2005年实行集团一头工资总量调控办法。挂钩基数核定为人均实现税利基数、人均工资总额基数;挂钩浮动比例为1∶1,即人均实现税利比核定基数每增长(或下降)1%,人均工资总额比核定基数增长(或下降)1%。但下降扣减的人均工资总额最多不超过核定人均工资总额基数的20%。同时要求集团根据上海有关工资总量宏观调控的政策、企业生产经营和效益情况,制定对调控范围内企业的考核分配办法,并将下达企业的工资额度抄送同级财税部门及市国资委、市劳保局,作为企业列支成本和财税监缴的依据。

2006年2月21日,经市劳保局、市财政局审核,市国资委批复同意,集团所属上海森联木业发展有限公司、上海迎宾出租汽车有限公司、上海华联商务服务有限公司、上海百联投资管理有限公司、上海动力煤炭销售有限公司、上海申燃化工配送有限公司、上海申燃船务有限公司、上海乾通投资发展有限公司等8家企业自2005年起试行自主决定工资水平办法。集团旗下部分企业根据当年经济增长目标和经济承受能力,通过职工代表与企业代表协商,确定薪酬分配方案和2005年工资发放水平,并签订工资集体协商协议。12月1日,市国资委又批准上海一百国际贸易有限公司自2006年起试行自主决定工资水平办法。集团以条件成熟一家试行一家为原则,2006年在所属企业中持续推进建立工资集体协商机制,按照现代企业制度要求建立健全法人治理结构,并不断完善管理制度、管理流程,健全经营者业绩评价考核体系,进一步完善经营者收入的激励与约束机制。

2007年9月25日,市国资委、市劳保局下达《关于2007年出资监管单位工资发放水平调控办法的通知》,同意百联集团人均工资发放水平。10月31日,为切实落实共建共享,以建立工资增长长效机制为目标,完善职工收入分配制度,并将企业经营者收入与职工收入捆绑联动,针对不同工资水平的企业分档制定工资增长指导线，确保职工工资逐步提高，增强企业凝聚力，集团向市国资委请示，要求2007年实行工资总量一头调控。12月29日，市国资委、市劳保局、市财政局批复，同意百联集团2007年继续实行集团一头工资总量调控办法。调控的范围包括百联集团及其所属国有企业、国有控股企业。12月24日，市国资委同意上海一百假日酒店有限公司、上海晶通化轻发展有限公司、上海化轻染料有限公司、上海上燃何家湾燃料销售有限公司、上海玫洛国际贸易有限公司、上海临沧燃料有限公司等6家公司试行自主决定工资水平办法。2007年年底，集团行政方与工会方协商签订《百联集团有限公司集体合同》，将职工每年增资水平不低于4%的条款写入合同，以合同形式确保职工工资增长。

为了继续坚持科学发展、共建共享，以国资增值、企业增效、职工增收为目的，建立符合现代企业特点，适应集聚人才需求的工资长效增长机制，2008年8月28日，集团下发《关于2008年度工资增长的指导意见》，明确适用百联集团全资企业、控股企业、具有实质控制力的参股企业中除经营者管理团队成员以外的在岗职工，并对工资总额口径、增资幅度作出具体规定。同年，集团行政方、工会方联合督促成员企业认真履行集体合同，合理控制工资增幅。要求成员企业坚持效率优先原则、优化结构原则、市场导向原则、可持续发展原则，以完成集团预算目标为前提，充分利用工资分配的经济杠杆，调动职工改革创新、增产增效的积极性，结合企业年度经济效益和工资增长指导线，合理控制工资增幅，不断调整各类企业间、职工间的工资关系，不断增强企业凝聚力、竞争力。同时，集团以人工成本预算为抓手，以强化审计与考核的方法，夯实成员企业的工作实效，提出扣除经营者薪酬的在岗职工工资增长不低于《百联集团有限公司集体合同》中确定的4%，并作为经营者兑现加薪的考核依据，以收入联动的方式确保职工工资的增长。2008年集团利润总额增长超过10%，人均工资增长6.97%。

2009—2010年，集团在树立全面薪酬理念的基础上，持续以集团宏观指导、企业分级管理为原则，以成本预算控制、专项费用落实为导向，要求成员企业根据集团集体合同，结合本企业实际情况、行业特性、用工个性、分配形式，以及员工队伍建设需要，认真制定并严格执行人工成本预算，合理控制预算总额。重在建立科学合理、对外具有竞争性、对内具有公平性的分配机制，为集团的经济发展提供保障。在集团利润总额增长的前提下，人均工资保持同步增长。

2011年7月11日，为贯彻上海市《关于规范本市劳务派遣用工的指导意见》精神及市国资委关于发挥好国有企业引领示范作用，率先规范劳务派遣用工的要求，促进集团构建和谐稳定的劳动关系，维护劳务派遣员工的合法权益，针对集团市内企业派遣员工约占员工总数20%、使用劳务派遣的企业51家的现状，集团制定《关于进一步规范集团成员企业劳务派遣用工的实施意见》，要求各成员企业充分认识在新形势下依法规范劳务派遣用工的重要意义，关心劳务派遣员工的切身利益，把规范劳务派遣用工作为一项重要工作抓紧、抓好。集团上下要紧密配合，取缔劳务派遣中的不合法行为，并在两年内，逐步规范集团成员企业劳务派遣用工，优化各项管理和激励机制，落实依法规范劳务派遣用工的各项措施。控制派遣规模，实行派遣用工申报审批制度；落实同工同酬，建立统一规范的薪酬分配制度；稳定员工队伍，建立劳务派遣员工身份转换机制；畅通维权渠道，完善民主管理机制；营造育人环境，提高劳务派遣员工整体素质；选好服务供应商，建立集团统一的人力资源服务平台。

2013年，集团各类人员人工成本总额比2012年增长5.6%。其中从业人员劳动报酬总额比2012年增加5.3%，从业人员平均工资比2012年增长10.9%；在岗职工工资总额比2012年增加5.3%，在岗职工平均工资比2012年增长8.2%；劳务派遣人员劳动报酬总额比2012年增长9%，劳务派遣人员平均工资比2012年增长14.8%;其他从业人员劳动报酬比2012年增长0.9%,其他从业人员平均报酬比2012年增长18.4%;离岗人员生活费比2012年减少3.2%,离岗人员平均生活费比2012年增加14%。集团坚持收入增长与企业效益挂钩,向一线员工倾斜,在经济增长的同时要消化不低于指导线5%(或不高于封顶线16%)的当年新增工资。同时,完善工资联动增长机制,理顺相同业态的职工的薪酬关系,将经营者的年薪与职工工资捆绑联动,完善低收入员工托底机制。在超商、物业等低收入员工较为集中的业态企业,在每年上海市最低工资标准线历年提高的基础上再增资5%。

第三节 人才培养

根据集团发展战略、发展目标的需要,集团党委依托市委组织部,从2003年开始有计划分期分批选送优秀青年干部赴美国、英国等国际著名高等院校参加为期半年的学习培训。2003年10月15日,向全国博士后管理委员会和上海博士后办公室申请,将"华联(集团)有限公司企业博士后工作站"变更为"百联集团有限公司博士后工作站",并加强制度建设,陆续制定一系列管理办法,先后展开博士后科研项目论证。确定集团首个博士后科研项目课题为百联集团信息化建设,开展博士后人选选拔招聘工作,与一名北京大学信息管理与信息系统专业博士生签订协议。

2004年3月29日,集团召开2004年人力资源工作会议,强调"人才资源是第一资源"。为加快构筑集团人力资源支撑平台,会上提出5项阶段性要求:统一认识,更新观念,牢固树立科学的企业人才观;优化环境,广开门路,构筑战略性人力资源开发格局;勇于改革,开拓创新,建立符合市场化原则的新型管理机制;强化导向,注重绩效,建立科学、规范、全面的业绩考核体系;立足根本,着眼长远,全面实施教育培训优先发展战略。7月3日,为集团高级管理人员度身定制的教育培训内容——发展、整合、提升系列讲座的第一讲,在物资学校举办。集团总部及下属部分企业党政负责人180余人参加听课。9月3日,集团举办"百联集团专兼职内部审计人员后续教育专题培训暨审计工作例会",开设专题讲座。2004年年底,集团在岗职工中,拥有大专生及以上学历人数占比24.16%,硕士生及以上学历占比0.86%,中专、高中、技校生占比53.13%,初中及以下学历占比22.71%。集团在岗职工拥有高级技术职称人数占比0.82%,中级技术职称人数占比6.43%,初级技术职称人数占比9.73%。集团在岗职工拥有高级技师人数仅128人,占比0.36%,技师占比2.48%,高级工占比4.18%,中级工占比11.07%,初级工占比10.76%。

2005年,为实现集团发展战略,加快中高级管理人才的培养,经中央党校研究生院批准,决定在集团教育培训基地设立中央党校研究生院经济管理专业在职研究生百联班。经5月14日、15日两天全国统一入学考试,录取40人。6月6日,集团构筑人才高地。集团加紧推进《三年人力资源规划》的实施,全面落实"1436"人才工程,即培养100名高层经营管理人才、400名中层经营管理人才、3 000名各类紧缺岗位人才、6 000名中高级专业技术人才。制定《百联集团高级管理后备人员管理办法》。开展突破人力资源瓶颈的专题调研,并完善以市场化为特点的激励与约束机制并重的薪酬管理体系。在引入高端人才的同时,集团对中端人才、后备人才也加大培养力度,选择有发展潜力的青年骨干,输送到国外参加为期半年的外向型培训。2005年,集团参加国外培训的青年骨干达30人。11月18日,集团召开突破人力资源瓶颈专题研讨会,加快人才引进培养考核工作创新。围绕破解难题推进发展的主题,形成突破瓶颈的推进计划,即在未来3年中,集团采取有针对性的策略和措施,引进和培养决策性人才、专业性人才和执行性人才等三类紧缺人才。为实现国际化专业化人才的快速集聚，在引进渠道上“全球觅才”，在引进方法上“重视挖才”，在引进策略上“超前储才”；为实现外派人才规模和实力的大幅提升，现职岗位选拔一批，专人帮带培养一批，送出国门强化一批，建立基地集中一批，设立平台交流一批。为实现全国拓展战略人才的全国配置，多渠道网罗本土化人才，多手段培养本土化人才。为此，不断完善薪酬体系，健全外派管理人员的薪酬制度，推出引进高级管理人员的优惠举措，完善外派管理人员的服务保障。为实现全国拓展战略人才的整体开发，构筑与集团全国拓展战略相匹配的教育培训体系，努力提升员工的能力素质。2006年，集团组织7期高级管理人员“领导力”系列月课讲座。

2007年3月13日，集团首期卖场店长培训班举行开学典礼。来自上海、北京、安徽等地的世纪联华、华联超市、吉买盛大卖场21名学员，参加为期15天培训。同年，核心业态培训超市店长、百货楼面经理等一线管理人员421人次，比2006年增长40.5%。其中，超市店长91人，培训卖场店长数为2006年的3.2倍。5月5日，为适应现代服务行业日趋激烈的国际化竞争的需要，深入了解国际零售巨头的经营理念，吸收借鉴国外成功企业的管理经验，集团组织18位高级管理人员赴美国短期培训。通过授课、考察美国著名企业和商业设施，提升企业高级管理人员参与国际竞争的能力。共举办3期短期培训，参加人数40余人。其中绝大多数人日后成为百联集团的骨干和中坚。通过海外培训，中青年干部开拓国际化视野，培养战略思维，审视集团及本企业与国际一流企业的差距和不足，增强危机感、紧迫感和责任心、事业心、自信心、进取心。

2008年6月30日—7月4日，集团首次举办的“市外先进骨干员工培训班”，43名学员来自分布于京、江、浙、粤、桂、鄂、湘、川、渝、黑等10多个省市的百联旗下企业，涉及百货、超商、商业连锁、百联置业、百联投资共5家公司(事业部)。8月11日，集团第一期后备高级管理人员培训班在市国资委党校开学。集团后备高级管理人员和优秀青年管理者2支队伍共30人参加培训。培训班为期6周，采用封闭式培训、全程化管理的模式，共分政治理论、圣地考察、领导能力、管理思想、视野拓展以及调研报告6个模块。通过课堂学习、互动、讨论、参观、演讲、辩论、拓展训练等多种方式，对学员进行培训和考察。此后，集团每年举办后备高管人员培训班。集团董事长、总裁等领导先后多次参加培训班活动，并亲自给学员授课。

2009年，集团先后举办2期后备高级管理人员培训班，每期培训为期7周，共有60名青年后备人员参加培训。同年，集团各成员企业为鼓励员工提高学历，相继出台一些激励措施，如对通过自学途径获得的学历晋级给予加薪；对利用业余时间自费参加与本岗位专业相关的学历教育，凭国家教委注册认可的毕业证书，公司给予一次性奖励，这些措施有效提高了员工学习向上的进取心，促进了整个集团员工队伍的学历结构不断优化。2010年，第四期集团后备高管人员培训结业。

2011年1月，集团出台《关于加强高技能人才培养的实施意见》，集团成立高技能人才培养基地领导小组和工作小组。提出逐步完善集团职工继续教育体系，加大鼓励中青年员工参加中高级技术职称和中高级技能等级的考评力度，不断增加中高级专业技术人员、一线技能骨干的数量。重点培养优秀技能人才，并根据企业业态和岗位实际分类，把优秀技能人才纳入企业后备人才队伍。认真落实高技能人才岗位使用和激励措施，在成员企业中逐步建立“首席技师”“技能大师工作室”等高技能人才使用制度，形成技能水平与薪酬待遇相挂钩的机制。对成员企业营业员、理货员、收银员等窗口服务岗位，实施星级工资制，强化与星级服务挂钩，将收入分配与员工的服务质量、劳动态度、工作实绩紧密结合，形成人人争创星级服务明星、促进企业经营发展的良好氛围。进一步加强开展技能人才培训所需的培训场地、设施设备、师资和培训管理队伍的建设，逐步提高培训项目开发和技能评价能力。确保技能人才培养经费投入，按规定足额提取和使用职工教育培训经费，并确保60%以上的教育培训经费用于一线职工的教育培训。同月，“百联集团超商大卖场店长培训班”举行结业典礼。同年，举办第五期集团后备高级管理人员培训班、集团制度建设管理培训班、集团信访干部业务培训班、安全生产标准化建设培训班、集团法务骨干培训班。

2012年6月18日，集团第六期后备高级管理人员培训班在市国资党校开学。根据集团党委《关于开展“科学发展主题培训”的通知》要求，开展科学发展主题培训，先后举办3期培训示范班，集团系统二级公司、中心部门负责人，三级公司领导班子成员和部门负责人等220多名学员参加培训。同年，集团还举办电子商务专题论坛研修班、“公文写作技能提升”培训班、“流程管理与优化”培训班、人力资源经理培训班。

2013年，组织安排集团高管人员学习贯彻中共十八大精神培训班。集团总部各部室负责人，各公司(事业部)、中心班子成员，部分三级公司主要负责人共230多人参加。举办担保法律实务和企业国有资产法及实务操作培训班、集团系统办公室主任培训班、工会干部培训和新进大学生入职培训班。截至2013年，集团后备高管培训班累计举办6期，共有180名学员参加为期7周的全脱产培训，一批学员先后走上企业领导岗位。

至2013年年底，集团在岗职工学历结构较2004年有明显变化，大专及以上学历人数有较快增长。其中持有大专及以上学历人数达到11 038人，比2004年增长25.1%，占比达到34%，比2004年增加9个百分点。中专、高中、技校学历的员工占44%，初中及以下学历员工占22%。

表7-5-2　2004年、2009—2013年百联集团在岗职工学历结构情况表　　单位：人

年　份	在岗职工合计	大专及以上	中专、高中、技校	初中及以下
2004	35 252	8 820	18 728	8 008
2009	32 697	9 259	18 429	4 973
2010	31 542	9 756	14 667	7 119
2011	34 004	10 048	18 416	5 540
2012	34 429	10 827	15 885	7 717
2013	32 444	11 038	14 198	7 208

2013年年底，集团在岗职工中，技术等级结构有所改善，职工技能有所提升。高级技师人数和占比显著增长。高级技师达628人，比2004年增长3.9倍，占比达1.94%；技师、高级工人数减少，两项占比为6.46%，相对稳定。中级工和初级工人数和占比同步下降。

表7-5-3　2004年、2010—2013年百联集团在岗职工技术等级情况表　　单位：人

年　份	在岗职工合计	高级技师	技　师	高级工	中级工	初级工
2004	35 252	128	874	1 475	3 902	3 793
2010	31 542	433	798	1 182	3 127	1 750
2011	34 004	465	633	1 381	3 020	1 889

〔续表〕

年　份	全　部	高级技师	技　师	高级工	中级工	初级工
2012	34 429	555	703	1 582	3 078	1 838
2013	32 444	628	694	1 400	2 842	1 821

2013 年年底，集团在岗职工中，持有各种专业职称的人数和占比同比下降。各种专业职称人数 3 341 人，比 2004 年减少 44.22%，占比从 2004 年 16.98%降到 10.3%。其中，高级职称人数占比 0.76%，比 2004 年下降 0.06 个百分点；中级职称人数占比 4.26%，比 2004 年下降 2.17 个百分点；初级职称人数占比 5.28%，比 2004 年下降 4.45 个百分点。

表 7-5-4　2004 年、2010—2013 年百联集团在岗职工专业技术职称情况表　　单位：人

年　份	在岗职工合计	高级职称	中级职称	初级职称
2004	35 252	291	2 268	3 431
2010	31 542	213	1 469	2 007
2011	34 004	281	1 494	1 922
2012	34 429	272	1 384	1 804
2013	32 444	247	1 381	1 713

第六章　内 控 管 理

百联集团本着“重要性、操作性、有效性”原则，突出“以财务监督为核心”“以人本管理为实质”“以审计监督为抓手”，构建审计监督和效能监察相结合的内控管理体系。出台一系列规章制度，如《内部审计制度》《预算执行情况审计的暂行办法》《关于委托社会审计暂行办法》《关于加强内部控制的规定》《本部内控制度实施细则》《房地产动迁款管理及核算暂行办法》等。提出集团与重点企业分层分类的监管思路，聚焦重要成员、重要事项和重要节点三大重点，保证国有资产保值增值。

第一节　审 计 监 督

2004年2月，根据集团董事会的委托，审计中心先后对集团所属5家企业负责人离任开展任期内经济责任审计。除上海物资贸易中心股份有限公司、新路达商业（集团）有限公司当时处于外勤工作阶段，第一百货淮海店、上海一百国际贸易有限公司、上海妇女用品商店已进入编制报告阶段。

2004年5月，集团有167人通过上海市内部审计协会的资格审查，取得内部审计岗位资格证书。5月25日，为了加强集团内部审计工作，建立、健全内部审计制度，集团同时印发《内部审计制度》《高级管理人员任期经济责任审计暂行办法》《预算执行情况审计的暂行办法》《关于委托社会审计暂行办法》。明确集团内部审计机构、内部审计机构职责、内部审计机构权限、内部审计人员、内部审计程序、奖励及处罚等规定。同时，为了规范企业高级管理人员任期经济责任审计行为，保障任期经济责任审计工作的正常进行，通过制定《高级管理人员任期经济责任审计暂行办法》，重点对高级管理人员任期内资产经营管理及其勤政、廉政状况进行审计和评价，提出存在问题与不足，指出应负有的直接责任和主管责任，有利于进一步规范企业经营管理行为，完善自我约束机制，提高企业经济效益。同时也为高级管理人员、管理部门的考核、奖惩、任免提供依据。为了审核各预算主体执行年度集团公司下达的预算指标完成情况，保障集团公司各项经济目标的实现，集团制定《预算执行情况审计的暂行办法》，使预算审计与年报审计、任期经济责任审计等结合起来。充分重视和利用原有的内部、外部审计结论，结合集团公司内部管理有关规定及考核的具体条款，综合分析被审计企业的预算执行情况。为了规范集团委托社会审计管理，维护国家和集团公司的利益，制定《关于委托社会审计暂行办法》，根据集团主管领导批准的年度委托审计计划或单项委托审计计划，委托具有资质的社会审计机构对有关经济活动及其财务收支情况的真实性、合法性、效益性实施的社会审计。5月28—29日，集团召开内部审计工作会议，会上提出建立有效的内审体系，发挥内审的“卫士、参谋、助推器”作用；加强审计网络建设，形成以集团审计中心为主、事业部和中心为辅、成员企业内审机构为基础的三级内审网络架构；善于运用内审发现的正反两方面典型，从而推动集团的管理工作；同时加强内审队伍建设，不断提高政治素质和专业水平。8月23日，为了规范企业年度会计报表审计管理行为，集团审计中心采用邀请招标（议标）方式，在原四大集团年报审计的19家会计师事务所基础上，选择9家年报审计会计师事务所。11月11日，为了加强集团系统内工程项目的审计监督，严格工程项目的内部管理，节约成本，提高投资效益，集团印发《工程项目审计管理的暂行办法》，对基建工程、技术改造、大修理、装修以及动拆迁项目等工程项目采用经济、技术等方法进行审计监督、评价和鉴证。11 月 22 日，集团召开"集团专兼职内部审计人员后续教育专题培训暨审计工作例会"，强调强化审计监督，完善工程管理约束机制，对各事业部和成员企业，总投资金额在 10 万元以上的工程项目审计，统一纳入集团审计中心管理范围。同时，以集团审计中心为主会同事业部、企业采用公开、公平的方式选聘若干有较高资质的社会中介机构，开展工程项目的咨询和审价。12 月 8 日，集团强化审计工作形成网络体系，努力提升审计工作质量，提升审计队伍素质，发挥审计工作独立、客观监督和评价企业经营活动的作用，促进集团目标的实现。截至 2005 年，集团系统各级内审机构组织各类审计项目 885 个，完成项目的审计资产总额为 73.28 亿元，审计涉及资金为 156.25 亿元。通过审计，揭示企业管理中存在的各种问题 132 条，查出违规资金 317.58 万元，调整利润 84 笔，调整利润总额 24 084.50 万元，提出审计建议 56 条。对部分企业还出具专题审计建议。至 2006 年，按有关规定，集团共完成 14 名集团系统高级管理人员的经济责任审计。

2007 年年初，以提高企业经济效益和管理水平为审计目的，对企业中一线员工的 2006 年度工资收入(包括福利待遇)等情况进行审计。年内，集团全面开展集团系统财务预算执行情况的审计、企业内控制度检查、集团重大工程项目的后评估、集团高管人员的经济责任审计。共完成各审计项目 358 个，出具审计报告 37 份。涉及审计 380 家户数，涉及资产总额 450 亿元。在工程审计管理上，共完成集团系统 151 个大小工程结算审价委托，涉及金额 8.2 亿元，基本实现集团基建工程项目的集约化管理，并对重点项目进行关键控制点的介入。

2009 年，集团加强对审计整改落实力度的关注，通过审前调查和现场审计对审计整改落实情况进行跟踪、回访和检查，审计中提出的问题大部分得到整改落实，整改力度总体较好。对集团所属企业经营者开展 15 项经济责任审计。在审计中做到 3 个结合，即经济责任审计与财务收支审计相结合；经济责任审计与廉政工作相结合；经济责任审计与职业素质相结合。从经营者任期内对企业或组织的经济效益情况、主要经济指标完成情况、制度建设及执行情况、资产质量状况、经营管理主要举措等方面对经营者给予经济责任界定。通过经济责任审计，保证国有资产安全有效运作和企业可持续发展。

2010 年 7 月 5 日，集团印发《工程项目审计管理暂行办法(修订稿)》，进一步完善内部审计对企业工程项目的立项、概预算、工程招投标、工程结算、财务决算和竣工交付使用等流程的审计监督。工程项目实行分级审计管理，即投资额在 50 万元人民币以上的单项工程由集团审计中心统一委托社会审价机构实施审计。连锁企业的工程项目经集团审计中心授权后由企业内部审计部门组织实施。投资额在 50 万元以下(含 50 万元)的单项工程，有内部审计部门的企业，由内部审计部门组织有关人员实施。无内部审计部门的企业，须指定非直接负责工程项目的部门报集团审计中心备案，经集团审计中心授权后实施本公司(事业部)范围的工程审价委托。至 2010 年年底，集团内部审计形成三级网络，即集团审计中心—大型企业专职审计部门—专职审计人员。集团审计中心主要承担集团系统的预算审计、集团高管人员的经济责任审计等常规审计及多领域的专项审计，如集团重大投资项目经济效益审计、集团重大工程项目的后评估、内控制度的建立及执行情况测试、人工成本、专项费用、重大经营活动关键控制点的专项审计等内容。同时负责对下属公司专职内审机构及人员的业务指导和后续教育培训；对年报审计事务所及工程投资监理、工程结算审价事务所的管理和选聘工作。集团上市公司及所属大型企业有专职内审部门 16 家、专职内审人员 74 名。

2011 年 11 月，为了加强对集团企业高级管理人员的管理和监督，促进勤政廉政建设，根据《上海市单位内部管理的领导干部(人员)任期经济责任审计实施办法》《上海市国有企业内部审计管理暂行办法》等文件精神及《百联集团有限公司高级管理人员任期经济责任审计实施办法》,集团制定《百联集团有限公司关于开展企业高级管理人员任期经济责任审计的三年计划》。对国有及国有控股子公司、事业部专职董事长或总经理(包括主持工作一年以上的副职高级管理人员),实行三年轮审制度,努力实现审计对象全覆盖。暂先列入范围的公司包括集团直属公司(事业部)、中心;联华超市(超商事业部)直属成员企业;友谊股份、物贸股份(生产资料事业部)、新路达(商业连锁)、现代物流、百联置业、百联资产一类直属企业;集团另行规定的其他企业及岗位人员。按干部管理权限分级实施。集团管理的高级管理人员,其经济责任审计由集团审计中心组织实施;其他高级管理人员,其经济责任审计由集团二级公司的内审部门组织实施。

2012 年 9 月 12 日,经对集团《内部审计制度》《预算执行情况审计暂行办法》《高级管理人员任期经济责任审计暂行办法》进行修订,集团同时印发《百联集团有限公司内部审计制度》《预算执行情况审计的实施办法》和《高级管理人员任期经济责任审计实施办法》。内部审计制度所含职责从原来 6 项扩展到 13 项。根据集团经营业务的发展、经营模式的创新和经济活动的复杂多样,审计职责补充制定制度、制订年度工作计划的内容,细化完善对改制重组、股权转让、对外投资、兼并破产、重大合同、资产减值、财务核销等重大经济行为的程序合法合规的审计监督内容,细化分解对企业担保、出借资金、委托理财、股票、期货、外汇以及金融衍生品、高风险投资的审计监督,补充对重大经营管理异常情况;境外投资、市外投资定期审计;落实审计后续管理,对审计发现问题整改情况跟踪检查;推进信息技术对审计工作辅助应用等职责。预算审计的主要内容包括鉴证集团对公司(事业部)、中心下达本年度《业绩责任书》中财务类考核指标的完成情况;审核年度企业资产、负债、损益的真实性;审核企业以前年度审计揭示主要问题的整改落实情况;检查企业经营业务活动中重点管理环节的内控制度及风险防范机制的建立和执行情况;检查企业执行集团相关制度情况;检查预算执行偏差率较大的指标,并进行重点分析;检查企业销售、利润结构、资产结构以及企业可持续发展情况;检查企业投资项目及工程项目管理情况;检查企业重大合同执行、管理情况及资产处置情况;检查企业存在的重大诉讼和其他或有事项;检查企业职工薪酬管理情况等。《高级管理人员任期经济责任审计实施办法》明确,原则上高级管理人员一届任期内开展一次经济责任审计,经济责任审计周期一般为 3 年一次,如有特殊需要可以开展专项经济责任审计。对国有及国有控股子公司(事业部)、中心主要负责人审计的内容包括:任职期间所在公司(事业部)、中心的经营发展情况,兼任领导职务的子公司经营发展情况,任期内主要经济指标完成情况;执行国家方针政策、遵守国家法律法规及贯彻落实集团相关规定的情况;重大经济经营决策情况;财务收支的真实、合法和效益情况;履行国有资产出资人经济管理和监督职责情况;任职公司(事业部)、中心内部控制制度的建立和执行情况;遵守有关廉洁从业规定情况。办法还对分管经济、财务等工作的副职领导、内设部门和机构的主要负责人的审计内容作了规定。

2013 年,集团加强预算绩效审计和整改工作的力度,审计中心出具 10 篇单篇报告、1 篇综合报告,其中发现问题 194 条,揭示事项 140 项,提出建议 109 条,揭示各类风险 22 项,对 2012 年审计结果确定的 69 个审计整改项目已完成整改 49 项。

第二节　内控体系

2003—2005 年,百联集团把国资监管与党建督察有机结合,提出分层分类的监管思路,即监察重要成员的企业经营行为有无违纪违法情况；重要事项有无重大问题和风险情况；重要节点（控制关键点）牵制方法上有无漏洞或异常、可能造成失控舞弊情况。从而保证经营项目的正常开展。

2004 年 10 月，集团购物中心事业部与又一城购物中心签订效能监察协议。要求各级干部保持清醒头脑，自觉遵守廉洁自律各项规定，预防在先，关口前移，把党风廉政建设贯穿于工程建设的全过程，确保工程建设优质高效。同年，百联百货事业部采购中心紧紧围绕以经营目标为中心，以降低采购成本、强调“阳光采购”为重点，促进企业管理、促进经济效益、促进廉洁高效，在培养买手队伍、促进门店销售、加强制约控制等方面创新开展效能监察工作。

2006 年 4 月 30 日，集团党政联手，组建效能监察员队伍。通过监察员，充分发挥相关专业人才的积极作用，通过参与重大项目的效能监察工作，认真总结经验和做法，发现问题及时提请项目领导分析原因加以整改，以进一步推进内控监管工作，促进企业经营管理的完善和优化，更好地支撑集团经济快速、安全、高效地运行。在效能监察员队伍成立会上，向 16 位集团兼职监察员颁发聘书。11 月 24 日，集团为有效防范重大财务风险和管理风险，依据《中华人民共和国会计法》、财政部《内部会计控制规范——基本规范》，制定《关于加强内部控制的规定》。从货币资金、销售与收款、采购与付款、合同管理、价外收入、存货管理、票据管理、对外投资、工程管理、借款担保管理、固定资产管理、薪酬管理、减值准备、信息系统管理等 14 个维度聚焦内控重要节点。从会计主管、出纳员、业务员、合同管理员、仓库保管员、票据管理员、财产管理员、投资管理员、工程管理员、薪酬管理员 10 个重要岗位落实管理职责。

为贯彻落实《关于加强内部控制的规定》，2007 年 7 月，结合集团总部管理业务的特点及实际情况，制定《百联集团有限公司本部内控制度实施细则》。从货币资金管理、应收应付款管理、合同管理、房地产收入成本管理、低值易耗品管理、固定资产（房地产除外）管理、对外投资（含企业股权、有价证券）管理、在建工程管理、借款担保管理、档案管理（含票据、印章）、薪酬管理、减值准备管理、信息管理等 13 个重要环节落实管理细则。并明确监管要求、审批权限与联签方式。集团成立实施总部内控制度领导小组，有效地开展以财务为核心的内控制度的试行工作。为控制投资风险，集团开展项目后评估工作，效能监察小组对宁波东方商厦、又一城等投资项目的回顾调研，为后续加强项目管理提供很好建议。同时，还重视企业内控制度检查、重大投资项目投资回报及经济效益审计，重视审计意见整改措施的落实情况，并对集团范围内企业涉及项目投资资金、动迁资金及证券投资等大额资金运作进行检查，通过制度规范资金运作，加强风险管理，确保资金使用安全。

2010 年，集团内控管理得到进一步强化。集团专门召开财务监管会议，部署专项治理工作。物贸股份以执行力为重点，制定《风控手册》，进一步细化规范“五位一体”的风险控制体系。资产经营公司关注和跟踪重点企业、重点环节监控制度的建立和健全，制订有效措施，强化风险管理。审计中心对集团下属重点企业的经营者开展 21 项经济责任审计，在审计范围、方法和重点上均有所突破；同时还开展 20 项专项审计项目，重点揭示企业内控和风险上的问题，在规范提升集团系统管理水平中发挥了积极作用。

2011 年 8 月，根据集团董事会批准立项的集团内部控制建设情况专题调研的专项报告，集团在成立内控调研课题领导小组基础上，成立内控调研工作小组，对集团部分二级公司及所属成员企业抽取一定比例的样本单位开展内控建设情况调研。重点选择百联股份、物贸股份、百联置业 3 家二级公司开展调研，除二级公司本部外，在二级公司范围内选择部分样本单位开展内控调研。集团开展内控建设的专项调研，通过专项问卷调查和样本抽查等方式，重点关注企业在经营管理过程中，内控制度建设的健全性、有效性和实际执行情况，通过共性和个性问题分析，总结经验和存在问题，提出措施和对策。同年，联华股份按照“完善制度流程、加强过程控制、强化基础管理”的内控工作思路，围绕“风险控制”目标，贯彻“体系优化、制度执行、内控自律、防范风险、内控增效”宗旨，从深度上、实效性上、整改落实上推进内控工作。通过内控评价报告、内控工作意见、内控工作计划和风险评估指南，提供系统化、标准化、可操作性的规范指导。通过编写内控手册，推动内控工作常态化开展。通过搭建内控信息平台，实现内控信息资源共享，提高内控工作效率。

2013 年 7 月 31 日，根据财政部等五部委下发的《企业内部控制基本规范》要求，促进企业实现规范管理，有效防范、控制经营风险和管理风险，提升管理效果和效率，逐步形成科学、规范、具有百联特色的内控管理体系，达到市国资委及资本市场监管机构的监管要求，达到集团稳健、持续、健康发展的要求，集团制定下发《内部控制管理体系建设实施方案》，完善内控体系建设。由于集团系统内企业投资层级多、业态跨度大、管理关系复杂、风险易发点分散等原因，集团对内控管理体系建设实施统筹考虑，第一阶段重点梳理集团本部及对所有二级公司的关键业务制度流程和管理制度流程，诊断和分析在内控方面存在的缺陷，制定集团总部内控管理手册；同时，梳理物贸股份本部及对所有三级公司的关键业务制度流程和管理制度流程，诊断和分析其在内控方面存在的缺陷，制定物贸股份内控管理手册。第二阶段梳理联华股份、友谊股份本部及对所有三级公司的关键业务制度流程和管理制度流程，诊断和分析其在内控方面存在的缺陷，制定内控管理手册。集团成立领导小组和工作小组。领导小组组长、副组长由集团主要领导担任，小组成员由分管领导组成。工作小组组长由分管领导担任，副组长由相关部室负责人担任，小组成员由财务部、审计中心和企业管理部相关人员组成。二级公司、中心也相应建立领导小组和工作小组，集团各部室明确一名联络员。委托德勤华永会计师事务所具体从事项目工作，集团和各二级公司、中心予以支持和配合。友谊股份加强内控建设重点是一方面加强规范化管理，按照上交所、深交所主板上市公司要求，编制内控规范实施方案，选聘专业公司对友谊股份及下属 4 家成员企业的内控建设进行评估指导。另一方面加强内控执行检查，推进《企业内部控制基本规范》，加强对新型业务和工程项目的审计管理，对 4 家成员企业实施工程项目专项检查，共上报、送审工程项目 303 项。物资股份先后出台和实施《关于加强企业风险防控常态化管理的实施意见》《套期保值业务管理补充规定》《政府储备物资管理办法》《关于开展财务集约化管理的实施意见》《重大事项内部报告办法》等项制度。德勤公司先后完成对集团总部和物贸股份《内控诊断报告》及集团总部及物贸股份的内控手册讨论稿。

图 7-6-1　2013 年 8 月 7 日，集团召开审计整改暨内控管理体系建设工作会议

第七章　专项管理

集团的专项管理主要包括法律事务、信息化建设、安全稳定，从制度建设、工作网络、工作机制等方面，明确责任、完善流程，提高管理水平，为集团运营提供保障。

第一节　法律事务

2004年7月，集团下发《关于贯彻市国资委〈关于建立重大经济纠纷仲裁、诉讼案件报告制度的通知〉的通知》。要求各成员企业进一步全面排摸仲裁、诉讼案件，在原来已掌握案件的情况下，再作一次全面排摸，力争做到不遗漏一个案件，并按照集团的规定，及时向集团法务部备案。进一步分析已涉讼的仲裁、诉讼案件。对企业经济活动中已发生的重大经济纠纷或可能发生的重大经济纠纷进行法律分析，及时研究和落实防范、化解经济纠纷的措施，把握好仲裁、诉讼的主动权，最大限度地维护自身的合法权益。

2005年8月，为了防范集团的经营风险，建立集团投资项目的预警机制，加强集团内部管控，集团制定《参与项目谈判、提供法律咨询暂行规定》，明确重大项目范围、重大项目谈判所需提供的资料和项目谈判流程。

2006年5月17日，集团启动重点企业章程修改工作。要求企业发挥企业专职法律顾问及合同员专业特长，提出具体意见，以高度认真负责的态度完成章程修改。加强与合资合作方之间的协商与沟通，严格遵守章程修改程序，使章程经得起法律的检验。同时把握好章程修改的时间进度。

2007年2月，为全面推进"十一五"规划，充分发挥法治在促进、实现、保障中的重要作用，集团制定《百联集团有限公司"五五"普法工作实施意见》，使法律宣传教育在传播法律知识、弘扬法律精神、提高出资人依法履行职责和依法监管、推进国企经营管理者和广大国企职工提高法律素质方面发挥更大的作用。"五五"普法重点工作是提高高级管理人员、职工法律素质；促进企业依法治理；依法推进企业改革。同年，上海、浙江、江苏、安徽等地先后出现悬挂"世纪华联"字样店招的超市，仅"世纪华联"在上海市场门店总数就约100家。其门店装饰风格、色彩与华联超市门店近似，且上海地区的"世纪华联"基本上都开设在华联超市直营店或加盟店附近。联华快客品牌也遭侵权，市场上出现不少类似"快客、快容"等模糊店招。这严重影响了华联超市、世纪联华等企业的社会形象，也损害了广大消费者的利益。针对这种现象，9月3日，集团召开"世纪华联"超市傍名牌现象专家研讨会。会议认为，"世纪华联"超市的恶意行为，明显构成不正当竞争，使"联华"和"华联"两家超市公司的利益遭受损害，必须通过各种途径进行维权。法务部门全面排查上海区域内有侵权行为的超市，搜集相关资料立案上诉。同时，标本兼治，加强对华联加盟店的指导和督查力度，提升管理质量。通过树立加盟规范样本，实施分类管理，支持鼓励加盟店注重品牌声誉、注重长远经营，并加大对不规范经营加盟店的整改和处罚力度，清理淘汰劣质加盟店，保证品牌质量。华联超市以上海为重点区域，利用电台、报纸等媒体澄清事实；经营上加强自身的竞争力度；向市经委、工商等政府部门咨询，寻求行政保护，对类似"世纪华联超市"等公司授权开店的资格等进行查处。"世纪华联"司标与"世纪联华"横向的司标相仿，颜色与华联超市转型门店相似，且用类似字体。对于"世纪华联”这种“搭便车”现象，华联公司以擅自使用他人企业名称及其他不正当竞争为由，向市一中院提起诉讼。市一中院审理后认为，“华联”字号使用在先，“世纪华联”未经许可，擅自使用与“华联”字号相近似的“世纪华联”企业字号，“世纪华联”的行为违反公平竞争和诚实信用原则，侵犯原告的企业名称权。据此，法院判决金湖世纪华联超市连锁有限公司等三被告立即停止在其企业名称、门店店招、门店内部装饰及商品标识中使用“华联”文字；上海松江第一分公司、上海第一分公司各赔偿原告华联超市5万元；金湖公司赔偿华联超市40万元。集团下属三联集团拥有中华老字号及中国驰名商标“吴良材”，自1998年起一直被苏州市吴良材眼镜公司等一些企业“傍名牌”、冠名注册吴良材眼镜企业字号，“吴良材”中国驰名商标合法权益长期受到侵犯。2007年，三联集团向江苏省苏州市中级人民法院提出民事诉讼，要求苏州市吴良材眼镜公司等企业立即停止对涉案侵犯吴良材注册商标专用权的行为。

2008年12月8日，市国资委下达《关于开展重大法律风险排查工作的通知》，重点是防范合同履行期间的异常情况以及存在的法律风险隐患。集团立即组织有关企业对合同履行过程中存在的重大法律风险隐患进行排查。重点分析、排查世界经济金融危机爆发后，重大经济合同履行过程中出现的异常现象，预测可能产生的违约、纠纷以及将对企业经济活动造成的不良影响，研究、落实防范、化解纠纷以及消除不良影响的具体措施，制定预案，把握主动权。集团要求各成员企业，以500万元标的的合同作为法律风险排查对象。经过各成员企业的自查，普遍认为：合同基础管理比较扎实，制度健全，事前防范工作基本到位。排查结果，未发现重大合同法律风险。集团重申坚持重大合同审核制度。尤其对标的金额人的项目要有针对性的制定预案，同时要关口前移，为一线企业提供法律服务，做到事前防范，将风险控制在源头。同时，排查重大经济纠纷及其应对措施。对已发生的重大经济纠纷的成因、变迁和发展进行法律分析和预测，客观地评价可能产生的后果。制定应对方案，采取积极有效的措施，尽可能减少损失。要求企业坚持重大案件诉讼报告制度。运用诉讼、仲裁等有效救济途径，依法维护企业合法权益，避免或者挽回重大经济损失。对下属企业发生的重大案件做好法律救济工作。坚持健全内部监控机制，对合同动态跟踪不放松。要求各企业始终把防范经营风险放在首位，要把正在履行尚未发生法律风险的合同处在可控状态，为防范法律风险提供制度保证。坚持加强对法务骨干及合同管理员的法律知识和业务知识的学习，创新法律人才培养模式，培养高素质的法律服务团队，为防范法律风险提供人力资源保证。确定防范法律风险的重点领域，企业法务骨干通过“在线”服务，将防范法律风险渗透到企业经营管理的各个环节之中。

经过2年多的诉讼，苏州市中级人民法院于2009年9月做出一审判决：被告苏州吴良材眼镜公司等企业立即停止涉案侵犯吴良材注册商标专用权的行为。于判决三个月内到工商登记机关办理企业名称变更登记手续，变更后的企业名称中不得含有“吴良材”字样。对三联集团进行赔偿。同年，集团对所属企业使用集团商标情况进行检查，促进集团下属企业规范使用集团商标，改进集团商标使用过程中存在的问题和不足。至2009年，集团已形成较为完整的法制工作体系，即：有一支齐全的法律骨干队伍；有一套完整的工作制度和流程；有一个完备的法律服务体系；有一套有效的法律救济措施；有一套管控下属企业的方法。但还存在不足：未建立推行法律顾问制度；队伍综合素质有待进一步提高；企业重要经营决策的法律审核把关水平有待提高；企业重大法律纠纷案件的处置能力有待加强；企业知识产权的保护力度有待增强。对此，根据市国资委《关于上海市国资委出资企业法制工作三年规划（2009—2011年）》的精神，为推进集团法制工作再上新台阶，结合集团法制工作的实际状况，编制集团三年法制工作规划（2009—2011年），明确总体目标和主要任务。

2010 年，集团法制工作强劲推进。调配法务人员充实集团法务机构，独立设立集团法务部，进一步加强法务工作职责。法律审核介入企业决策流程。截至 2010 年 5 月 31 日，已完成上国投借款纠纷案、第一医药江苏银信执行案、中商集团借款纠纷案等多起历史遗留案件的处理。6 月，集团召开法务工作例会，会上要求总部有关部室、各事业部、中心和集团直接管理企业和间接管理企业都要设立合同员，其中集团间接管理的企业也都要明确专职或兼职合同员，并进一步提出合同员的素质要求和职责。6 月 22 日，为了进一步建立健全集团法律风险防范机制，规范集团法律顾问办理诉讼、仲裁事务和法务管理工作，集团出台《百联集团处理诉讼、仲裁事务的暂行规定》，对集团诉讼、仲裁事务的处理流程、重大法律纠纷案件的管理、一般日常案件的管理等都提出明确要求。如规定重大法律纠纷案件结案后，案件发生企业应当在结案后 10 日内向集团法律事务部提交结案报告及生效的法律文书。报告内容包括案件发生原因、处理过程、处理结果、经验教训、改进措施等。截至 2010 年 6 月底，集团法务部完成集团公司合同审核及集团重大合同会签审核共 70 件，全部出具书面审核意见。同时，跟踪集团系统内重大诉讼案件的处理，加大对重大法律纠纷的调处力度。

2012 年 3 月，集团建立和实施法律意见书制度。要求下属各公司、中心报集团法务部审核的合同、协议、章程须出具"法律意见书"。"法律意见书"须格式规范、文字严谨、表达准确、逻辑严密、分析透彻，并签字、盖章，立卷归档。5 月 7 日，为了进一步提高集团领导干部依法行权履责水平，增强各级干部员工的法制观念和法律意识，加强学法、守法、用法、护法的自觉性，推进集团合规文化建设，根据市国资委《关于印发〈关于在市国资委系统开展法制宣传教育的第六个五年规划(2011—2015 年)〉通知》精神，结合集团实际情况，集团制定《关于贯彻法制宣传教育第六个五年规划的实施意见》。主要任务是加强宪法和重点法律法规的宣传；推进经营管理人员系统法制教育；普及保障职工民生权益的宣传教育；提高企业法律顾问及合同员队伍的专业培训。以此强化集团所属企业的诚信意识、契约意识和风险意识，推进集团合规文化建设，为顺利实施集团"十二五"发展规划提供有力保证。为了规范集团合同审核工作，帮助集团和下属企业法务人员和合同员在从事各类合同审核业务时有基本的参考依据，从而保证合同审核工作质量、规避风险，10 月 10 日，集团印发《合同审核业务操作指引》。明确集团和下属企业法务人员、合同员对企业的合同，用检查、核对、分析等方法，就合同中存在的法律问题及其他瑕疵提出法律意见，为企业有关业务部门领导决策提供参考。并对集团和下属企业法务人员、合同员审核要求、审核重点提出具体规定，对合同性质界定准确、合同主体资格有效、合同标的物描述明确、合同义务责任分担合理、合同履行条款可操作、合同交易给付安全、合同权利可充分救济、违约或赔偿计算、违约行为的构成要件、合同签订方式、合同纠纷解决条款、合同框架结构完整、合同编排层次分明、合同内容协调一致、合同语言文字合规、合同印装签章等都做了规范提示。

2013 年，集团法务部门对 2012 年度集团整体诉讼案件情况进行盘点分析，对两类具有典型意义的呈上升趋势的案件进行剖析，其中一类是钢材贸易纠纷案件，共计 8 起，另一类是买卖合同中的供零纠纷案件，共计 12 起。针对问题和启示，提出法务建议，即加强签约前的调查，审慎选择合作对象。企业在重大项目的合作中，加强调查工作，对合作对象履约能力等进行必要评估；加强合同审核，完善签约过程管理。充分考虑历史遗留问题，设置法律风险控制条款；加强履约过程管理，设立风险预警机制。根据不同客户设定不同的标准，并严格按合同约定尽早采取包括诉讼在内的各种措施，防止风险无限放大；加强运用法律担保，化解企业风险。提供实物资产作为承担履行合同的连带责任，并重视担保的法定形式；加强证据材料管理，避免诉讼风险。重视交易过程中货物的签收单、对账单、往来函等各种票据的管理;加强法律法规学习,提升企业依法管理水平。高度重视需要认证准入的特殊行业其资质的有效性,依法经营,规范管理。

第二节 信息化建设

集团百货事业部刚组建时,所辖的百货商店中有17家使用管理信息系统,分别由11家开发商提供技术支持,整合、升级难度极大。百货事业部信息技术部与各门店相关部门通力合作,15次改进操作方案,2004年9月,集团百货事业部在信息化管理方面取得成效。首批7家成员企业使用由华申智能卡应用有限公司开发的MIS系统,随后覆盖第二批13家门店。这一信息系统集百货连锁的各种功能于一身,包括从基层门店销售管理、业务管理、客户管理到公司层面的财务统计、财务结算以及智能化查询分析的各个方面,并自行研制开发"网上销售查询系统"。事业部下属门店每个工作日营业结束后,最迟在第二个工作日上午10点以前通过INTERNET网上报每天的销售数据,各成员企业通过网络可即时了解相关情况,使同比、环比等销售信息一目了然。只需点击相关网页,远在大西南的友谊百货成都店的各项销售数据跃然网上。同时,可及时调整门店商品的售价、折扣率等相关数据,门店也可自动下载新增商品信息等门店销售相关的所有信息,这种分布式数据处理技术为百货连锁发展提供有力支撑。

2005年2月22日,集团公共网站开通,网址:http://www. bailian. group. com。4月,联华超市与全球最大的IT公司IBM以及中国台湾特力集团联手,共同打造联华具有国际水准的供应链管理体系。项目主要依托IBM公司领先的IT技术以及中国台湾特力集团丰富的零售经验及其成熟的供应链应用技术,首先建立联华超市旗下的大型综合超市业态的电子订单处理、网上对账和结算、数据分析及共享等供应链管理及其支撑体系,依据这一平台向世纪联华提供管理支撑,并进一步向超级市场和便利业态延伸。同时整合所有卖场和供应商之间的交易数据,大大提高"下单—供货—对账"信息交换的准确性和及时性,从而降低运营成本,提高效益,使工商关系得到改善,形成协同效应。百货事业部在短短一年时间里,统一绝大多数门店的计算机管理信息系统,完成整合信息技术管理的任务。

至2006年4月,集团成立3年,根据"注册上海、走向全国、连接世界"的要求,建立并完善新的管控模式,进行内部资源的整合与集约,促进核心业务的发展,主要经营指标实现了全面快速增长。并通过大力引入使用先进的信息技术,为业务的快速发展提供有力的支撑。信息技术广泛应用于超市物流配送系统建设。联华超市建立配套的物流配送中心,其信息技术核心功能包括收货、入库、补货、整箱/拆零拣货、配送、经过型物流管理和库存控制、仓位管理、盘点管理、运输管理等。信息系统采用自动化生鲜加工流水线、自动化拆零流水线以及自动货架等先进设备与信息系统紧密结合,运用物流条码技术、无线通讯技术等核心技术作为支撑。联华超市大型分布式数据库应用系统为全国门店所共享,初步实现商业管理自动化;以严密的内控体系为基础,建立科学的组织框架和管理制度。同时针对各部门、各业态、各地区的计算机系统、数据库系统、数据接口、业务流程和规则、数据分析需求进行调研,规划数据交换的标准和平台技术,为共享物流信息、商流信息、结算信息和大规模的数据分析应用规范接口标准和技术平台。华联超市桃浦配送中心全面采用计算机管理,实现仓储立体化,采用高层立体货架和拆零商品拣选货架相结合的仓储系统。拆零商品配货电子化,配送中心拆零商品的配送作业采用电子标签拣选系统。物流管理条码化与配送过程无纸化,采用无线通讯的电脑终端,开发条码技术,实现从收货验货、仓储保管、拣货配货物流全过程的无纸化。电子商务信息技术拥有优势。“联华 OK”网先进的网络系统、高科技的网络平台和电话平台，具有网上储值、在线消费等功能的应用系统，经受住市场的考验，站稳脚跟，并实现当年投资经营当年盈利的经营佳绩。联华电子商务销售逐年增长，已实现连续 3 年盈利，OK 卡会员数已突破 600 万。爱姆意机电设备连锁有限公司以机电产品经营为特色，以 B2B 电子商务平台交易为手段，集代理制、连锁制、配送制和现代物流功能为一体，将增值服务与商务平台紧密集成，为机电制造业和产品消费企业搭建互通的桥梁，“爱姆意在线”获上海电子商务重点应用推广项目和上海高新技术转换项目，是中国唯一的机电产品实时交易系统。“爱姆意在线”的管理模式被授予国家级管理创新成果一等奖。整合开发百货业态连锁经营信息系统，把以单店经营为主的信息管理系统，整合为以事业部为统一信息平台的信息管理系统，为事业部统一招商采购、统一经营管理提供信息技术保证。其中东方商厦百货连锁开启统一招商、统一采购进程；购物中心对商户实行信息化全面管理；VIP 贵宾卡在东方连锁各店统一使用；管理部门运用各种专业化软件，大幅度提高工作效率，精简管理人员队伍。统计汇总、财务预算、财务汇总的工作重点从数据处理转向工作研究。根据集团发展需要，2005 年 4 月—2006 年 3 月，集团先后 3 次起草、修改《百联集团协同办公系统的规划和要求》。

2006 年 6 月，集团拟定《百联集团“十一五”信息化发展规划》，大力推进信息化建设，重点聚焦业务流程的再造，资源、信息的重组共享，供应链体系与人力资源建设，突破资源“瓶颈”约束。

2008 年，集团再次制定《百联集团信息化建设规划》。

2009 年 7 月，集团发布《协同办公系统选型暨实施报告》和《关于实施百联集团协同办公系统的报告》，通过集团总裁室审批，集团总部 OA 项目正式启动，经过规划、建设、培训，进入试用推广阶段。10 月，百联股份总部实施计算机中心机房扩建及装修改造项目，具体包括百联股份总部计算机房配电系统、空调系统、防雷接地系统、环境监控及门禁系统、综合布线、消防系统、防排烟系统、机房装修改造等。至年底，集团信息化建设效果明显。集团以战略分解、计划预算、会议管理、经营分析为基础，建立集团总部“计划、执行和控制”为主要内容的管理系统，构建上下畅通、内外有别、安全可靠的多级网络系统，逐步拓展完善内部运营（协同办公）管理、全面预算管理、经济运行管理、财务资金管理、投资发展管理、人力资源管理、全面风险管理、党建党务管理等信息管控平台建设，并逐步根据需要开发建设一系列实时监控系统，使集团总部管理层能及时、准确地了解所属企业的运行情况，特别是企业的营收状况、现金流动状况、赢利状况、经营中可能发生的风险，把握集团总体预算实施执行的状况和面临的问题，便于更好地分析、研究、制订应对策略。在集团主要业态、股份公司层面，逐步构建内部协同办公子系统，能达到与集团总部内部协同办公主系统的互联互通。一线企业层面，建设统一、实用的一系列应用系统，如卖场、门店信息管理系统、内部协同办公子系统、营销基础信息采集管理系统、客户关系管理子系统等。

2010 年 6 月，集团批复同意新路达集团建设业务信息化系统项目，按照新路达集团信息化建设三年发展规划的要求，分步实施。第一阶段于 2010 年年底在所有主要直营门店建立电子收银系统（POS 系统），并在食品和百货经营事业部总部建立相应的进销调存管理系统（MIS 系统）。第二阶段积极规划第三方电子订单和发票认证管理系统、BtoC 电子商务系统、财务智能分析管理系统；第三阶段统一搭建新路达集团业务总部平台。

2012 年 11 月 26 日，集团召开合同管理信息化建设项目启动会议，分步实施合同管理信息化建设项目。11 月底，组建项目实施团队，制定工作计划，开展培训。

经过 2012 年 10—12 月 3 个月的试运行，集团财务信息系统第一阶段财务报表系统取得阶段性成果,2013 年 1 月 1 日起正式切换上线。财务信息系统报送范围包括集团投资关系和管理关系内的所有下属公司,但考虑到部分上市公司的特殊性,友谊股份、上海物贸以及联华超市 3 家企业报送范围为其合并和管理关系报表及其下属一级公司,其他集团内所属企业均需按系统要求报送至最末级公司。集团合并报表系统的建立和应用,使集团财务信息在完整性、及时性、准确性等方面有较大提高,集团财务管理由静态走向动态,拓展财务管理的空间,提升集团财务监管工作的能级。信息系统内主要包括资产负债表、利润表、现金流量表、月度权益表、内部债权债务表、内部收入成本表、内部现金流量表、费用表、税金表、预警补充表、营业收入预算执行表、利润总额预算执行表、投资明细表、年度权益表等报表。根据集团信息系统建设三年发展规划,在合并报表系统优化和完善的基础上,2013 年继续开发财务分析系统,建立财务分析指标体系,进一步提高财务分析的时效和质量。6 月,集团建设财务信息系统进入第二阶段财务分析系统项目建设。

2014 年 3 月,合同管理信息系统试运行。

第三节　安 全 稳 定

2003 年 11 月 18 日,集团成立社会治安综合治理委员会暨维护企业和社会稳定工作领导小组。11 月 26 日,经市国资委征求市国家安全局意见,批准成立上海百联(集团)有限公司国家安全领导小组。

2004 年 3 月 5 日,集团印发《关于建立维护稳定工作三级网络责任制的意见》,按照“分级负责,归口办理”“谁主管,谁负责”的原则,明确集团、事业部、中心、四大集团留守和企业的管理责任,形成各级党政主要领导切实承担起稳定工作负总责的责任,层层把关,实现一级抓一级、一级帮一级的压力传递机制,从组织领导、工作机制上完善维稳工作三级网络的责任体系。同年,集团制定《关于处理信访安全突发事件的应急预案》。成立稳定工作领导小组,组长由集团主要领导担任,副组长由分管领导担任,小组成员由相关部门负责人组成。建立各部门分工明确、责任落实的工作机制。集团安全工作呈现与建章立制结合、与学习法律法规结合、与安全检查结合、与夯实安全管理网络结合等“四个结合”特点,集团总部内部刑事、治安案件为“零”,治安灾害事故为“零”,被盗被诈骗案件为“零”,集团内部治安安全责任签约和外来施工安全签约率均达到 100%。在 2004 年度市公安局治安总队的安全评比中,集团获 2004 年度治安安全合格单位和先进保卫集体称号。

2005 年 6 月 8 日,集团落实国务院安全生产委员会办公室有关危化品督导整改意见,根据督导组对集团所属化轻桃浦仓储公司危险化学品安全管理工作检查中发现的问题和整改意见,及时组织召开生产资料事业部、上海晶通化学品有限公司、上海化轻桃浦仓储公司等单位负责人参加的专题会议,对化轻桃浦仓储公司进行整改。经复查,化轻桃浦仓储公司健全剧毒品库房安全巡查制度,规定保管员必须做好每日上下班两次巡查,同时做好记录,严格执行“五双”制度;警卫人员确保夜间每小时对剧毒品库房巡视一次,并做好记录。完成剧毒品库房窗户防盗栏的加固,在库房内增设了重大危险源辨识相关资料和剧毒品警示标志。在仓库安全应急预案中专门制定剧毒品防盗的应急预案,等等。

2006 年 5 月 30 日,集团召开会议,传达市领导“当好东道主、热情迎峰会”的讲话要点,结合集团实际,专项部署上合峰会期间的安全稳定工作。

2007 年,集团通过抓责任落实、抓安全教育、抓重点检查和整改落实,全面落实安全稳定工作责任制,确保每一项工作、每一个环节都有人抓,有人管,有人负责到底。与此同时,积极做好中共十七大、特殊奥运会等重要节点的稳定工作。注重事先环节，围绕集团改制重组、发展等重点工作，超前排摸，做好预案；注重关注军转干部、协保人员、动迁企业职工等群体的思想、生活状况，切实解决急难问题，及时疏导职工思想情绪，防止发生不稳定事件。

2008 年，集团在信访、稳定工作中创新三访机制，运用“三心”方法，矛盾化解率和办结率有所提高。为做好重大节日、活动的安全工作，集团主要领导带队，深入企业第一线检查指导，督促排查整改安全隐患，防止重大安全事故发生。

2009 年 5 月 18 日，为了扎实开展安全生产执法治理、宣传、教育行动，根据市政府办公厅和市国资委《关于印发本市安全生产“三项行动”实施方案的通知》精神，集团制定《安全生产“三项行动”实施方案》。进一步严格治理安全生产行为，落实各项安全防范措施和监管责任；完善应急预案制定修订和健全应急救援队伍装备。6 月 18 日，集团下发《闲置场所租赁经营安全规定》，分别对安全管理、培训教育、规章制度、租赁发包监管、生产安全、消防安全、用电安全等提出具体规定。建立健全符合相关要求的网络，明确专(兼)职安全管理人员；从业人员“二三级安全教育”达 100%；建立健全厂房、经营用房、办公用房、生活用房、场地、设备的租赁管理制度和各项安全规章制度、操作规程；厂房、经营用房、办公用房、生活用房、场地、设备的租赁必须符合基本的安全条件，其安全状况(建筑结构、防火等级)应与承租方使用的要求相符，出租的特种设备必须具备“三证”，等等。7 月 22 日，集团与市国资委签订《市国资委系统上海世博会安保反恐维稳工作责任书》，坚决贯彻落实市委提出的上海世博会安全保卫工作“四个坚决防止发生”的总体要求和“四个确保”的总体目标，以及市国资委提出的“三清四落实”工作目标。高度重视人员聚集场所的治安防范工作；对重点企业加大自查、检查、督察力度；对企业可能引发的不稳定情况进行排查，落实应对预案、确保集团的一方平安。8 月 19 日，集团印发《百联集团建立健全初信初访办理机制的意见》，重点落实四方面要求：分级落实办理责任，上下互动化解初信初访矛盾；规范初信初访的办理流程，实施常态化管理和流程控制；切实转变思想作风和工作作风，做到工作重心下沉，防范关口前移；强化初信初访化解工作的考核评估，落实奖惩制度。12 月 3 日，上海市企事业单位治安保卫协会召开八届三次会员大会，集团与市公安局治安总队签署“2010 年上海市企事业单位内部治安保卫责任协议书”。会上，集团安保部、百联股份东方商厦南东店综合办保卫组、东方商厦行政保障部、上海工业品批发市场经营管理中心保卫部被授予 2009 年度“上海市企事业单位治安保卫先进集体”。3 名个人被授予 2009 年度“上海市企事业单位治安保卫先进个人”。6 家单位获 2009 年度“治安安全合格单位”。

2010 年，集团安全生产工作围绕“安全迎博”主线，强化安全治安隐患治理和安全专项检查，强化重点单位的安全监管，推进安全治安责任的落实，重点推进集团所有企业的安全治安保卫监管体系。集团成立安全生产委员会和应急领导小组，并制定应急预案，各二级公司也成立应急领导小组，制定应急预案落实责任。集团印发《2010 年百联集团安全生产培训方案》，通过全覆盖的培训，提高企业管理人员和从业人员的安全生产知识和消防安全技能。1 月 26 日，为确保百联集团在上海世博会期间的一方平安，百联集团成立世博安保反恐维稳应急领导小组。值班领导由集团党政领导班子成员担任，总值班员由集团党、政、工、团部门正、副职负责人担任，值班员由集团党、政、工、团部门高级主管和主管担任。上海世博会前夕，集团挑选一批单位进行应急预案演练，共组织大型演练 150 余次，请 250 余家其他单位进行观摩和点评，切实落实应急保卫措施。对重点单位、重要部位和容易引发安全问题的重要部位，按照有关规定添置技术防范设施，并实施重点保护。集团对 18 家出租单位 430 户租户重点结合租赁合同、租赁安全生产管理协议、用电安全、消防设施管理、安全制度执行等进行严格检查。2010 年全年集团系统共进行各类安全检查 1.1 万余次，发现各类隐患 5 020 条，已整改 5 020 条，整改率达到 100％。接受市、区各级责任部门抽查 750 次，查出隐患 433 条，整改 433 条，整改率达到 100％。

2011 年 5 月 3 日，根据市公安局治安总队发出《关于调整、确定本市治安保卫重点单位（重要部位）的通知》，第一百货、百联世茂、东方商厦为市反恐重点目标单位，集团及世纪联华黄浦店等 58 家企业为市治安保卫重点单位。严格按照《内保条例》有关规定，认真贯彻“预防为主、单位负责、突出重点、保障安全”的方针，设置与治安保卫任务相适应的治安保卫机构，配备专职治安保卫人员，确定治安保卫重要部位，落实治安防范措施，制定处置突发事件应急预案，健全单位内部治安保卫制度，切实加强单位内部各项治安保卫工作。7 月 19 日，集团印发《百联集团安全检查办法》，要求各二级公司必须按规定建立安全生产管理机构，配备具有相应管理知识和管理能力的安全生产管理人员，配备安全检查装备，并协助配合上级有关部门进行安全检查，负责对本单位及下属企业的安全生产情况进行检查。并规定检查频次、检查内容和事故隐患处理办法。是日，根据《国务院安委会关于深入开展企业安全生产标准化的指导意见》和国务院安委办《关于深入开展全国冶金等工贸企业安全生产标准化工作的实施意见》文件精神，集团制定《推进安全生产标准化实施方案》，推动和引导企业全面开展安全生产标准化工作，改善安全生产条件，规范和改进安全生产管理工作，不断提升安全生产管理水平。通过开展安全生产标准化工作，使集团的安全状况明显改善。一般事故隐患能够及时排查治理，重大事故隐患得到整治，职工安全意识得到提高，“三违”现象得到有效禁止，企业安全水平明显提高。集团作为全国 21 家安全生产标准化示范试点典型企业中唯一的商贸企业。8 月 16 日，召开创建安全生产标准化典型示范企业动员大会。会议要求各成员企业充分认识当前安全生产的形势，进一步提高做好企业安全生产工作的紧迫感和责任感，以创建安全生产标准化工作典型示范企业为抓手，切实提高企业安全生产管理水平。充分认识做好安全生产和标准化工作的重要性，标本兼治，重在治本，扎实推进安全生产和标准化工作。明确目标，细化任务；加强宣传，强化培训；严格自查，狠抓整改；互检互查，组织申报，确保按期评审达标；高度重视和切实加强对安全生产和标准化工作的领导。集团按照“统筹规划、突出重点、分类指导、逐步推进”原则，分阶段实施推进。2012 年 6 月底前，百联股份、友谊股份、联华股份通过国家规定的一级安全生产标准化建设的标准，向国家申报安全生产标准化一级企业；12 月底前，物贸股份、第一医药股份通过自评申报一级企业。2013 年 12 月底前，集团所属其余二级公司要通过自评申报二级以上企业。

2012 年 3 月 5 日，根据《中华人民共和国安全生产法》及《上海市安全生产条例》的要求，经集团安委会讨论，集团制定《关于建立安全生产管理机构的通知》。从业人员超过 300 人的企业，建立安全生产委员会和安全保卫部。安全生产委员会成员由主要负责人、分管安全生产负责人、安全生产管理部门及相关部门负责人、安全生产管理人员、工会代表及从业人员代表组成。安全保卫部配备专职安全干部和专业安全生产管理人员。从业人员在 300 人以下的企业，可根据企业自身情况设置安全生产管理机构。不设安全生产管理机构的，应配备专职或兼职的安全生产管理人员。12 月底，“安标”国家中心专家评审组分别对物贸股份所属的百联汽车、晶通化学品、乾通投资、森大木业、爱姆意等 10 家企业开展安全生产标准化建设二级企业评审。经过严谨、规范、细致的安全检查和综合评审，对 10 家企业的“安标”创建工作均予总体肯定，达到国家规定的二级安全生产标准化建设标准。

2013 年 1 月，国家安全生产监督管理总局发布公告，根据《商场企业安全生产标准化评定标准》的有关规定，核准百联集团旗下东方商厦等 50 家单位为首批商贸安全生产标准化一级企业，有效期自公告之日起3年。7月5日,集团启动2013年安全生产大检查。检查范围和内容是:集团安全工作会议各项目标落实情况,安全生产责任制落实情况,“打非治违”、隐患排查治理情况,应急组织保障体系建设情况。从2013年7月初至9月20日,集团共出动221个检查组,1 350人次,检查下属单位593家,发现安全隐患531处,整改安全隐患510处。集团先后督查包括危化品仓库、燃油库区、大卖场超市以及大型物流基地在内的17家典型企业的安全工作。重点检查要害部门和关键环节的安全状况,以及企业安全工作目标执行情况、安全生产责任制落实情况、各类隐患排查治理和应急保障体系建设等情况。成员企业共开展安全宣传234次,安全培训146次,围绕活动主题,通过班组学习、全员宣讲、案例教育和应急演练等形式,让“安全生产大检查活动”深入人心。通过实战化操演,强化全员安全意识和应急技能,提高企业预防事故危害和救援处置能力,做到有备无患,具有较强的可操作性和实用价值。

第八篇

党群工作

概　述

百联集团组建成立后，集团党委立即着手建立各级党的组织和工会、共青团等群众组织，并制定相关的规章制度。2005 年，集团党委在集团系统内开展创建“两强两有”（强基础、强素质、有作为、有效果）党支部活动，在集团系统全部基层党组织推行“党建公文包”，对基层党支部的基础工作进行规范管理，形成具有百联特色的加强基层党建的长效机制。集团党委根据中共上海市委和市国资委党委的统一部署和要求，先后组织开展保持共产党员先进性教育活动、深入学习实践科学发展观活动和党的群众路线教育实践活动。

为贯彻落实中共十七大精神，积极推进党内民主建设，改革党内选举制度，集团党委在部分企业试行党组织“公推直选”工作。集团纪委组织集团效能监察员、党风监督员、纪检办案员、案件审理员四支队伍，开展对重大投资项目调研、企务公开工作检查、纪检案件审理等。编写《警悟——百联集团系统经济犯罪典型案例剖析》一书，在集团各级企业领导班子成员和关键岗位重要人员中，开展“清廉做事、清白做人”的“双清”主题教育活动。加强集团高级管理人员管理权限，体现“党管干部”“党管人才”与完善企业法人治理结构相结合，“责、权、利”相统一，集中管理与分级管理相结合和“管少、管精、管好”的工作原则。

集团党委相继组织开展 3 次全系统的主题大讨论活动。2003 年 5 月，开展以“塑造百联企业形象，谋求百联长远发展”为主题的大讨论；2006 年 5 月，开展以“强化百联意识、塑造百联精神、成就百联事业”为主题的大讨论，确定“遇强更强、诚信致远”为百联集团的企业精神表述语；2008 年 5 月，开展以增强“忧患意识、创新意识、百联意识”为主题的大讨论。上海世博会期间，集团成员企业在世博园区有 20 多个商业服务网点，为城市最佳实践区提供物业管理服务，超过 2 000 名干部职工奋战在世博第一线，兑现“城市让生活更美好，世博让商业更繁荣，百联让商业更精彩”的庄严承诺。“企情民意气象站”是集团党委开展思想政治工作和群众工作的创新载体，察民情、解民忧、集民智、聚民心，密切集团系统党群、干群关系，促进干部作风转变。

集团党委紧紧围绕百联集团改革发展、创新转型战略目标，创建以“事业在百联”“激情在百联”“活力在百联”三大品牌活动，切实加强集团党的组织建设、作风建设、反腐倡廉建设和精神文明建设。“事业在百联”是集团党建工作平台，每年“七一”前举行。结合党内“两优一先”表彰，突出弘扬在集团发展改革进程中各级党组织的政治核心作用、党支部的战斗堡垒作用、党员领导干部的榜样示范作用和共产党员的先锋模范作用。“激情在百联”是集团工会工作平台，展示勇于创新、积极进取的百联职工的精神风貌，每年五一左右举行。“活力在百联”是集团团委工作平台，展示百联系统团员青年的青春活力和多彩才艺，每年“五四”前后举行，给有才艺、有潜力的团员青年提供展演舞台，助人成才、育人成长。

第一章　党委工作

百联集团成立后，中共上海市国有资产监督管理委员会委员会发文，将上海一百（集团）有限公司、华联（集团）有限公司、上海友谊（集团）有限公司、上海物资（集团）总公司4个单位党的关系划转中共上海百联（集团）有限公司委员会。集团党委启动组织建设，建立健全各级党组织，组织开展各项主题学习教育活动，深化"两强两有"党支部建设，创建学习型党组织，严守"党管干部"原则和"一把手、一班人、一个团队"领导班子建设的指导思想，建立健全与国有管理体制和现代企业制度相适应的教育、制度、监督并重的党风廉政建设的长效机制。集团工会和团委围绕集团改革发展的中心任务，带领广大职工和团员青年参与集团的改革发展和精神文明建设工作。

第一节　组织机构

2003年4月24日，上海百联（集团）有限公司挂牌成立。同年10月8日，中共上海百联（集团）有限公司委员会委员会向上海市国有资产监督管理委员会委员会提交"关于接转一百等四个集团党组织关系的请示"。10月30日，中共上海市国有资产监督管理委员会委员会批复同意上海一百（集团）有限公司、华联（集团）有限公司、上海友谊（集团）有限公司、上海物资（集团）总公司等4个单位党的关系划转上海百联（集团）有限公司委员会。11月18日，集团党委向各事业部、中心党组织印发《中共上海百联（集团）有限公司委员会会议制度及议事规则》《上海百联（集团）有限公司党委中心组学习制度》《上海百联（集团）有限公司党政领导班子民主生活会制度》等3项制度，进一步完善党委集体领导制度，促进集团党的工作制度化、程序化、规范化，提高集团党委会议事决策的质量和效率，推进企业重大决策的民主化、科学化；建立党委中心组学习制度，加强党委中心组学习，促进集团领导班子思想理论建设，提高领导干部思想理论水平，统一思想、增强合力；健全党内民主生活，加强党内监督，进一步加强集团党政领导班子思想政治建设，提高民主生活会的质量。

2004年7月起，集团党办会同有关事业部党委，历时近3个月，对集团系统不同业种、不同业态、不同规模的企业党建工作进行专题调研，包括连锁企业的市外网点、集团组团式发展的市外项目、集团所属骨干企业在全国的购并企业、合资控股参股企业党组织设置、党组织活动及党员教育管理的情况。10月28日，为适应集团拓展全国市场战略，适应企业集约管理、连锁经营和企业产权结构多元化后出现的新变化，有针对性地加强和改进党组织设置与党员管理工作，充分发挥企业党组织的政治核心作用、党支部的战斗堡垒作用和党员的先锋模范作用，增强党组织的创造力、凝聚力和战斗力。集团党委制定下发《关于加强和改进党组织设置和党员管理工作的若干意见》（试行）。要求集团各事业部、中心党委（总支、支部），四集团留守办，一百、华联、友谊股份公司党委，根据《中国共产党章程》和市国资党委《关于国资结构调整和国企改革重组中党组织设置和管理的若干意见》的要求，结合集团党建工作的实际，加强和改进党组织设置和党员管理工作。意见要求，党员100人以上的，设立党的基层委员会。党员不足100人的，因工作需要，经上级党委批准，也可设立党的基层委员会。党员50人以上的，设立党的总支部委员会。正式党员3人以上的，设立党的支部。党员7人以上的党的支部，可设立支部委员会。建立党委的一般应设立纪委。根据集团管控模式的确立和企业业务关系的调整，集团党委初步理顺并明确 54 个基层党组织的归口管理。截至 2005 年年末，集团党委所属有 567 个党组织，其中党委 48 个，党总支 52 个，支部 467 个；党员 7 164 名，其中在职党员 6 228 名，离退休党员 936 名。

2007 年 4 月 26 日，集团党委同意上海百联集团股份有限公司总部党总支升格为党委，同意成立百联集团有限公司机关离退休干部党委、撤销中共百联集团有限公司企业清理中心总支委员会，同意建立中共上海物资(集团)总公司委员会党校委员会、撤销中共上海物资(集团)总公司委员会党校总支委员会。

2009 年 1 月 9 日，根据超商事业部实施转制的情况，集团党委发文明确联华超市股份有限公司党委隶属集团党委领导和管理；华联超市股份有限公司党委隶属联华超市股份有限公司党委领导和管理。5 月 15 日，集团党委印发《关于建立百联集团总部党委的通知》，成立集团总部党委，党委委员名额为 7 名，组成人员除由原总部党总支委员转任外，另增补 2 名党委委员。

至 2013 年年底，集团党委所属有 541 个党组织，其中党委 47 个，党总支 49 个，支部 445 个；党员 6 492 名。

第二节　组织建设

2004 年 10 月，集团党办会同有关事业部党委历时近 3 个月，对所属各事业部企业的基层党组织建设工作进行调研，先后走访 20 余家单位的 8 个党委、9 个党总支、4 个党支部，了解掌握基层党建工作的现状，形成《百联集团党建工作现状的调研报告》。10 月 28 日，集团党委召开“百联集团党建工作会议”，总结联华超市、乾通金属公司、联华浙江公司、华联商厦中联店等一批在新形势下企业党建工作的典型经验。同时，成立百联集团党建工作研究会，聘请 15 名同志担任特约研究员。年内，集团党委举办 4 期入党积极分子培训班，共有 255 名入党积极分子参加了培训。

2005 年 2—4 月，集团党委组织党建专题调研组，经过 3 193 份问卷调查和召开座谈会、个别访谈 482 人，基本摸清集团下属 63 个党委、58 个党总支、387 个党支部和 7 400 多名党员的基本情况，对集团系统党组织的现状进行分析，对存在的问题进行研究，形成加强基层党建的整体工作思路和实施方案。在调研基础上，创新基层党建工作载体，集团党委决定在集团系统内开展创建“两强两有”(强基础、强素质、有作为、有效果)党支部试点活动，并以此为抓手，形成加强基层党建的长效机制。6 月，集团党委结合“七一”党的生日，组织“事业在百联”党内“两优一先”及 5 类单项“好党员”的表彰活动，表彰 10 个先进基层党组织、11 名优秀党员、10 名优秀党务工作者及勤奋学习、善于经营、管理创新、艰苦创业、关心职工的好党员 28 名，展现百联集团共产党员经过先进性教育发挥先锋模范作用，创造卓越业绩的精神风貌和应有形象。全年共发展新党员 169 名，预备党员转正 123 名；举办党的基础知识培训班，共有 277 名入党积极分子参

图 8-1-1　2004 年 10 月 28 日，百联集团党委召开党建工作会议

加培训。

2006年1月15日，中共上海市委办公厅转发《市委组织部、市国资委党委关于加强和改进国有及国有控股企业党建工作的意见》。为深入贯彻落实该意见的精神，集团党委立即对集团系统的基层党建工作进行再一次的摸底调研，深入一线基层党组织进行调研，听取基层党委、党支部书记对基层党建工作开展情况的汇报以及所遇到的难点问题。在此基础上，4月12日，集团党委制定并下发《关于贯彻〈市委组织部、市国资委党委关于加强和改进国有及国有控股企业党建工作的意见〉的通知》。要求各事业部(公司)、中心党组织要加强对成员企业党建工作的领导和指导。建立和完善工作责任体系，明确党委书记是第一责任人，企业党员经营管理者是重要参与人，党支部书记是直接责任人，树立责任意识，同心协力，各司其职，有效推进此项工作。集团党委把“两强两有”党支部建设活动作为年终党建工作考核项目之一，借用中心组学习、书记例会等途径对活动的开展进行研讨、总结、指导，推动“两强两有”活动的深入开展。为使“两强两有”活动扎实有效地开展，集团党委采取先试点后铺开的推进方式。在“两强两有”活动开展伊始，共有111家党支部作为试点单位开展活动。其中，百联股份公司党委所有党支部参加试点。7月，经过半年的试点，集团党委召开“两强两有”党支部建设交流推进会，会上7个党支部就试点工作进行交流。下半年，集团党委在集团系统内全面铺开“两强两有”活动，并在年底对111家试点党支部按照“两强两有”党支部建设活动标准进行考核，对其他党支部启动“两强两有”活动的情况进行检查。年内为贯彻落实市委组织部、国资党委有关“万名书记进党校”的文件精神，集团党委组织举办6期基层党支部书记培训班，共有290名在职基层党支部书记参加培训，经考试合格取得国资委党委颁发的岗位证书。全年集团系统基层党支部正常换届率达到93%。共发展224名新党员，有194名预备党员转正，先后举办4期入党积极分子培训班，共有330名入党积极分子参加培训。同时，规范党费收缴工作，党费收缴率达100%。

2007年，集团党委紧紧围绕集团“稳步发展、夯实基础、优化结构、强化管控，加强高管队伍建设”的工作方针，以“弘扬百联精神、成就百联事业”主题实践活动为主线，以“事业在百联”“激情在百联”“活力在百联”三大主题为载体，切实加强集团党的组织建设、作风建设、反腐倡廉建设和精神文明建设。“两强两有”党支部建设是集团党委建立“先进性教育”长效机制的具体举措，具有鲜明的百联特色。市委组织部、市国资党委对“两强两有”党支部建设给予高度关注，上海《支部生活》杂志(2007年第8期)专题刊登百联集团党委“两强两有”党支部建设的经验和做法。第一百货一楼党支部、华联吉买盛江湾店党支部被市国资委党委确立为党支部建设示范点。为使“两强两有”党支部建设真正做到强素质、有作为，更好地发挥党支部的战斗堡垒作用和共产党员的先锋模范作用，集团党委还确定联华快客第四党支部等10个“两强两有”党支部建设示范点，10个示范点在各级党委的关心、指导、支持下，不断充实完善党支部的特色工作，使集团党支部建设初步形成一批具有可操作性的、各具特色、亮点纷呈的党建品牌。年内，根据集团拥有遍布25个省市共计7 100多家的营业网点、市外网点3 000

图8-1-2　2007年4月25日，百联集团党委召开党代会

多家的特点，集团党委开展市外企业党建工作模式的调研。通过调研，总结归纳出“集约式、共管式、联合式、本土式”4 种市外企业党建模式，并分别就各模式的产生背景、主要特点、主要成效、存在问题和适用范围进行规范性的阐述，使集团在对外拓展的同时，能同步设置党组织、同步配备党组织负责人、同步开展党组织工作，更好地发挥党组织对经济工作的保证作用。按照年度工作计划，集团党委积极做好入党积极分子的培训，全年共培训 3 批 244 名入党积极分子。按照“一线、青年、优秀”的要求，有 202 人加入中国共产党。

2008 年年初，为认真贯彻落实中共十七大精神，积极推进党内民主建设，改革党内选举制度，集团党委所属东方商厦旗舰店党委、百联房产党委、华联吉买盛江湾店党支部、第一百货一楼商场党支部 4 家党组织作为市国资委党委“公推直选”的试点单位，在集团党委系统内先行一步。4 月，集团召开“公推直选”工作会议，正式启动“公推直选”试点工作。至第三季度，试点单位均顺利完成“公推直选”工作。通过试点，为集团党委逐步推广“公推直选”积累经验，进一步推进基层党组织的正常换届选举。同时，集团党委启动 4 项党建专项调研，即：深化“两强两有”党支部建设调研；关心党员、服务党员调研；“公推直选”试点工作调研；党群后备人才队伍培养，使用机制调研。通过党建专项调研，进一步摸清集团基层党建现状，进一步夯实党建基础和明晰党建工作重点，寻求基层党建工作的新突破。通过深入调研和走访各公司（事业部）、中心及部分所属企业党委，集团党委拟定《百联集团党建五年规划》。按照市委、市国资委党委的统一部署，至年底集团党委基本建成覆盖集团系统内党总支以上单位的党员干部现代远程教育网络体系，加大培训基层党员干部和群众，大幅提高基层党员干部和群众的素质。全年集团共培训 3 批 340 名入党积极分子，有 155 人加入中国共产党。

2009 年 10 月 27 日，集团党委制定《百联集团有限公司党的建设实施纲要（2009—2011 年）》，就今后 3 年进一步加强基层企业党建工作，从重要意义和现实挑战角度进行分析，明确指导思想和目标要求，确定主要任务和保障措施，以充分发挥企业党组织的政治核心作用，体现党组织的活力、控制力和影响力。年内，集团党委注重在内涵上深化、外延上扩展“两强两有”党支部创建活动。通过制定《关于进一步深化“两强两有”党支部建设的实施方案》，完善内容，加强考核，并结合新形势和本单位实际探索创新，将党支部工作重点逐步引导到“有效果，有作为”上来，增强基层党支部的活力。在百联投资公司党委推行“党建公文包”工作的基础上，集团党委面向集团系统全部基层党组织推行“党建公文包”，对基层党支部的基础工作进行规范管理，增强基层党支部工作的计划性、条理性和规范性，使党支部工作目标更加清晰，责任更加明确，实施更加可控。百联股份党委在“党建公文包”的基础上，在公司内建立党建 OA 网，进一步加强党建信息化建设。集团党委积极探索实施区域性跨企业的党建工作模式，以上海奥特莱斯品牌直销广场党组织为平台，组建百联集团青浦地区企业党建联合会。党建联合会通过联手、联动、联合、联谊的方式，充分发挥其在青浦地区的平台和桥梁纽带作用，加强企业之间、企业与地方政府和社会之间的沟通协调，形成区域跨业态党组织活动的新模式。至年底，集团系

图 8-1-3　2009 年 6 月 24 日，百联集团召开纪念中国共产党成立八十八周年暨“两优一先”表彰大会

统344家到期换届党组织中，有256家完成了换届选举，换届率为74.42%。其中，102家党组织以“公推直选”的方式完成换届。在开展学习实践科学发展观活动中，结合市国资委党委开展的“坚持科学发展，推进‘四个确保’，争创党建标杆”的主题实践活动，集团党委开展“党员表率行动”，鼓励集团广大党员立足岗位，争当表率，发挥先锋模范作用。同时，以集团“党员表率行动”为载体，发动集团系统全体党员开展“我为企业科学发展献一计”活动，共收到5 915条建议。物贸股份党委开展的2009—2010年“党员争优行动”、百联股份党委的“党员先锋行动计划”、百联置业党委的党员“六个率先”行动、百联投资党委的“党员责任区”、现代物流党委的“党员示范岗”、审计中心党支部的“党员表率行动计划书”等，促进了党支部和党员队伍的建设。年内，东方商厦党委荣获市国资委党委争创党建标杆“十面红旗”称号。全年集团共培训3批263名入党积极分子，有172人加入中国共产党。

2010年，按照集团党委制定的《党建三年实施纲要》和《关于进一步深化“两强两有”党支部建设的实施方案》，年初，联华快客第四党支部等10家单位试点党支部，探索深化“两强两有”党支部创建工作，总结特色经验。针对集团系统各基层党组织换届选举工作实际，集团党委加快推进基层党组织换届选举工作。4月，按照中共中央提出的关于建立学习型党组织的要求，集团党委组织开展创建学习型党组织试点工作，制定下发《关于创建学习型党组织实施意见(试行)》，对创建的指导思想、创建目标、学习内容、学习形式、创建要求等都作了要求和规范。在百联南方购物中心、青浦奥特莱斯、华联商厦、联华生鲜总部、百联汽车、乾通投资、第一医药等17家单位进行创建学习型党组织试点。7月，物贸股份公司党委通过召开党代会的形式，选举产生新一届党委和纪委，制定通过《代表任期制实施办法》，为进一步发挥党代表作用进行新的探索。9月，为切实落实学习实践活动和巡视工作的整改项目，集团党委修订《中共百联集团有限公司委员会会议制度及议事规则》，制定和下发《百联集团有限公司关于贯彻落实“三重一大”决策制度的实施办法》《中共百联集团有限公司委员会关于建立健全党建工作责任制的实施意见》《中共百联集团有限公司委员会关于进一步加强领导班子作风建设的实施意见》，进一步健全和完善党内工作制度。至年底，集团系统227家到期换届党组织中，有215家完成换届选举，换届率为87.4%。其中，10家党组织完成“公推直选”，120家党组织通过“公推”方式完成换届选举工作。全年集团共培训4批276名入党积极分子。年内有5个党组织荣获市级“五好”党组织荣誉称号；6个党组织荣获市国资委系统“世博先锋行动”先进基层党组织称号。

2011年4月，集团党委成立集团党务公开工作领导小组，启动党务公开的试点工作。物贸股份、东方商厦旗舰店、乾通投资3家为试点单位，世纪联华、青浦奥特莱斯、百联汽车等12家为先行单位。8月，集团党委印发《中共百联集团有限公司委员会基层组织党务公开工作的实施方案》，推进集团基层组织党务公开工作。根据市国资委党务公开领导小组批复同意的《百联集团基层党组织党务公开工作的实施办法》《百联集团党务公开指导性目录》，11月，集团党委召开党务公开试点工作暨全面推进动员大会，总结推广试点单位和先行单位的实践经验，全面部署基层党组织党务公开工作，形成统一规划、上下联动，各司其职、注重实效的工作格局。年内，集团系统任期届满的党组织数为195个，完成换届选举工作的党组织为161个，按期换届选举率为82.6%。全年集团共培训4批343名入党积极分子，发展新党员172名。联华标超党委和联华快客党委推进“1 000平方米以上门店有党员”和“小区有党员”的建设目标，覆盖率分别达到50%和80%。第一百货一楼商场党支部、联华超市生鲜物流党总支、乾通投资党总支、东方商厦旗舰店党委、集团总部老干部办公室党支部荣获市国资委系统先进基层党组织称号。

2012年，集团党委把创先争优活动与集团中心工作紧密结合，按照“创新驱动，转型发展”的总体要求，围绕集团"十二五"规划和企业三年行动计划的目标，发动党员在破解企业发展难题、完成重点任务上创先争优，推动集团的创新转型和可持续发展。按照中央部署，集中开展的创先争优活动告一段落，集团党委认真贯彻落实中央创先争优活动领导小组《关于各地区各部门各单位建立健全创先争优长效机制的指导意见》的精神，总结近3年来开展活动的基本情况和具体做法，建立健全百联集团深入开展创先争优活动的长效机制。按照中共中央、中共上海市委及市国资党委的部署，集团在市国资委系统率先启动学习型党组织创建活动，确定13个有代表性的三级企业作为示范点，通过一年的试点，形成阶段性成果。其中，新华联大厦、百联电器公司、乾通投资公司3个基层党总支结成的创建学习型党组织"互助组"的做法和经验受到集团党委领导和上级有关领导及部门的好评，成为市国资委系统创建学习型党组织的先进典型。根据市委组织部、市国资委党委关于开展基层党组织分类定级工作的要求，结合集团"两强两有"党支部建设内容，制定《分类定级参考标准》，对基层党支部开展自评和考评工作。在分类定级基础上，集团党委积极抓好整改和晋位升级工作，至年底，16个被评为一般党支部和较差党支部全部完成晋位升级工作。全年集团发展新党员207名，112个党总支、党支部进行换届选举，按期换届选举率为86.2%。

2013年，按照"创新转型显优势，聚焦发展做表率"党建主题活动的要求，集团系统各级党组织结合自身实际，精心设计载体，扎实开展活动。联华股份党委针对企业整合转型的任务和要求，开展"扩销增效、服务群众、解决问题"主题活动。通过党组织"带项目"、党员"带任务"，紧紧围绕中心工作，促进扩销增效。现代物流党委以可持续发展为中心，追求增长的质量和效益，把培育有利于长期增长的潜力作为企业工作中的重要任务，以发展和问题为导向，广泛开展创新创效立功竞赛活动和群众性的技能培训、岗位练兵、劳动比赛、献计献策活动。百联电商党委根据党建主题活动的要求，针对行业特点，结合自身实际，提出"效益创优、技术创新、服务创优"的"三创"主题，组织开展立功竞赛活动。深化"两强两有"党支部建设，完善党内民主。百联资产党委坚持和完善党组织向党员报告工作、党员定期评议基层党组织领导班子等制度。各党支部根据党务公开实施办法和公开目录，坚持边实践、边探索、边总结、边完善，营造民主参与、民主讨论、民主监督的良好氛围。三联集团党委各党支部按期实施换届选举工作，坚持发挥政治民主，尊重每个党员的民主权利，从酝酿推荐到差额选举，全部按照规定程序开展。人力资源中心党委深化"两强两有"党支部建设，在2012年考评的基础上，重新修订"两强两有"党支部的考核标准。物贸股份党委组织开展党员"双优"示范区，修订个人争优行动计划，引导广大党员立足岗位创先争优。百联置业党委坚持全体党员挂牌上岗，亮身份、亮承诺，激励党员践行承诺、建功置业，在创先争优中积极发挥党员的先锋模范作用和党组织的战斗堡垒作用。审计中心党支部继续巩固完善党员岗位承诺、党组织生活方案设计、联建与共建等创先争优项目，开展以审计工作为主题的劳动竞赛。年内集团党委不断探索基层党组织资源共享、联手共建的新形式，集团下属6家单位与金山区山阳镇6个村党组织签约，全方位、有组织、有重点地开展结对帮扶活动。友谊股份党委将区域就近的基层党组织组合成立"党群工作共建联合会"。商业连锁党委改进党群业绩责任书，建立考核体系，突出业绩考核的针对性和导向性，让各基层党组织以有声音、有作用、有特色、有成效为目标，开展结合自身企业实际和特点的党建重点工作与创新项目申报工作。

第三节　纪律检查

2003年6月18日，集团党委印发《关于严明纪律切实保证企业重组改制工作顺利进行的通知》，就思想统一、队伍稳定、工作有序、纪律严明，确保企业重组改制工作的顺利进行，重申和提出要严格执行国有资产管理的规定、要严格遵守组织人事工作纪律、要严格执行财经纪律、要严格执行保密纪律和档案管理制度等4项要求。为了加强党风廉政建设，明确集团党政领导班子和领导干部对党风廉政建设应负的责任，保证中央和上海市关于党风廉政建设的决策和部署的贯彻落实，维护集团改革、发展、稳定大局，根据中央、上海市《关于实行党风廉政建设责任制的规定》，11月18日，集团党委印发《上海百联（集团）有限公司党风廉政建设责任制》，对党风廉政建设的责任范围和内容、责任考核和责任追究，制定规定。集团系统各事业部、中心统一参照执行。

2004年，集团党委组织开展《中国共产党党内监督条例》和《中国共产党纪律处分条例》的学习活动。各级党组织组织观看"两个条例"的辅导报告电教片，集团领导和事业部领导带头进行宣讲，有的事业部还组织专题测试，检验学习成果，推动企业反腐倡廉工作的深入开展。4月，集团党委召开加强党风廉政建设经验交流会，下发《关于组建集团党风廉政建设监督员队伍的意见》，聘任19名集团党风廉政建设监督员。明确集团企廉工作建立健全与国有管理体制和现代企业制度相适应的教育、制度、监督并重的党风廉政建设长效机制的基本思路。9月，召开集团党委及事业部、中心两级民主生活会，统一思想，找准问题，增强团结。依据《中国共产党章程》《关于党内政治生活的若干准则》和《中国共产党党内监督条例》，集团党委制定《上海百联（集团）有限公司党政领导班子民主生活会制度》和《中共上海百联（集团）有限公司纪律检查委员会工作条例》《关于严格执行〈百联集团公车改革方案〉的意见》等规章制度。在集团纪委指导和支持下，相关事业部、中心开展效能监察工作。购物中心事业部纪委主动参与重大工程项目招投标决策程序和在建项目的全过程管理。企业清理中心党总支根据集团纪委要求，主动配合行政做好建章立制工作，在清理工作中加强内部管控制度，严格履行报批手续，积极追讨应收账款，维护了集团的合法权益。集团纪委在年初组建各事业、中心纪检组织的基础上，成立"集团党风廉政建设监督员""集团纪委案件审理小组""集团纪检办案员"3支队伍。全年集团纪委共受理纪检信访件120余件，处理党纪案件2件。

2005年，集团纪委以教育、制度、监督并重的党风廉政建设长效机制的工作思路，将党的纪检工作融入集团经济工作之中，倡导决策讲程序，操作讲规范，办事讲效率的企廉工作氛围，为集团"发展、整合、提升、稳定"的工作大局提供政治保障。集团纪委坚持以正面教育为主，深入开展党风教育，做到关口前移，预防在先，总结表彰刘宝长等12名廉洁经营榜样和6名艰苦创业的好党员。集团纪委将反腐倡廉教育与开展党员先进性教育相结合，重点加强对领导人员的党风廉政教育，专门编写《实施纲要》测试题，集团党政领导和100余名高级管理人员参加书面测试，优秀率为100%。11月，集团纪委制定下发《百联集团有限公司实施企务公开的意见》《上交现金、有价券（卡）和礼品的处理办法》两项专项制度。年内，集团高级管理人员中有71人次主动上交现金、有价券（卡）和礼品共计9.47万元。集团纪委会同集团党办、工会对各事业部、中心的党风廉政责任制和企务公开制度的贯彻落实情况进行了检查和考核，与监事会、工会对集团间接管理的重点企业开展《问责制》和《民主管理制度建设》的调研，进一步规范企业经营管理工作。集团纪委推进重大工程项目和商品集约采购的效能监察工作，对百联又一城购物中心、一百商城（新楼）和上海奥特莱斯品牌直销广场3个重点工程项目开展效能监察工作，制定规范招投标等有关制度，具体负责效能监察的责任人直接参与在建工程的全过程管理。百货事业部在年初组建了招商采购部，制定《廉洁经商规定》和《采购工作的"十不准"规定》。全年集团纪委共查处办结违纪违法案件7件。

2006年，集团党委在加强党风廉政建设的实践中，通过"一级抓一级"，使党风廉政建设责任制得到贯彻落实。年初，集团纪委组织举办"加强内部监管，自觉接受监督"的高级管理人员培训班，以专题讲座、经验交流、理论研讨相结合的形式，对集团高级管理人员和重点企业党政主要领导人员进行专题培训。3月，集团纪委组建集团效能监察员兼职队伍，对集团组建以来市内外的13项投资项目开展经济效益的后评估检查工作，写出调研报告。6月，根据市国资委《关于开展治理产权交易中商业贿赂自查自纠工作的通知》要求，集团成立由党委书记、董事长牵头的治理商业贿赂工作领导小组。针对集团实际情况，制定自查自纠工作的实施方案。从动员部署入手，分层、分阶段地组织集团相关职能部门和事业部(公司)、中心开展治理产权交易中商业贿赂的自查自纠工作。上半年，集团纪委召开部分事业部(公司)、中心专职党委书记、纪委书记座谈会，回顾总结原四大集团在开展教育、制度、监督并重抓好党风廉政建设工作中的经验体会，分析研究百联集团成立3年来企业党风廉政建设、国资国企改革、企业经营管理和民主管理的现状，为制定集团贯彻惩防体系建设实施纲要的意见做准备。下半年，集团纪委在调研的基础上，起草了集团党委《关于贯彻〈建立健全教育、制度、监督并重的惩防体系建设实施纲要〉的意见》稿。根据集团监督工作联席会议的工作计划，年内集团党委开展企业人工成本分析调研、职工代表参加企业董事会、监事会情况调研，起草《百联集团问责制》(讨论稿)。

2007年5月8日，集团党委制定印发《关于建立健全教育、制度、监督并重的惩治和预防腐败体系实施纲要的实施意见》、《百联集团有限公司高级管理人员报告个人有关事项的规定》、《关于建立健全高级管理人员谈话制度的实施办法(试行)》。7月6日，中共上海百联(集团)有限公司纪律检查委员会更名为中共百联集团有限公司纪律检查委员会。原中共上海百联(集团)有限公司委员会、中共上海百联(集团)有限公司纪律检查委员会、上海百联(集团)有限公司的领导职务名称作相应变更。为推进集团惩防体系建设，集团纪委起草下发《关于贯彻〈建立健全教育、制度、监督并重的惩治和预防腐败体系实施纲要〉的实施意见》，明确集团2006—2010年的党风建设和反腐败工作的基本框架和工作格局，并对2007年集团反腐倡廉制度建设实施了责任分解。集团认真贯彻落实中纪委《关于严格禁止利用职务上的便利谋取不正当利益的若干规定》，做好宣传教育和自查自纠工作。同时，结合集团成立以来所查处的19起党纪案件进行案例分析，对集团高级管理人员及时开展警示教育。年内，集团纪委召开集团效能监察员、党风监督员、纪检办案员、案件审理员4支队伍的聘任工作会议。4支队伍按照各自的分工，相继开展重大投资项目调研、企务公开工作检查、纪检案件审理等工作。由集团纪委牵头会同有关部门和企业，对宁波东方商厦、青浦奥特莱斯、百联中环购物广场等重大投资项目进行回顾调研。通过对投资分析、工程建设、经营管理、财务分析等方面进行检查调研，在此基础上，起草《百联集团重大投资项目决策和操作流程效能监察实施意见》。全年集团纪委共受理纪检信访共72件，对集团下属企业2起造成国资损失案件的相关责任人予以责任追究，并作出相应的处理。

2008年第二季度，集团纪委根据市纪委办公厅《关于集中开展贯彻落实中央纪委“七个不准”专项工作的通知》精神，结合集团实际，开展专项工作的学习宣传教育活动和自查自纠工作。集团系统受教育的领导干部共638人，并通过自查自纠，结合集团商贸流通行业的特点，发现存在的一些薄弱环节，采取措施做好整改工作。上半年，集团纪委组建党风调研工作组，通过16 116份问卷调查和268位同志的个别访谈，对集团系统贯彻落实《国有企业领导人员廉洁从业若干规定》和党员干部作风建设方面的情况进行专题调研，最终形成《百联集团党员干部作风建设情况调研报告》。集团纪委对上海奥特莱斯品牌直销广场、长沙百联东方广场等重大投资项目进行回顾调研，通过对投资分析、工程建设、经营管理、财务分析等方面进行检查、调研，形成了回顾调研报告，提出了相关的建议，为集团行政领导和有关公司提供参考。其间，集团纪委先后组织集团系统纪检组织负责人、党政领导、关键岗位管理人员集中观看警示教育片《贪欲之害》。10月，集团纪委召开集团效能监察员、党风监督员、纪检办案员、案件审理员4支队伍工作会议，总结一年来4支队伍按照各自的分工，相继开展的重大投资项目调研、企务公开工作检查、纪检案件审理等工作。年内，集团纪委严肃查处1名基层党员干部违纪违法案件，给予其开除党籍处分，并在集团系统内予以通报；共受理纪检信访共56件，经调查核实，对两起基层企业造成国资损失案件的直接责任人作了相应的处理，并对分管领导予以责任追究。12月9日，集团召开干部大会，中共上海市国资委党委宣布王春华任中共百联集团有限公司纪律检查委员会书记。

2009年，集团党委先后组织党员干部学习中纪委十七届三次、四次全会精神，组织观看警示教育片《贪欲之害(三)——蛀虫》，组织学习《国有企业领导人员廉洁从业规定》，开展集团高管人员重大事项报告工作。在专项调研的基础上，以党委文件下发《百联集团关于制止公款出国(境)旅游的意见》，结合高管人员任期届满考核和企业领导人员述职述廉工作，开展贯彻落实党风廉政建设责任制情况检查，推进纪检监察工作融入企业经营管理之中。年内，集团纪委组织开展"小金库"自查自纠专项清理工作、国有企业产权转让后国有资产收回情况的专项检查工作和清理集团高管人员投资入股专项工作，分析集约招商和集约采购工作中的热点、难点问题，研讨加强企业内控制度建设、完善流程管理和运用现代信息技术来提高监督效果，开展对百联油库和百联又一城购物中心重大投资项目效能监察工作。全年查处2名基层党员干部违法、违纪案件，分别给予了开除党籍和党内警告处分。共受理纪检信访70余件，经调查核实，处理相关责任人3人，追究领导责任1人。

2010年，集团纪委组织学习贯彻中纪委十七届五次全会精神，结合集团实际，抓好党风廉政建设责任制的贯彻落实。召开集团加强党风建设和反腐倡廉工作大会，集团党委书记带头上党课，对党风建设和反腐倡廉工作提出要求。组织党员干部观看警示教育系列片《贪欲之害(五)——蜕变》，以学习贯彻《领导干部廉洁从政若干准则》《国有企业领导人员廉洁从业若干规定》为契机，结合集团党风建设和经营管理的实际，制定并下发百联集团《关于贯彻落实〈国有企业领导人员廉洁从业若干规定〉的实施意见》。集团纪委建立百联集团反腐倡廉工作联席会议制度，整合各种监督资源，探索建立把党内监督、专门部门监督、职工民主监督等形成合力监督的工作机制。总结、推广百联股份、联华股份、物贸股份在加强企业内控制度建设、加强采购和招商工作中的监督制约机制、加强"五位一体"风险防范机制方面的成功经验，推进集团系统"制度加科技"预防腐败工作。先后开展了清理投资入股专项工作，在学习自查、填表登记的基础上，提出清理方案，分阶段、分步骤组织实施。开展集团国有土地监管情况专项检查，对所属国有及国有控股企业土地的面积、性质、位置、使用状况，以及企业在土地权证管理、转让审批、出租及抵押等方面的内控制度建设和执行情况等，全面开展专项检查。在摸清家底的基础上，制定下发集团《国有房地产管理办法》。稳步推进"小金库"专项治理工作，开展自查自纠和重点抽查工作，配合市国资委纪委组织的对集团系统86家企业重点抽查工作。年内，调整、充实集团和两级公司纪检组织的专兼职干部，重新聘任集团纪检监察工作3支兼职队伍，分别召开效能监察员、党风监督员、纪检办案(审理)员工作会议，相继开展党纪案卷检查、党风问卷调查、重大项目效能监察等工作。组织各公司纪委书记参加市国资委纪委举办为期2个月的纪检监察干部风险控制专题培训班，增强纪检监察干部的履职本领。全年集团纪委受理信访66件，受理并查处违纪案件2起。

2011年7月，集团举办纪检监察干部培训班，近50名集团系统纪检干部参加培训。通过党委中心组学习扩大会议、纪委书记会议等形式，传达、学习中共十七届六中全会、胡锦涛总书记"七一"重要讲话精神、中纪委十七届六次全会和市纪委九届六次全会精神。开展《中国共产党党员领导干部廉洁从政若干准则》和《国有企业领导人员廉洁从业若干规定》贯彻执行情况专项检查和教育工作。修定下发《百联集团关于实行党风廉政建设责任制的实施意见》，年底对各单位贯彻落实情况开展专项检查。年内，集团纪委开展"违规收送礼金礼券购物卡"专项整治工作，将专项整治的重点对象延伸到二级公司的关键部门、关键岗位人员，涉及人员共计485人。集团成立专项整治工作小组，制订印发《关于规范礼金礼券购物卡和礼品管理的办法》，组织开展"小金库"专项治理自查自纠"回头看"工作。全年受理42封信访件，查处利德木业和生产资料交易市场违纪违法案件。

2012年，集团纪委重点在财务风险预警和资金集中管理、合同管理和财务报表信息系统的建立、对审计过程中发现问题的整改落实等三方面加大推进力度。通过将制度规定和流程固化为计算机程序，形成"三位一体"模式，使"制度加科技"的思路与方法得到有效落实。对相关单位招商、采购环节开展专项调研并形成调研报告。组织开展企业领导人员垂直兼职情况专项调查，集团和所属二级公司党组织撰写专项检查报告，对领导人员垂直兼职的情况做分析梳理。开展企业对外投资参股情况专项检查，通过对集团及所属企业对外投资参股企业的自查、排摸，确定集团及下属公司涉及的参股企业总户数，全部建立数据库，纳入国资信息收集平台系统。年内，根据上级有关要求，集团开展党务公开"回头看"自查工作。通过"回头看"，总结基层党组织党务公开工作的经验和特色。集团系统92家作为党务公开主体的基层党组织，严格按照有关要求，"在7+X"的框架下，以党员群众需求为导向，坚持把上级规定要求和党员群众需求有机结合，把党员群众普遍关心的有关企业改革发展情况、"三重一大"决策等情况纳入党务公开目录，接受党员群众监督，抓特色、求实效。全年集团纪委受理信访59件，受理并查处违纪案件6起。

2013年4月，集团纪委组织编写《警悟——百联集团系统经济犯罪典型案例剖析》一书，梳理和汇集集团成立10年来16个具有典型警示教育意义的经济犯罪案例。为配合此书的发行，集团纪委在集团各级企业领导班子成员和关键岗位重要人员中开展了"清廉做事、清白做人"主题教育活动。围绕举办一场主题报告会、通读一本教材《警悟》、开辟一个活动专栏、组织一次专题讨论、提炼一句廉洁格言、开好一次交流总结会"六个一"开展系列活动，确立集团"双清"的廉洁文化核心理念。6月，集团召开纪委书记会议，围绕《百联集团资产损失责任追究管理暂行规定》广泛征求意见，对该暂行规定进行修改、完善，增强操作性和实效性。年内，继续推进合同管理和财务报表信息系统的建立和试运行，形成"制度+流程+信息技术"的"三位一体"模式，使"制度加科技"的思路与方法得到有效落实，形成科学、规范、具有百联特色的内控管理体系。

第四节　党员教育

一、先进性教育活动

2005年1月21日，集团党委决定成立中共百联集团有限公司委员会保持共产党员先进性教育活动领导小组，领导组织开展集团保持共产党员先进性教育活动。为保证集团先进性教育活动健康有序地开展，集团党委在年初就着手对集团系统党建工作的基本情况进行调查研究，查清党组织建制情况，对各级党组织进行分类理清；查清党支部书记情况，梳理先进性教育活动的直接责任人队伍；查清党员人数及现状，进行分类统计；查清党员的思想动态，以增强开展工作的预见性和针对性；查清困难党员的情况，以便解决困难党员的实际问题；查清先进性教育可能遇到的操作难点，确保各类情况在掌握和可控状态。集团各级党组织制定实施方案，确保规定动作保质保量完成，做到规定动作不走样；确保教育活动突出重点，强化党员意识的增强和作用的发挥，建立和完善党组织长效工作机制；确保教育活动联系实际，把先进性教育与推进集团改革发展相结合；确保教育活动以正面教育为主，领导班子和党员领导干部自始至终发挥表率作用；确保教育活动注重实效，保证做到“两不误、两促进”。在集团党委的统一领导下，各事业部、中心和一些基层单位成立先进性教育活动领导小组，共抽调了541名党员干部专门负责指导、督导和具体的事务工作。在第二批先进性教育活动开展前以及各阶段转段前，对各个事业部、中心的专职书记和先教办负责人进行集中培训，整理下发详尽的指导材料，使活动能有序开展，确保党员全覆盖。根据市国资委党委的统一部署和安排，1月28日，集团党委召开“保持共产党员先进性教育活动动员大会”，集团党委书记、董事长张新生做先进性教育活动动员报告，对集团第一批先进性教育活动的重点和目标要求、总体安排等方面作了具体部署。集团总部党总支下属5个党支部（其中1个在职党员支部、2个离休干部党员支部、2个退休干部党员支部）共201名党员参加第一批保持党员先进性教育活动，分3个阶段、历时3个月。3月25日，集团党委召开“保持共产党员先进性教育活动分析评议阶段工作动员”大会。首批保持共产党员先进性教育活动分析评议阶段从3月25日动员大会开始，至五一节前完成。开展广泛征求意见、开展谈心活动、撰写党性分析材料、开好专题组织生活会、民主生活会、提出评议意见、反馈评议意见等7个环节的工作。集团总部党员在大讨论的基础上，提炼出符合党章要求、体现时代精神、反映不同群体特征、符合行业实际的在新时期保持共产党员先进性的总体要求，即必须履行《党章》所规定的党员八项义务；按照胡锦涛同志提出的新时期党员保持先进性的六项基本要求身体力行；切实对照执行百联集团制定的新时期保持党员先进性的具体要求。先进性教育分析评议阶段，集团先进性教育活动领导小组先后9次召开以“对标先进性要求，找准存在的问题”为主题的座谈会。参加座谈会的有各事业部的党政领导，有集团总部的普通群众，既有共产党员，又有民主党派人士。大家从企业战略、管控模式、管理制度、企业文化、党建工作、工作作风等方面多层次、多角度地针砭问题、积极建言，共找出七大类18个方面的问题。7月7日，集团党委召开先教活动第一批总结暨第二批动员大会，明确要充分延伸第一批先进性教育活动的成果，进一步搞好第二批的工作。要严格按照先进性教育活动的工作程序进行，根据集中教育3个阶段13个环节的内容安排，不折不扣地予以落实。参加第二批先教活动的是各事业部、中心下属单位及部分独立企业，共有党委40个，党总支44个，党支部378个，党员6 421名。全年集团党委所属567个党组织、7 164名党员分两批参加保持共产党员先进性教育活动。

2006年1月9日，根据中央和上海市委的有关文件精神，结合百联集团党建工作实际，进一步建立健全保持共产党员先进性长效机制，使党的先进性建设制度化、规范化、经常化，充分发挥各级党委的政治核心作用、党支部的战斗堡垒作用和党员的先锋模范作用，更好地组织广大党员投身到“弘扬百联精神，成就百联事业”的实践中去。10月19日，集团党委制定印发《关于建立健全保持共产党员先进性长效机制的实施意见》。

二、深入学习实践科学发展观活动

2009年，根据中央、市委和市国资委党委的统一部署和要求，集团列入上海市第二批开展深入学习实践科学发展观活动单位。集团党委按照“党员干部受教育、科学发展上水平、人民群众得实惠”和市委、市政府提出的“四个确保”总体要求，把学习实践活动作为应对国际金融危机，促进企业科学发展的宝贵机遇和强大动力，抓好重点、突出特色、重在实效。2月下旬，集团党委着手进行开

图8-1-4 2009年3月12日,百联集团召开深入学习实践科学发展观活动动员大会

展学习实践活动的各项准备工作,由集团主要领导任学习实践科学发展观活动领导小组组长,成立集团学习实践活动领导小组和办公室,制定学习实践活动实施方案,明确参加活动的重点单位、重点对象、群众代表和领导班子成员联系点,确定集团学习实践活动的实践载体:"实践科学发展,加快资源整合,提升核心竞争力,建设一流商贸大集团"。3月12日,集团党委召开动员大会全面启动学习实践活动。至9月,集团党委完成学习实践活动的各项规定动作,即学习调研、分析检查和整改落实3个阶段6个环节的工作,并紧密结合企业实际开展颇具特色、富有成效的自选动作。集团和二级公司(事业部)、中心共组织中心组学习45次,组织辅导报告会14次,组织研讨培训34次。深入联系点调研141人次,召开座谈会86次,个别访谈349人次,梳理出突出问题40个,完成调研报告60篇。其间,集团由纪委、组织人事部门有关同志组成工作小组,听取二级公司党政主要负责人、专职书记、集团总部各部室主要负责人的意见,分别召开部分群众代表座谈会、党风廉政建设监督员座谈会以及部分离退休老干部座谈会39次,个别访谈215人次,集团和二级公司两级领导班子成员开展谈心154人次。

通过学习实践活动,集团取得了初步成效:理清发展思路,思想认识有新提高;积极应对危机,经济工作有新成效;聚焦瓶颈问题,重点工作有新突破;承担社会责任,群众得实惠有新举措;坚持探索创新,党建工作有新提升。学习实践活动期间,集团制定整改落实方案,共7个方面36项整改落实项目,内容涵盖资源整合、市场拓展、提升核心竞争力、完善管控模式、加强人力资源建设、加强党的建设等各个方面。各公司(事业部)、中心共提出51个方面207项整改落实项目。截至年底,集团完成整改项目31项;各公司(事业部)、中心完成整改项目127项,中长期将完成52项。集团党委在总结学习实践活动时,组织近300名同志对集团开展深入学习实践科学发展观活动情况的群众满意度测评工作,"满意"205票,占总数的72.7%,"比较满意"69票,占总数的24.5%。在学习实践活动过程中,集团门户网站开设专栏,共计刊登311篇文章。《今日百联》报自活动开始以来,期期都有活动的动态新闻和讨论专版,共出版27期,刊登消息、通讯、专访、评论90余篇,新闻图片30幅。集团活动动态简报共出刊45期,市委"学实"活动领导小组办公室简报独立成篇刊发百联动态和做法2期,收录有关百联信息的综合报道2期;市国资委简报录用14篇;二级公司上报各类简报237期。

三、党的群众路线教育实践活动

2013年8月29日,集团党委召开党的群众路线教育实践活动动员大会,部署党的群众路线教育实践活动工作。集团所属企业联华股份、友谊股份、物贸股份、百联置业等二级公司按照集团党委的统一部署,先后召开动员大会,党的群众路线教育实践活动在集团系统全面展开。联华股份公司、商业连锁公司等单位将集中学习的范围扩大到三级单位班子成员;集团审计中心根据中心人员少、党员比例高的特点,安排全体人员参与领导班子的各次学习;百联置业公司将有关材料放在企业OA网上组织学习、开展讨论。

在学习教育、听取意见环节，集团党委以学习教育为先导，做好思想发动工作。各级领导带头学习，纳入教育实践活动重点范围的集团两级共80余名党员干部全部按要求撰写学习体会并做交流发言。集团各级党组织共组织学习116场次，支部学习362场次。集团总部及各公司、中心按照上级党委要求，开门搞活动，广泛征求意见。共召开各类座谈会80次，发放调查问卷1 266份，个别访谈419人次，参加评议人数866人次，原汁原味收集意见建议859条次，梳理查摆出“四风”方面的突出问题376条次。集团党委严把整改落实关，把切实解决问题，特别是解决群众关注的突出问题作为出发点和落脚点。截至12月底，集团和各公司、中心两级党组织共完成即知即改项目103个。集团两级领导班子和党员领导干部按照“照镜子、正衣冠、洗洗澡、治治病”的总要求参加各环节的活动。在专题民主生活会上，班子成员坦诚相见、开门见山地开展相互批评，营造了健康的党内政治生活的民主氛围，起到互相批评、互相促进、共同提高的作用。教育实践活动开展期间，集团以及二级公司、中心较2012年同期精简会议94个，精简文件36个；业务招待费比2012年减少10.74%，会议会务费比2012年减少37.55%；全年因公出国(境)团组29批，138人次，比2012年分别下降32.6%和27.4%。按照教育实践活动整改工作的要求，围绕作风建设主题，梳理集团成立以来所制定的有关制度、规定、办法，结合开展教育实践活动中确定的即知即改项目以及集团领导班子整改方案中所确定的整改事项，提出了建章立制工作计划，包括废除3项、修改完善13项、新制定15项。年内，完成9项，剩余各项均明确牵头人、责任部室和完成时限。集团及各公司、中心制定制度计划数达129个。其间，集团网站和《今日百联》报开辟“群众路线教育实践活动”专栏，及时报道活动进展情况，使广大职工群众能同步了解活动的全过程。活动开展以来，《今日百联》报全文刊发《集团教育实践活动实施方案》、摘要刊登集团主要领导撰写的学习体会，刊登活动进展情况及专题报道37篇、基层动态30篇、评论21篇；集团网站共刊发各类信息106篇；集团活动办公室编写信息简报22篇、上报信息简报17篇；各二级单位上报活动信息83篇。按照要求，还将集团领导班子对照检查材料、领导班子整改方案、集团教育实践活动总结等材料在集团OA网上予以公示。

第五节　干部管理

2003年12月31日，根据《中国共产党党章》《中华人民共和国公司法》、国务院《企业国有资产监督管理暂行条例》和《上海百联(集团)有限公司章程》等有关规定，集团制定印发《上海百联(集团)有限公司高级管理人员管理暂行规定》。《规定》适用于集团总部、集团公司事业部、中心；集团直接管理的直属全资成员企业、控股或相对控股的成员企业。集团参股并直接负责管理的成员企业参照执行。

2004年2月16日，随着集团重组工作的推进和管控模式的确立，集团各事业部、中心高级管理人员团队已建立，集团印发《关于规范办理高级管理人员兼职任免手续的意见》。为加强企业领导班子和干部队伍思想政治建设，结合开展“让人民高兴，让党放心”主题活动，7月，集团党委归纳“让人民高兴，让党放心”好班子、好干部的标准(草案)公开征求意见。10月14日，集团印发《关于建立百联集团有限公司高级管理人员后备队伍的通知》。年内集团共推荐或调整56家企业的董事会、监事会、党委、经理室组成人员，涉及148名、219人次直接或间接管理的高级管理人员。根据市委组织部的统一部署，集团党委组织集团高级管理人员对集团层面高管人员后备人选进行民主推荐，按照民主集中制的组织原则，向市国资委党委推荐6名集团层面的高级管理后备人员。年内，集团系统选派15名企业中青年经营管理者参加市委组织部组织的中长期外向型培训。通过4个月的国内强化培训和半年的国外培训实习，培养一支与国际一流企业经营管理要求相匹配的“精英人才”队伍。初步建立与集团经营发展相适应的后备人才梯队：各事业部(中心)、各成员企业高级管理人员后备队伍；35岁以下优秀青年管理者队伍。各事业部(中心)、各成员企业根据集团统一要求，都建立了事业部(中心)、企业的后备团队。

2005年7月25日，集团印发《百联集团有限公司高级管理人员管理暂行规定(修订稿)》和《百联集团有限公司后备队伍管理办法》两个文件。超商事业部、百货事业部采取干部挂职锻炼的办法，通过外埠企业挂职锻炼、困难企业挂职锻炼、重点项目挂职锻炼、市内各成员企业挂职锻炼等形式，培养青年管理人员。8月4日，集团成立中青年管理者沙龙。沙龙有33名成员，平均年龄33岁，基本具有海外进修经历背景。年内结合集团资产重组、业务整合、机构调整的实际，对集团直接和间接管理的高中级管理人员进行充实调整，共调整43家企业、71人次的岗位，加大干部的双向进入、横向交流、上下挂职(锻炼)的力度。多视角、全方位地培养、引进和使用优秀人才，选送10名后备人才去海外培训，选派3名管理者赴海外岗位锻炼，构建由164人组成的两支后备人才梯队。

2006年10月25日，集团印发《关于调整高级管理人员管理范围的通知》，各事业部(公司)、中心、友谊股份部门正副职负责人(不含助理)列入集团管理范围，其任免参照《百联集团高级管理人员管理暂行规定》中关于各事业部(公司)直接管理企业的高级管理人员的有关规定执行。年内，集团党委修订《百联集团高级管理人员管理暂行规定》，调整高级管理人员管理范围。组织现职高管人员出国短期培训32人，后备干部外向型中长期培训13人。

2007年6月4日，经过3次修订，集团印发《百联集团有限公司高级管理人员暂行规定(修订稿)》，明确集团所属企业及事业单位班子成员(不含助理)中，由集团方聘任(委派)的高级管理人员列入集团管理范围，合计88家成员企业、3家事业单位。

2009年8月18日，集团党委印发《关于调整集团高级管理人员管理权限的通知》，进一步清晰界定集团高级管理人员管理权限，体现“党管干部”“党管人才”与完善企业法人治理结构相结合、“责、权、利”相统一、集中管理与分级管理相结合和“管少、管精、管好”的工作原则。10月15日，集团党委印发《关于深入开展清理集团高管人员投资入股专项工作的通知》，严格依法依纪清理高管人员投资入股问题。11月27日，集团党委批复联华股份党委关于高级管理人员管理权限，明确联华股份党政班子成员(含助理)；联华股份各职能条线总监、各管理总部(室)部长(主任)；联华股份成员企业(世纪联华、联华标超、华联标超、快客便利、浙江联华、联华电商、广西联华、江苏联华)及托管企业(吉买盛、罗森)董事长、党委书记，总经理、监事长、财务总监等高级管理人员的任免，须上报集团党委讨论决定。未列入上述范围的其他高级管理人员的任免，由联华股份党委讨论决定，并在讨论决定后的5个工作日内，上报集团人力资源部备案。12月29日，集团党委向各公司、中心党组织及总部党委印发《关于高级管理人员任期制的补充意见》和《关于各公司(中心)班子职数和年龄结构的指导

图8-1-5　2008年8月11日，百联集团第一期后备高级管理人员培训班开学

意见》。

2010年，集团对高级管理人员进行新一届任期续聘调整，包括集团总部部室负责人、二级公司和中心的党政班子、部室负责人和下属单位的高级管理人员等，共涉及240人。在续聘调整中，进一步加大现职高管轮岗力度和后备高管上岗力度，注重优化队伍年龄结构。提拔使用的32名集团高管中，有23人参加过市委党校中青班培训、集团后备高管培训或海外培训。调整后，集团管理高管队伍的平均年龄降低1.2岁。

2011年2月28日，根据《上海市领导干部报告个人有关事项实施意见》等要求，集团党委印发《关于集团高级管理人员报告个人有关事项的通知》，集团有105名高级管理人员按规定作了个人有关事项报告。4月8日，集团党委印发《关于调整集团高级管理人员管理权限的通知》。年内结合部分单位班子成员结构情况，集团党委及时调整充实新友谊股份、新路达（商连公司）、现代物流、百联资产、教育培训中心等二级单位领导班子及集团总部相关部室负责人，全年对93名高管人员进行职务变动，其中提拔使用11人，交流21人，45周岁以下的中青年干部占31.2%。修订《集团高级管理人员管理规定》，将列入集团党委讨论的高管人员从303人变更为203人。同时修订《百联集团有限公司出国（境）证件管理办法》，进一步扩大因私出国报备和因私护照管理范围，并按照制度做好日常证照管理工作。

2012年，配合市委组织部、市国资委党委对集团董事会3年任期考核，集团党委制定集团总部、公司（事业部）、中心领导班子和管理人员3年任期考核工作的实施意见，确定领导小组和工作小组成员及考核范围、考核内容、方法和程序，对90名高级管理人员开展考核，截至12月底，共计访谈400余人次。2012年年底至2013年1月，组织集团3年任期考核工作，完成直接考核91人，班子12家。完成间接考核660人，班子89家。直接考核91人，包括集团总部各职能部室正副职负责人、集团各公司（事业部）、中心领导班子成员（含助理），其中各企业、中心班子成员65人、集团总部各职能部门正副职负责人26人，直接考核班子12家。在任期考核基础上，先后对3家公司的主要领导进行调整。

2013年10月31日，集团党委制定印发《集团高级管理人员提任前公示实施意见（试行）》，明确提任公示对象与范围、公示内容与时间、公示结果使用等相关程序。完成年度集团领导干部、高级管理人员有关事项集中申报工作和移居人员有关情况报告。调整充实集团党委管理的高级管理人员，涉及104人次的职务变动及退休回聘。

第二章　工 会 工 作

集团工会在市总工会和集团党委的领导下，在集团系统普遍建立职代会（职工大会）制度和集体合同制度以及完善企业工资集体协商机制，推进厂务公开和企业民主管理；组织职工参与企业民主管理，维护职工合法权益，关心职工生活、工作条件，为职工送温暖、办实事、解忧愁；围绕集团各时期的中心工作，团结带领广大职工参与集团改革转型，组织开展各种主题的劳动竞赛和技能比赛活动；培养出一批学习型、知识型、技能型全国劳模先进个人和劳模先进集体，建立劳模先进服务创新工作室；组织职工开展各类文体活动，展示职工才艺、陶冶职工情操、丰富职工生活。

第一节　组 织 机 构

2003 年 5 月 22 日，中共上海百联集团党委致函上海市总工会，根据《工会法》《中国工会章程》及有关法律、法规的规定，建立工会筹备小组，工会关系隶属市总工会领导。5 月 30 日，上海市总工会印发《关于同意成立上海百联（集团）有限公司工会委员会（筹）的复函》。

2004 年年初，集团工会复函超商事业部工会（筹）、百货事业部工会（筹）、生产资料事业部工会（筹）、房产置业事业部（筹）、购物中心事业部工会（筹）、物流事业部工会（筹）、专业专卖事业部工会（筹）、综合事业部工会（筹）、人力资源中心工会（筹）、教培中心工会（筹）、企业清理中心工会（筹）、审计中心工会（筹）8 个事业部及 4 个中心同意成立工会委员会（筹）。4 月 23 日，集团党委批复同意召开上海百联（集团）有限公司工会第一次代表大会。6 月 22 日，集团工会发文同意建立上海百联（集团）有限公司四大集团留守办公室工会工作委员会。同月，集团系统各事业部、中心分别召开工会第一次代表大会，选举产生事业部、中心的第一届工会委员会和第一届工会经费审查委员会。7 月 30 日，召开百联集团工会第一次代表大会暨一届一次职工代表大会。集团党委副书记、工会筹备组组长刘晓敏作工作报告。大会 196 名正式代表选举产生了第一届工会委员会委员、经审委员会委员。大会选举产生百联集团第一届工会委员会委员、经审委员会委员。刘晓敏当选上海百联（集团）有限公司工会第一届委员会主席，杨阿国当选上海百联（集团）有限公司工会第一届经费审查委员会主任。

2005 年年初，集团工会开展职代会制度建设的专项调研，形成加强集团职代会（职工大会）等企业民主管理制度的意见，各事业部所属国有全资或控股企业建立职代会（职工大会）制度达 80%。集团工会获 2005 年上海市工会组建工作优秀单位荣誉称号。

2007 年 12 月 20 日，上海市妇女联合会发文批复同意成立上海市三八红旗手协会百联集团工作委员会。

2008 年，集团系统国有全资或控股企业建立职代会（职工大会）制度建制率达到 95%。年内集团系统建有工会组织 128 个，职工数 48 249 人，（其中女职工数 24 116 人，占 50%）；工会会员数 39 341 人，占职工总数的 82%；企业工会建立女职工组织数 112 个。

2010 年，集团工会召开第二次代表大会，选举产生集团工会第二届委员会和经费审查委员会。

截至 2013 年年底，集团工会下辖基层工会组织 126 个、职工数 43 940 人、工会会员数 40 523 人。

第二节 劳动竞赛和技术创新

2004年2月9日，集团工会发出开展以“比服务、比创新、比业绩，争当优秀员工，争做岗位能手”为主题、为期10个月的“三比两争”劳动竞赛通知。通知要求各企业精心安排、注重实效，对在劳动竞赛中表现突出的集体和个人进行表彰，对服务成绩突出者授予服务之星和管理能手称号，对创新成绩突出者授予智慧之星和创新能手称号，对业绩成绩突出者授予销售之星和营销能手称号。

2005年1月，中华全国总工会授予王震照相机柜全国职工创新示范岗称号。5月16日，上海市总工会、上海市科学技术委员会、上海市劳动和社会保障局印发《关于表彰上海市职工优秀技术创新成果和上海市职工先进操作法的决定》，上海市第一医药商店郁建强的“郁建强助听器选配法”受到表彰。8月18日，百联集团工会与市总工会、市职业技能鉴定中心联合主办2005年上海市“百联杯”商业职工职业技能大赛。全市13家大卖场、超市、便利店的119名职工参加超市收银技能竞赛，18家百货商店的41名职工参加现代百货营销策划技能竞赛。第一百货商店职工任青华获现代百货营销策划金奖；华联吉买盛职工蔡娴婧获超市行业技能比赛金奖。11月15日，百联职工何玲玲、胡荣彪荣获由上海市劳动和社会保障局颁发的“上海市杰出技术能手”荣誉。年内，集团工会开展职工创新创效行动计划，各事业部所属企业成立创新创效小组110个，推出创新创效项目110个。上海华联王震信息科技有限公司华联王震照相机柜组、联华生鲜管理总部设备部、上海市第一百货商店五楼商场摄像机柜、上海汽车工业沪东销售有限公司整车部、上海友谊南方商城有限公司综合管理部、上海华联物业管理有限公司福兴大厦管理处荣获上海市红旗班组(职工创新示范岗)称号。

2006年5月16日，市总工会印发《关于表彰2004—2005年度上海市十大工人发明家、上海市十大职工科技创新英才的决定》，其中，上海市第一医药商店郁建强、茂昌眼镜公司蓝金康荣获“2004—2005年度上海市工人技术创新能手”称号。上海又一城购物中心有限公司刘宝长、上海世纪联华超市发展有限公司范宜昌荣获“2004—2005年度上海市职工科技创新标兵”称号。年内，集团工会与市仓储行业协会联合主办2006年上海市“百联杯”物流职工职业技能大赛。全市有24家物流企业的63名职工参加了起重装卸机械操作(叉车司机)赛；15家企业的23名职工参加了物流方案设计赛。其中百联职工在四大奖项中，有2人获得一等奖，1人获得二等奖，5人获得三等奖，6人获得优胜奖。

2007年，集团系统各级工会以多种形式开展劳动竞赛活动，如：超商事业部工会组织的“百日劳动竞赛”活动、“我为超商和企业发展献一计”金点子活动；联华浙江公司工会组织的“三强化、三提升”竞赛；华联吉买盛工会组织的“塑造企业新形象”竞赛；百联股份公司工会开展的以“每天多做一笔生意、每天多争百元销售”为主题的“双争”劳动竞赛，评选出20名销售能手，并举办首次服务技能竞赛，竞赛内容分别为礼品包装、美容化妆、服饰搭配及商品陈列三项；物贸股份公司工会开展的以消防演习、驾驶技能、应急处置为内容的技能比赛；现代物流公司工会开展的以物流营销方案设计、叉车驾驶操作技能、物流剪切加工岗位技能为内容的“管理领先百日冲刺”技能竞赛；百联置业公司所属百联物业公司工会举办的“质量年”活动；百联房产公司工会举办的第二届“争当服务标兵、争创一流业绩”竞赛活动。

2008年4月3日，集团召开一届六次职工代表大会暨立功竞赛誓师大会。围绕集团“强店战略”实施目标，集团工会开展贯穿全年的“比绩效，赛好中求快；比贡献，赛大中求新；比服务，赛优中求精"立功竞赛活动。40个门店被授予标杆队、先锋队、突击队、青年夺标队红旗，40位门店店长向集团全体干部职工发出倡议：在"强店战略"中，"比服务，赛优中求精；比绩效，赛好中求快；比贡献，赛大中求新"；勇破经营难点，继续创新创效，强化品牌意识，再竖业绩新标杆。5月，联华股份公司举办"联华杯"职工操作技能系列大赛，由全国门店海选出来的21支代表队参加生鲜加工、肉类分割、中西式点心制作比赛。10月，集团工会表彰在创新创效活动中取得突出成绩的项目，联华超市股份物流配送公司"仓储定位管理法"等10个创新项目获"百联集团员工创新创效项目一等奖"；东方商厦有限公司"心随我想礼随您愿"等15个创新项目获"百联集团职工创新创效项目二等奖"；上海物贸大厦有限公司"大厦中央空调节能改造"等21个创新项目获"百联集团职工创新创效项目三等奖"；好美家装潢建材有限公司"开设商业智能分析系统"等32个创新项目获"百联集团职工创新创效项目提名奖"。10月，集团工会以"激情在百联"品牌活动为抓手，举办"百联集团强店战略立功竞赛成果展"。各级工会围绕集团"强店战略"和立功竞赛，组织开展各具特色的竞赛活动。联华股份工会开展"百日劳动竞赛"，结合17周年司庆活动，在沪杭两地举办商品陈列、面点制作、食品加工总决赛；百联股份工会在所属各企业组织开展"每天多做一笔生意、每天多争百元销售"竞赛活动和"我为强店献一计"活动；现代物流工会开展"创新创效立新功、攻坚克难展风貌"立功竞赛、"百日冲刺"活动；百联置业所属百联物业、百联房产等工会开展保安队列赛、厨艺大赛、工程比武、"双争"劳动竞赛。年内，在"集团迎世博600天行动领导小组"统一领导下，集团工会正式启动百联职工"迎世博600天"立功竞赛活动，制定立功竞赛实施方案。通过大力宣传世博知识、优化购物环境氛围、延伸便民服务功能、加强培训提升技能，广泛开展技能竞赛等活动，支持鼓励百联职工积极参与世博、服务世博、奉献世博。

2009年，集团党政工团全力推进"迎世博"各项工作，动员和组织广大职工立足百联实际，立足岗位实际，迎接世博、奉献世博、建功世博。选拔100名劳模先进优质服务督导员，命名100个优质服务示范门店(班组)，招募1 000名志愿者，发放3.1万张"文明服务公约"地铁卡。通过每月5号"迎世博服务文明日"活动及倒计时400天、倒计时300天、倒计时200天等活动，践行"文明服务公约"，展示服务技能，全面提升窗口服务企业的硬件、软件和综合服务能力。超商事业部工会组织开展职业礼仪、蔬果经营技能、盆菜肉类切割、国庆中秋营促销方案设计等技能练兵比武和立功竞赛活动；百联股份工会广泛开展"迎世博、强素质、展新姿"的职工双语技能大赛；商业连锁公司工会建立督导工作例会制度，加强明察暗访，提升企业"迎世博"服务工作的质量。10月，集团工会以"激情在百联"品牌活动为抓手，展示广大职工围绕"强店"服务世博，努力提高巩固服务技能的丰硕成果。

2010年，在上海世博会举办的184天里，集团工会号召全体职工服务世博、共享世博。集团世博园区内外员工中，有35 669人次参加集团工会开展的立功竞赛活动，95家企业的职工提出并实施合理化建议167件，产生经济效益50多万元。特别是在世博园区内的职工，努力提升服务质量，扩大销售规模，创造2.63亿元的良好销售业绩。集团工会广泛开展职工技能提升行动，开展首席营业员制、名师带徒、技能登高等活动。联华股份工会成立职工技能交流协会，相继建立安保防损、收银总台、理货、即食品、生鲜蔬果5个分会；百联股份工会职工技能协会开展营销策划比赛和商品陈列比赛，22家成员企业的100多位职工参赛；新路达工会在各门店组织职工参加技能比赛，不断提升职工在医药、食品等方面的专业技能水平；现代物流工会深入开展"创新创效"活动，135位职工参与顺应市场发展的物流延伸服务、KPI指标提升、设备集约管理等8个项目，为企业提升效率，创造效益。在集团工会开展"2009—2010年百联集团创新创效优秀项目奖"评选活动中，有10个经营管理项目和3个党建创新项目获奖。

2011年4月，集团印发《关于授予2008—2010年度百联集团职工技能标兵的决定》，授予王家荣等14名同志"2008—2010年度百联集团职工技能标兵"荣誉称号。上海三联(集团)公司蓝金康荣获上海市总工会"2008—2010年度上海市工人技术创新能手"称号。集团工会成立职工技能协会，直属工会成立了多家技能学会分会。集团各级工会选树技能带头人32人，技能人才(劳模)师徒结对29人，建立技能人才(劳模)创新工作室3个。101家工会开展劳动竞赛，参加职工达39 578人次。实施合理化建议140条，51个工会开展"创建学习型组织、争做知识型职工"活动。在集团工会开展以"优化购物环境，提升服务品质"劳动竞赛活动中，从各企业抽调劳模先进、专业人员和督导店长等64人，成立10个检查组，分别对106个重点门店进行巡视督查。会同运行管理部进行第二次交叉检查，抽查门店68家，其中首检门店42家，复查26家，涉及8种业态。年内，百联集团被授予由中华全国总工会颁发的"'十一五'时期社会主义劳动竞赛先进集体"荣誉称号；百联集团工会经审会荣获"2011年上海市区县局(产业)工会经费审查工作规范化考核评比特等奖"；百联集团工会荣获"2011年上海市工会组建工作优秀单位"称号。

2012年2月，集团工会组织开展为期11个月的"创先争优促发展，建功立业在百联"立功竞赛活动，选定世纪联华黄浦有限公司等16个集团的重点发展项目和转型企业作为跟踪考核的目标对象。组织开展"2011—2012年百联集团创新创效优秀项目奖"评选活动，评出9个优秀项目奖、7个提名奖和3个入围奖。集团各二级公司工会组织结合企业特点，开展各具特色的立功竞赛活动。友谊股份工会组织40家企业、8 000余名职工围绕集团立功竞赛主题，开展以"双争"为主题，成员企业个性化主题竞赛为依托的全员立功竞赛；联华股份工会通过开展管理创新、技能竞赛、环境提升等系列活动，组织全体职工围绕目标全力冲刺；物贸股份工会分3个层面开展立功竞赛活动，分别为集团重点跟踪的4家企业、公司重点跟踪考核的5家企业和各直属企业自行重点跟踪考核单位或部门；现代物流工会围绕销售任务，13家企业全部参加制定目标任务书；百联置业工会以"服务零距离，满意在置业"为主题推进立功竞赛活动；三联集团工会邀请一线销售经理现身说法，编制教材，传授服务技巧，545名营业员及相关修理人员接受考评。

2013年，集团工会以"创先争优"活动为契机，引导职工立足岗位，在"创新转型，加快发展"中建功立业。年初，集团工会下发《关于开展百联集团"攻坚克难促销售，服务创新在百联"立功竞赛活动的实施意见》，确定联华股份江桥物流筹建基地等12个集团重点跟踪项目，立功竞赛为期1年。友谊股份、联华股份工会围绕重点企业开展技能竞赛活动；物贸股份工会对明迈特公司进行专门指导，并确定一批本业态的跟踪企业；百联置业工会遴选7个立功竞赛重点跟踪项目；百联资产工会结合立功竞赛，以经营、管理、服务、技术等各方面的"微创新"为突破，征集职工创新建议120条，采纳使用25条。

第三节　劳模先进工作

2003年12月31日，集团13位全国和上海市劳动模范向集团百货企业的全体职工发出集体倡议：用真情、真心、真品做好节日市场的供应工作，坚持"重承诺""守信用""树商德"。集团领导向马桂宁、邵开平、马海燕、楼帼玲、侍冬梅等劳模颁发"诚信服务"示范牌。

2004年1月9—10日，百货事业部组织13位全国和上海市劳模开展"劳模服务展示巡察活动"。3月26日，百货事业部劳模(先进)俱乐部正式成立，马桂宁、邵开平、楼帼玲、李惠麟、许宁等

14 名全国、市级劳模人出席座谈。9 月 27 日，东方商厦营业员马海燕、许宁作为全国劳动模范和全国五一劳动奖章获得者代表赴京参加国庆 55 周年活动。年内，东方商厦和爱姆意工矿配件公司田小萍被授予全国五一劳动奖状和奖章，5 个单位和 14 名个人获“2001—2003 年度上海市劳模集体、劳模”称号。

2005 年 5 月 10 日，百联集团劳模沙龙正式成立。劳模沙龙的主要任务是：积极宣传劳模的先进思想和先进事迹；组织劳模对集团改革发展稳定的重要问题提出建议和意见；组织开展各项技能展示、服务交流和传帮带活动；建立劳模间的联系渠道，沟通信息，交流技艺，取长补短，增进友谊。劳模沙龙每季度活动一次，每年组织召开一次劳模论坛活动。同时设立劳模电子信箱（bllmsl@163.com）。24 位劳模在劳模沙龙成立仪式上签订带徒协议。马桂宁、王娟华、邵开平、马海燕、宁斌、李小珍、王震、陶依嘉、王红兵、黄佩雄等 10 位劳模受聘为集团培训师。5 月 18 日，百货事业部工会召开全国劳模报告会。会上，全国劳模马海燕、李惠麟作了赴北京参加全国劳模先进表彰会的情况报告。8 月 1 日，超商事业部召开范宜昌工作法报告会，介绍集团系统首次命名个人工作法——范宜昌工作法。年内集团共表彰全国劳模 3 名、优秀员工 12 名、廉洁经营榜样 12 名、销售状元 21 名、服务明星 25 名、管理能手 24 名、青年岗位明星 13 名。

2007 年 5 月 25 日，第一百货商店举行仪式，祝贺全国劳模、“服务大师”马桂宁从事商业服务 50 周年，同时举办马桂宁从事商业服务 50 周年成就荣誉实物、图片展览，让广大消费者一睹“服务大师”的辉煌业绩和风采。年内，集团系统共推荐并获批 2004—2006 年市劳模 13 名、市劳模集体 5 个、全国五一劳动奖章获得者 1 名。评选表彰 2005—2006 年集团先进集体 10 个、优秀员工 11 名、销售状元 20 名、服务品牌 10 名、管理能手 17 名。

2008 年 4 月，集团工会和人力资源管理中心通过调研，筹备建立《百联集团退休劳模特殊帮困资金》，制定相应的管理办法。9 月 20 日，全国劳动模范、第一百货营业员李惠麟，上海市劳模、第一八佰伴营业员郭强应邀赴京参加国庆观礼活动。年内，经集团工会报送并获批的市级以上荣誉称号共计 99 个；其中先进集体项目 53 个，先进个人项目 46 个。包括全国工人先锋号 1 个，全国模范职工小家 1 个，全国巾帼文明岗 1 个，市五一劳动奖状（章）4 个，市工人先锋号 5 个，市厂务公开民主管理先进单位和个人 4 个，上海商业评先创优活动先进集体和个人 65 个。集团工会分别到百联股份、商业连锁等重点企业，就进一步健全培养、选树、表彰和关心劳模先进的工作机制和激励机制问题进行专题调研，为开展新一轮劳模推荐评选工作奠定基础。

2009 年 5 月 1 日，集团系统劳模先进、团员青年代表共庆五一国际劳动节，并参加“迎世博倒计时一周年”活动。7 月，由中国财贸轻纺烟草工会、中国商业联合会、中国百货商业协会会同浙江省财贸工会、宁波市总工会、市文明办、市贸易局等单位在余姚市、象山市和宁波市共同举办为期 3 天的服务品牌演示交流和优质服务下乡活动。上海市商业行业工会联合会组织百联集团全国劳模王震、邵开平、李惠麟、乐振平，全国五一奖状获得者、上海市劳模楼帼玲、钱稚虹等作专题讲座和现场演示。年内，集团系统荣获全国五一劳动奖章 1 人，上海市全国五一劳动奖状（章）4 个，上海市三八红旗手称号 7 人，上海市三八红旗集体 2 个，全国巾帼文明岗 1 个，上海市五一巾帼示范岗 5 个，47 个班组或部门（企业）获得上海市迎世博“工人先锋号”光荣称号、集团迎世博“工人先锋号”等。

2010 年，集团工会通过执行《劳模先进三年培育计划》，在 2007—2009 年度培养产生 2 名全国劳模、14 名上海市劳模、6 个上海市劳模集体，体现老中青相结合、覆盖集团各业态的劳模队伍。10 月，百联股份公司组织邵开平、王震、楼帼玲、马海燕、李惠麟、郭强等 17 位市级以上劳模，以及 5 位劳模培养对象，开展“听发展、看发展、提建议”专题活动，听取劳模先进对百联股份公司 2011 年经营发展以及党群工作方面的意见和建议。年内，百联集团工会荣获“上海市迎世博贡献奖”。

2011年，百联集团荣获“‘十一五’时期社会主义劳动竞赛先进集体”1个，全国五一劳动奖章1人，全国工人先锋号1个，上海市五一劳动奖章2人，上海市五一劳动奖状1个，上海市三八红旗手6人，上海市三八红旗集体3个，14个集体和52名个人获得集团级先进集体、优秀员工及单项能手称号。

2012年4月6日，根据《上海市人民政府批转市总工会等三部门关于进一步做好关心上海市劳动模范工作意见的通知》，以及《上海市总工会关于进一步加强本市劳模管理服务工作的意见》精神，集团工会印发《百联集团关于进一步做好关心劳模工作意见》。明确将退休劳模特困帮扶金从10万元增加到30万元、青年志愿者与劳模结对“一日服务”等8项举措。集团各二级公司工会也同步完善劳模培育机制，友谊股份工会制定《2012—2014年劳模先进队伍培养规划》，第一八佰伴成立“劳模工作室”，涵盖信息网、大讲堂、服务台等八个项目。商业连锁工会以劳模先进为代表，推广“乐法”程序规范、“王红兵服务热线”“何玲玲首饰医院”等创造品牌，促进企业经营管理。年内，百联青浦奥特莱斯荣获“全国五一劳动奖状”；刘卫红荣获“全国五一劳动奖章”；上海拍卖行荣获“上海五一劳动奖状”；周平荣获“上海五一劳动奖章”。集团工会继续推进“工人先锋号”创建活动，完善长效机制，推广领导负责制、号长推选制、首席聘任制、成员报名制、专家顾问制。世纪联华体育场店、友谊百货烟酒柜、物贸生资物流有限公司装卸机械班组等9家企业荣获“上海市工人先锋号”称号。物贸股份工会以加强“工人先锋号”建设为目标，按照业态和业务特点，落实培训基地启动资金，促进汽车维修、油品计量检测、消防安全及木业加工等职工技能提升工作，推动职工技能的培训、交流和展示。第一八佰伴食品城、联华标超田林店获得“2012年上海市团队创先特色班组”的称号。

图8-2-1　2012年4月20日，百联集团举行庆五一劳模先进茶话会

2013年4月27日，集团工会举行“百联集团劳模(先进)服务创新工作室创建工作现场交流会暨授牌仪式”，向集团首批14个劳模(先进)服务创新工作室授牌。集团工会在市总工会开展的“五一”评选中，上海奥特莱斯督导吴莹荣获“全国五一劳动奖章”；物贸生产资料物流公司荣获“上海市五一劳动奖状”；第一八佰伴营业员庞丽影、上海联华超级市场发展有限公司香花店店长方煜群、联华超市股份有限公司物流管理总部楼面主管郭俊良等 3 人荣获“上海市五一劳动奖章”；联华标超香花店等 8 个班组荣获“上海市工人先锋号”称号。推荐产生 3 个全国商业服务业先进企业、5 名全国商业服务业先进个人。5 月，集团工会开展 2011—2012 年度百联集团优秀员工、先进集体、销售状元、服务品牌、管理能手的“五项先进”评选工作，55 个(名)先进集体及个人受到表彰。10 月，东方商厦淮海店、联华生鲜食品加工配送中心获得“2011—2012 年度上海市学习型企事业单位”称号；百联物业设备工秦明树被评为“上海市先进农民工”称号。11 月，东方商厦旗舰店获得“全国厂务公开民主管理先进单位”称号；12 月，新华联陆蕙 3D 珠宝工作室、第一医药(依嘉)劳模服务创新工作室获得“2013 年上海市团队创先特色班组”称号。年内，第一八佰伴三楼商场营业员庞丽影获评为“上海市巾帼建功标兵”。

表 8-2-1　2013 年 4 月百联集团首批劳模(先进)服务创新工作室情况表

名　　称	名　　称
第一百货劳模工作室	奥特莱斯服务明星工作室
东方商厦马海燕劳模工作室	世纪联华王佳景劳模工作室
东方商厦许宁劳模工作室	第一医药(依嘉)劳模服务创新工作室
第一八佰伴劳模工作室	好美家乐振平劳模工作室
永安百货楼幗玲劳模工作室	华联典当黄佩雄劳模工作室
永安珠宝傅拗芳劳模工作室	百联电商 96801 服务热线工作室
虹桥友谊商城钱稚虹劳模工作室	茂昌眼镜蓝金康劳模工作室

第四节　民主管理和职工权益

一、关心职工

2004 年元旦、春节期间，集团系统各级党政工组织慰问困难职工 3 705 人次，发放节日救助款逾 100 万元，为 977 户困难职工子女发放助学金。

2005 年，配合集团市外拓展战略的实施，集团工会搭建外派职工沟通服务网络平台，建立 392 名外派职工的信息资料档案。高温期间，由集团领导带队，组织有关部门和事业部、相关企业负责人，分三路赴北京、四川、江苏等地的 14 家市外企业和门店，看望慰问集团系统 106 名外派职工。集团工会在调研的基础上，制定《百联集团有限公司帮困管理办法》，建立 100 名困难职工信息档案。集团工会全年累计慰问家访 81 人次、帮困补助 235 人，发放帮困补助款 9.7 万元。年内，第一百货商店、好美家装潢建材公司、友谊南方商城、永安百货公司工会获“2005 年上海市模范职工之家”称号；东方商厦绅士服饰商场工会、商业储运公司浦东物流分公司周家嘴路仓库工会小组、东方商厦南东店一楼商场工会小组获“上海市模范职工小家”称号。

2006 年，集团工会关心集团外派职工及家属的工作生活，新春、高温季节，集团工会赴哈尔滨、郑州、长沙、成都、重庆、武汉、广西等市外企业，看望慰问集团系统 20 家企业 200 多名外派职工。

组织开展"冬送温暖、夏送清凉"系列活动,向集团市内大卖场、标超、便利店赠送100台冰柜,帮助解决门店职工就餐难问题。年内,集团工会对《百联集团有限公司帮困管理办法》的实施情况进行完善,建立集团100名特困职工和高管结对制度。在元旦春节、劳动节、国庆节"三大节日",集团工会共组织慰问困难职工261人次,发放节日救助款逾41万元。

2007年2月28日,集团工会牵头重新修订《百联集团有限公司帮困管理办法》,集团帮困工作委员会审议通过并颁布新的帮困管理办法。新办法将帮困类型分五类:医疗帮困、赈灾帮困、助学帮困、结对帮困、特殊帮困。各公司(事业部)、中心和所属企业分别建立健全本系统、单位困难职工档案。集团组织开展"一日捐"活动和帮困送温暖活动,参加市总工会团体补充保障计划即职工住院补充保险、特种重病补充保险、女职工特种重病保险,各企业参保率达90%,充分发挥"政策帮困"的托底功能。百联股份公司在年度工作会议暨职工代表大会上,提出为职工办好6件实事的工作目标。年内,集团各基层企业发放帮困款416余万元,受助职工达10 593人次。其中,集团发放帮困款60.38万元,比2006年增长36%,受助职工达433人次。夏季,集团工会组织开展"关爱职工、夏送清凉"系列活动,向集团系统生产经营的一线职工赠送高温慰问品,向集团所属38家大卖场、32家标超、30家便利店赠送100台冰柜,帮助解决一线门店职工就餐难的问题。关心外派职工工作生活,集团有近400名企业外派职工,集团工会在高温期间,组织开展市外企业慰问活动。百联股份公司定时、定点、定人关心外派职工,坚持做到"五必访",即外派干部岗位调动必访、干部家属思想波动必访、直系亲属生病或住院必访、家庭遇到重大急难必访、外派干部迁居婚喜必访。专业专卖事业部、百联置业公司、百联投资公司或建立外派职工家属联系制度,或组织市外慰问活动等。全年集团工会共拨出慰问市内外企业一线职工专款达68.8万元,比2006年增长400%。

2008年1月,集团设立500万元退休职工特殊帮困资金,用于集团系统退休职工中特殊困难群体,进行医疗、赈灾、助学等方面的帮困。500万元帮困资金由集团行政拨款440万元、集团工会专款50万元、集团高级管理人员个人捐款10万元。"5·12"四川汶川特大地震发生后,集团工会积极做好抗震救灾相关工作,排摸所有在沪川籍职工家庭灾情计761人;配合市总工会落实赈灾物品2批,总额185万元;开展职工赈灾捐款达56 293人,总额355.52万元;向都江堰灾区捐赠书籍4.8万册;通过各级工会慰问灾区外派职工家属21人,发放慰问款4.2万元。高温期间,重点慰问集团重大工程和投资项目、市内外艰苦环境企业、四川汶川大地震受灾地区企业和一线困难企业职工,先后组团慰问市内9家单位的1 390名职工,以及成都、德阳、都江堰、长沙、武汉、沈阳、广州、柳州等地的14家企业,共计1 972名职工和56名外派职工,向被慰问企业赠送慰问品或慰问金总额达71万元。年内集团各基层企业发放帮困款296余万元,受助职工达4 071人次。其中,集团发放帮困款85万元,受助职工达488人次。各企业参加市总工会团体补充保障计划参保率达95%。通过集团、公司(事业部)和企业工会的三方合力,拨款30万元购置冰箱、冰柜、空调、微波炉、净水器、餐桌椅等,赠送超商、物流仓储、百联物业等企业一线门店和班组。

2009年,集团工会内开展"三送"(送岗位、送清凉、送健康)活动,36名大学生(包括集团特困职工子女)到集团系统工会工作岗位见习。集团领导累计走访慰问集团市外9个城市约26家企业(门店)以及市内13家企业(门店),赠送防暑降温慰问品(金)42万元,慰问2 401人次。基层工会共向一线企业职工赠送慰问防暑降温慰问品92万元,慰问17 491人次。集团工会资助24万元,为6家曾获各类先进称号、在金融危机中暂遇困难的企业(门店)1 710名职工投保一年期"门急诊商业保险计划"。

2010年,集团工会继续开展"关注民生,关爱职工"主题活动,慰问困难职工6 446人次,慰问金额709万元。集团系统356位各级领导干部，结对帮助461名困难职工。百联置业公司工会以“三个一块”——“职工出一块、企业拿一块、公司工会帮一块”的方式，成立“外来务工人员互助专项基金”。百联股份公司工会坚持每年为职工办实事，举办关爱职工健康的文体节，10个文体项目吸引1 100多名职工参加。资产经营管理公司工会为职工办理门急诊医疗保险和体检，并向部分成员企业赠送微波炉，改善职工的就餐条件。集团工会开展“夏送清凉、冬送温暖”活动，受惠的职工共计56 943人次，金额达600多万元。上海世博会期间，面对世博园内职工吃饭难、乘车难、工作强度大、工作持续时长等现实问题，集团党政领导先后5次赴园区慰问一线职工6 775人次，慰问金额达167万元。

2011年，集团工会坚持以“结对帮困、大病帮困、医疗帮困、赈灾帮困、特殊帮困”等方式，对困难职工开展帮扶工作，累计金额30多万元。同时继续加大对一线职工、困难企业和外派企业的关心力度和覆盖范围，把农民工纳入帮困的范围内。

2012年，集团工会加大对一线职工、困难企业和外派企业的关心力度，共帮困410人次，发放慰问金56.3万元。高温期间，集团工会慰问23家企业，其中18家市内企业、5家市内企业，慰问人次达3 555人，慰问金45万元。商业连锁公司工会在行政的参与下，对困难职工情况进行了细化分类，由原来的五类变为九类，帮扶金额相应提高。对所属的经营门店推出若干关注民生和关爱门店的实事项目，为一线门店配好生活用具、急救箱等。年内，市总工会领导到上海物贸生产资料物流有限公司调研，查看职工的工作环境、食堂、文体等场所，以及为外来劳务工免费提供的41间“职工公寓”，肯定百联集团工会扎实开展“面、心、实”活动。

2013年1月，集团工会举行“2013年百联集团慰问外派职工家属代表迎春茶话会”，邀请31名外派职工家属参加。根据市工会总要求，集团工会在华联吉买盛大兴街店建立“上海工会大学生社会实践基地”，帮助困难职工家庭的子女开展工作实习，安排1名大学生见习并就业。向163名劳模发放劳模“三金”卡，组织全体劳模进行体检。高温期间慰问职工人数2 804人次，慰问金额35万元。8月10日，物贸生资物流公司工会举办“上海印象——外来务工人员子女暑期亲子游活动”。10月，集团工会组织劳模先进、职工代表、安全管理员等分别到8家企业巡访职工食堂。友谊股份公司工会按照集团工会标准巡访14家职工食堂，通过听取职工食堂管理工作情况汇报、实地巡视、现场试吃午餐、职工满意度测评，向所在企业反馈检查结果、提出工作要求，并指导帮助解决实际问题，提升职工食堂管理水平。年内，集团各级工会共帮困职工410人次，金额70万元。

二、集体合同

2007年11月16日，在百联集团一届五次职代会上，审议通过集团成立后第一个《百联集团有限公司集体合同》。百联置业公司所属企业集体合同建制率达100%；专业专卖事业部各企业普遍建立集体合同制度；超商事业部所属联华浙江公司、物贸股份公司所属乾通金属、乾通投资、晶通化学、爱姆意机电、百联汽车等企业，均以集体合同续约为契机，修订和完善合同条款，最大限度地维护和保障职工特别是一线职工的合法权益。

2008年，集团一届五次职代会审议通过的《百联集团有限公司集体合同》，从源头上最大限度地维护和保障了广大职工特别是一线职工的合法权益。各级工会加大推进平等协商、集体合同制度建制和履约的力度，通过与各企业的及时沟通，保障集体合同的签订或续约工作。7月，配合市总工会开展“企业劳动用工、《劳动合同法》贯彻落实情况”调研活动，华联超市、华联吉买盛、永安百货、百联中环购物广场、东方商厦杨浦店等5家企业参与调研汇报。年内，集团系统国有全资或控股企业推行平等协商、集体合同制度的建制率达100%，履约率达95%。为贯彻实施新颁布的《劳动合同法》，集团工会举办工会干部专题讲座暨集团集体合同解读活动，集团三级以上企业的工会主席共130人参加专题讲座。

2009年，集团系统国有全资或控股企业推行平等协商、集体合同制度的建制率达100%，履约率达95%。

2010年，集团工会开展关注民生、关爱员工、企务公开等一系列专题调研，及时了解职工的诉求，推进企业构建和谐的劳动关系。3月26日续签“2010—2012年集团集体合同”。

2011年，集团工会召开二届一次职代会，审议通过《百联集团关于进一步开展工资集体协商工作的意见》，进一步阐述开展工资集体协商工作的重要意义，着力建立和完善企业工资集体协商机制，大力推动集团工资集体协商工作的开展。集团工会组织基层企业工会主席和专兼职工会干部70多人，参加关于工资协商和职代会的实务培训。年内在市总工会指导下，经过集团工会与联华股份、家乐福工会2个多月的谈判，与家乐福经营方达成共识，召开家乐福一届一次职代会，全票通过工资集体协商合同，最终为职工争取到8%的工资年均增长率及其他福利。

2012年5月，集团工会对集团162家企业工资集体协商机制建设情况进行排摸，形成《关于百联集团工资集体协商机制建设情况调查的补充说明》。联华股份公司工会推进工资集体协商工作，邀请市总工会法律部专家为职工代表培训“工资集体协商要约、规定、流程”等内容，召开二届十次职工代表大会审议通过“联华股份2012年度工资专项集体合同”，全部完成各成员企业工资集体协商的签约工作。年内集团工会荣获市总工会“2012年上海工会集体协商工作先进单位”称号。

2013年1月，集团工会召开二届三次职代会，第一次以无记名投票的形式全票通过新一轮“百联集团有限公司集体合同”，集团行政代表与工会代表签订集体合同。现代物流公司工会派员参加成员企业集体协商意向书所涉及的相关事宜的协商情况，进行全程监督，监督双方代表行使职责和民主权利。

三、民主管理

2004年，联华超市股份有限公司、上海华联家维技术服务有限公司、东方商厦有限公司、上海新华联大厦有限公司荣获“2003年上海市职工最满意企业”称号。

2005年3月14日，根据《中共中央办公厅、国务院办公厅关于在国有企业、集体企业及控股企业深入实行厂务公开制度的通知》精神，为加强基层民主政治建设，巩固、规范、深化企务公开工作，集团印发《百联集团有限公司实施企务公开的意见》，明确集团系统国有独资、国有控股有限责任公司、国有控股股份有限公司以及其他各类形式的公有制企业，都必须实行企务公开。要求各事业部(中心)结合单位实际，制定实施企务公开的意见。年内，集团工会开展职代会制度建设的专项调研，形成加强集团职代会(职工大会)等企业民主管理制度的意见，各事业部所属国有全资或控股企业建立职代会(职工大会)制度达80%。

2006年9月，为贯彻市厂务公开民主管理调研检查的有关精神，集团工会开展基层企业执行情况的调查，撰写集团年度企务公开的工作汇报，推荐总结市企务公开先进集体1个和企务公开典型材料3份。超商事业部工会把“完善维权和民主管理工作制度”作为全年一项重要工作，在下属全资和控股公司中，建立健全职工董事制度，完善集体合同制度，使企务公开达到100%。

2007年,集团建立多级化企务公开架构,各级工会积极探索企务公开的方法和渠道,在实践中不断增强职工民主参与、民主管理、民主监督的意识。集团各基层工会高度重视职代会(职工大会)制度建设,物贸股份公司、百联置业公司所属企业职代会(职工大会)建制率均达100%;专业专卖事业部、现代物流公司坚持每年召开两次职代会,企业重大问题、民主评议干部情况、涉及职工利益的重大问题等均提交职代会(职工大会)讨论审议。年内,在集团系统开展万人问卷调查——《2007年度百联集团员工心理指数测评》,对集团系统7个公司(事业部)和4个中心共200多个企业1万多名员工进行调查,形成《关于和谐百联的调查报告》《2007年度职工心理指数万人调查结果汇总》两个报告。超商事业部所属联华标超公司将年度职工增资分配方案提交职代会审议;百联置业公司坚持职代会报告制度;物贸股份公司所属乾通投资公司推行企务公开"四白"法;教培中心通过局域网公开企业重大事项;专业专卖事业部、现代物流公司、百联投资公司分别召开企务公开推进会、交流会、组织职工代表巡视等活动,推进和深化企务公开工作。9月,市厂务公开工作领导小组对百联集团推进企务公开民主管理工作的情况进行调研检查,经综合检查和测评,市调研组对百联集团深入推进企务公开和民管工作的举措和成效给予充分的肯定。

2008年7月,集团工会组织集团职工代表巡视,来自各基层企业的32名集团职工代表,分4组到集团各公司(事业部)及所属东方商厦、好美家、华联典当、长桥物流、联华超市、乾通金属、百联物业等7家单位开展巡视工作,重点了解各企业在贯彻实施集团集体合同、推进企务公开、开展"强店战略"立功竞赛、健全劳模培育机制和改善民生实事等方面的具体情况。集团工会召开专题汇报会,对各巡视组检查情况进行汇总并反馈有关单位,发挥职工代表参与、维护和监督的职能。11月,市第六次厂务公开民主管理工作调研检查组到百联集团调研检查,集团工会、东方商厦旗舰店、长桥物流公司作了专题汇报,经综合检查和测评,市调研组充分肯定百联集团在深入推进企务公开民主管理工作的举措和成效。年内,集团系统国有全资或控股企业建立职代会(职工大会)制度建制率达95%。各级工会积极探索企务公开的方法和渠道,在实践中不断增强职工民主参与、民主管理、民主监督的意识。如坚持职代会报告制度、通过局域网公开企业重大事项、召开企务公开推进会和交流会等,推进和深化了企务公开工作。

2009年3月,集团党委围绕学习实践科学发展观活动"实践载体"和职工群众的"三最"问题,组织开展万人问卷调查——《百联集团职工心理指数测评》活动。问卷涉及集团愿景目标、企业核心价值观、领导干部思想作风建设、党风廉政建设、干群关系等40多项指标。

2010年,集团工会探索进一步企务公开的工作方法,实行企务公开的有99家,民主评议领导干部的有98家。物贸股份公司工会开展"企务公开"检查交流,在"市职工信赖的经营者"和"职工小家"的基础上,把各企业在"规范公开制度、拓展公开内容、提高公开质量"等方面的经验和做法汇编成册。

2011年2月,联华浙江公司华商店店长姚杨宏作为基层群众11位代表之一,赴北京参加国务院总理温家宝在中南海主持召开的基层群众座谈会,并提出建设性意见。年内,集团工会从基层企业挑选职工代表,对集团系统10家企业开展巡视,了解贯彻执行《上海市职工代表大会条例》的情况。巡视的具体内容为工资集体协商贯彻情况、企务公开工作开展情况、女职工专项合同签订执行情况、目标管理考核情况以及劳务派遣工入会等方面的工作。年内,友谊南方商城工会、上海燃料工会、永安百货工会、新华联大厦工会、乾通投资工会、第一百货工会、物贸股份黑色金属分公司工会荣获"2011年度上海市模范职工之家"称号。东方商厦南东店五楼商场工会小组荣获"2011年度上海市模范职工小家"称号。

2012年6—7月，集团工会开展关于贯彻落实《上海市职工代表大会条例》、厂务公开等民主管理工作的自查，组织10个职工代表巡查组对21家基层企业进行抽查。同年8月，百联集团接受市人大执法检查组、市总工会检查贯彻落实《上海市职工代表大会条例》的情况，集团工会及4家被抽查基层企业作了汇报。检查组肯定百联集团贯彻落实《上海市职工代表大会条例》工作认识到位、建制到位、保障到位。

2013年7月，全国厂务公开协调小组授予东方商厦旗舰店"全国厂务公开民主管理先进单位"称号。上海奥特莱斯品牌直销广场有限公司，荣获"2012—2013年度上海市劳动关系和谐职工满意企事业单位"称号。

第五节　女工工作

2005年3月10日，为适应百联集团女职工工作的需要，加强女职工队伍的建设，根据《中国工会章程》有关规定，集团成立百联集团有限公司工会第一届女职工委员会。由5位同志组成女职工委员会，同时成立女职工委员会顾问团。

2007年11月16日，为了更好地贯彻男女平等的基本国策，维护女职工的特殊利益，依据《中华人民共和国妇女权益保障法》《上海市女职工保护办法》和《上海市城镇生育保险办法》等有关法律法规，集团一届五次职工代表大会通过《百联集团有限公司女职工专项集体合同》。《集体合同》起草工作历经"三上三下"，听取有关企业领导、人力资源部和工会的意见，通过各事业部(公司)、中心组织的95%以上的职工代表参与讨论，召开6次专题会议，9易其稿，最终形成《百联集团有限公司女职工专项集体合同》。百联集团有限公司与百联集团有限公司工会经平等协商一致，签订《百联集团有限公司女职工专项集体合同》，于2008年1月1日起施行。

2008年，集团各级工会加大推进平等协商、《百联集团有限公司女职工专项集体合同》制度建制和履约的力度，通过与各企业行政的沟通，保障"女职工专项集体合同"的签订或续约，切实维护和保障女职工的合法权益。集团系统国有全资或控股企业推行平等协商、集体合同制度的建制率达100%，履约率达95%。年内，集团系统建立女职工组织112个，有5名女职工代表参加市第十三次妇代会。

2009年3月，集团7名女职工获得"2007—2008年度上海市三八红旗手"称号；第一八佰伴总服务台获得"全国巾帼文明岗"称号；华联吉买盛彭浦店总服务台、上海物贸大厦前台小组获得"2007—2008年度上海市三八红旗集体"称号。

2010年3月26日，集团举行一届八次职工代表大会，与会代表表决通过《百联集团有限公司女职工专项集体合同》(修改稿)。年内，集团工会对集团女职工专项集体合同实施的情况进行跟踪分析，集团系统国有全资或控股企业推行平等协商、集体合同制度的建制率达100%。

2011年3月，集团工会女工委举行"庆祝三八妇女节，创先争优谈体会"交流活动。53名来自一线的女先进、女劳模代表参加，6名荣获"2009—2010年度上海市三八红旗手"个人和3个荣获"2009—2010年度上海市三八红旗集体"代表作了交流发言。5月24日，集团三八红旗手协会理事会召开会议，一致通过新一届集团三八红旗手协会理事会成员推荐名单和《百联集团三八红旗手分会章程》(修改稿)，通过参加市三八红旗手协会第二次代表大会推荐名单，进一步明确集团三八红旗手协会理事会的工作任务。年内，集团工会女工委与教培中心举办"女性职场压力管理技巧""职业女性如何平衡事业和家庭"主题讲座，50余名女性管理者和先进参加。年内，集团系统共有22个巾帼集体参加“上海市巾帼文明岗”创建活动，各二级公司工会认真做好创建班组检查交流活动。

2012年，集团工会女工委召开“三八”红旗手协会理事会议，修订《百联集团三八红旗手分会章程》，调整了理事会成员。成立“百联集团女店长(经理)沙龙”，凝聚女职工的智慧和力量，关心女职工的学习和发展，并组织女职工专题讲座。集团工会组织各级工会干部学习《上海市职工代表大会条例》，向各级女职工委员会下发260本《女职工劳动保护特别规定》，组织女职工干部学习，规范合理地加强对女职工的劳动保护工作。集团工会女职工委员会以发挥女职工作用、维护女职工权益为主线，开展系列活动，激励女职工立足岗位作奉献，涌现出一批巾帼先进。有1人获得“中国商界杰出女性”称号；1人获得“中国商界杰出女性提名奖”；10人获得“全国商业服务业巾帼文明标兵”称号；10个女性班组获得“全国商业服务业巾帼文明岗”；1人获得“上海市五一巾帼奖”；1个集体获得“上海市五一巾帼奖(集体)”；6人获得“上海市三八红旗手”称号；2个集体获得“上海市三八红旗集体”称号。落实女职工维权工作，以集团女职工专项集体合同为核心，加大对女职工的关怀力度。在庆祝“三八”妇女节专题活动上，启动“关爱女职工行动”，57名单亲女职工受助，帮困金额1.71万元。

2013年3月，“百联集团女工工作后援团”正式成立。“三八”节前后，集团工会女工委实施“关爱行动”，对36名患妇科肿瘤和恶性肿瘤的女职工患者给予帮困慰问。5月，集团女工委举办女性疾病防治巡讲活动，邀请瑞金医院专家教授为150名女职工讲授乳腺疾病的防治知识。6月，根据市总工会女职工委员会要求，组织集团85%的女职工学习《女职工劳动保护特别规定》，1.5万名女职工参与知识竞赛。落实市总女工部“童心中国梦”活动，组织10个困难女工家庭参观儿童博物馆。在集团开展的“攻坚克难促发展，服务创新在百联”立功竞赛活动中，集团成立的首批14个劳模创新工作室中，有9名女劳模负责人通过工作室的活动，展示女劳模的优势和风采。深入开展“百联集团女店长(经理)沙龙”活动，指导联华股份分会和友谊股份分会开展活动，两个分会共有会员101名。年内按照市女工委“两个覆盖”要求，健全各级女职工委员会的组织，友谊股份将下属企业的女工组织全部进行梳理，调整和补充女工干部，做到友谊股份公司所属企业的女工组织组建率100%。物贸股份、新路达集团对空缺女工组织和女工干部的企业进行了补充，使企业女工组织网络齐全。集团经过层层推荐，选举产生5人出席上海市第十四次妇女代表大会。

第六节　文 体 活 动

2004年5月18日，集团工会举办“激情在百联”职工文艺汇演，各事业部、中心组织职工通过合唱、独唱、小品、歌伴舞、器乐合奏、时装表演、诗朗诵等表现形式抒发职工对百联、对上海、对祖国、对时代的讴歌与热爱，直接或间接参与汇演的职工超过5 000人次。在“爱我百联知识竞赛”活动中，各事业部、中心自行组织预赛，集团组织复赛，有6支代表队进入决赛，先后有2 000余名员工参与竞赛活动。

2005年1月，集团工会先后成立百联职工文艺爱好者沙龙、书画、摄影分会、文学分会，共有98名会员。4月22日，“第一八佰伴杯”百联集团首届职工摄影、书画艺术展在第一八佰伴门前广场开幕，用职工自己创作的艺术作品来庆祝集团成立2周年。艺术展从1 200多张照片和书画作品中选出211张照片和书画作品，在第一八佰伴、百联世茂广场、东方商厦、百联南方购物中心、百联西郊购物中心等主要商业街区巡回展出。

2006年6月，集团举办首届职工运动会，有13支乒乓球队、10支拔河队、10支足球队和16支

80 分牌类队参加比赛。

2007 年，集团工会举办以“弘扬百联精神、唱响百联之歌”为主题的“激情在百联”职工大会，组织近 500 名职工参与的《百联之歌》大合唱比赛。集团工会以“立足百联、自愿、自治”为原则，先后组建成立集团桥牌队、乒乓球队、合唱队“三支队伍”，完善集团摄影、文学、书画沙龙“三个沙龙”。各基层工会根据实际，因地制宜开展文体活动，超商事业部联华超市组织职工乒乓球比赛、职工卡拉 OK 大奖赛；物贸股份公司成立集团桥牌队物贸分会及钓鱼、摄影兴趣小组；专业专卖事业部举办“好美家杯”足球赛；百联置业公司、人力资源中心开展各类小型杯赛和棋牌赛；现代物流公司、教培中心结合春节、三八妇女节、六一儿童节、国庆节、敬老节、教师节等时令佳节开展文体活动。

2008 年，集团工会以“立足百联、自愿自治”为原则，先后健全完善集团合唱团、乒乓球、桥牌、文学、书画、摄影、收藏鉴赏等协会的组织架构和活动形式。结合集团 5 周年庆活动，相关协会先后举办集团职工桥牌赛、乒乓球赛和征文赛，吸引集团系统 140 多名职工踊跃参赛。10 月 17 日，在市国资委纪念改革开放 30 周年大型歌会上，集团职工百人合唱团以一曲《中国春潮》赢得赞誉。集团各级工会本着丰富职工生活、凝聚职工队伍的指导思想，为开展丰富多彩的职工文体活动搭建平台。超商事业部、物贸股份、现代物流、百联置业、百联投资、教培中心、审计中心等工会，分别开展乒乓球、拔河、铅球、赛跑、棋牌、垂钓、摄影展等职工喜闻乐见的文体活动。

2009 年，围绕迎世博、庆祝中华人民共和国成立 60 周年和百联集团成立 6 周年，集团工会启动“联华杯”庆祝中华人民共和国成立 60 周年征文比赛活动和书画摄影作品大赛。征文活动期间，共收到稿件 83 篇，《今日百联》和《联华人》报、刊发征文作品共计 40 余篇，并编辑出版征文比赛作品选《岁月如歌》。书画摄影比赛在永安百货、第一八佰伴等商店广场进行巡回展览。

2010 年，集团工会在迎世博倒计时 100 天之际，开展“冲锋号”——“百联职工誓夺 100 天冲刺大行动”活动。依托职工文体协会举办了世博知识竞赛、摄影书画展等，在《劳动报》刊载 4 期“上海职工看世博摄影大赛”通栏和 5 次集团职工摄影作品专栏，并出版影集和画册。

2011 年 6 月 23 日，集团党委、集团工会举办“永远跟党走”庆祝建党 90 周年职工歌会。中华全国总工会、市总工会等领导出席，集团领导、劳模先进、老干部、党员、职工代表等 2 500 多人参加。集团工会、团委联合举办第三届职工运动会，共有 128 支队伍 1 200 多位职工参与跳绳、拔河、乒乓球、羽毛球等 9 个竞赛项目的角逐和第九套广播体操的展示。集团系统各级职工协会组织职工开展围绕建党 90 周年的书画展、摄影展、征文等活动，丰富职工的业余生活。

2012 年，集团工会选送职工文体协会和基层工会作品，参加市总工会喜迎十八大上海职工文化艺术展。集团书画协会选送的书法作品和联华股份工会选送的大头针画获得优胜奖，并被刊登在 11 月 17 日出版的《新民晚报》上，集团工会获得优秀组织单位称号。年内，集团书画协会举办“喜迎十八大百联员工扇面书画展”，并出版专辑。联华股份、友谊股份、物贸股份、百联置业等工会组织职工参加第一届上海市民运动会的开幕式以及拔河、羽毛球、桥牌、广播操等项目的比赛。百联合唱团组队参加市总工会举办的“五一”文化奖演出；集团摄影协会与文学协会通力协作，编辑出版立功竞赛图册和创新创效汇编；人力资源中心工会组织开展飞镖、第九套广播体操和 80 分等比赛；审计中心工会开展职工集体生日、广播操、羽毛球、扑克牌保龄球等活动，并举行两期职工摄影展。

2013 年年初，集团工会举办“庆祝百联集团成立十周年职工艺术作品大赛”。大赛以“走向辉煌”为主题，作品类别包括书画篆刻、摄影、工艺美术及文学作品。绘画类包括国画、油画等各类画种，书法类包括真、草、隶、篆等各类字体，篆刻类包括文字印、肖形印等。收到书画篆刻作品 192

件，摄影作品527幅，工艺美术作品89件，文学作品137篇，并制作作品集锦纪念册。7月28日，集团举行“走向辉煌——百联集团成立10周年职工文艺主题汇演”，主题汇演分序幕“启航”、百联路、百联人、百联梦、尾声“远航”5个篇章，展现10年来百联组建整合、发展创新、文化建设的历程。8月3日，集团工会、桥牌协会联合举办庆祝百联集团成立10周年职工桥牌团体赛。8月23日，集团工会、职工乒乓球协会在上海浦东游泳馆乒乓球馆举行第七届“百联杯”乒乓球比赛。

第三章　共青团工作

2004年，百联集团建立新的团组织，各级团委在集团党委的领导下，紧紧围绕集团党政中心工作，积极开展各项主题教育和特色活动；成立“青年管理者协会”，建立“百联青年志愿者”队伍，推广“青年工作优秀品牌”，组织“活力团支部”建设和青年岗位建功行动；为团员青年成长、成才提供平台，培养输送青年干部、青年人才；团结、引导广大团员青年投身于集团创新转型、改革发展的实践，提高政治素质和职业技能，发挥生力军的作用。

第一节　组织机构

2003年6月4日，共青团上海市委员会函复中共上海百联（集团）有限公司委员会，同意组建共青团上海百联（集团）有限公司委员会。是日，集团党委印发《关于同意组建共青团上海百联（集团）有限公司委员会的函复》的通知。年内，上海百联（集团）有限公司团委（筹）荣获2003年度上海青工工作先进团组织称号。

2004年1月9日，共青团上海市委员会发文，同意将共青团上海一百（集团）有限公司委员会、共青团华联（集团）有限公司委员会、共青团上海友谊（集团）有限公司委员会、共青团上海物资（集团）总公司委员会的组织隶属关系由共青团上海市委划转至共青团上海百联（集团）有限公司委员会（筹）。2月4日，共青团上海百联（集团）有限公司委员会（筹）致函集团各事业部党委，落实成立各事业部青年工作联络组的有关事项。4月28日，共青团上海市委员会印发同意共青团上海百联（集团）有限公司第一届委员会委员候选人预备人选的批复。5月21日，共青团百联（集团）有限公司第一次代表大会召开，140名团员正式代表参加会议。大会选举产生共青团上海百联（集团）有限公司第一届委员会，审议通过题为“为把百联集团建设成为‘国内第一，世界一流’的流通产业集团而奉献青春与智慧”的第一次代表大会报告。5月26日，共青团上海市委员会印发《关于同意组成共青团上海百联（集团）有限公司第一届委员会的批复》，同意共青团上海百联（集团）有限公司第一届委员会组成人员名单。6月1日，集团团委召开第一次全体委员会议，对团委班子成员进行工作分工，具体研究部署下一阶段团委工作。在组织建设上，建立“集团团委——事业部青年工作联络组——经营企业团组织”的组织网络。年内，上海第一医药商店连锁经营有限公司冠心药房、上海市第一百货商店六楼灯具柜荣获2002—2003年度上海市“共青团号”称号。

2005年，针对集团所属企业处于整合发展阶段，团员的流动性大，部分团员未能及时的挂靠团组织的情况，集团团委根据不同企业的具体情况，形成在新建拓展的企业及时建立团组织、在整合重组的企业及时健全团组织、在条件尚未成熟的企业就近挂靠团组织3种方法，其中新建的团组织8家，覆盖团员121人；健全团组织9家；挂编团员12人；待建团组织3家，覆盖团员30人。

2006年4月3日，集团党委向各事业部、直属公司、中心党委（总支、支部）印发《中共百联集团有限公司委员会关于进一步加强和改进青年工作的若干意见》。进一步加强和改进党组织对青年工作的领导，充分发挥共青团在青年工作中的核心作用，更好地动员、组织和激励集团系统广大团员和青年投身集团发展，实现集团战略规划的宏伟目标。

2010年6月18日，共青团百联集团有限公司第二次代表大会召开，106名团员代表参加会议。大会选举产生了共青团百联集团有限公司第二届委员会。

第二节 主题教育与特色活动

2004年4月，物流事业部青年管理者协会成立。首批25名会员中，大专以上文化程度占80%，党员比例高，整体素质好。5月，百货事业部根据现代百货整合发展的要求，从培育和储备企业人才资源的战略出发，成立以“百货发展我们，我们发展百货”为宗旨的青年管理者俱乐部，将事业部35周岁以下，具有一定学历及管理经验的团员青年组织起来，提供一个相互交流、学习、激励的平台。9月，集团团委成立“百联青年志愿者”队伍，在企业、社区等区域以不同层面组织开展百联青年志愿者活动。是月，集团团委和教培中心联合举办第一期团干部培训班，60余名团干部参加培训。集团党委书记、董事长为团干部上课，要求团组织做好青年工作，激发青年积极性和创造性，共同为百联发展作贡献。10月，集团团委与黄浦区团委、锦江国际集团等单位团组织联合举办“诚信销售龙虎榜——黄浦商业青年岗位技能竞赛”。第一百货东楼礼品化妆三部、华联王震照相机柜、第一医药商店依嘉医药热线等“青年文明号”“青年柜组”参加技能竞赛。年内，集团7个共青团号集体的青年作为志愿者参与团市委“文明先锋——全国青年文明号统一行动日”活动。

2005年9月12日，集团团委召开“增强共青团员意识主题教育活动动员大会”。根据团中央、团市委统一部署和安排，从2005年9月至2006年1月，开展为期5个月的增强共青团员意识主题教育活动。在开展主题教育中，各级团组织开展“学理论知团情”学习活动，并组织集中培训、开展民主评议，以建设“激情、活力、奉献”团支部为目标，建立团组织建设长效机制。同时成立教育活动推进小组及办公室、督导组。年内，集团团委与集团工会联合举办“百联杯”商业技能大赛，青年参赛比例达80%以上，参赛的优胜者均获得不同等级的职业技能认定。集团团委配合人力资源部门，联系、凝聚和举荐优秀青年人才，推进青年职业生涯导航活动，评审表彰华联超市等13名2003—2004年度百联集团青年岗位明星。集团团委推进各级团组织加强青年志愿者队伍建设，形成“总队—分队—支队”网络框架，不断推进“一助一”结对帮困，“20日为民服务”等常项活动。集团所属2家单位被授予上海市优秀青年志愿服务集体称号、3人被授予上海市优秀青年志愿者称号。

2006年4月，集团团委在“五四”青年节前举行“活力在百联”集团先进青年表彰大会，评选出10名“百联青年岗位明星”、20名优秀青年、20名优秀团员、16名优秀团干部。在集团开展“强、塑、成”大讨论活动中，各级团组织共有166个团支部积极参与，汇总557条百联企业精神。其间集团团委举办“弘扬百联精神、成就百联事业”青年才艺大赛、英语比赛、百联广告创意比赛和演讲比赛等一系列赛事，决出“百联集团英语十强”。年内集团团委获2005年度上海市青年工作先进团组织标兵荣誉称号；东方商厦团委荣获2005年度上海市五四特色团组织称号；东方商厦青年志愿者服务队、第一百货五楼商场摄像机柜志愿者服务队获上海市优秀青年志愿服务集体称号；李惠勤（友谊百货南方店）、傅励（东方商厦）获上海市优秀青年志愿者称号。

2007年5月，集团团委启动“百联青年看百联、唱百联、建百联”系列活动，组织30余名团员青年代表，参观百联中环购物广场、百联又一城购物中心。同月，集团团委与黄浦团区委、锦江集团团委、市直机关团委、金融青工委联合举办的“青春与和谐同行”共青团号文化节，在南京路步行街开幕。举办“唱游百联、唱响青春”百联青年歌手卡拉OK大赛。年内，集团团委荣获“2007年上海市五四红旗团委标兵”称号。

2008 年，集团团委配合集团“强店战略”的实施，组建青年夺标队。为迎接上海世博会，集团团委组织编写“迎世博”零售英语教材，开展“迎世博”英语教员培训工作。

2009 年，集团团委积极参与集团“迎世博”相关工作，完成统筹、协调、推动窗口单位“迎世博”全员培训工作，组建近千人的“迎世博志愿者”队伍。牵头组织世博双语礼仪知识竞赛、双语标识检查、足球比赛等多项活动。

2010 年，集团团委按照集团迎世博和服务世博工作的总体部署，组织开展“文明服务大演练，奉献世博我光荣”主题活动，带领各级团干部参与集团各类世博主题活动的组织筹办，带动广大团员青年立足本职、服务世博。年内，集团团委召开第二次团代会，对未来 5 年工作作出谋划。开展团组织创先争优活动，启动新一轮“活力团支部”建设和青年岗位建功行动。

2011 年 5 月 6 日，由集团团委主办的“活力在百联”——百联职工技能大赛在世博园城市最佳实践区举行。大赛进行水产品加工、保安擒拿格斗、叉车操控等现场演示，以及珠宝营销、拍品估价、饰品设计等舞台展示。现场宣读《关于授予 2008—2010 年度百联集团职工技能标兵的决定》及《关于命名百联集团职工技能实训基地的通知》。联华股份生鲜蔬果分会、东方商厦旗舰店分别交流开展职工技能培训和比赛情况。年内，集团团委按照集团“创先争优”的总体部署，以深入推进“活力团组织”建设为抓手，组织开展“走千访万”主题活动，促进团组织的基层单位发挥服务企业、服务青年的作用。

2012 年 4 月 24 日，集团团委举行 2012 年“活力在百联”暨纪念建团 90 周年大会，表彰命名百联集团创先争优“青年之星”和“青年工作优秀品牌”。授予 16 位团员青年为百联集团创先争优“青年之星”优秀个人称号；授予联华股份商品管理总部团总支等 10 个基层团组织和青年集体为百联集团创先争优“青年之星”优秀集体称号；命名联华股份青年管理者沙龙等 11 个青年工作项目为百联集团“青年工作优秀品牌”。集团团委按照创先争优活动的总体部署，以深入推进“活力团组织”建设为抓手，组织开展活力团组织“服务百联建新功，岗位成才展新篇”主题活动。

2013 年，集团团委在推广“青年工作优秀品牌”的基础上，着力培育“风尚团”“商业连锁青年沙龙”“青柠创意坊”等团青工作载体，推动各种类型的青年工作项目不断丰富升级。确立“惠青年”活动品牌和信息平台，以“惠青年”为品牌，尝试开展“惠青年”系列活动，组织青年观摩音乐会、体育赛事，提供车险、健身团购、公租房信息等服务。

第四章　精神文明建设

2004年，集团党委建立集团精神文明建设领导小组，促进百联集团两个文明建设的协调发展，为企业的改革、发展、稳定提供思想保证、智力支持和精神动力，确保国资国企改革的顺利推进。在开拓市场、创新经营的同时，集团认真履行国有大型骨干企业的社会责任，全心全意为人民服务。"服务世博、奉献世博"立功竞赛，百联集团两家企业获"上海世博工作优秀集体"称号，26名优秀个人获"上海世博工作优秀个人"称号。"企情民意气象站"的建立，成为集团加强思想政治工作的有效载体，推进企业民主管理的现实通道，是集中民智依靠员工办企业的有益探索。"树形象、谋发展""强、塑、成""三增强"，3次主题大讨论形成3次思想大解放，进一步丰富百联文化的内涵。2008年，集团党委制定的《百联集团企业文化建设五年实施办法》，进一步明确企业文化建设五年目标。

第一节　思想政治工作

2004年6月17日，集团党委印发《关于建立上海百联(集团)有限公司精神文明建设领导小组的通知》，促进上海百联(集团)有限公司两个文明建设的协调发展，为企业的改革、发展、稳定提供思想保证、智力支持和精神动力，确保国资、国企改革的顺利推进。百联集团精神文明建设领导小组下设办公室(简称百联集团文明办)，设在集团党委办公室，在百联集团精神文明建设领导小组的领导下负责日常工作。8月5日，集团召开思想政治工作会议，会上，宣布成立百联集团思想政治工作研究会(企业文化研究会)，集团党政主要领导担任研究会正副会长，聘请9名同志担任特约研究员。集团党委印发《关于成立百联集团思想政治工作研究会(企业文化研究会)的通知》，加强企业思想政治工作和企业文化建设，充分发挥思想政治工作在集团"发展、整合、提升、稳定"中的积极作用。9月，集团党委召开思想政治工作会议，总结东方商厦、华联吉买盛、上物汽车、友谊南方商城等8家企业加强和改进职工思想政治工作的典型经验。年内，集团党办及企业文化中心，在集团系统内开展思想政治工作调查研究，先后召开15次座谈会，发放《百联集团员工心理指数调查问卷》12 500份，回收10 491份，回收率近84%，形成了《百联集团关于加强和改进职工思想政治工作的调研报告》。集团成立文明委和文明办，制定了《百联集团文明单位管理办法(试行)》。集团文明办会同有关部门、相关事业部对申报2003—2004年(第十二届)上海市级文明单位的54个企(事)业单位进行检查考核、预评预审，有49家单位预报为第十二届上海市级文明单位。2005年集团系统共有市级文明单位51家、集团文明单位42家。

2006年是第十三届市级文明单位和第二届集团文明单位的评审年。集团文明委、文明办按照《上海市文明单位管理条例(2005年版)》的要求，结合《百联集团文明单位建设实施办法》，紧紧围绕企业的中心工作，开展文明单位创建活动。共有56家企业申报市级文明单位，43家企业申报集团级文明单位。各申报单位参与社会公益活动，集团选派10名选手参加全国推广普通话形象大使上海赛区选拔赛，2名选手入围决赛。年内，集团系统企业积极参与上海市道路交通整治活动，东方商厦、第一八佰伴、南方商城、西郊购物中心等单位组织志愿者参与交通整治活动，宣传企业的文明创建工作，取得较好的社会效应。

2007年年初，集团党委开展“和谐百联”建设，在集团系统组织万人问卷调查——《2007年度百联集团职工心理指数测评》，形成了《关于和谐百联的调查报告》、《2007年度职工心理指数万人调查结果汇总》两个报告，为加强和改进集团思想政治工作，提高思想政治工作的针对性和有效性提供第一手资料。在集团思想政治工作研究会设立“EAP中心”，加强对干部职工的心理疏导和干预，使职工感受到人文关怀。年内，集团文明办对集团系统申报第十三届上海市级文明单位和申报第二届百联集团文明单位的企业进行检查验收，共有38家单位被授予第十三届上海市级文明单位、40家单位被授予第二届集团级文明单位。这78家文明单位在思想政治建设、学习型组织创建、企业文化建设、完成经济指标、健全体制机制和构建和谐内外环境、承担社会责任等方面成效突出，成为创建“和谐百联”的重要力量。根据新版上海市文明单位管理办法，集团文明办对集团文明单位管理条例进行修订。年底，集团系统各级企业共有48家单位申报上海市第十四届文明单位，45家单位申报百联集团第三届文明单位。2007年第四季度，按照市委八届九次全会通过的《关于推进社会主义新郊区新农村建设的实施意见》和有关文件精神，集团率所属联华超市和华联超市与崇明县竖新镇经济薄弱村大东村和育才村签订帮扶协议，筹集60万元资助两个村实施有线电视“家家通”工程及其他实事项目建设。

2008年，为纪念百联集团成立5周年，集团党委举办“感动百联”十大新闻人物评选活动。通过推荐申报、初审复审、事迹公示、《今日百联》报无记名投票，最终评选出10位“感动百联”新闻人物、集体。评选活动特别增补在四川灾区表现优异的两家企业——百联天府购物中心、世纪联华西南区域为“感动百联”特别奖。“七一”前夕，集团党委在“事业在百联”大会上，通过短片的形式展示“感动百联”十大人物事迹，将20位“感动百联”的先进事迹编辑成册，短片刻录成DV，供各企业组织生活、班组学习研讨借鉴。四川汶川地震发生后，集团系统广大共产党员，心系灾区群众，通过交纳“特殊党费”，向受灾群众再次奉献一份爱心，集团系统3 000多位党员共交80余万元，展现百联广大党员爱党、爱祖国、爱人民的精神风貌。集团“EAP中心”作为创新思想政治工作的载体，在《今日百联》报开设《心理健康》专栏，开通心理服务热线、上门咨询服务，帮助近50名职工解决思想、心理困惑问题。年内，根据新版上海市文明单位管理办法和集团文明单位管理条例，集团文明办推荐集团系统51家单位申报上海市第十四届文明单位，39家单位申报百联集团第三届文明单位，并对申报单位进行检查验收。

2009年上半年，受国际金融危机的影响，国内经济形势非常严峻，集团也面临许多困难和考验。集团各级党组织运用各种方式和载体，紧紧围绕市委提出的“四个确保”目标，组织广大党员干部广泛深入开展形势政策教育。超商事业部党委主动研究政策、解读政策、用足政策、争取政策，加快对“生鲜超市”“农超对接”“家电下乡”项目对接和政策落地实施。物贸股份党委在公司面临市场价格大幅波动、需求大幅下降造成经营困难的情况下，发动干部员工开展形势和市场分析，共商应对挑战、战胜困难的对策措施，落实“保指标、控风险、促转型”的具体方案，带领广大干部职工共渡难关，逆势飞扬。3月，集团党委围绕学习实践科学发展观活动“实践载体”和职工群众的“三最”问题，组织开展了万人问卷调查——《百联集团职工心理指数测评》活动。问卷涉及集团愿景目标、企业核心价值观、领导干部思想作风建设、党风廉政建设、干群关系等40多项指标。6月，集团党委召开百联集团文明单位创建工作现场会，表彰46家企业荣获第十四届上海市文明单位及41家企业荣获第三届百联集团文明单位，并为全国精神文明建设先进单位东方商厦有限公司颁发奖牌。大会提出新一轮文明单位创建工作要和迎世博工作相结合、与思想政治工作相结合、与企业文化建设工作相结合，依靠机制保证长效，要依靠创新带动创建，要依靠实干创造佳绩。

2010 年,根据百联南方商城“企情民意气象站”3 年来职工思想政治工作率先尝试积累的经验,集团党委制定《关于建立“企情民意气象站”的指导意见(试行)》,贯彻落实中共十七大关于改善民生和加强基层党建的有关要求,推进企业管理者与员工之间的沟通与理解,使企业领导及时掌握职工所思、所盼、所忧,进一步服务职工、凝聚职工,促进思想政治工作深入持久、扎实有效开展,集团党委认为,“企情民意气象站”作为一种实践载体创新,可以在集团层面推广。集团系统内确定百联南方购物中心、永安百货商厦、青浦百联奥特莱斯、东方商厦青浦店、华联超市、世纪联华黄浦店、乾通投资公司、旧机动车交易市场、第一医药股份公司、百联电器公司、长桥物流公司、百联物业公司、华联典当行等 13 家企业为首批“集团企情民意气象站示范点”。年内,集团党委启动第十五届市文明单位、集团第四届文明单位的申报、检查、考核等工作,集团系统有 44 家和 30 家企业申报市级文明单位和集团级文明单位,有 3 家申报单位接受市国资委派出检查组的抽查。

2011 年,集团党委在 13 家“企情民意气象站”试点的基础上,再确定集团重点跟踪的 50 家企情民意气象站。各试点企业共召开职工座谈会 428 次,企业领导与职工谈心谈话 2 981 人次,50 家试点企业共为职工办实事 659 项。2010 年“企情民意气象站”建立以来,共收集民意信息 2 962 条,其中有关企业经营管理的意见建议,被采纳有 795 条,促进干部作风的转变,发挥预报预警预防功能,增强群众工作能力。百联集团企情民意气象站的调研报告,受到市国资党委的肯定,并呈报给国务院国资党委。年内集团系统共有 47 家企业被上海市委、市政府授予第 15 届上海市文明单位荣誉称号。43 家通过市国资委申报、4 家通过所在区委宣传部申报。东方商厦旗舰店成功申报国家级文明单位,成为百联集团第一个全国文明单位。

2012 年,市国资党委向国资系统宣传推介百联集团“企情民意气象站”的做法和经验,《解放日报》刊发《企情民意气象站云涌百联》的长篇通讯,市委创先争优领导小组简报专发了百联集团“企情民意气象站”的经验。百联集团“企情民意气象站”的做法和经验在上海市思研会、中国流通业思研会、中国企业文化研究会进行了交流介绍,国务院国资党委把百联集团“企情民意气象站”作为重点跟踪课题。

2013 年年初,集团召开“企情民意气象站”工作专题会,要求不断加强和巩固 3 年来“企情民意气象站”建设工作的成果,形成长效机制。集团系统“企情民意气象站”二级公司(中心)共有 11 家分站,三级企业 54 家支站,在企业思想政治工作和群众工作中发挥作用。集团党委组织开展第十七届文明单位创建活动,就完善企业创新体系、创新思想政治工作、健全管理体制机制、重视企业文化建设、履行社会责任进行深化提高。对新创建企业进行实地走访培训,对历届文明单位进行不定期的抽查。9 月,由上海市委宣传部、市精神文明建设委员会办公室主办,解放日报报业集团、文汇新民联合报业集团、上海广播电视台、东方网承办的第三届“光荣与力量——感动上海年度十大人物评选活动”揭晓,集团旗下第一医药商店的全国学雷锋标兵陶依嘉成为第三届“感动上海年度十大人物”之一。年内,集团系统共有 47 家企业申报第十七届市级文明单位的评选。

第二节　企业文化建设

2003 年 5 月 21 日,集团党委印发《关于开展“塑造百联企业形象,谋求百联长远发展”大讨论活动的通知》。通知从 3 个方面提出大讨论活动的目的、时间安排以及具体要求和 8 个议题。通知发出后,一百、华联、友谊、物资四大集团党委结合各自实际,着手制定企业开展大讨论活动的具体实施方案下发到基层企业。四大集团相继召开党委中心组学习会,认真学习中共上海市委、市政府领导关于组建百联集团的讲话，贯彻百联集团领导干部座谈会精神。通过学习，从改革不适应生产力发展的生产关系、应对中国入世后国内市场竞争国际化、突破体制性障碍深化国有资产改革、提升上海“三个竞争力”、优化四个集团资源配置、优化人才培养使用和流动等层面统一思想，认识组建意义。从而树立政治意识、改革意识、机遇意识、大局意识和责任意识，确保思想不散，工作不断，秩序不乱；确保时间过半、完成任务过半，为完成全年任务打下良好基础；确保同百联集团各项工作有序衔接；确保“大讨论”活动落到实处，做到企业经济工作和百联重组工作两不误。8 月 12 日，集团党委召开“塑造百联企业形象，谋求百联长远发展”大讨论活动总结交流会。

2004 年 1 月 2 日，集团党委印发《“爱我百联、建我百联”主题教育活动实施方案》，决定在集团系统广大党员、干部和职工中开展为期一年的“爱我百联、建我百联”主题教育活动。通过开展“爱我百联、建我百联”主题教育活动，进一步激发全体职工对百联集团的发展战略和愿景目标的认同感，引领广大职工投身于集团发展中来。使全集团共产党员、各级干部和广大职工保持与时俱进、奋发有为的精神状态，为集团的“发展、整合、提升、稳定”提供精神动力、智力支持和舆论氛围。1 月 5 日，集团以“聚焦百联，贴近职工”为办报宗旨的《今日百联》报正式创刊。为推进主题教育活动的开展，集团党委编印 2 万册《百联职工必读》，下发到基层企业班组，各企业通过晨会、班组学习、组织生活、广播、黑板报、局域网等形式和载体组织党员、干部、职工进行学习和宣传，形成“我们有个共同的名字——百联”的共识。党政工团联手组织开展“百联职工看百联”活动，先后组织“百名女职工看百联”、“百名团员青年看百联”、“百名老同志看百联”、“百名统战人士看百联”、“百名管理人员看百联”6 批 600 余人次参观集团旗下各具特色的一线窗口企业。7 月 9 日，集团举办“爱我百联知识竞赛”，各事业部、中心自行组织预赛，集团举办复赛、决赛，先后有 2 000 余名职工参与各阶段的竞赛活动。年内，百货事业部举办“昨天、今天、明天”图片巡回展，召开“加强企业文化建设座谈会”，探讨企业文化战略在企业发展中的作用；专业专卖事业部召开企业文化建设交流会。

2005 年 3 月，集团党委成立企业文化建设专项工作小组，启动《百联集团企业文化建设三年规划》编制工作。通过专题调研，召开原四大集团有关领导座谈会，各事业部、中心相关领导座谈会，走访部分企业文化建设优秀的基层单位，完成《百联集团企业文化建设三年规划》的编制。年内集团党委在集团系统内组织开展学习《百联集团总体战略规划》活动，共编印、发放《百联职工必读(第二辑)——百联集团总体战略规划简介》约 5 000 册。集团领导带头到基层企业进行战略规划宣讲，通过广播、局域网、企业报、宣传栏、组织学习竞赛等形式，多手段、多渠道地营造学习氛围。集团党委将集团系统各类先进的事迹编印成《百联集团职工风采录》，下发到各基层党支部、班组进行学习。

2006 年 5 月 19 日，集团党委下发《关于开展“强化百联意识、塑造百联精神、成就百联事业”大讨论的通知》，决定在集团系统内广泛深入开展“强、塑、成”大讨论活动。集团专门成立了“强、塑、成”大讨论领导小组及办公室，集团党政主要领导担任领导小组组长、副组长。大讨论以“强化百联意识，塑造百联精神、成就百联事业”为主题，以提炼百联企业精神为主线，通过座谈会、恳谈会、研讨会、征文等形式，利用中心组学习、党团组织活动、简报、板报、企业报、局域网、互联网等载体，采取自上而下、自下而上推进的方式进行，把党员、干部、职工的思想统一起来，积极性和创造性释放出来。大讨论分 3 个阶段实施：第一阶段宣传发动；第二阶段研讨征集；第三阶段总结提高。其间，大讨论办公室会同有关部门先后召开离退休老干部、民主党派人士、劳模先进、优秀团员青年、事业部专职书记、部分重点骨干企业总经理、集团思研会及企业文化研究会特约研究员等 7 个座谈会、恳谈会、研讨会，征询各阶层的意见和建议。各事业部(公司)、中心联系实际开展大讨论活动，百联股份党委提出“强调一个理念、体现一个宗旨、树立三个形象、处理三个关系”的讨论主题，先后组织开展“百联光荣我光荣”的班组讨论活动，“我为百联献一言”的劳模恳谈活动，“百联在心中，事业在手中”的青年骨干演讲活动等。物贸股份党委制作3 200份调查问卷，有重点分发到成员企业干部职工中，他们不讳疾忌医，敢于自揭“伤疤”。企业清理中心党总支在讨论中倡导干部为了百联大局、成就百联事业，要勇做“清道夫”、甘当“孺子牛”的精神。集团互联网站共刊登有关大讨论的文章、言论和动态信息129篇，集团党办工作简报《党群工作动态》“强、塑、成”大讨论专刊共出刊45期，平均2天出3期，《今日百联》报自大讨论活动开展以来，共出版12期，每期都有大讨论的动态新闻和讨论专版，共刊发大讨论稿件129篇。为总结讨论成果征集百联企业精神表述语，各事业部（公司）、中心共向集团提交了3 529条百联企业精神表述语。同年8月22日，经过专家评审、集团领导班子讨论，最终确定百联企业精神为“遇强更强、诚信致远”。年底，“强、塑、成”大讨论活动结束，集团党委又启动“践行百联精神、成就百联事业”的主题活动。

2007年4月，集团正式发行企业形象宣传片——《百联集团》，加大集团品牌和形象的宣传力度，扩大百联的社会认知度和美誉度，增强职工的自豪感和幸福感。6月，在广泛征集的基础上，经专家评审，正式确定百联集团司歌——《百联之歌》。年内，为全面、准确、深刻理解和把握百联企业精神，大力宣传弘扬“双十佳”经营管理团队的先进事迹，动员更多的企业积极投入“弘扬百联精神、成就百联事业”活动中，集团党委组织两场“事业在百联”事迹报告会。通过演讲、PPT展示等形式，先后宣传推介第一八佰伴、联华浙江公司、百联汽车公司、东方商厦青浦店和百联物业等5家企业的先进事迹，并将5家单位的先进事迹编辑成册，供各企业组织生活、班组学习研讨借鉴。

2008年4月30日，为纪念改革开放30周年，庆祝百联集团成立5周年，由集团党办、工会、企业文化中心主办的大型图片展《奋进中的商贸航母》在百联世茂国际广场正式对外展出。5月20日，为深入贯彻落实中共十七大精神、市第九次党代会精神和中共中央政治局委员、上海市委书记俞正声同志对百联集团的重要指示精神，集团党委启动增强“忧患意识、创新意识，百联意识”主题讨论活动。主题讨论以高级管理人员为重点，以中心组学习的方式，一个意识讨论一个月，务求实效。主题大讨论活动中，集团互联网站共刊登有关主题讨论的文章、言论和动态信息95篇；集团党办简报《党群工作动态》（“三增强”主题讨论专刊）共出刊83期；《今日百联》报每期都有主题讨论的动态新闻和讨论专版，共刊发相关稿件78篇。“忧患意识、创新意识、百联意识”主题讨论最终形成4个成果，即进一步增强做强做大百联的责任感和使命感；进一步找到了企业发展的薄弱环节和突出问题；进一步清理下一步发展的思路和举措；进一步促进了企业又好又快地发展。年内，集团党委启动企业文化调研，形成《百联集团企业文化建设五年实施办法（征求意见稿）》，进一步明确百联企业文化建设5年目标。

2009年，围绕迎世博、中华人民共和国成立60周年和百联集团成立6周年，集团党委组织举办“联华杯”庆祝中华人民共和国成立60周年征文比赛活动和书画摄影作品大赛。征文共收到稿件83篇，《今日百联》和《联华人》报、刊发征文作品共计40余篇。年内，集团党委举办征文比赛颁奖会，编辑出版了征文比赛作品选《岁月如歌》。书画摄影作品在永安百货、第一八佰伴等商店广场进行巡回展览。

2010年，集团宣传文化部编辑《百联“世博”特刊》，被上海世博会主运行指挥部先后录用4篇，被上海市国资委“世博工作动态”录用6篇。百联门户网站和《今日百联》报开设专栏，及时宣传报道百联广大党员群众服务世博、奉献世博的好人好事和动人事迹。集团党委将世博会期间集团系统涌现的集体和个人先进典型事迹结集成册，编辑出版两集《百联世博情》，收录稿件156篇。

2012年2月6日，集团总部党委在总部全体党员和职工中开展主题为“内增凝聚力、外强服务力”的大讨论活动，以进一步增强集团总部凝聚力，提高集团总部指导、协调和服务基层的能力。年内，集团推进“以业绩为导向，以创新为核心，以包容为特征”的百联文化建设，组织实施《百联集团企业文化调查问卷》调研，为集团进一步加强和改进企业文化建设提供决策依据和参考。组织编辑出版《百联营销文化》，获得中国企业文化研究会颁发的“2012年度企业文化建设十大案例”奖。

2004—2013年，《今日百联》报先后获得“中国企业优秀传媒奖”“全国优秀企业报”“中国商业文化传媒奖”“上海市二十佳企业报”“上海市最佳企业报”，以及“上海市优秀企业报”(获评11次)、上海国资委系统“报刊网分会优秀组织奖”、中国企业报协会“中国优秀企业报”等荣誉。

第三节 社会责任

2003年5月20日，在由市民政局举行的“抗非专项援助基金”捐赠仪式上，刚组建成立的百联集团向奋战在抗击“非典”第一线的医护工作人员、“非典”患者以及因“非典”而有特殊困难的群体捐赠人民币430万元。这次捐赠活动得到一百、华联、友谊、物资四大集团以及各基层单位的重视和支持。

2004年，集团捐赠援藏经费30万元；2005年，集团赞助第十届全国运动会30万元；2006年，集团捐赠宋庆龄基金会3万元。

2007年11月，百联集团率旗下联华超市和华联超市与崇明县竖新镇经济薄弱村大东村和育才村签订帮扶协议。集团和两家超市公司筹集60万元，资助两个村实施有线电视“家家通”工程及其他实事项目建设。联华超市、华联超市分别与两村建立长期经济合作关系，建设农副产品产业链，帮助解决农村富余劳动力转移等问题。

2008年1月，湖南省经历50年一遇的冰雪天气，省内供电告急，高速公路、空港关闭，长沙市内交通几乎处于瘫痪状态。长沙百联东方广场在确保企业安全经营的同时，自发组织20名“长沙百联东方广场救灾自愿队”，参与由长沙市政府发起的“百万市民除冰扫雪大行动”。其间，在江苏的世纪联华江苏区域22家门店，共出动约3 600人次，清扫路面积雪约23万平方米。广西柳州寒冻造成柳州市40多个乡镇断电，联华广西公司从各门店抽调8台备用柴油发电机驰援。联华浙江公司安排200余人次，在9处场地设立24小时食品供应点，为滞留杭州火车站的旅客供应方便面、面包、饼干、瓶装水。上海华联超市物流公司“抗雪灾，保配送”两不误，完成日均吞吐量12万件商品，日均送货70车的配送。物贸股份燃料浦东公司一周内新增采购燃料油及成品油5万吨；动力燃料公司落实煤炭资源45万吨，确保上海市场供应。5月12日，四川汶川发生特大地震，集团党委第一时间行动，下发《关于积极做好支援四川抗震救灾工作的紧急通知》，号召集团上下全力支持四川灾区的抗震救灾、重建家园工作。5月16日，百联股份在南京东路永安百货门口举行“百联股份携10家门店千家供应商赈灾义卖活动”。捐赠仪式上，集团领导代表百联股份将第一批销售利润200万元捐赠给上海市红十字会。截至5月16日，百联系统企业及职工向四川灾区首批捐款达1 000万元。6月，集团应急救灾领导小组同时作为集团对口支援都江堰市的领导小组，组成总部保供协调小组，依托集团在四川的世纪联华成都天府店、东方明珠店、德阳店、百联天府购物中心、友谊百货成都店等5家商业企业，建立前方保供小组。6月底，集团排摸所有在沪川籍员工家庭灾情，共计761人。调集赈灾物品，开展赈灾捐款(捐款员工总数56 207人，金额总计420.39万元：其中通过集团上缴295.46万元，通过其他途径上缴124.93万元)。集团3 000多名党员共交特殊党费80余万元。8月8日，市总工会授予抗震救灾重建家园先进集体和个人上海市五一劳动奖状（章）、上海“抗震救灾重建家园工人先锋号”称号，集团旗下4个集体获奖。8月7日至8月22日，奥运会足球赛在上海体育场进行，由于安保方面的要求，世纪联华上海体育场店自7月22日起实行全封闭管理，因此停业30多天，并承接赛事期间观众食品饮料售卖服务工作。9月17日，集团认真贯彻中共上海市委、市政府的部署精神，印发《关于切实做好“问题奶粉”善后处理工作的通知》，要求各相关企业和门店以高度的社会责任感认真开展清查工作，一方面对国家质检总局公布的22家企业69批次含有三聚氰胺的问题奶粉即刻停止销售、下架退市，另一方面切实处理好“问题奶粉”的善后工作，安排世纪联华、联华、华联19家门店作为受理社会“问题奶粉”的退货点，自行承担、消化问题奶粉退货款百万元。全年集团各类捐赠支出总额3 568.06万元。

2009年1月11日，蓝天下的至爱——恒源祥“点亮心愿”慈善义拍在集团所属上海拍卖行开槌，上海拍卖行捐赠佣金25万元。8月，百联集团在由东方卫视牵头的“援助台湾受灾同胞赈灾晚会”上，向台湾受灾同胞捐赠200万元。全年集团其他各类捐赠支出总额162.85万元。

2010年1月10日，由上海市慈善基金会、上海市文明办、上海市商务委、上海市广播电视台、上海市商业联合会倡议，百联集团等企业发起“千店献爱心，和谐迎世博”2010新年慈善义卖活动，并向上海市慈善基金会定额捐赠善款，此活动集团坚持数年。8月26日，联华股份与崇明竖新镇的育才村、大东村签订2010—2013年新一轮结对帮扶协议。联华股份出资20万元主要用于两个村基础设施建设及文化娱乐设施的改善与投入。同时，利用自身的网点资源优势，与结对村共同开发生鲜蔬果，以及农副产品，为新农村建设办实事。全年集团各类捐赠支出总额172.62万元。

2011年9月2日，百联集团与重庆市南岸区慈善会签约，捐款240万元，用于创建“百联抗灾助学基金”。全年集团各类赠支出总额265.27万元。

2012年，集团各类捐赠支出总额451.77万元。

2013年4月26日，友谊股份组织旗下10家门店举办“情系雅安献爱心，风雨同舟渡难关”赈灾义卖活动，将全天销售额的5%捐献给四川雅安地震灾区人民。4月28日，友谊股份将118万元人民币捐赠给上海市红十字会。7月28日，在《百联有爱、梦圆人间》启动仪式上，百联集团向上海市“生育关怀专项基金”捐赠222万元，该专项基金用于关心失独家庭。8月23日，上海市老年基金会举行相关行业集团公益捐赠仪式暨行业集团工作站成立及授牌仪式，百联集团工作站是上海市老年基金会首批建立工作站的8个集团之一。百联集团与市老年基金会签署捐赠协议，每年定向捐赠100万元给上海市老年基金会。定向捐赠款主要用于关心失能老人、困难老人、贡献老人、高龄老人和参加上海市老年基金会组织的部分公益项目等。12月20日，集团制定《百联集团有限公司开展上海市农村综合帮扶工作实施方案》，集团设立2 500万元的农村帮扶专项资金，计划每年帮困500万元，分5年实施。集团党委确定6家基层党组织与金山区山阳镇的6个村开展结对帮扶工作，共结对3个薄弱村、3个一般村。截至2013年年底，集团累计各类捐赠金额达到5 158.16万元。

第四节　世博专项工作

2008年9月，根据中共上海市委、市政府“关于制定实施《迎世博600天行动计划》的指导意见”和全市迎世博600天行动动员大会要求，百联集团作为上海市重要的窗口企业，成立迎世博600天行动领导机构和工作机构，按照《上海市迎世博窗口服务行业600天行动责任书》有关目标，完成各项任务。同时集团制定《百联集团迎世博600天行动计划》，明确迎世博总体目标、主要任务和重点工作、保障措施、实施阶段4项内容。10月20日，百联集团与上海市迎世博600天行动窗口服务指挥部签订《上海市迎世博窗口服务行业600天行动责任书》。12月5日，集团召开迎世博工作推进大会。集团600天行动计划的口号是“百联，让商业更繁荣”。以超商事业部、百联股份和商业连锁三家公司（事业部）为三个“重点板块”。完成四方面任务：优化重点业态业务结构，完善综合服务功能；优化重点区域门店服务环境，营造温馨舒适氛围；强化重点企业诚信、安全保障机制，推进全面质量监管；强化重点岗位服务技能，提升文明服务素质。12月18日，集团工会制定印发《百联集团职工“迎世博立功竞赛”活动实施方案》。

2009年2月，上海市精神文明建设委员会、上海市迎世博600天行动社会动员指挥部等公布首批上海“迎世博贡献奖”名单，百联集团有7个集体、4名个人获得“优质服务贡献奖”。3月4日，集团迎世博600天行动领导小组印发《关于继续强化集团迎世博培训相关工作实施方案》，进一步推进强化迎世博培训工作。3月26日，在迎世博倒计时400天之际，上海市窗口服务行业职工迎世博重点商圈举行立功竞赛启动仪式。市总工会、市“迎世博”600天行动窗口服务指挥部等领导授予第一百货、永安百货、第一医药商店“迎世博立功竞赛——先锋号”流动红旗。5月7日，集团印发《上海市迎世博窗口服务行业服务规范、服务承诺汇编》（上册）中《上海商业零售行业服务规范》等有关文件的通知。7月26日，集团印发《关于进一步深入开展下一阶段迎世博工作的指导意见》。11月10日，集团印发《关于积极参加上海市窗口服务行业“迎世博银行卡刷卡无障碍立功竞赛活动”的通知》。11月16日，市商务委举行“推进世博特许商品经营工作动员大会”，会上百联集团与上海世博特许商品经营领导小组签订世博特许商品经营目标责任书。12月23日，集团印发《关于积极落实世博特许商品经营目标的意见》，意见确定总目标：开设世博特许商品经营网点（含市内外形象店、专卖店、专柜、货架）2 000个；完成世博特许商品销售额65亿元。12月29日，百联物业公司与上海世博会事务协调局签署2010年上海世博会“城市最佳实践区”物业服务合同，正式成为上海世博会服务类供应商。世博会“城市最佳实践区”占地面积15公顷，物业管理面积约17万平方米。全年集团党政工团全力推进“迎世博”各项工作，选拔100名劳模先进优质服务督导员，命名100个优质服务示范门店（班组），招募1 000名志愿者，发放3.1万张“文明服务公约”地铁卡。

2010年1月4日，集团印发《关于围绕世博主题组织2010年营销活动的通知》，对全年营销活动作了具体安排。同年1月6日，上海世博会特许商品经营办公室向百联集团印发《上海世博会特许零售商授权核准通知书》。1月20日，上海世博会特许商品旗舰店（团购展示中心）在第一百货商店开业。世博特许商品旗舰店营业面积达1 600平方米，经营特许商品品种超过3 000款。2月1日，在“上海世博会园区公共区域零售服务商签约仪式”上，百联股份、联华股份、三联集团公司、华联罗森等企业入选世博园区特许零售商，与上海世博会事务协调局签署“零售服务合同”。5月15日，由长桥物流公司配送的首批“世博大礼包”如期发放至浦东、黄浦、卢湾、金山、崇明等区县居民手中。8月6日，在上海市“服务世博、奉献世博”立功竞赛交流大会上，百联物业世博城市最佳实践区物业服务中心、联华快客便利世博园区域获“上海世博工作优秀集体”称号；26名优秀个人获“上海世博工作优秀个人”称号。截至10月31日，百联集团世博特许商品完成销售79.08亿元，超额完成世博特许商品销售目标，圆满完成世博园区服务保障任务。12月30日，世博会特许商品经营工作召开总结颁奖大会，授予百联集团特许经营优秀组织奖金奖，百联股份的第一百货、第一八佰伴等6家世博特许商品旗舰店被授予优秀特许零售商金奖。联华股份开设的千余家特许零售点、百联电商推进特许商品网上销售工作、新路达商业公司专设的百余家特许零售点分别被评为优秀特许零售商。东方商厦旗舰店荣获“上海世博会反恐怖工作优秀集体”称号。

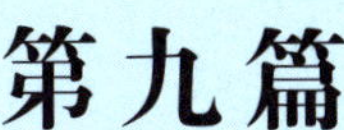

第九篇

人　物

概　　述

在上海流通产业发展、国资国企深化改革的进程中，百联集团广大干部职工积极主动实施整合转型，创新创业推进提升发展，为经济建设和企业发展贡献出自己的智慧和力量，先后涌现出一批为企业作出杰出贡献的代表人物，其中既有先进模范人物、党代会代表，也有专家型、技术型业务带头人，在平凡岗位上创造出不平凡的业绩。

本篇设人物传略、人物简介、人物表 3 章。

人物传略收录全国劳模 1 人；人物简介收录全国劳模 8 人，按出生年月排序；人物表收录全国劳模 9 人、上海市劳模 52 人、上海市三八红旗手 20 人、上海市五一劳动奖章 13 人、专家和各种代表等 14 人。本篇人物表共收录 108 人次。

本篇收录的全国劳模和上海市劳模，上溯至一百、华联、友谊及物资四大集团时期。

第一章　人物传略

马桂宁(1938年5月—2017年11月)　广东汕头人，中共党员，高级经营师。毕业于上海市光明中学。1958年10月进江苏省常州百货商店工作。1973年12月被调到上海市第一百货商店工作，2007年4月退休。

在青年时代努力学习，勤奋工作。爱党、爱国家、爱企业、爱顾客，始终以劳动模范的标准严格要求自己，工作中积极发挥先锋模范作用。干一行，爱一行，在平凡的商业服务岗位上，满腔热情为顾客服务，主动热忱帮助顾客解决困难，积极组织、协调货源，化解工作难点、盲点。

在第一百货商店呢绒布料柜台岗位上，全心全意为顾客服务，潜心研究顾客心理，形成独具一格的马派服务技艺：真情服务顾客，用心探索顾客对商业服务要求的规律，探索顾客对营业员服务要求及其购买行为的规律。总结服务技能，形成"一看准、二揣摩、三勤快、四介绍、五要素"的独特服务方法，即服务派料"一看准"、呢绒鉴别"一摸准"；服务到位凭揣摩顾客心理，揣摩自身分寸；服务过程嘴勤、手勤、脚勤；服务要领注重文字、展示、对比、口头介绍；服务齐全靠商品准备、市场信息、技能训练、购物环境、一流服务。身处服务窗口，尤其重视语言艺术，美化语言技巧。知人，服务因人而异；察需，满足顾客不同需求；善问，与顾客积极进行交流；会导，正确引导顾客；换位，为顾客设身处地着想。

身为一名普通营业员，把三尺柜台看作为人民服务的窗口，牢固树立"让顾客点头，不让顾客摇头"的职业理想和"以真情和科学态度为顾客服务"的职业信念。最多时一天接待顾客200多位，平均每2分钟接待一位顾客。把顾客心理概括为5种特征，总结出8种购买行为、10种购买欲望倾向，编著成《柜台服务艺术》，成为到大学讲课的蓝本。在商店的支持下，创办"马桂宁学校"并担任校长，专门传授先进理念和服务技艺，培养出一批批传承优秀服务技艺的员工。乐于把自己的心得体会传授给他人，服务生涯中共收564个徒弟，这些徒弟来自商业、交通、银行、医院、邮局、移动通信、学校等各行各业，有全国劳模、人大代表、企业家、新长征突击手等。创立的马派服务艺术拥有丰富的文化价值、经济价值和社会价值，其微笑服务、语言艺术、接待技巧、顾客心理、商品展示技巧以及商品推销技巧对商业服务影响深远。马派服务技艺也不断在第一百货商店发扬光大，侍冬梅、邵开平、李惠麟、朱雯瑾等先后成长为劳动模范，不断延续和壮大的劳模团队显示了第一百货商店鲜明的企业理念和突出的服务特色。岗位承诺：全心全意为人民服务一辈子。

获得自1981—1997年连续9届上海市劳动模范称号，获1986年全国五一劳动奖章，1989年被商业部评为全国特级劳动模范，获1989年、1995年全国劳动模范称号，1995年被中宣部确定为在全国重点宣传的十大劳模之一；1996年当选全国优秀工人代表；2000年作为特约代表参加全国劳模大会。曾获上海市先进标兵、全国十佳营业员和全国职业道德标兵等荣誉称号。曾当选为第七、第八、第九届全国人大代表。

第二章 人物简介

陶依嘉 女，1952年1月生，江苏无锡人，中共党员，大学学历（在职）。1976年2月从部队复员后，在第一医药商店工作。曾担任黄浦区医药公司党委副书记、工会主席。退休后在“第一医药（依嘉）劳模服务创新工作室”任领衔人，带教、指导工作。

1982年3月，在全国开展的第一个文明礼貌月活动中，带领民兵、团员在上海南京路设立第一个“为民服务台”，坚持每月20日的“为民服务”活动38年。1997年11月20日，随着服务意识的不断深入和时代需要，在第一医药的大力支持下，开设“依嘉医药热线”服务，并结合热线咨询延伸拓展：送货上门服务（为社区孤寡老人上门服务、为残疾人服务、为军烈家属服务等，为各种有困难需要帮助的人服务）；邮购服务；租借拐杖服务；智能售药机推广布点等。退休后，在百联集团首批命名的14个劳模服务创新工作室之一——第一医药（依嘉）劳模服务创新工作室任领衔人，在保留众多特色服务的基础上，开辟“第一医药网上商城”，开启线上线下联动的经营服务；开设微信公众号，“在线服务”栏中新增“送药到家”服务；还引入智能无创体检设备，开设互联网医院，对接诊疗平台，给购买药品、保健品、医疗器械的消费者带来更多便利。同时，劳模工作室传承“简单、高效、专业”的企业文化和“传、帮、带”精神。

获1981年市优秀工会积极分子；1982年记军功章三等功一次，市精神文明标兵、市群众体育先进工作者；1987年解放军全国英模代表大会特邀代表、1989年全国民兵预备役先进工作者；1991年市先进民兵干部；1993年、1997年度上海市劳动模范；1996年度上海市职工精神文明十佳好事、市精神文明建设先进；2000年度全国劳动模范；2003年全国学习雷锋志愿服务先进个人；2013年上海市第三届“感动上海”年度十大人物；2013年全国道德模范提名奖；2018—2019年度上海市杰出志愿者；上海市第十五届人大代表。

蓝金康 1954年12月生，上海人，高级技师。享受国务院特殊津贴。1969年9月上海市格致中学学生，1972年12月安徽天长县平安公社务农，1979年9月进入上海三联（集团）有限公司茂昌眼镜公司任营业员、验光师，2001年1月任上海三联（集团）有限公司茂昌眼镜公司副经理，2005年4月任上海三联（集团）有限公司茂昌眼镜公司高级验光技师。上海视光学会第一届、第二届委员。

1998年，率先研制出青少年渐进多焦镜，获上海市科技进步三等奖、黄浦区科技进步一等奖和上海市第五届科技博览会科学技术金奖，并获得国家专利。“渐进多焦镜”验配一直保持100%的成功率。作为全国屈指可数的特级验师，验光技术不断精益求精，特别是对超出电脑验光仪测度范围的超高度近视、高度散光、高度斜视的验光技术独树一帜。自发潜心研究该领域有关的技术知识，经过30年的不断研究探索，积累经验，形成“蓝氏验光法”，填补了国内在视光学领域技术人才的空白。由他领导的三联眼镜研发小组在国内首创树脂镜片“去毛复新”新工艺，2004 年获国家发明专利。2005 年，通过反复试验、研究，开发出新型特耐磨树脂镜片膜层，其耐磨性能远胜于部分国际品牌，被命名为“762 钻洁”。2006 年，为解决中年人的老花问题，他和技术团队通过反复多次的理论分析和试验研究，又成功研制出 2H1 内渐进多焦点镜片，进一步改善佩戴舒适度和视野广阔度。经过升级革新，2H1 内渐进镜片已经发展到第三代。

获 1998 年黄浦区南京路商业服务品牌、南京路十大服务明星；1999 年上海市商务委的市服务明星、市十佳服务品牌；1998—2000 年度、2001—2003 年度上海市劳动模范；2004—2005 年上海市工人技术创新能手；2007 年全国五一劳动奖章；2009 年享国务院特殊津贴；2010 年全国劳动模范；2016 年“上海工匠”；2018 年全国轻工行业“大国工匠”。

邵开平　1956 年 10 月生，浙江宁波人，中共党员，高级营销师、高级经营师。1974 年 12 月在上海市公安局消防大队服役。1979 年 3 月复员，进入上海市第一百货商店工作。

在羊毛衫柜台营业员岗位上，通过刻苦钻研，创造出“毛衣鉴别一目准、配色选款有特色、线衫保养创七法、定制特制保合身”的服务特色，贯穿接待销售服务从看、揣摩、拿、配，到售后保养介绍，再到特殊需求便民服务全过程，体现全方位、多功能的服务技艺，成为毛衣销售“问不倒”的专家。为了满足顾客的需要，总结提炼“剃刀除球法、液皂免缩法、报纸防蛀法、家庭干洗法、微波炉去湿法、醋液保色法、蒸气整烫法”等 7 种羊毛衫洗涤保养方法，既有科学依据，且操作简便易行，效果明显，深受顾客欢迎。

在平凡的工作岗位上，非常注意在实践中观察细节，用心研究销售服务规律，再通过实践验证。不仅练就“一摸准”“一目准”绝技，帮助顾客识别羊毛纤维成分真伪，现场介绍多种羊毛衫质量鉴别方法。以他名字命名的“邵开平”牌羊毛衫设计、开发受到消费者肯定。把特殊身材定制扩充为特殊原料定制，为烧伤、化疗病人提供服务。2000—2003 年，义务为顾客整烫、修补羊毛衫 13 426 件。接待顾客成交率高达 99%，30%顾客成为回头客。结合自身工作实践经验推出“邵开平柜台服务工作法”，服务重心理、细过程、讲分类、重搭配。把柜台服务过程归纳为“六步法”。通过对顾客分类，在商品介绍中摸索出就色配色、因人配色、按季配色 3 种色彩搭配规律。成为继承与发展马派服务艺术的代表人物，被誉为“柜台服务艺术家”，被同行称为“羊毛衫状元”。1999 年 5 月，第一百货商店把邵开平服务品牌和邵开平牌羊毛衫商品品牌商标同时向工商管理部门登记注册。7 月，编著出版《羊毛衫知识问答》一书。岗位承诺：顾客满意是我最大的追求。

获 1993 年、1995 年、1997 年、2001—2003 年度上海市劳动模范；1994 年首届上海市“三学状元”；1998 年上海市优秀技师；1999 年上海市十大商业职业明星、服务品牌；2000 年全国劳动模范；2001 年全国五一劳动奖章；2002 年全国商业服务业优秀营业员。

乐振平　1961 年 7 月生，浙江慈溪人，1982 年 7 月加入中国共产党，大学本科学历（在职）。1979 年 11 月在湖南长沙某部队服役。1984 年 11 月退伍后进入上海华侨商店工作；1998 年 1 月被调入虹桥友谊商城；2000 年 3 月被调入南方友谊商城，9 月被调入上海好美家装潢建材配送有限公司曲阳路分公司，先后任商品主管、商品经理、公司服务品牌项目负责人。

20 世纪 90 年代，通过立足岗位，潜心研究，用心实践，创立具有家电行业特点的“乐法”服务艺

术:“热情接待,贴心参谋,了解需求,精心配置,上门调试,保证维修”,形成“乐法”服务技法1.0版。掌握调试电视图像50个密码,探究说明书外的电视制式转换技巧。在营业员岗位上耕耘20多年,立足家电世界,心系服务客户,用专业技能为顾客精选商品;用热诚服务跑遍上海市区及部分郊县,上门调试,赢得良好口碑。同时,根据公司创新发展需要,装修业务个性化、科技化、定制化,先后全面升级“乐法”服务技法,形成商品、设计、售后融为一体的“乐法”服务技法2.0版,即在原来基础上增加了“进入小区,设摊咨询,参与设计,安装指导”的新要素;以及“乐法”服务技法3.0版,即“热情接待,贴心参谋;个性设计,全景体验;了解需求,专业维修”。作为公司服务品牌项目负责人,带领设计师团队以家装体验为中心,实施“一对一”个性化服务,引入全新科技理念,提供设计咨询、装修选材、质保维修等各项服务,满足客户对美好生活的需求。

获1993年度、1995年度、1997年度上海市劳动模范;1999年全国五一劳动奖章;2000年全国劳动模范。2014年,被上海市商委命名为上海市服务品牌——“购买家用电器的好参谋”。

王　震　1963年8月生,浙江绍兴人,中共党员,高级技师、高级营销师。大学本科学历(在职)。1982年6月进入上海华联商厦第四商品部工作,营业员;1990年10月—1994年7月,上海华联商厦总经理办公室文秘;1994年7月—1999年12月,上海华联商厦第七商品部营业员;1999年12月—2011年3月,任上海华联王震信息科技有限公司技术服务总监。2011年3月起,任上海世博百联商业有限公司总经理助理。

利用所掌握的照相机、IT领域和数码产品方面的专业知识为社会和顾客服务,使“王震品牌”成为著名的专业零售服务品牌。1999年,推出以王震名字命名的“华联王震”服务品牌。1999年12月,上海华联王震信息科技有限公司注册成立之后,经国家工商行政管理部门批准认定,“华联王震”商标成为国内首个以营业员名字注册的服务、商品商标。从2001年以来编写出版4本专著,发明2项专利,多次为柯达公司和索尼公司培训讲课。通过8466网站解答网民疑问6 000多人次,多次开设摄影技术讲座和摄影展,参与电台专题直播,在报刊开设“王震话数码”专栏。把个体的优势转化为群体优势,把个人技术服务上的专长转化为企业在市场竞争中的核心竞争力。华联“王震品牌”被认定为上海市著名商标。

创立颇具特色的“学习、摸索、探索、挑战”四步工作法。编写的《世博源租赁商户装修规范》被上海百联集团股份有限公司工程部作为租户装修规范范本。建立全方位的营运安全保障体系,对事前的预案、事中的处理、事后的总结形成一套三级管理办法。

获1997年、1999年上海市十大杰出青年;1997年、2000年国内贸易部技能之星;1997年、1998—2000年度、2001—2003年度上海市劳动模范;1999年全国五一劳动奖章、全国自学成才标兵;2000年、2005年全国劳动模范;2000年全国技术能手;2001年上海十大工人发明家、上海职工技术创新标兵;2002年全国商业服务明星。2009年享受国务院特殊津贴。

马海燕　女,1971年3月生,江苏南京人,中共党员,高级钻石鉴定师、高级首饰评估师。1990

年2月，经上海旅游职业学校岗前培训后进入锦沧文化大酒店工作。1992年4月起，进入东方商厦有限公司，任营业员、黄金珠宝柜导购员、商场经理、党支部书记。

在商业服务的平凡岗位上，用知识和真诚服务社会。立足本职岗位，刻苦钻研业务，不断完善自我，积累丰富的工作经验，以多年实践创立"永恒的价值找永远的朋友"服务名言，成为上海市十大服务品牌之一。在知识服务方面，总结赴新加坡研修和参加比利时钻石鉴定分级师的实践体会，与中国劳动保障部合作编写26万字的钻石珠宝营业员教材，以此提高商业服务的科技含量和服务水准。努力探索归纳"一看、二到位、三分、五讲"珠宝服务技艺，用现代知识技能提高商业服务科技含量。"一看"，即看顾客手型、脸型和颈型，推荐相合适的款式；"二到位"，推介商品介绍到位、讲解到位，不仅介绍特色、性价比，还延伸服务介绍4C标准、工艺流程；"三分"，即及时将顾客需求分为追求价值、自己佩戴和馈赠亲友三大类，有的放矢地满足顾客要求；"五讲"，即讲钻石品质、讲款式选择、讲佩戴知识、讲保养知识、讲全面全程的售后服务。在情感服务方面，摸索和试行一套分类推介、适时服务、看样定制、上门试样、诚信守诺的服务方法，千方百计地把现代百货信誉和温暖送到广大消费者手中。为了让顾客百分之百满意，从定制、改手寸、刻字、更换托戒、免费清洗和重新抛光等工序，精心介绍给顾客，让广大顾客有一种放心感，体现有始有终、服务到底的品牌精神。

获1995年、1997年上海市劳动模范；1997年上海市杰出青年岗位能手；1998年上海市十大杰出女职工标兵、全国先进女职工、上海市新长征突击手标兵；2000年、2005年全国劳动模范。2002年当选为中国共产党第十六次全国代表大会代表；2007年当选为中国共产党第十七次全国代表大会代表。

郭　强　1977年6月生，江西九江人，中共党员。1993年9月上海市卢湾区职业中学学生，1996年9月进入上海市第一百货沪西商厦任营业员，2001年1月上海一百交家电有限公司音响部主任，2003年1月上海市第一百货沪西商厦音响部主任，2003年上海第一八佰伴有限公司七楼家电商场营业员，2008年4月上海第一八佰伴有限公司七楼家电商场高级营业员。

在营业员岗位上，主动学习音响设备技术知识，通过将自己所学的专业知识和业务技能与顾客为本的服务理念相融合，全身心投入为顾客服务的实践中，所创立的"检修一览""客户档案""服务金卡""终身免费上门服务承诺""免费量身定制音响设计方案"等一系列个性化服务，突破"等客来"销售模式，创出"买音响，找郭强"的服务品牌，赢得广大消费者的认可和推崇。通过"业务服务一流，职业道德高尚"的服务理念，形成"一询问、二上门、三介绍、四调试"服务过程和"售前仔细询问，上门查看；售中详细介绍，主动参谋；售后包教包会，终身服务"的服务特色。专门备有"检修一览"、一套客户档案、一张"青年文明号服务卡"、一份上海地图和一句庄严承诺：终身免费上门服务，彻底解除客户的后顾之忧。同时，在企业内部开展"劳模微课堂"线上培训，向员工传授礼品包装及手语知识；与上海城建学院共建并受聘"劳模导师团"，向学生讲述劳模精神。通过长期对业务知识和服务技艺的追求，为专业技术和服务品质提升打下扎实的基础，被中国电子音响工业协会评

定为基本具有专家型音响服务明星的水平。2009 年，所在的 BOSE 音响柜销售额创全国单店销售第一名。

获 1999 年上海市商业系统十佳“三学状元”；2001 年上海市商业服务品牌；2001 年上海市商业系统先进青年；2002 年上海市总工会“双十佳职业道德标兵”；2003 年全国青年服务业先进个人；2001—2003 年度、2004—2006 年度上海市劳动模范；2009 年全国五一劳动奖章；2010 年全国劳动模范。

李惠麟 1977 年 9 月生，江苏丹徒人，中共党员，高级营销师、高级经营师。1996 年 8 月进入上海市第一百货商店五楼商场摄像机柜任营业员。

把“让顾客称心”作为目标，提出“让服务像镜头一样清澈透明”的服务承诺，努力使诚信服务向知识化和个性化方向发展。树立“了解顾客需求，掌握顾客心理，解决顾客难题，创造顾客快乐，热忱为顾客服务”的服务理念，努力践行第一百货商店“放心为魂，大众为本”的经营宗旨。作为青年员工，刻苦钻研业务，成为掌握各类摄像机技术功能、使用方法和摄像技巧的行家里手，形成“数码知识精又博、接待服务技艺高、热线联通千万家、特色服务暖人心”的服务特色，成为了解顾客需求、掌握顾客心理、热忱为顾客服务的服务品牌，被誉为“摄像机小博士”。所在的摄像机柜连续 7 年蝉联全国同行摄像机销售第一名。

作为新时期青年智能型劳模、技术能手的典范，领衔开通商店“家电小护士”服务热线，承担起其中的“摄像机护理工作室”来电咨询，设立服务项目 36 项，提供服务数千人次；推出家电“一站式导购服务”，让服务更显人性化、精细化；充分运用手机互联网平台进行商品的介绍和推送，使自己的服务与时俱进。丰富的知识、热情的解答得到消费者的肯定。作为上海市第一百货商店聘用的首席技师，是第一百货商店劳模工作室领头人，体现劳模传、帮、带作用的“高师带徒”工作也持续开展并取得实效。

获 1999 年上海市商业职业明星、服务品牌；1999 年全国内贸系统劳动模范；1998—2000 年度、2001—2003 年度、2004—2006 年度上海市劳动模范；2002 年全国商业服务业优秀营业员；2003 年上海市杰出青年岗位能手；2005 年全国劳动模范；2011 年上海市优秀共产党员标兵，并获全国商业服务品牌。

第三章　人物表

一、全国劳动模范

表 9-3-1　1989—2010 年百联集团全国劳动模范情况表

姓　名	性　别	所　在　单　位	授　予　年　份
马桂宁	男	上海市第一百货商店	1989 1995
陶依嘉	女	上海市第一医药商店有限公司	2000
邵开平	男	上海市第一百货商店	2000
乐振平	男	上海虹桥友谊商城有限公司	2000
王　震	男	上海华联王震信息科技有限公司	2000 2005
马海燕	女	东方商厦有限公司	2000 2005
李惠麟	男	上海市第一百货商店	2005
蓝金康	男	上海三联(集团)有限公司茂昌眼镜公司	2010
郭　强	男	上海市第一八佰伴有限公司	2010

二、上海市劳动模范

表 9-3-2　1981—2013 年百联集团上海市劳动模范情况表

姓　名	性　别	所　在　单　位	授　予　年　份
马桂宁	男	上海市第一百货商店	1981—1997(连续九届)
侍冬梅	女	上海市第一百货商店	1989—1997(连续五届)
邵开平	男	上海市第一百货商店	1993 1995 1997 2001—2003
陶依嘉	女	上海市第一医药商店有限公司	1993 1997
乐振平	男	上海华侨商店	1993 1995 1997

〔续表〕

姓　名	性　别	所　在　单　位	授　予　年　份
马海燕	女	东方商厦有限公司	1995 1997
宁　斌	男	上海百联汽车服务贸易有限公司	1995
崔庆国	男	上海晶通化学品有限公司长宁分公司	1995
陆杏伟	女	上海妇女用品商店	1995
曹净心	女	依都服饰有限公司	1995
岑杏珍	女	上海市木材公司	1997
房金萍	女	上海世纪联华超市发展有限公司	1997
沈秀华	女	上海爱姆意工矿配件有限公司	1997
王　震	男	上海华联王震信息科技有限公司	1997 1998—2000 2001—2003
刘卫红	女	上海世纪联华超市发展有限公司	1998—2000
李小珍	女	上海化轻染料有限公司	1998—2000
王红兵	男	好美家装潢建材有限公司	1998—2000 2001—2003
许　宁	女	东方商厦有限公司	1998—2000 2001—2003
李惠麟	男	上海市第一百货商店	1998—2000 2001—2003 2004—2006
陈伟宝	男	上海物资贸易股份有限公司	1998—2000
董海闽	男	上海百红商业贸易有限公司	1998—2000
蓝金康	男	上海三联(集团)有限公司茂昌眼镜公司	1998—2000 2001—2003
傅拗芳	女	上海市华联商厦普陀有限公司	2001—2003
吕祖芳	女	上海乾通金属材料有限公司	2001—2003
郭　强	男	上海市第一八佰伴有限公司	2001—2003 2004—2006
黄洪声	男	上海友谊商店	2001—2003 2004—2006
黄佩雄	男	上海市天源典当行 上海市华联典当行有限公司	2001—2003 2004—2006 2007—2009
范宜昌	男	世纪联华超市发展有限公司	2004—2006
张晨虹	女	世纪联华青浦店	2004—2006

〔续表〕

姓　名	性　别	所　在　单　位	授予年份
曹奋高	男	华联吉买盛购物中心有限公司	2004—2006
吴　樱	女	东方商厦有限公司	2004—2006
章　蘋	女	永安百货有限公司	2004—2006
许　钢	男	上海市旧机动车交易市场	2004—2006
金　鑫	男	上海百联配送有限公司	2004—2006
李　敏	女	好美家装潢建材有限公司	2004—2006
郁建强	男	上海市第一医药股份有限公司	2004—2006
周　颖	女	东方商厦有限公司	2007—2009
郑　华	女	上海百联集团股份有限公司招采总部	2007—2009
朱雯瑾	女	上海市第一百货商店	2007—2009
叶伟民	男	永安百货有限公司	2007—2009
朱　琳	女	上海市东方商厦南京东路店	2007—2009
吴怡恩	男	上海市第一八佰伴有限公司	2007—2009
秦继平	男	上海华联配送实业有限公司江杨分公司	2007—2009
张金华	男	好美家装潢建材有限公司共江店	2007—2009
王佳景	男	华联超市股份有限公司	2007—2009
周　怡	女	联华快客便利有限公司	2007—2009
王　照	女	上海世纪联华超市发展有限公司仙霞店	2007—2009
徐伟平	男	上海百联物业管理有限公司	2007—2009
何玲玲	女	上海今亚珠宝有限公司	2007—2009
陆　琨	男	百联集团置业有限公司	2007—2009
钱宏文	男	上海现代物流投资发展有限公司	2011
吴　莹	女	上海奥特莱斯品牌直销广场有限公司	2013

三、上海市三八红旗手

表 9-3-3　2002—2013 年百联集团上海市三八红旗手情况表

姓　名	性　别	所　在　单　位	授予年份
李　敏	女	好美家装潢建材有限公司	2002 2006
傅拗芳	女	上海华联商厦普陀有限公司	2003
朱雯瑾	女	上海市第一百货商店	2006 2008

〔续表〕

姓　名	性　别	所　在　单　位	授 予 年 份
周　怡	女	联华快客便利有限公司	2008
楼帼玲	女	上海市华联商厦	2008
吴　樱	女	东方商厦有限公司	2008 2010
秦文芳	女	华联超市股份有限公司	2008
王文藻	女	上海第一八佰伴有限公司	2008
许雅萍	女	上海市第一医药商店	2008
周耀华	女	联华快客便利有限公司	2010
童桂珍	女	上海物资贸易股份有限公司	2010
孟建平	女	百联集团有限公司人力资源管理中心	2010
陈鸿敏	女	上海联华超级市场发展有限公司	2010
陈　捷	女	好美家装潢建材有限公司	2010
张丽静	女	上海联华超级市场发展有限公司	2013
盛春英	女	上海百联西郊购物中心有限公司	2013
黄　铮	女	上海物资贸易股份有限公司无锡金属材料分公司	2013
黄　芳	女	上海市第一医药股份有限公司	2013
唐　皓	女	上海晶通化轻有限公司	2013
王　瑞	女	上海外轮供应公司	2013

四、上海市五一劳动奖章

表 9－3－4　2006—2013 年百联集团上海市五一劳动奖章获得者情况表

姓　名	性　别	所　在　单　位	授 予 年 份
马志华	女	华联超市股份有限公司	2006
郑　华	女	上海百联集团股份有限公司招采总部	2008
王佳景	男	华联超市股份有限公司大沽店	2008
周　怡	女	联华快客便利有限公司	2009
叶伟民	男	永安百货有限公司	2009
王　照	女	上海世纪联华超市发展有限公司仙霞店	2009
成冠俊	男	上海物资贸易股份有限公司有色金属分公司	2011
吴　莹	女	上海奥特莱斯品牌直销广场有限公司	2011
周　平	男	上海世纪联华超市发展有限公司巢湖长江路店	2012
刘卫红	女	上海世纪联华超市发展有限公司	2012

〔续表〕

姓　名	性　别	所　在　单　位	授　予　年　份
庞丽影	女	上海市第一八佰伴有限公司	2013
方煜群	女	上海联华超级市场发展有限公司	2013
郭俊良	男	上海联华股份物流管理总部	2013

五、享受国务院特殊津贴专家

表 9-3-5　2009 年百联集团享受国务院特殊津贴专家情况表

姓　名	性　别	工作领域及技能	授　予　年　份
蓝金康	男	眼视光领域 渐进多焦镜国家专利、762 钻洁国家专利	2009
王　震	男	IT、数码产品领域 4 本专著、2 项发明专利	2009

六、中国共产党全国代表大会代表

表 9-3-6　2002 年、2007 年百联集团中国共产党全国代表大会代表情况表

姓　名	届　次	所　在　单　位	当　选　年　份
马海燕	第十六次	东方商厦徐汇店	2002
	第十七次	东方商厦徐汇店	2007

七、中华全国总工会全国代表大会代表

表 9-3-7　2008 年百联集团中华全国总工会全国代表大会代表情况表

姓　名	荣誉称号	所　在　单　位	当　选　年　份
刘晓敏	第十五次	百联集团有限公司	2008

八、中国共产党上海市代表大会代表

表 9-3-8　2007 年、2012 年百联集团中国共产党上海市代表大会代表情况表

姓　名	届　次	所　在　单　位	当　选　年　份
薛全荣	第九次	百联集团有限公司	2007
吕勇明	第九次	百联集团有限公司	2007

〔续表〕

姓　名	届　次	所　在　单　位	当　选　年　份
张晨虹	第九次	世纪联华青浦店	2007
钱丽萍	第九次	上海百联汽车有限公司	2007
马新生	第十次	百联集团有限公司	2012
贺　涛	第十次	百联集团有限公司	2012
刘卫红	第十次	联华超市股份有限公司	2012
马海燕	第十次	东方商厦有限公司	2012

九、中国共青团上海市代表大会代表

表 9-3-9　2008 年百联集团中国共青团上海市代表大会代表情况表

姓　名	届　次	所　在　单　位	当　选　年　份
柳立玮	第十三次	百联集团有限公司	2008
王佳景	第十三次	华联超市股份有限公司	2008

专　记

谱写世博协奏曲

——2010年中国上海世博会百联专记

世盛国昌，天下瞩目。2010年对世界来说，注定是中国年。八方宾至，四方客来，只为参加在中国上海举行的世博会上领略中国建设发展成果，探索“以人为本、科技创新、文化多元、合作共赢、面向未来”的新世纪人类城市生活。

2008年3月24日，上海市国资委下发《关于建设中国2010年上海世博会“上海企业联合馆”有关事项的通知》，由上海市国资委牵头，各企业集团共同投资参与建设“上海企业联合馆”。该项目总投资额约为3.5亿元，委托上海国盛集团有限公司组建“上海世博会上海企业联合馆公司”（暂名）实施。百联集团成为投资建设计划任务书指定的主要企业之一。

中国上海2010年世博会围绕“城市，让生活更美好”这一主题充分展示城市文明成果、交流城市发展经验、传播先进城市理念，从而为新世纪人类居住、生活和工作探索崭新模式，为生态和谐社会缔造和人类可持续发展提供生动的例证。

百联集团作为上海商业龙头企业，不仅是2010年上海世博会上海企业联合馆投资建设亲历者，也是2010年上海世博会服务提供者。集团以服务世博、参与世博、奉献世博的使命感和责任感，在世博盛会奏响以“创新”“融合”为主旋律交响乐时，百联人以使命担当精神和精耕细作态度，用行动兑现“世博让城市更美好，百联让商业更繁荣”的承诺，谱写参与世博、融入世博、奉献世博、让商业更繁荣、让城市更精彩、让生活更美好的协奏曲。

一、迎接世博　厉兵秣马

（一）制定目标，明确任务

2008年5月，百联集团为确保迎世博行动切实推进，按照重点突破与全面提升相结合原则，在提出“一个总体目标”“三个重点板块”“四大主要任务”的基础上，将16项重点工作分解为91个子项目，并确定91家企业（门店）作为重点跟踪对象，同时明确重点项目、责任主体和实施进程时间节点。其中“一个总体目标”即指践行“百联，让商业更繁荣”，实现“商业，让城市更精彩”承诺，诠释“城市，让生活更美好”；“三个重点板块”包括“超商、百货及购物中心业态、专业专卖业态”；“四大主要任务”即“抓重点业态优化结构，完善服务功能；抓重点区域优化环境，树立良好形象；抓重点企业安全保障，强化质量监管；抓重点岗位语言、技能，提升文明素质”；“十六项重点工作”包括加快业务转型、推动连锁品牌发展、完善网点布局、营造营销亮点、注重店容改造、规范导向标识、改善基础设施、消灭空白盲区、加强监控监测、发挥表率作用、优化售后服务、健全质管体系、实施语言培训、规范职业礼仪、开展岗位竞赛、宣传世博知识等。

（二）抓实细节，初显成效

在明确目标和任务基础上，自2008年5月起，百联集团启动必须在年内取得阶段性成果的迎世博行动首批13个子项目，其中包括：编制《百联英语手册》；第一百货、八佰伴等商场对功能性指示牌按要求进行更新制作；完成第一百货老楼装修改造项目、东方商厦徐汇店东门电梯厅和盥洗室改造项目、中环购物广场外广场绿化、电梯改造以及又一城百货区域2至6楼装修项目，为顾客创造良好的购物环境；奥特莱斯建立物价备案制，并通过加强督导巡查力度，确保为顾客提供物美价廉的商品；超商业态通过深化门店转型、加快市内网点布局，方便了顾客购物；华联家维完成上海“家电服务热线”100家加盟店签约目标等。

（三）健全机构，明确责任

根据中共上海市委、市政府“关于制定实施《迎世博600天行动计划》的指导意见”和全市迎世博600天行动动员大会要求，百联集团成立由党政主要领导和职能部门负责人组成的迎世博600天行动领导小组和日常运行管理机构，审议并决定百联集团迎世博600天行动计划；审批决定集团迎世博600天行动重点工作和重大项目；落实行动计划各项工作推进实施；协调解决有关问题和矛盾；加强与政府主管部门信息沟通；明确日常运行管理办公室的职责是汇总起草集团迎世博600天行动计划；指导协调各公司（事业部）落实迎世博600天行动各项任务；督促各公司（事业部）按时完成《上海市迎世博窗口服务行业600天行动责任书》有关目标任务。通知要求百联各下属各公司（事业部）应结合实际，成立以主要领导为组长的推进小组，落实分管领导，并明确日常管理部门和联络员。进一步细化工作方案，制定各项工作计划的完结时间节点。通过自上而下构建的组织体系，保障迎世博600天行动健全责任督察机制，紧密衔接大小计划，明确目标落实时间坐标。

（四）各方联动，全员投入

按照600天行动计划重要时间节点，百联集团所属企业先后开展迎世博“前进号”“先锋号”“突击号”和“冲锋号”劳动竞赛，举行“百联万名职工文明先行承诺签约”“百联千店万名职工文明服务大行动”“百联职工技能大展示”“百联职工誓夺100天冲刺大行动”等热身活动。通过各种劳动竞赛和推进迎博工作主题活动全面掀起，在百联集团中营造迎世博人人参与、人人行动、人人奉献的激昂氛围。

为实现“百联，让商业更繁荣”“商业，让城市更精彩”“城市，让生活更美好”的迎博主题内涵，百联集团在发出迎世博600天行动通知的同时，结合发展企业品牌和窗口运行质量要求，还下达了《百联集团迎世博600天行动计划》（简称“行动计划”）。在行动计划中，百联集团提出了加快超商、百货、购物中心、医药零售和装潢建材超市等业态转型和品牌发展；优化网点布局和营销策略，形成一批理念领先、特色鲜明、创意新颖的先进业态；加强超商多业态联合营销活动，开发世博专题系列商品和配套服务项目；探索百货商厦“高档百货＋食品超市”的经营结构、探索大型综合超市“大卖场＋品牌百货”的经营模式；探索实施向医药专业店、社区便利店、时尚药妆店三种模式转型；拓展好美家IHOME家居馆；利用百联电商电子商务平台，扩大超商、百货、建材超市B2C电子商务交易规模，实现线上、线下联动服务体系；加大自有品牌、自营品牌、世博产品和旅游纪念品的开发和销售力度；发挥百联汽车广场经营服务功能和品牌集聚优势，延伸汽车服务链，扩大汽车展示、展销、推介和旧车换新、检测翻新业务；抓住世博园区发展机遇，加快大型综合超市、超级市场、便利业态网点向郊区、世博园区的推进速度，为世博宾客提供更高效、更便捷的服务；积极推进华联家维“上海家电服务热线”实事项目，积极宣传扩大962512“上海家电服务热线”的社会影响；规范完善商场导向标识和服务信息图文指示设置，改善基础设施，消灭空白盲区，完成无障碍设施改造，增设便民服务项目；强化企业诚信安全保障机制，推进全面质量监管，完善质量先行负责制，优化售后服务，健全质管体系，保证质量管理体系有效运行。通知计划下达后，从了解世博、支持世博、参与世博、服务世博到投身于迎世博600天行动的过程中，百联集团以超商、百货及购物中心、专业专卖3个板块100家门店作为重点跟踪对象，以东方商厦、虹桥友谊和第一八佰伴为标杆，营造温馨典雅的购物氛围；以联华生活馆为样板，注重提升超市卖场、专业专卖业态的商品陈列展示和购物环境整洁度、品质感，营造舒适便捷的购物氛围。通过对 3 个板块重点门店改造提升，有效带动百联集团迎世博项目的有序落实。

百联集团结合世博会开幕倒计时 500 天时间节点，于 2008 年 12 月 4 日向所属各公司（事业部）发出"激情迎世博，精彩在百联——迎世博 500 天营销总动员"主题活动的通知，要求各公司（事业部）结合元旦、春节市场特点，做好新年、新春市场的商品货源组织安排，为实现 2009 年开门红，把握商机，充分准备；要求重视营造环境氛围，加大宣传力度，通过布景、展示，营造商品丰满、人气热闹的氛围。同时要求关注市场反应变化，维护正常的市场价格秩序，完善粮食、猪肉、食用植物油等重要商品保障市场供应、制定应对价格异常波动预案，保证敏感时段重要商品供应不断档、不脱销。

（五）强化培训，提升技能

为了更好地服务世博，百联集团以迎世博、学英语、学礼仪，推广普通话为重点培训内容，并于 2009 年 3 月 4 日向各公司（事业部）下达《关于继续强化集团迎世博培训相关工作实施方案》，在百联股份、超商事业部、商业连锁 3 个公司（事业部）范围内首先开展迎世博强化培训工作。培训实施方案确定具体培训内容，并要求在 2009 年 2—4 月组建起迎世博培训师队伍，同时提出培训师队伍培训组织形式和考核办法。为确保分类分层、滚动培训成果不断得以巩固扩大和完善，培训实施方案对全面培训提出一线从业人员英语培训率达到 80％以上，整体培训普及率达到 100％的刚性指标。通过对培训计划的层层落实，百联集团在 2009 年 6 月底前完成迎世博示范店首轮强化培训目标基础上，在集团各公司（事业部）之间又开展"活力在百联——迎世博语言礼仪竞赛"及相关竞赛活动，从而不断推动广大员工迎世博学双语、学礼仪、优服务的学习热情。为了给"我们大家的世博，世界文明的盛会"添砖加瓦，全面提升窗口服务从业人员整体素质，百联股份、百货事业部着重抓全方位服务、英语手语、业务知识培训工作，分层分类推进迎世博交往礼仪、英语、手语、日语系列培训，共组织 40 多家成员企业员工进行 50 多场 20 000 余人次的培训。第一八佰伴与上海外国语大学合作建立小语种接待队伍，提供英、法、德、日、西班牙语等 15 种外语接待，获得社会各界好评。第一医药邀请聋哑学校老师对员工进行手语培训，特别编写《迎世博、学手语》专门教材，并在各门店开展《全方位医药零售技能服务规范》的学习，对药学专业知识、英语会话、世博礼仪等内容做到全面培训、全面知晓。2009 年 7 月 3 日，在上海世博会倒计时 300 天之际，百联股份在南京东路步行街举行统一服务平台启动暨"400－881－5180"服务受理热线开通仪式，对旗下百货商店、购物中心、奥特莱斯三大业态从统一服务受理、统一服务标准、统一服务培训、统一服务形象上进一步予以强化和巩固。按照培训计划，集团培育一支由 330 人组成的"迎世博"培训师队伍，以点带面，将世博知识通过 100 家迎世博优质服务示范窗口门店辐射到集团在上海的 4 000 余家门店，对一线职工展开适应岗位要求的各项技能培训，培训员工 3 万余人，培训率达到 100％。

（六）党政工团，同心协力

围绕上海迎世博 600 天行动计划目标和任务，百联集团全体员工踊跃投入迎世博窗口服务立功竞赛活动之中。集团工会组织开展以"推进强店作贡献，迎接世博添光彩"为主题的"立功竞赛"活动，通过建立五比五赛平台，广泛开展评优创先活动，通过培育企业中先进典型，为提升服务提供样板；通过开展岗位技能竞赛，将比赛项目既与迎世博紧密挂钩，又紧贴各业态特殊性和技术性，充分体现窗口服务行业员工的职业素养。集团工会共组织各基层企业开展立功竞赛活动 29 次，在世博企业行第 100 站活动中进行职工技能的集中展示，举办百联职工"迎世博双语礼仪竞赛"活动，组建100名劳模、先进和技术能手组成的"迎世博优质服务督导员"队伍,到企业传授服务理念和服务技能,进行督查,跟踪巡访,查找问题,督促整改,强化和完善迎博工作的自我监管机制。

2009年3月31日,百联集团向各公司(事业部)下达《关于招募百联集团迎世博志愿者的通知》,落实各单位志愿者的招募名额,并要求志愿者队伍结构应包含各公司(事业部)迎世博培训师、优质服务督导员。各单位在接到集团通知后,认真组织落实迎世博志愿者队伍组建工作,通过党工团各条线充分动员,团员青年积极主动参与,百联集团组建由近千名世博志愿者组成的工作队伍,以实际行动支持、服务世博。

(七) 查漏防缺,一丝不苟

为了推进百联集团迎世博重点工作在计划周期内基本完成,2009年7月26日,百联集团向各公司(事业部)下达《关于进一步深入开展下一阶段迎世博工作的指导意见》,百联集团上下开展自查自纠工作,加大对服务设施整治改造和健全力度,强化反恐治安、保卫治理机制。在自查自纠工作中,百联集团组成一支由100名社会和企业人员相结合的督导员队伍,不定期进行"啄木鸟"式抽查,对门店服务经营情况明察暗访,对口交叉检查,对发现问题及时指出,剖析原因,举一反三,并通过复查机制,督促落实整改,促进世博各项工作的质量标准,使门店营运环节中存在的空白和缺失得到有效改进。在服务设施整治改造中,百联集团完成了无障碍设施改造;加强了环境监控检测,塑造了放心企业品牌。

百联集团下属企业有60多家列为国资委系统全市反恐重点单位,按照中共上海市委、市政府部署,制订反恐安全保障应急处置预案。在百联集团统一部署基础上,旗下各相关企业分别召开世博安保反恐维稳专项工作会议,强化"人防、物防、技防"三防结合的治安保卫治理机制,把各项任务层层分解,逐级传递,真正做到思想认识到位、工作措施到位、责任落实到位。在落实安保反恐维稳工作过程中,百联集团以抓实营业面积5 000平方米以上的大型商场、超市以及大型油库的治安防范和安全营运为重点,开展系统化培训演练,改进技防智能设施,提高防范和应急处置能力。

二、助力世博　竭力虔心

(一) 综合治理,深度覆盖

百联集团在迎世博工作有序展开的同时,还从局部到整体,对世博园区周边、主要商业街(圈)和社区门面,开展服务环境综合治理,并实施对延安高架、南北高架、内环高架、黄浦江沿岸等重点范围内集团相关物业的非居情况进行整治;在环境提升、设施改建项目中,百联集团计划投入资金近10亿元,完成集团5 000平方米以上门店、大卖场、百货商店无障碍通道改造,新建无障碍通道69条、新建无障碍厕所144个,因地制宜,增设低位服务台25个、低位收银台各25个,并设置一批盲人引导设施等,新建大型商业场所无障碍设施建设率和普及服务率达到100%,为残疾人提供人性化设施和服务便利。对百货商厦内的厕所进行更新改造,全部配备洗手液和烘干机。第一八佰伴、东方商厦徐汇店和淮海店及时装商店,针对顾客需要,分别改造和增设母婴卫生间、母婴休息室、VIP休息室等人性化服务设施。同时,对有条件的购物中心、百货商店等大型网点,基本设置机动车、非机动车停放点;设置特殊乘客优先通道、顾客问讯处、自动取款机、监督意见箱等服务配套项目,并向社会消费者发放宣传手册等。

为加强全面监管,实现安全运营全过程控制,百联集团在迎世博600天行动中,进一步健全食品、药品生产、经营重点企业在产、运、销环节上的安全监管保障机制。通过对源头把关、过程跟踪和售后服务监督等完整链的优化完善，打造一批拥有追溯网络、规范标准和示范作用的企业品牌，确保市场供应和市场稳定，塑造百联集团放心安全、诚信负责的企业形象。至2009年1月，百联旗下超商板块世纪联华、联华超市生活馆、华联超市大卖场、吉买盛48家网点完成上海地区大卖场猪肉可追溯信息系统建设及食品QS认证查询系统全覆盖，标超上海地区食品QS认证查询系统建设逐步扩大覆盖面。

（二）服务社会，助力世博

集团在助力2010上海世博会期间，提前进入角色实战，下属各公司（事业部）在积极策划参与2009年、2010年上海购物节的同时，努力协助上海购物节组委会，做好配合和组织发动工作。2009年9月，第一八佰伴协助上海购物节组委会，协办2009上海购物节开幕式。与此同时，集团还推出一系列营销活动，以活动首日为例，百联旗下数十家百货店营业时间延长至零点，推出各种对消费者具有极强吸引力的优惠活动。2010年4月10日—5月30日期间，百联集团还配合市商务委提出的“欢乐消费庆世博”计划，策划组织“精彩百联欢庆世博”主题营销活动。百联集团所属超商、百联股份及商业连锁公司等零售业态还以海内外商品展销展示、各种商旅文农商品、世博特许产品营销为重点，开展市场营销活动。2009年、2010年连续两年，由百联集团冠名举办并组织企业积极参评的“上海优秀商业形象作品评选活动”，为上海商业改善、提升购物环境，起到了引导和示范作用。

除此之外，百联集团还组织所属企业党组织和广大党员、积极分子，积极参与街道、地铁站、公交站点的志愿者服务工作，主动承担社会责任，参与志愿行动。世博会准备和开园期间，百联先后共安排1 000多名党员和积极分子参加地铁徐家汇、中山公园、河南东路、东昌路、曹阳路、五角场、江浦路、老西门等站点的志愿者保畅通活动。

为实现“刷卡消费无障碍”目标，营造2010年上海世博会良好的银行卡支付环境，2009年11月10日，百联集团向下属相关单位发出《关于积极参加上海市窗口服务行业“迎世博银行卡刷卡无障碍立功竞赛活动”的通知》，百联集团下属百联股份、联华股份、物贸股份、商连公司，投资公司等企业收银员，积极参加“收银员银行卡业务技能竞赛”，营造行业示范效应。

2010年是上海全力筹办世博会的冲刺年，百联集团各窗口企业抓住契机，注重提升营销创新能力，营造和谐消费氛围，进一步拉动内需、扩大销售。2010年1月4日，百联集团围绕世博主题，发出《2010年营销活动的通知》，对年度主要营销工作做出安排，要求各窗口企业调动一切优势资源，密集策划世博营销。借助世博特许商品零售店（柜）的开业和世博特许商品新品上市，举行相关推广活动，开展专题营销活动，营造声势，拉动新的业务增量；结合重要时间节点，展开三大主题营销活动。其中包括在世博会开幕倒计时100天，百联集团统一组织“欢聚百联，喜迎世博——缤纷同庆100天”的主题活动；2010年4月下旬—8月31日，以共享世博、服务世博为主题，组织统一营销活动；从9月中旬到10月底，围绕国庆节、上海购物节，统一组织主题营销活动。

（三）全程监测，保障平安

为进一步落实世博安保稳定工作，确保世博会安全工作万无一失，百联集团结合保障世博运营的任务和市、区反恐重点单位、市重点单位安全防范要求，于2010年1月26日，在百联集团世博安保反恐维稳应急领导小组下又增设“安全稳定、反恐工作小组”“布展、运行和特许商品工作小组”“宣传、文明服务和志愿者工作小组”“接待工作小组”“世博园区专项工作小组”和“世博工作办公室”等临时机构并对下属各企业世博会期间安全稳定值班工作提出落实工作责任，加强值班备勤；落实值班队伍和24小时值班制度；加强情况报送，确保信息畅通；落实应急队伍，配备必要的通讯设施、车辆等物质保障等具体要求，进一步细化世博保障工作的分工落实，完善安保反恐维稳工作的保障体系，全力以赴，确保一方平安。

2010年4月22日，从百联集团向上海世博会主运行指挥部窗口服务组递交的《关于上报世博会主运行工作方案的报告》中可以看到，为推进集团系统窗口服务单位以微笑服务体现“城市，让生活更美好”“商业，让城市更精彩；百联让商业更繁荣”的主题，确保世博会期间窗口服务工作顺利开展。百联集团世博会主运行窗口服务工作组，通过统筹和协调集团系统深化迎世博600天行动创建的成果，完善提高服务能级、提升服务品质，切实保障世博会运营期间的各类服务质量；通过统筹和协调落实监管和处置措施，以集团监测、二级企业监测和窗口服务单位自我监测措施相结合，有效维护与世博需求和顾客需要密切相关的各类服务品质，确保世博会运营期间海内外宾客在集团系统窗口服务单位享有“规范、高效、便捷、整洁”的优质服务。

三、参与世博　奉献服务

（一）特许经营，巧思运作

为更好地推进上海世博特许产品经营工作，2009年11月16日，百联集团与上海世博特许产品经营领导小组签署《2009—2010年世博特许产品经营目标任务书》，明确世博会前和世博会期间，世博特许产品的经营目标。随着上海市世博特许商品经营政策调整和推进工作全面启动，2009年12月23日，百联集团向下属相关企业提出《关于积极落实世博特许商品经营目标的意见》，对实施世博特许商品经营目标进行分解和细化，确定任务，并要求各成员企业通过世博园区内外联动，推动特许商品开发与特许商品营销，力争全面完成世博特许产品经营目标；创新业务模式，努力完成目标责任书要求；要把促进世博特许商品销售作为拉动内需、保持增长的契机，调动一切优势资源和积极因素，千方百计实现任务目标；通过发挥集成资源优势，积极探索特许商品开发经营途径；广泛发动组织，完善推进保障机制；加强动态跟踪，建立信息沟通制度。

为进一步扩大世博特许产品销售规模，2009年12月28日，百联集团向上海世博会特许产品经营办公室递交《关于设计开发百联OK卡世博珍藏版的请示》，通过百联电子商务有限公司设计开发并发售“百联OK卡世博珍藏版”。发售渠道包括百联股份下属各大商场销售服务部、世纪联华、华联吉买盛大卖场；联华超市、华联超市各核心门店和百联电商17个OK卡自营销售服务部，以集团实体零售网络和电子商务相结合的优势，同步推进目标任务的落实和完成。2010年1月6日，经上海世博会特许产品经营办公室评审，百联集团取得《上海世博会特许零售商授权核准通知书》。至此，百联集团对世博特需商品拥有许可经营资质。

2010年1月20日上午，百联集团在南京东路步行街百联世茂广场举行“吹响冲锋号，冲刺100天”集中行动暨上海世博会特许商品旗舰店（团购展示中心）揭幕仪式。百联集团在第一百货商店设置上海最大的世博特许商品旗舰店，营业面积达1 600平方米，经营特许商品品种超过3 000款。开业不到一周就创下日销售70万元的纪录。随后又分别在百联又一城、徐汇东方、第一八佰伴开设世博特许商品旗舰店。四大旗舰店很快就成为沪上4个销售重地，也成为经营世博特许商品的标杆。为参与上海世博会特许产品经营开发工作，百联集团特通过百联电商首期开发100万册（张）“上海世博会展馆集锦珍藏册”及“百联OK珍藏卡”系列产品，并分4期均衡发行。至2010年1月31日，百联集团开设世博特许商品经营网点（含市内外的专卖店、旗舰店、柜）1 500家/个；2010年2月1日至5月1日，新增世博特许商品经营网点（含市内外专卖店、旗舰店、柜）500家/个。截至2010年10月底，百联集团近2 200家世博特许商品网点累计销售突破79.08亿元，完成销售目标 121.7%。

为服务好世博，百联在迎博过程中，对销售世博门票进行精心准备，进一步完善销售流程、操作规范、票务管理、系统调试和人员培训。经上海世博局授权，百联旗下联华快客的 48 家便利店和华联罗森的 81 家便利店率先自 2010 年 5 月 10 日起，在上海地区代售世博会门票，成为世博门票四大代理商之一。联华快客和罗森两大便利门店，不仅遍布上海各个角落，且主要集中在商业中心、交通枢纽、办公大厦、学校医院、居民社区等区域，绝大多数为 24 小时通宵服务门店。布点广泛和全天候经营的便利店经销世博会门票，极大地方便参观者随时随地购票，前来购票者络绎不绝。销售第一天，联华快客就出票 100 多张，华联罗森出票近 1 500 张。除两大便利店代销世博门票外，代销业务还迅速在系统内联华股份、百联股份、百联电商和商业连锁 4 家企业、731 个网点中铺开。经过持续努力，截止到 10 月底，集团成员企业共售出世博会门票 239.71 万张，售票金额达 3.46 亿元。

（二）入园参博，悉心服务

2010 年 4 月，百联集团所属 19 个零售网点 2 个物业管理项目入驻世博园区，派出服务人员近 1 700 名。在世博园区内的 19 个零售网点中，百联股份 2 家世博特许商品综合店，主要经营贵金属、箱包、礼品、服装、家用纺织品；6 家快客便利特许品连锁店，经营商品包括金银币、服装、饮料、冷饮、休闲食品、纪念品、礼品、玩具、文具、雨具、世博会护照等；8 家罗森便利店为游客提供饮料、雨具、纸品、电池、盒饭和即食小食快速服务。三联集团开设的 1 家吴良材特色店，主要为游客提供隐形眼镜清洁、数码相机转存或刻盘、照片打印、摄影等服务，同时销售部分特许太阳镜；百联投资的百红欧莱雅则专营洗发、护肤、彩妆类商品；可颂坊则向参观者供应西点、焗饭、饮料等。百联置业 2 个物业公司，不仅承接世博园区城市最佳实践区的物业管理服务，还揽下世博园西藏南路出入口和停车场的整体物业管理服务，充分体现大型国企的担当能力和专业服务水平。

百联集团在世博会正式开幕前对入驻世博园区的服务项目和团队人员经过 6 次试运行测试，经受实战考验，积累一定的实战经验。世博会开幕前夜的焰火表演，其精彩纷呈的背后是承担城市最佳实践区环境安全和保洁的百联物业，在焰火表演结束后，凭 38 名保洁员的辛苦清理，对数万平方米的管理区域持续清扫到凌晨 3 点，确保最佳实践区环境整洁、运营安全、平稳、有序。

2010 年 5 月 1 日，中国上海世博会正式开幕，百联集团入驻世博园区的服务项目和团队，经过世博会开幕后的多天运行，在游客人流趋涨、服务需求多样、购物消费增多等压力下，以理顺配送流程、保障商品配送和确保整体运行联动为关键抓手，保障园区内经营服务和管理的有序、有质和有效。联华快客通过指定物流商向园内门店配货，及时调整夜间值班理货员配备，从而形成工作流程对接严密、准备充分，整个商品要货、补货、配送流程运行更为顺畅。华联罗森承担园区内门店常温、冷藏盒饭的直接配送，根据实际情况及时调整供应量。百联股份则充分依托供应商力量，提前理顺配送流程。城市最佳实践区五一开馆游园第一天，百联物业在向游客提供咨询、出租轮椅及物件寄存等服务的同时，承受 1 小时内近 2 万人次密度的进园考验，并且顺利完成停车场 600 余辆大巴及轿车的有序停放，确保人流与车流的安全。

上海世博会正式举办之前，百联汽车成为世博会德国馆官方用车上海大众车型的唯一供车单位。世博会期间，百联汽车按照德国馆要求，向德国馆提供众多品牌车辆，为入住浦东假日、锦江汤臣、新天哈瓦那、外高桥皇冠假日等多家酒店的参展客人提供往来于世博园区的接驳服务，受到世博会组织方好评。

世博会开幕后，针对园区内网点多、业态多、影响广的特点，百联集团领导多次亲临园区考察，并派出专员驻园每日巡店。园内实行店长每周碰头协调制度，在党员义务劳动、团员志愿者带领下，在1 700多名员工共同努力下，上上下下、前方后方齐心协力，百联集团世博园区内21个服务网点和项目总体运营情况良好，各环节衔接基本顺利，同时创下销售名列前茅的业绩。2010年5月1—4日，快客世博园6家门店实现销售302万元；百联股份2家门店共销售134万元；吴良材世博店1—4日入店客流5 000多人次，太阳镜销售成为热门，照相冲印更是受到游客欢迎。世博园中的21朵百联之“花”，共同向世博会交出一份优秀的成绩单。2010年8月6日，在上海展览中心举行的上海市“服务世博、奉献世博”立功竞赛交流大会上，百联集团有2个优秀集体、26名优秀个人受到表彰。

四、世博收官　意犹未尽

（一）任务圆满，成绩斐然

2010年10月31日晚，精彩纷呈的2010中国上海世博会落下帷幕。回眸百联集团各业态、各企业全体员工全力以赴配合世博举行的全过程，共同经历的600多天行动、共同坚持的200多个日夜苦战、共同坚守的184天努力，特别是1 700多名入园直接服务世博的百联员工，更是用汗水和激情、智慧和真诚、奉献和执着，圆满完成百联集团在世博园区的全部零售网点服务工作和承诺分管的物业管理区域各项安全保障任务。入园零售网点经营业绩实现2.57亿元，位居世博园区商业服务企业第一。其中，联华快客以1.63亿元的销售业绩在世博园区特许零售企业中名列前茅；联华快客浦明店单店销售突破3 800万元，在世博园区百联集团入园网点中排名第一；百联股份取得销售额6 000多万元的喜人业绩；百联承担的园区各相关物业管理区域也在确保平安运行和安全保障上做到井然有序，万无一失。百联人以认真负责的态度和令人赞赏的成果，向中国上海2010年世博会和国内外参展商及观博游客交出一份完美的答卷。

（二）世博有期，续梦无限

世博会虽然结束，但百联奉献世博、服务世博、促进后世博经济发展的工作还在继续。

2010年12月3日，世博协调局中国馆部授权百联集团所属联华快客在中国馆区增设餐饮点。联华快客接到开店委托通知后，连夜抽调人员投入准备工作，启动紧急备货配送机制。至12月4日，临时餐饮点已开始向参观游客提供餐饮服务。12月7日，联华快客国二店在世博园中国馆区南广场正式开业，该店是继世博园区联华快客7家门店圆满完成世博服务任务后，重新在中国馆区内开业的新门店。联华快客延续服务世博精神，仅用短短5天时间，就将新店运营所需相关设施设备、货物用品一应安置到位，及时满足世博会后意犹未尽的游客在参观中国馆时的需求，同时也使联华小太阳标志在世博会后光芒依旧。

2011年12月，百联所属上海友谊集团股份有限公司与上海世博会有限公司共同投资组建“上海世博百联商业有限公司”，共同改造开发原世博轴项目。改造后的世博源购物中心总建筑面积约30.5万平方米，经营面积约10.8万平方米。2012年12月28日，地处黄浦江畔世博源北端广场世博源（一期）工程竣工开业，集美景、美食、美酒于一体，以“创活力源，建快乐城”为使命，为来自中外的顾客营造前所未有的愉悦消费体验。

2012年世博源一期开业后，业态配套和业种植入不断调整完善。2013年12月，第一八佰伴在世博源开设新世纪食品城，经营高端食品超市，提升世博源地块商业价值，释放世博园区物业黄金效应。

世博之情成追忆，来日乘风再跃起。伴随世博盛会筹备、参与、举行、闭幕而流逝的每个日月星辰，经历的每个奋斗阶段，克服的每个困难，挥洒的每滴汗水，绽放的每个笑颜，既让百联人在接受检阅中经受考验，获得弥足珍贵的精神财富，更让百联人自豪地成为国家大事的亲历者和见证者。正如上海世博会主题曲《微笑上海》说的那样："如果我们就是城市的细胞，请用尽力量来让它奔跑。未来得到了启示，幻想变成了真实。"百联人努力了，百联人做到了，百联人更会从今天的坚持中去勾画明天的灿烂，实现新的梦想。时光如梭，来日可期。奉献与创新，跨越与融合，让百联人在回眸中对再越万水千山、再谱新时代发展协奏曲充满信心。

附　录

一、集 团 章 程

百联集团有限公司章程

（2006 年版）

第一章　总　　则

第一条　［目的和效力］

为规范百联集团有限公司（以下简称“公司”）的组织和行为，保护公司、出资人和债权人的合法权益，上海市国有资产监督管理委员会（以下简称“上海市国资委”）根据《中华人民共和国公司法》（以下简称《公司法》）及其他有关的法律法规，制定本章程。

公司章程系规范公司组织与行为的法律文件，对于公司、出资人、董事、监事以及高级管理人员具有约束力。

第二条　［公司的设立和开展经营活动］

公司系根据沪府发〔2003〕28 号文件于 2003 年 5 月 8 日正式成立的国有独资公司。根据《公司法》及其他有关法律、法规、规章、规范性文件、公司章程的规定，依据上海市人民政府及上海市国资委的监管依法开展经营活动。

第三条　［法人财产权和公司、出资人的有限责任］

公司是企业法人，自企业法人营业执照签发之日起取得法人资格，有独立的法人财产，享有法人财产权。

公司以其全部财产对公司的债务承担责任，出资人以其认缴的出资额为限对公司承担责任。

第四条　［对外投资及限制］

公司可以向其他企业投资，但除法律另有规定外，不得成为对所投资企业的债务承担连带责任的出资人。

第五条　［分公司的设立和责任承担］

公司可以设立分公司。分公司不具有法人资格，其民事责任由公司承担。

第二章　名称、住所和经营期限

第六条　［公司名称］

公司名称为百联集团有限公司。

英文名称为 BAILIAN GROUP CO.，LTD.。

第七条　［公司住所］

公司住所为上海市浦东新区张杨路 501 号 19 楼。

第八条　［公司经营期限］

公司的经营期限为永续经营。

第三章　宗旨和经营范围

第九条　[公司的宗旨]

公司的宗旨是：以服务创造价值为使命，以商品流通业为主要载体，以立足上海、面向全国、跻身世界为发展战略，以国有资产保值增值为目标，努力建设成多元投资、集约经营、科学管理的大型企业集团。

第十条　[公司的经营范围]

公司的经营范围是：国有资产经营，资产重组，投资开发，国内贸易（除专项审批外），生产资料，企业管理，房地产开发（涉及许可经营的凭许可证经营）。上述经营范围以经公司登记机关核准并记载于企业法人营业执照上的经营范围为准。

第十一条　[经营范围的变更程序]

经出资人同意，上述经营范围可以变更，但是应当办理变更登记，其中属法律、行政法规规定须经批准的项目，应当依法经过批准。

第四章　公司的注册资本和出资时间

第十二条　[注册资本]

公司的注册资本为人民币10亿元。

第十三条　[验资]

出资人缴纳出资后，必须经依法设立的验资机构验资并出具证明。

第十四条　[注册资本的缴纳]

公司注册资本已全部缴足。

第五章　出 资 人

第十五条　[公司性质]

公司系由国家单独出资、由上海市人民政府授权上海市国资委履行出资人职责的国有独资公司。

第十六条　[出资人享有权利、行使职权、履行义务的依据]

出资人根据《公司法》及其他相关法律、法规、规章、规范性文件、公司章程及出资人其他法律文件之规定，对公司享有权利、行使职权并履行义务。

第六章　公司的机构及其产生办法、职权、议事规则

第一节　出 资 人 职 权

第十七条　[出资人的职权]

公司不设股东会，由出资人依法单独行使以下职权：

（一）决定公司的经营方针和投资计划；

（二）委派和更换非由职工代表担任的董事、监事，决定有关董事、监事的报酬及奖惩事项；

（三）审议批准董事会报告；

（四）审议批准监事会报告；

（五）审议批准公司的年度财务（包括国有资产经营）预算方案、决算方案；

（六）审议批准公司的利润分配方案和弥补亏损方案；

（七）决定公司的增加或者减少注册资本；

（八）决定发行公司债券或其他具有债券性质的证券；

（九）决定公司出资转让、合并、分立、变更公司形式、解散和清算事宜；

（十）修改公司章程；

（十一）决定公司超过公司最近一期经审计净资产 50%或单笔金额超过公司最近一期经审计的净资产 10%的重大对外投资(包括对被投资对象的管理、决定公司重要子企业的有关重大事项，但已经列入年度投资计划的根据出资人对董事会的授权由董事会确定)、资产处置、对外担保以及融资事项;决定为资产负债率超过 70%的担保对象提供的担保事项；

（十二）批准董事会提交的公司重组、股份制改造方案；

（十三）决定聘任或解聘会计师事务所及公司的审计事宜，必要时决定对公司重要经济活动和重大财务事项进行审计；

（十四）出资人认为应当由其行使的职权；

（十五）公司章程其他条款规定应当由其行使的职权。

出资人行使上述职权应采用书面形式并通知公司。

第十八条 [出资人对董事会的授权、授权的撤回和修改及补救措施]

出资人可以以书面方式授予董事会行使其部分职权，决定公司的部分重大事项，但第十七条第一款第(七)项、第(八)项、第(九)项职权不得授予董事会行使。

对于已经作出的授权，出资人可以撤回或修改授权内容。

对于董事会在授权范围内进行的具体行为，出资人可以根据公司章程的规定要求董事会作出报告及说明或者依据其职权随时主动核查，如认为该等具体行为不适当，有权要求董事会停止实施、变更或撤销该等行为及/或采取相应的补救措施。

第十九条 [出资人职权的行使]

出资人依据法律、行政法规、规章、其他规范性文件及公司章程独立行使职权，不受公司、董事会、监事会及高级管理人员的干预。出资人行使职权的程序及形式应符合法律、行政法规、规章、其他规范性文件、其内部规程及公司章程。

第二十条 [出资人的决定及效力]

出资人可根据董事会的报告、应董事会的要求、监事会的报告或主动行使出资人的职权，决定公司的有关事项。出资人的决定具有最高效力。

第二十一条 [出资人行使职权时要求董事会书面意见]

出资人在行使职权，决定有关事项时，可以要求董事会提供书面意见，董事会应根据出资人的要求提供书面意见。

第二节 董 事 会

第二十二条 [董事会的组成]

公司设董事会，由七名董事组成，其中应包括职工代表。

董事由出资人委派，但董事中的职工代表由公司职工代表大会或其他民主方式选举产生。

第二十三条 [外部董事的委派及职责]

董事会成员中应包括两名由出资人委派的外部董事。

外部董事指由非公司员工的外部人员担任的董事，外部董事不在公司担任除董事和董事会专门委员会有关职务外的其他职务，不负责执行层的事务，不从公司领取工资或奖金。

外部董事应当独立履行职责，对公司事务作出自己的独立判断，不受其他董事、监事、高级管理人员及其他单位或个人的影响，并应保证有足够的时间和精力履行职责。外部董事除行使一般董事的职权外，应当应出资人的要求，对董事会职权范围内的有关事项发表独立意见。

第二十四条 [董事的委派方式、考评和职务解除]

出资人应以书面形式委派董事，有权对董事进行考评并解除其委派董事的职务。

第二十五条 [董事的任期]

董事每届任期为三年，获得连续委派或者连续当选可以连任。外部董事的任期根据有关法律、法规、规章及规范性文件的规定执行。

第二十六条 [董事的任职要求]

董事应具有与董事职位相适合的教育背景，应具有在公司主要业务领域的经营或行业管理经验，或具有财务、法律等专业技能。

第二十七条 [董事长、副董事长]

董事会设董事长一名，副董事长一名，由出资人在董事会成员中指定。

第二十八条 [董事会的职权]

董事会的职权如下：

（一）向出资人报告工作；

（二）执行出资人的决定；

（三）决定公司的经营计划和投资方案；

（四）制订公司的年度财务（包括国有资产经营）预算方案、决算方案；

（五）制订公司的利润分配方案和弥补亏损方案；

（六）制订公司增加或者减少注册资本以及发行公司债券或其他证券的方案；

（七）制订公司合并、分立、变更公司形式、解散的方案；

（八）决定公司内部管理机构的设置；

（九）决定聘任或者解聘公司总裁及其报酬事项，并根据总裁的提名决定聘任或者解聘公司高级管理人员及其报酬事项，并对高级管理人员进行检查和考核；

（十）制定公司的基本管理制度；

（十一）除须由出资人批准的公司重要子企业的重大事项外，依照法定程序决定或参与决定公司所投资的全资、控股、参股企业的重要事项；

（十二）公司章程其他条款规定的职权及出资人依据公司章程或其他文件授予的其他职权。

第二十九条 [对外投资与经营方针、投资计划的匹配、风险投资控制]

在决定对外投资时，董事会应注意具体对外投资事项是否符合出资人决定的公司经营方针和投资计划及出资人颁布的有关规定，如不符合，董事会应将具体对外投资事项提交出资人决定。

公司在国家法规政策规定范围之内从事的风险投资业务，应当根据上海市国资委的有关规范性文件与工作指引建立规范的决策机制、授权审批、联签责任制度、定期报告、定期内审、风险预警等制度，建立科学经营决策和风险损失处理预案等，以及严格的责任追究制度，完善风险投资的决策与监督管理体系。其中单项风险投资额超过公司最近一期经审计净资产10%以上的风险投资业务活动，应经董事会集体讨论，并经三分之二以上董事同意并签署决定。

第三十条 ［融资事项决定权］

对于经批准预算范围内的或公司章程明确规定应由出资人决定外的公司任何融资行为，董事会有权决定。

超过预算范围的融资事项应由董事会提交出资人决定或按照出资人的相关管理规定办理。

公司以发行债券或其他具有债券性质的证券方式融资的，不适用本条规定。

第三十一条 ［担保事项决定权］

董事会应根据出资人颁布的有关规定、公司章程及规范性文件决定公司的担保行为。

第三十二条 ［不得越权］

董事会应在公司章程及出资人另行授予的职权范围内行事，不得越权。

第三十三条 ［董事会对总裁的授权和责任承担］

董事会可依法将其部分职权以书面方式授予总裁行使，但董事会在作出上述授权时应注意控制风险，将授权情况向出资人报告或备案，并对上述授权及授权范围内发生的具体事项承担最终责任。

第三十四条 ［董事会专门委员会］

董事会下设以下专门委员会作为董事会的咨询机构：

（一）战略委员会，由董事长、出资人指定的董事组成，亦可视情况包括出资人指定的其他若干名具有相应专业知识的人员。其主要职责是研究公司发展战略、中长期发展规划、投融资、重组、企业改革、重大对外投资、资产处置等重大事项。

（二）投资和风险控制委员会，由出资人指定的董事组成，亦可视情况包括出资人指定的其他若干名具有相应专业知识的人员。其主要职责是对公司投资决策与计划、年度投资计划和投资方向进行研究，对公司风险状况进行定期评估，对重大投资项目进行专项风险评估并提出完善风险管理的建议。

（三）预算委员会，由出资人指定的董事组成，亦可视情况包括出资人指定的其他若干名具有会计专业知识的人员。其主要职责是对公司的预算方法、预算报告及其调整方案、决算报告、利润分配和弥补亏损方案等进行研究并监控其实施。

（四）提名与薪酬委员会，由外部董事和出资人指定的其他董事组成。其主要职权是对高级管理人员的选择标准和程序，岗位序列和薪酬体系进行研究，对高级管理人员的资格进行审查，对董事及高级管理人员管理岗位的主要范围、职责、重要性以及其他相关岗位的薪酬水平制定薪酬计划或方案，研究和审核薪酬计划以及研究经营者持股和期权、期股激励等制度创新方案。

（五）业绩、审计与监察委员会，由外部董事和出资人指定的其他董事组成。其主要职权是审核非外部董事及高级管理人员的授权管理办法和业绩考核标准和办法；检查非外部董事及高级管理人员履行职责情况并对其进行或审核年度业绩考评；审查公司内控制度，监督公司内部审计制度以及实施；对公司内部监察部门的工作程序和效果进行评价和监督；审核财务信息及其披露，负责公司内外部审计工作的沟通，建议聘请或更换外部审计机构。

上述各专门委员会的人员组成，由董事会决定，对董事会负责，在各自的职权范围内向董事会提供咨询意见并可向董事会提出议案。

董事会可就上述各专门委员会的人员组成、职责权限、工作程序、议事细则另行制定相关工作细则，并报出资人备案。

各专门委员会履行职权时应尽量使其成员达成一致意见；确实难以达成一致意见时，应向董事会提交各项不同意见并作说明。

公司各业务部门有义务为董事会及其下设的各专门委员会提供工作服务。经董事会同意，公司业务部门负责人可参加专门委员会的有关工作。

各专门委员会经董事会授权可聘请中介机构为其提供专业意见，费用由公司承担。

第三十五条 ［董事会秘书室］

公司设立董事会秘书室负责筹备董事会会议，办理董事会日常事务，与董事沟通信息，为董事工作提供服务等事项。由董事长提名并由董事会聘任的董事会秘书主持董事会秘书室的工作。公司可以根据实际情况确定董事会秘书室与其他部门合署办公。

第三十六条 ［董事会会议及年度会议］

董事会应每年至少召开两次会议，其中在每年第一季度召开年度董事会会议。

第三十七条 ［董事会会议的召开］

有以下情况之一时，应召开董事会会议：

（一）三分之一以上董事提议时；

（二）监事会提议时；

（三）董事长或全体外部董事认为必要时；

（四）出资人认为必要时。

第三十八条 ［董事会会议的召集和主持］

董事会会议由董事长召集和主持；董事长不能履行职务或者不履行职务的，由副董事长召集和主持，副董事长不能履行职务或者不履行职务的，由半数以上董事共同推举或由出资人指定一名董事召集和主持。

第三十九条 ［董事会会议通知和资料提供］

董事长或董事会会议的其他召集者应在董事会会议召开五个工作日之前，将会议的时间、地点、期限、议程、事由、议题以及所议事项的详细资料（包括背景资料和有助于董事理解公司所议事项的信息和数据）通知全体董事以及其他与会及列席人员，并于董事会召开十个工作日前将上述材料上报出资人。对于紧急情况下召开的董事会会议，上述通知时限可以缩短，但必须保证在开会之前董事能够收到足以使其作出正确判断的所议事项的详细资料，并对上述资料进行阅读、理解以及研究的合理时间，原则上不迟于董事会召开之日前的两个工作日。

两名董事或全体外部董事认为资料不充分的，可提出董事会延期至其获取了充分的资料，董事会应予准许，出资人作出相反决定的除外。

第四十条 ［董事会召开的条件］

当三分之二以上董事（委托其他董事出席的，委托董事计算在内）出席且不少于四名董事出席的情况下，董事会会议方可召开。

第四十一条 ［董事的出席和委托］

董事应出席董事会会议，不能出席的，可以委托其他董事出席，但必须向受托人出具有效的委托书，委托书上必须载明对于各项列入表决程序议案的明确意见或授权受托人行使表决权，否则视为委托人对有关的议案未投票。

第四十二条 ［董事会会议召开的方式］

董事会会议召开形式及议程应保证给予所有董事充分发表意见和真实表达意思的机会。

董事会会议原则上以现场会的形式举行，在保证与会董事能充分发表意见并真实表达意思的前提下，也可以通讯方式或者书面材料审议方式举行。但是，年度董事会会议以及两名董事或全体外部董事认为应当以现场会形式举行的其他董事会会议，必须以现场会形式举行。

第四十三条 ［董事会会议议案的提出和表决］

任何董事均可在董事会会议上提出进行表决的议案，但提出议案的董事应事先向其他所有董事提供足以使其作出正确判断的所议事项的详细资料，且确保给予其对上述资料进行阅读、理解以及研究的合理时间。

第四十四条 ［董事会会议表决方式］

除非会议主持人另行决定，董事会会议表决程序应以记名方式进行。

第四十五条 ［董事会会议的表决］

董事会会议进行表决时，每名董事享有一票表决权。

董事会对公司章程第二十八条第（六）项、第（七）项所涉及事项进行表决时，或者外部董事认为必要时，议案经全体董事三分之二以上同意方可通过。

其他议案经全体董事过半数同意即可通过。

第四十六条 ［董事会会议记录］

无论是否采取现场会形式召开，董事会会议应对所议事项做成详细的书面会议记录。该记录至少应包括会议召开的日期、地点、主持人姓名、出席董事姓名、会议议程、董事发言要点、决议的表决方式和结果并载明赞成、反对或弃权的票数及投票人姓名。出席会议的董事和列席会议的董事会秘书应在会议记录上签名。会议记录应妥善保存于公司并与公司章程第四十八条规定的书面报告及董事会决议同时提交出资人，抄送监事会。

第四十七条 ［董事会议事细则］

董事会可以根据公司章程制定具体的董事会议事规则，董事会议事规则应报出资人备案。

第四十八条 ［董事会提交书面报告］

董事会需在以下情况发生之日起的十五日内向出资人就有关事项提交书面报告：

（一）任何董事会会议召开；

（二）董事会认为公司发生了任何超越其权限的事宜，需提请出资人决定；

（三）外部董事认为必要时；

（四）出资人要求时；

（五）公司章程其他条款规定的情况。

第四十九条 ［董事会建议和意见］

出资人行使职权时，董事会有权主动或应出资人的要求提出建议，但上述建议不妨碍出资人行使职权。出资人依据公司章程行使职权时，董事会或董事有不同意见的，可将不同意见以书面形式报送出资人并妥善保存于公司。

第三节 日常经营管理机构

第五十条 ［高级管理人员的组成］

总裁、副总裁为公司高级管理人员。

出资人可以决定公司其他人员为高级管理人员。

第五十一条 ［任职要求和董事兼任高级管理人员］

高级管理人员应具有与其所担任职务相适应的专业知识和工作经验。经出资人同意，董事可以受聘兼任高级管理人员。

第五十二条 [总裁的聘任、解聘和任期]

根据出资人推荐,总裁由董事会决定聘任或解聘,可由董事兼任,聘期每届三年,获连续受聘可以连任。

第五十三条 [总裁的职权]

总裁对董事会负责,行使以下职权:

(一)主持公司的生产经营管理工作,组织实施董事会决议;

(二)组织实施公司年度经营计划和投资方案;

(三)拟订公司内部管理机构设置方案;

(四)拟订公司的基本管理制度;

(五)制定公司的具体规章;

(六)根据出资人推荐,提请董事会决定聘任或者解聘公司副总裁;经出资人同意或预审同意,提请董事会决定聘任或者解聘财务总监等其他高级管理人员;

(七)决定聘任或者解聘除应由董事会决定聘任或者解聘以外的负责管理人员;

(八)董事会授予的其他职权。

非由董事兼任的总裁列席董事会会议。

总裁须按照其职责要求定期向董事会报告其工作情况,接受董事会的监督和指导。

董事会可以根据公司章程的规定制定总裁工作细则并报出资人备案。

第五十四条 [副总裁的职权]

副总裁按照本章程的规定任免,并需同时符合有关干部管理的权限和程序。

副总裁协助总裁工作并对总裁负责,其职权由公司管理制度确定。

第五十五条 [财务总监的职权]

财务总监按照本章程的规定任免,并需同时符合有关干部管理的权限和程序。

财务总监主管公司财务会计工作并对总裁负责,其履行职权时应遵守法律、行政法规和国务院财政部门的规定。

第五十六条 [总法律顾问的职权]

总法律顾问对总裁负责,行使下列职权:

(一)全面负责公司法律事务工作,统一协调处理公司决策、经营和管理中的法律事务;

(二)参与公司重大经营决策,保证决策的合法性,并对相关法律风险提出防范意见;

(三)参与公司重要规章制度的制定和实施,建立健全公司法律事务机构;

(四)负责公司的法制宣传教育和培训工作,组织建立公司法律顾问业务培训制度;

(五)对公司及子公司(子企业)违反法律、法规的行为提出纠正意见,监督或者协助有关部门予以整改;

(六)指导子公司(子企业)法律事务工作,对子公司(子企业)法律事务负责人的任免提出建议;

(七)法律、法规、规章或公司章程规定应当由总法律顾问行使的其他职权。

第五十七条 [高级管理人员的考核、奖惩及方案的制订]

董事会应对高级管理人员设定工作绩效目标并对高级管理人员进行考核和奖惩,具体绩效考核和奖惩由董事会决定。

第四节 监 事 会

第五十八条 ［监事会的组成］

公司设监事会，由五名监事组成，其中三名由出资人委派，两名由职工代表担任。

在监事会人数不足章程规定的情况下，已经委派或选举产生的监事单独或共同行使本节规定的监事会职权。

第五十九条 ［监事的委派方式］

出资人应以书面通知公司的形式委派监事。出资人有权对其委派的监事进行考评。出资人有权随时解除其委派监事的职务。

第六十条 ［职工监事］

职工监事由公司职工通过民主方式选举产生及撤换。

第六十一条 ［监事的身份限制］

董事、高级管理人员及与其相关的人员（指与其相关的第八十三条中规定的自然人）不得兼任监事。

第六十二条 ［监事任期］

监事任期每届三年。监事连续获委派或选举可以连任，但法律、法规及规章另有规定的除外。

第六十三条 ［监事会主席］

监事会设主席一名，由出资人在监事中指定，行使以下职权：

（一）召集、主持监事会会议，决定是否召开临时监事会会议；

（二）检查监事会决议的实施情况，并向监事会报告决议的执行结果；

（三）代表监事会向出资人报告工作；

（四）审定、签署监事会的决议、报告和其他重要文件；

（五）公司章程其他条款规定的职权。

第六十四条 ［监事会办事机构和监事会秘书］

监事会可以设办事机构或在不影响其行使监督职能的前提下与公司其他部门合署办公。可以设专职或兼职秘书，负责监事会日常事务，筹备监事会会议，与监事沟通信息提供服务等事项。监事会秘书由监事会任命，报出资人备案。

第六十五条 ［监事会职权］

监事会行使以下职权：

（一）检查公司贯彻有关法律、行政法规、国有资产监督管理规定和制度以及其他规章制度的情况；

（二）检查公司财务，包括查阅公司的财务会计报告及其相关资料，检查财务状况、资产质量、经营效益、利润分配等情况，对公司重大风险、重大问题提出预警和报告；

（三）检查公司的战略规划、经营预算、经营效益、利润分配、国有资产保值增值、资产运营、经营责任合同的执行情况；

（四）监督公司内部控制制度、风险防范体系、产权监督网络的建设及运行情况；

（五）对董事、高级管理人员执行公司职务的行为进行监督，对违反法律、行政法规、公司章程或者出资人决定的董事、高级管理人员提出惩处和罢免的建议；

（六）当董事、高级管理人员的行为损害公司的利益时，要求董事、高级管理人员予以纠正；

（七）提请召开董事会会议；

（八）向出资人报告其认为出资人有必要知晓的事项；

（九）指导子公司监事会工作；

（十）法律、法规、公司章程规定及出资人交办的其他事项。

监事可以列席董事会会议，并对董事会决议事项提出质询或者建议。

监事会发现公司经营情况异常，可以进行调查并在必要时聘请会计、法律专业中介机构协助其工作，所发生的费用由公司承担。

第六十六条 ［监事会的知情权］

监事会在行使职权时，可以进行必要的调查工作，除有权向财政、工商、税务、审计、海关等有关部门和银行、重要客户调查了解公司的情况外，有权要求董事会、总裁及其他高级管理人员、公司业务部门向其提供必要的资料，董事会、总裁及其他高级管理人员、公司业务部门必须配合监事会工作，按照监事会的要求及时提供真实、充分的资料。除总裁外的其他高级管理人员或公司业务部门不予以配合的，监事会有权要求总裁责令其配合；总裁不予以配合的，监事会有权将有关情况以书面形式报告出资人。

必要时，监事会可以就其职权范围内的事项直接向出资人报告，请求出资人的配合和支持。

第六十七条 ［监事会汇报制度］

监事会就其行使职权情况向出资人以书面方式汇报。汇报包括：

（一）监事会需每年向出资人提交监事会工作报告，该报告应详细说明监事会在当年度的工作情况以及公司各方面运作的合法性；

（二）对于董事会对公司重大事项形成的董事会决议，监事会应主动、应出资人或董事会要求及时进行审核并向出资人提交审核报告；

（三）监事会在监督检查或行使职权过程中发现公司经营行为有可能危及国有资产安全、造成国有资产流失或者侵害国有资产所有者权益以及监事会认为应当立即报告的其他紧急情况，应及时向出资人提出专项报告，实行一事一报制度。出资人应根据监事会的意见决定是否根据公司章程第二十条的规定行使职权。

第六十八条 ［监事会会议和年度会议］

监事会每年应至少召开两次会议，其中在年度董事会会议举行后的五个工作日内召开年度监事会会议。

第六十九条 ［监事会会议的召开］

有以下情况之一时，应召开监事会会议：

（一）三分之一以上监事提议时；

（二）监事会主席认为必要时；

（三）董事会召开并通过重大事项时；

（四）出资人认为必要时。

第七十条 ［监事会会议的召开和主持］

监事会会议由监事会主席召集和主持；监事会主席不能履行职务或者不履行职务的，由出资人指定的监事召集和主持。

第七十一条 ［监事会会议召开的条件］

监事会会议在过半数监事出席时方可召开。

第七十二条 ［委托其他监事出席］

监事原则上应出席监事会会议，不能出席的，可以委托其他监事出席，但必须向受托人出具有效的委托书，委托书上必须载明对于各项列入表决程序议案的明确意见或授权受托人行使表决权，否则视为委托人对有关的议案未投票。

第七十三条　[监事会会议召开的方式]

监事会会议召开形式及议程应保证给予所有监事充分发表意见和真实表达意思的机会。

监事会会议原则上以现场会的形式举行，在保证与会监事能充分发表意见并真实表达意思的前提下，也可以通讯方式或者书面材料审议方式举行。但是，年度监事会会议以及任何监事认为应当以现场会形式举行的其他监事会会议，必须以现场会形式举行。

第七十四条　[监事会会议表决方式]

除非会议主持人另行决定，监事会会议表决程序应以记名方式进行。

第七十五条　[监事会会议的表决]

监事会会议进行表决时，每名监事享有一票表决权，表决事项应得到全体监事过半数同意方可通过。

第七十六条　[监事会会议记录]

无论是否采取现场会形式召开，监事会会议应对所议事项的决定做成会议记录。出席会议的监事应在会议记录上签名。会议记录应妥善保存于公司并提交出资人。

第七十七条　[监事会议事规则的制定]

监事会可以根据公司章程制定具体的监事会议事规则，监事会议事规则应报出资人备案。

第七十八条　[监事会不得越权]

监事会不参与、不干预公司的经营决策和经营管理活动。如董事会认为监事会违反了上述规定，可以书面方式报告出资人。

第七章　董事、监事及高级管理人员的资格、义务及法律责任

第一节　任职资格以及忠实勤勉义务

第七十九条　[董事、监事、高级管理人员的任职限制]

有下列情形之一的，不得担任公司的董事、监事、高级管理人员：

(一) 无民事行为能力或者限制民事行为能力；

(二) 因贪污、贿赂、侵占财产、挪用财产或者破坏社会主义市场经济秩序，被判处刑罚，执行期满未逾五年，或者因犯罪被剥夺政治权利，执行期满未逾五年；

(三) 担任破产清算的公司、企业的董事或者厂长、经理，对该公司、企业的破产负有个人责任的，自该公司、企业破产清算完结之日起未逾三年；

(四) 担任因违法被吊销企业法人营业执照、责令关闭的公司、企业的法定代表人，并负有个人责任的，自该公司、企业被吊销企业法人营业执照之日起未逾三年；

(五) 个人所负数额较大的债务到期未清偿。

已获得委派或选举董事、监事或者聘任高级管理人员不符合上述规定的，对其委派、选举或者聘任的决定无效。

董事、监事、高级管理人员在任职期间出现本条第一款所列情形的，出资人或公司应当解除其职务。

第八十条　[外部董事的任职限制]

外部董事不得与公司存在任何可能影响其公正履行外部董事职务的关系。其本人及其直系亲

属近两年内应未曾在公司和公司的全资、控股企业任职，未曾从事与公司有关的商业活动，不持有公司所投资企业的股权，不在与公司同行业的企业或与公司有业务关系的单位兼职。

第八十一条 [忠实义务和诚信原则]

董事、监事和高级管理人员应当遵守法律、行政法规和公司章程，对公司负有忠实义务，不得利用职权收受贿赂或者其他非法收入，不得侵占或损害公司的财产、利益及对公司有利的商业机会。

董事、监事、高级管理人员在履行职责时，必须遵守诚信原则，不应当置自己于自身的利益与承担的义务可能发生冲突的处境，真诚地以公司最大利益为出发点行事，且应在其职权范围内行使权力，不得越权。

第八十二条 [不得从事的行为]

董事、监事及高级管理人员不得有以下行为：

（一）挪用公司资金；

（二）将公司资金以其个人名义或者以其他个人名义开立账户存储；

（三）违反公司章程的规定，未经出资人或者董事会同意，将公司资金借贷给他人或者以公司财产为他人提供担保；

（四）未经出资人同意，与本公司订立合同或者进行交易；

（五）未经出资人同意，利用职务便利为自己或者他人谋取属于公司的商业机会，自营或者为他人经营与所任职公司同类的业务(经适当程序决定在由公司投资的控股、参股公司任职的除外)；

（六）接受他人与公司交易的佣金归为己有；

（七）擅自披露，或非以公司利益为目的使用公司秘密；

（八）违反对公司忠实义务的其他行为。

董事、监事及高级管理人员违反前款规定所得的收入应当归公司所有。

第八十三条 [不得指使他人从事相关行为]

董事、监事及高级管理人员，不得指使下列人员或者机构从事公司章程第八十二条所禁止其本身从事的事宜：

（一）董事、监事及高级管理人员的配偶或者未成年子女；

（二）董事、监事及高级管理人员或者本条(一)项所述人员的受托人；

（三）董事、监事及高级管理人员或者本条(一)、(二)项所述人员的合伙人；

（四）由董事、监事及高级管理人员在事实上单独控制的公司，或者与本条(一)、(二)、(三)项所提及的人员或者公司其他董事、监事及高级管理人员在事实上共同控制的公司；

（五）本条第(四)项所指被控制的公司的董事、监事及高级管理人员。

董事、监事及高级管理人员违反本条规定，视同其本人违反了第八十二条。

第八十四条 [勤勉义务]

董事、监事及高级管理人员对公司负有勤勉义务，应当投入足够的时间和精力，独立、谨慎地行使职权，且行使职权时，以一个合理的谨慎的人在相似情形下所应表现的谨慎、勤勉和技能为其所应为的行为。

第二节 法律责任及追究

第八十五条 [赔偿责任]

董事、监事、高级管理人员执行公司职务时违反法律、行政法规或者公司章程的规定，给公司造成损失的，按照公司的规定赔偿公司的损失，公司无规定的，应当赔偿公司的实际损失。

第八十六条　[公司内部处分]

当出资人发现董事、监事、高级管理人员违反第八十一条或有第八十二条规定的情形的，无论是否依据第八十五条的规定处理，其均可以对相关的董事、监事、高级管理人员提出警告、责令其限期停止相关行为或予以改正。

第八十七条　[出资人要求诉讼和代表诉讼]

董事、高级管理人员有第八十五条规定的情形的，出资人可以书面要求监事会向人民法院提起诉讼；监事有第八十五条规定的情形的，出资人可以要求董事会向人民法院提起诉讼。

监事会或董事会收到前款规定的出资人书面请求后拒绝提起诉讼，或者自收到请求之日起三十日内未提起诉讼，或者情况紧急、不立即提起诉讼将会使公司利益受到难以弥补的损害的，出资人有权为了公司的利益以自己的名义直接向人民法院提起诉讼。

他人侵犯公司合法权益，给公司造成损失的，出资人可以依照前两款的规定向人民法院提起诉讼。

第八十八条　[出资人直接诉讼]

董事、监事及高级管理人员违反法律、行政法规或者公司章程的规定，损害出资人利益的，出资人可以向人民法院提起诉讼。

第八十九条　[其他责任]

如董事、监事、高级管理人员违反第八十一条或者出现第八十二条规定的情况或从事法律、行政法规及公司章程其他条款所禁止的行为，除按照公司章程的相关规定追究其民事赔偿责任外，出资人还有权：

（一）在其认为董事、监事、高级管理人员的行为构成犯罪时，要求司法机关调查并追究其刑事责任；

（二）立即撤销或建议其他机构撤销行为人的董事、监事职务或要求董事会解聘行为人的高级管理人员职务；

（三）依照董事、监事、高级管理人员的行政、人事隶属关系对行为人进行相关处分；

（四）依照董事、监事、高级管理人员党籍隶属关系，通过中国共产党相关组织对行为人进行党内处分。

第八章　公司的法定代表人

第九十条　[法定代表人]

出资人可以指定董事长或总裁担任公司的法定代表人，在出资人未明确指定的情况下，董事长担任公司的法定代表人。

第九十一条　[法定代表人职权]

法定代表人对外代表公司签订合同等文件，进行民商事活动，参与诉讼和仲裁等程序。

第九十二条　[约束和管理]

法定代表人对外代表公司的行为受董事会及出资人的约束和管理。

第九章　财 务 制 度

第九十三条　[财务会计制度的建立]

公司应当依照法律、行政法规和国务院财政部门的规定建立本公司的财务、会计制度。除法定的会计账簿外，不得另立会计账簿。对公司资产，不得以任何个人名义开立账户存储。

第九十四条 ［财务总监］

公司财务工作由财务总监负责。

第九十五条 ［财务会计报告、公司审计和聘用会计师事务所］

公司应当在每一会计年度终了时编制符合法律、行政法规和国务院财政部门规定的财务会计报告，并依法经有相应从业资格的会计师事务所审计。公司应当向聘用的会计师事务所提供真实、完整的会计凭证、会计账簿、财务会计报告及其他会计资料，不得拒绝、隐匿、谎报。

上述会计师事务所的聘用和解聘由出资人决定。出资人解聘会计师事务所前，应当允许会计师事务所陈述意见。

第九十六条 ［法定公积金的提取］

公司分配当年税后利润时，应当提取利润的百分之十列入公司法定公积金。公司法定公积金累计额为公司注册资本的百分之五十以上的，可以不再提取。公司的法定公积金不足以弥补以前年度亏损的，在依照前款规定提取法定公积金之前，应当先用当年利润弥补亏损。

第九十七条 ［任意公积金的提取］

公司从税后利润中提取法定公积金后，出资人可以决定从税后利润中提取任意公积金。

第九十八条 ［财务风险控制制度］

公司应建立科学的财务风险控制制度，并根据出资人的有关规定建立重大事项财务事项报告制度。

第十章 解散与清算

第九十九条 ［公司解散的事由］

公司因下列原因解散：

（一）公司章程规定的营业期限届满或者公司章程其他条款规定的解散事由出现；

（二）出资人决定并经上海市人民政府批准解散；

（三）因公司合并或者分立需要解散；

（四）依法被吊销企业法人营业执照、责令关闭或者被撤销。

第一百条 ［清算组的成立］

公司因第九十九条第（一）项、第（二）项、第（四）项规定而解散的，应当在解散事由出现之日起十五日内成立成员不少于三人的清算组，开始清算。清算组由出资人指定。

第一百零一条 ［清算组的职权］

清算组在清算期间行使下列职权：

（一）清理公司财产，分别编制资产负债表和财产清单；

（二）通知、公告债权人；

（三）处理与清算有关的公司未了结的业务；

（四）清缴所欠税款以及清算过程中产生的税款；

（五）清理债权、债务；

（六）处理公司清偿债务后的剩余财产；

（七）代表公司参与民事诉讼活动。

第一百零二条 ［债权申报通知和公告］

清算组应当自成立之日起十日内通知债权人，并于六十日内在报纸上公告。债权人应当自接到通知书之日起三十日内,未接到通知书的自公告之日起四十五日内,向清算组申报其债权。

债权人申报债权,应当说明债权的有关事项,并提供证明材料。清算组应当对债权进行登记。

在申报债权期间,清算组不得对债权人进行清偿。

第一百零三条 [清算方案、清算期间对公司财产分配的限制]

清算组在清理公司财产、编制资产负债表和财产清单后,应当制定清算方案,并报出资人及/或人民法院确认。

公司财产在分别支付清算费用、职工的工资、社会保险费用和法定补偿金,缴纳所欠税款,清偿公司债务后的剩余财产归出资人所有。

清算期间,公司存续,但不得开展与清算无关的经营活动。公司财产在未按前款规定清偿前,不得分配给出资人。

第一百零四条 [清算报告和公司终止程序]

公司清算结束后,清算组应当制作清算报告,报出资人及/或人民法院确认,并报送公司登记机关,申请注销公司登记,公告公司终止。

第一百零五条 [清算组成员的义务、责任]

清算组成员应当忠于职守,依法履行清算义务。

清算组成员不得利用职权收受贿赂或者其他非法收入,不得侵占公司财产。

清算组成员因故意或者重大过失给公司或者债权人造成损失的,应当承担赔偿责任。

第一百零六条 [宣告破产]

清算组在清理公司财产、编制资产负债表和财产清单后,发现公司财产不足清偿债务的,应当依法向人民法院申请宣告破产。

公司经人民法院裁定宣告破产后,清算组应当将清算事务移交给人民法院。

公司被依法宣告破产的,依照有关企业破产的法律实施破产清算。

第十一章 劳 动 人 事

第一百零七条 [劳动合同制]

公司实行全员劳动合同制,根据《中华人民共和国劳动法》与职工建立劳动关系。

第一百零八条 [工资制度]

公司应依法建立健全的劳动工资制度。

第一百零九条 [设立工会]

公司根据《中华人民共和国工会法》设立工会。

第一百一十条 [听取工会、职工意见]

公司研究决定改制以及经营方面的重大问题、制定重要的规章制度及其他与职工切身利益有关的事宜时,应当听取公司工会的意见,并积极通过各种形式听取职工的意见和建议,实行民主管理。

第一百一十一条 [社会保险的缴纳]

公司依法为职工缴纳社会保险。

第十二章 其 他 事 项

第一百一十二条 [党团组织的设立和活动]

在公司中,根据中国共产党章程、中国共产主义青年团章程的规定,分别设立中国共产党、中国共青团的组织,开展党、团的活动。公司应当为党、团组织的活动提供必要条件。

第一百一十三条 [用语解释]

公司章程中“以上”“以下”的表述均包含本数。

第一百一十四条 [未尽事宜的执行]

公司章程未尽事宜根据相关法律法规执行。

第一百一十五条 [章程的生效和解释]

公司章程由出资人签署批准后生效,由出资人负责解释。

(以下无正文)

出资人:上海市国有资产监督管理委员会

二〇〇六年十一月十七日

二、发 展 规 划

（一）百联集团有限公司“十一五”规划

二〇〇六年九月

导　言

百联集团（以下称“集团”）自2003年4月成立以来，投入了大量的资源用于制定集团战略规划。集团先后制定了2004—2015年总体战略规划、2004—2006年国资战略规划、2004—2006年事业部（中心）三年规划及与总体战略规划相配套的2004—2006年人力资源规划、投融资规划，同时还制定了2004—2008年长三角行动计划。上述各项规划均已按有关程序要求正式批准下发实施，并产生了一定的效果。根据上海市委、市政府及市国资委关于编制“十一五”规划的统一部署，集团决定在现有战略规划的基础上编制“十一五”规划，现将有关情况说明如下：

1. 集团“十一五”规划是根据集团2006年上半年度工作会议精神，在集团总体战略规划的框架下编制的，是对集团第二阶段（快速发展阶段）规划的完善、优化与创新。

2. 集团“十一五”规划将优化发展战略，坚持又大、又强、又快的发展方向，努力把握发展的集中度与重点区域原则，实现“三个结合”，即商品经营与资本经营相结合、商品经营与商业生产经营相结合、现有业务经营与新业务开发相结合。

3. 集团“十一五”规划将作为各公司（事业部）制定第二个三年规划的重要依据。各公司（事业部）制定第二个三年规划时，需严格遵循集团“十一五”规划的要求。

第一部分　集团成立以来的工作总结

集团自2003年4月组建以来，在上海市委、市政府与市国资委的正确领导下，在原四集团数十年积累的基础上，经过全体员工的共同努力，已形成了为“十一五”发展所需的有利条件。

一、具备了较好的发展基础

2005年，集团实现销售规模1 385亿元，主营业务收入592.8亿元，利润总额8.58亿元，静态网点数6 964家，经营面积362万平方米。集团继续保持了流通行业“中国第一”的市场领先地位，为集团“十一五”的发展奠定了较好的基础。

二、形成了自身的发展特点

集团已形成了超商、综合百货、生产资料贸易三大核心业务；物流与房产置业两大支撑业务；正在培育发展电子商务等新业务。集团已拥有一批市场竞争力强、有自主品牌和自身特色的企业。如，联华超市2004年、2005两年主营业务收入增长了62.8%，利润增长了29%；第一八佰伴2004年、2005年两年主营业务收入增长了35.9%，利润增长了137%，2006年的利润将超过2亿元；森大木业2004年、2005年两年主营业务收入增长了33.8%，利润增长了39%。此外，东方商厦徐汇店、长桥物流基地、百联汽车、联华杭州公司等也形成了自身的发展特点和自主品牌。目前，集团的百货业具有较强的竞争力，在上海的主要商圈都拥有网点和知名品牌，继续保持上海市场的领先地位；集团的超商业务；集团的超商业务尽管面临非常激烈的竞争，但仍具有较强的竞争力；集团的生产资料贸易业务也具有一定的市场竞争力。

三、拥有一定的资源优势

集团既有一定的有形网点资源优势，也有一定的无形品牌资源优势。与国内同行相比，集团的网点总数、网点面积与网点分布区域位居国内第一；集团在上海主要的都市商圈已拥有一批不同类型的商业网点资源，同时还正在筹建一批具有战略意义的大型商场和购物中心，以进一步巩固在上海的领先地位。此外，集团还拥有较丰富的品牌资源，如第一百货、永安百货、东方商厦、联华、华联、吴良材、亨得利、亨达利、好美家等。

四、拥有一支较高素质的管理团队

集团拥有一批在商海搏击多年、经风雨、见世面、高素质的管理团队。集团管理团队总体上精神状态是好的，思想素质是高的，业务能力是强的，是完全可以打硬仗的。较高素质的管理团队可以充分发掘和利用集团所拥有的好基础、好资源与好环境。这是集团宝贵的资源，是集团发展的有利条件。

第二部分　集团“十一五”面临的机遇与挑战

“十一五”是集团总体战略规划中第二个发展阶段，即快速发展阶段。集团在面临一些重大机遇的同时，也将面临一些严峻的挑战。

一、面临的主要机遇

“十一五”期间，我国国民经济将继续保持较快的发展速度，预计GDP的年均复合增速为8%左右，同时社会消费品零售总额也将以12.5%左右的年均复合速度快速增长(具体见下图)。总的来说，“十一五”的外部宏观环境将有利于集团进行快速发展。在此背景下，集团将主要面临以下机遇：

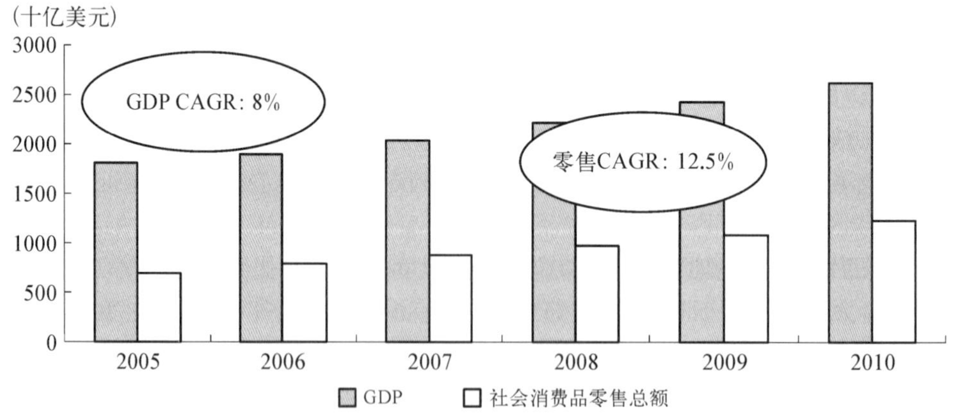

(注：GDP及社会零售的数据来源于AT科尔尼国际零售发展指数报告，www.atkearney.com)

图附-2-1　中国GDP、社会消费品零售总额

(一)行业发展机遇

“十一五”期间，现代服务业将成为我国发达地区和城市的重要发展产业，集团从事的现代流通业作为现代服务业的重要组成部分，将有一个较大的发展机遇。具体为：

1. 集团作为国家商务部重点扶持的大型商贸集团，将获得国家有关部门的指导与政策上的支持。

2. 上海市委、市政府对集团提出了打造流通行业总集成商的新要求,这对集团既是一个挑战,也是一个机遇。

(二) 新市场空间的机遇

"十一五"期间,随着我国经济与社会的和谐发展,将为集团带来新的市场空间。

1. 区域发展的机遇。现有较发达的长三角与珠三角将进一步加大区域合作与联动发展,区域内市场分割现象将较快消除,区域内的物流、信息流与人流将更加便捷,这将有利于集团在该区域的发展;依托京津冀、服务环渤海、辐射"三北"的天津滨海新区是继深圳经济特区、浦东新区之后,又一带动区域发展的新的经济增长点,这将成为集团重点关注的新的市场空间;东北、西北、西南等经济欠发达地区在"十一五"期间经济将会得到较快的发展,这也将为集团提供新的发展空间。

2. 城市发展的机遇。国内一些大型城市的型态将继续发生一些结构性变化:城市集聚人口的总量将继续增大、人口将由城市中心向城郊与郊区转移、城市轨道交通将得到较快发展等。大型城市的型态变化将为集团在这些城市的城郊、郊区与轨道交通枢纽等区域的发展提供新的拓展空间。

3. 新农村建设的机遇。我国将实施工业反哺农业的发展策略,并提出建设社会主义新农村的新构想,农村经济的发展将对我国商品零售产生巨大市场需求,将为集团提供新的发展空间。

(三) 国际化机遇

"十一五"期间,我国流通业的国际化进程将进一步加快,行业国际化进程的加快将为集团发展带来新的机遇。

1. 市场整合机遇。目前国内零售市场份额高度分散,零售商绝大多数都是地区性的,缺乏具有领导地位的全国性零售商。国内零售市场的现状将为集团进一步发展提供并购机遇,这有利于集团继续保持国内第一的领先地位。

2. 连锁发展机遇。目前,国内零售市场上以连锁经营为特征的现代经营方式取代传统的门店分散经营方式的速度正在加快,连锁经营具有较大的发展空间;集团连锁经营能力在国内同行处于相对领先地位,这为集团提供了快速增长的机遇。

3. 业态创新机遇。据有关机构预计,随着我国流通业国际化进程的不断加快,到"十一五"期末,我国发达城市或地区的零售业态水平将基本接近发达国家的水平。这将为集团导入或创新新业态提供机遇。

二、面临的主要挑战

"十一五"期间,集团面临的主要挑战来自三方面:一是克服自身不足的挑战;二是适应外部环境变化趋势的挑战;三是应对市场竞争的挑战。

(一) 克服自身不足的挑战

面对新形势与今后发展的要求,集团主要存在着以下不足:

1. 思想观念不适应新形势与发展的需要

首先,观念传统落后。集团还存在传统国企的弊病,观念传统落后,主要表现为:(1)"小富则满,小变则安"的小生产思想。集团习惯于按部就班,满足于完成指标,缺乏自身发展、自觉发展的强烈愿望。(2)"官本位"思想。集团虽然是企业,但少数管理人员还很看重"局""处"等行政级别。(3) 精神状态不够。集团管理团队在"职业精神""敬业精神"与"事业精神"等方面还有待提高。少数管理人员还没有真正成为"党的一块砖,哪里需要往哪里搬",在工作安排时,还存在与组织谈条件的现象。

其次，大局意识不够。集团管理团队的大局意识还不够，缺乏“有名有利时的谦让精神与无名无利时的争先精神”；还比较注重个人利益与部门利益，不能自觉地维护集团利益与集团大局，导致有些应当突破、应当推进的工作没有实现。集团一方面资源紧缺，千辛万苦向外拓展，而另一方面由于缺乏大局意识，内部可用资源却弃置不用，使资源放空。

再次，团队意识不够。集团少数管理人员还不能融入团队，缺乏团队合作意识；没有真正意识到“成功的团队没有失败者，失败的团队没有成功者”。即使是再有能力的人，离开了团队的支持，离开了组织信任，离开了同志们的支持，离开了大家的帮助，也将一事无成。

第四，竞争意识不够。面对外资企业、合资企业、民营企业的竞争，集团表现更多的是担心、忧虑甚至畏惧，竞争意识远远不够，缺乏狭路相逢勇者胜的“亮剑”精神。如果集团遇强则弱，遇弱不强，缺乏遇强更强，永不懈怠的竞争意识，集团就无法成为“中国第一，世界一流”。

2. 现有管控模式不适应新形势与发展的需要

集团现有的管控模式为过渡阶段的管控模式。随着集团内部资产整合的推进，特别是事业部公司化改造的基本完成，集团的管控模式却还未进行相应的调整与完善，导致现有的管控模式已不适应集团发展的需要，存在的主要问题有：集团控制力与执行力不强，决策周期长，工作效率不高，以及一些重大工程项目建设周期过长等。

3. 内部资产整合的进程不适应新形势与发展的需要

集团内部资产整合进程缓慢，在一定程度上制约了集团的发展。由于集团内部资源未能实现有效整合，使得内部资产关系与管理关系不一致的现象没有得到根本解决，内部资源集约也未得到有效实施，从而导致集团的内部协同效应与规模的综合优势未能得到充分发挥。

4. 品牌建设不适应新形势与发展的需要

集团品牌建设力度不够，现有的企业品牌与服务品牌，特别是“百联”品牌在社会与消费者中知名度还不高，影响力还不大，与集团现有的市场地位不相符，与“中国第一，世界一流”的要求差距更大。同时，集团自有品牌的销售比例也还远远低于国际先进水平。

5. 现有盈利能力不适应新形势与发展的需要

集团成立以来，规模扩张速度远远高于利润增长速度。集团整体盈利能力不强，销售利润率为1.45%，远远低于同行上市公司4.12%的平均水平。集团超商业务，特别是标准超市，盈利能力持续下降；百货业务由于主要采取招租的传统经营方式，盈利能力难以提升；生产资料贸易业务由于业务模式传统，而且受宏观环境影响很大，盈利能力也不稳定。

（二）适应外部环境变化趋势的挑战

目前，我国流通业已进入全面开放的后WTO时代，受经济全球化与新技术在流通业广泛应用的影响，集团面临的外部环境将是动态的、不断变化的，并且其变化趋势是不确定的和难以预测的。这对集团来说是一项严峻的挑战。具体为：

1. 宏观环境不确定性的挑战

尽管国内宏观经济总体上长期看好，但股市、汇市、油市、房市、车市等仍可能影响经济走势，宏观经济仍可能出现短期的调控或结构性调整，这种调控或调整将影响市场需求、价格变化与货币供应等，对集团发展，特别是生产资料贸易业务带来较大的风险和挑战。

2. 行业变革的挑战

随着全球化进程的加快与新技术在流通业的广泛应用，国内流通业的变革速度将进一步加快，新业态与新经营方式将不断出现，这将对集团现有的业态与经营方式带来很大的冲击。如何适应行业变革的需要，对业态和经营方式进行创新，将是集团面临的严峻挑战。

（三）应对市场竞争的挑战

中国流通市场是当今世界最具吸引力的市场之一，众多国内外商家都想在这个最具吸引力的市场上获取更大的市场份额与更多的经济利益，这必然导致市场竞争日趋激烈。集团将不可避免地面临激烈的市场竞争的挑战。

1. 国际流通巨头竞争的挑战

目前国内流通业呈现“国内市场国际化”的态势，集团面临的最主要竞争对手是国际流通巨头。集团与他们的差异不仅体现在规模上，更主要体现在经营能力、管理水平与创新能力上。国际零售巨头在门店选址、商品采购与管理、商品配送、店内运营、市场营销与后台支持系统等方面均形成了系统的、科学的流程与能力；在业态创新上引领世界潮流。集团要在经营能力、管理水平与创新能力上赶上国际先进水平，需要一个较长的过程，因此，应对国际流通巨头的竞争将是集团长期面临的挑战。

2. 国内同行竞争的挑战

尽管国内同行目前大多数规模不是很大，但他们在当地市场拥有较优质的网点资源与相对的规模优势，这给集团在全国的发展带来较大的竞争压力。特别是一些国内的民营同行，利用其自身的灵活机制，近年来发展迅速，将会成为集团有力的竞争对手，甚至有可能挑战集团国内第一的市场领先地位。

3. 行业替代者的挑战

进入21世纪以后，行业与行业之间的边界正在逐步模糊甚至消失，行业之间相互替代现象不断出现。因此，集团不仅要应对来自国内外同行竞争的挑战，还要面对来自行业替代者的挑战，这些行业替代者有的已经出现，如：网上购物、电视购物等；有的目前还未出现，并且难以预测它们会在什么时候、以什么方式出现。

第三部分　集团“十一五”的发展目标与发展战略

“十一五”是集团的一个十分重要的发展阶段，集团要在总结过去经验与教训、分析面临机遇与挑战的基础上，按照科学性、先进性与可行性的原则确定集团的发展目标，以动员、凝聚、激励全体员工为集团的发展而努力奋斗。同时还要根据发展目标的要求，优化集团现有的发展战略，使集团的发展战略更加符合集团发展的需要。

一、集团“十一五”的发展目标

集团“十一五”的发展目标是：确保流通行业“中国第一”的市场领先地位，为最终成为“国际一流”奠定基础。具体为：

（一）主要经营指标

1. 主营业务收入。到2010年，实现主营业务收入1 000亿元左右，在2005年年底主营业务收入500亿元的基数上翻一番，年均复合增速为15%左右。

2. 利润总额。到2010年，实现利润总额15亿元左右，在2005年年底利润总额8.58亿元的基数上，年均复合增速为12%左右。

3. 销售利润率。在2005年年底销售利润率1.4%的基数上，到2010年，销售利润率达到1.5%。

4. 净资产收益率。到2010年，净资产收益率达到2%，以2005年年底净资产收益率0.98%为基数,年均复合增速为15%。

5. 总资产。到2010年总资产达到390亿元,以2005年年底300亿元为基数,净增90亿元。

6. 资产负债率。到2010年,控制在70%以下。

7. 网点数。到2010年,网点数达10 500家,以2005年年底网点数6 592家为基数,年均复合增速为10%。

8. 营业面积。到2010年,营业面积达到890万平方米,以2005年年底营业面积356.4万平方米为基数,年均复合增速为20%。

(二) 市场地位目标

1. 整体市场地位。保持集团总体规模位居国内同行第一的市场领先地位。

2. 核心业务市场地位。最主要的核心业务位居国内市场第一,其他核心业务地位力争进入国内前三位。

(三) 无形资产目标

1. 品牌。到2010年,集团的主要品牌:"百联""联华""东方商厦""上海物贸"等成为国内著名品牌;集团自有品牌的销售比例逐年提高。

2. 创新能力。到2010年,集团成为国内流通行业业态与经营方式的重要创新者。

3. 管理水平。到2010年,集团拥有国内领先、接近国际先进水平的运营管理体系。

4. 社会形象。到2010年,集团成为国内优秀企业公民之一,在国内流通业成为择业者优先选择的企业之一。

二、集团"十一五"的发展战略

根据集团发展目标的要求,集团在优化现有发展战略的基础上,确定了适应集团发展需要的新的发展战略。那就是:

以科学发展观为指导,坚持又大、又强、又快的发展方向,努力把握发展的集中度与重点区域原则,实现商品经营与资本经营相结合、商品经营与商业房产经营相结合、现有业务经营与新业务开发相结合,确保流通行业"中国第一"的市场领先地位,为最终成为"国际一流"的企业奠定基础。

第四部分　集团"十一五"的主要任务

集团"十一五"的发展目标是令人振奋的,也是极具挑战的。集团既不能妄自菲薄,丧失信心,又不能盲目乐观,骄傲自大;要在新的发展战略指导下,努力克服自身不足,从容应对外部挑战,全面完成以下各项任务。只有这样,才能确保集团"十一五"发展目标的圆满实现。

一、"强主干、去枝干",做大做强核心业务

集团核心业务的发展必须坚持"又大又强又快"的发展方向。大是强的前提,强是大目的,快是市场竞争的要求。集团要正确处理好大、强、快的三者的辩证关系,即规模、速度与效益的关系。

(一) 调整业务结构,聚焦核心业务

集团要用两到三年的时间完成现有业务结构的调整,集中优势资源大力发展超商、综合百货、生产资料贸易三大核心业务,力争在"十一五"中期全部退出"枝干"业务。其中:

超商业务:大卖场是重点发展业态,要力争保持国内前五的地位,形成与外资零售巨头抗衡的格局;便利店是发展中的业态,要保持目前已经形成的国内网点第一的优势;标准超市要用两到三年时间完成业态转型,并保持国内领先地位。

综合百货业务:以上海为基础,大力发展都市型时尚百货连锁,争取进入全国百货连锁前五

位;在全国主要省会城市以多种形式发展百联购物中心;促进钟表眼镜、医药、建材连锁等专业连锁企业发展全国市场;认真做好历史名店,创新品牌价值。

生产资料业务:大力发展汽车、木材、金属等生产资料业务,用两到三年的时间完成经营模式转型,向两头延伸、向市外拓展,保持全国生产资料销售前三位的地位(中央直属企业除外)。

物流配送业务:要积极为核心业务的发展提供支撑。集团要以上海为基地,并随着核心业务在全国的发展,逐步建立区域性的物流配送中心。在上海,集团将尽快建成能与国际零售巨头相抗衡的一流的配送系统;在长三角及华东地区,集团将逐步建成较完备的配送体系;在全国其他区域,集团将根据网点分布需要建立必需的配送体系。

(二) 坚持集中度与重点区域原则,优化核心业务市场布局

集团核心业务必须全国发展,但"走向全国"不是撒向全国。集团优化核心业务市场布局的总体思路是:要更加突出重点,更加注重集中度,形成区域性垄断优势。要先上海市区,后上海郊区;接着长三角、华东地区与长江流域;再是国内其他重点区域;最后才是全国。

同时要积极探索、利用国际市场。具体为:

上海:进一步稳固市场地位,保持现有的市场占有率。要关注现代服务业集聚区、轨道交通沿线、"两港"建设和世博会带来的市场机遇;完成又一城、南方商城二期、一百商城、北苏州河河岸、青浦 OUTLETS 项目、浦东 2—3 号、2—4 号地块等现代服务业标志性项目的布点;同时要重点关注上海郊区市场,加强与郊区政府的合作,建立战略联盟,共同开发郊区市场。

长三角:完善长三角行动计划,进一步提高集团在长三角地区的市场份额,力争"十一五"期末,集团在长三角区域的销售规模超过 1 000 亿元,网点数超过 7 000 家。

华东地区与长江流域:在保持长三角地区领先优势的同时,择机向华东地区其他省份与长江流域延伸。

全国其他地区:重点关注天津新开发区的建设,重组集团在京、津、唐地区的网络,提升京、津、唐地区的市场占有率;在西南、华中、华南、西北等区域,积极寻求具有战略意义的大型并购机遇,从战略上控制各地区优质的网络资源。

国际市场:积极探索利用国际市场,开发国际业务,重点发展国际品牌的代理业务,探索国际商品的直接采购,扩大木制品等商品的国际业务。

(三) 转变增长方式,提升核心业务的盈利能力

"十一五"期间,集团要按照科学发展观的要求,转变增长方式,提高盈利能力,实现又快又好的发展。

1. 加快核心业务的转型

集团核心业务的经营模式已难以抗衡强大的竞争对手,也无法在竞争中形成可持续的增长空间,必须加快转型。业务转型的总体思路:以市场为导向,通过对消费行为、目标市场、主要竞争对手的研究,找准目标顾客,进行市场细分,实行差异化经营。具体为:

超商业务的转型。超商业务转型的重点业态是标超。标超转型的策略是:调整业务模式,提高毛利率,形成与大卖场的错位经营。

一要在完成超级生活馆、生鲜加强型超市试点成功的基础上,加快新业态的标准化与推广工作;二要根据周边商圈的需求,调整品类结构,向周边目标顾客提供日常生活必需品;三要提高生鲜食品的经营能力,通过加工提高附加值,扩大毛利空间;同时要进行现有加盟方式的转型,改善对加盟店的供应链支持,提高加盟店进货比例,增强对加盟店的凝聚力。大型卖场与便利店也要加强业

态转型的研究，及时进行转型。

综合百货业务的转型。综合百货业务转型重点是要加快连锁经营机制的建立与完善，并正确处理连锁中的标准化与个性化的关系；进一步提高现有门店的商品品牌档次，加大商品自营比例与知名品牌的代理，探索自有品牌的开发，提高盈利水平。

生产资料业务的转型。生产资料业务转型的重点是要向生产商和最终消费客户两头延伸，向市外（包括海外）市场延伸。拓展加工业务，使贸易与加工有机结合，通过加工提高产品的附加值，规避传统贸易的风险，提高盈利水平；拓展内外两个市场，在巩固上海市内市场的同时，积极拓展国内市场和国际市场，实行内外贸一体化。

2. 加强供应链体系建设

集团经过连续几年的快速发展，供应链体系与全国发展的矛盾日益突出，严重影响了集团的发展质量。因此，"十一五"期间，集团要着力解决供应链现状与发展的矛盾，形成较完善的支撑体系，提升核心业务市场竞争力。

工作思路：集团提出供应链建设的统一行动纲领，在集团范围内构建一个资源共享、优势放大的平台；公司（事业部）按照集团行动纲领要求，制订供应链建设行动计划，着重业务的整合和联动，协调、指导企业提升供应链建设中的协同能力；有关企业按照行动计划要求，重点推进一系列具体项目的实施，不断缓解供应链瓶颈的矛盾。

主要措施。集团将推进八大策略的实施：内部组织重构策略；系统资源整合策略；多部战略协同策略；采购技术提升策略；信息系统建设策略；物流配送支撑策略；营运能力突破策略；业务流程再造策略。其中，在信息系统建设方面，要加强基础数据库和商业智能系统的建设。要根据集团现有 IT 系统的特点，结合集团各业态的发展需要，确定可行的信息系统的数据标准体系；整合集团的 IT 系统，建立统一的硬件平台和数据平台，形成统一的财务管理系统（FMS）、供应链管理系统（SCM）、客户关系管理系统（CRM）、人力资源系统（HR）等；并在此基础上，提高对数据的组织和分析能力，构造以追求改善企业绩效目标为核心的完整的运营管理系统。

主要项目：集团将通过实施一系列具体项目来加强供应链体系建设，主要有：信息技术基础工作、B2B 电子商务平台、百联物流配送合作项目、标超加盟管理模式完善与提升、供货商战略联盟的建立、供货商资源整合、全国范围配送物流仓储管理等。

3. 加强经营管理

集团核心业务要加强经营管理，提高盈利能力。"千做万做，亏本生意不做"。加强经营管理，一是要注重商铺位置的选择，商业的核心是选址、选址，还是选址；二是要控制成本，包括管理成本、经营成本和建设成本等；三是优化经营商品结构，既要有高毛利商品也要有低毛利商品，以满足不同顾客的需要；四是要运用现代信息技术，提高经营管理水平。通过加强办公自动化的建设，建成包括收发文管理、档案管理、知识管理、资源管理等功能的办公自动化系统，并实现与 FMS、SCM、CRM、HR 等运营系统的集成，不断提高经营管理水平。

二、实现商品经营与资本经营相结合，大力开展资本经营

作为商业集团，集团必须做好商品经营，做大做强核心业务。但如果仅仅依靠商品经营的自我积累和银行贷款去扩大规模、占领市场，集团很难实现"十一五"时期的发展目标。因此，集团要在做好商品经营的同时，实施商品经营与资本经营相结合，大力开展资本经营。集团要通过资本经营，使集团商品经营的价值在资本市场得到最大的实现。集团要通过资本市场实现产权多元化；要充分利用现有的上市公司平台，在资本市场进行股权融资与债券融资；要密切关注全流通背景下，

通过证券市场实施重大战略性并购的机遇与实施反收购的挑战；要积极探索商业房产信托融资。

三、实现商品经营与商业房产经营相结合，大力开发商业房产业务

集团现有的近7 000多家网点中有相当一部分是租赁经营，许多网点经过集团多年的培育后逐步成熟，其房产价值获得大幅度的提升，然而集团不仅未能从中获益，反而还要承受由于租金上涨带来的成本上升的压力。因此，集团要建立商业房地产经营组合、开发模式、投资方式、专业分工的协调机构，形成多元化投资、专业化开发、集约化经营，适应现代商业和商业房地产发展的新格局；要进一步探索商业房地产与居住房地产及其他房地产开发相结合的新思路，使商业房地产开发获取更高的投资回报；要进一步探索新开发项目与盘活现有房地产资源相结合的新形式，通过置换变现、技术改造等形式，创造价值，提升功能，为核心业务发展提供资金与网点；要进一步提高以商业物业管理为特征的物业管理的规模与水平，真正成为全国同行业的龙头企业，为集团核心业务发展提供支撑。

四、实现现有业务经营与新业务开发相结合，创新开发新业务

创新是现代流通业发展的重要途径之一。集团要加大自主创新，不断地开发新业务，形成新的增长点。

（一）形成自主创新机制

集团要通过内部培养与外部引进相结合的方式，形成一支具有较强创新能力的人才队伍；要探索并形成适合集团创新活动所需的组织方式、工作机制与激励机制。

（二）加大资金投入

集团要积极组织申请国家或上海市的创新基金，并探索建立集团内部的创新基金，以支持集团创新项目的开展。

（三）重点开展吸收创新与集成创新

集团要重点开展吸收创新与集成创新。在吸收创新方面，集团要关注国际上已经比较成功，国内目前暂时还没有的新零售业态，并结合国内市场特点进行本土化创新；密切关注国际零售巨头在业态、经营模式、零售技术等方面的创新动态；大力吸收借鉴国际零售巨头的先进管理方法与运作方式。在集成创新方面，集团要按照市委、市府提出的要求，培育和提升“总集成商”功能。

集团要通过吸收创新与集成创新开发新业务，重点开发电子商务业务。要在整合集团各业态现有电子商务平台的基础上，构建集团电子商务平台，并结合集团的网点优势，把电子商务发展成集团新的核心业务。

五、加强品牌建设，提升品牌知名度

品牌是企业一项十分重要的无形资产，是企业经营的核心。尽管集团已制定了“伞”状品牌战略，但执行力度不够，“百联”品牌的知名度与它的市场地位不相适应，集团必须加强品牌建设。集团加强品牌建设的思路是：坚持既定的“伞”状品牌战略不变，重点突出集团品牌，强化业态品牌和服务品牌，加大自有品牌开发力度，使百联品牌和百联旗下的各类品牌人人皆知，家喻户晓，受人推崇，成为上海和全国的著名品牌。

（一）加大“百联”品牌建设

“百联”要努力成为国内流通领域的著名品牌。“百联”品牌建设要从形式到内容，从语言到行为，从不自觉到自觉，先从硬件入手，不断强化“百联”品牌。要扩大“百联”品牌的载体范围，集团现有的主要门店要统一安装“百联”标识，百联门户网站与《百联报》要加强“百联”品牌宣传，成为传播“百联”品牌的重要载体；同时，通过主题营销、社会公益活动等形式，不断强化“百联”品牌在社会和顾客中的影响力。

（二）加大业态品牌建设

建立业态品牌体系，包括连锁百货品牌、超商品牌、专业专卖品牌、生产资料品牌、购物中心品牌等。对现有相同业态的不同品牌进行整合，对规模不大但社会影响大的历史名牌予以保留。重点要加强“联华”“东方商厦”“上海物贸”的品牌建设。

“联华”要努力建成为国内著名超市品牌。“联华”品牌建设的重点是：要保持国内市场份额的领先地位、不断扩大商品品类的宽度与深度、提供具有竞争力的商品价格与服务。

“东方商厦”要努力建设成为国内著名的时尚百货连锁品牌。“东方商厦”品牌建设的重点是：不断提升商品档次，特别是要加大国际一线品牌的比例，使其在品牌档次上保持国内领先地位。

“上海物贸”品牌建设的重点是：不断扩大其在上海以外市场的影响力，逐步成为在国内生产资料流通领域具有一定影响力的品牌。

（三）加大自有品牌的开发

集团各业态在发展连锁集约的过程中，要大力开发自有品牌，充分利用工业加工制造的富余能力，设计加工消费者喜爱的商品；充分利用集团对市场的熟悉，委托加工社会消费量大的商品；充分利用集团的连锁网络，贴牌加工能提升企业知名度的商品，并力争使其中的一到两个自有品牌成为国内知名的商品品牌。

（四）加大国际、国内知名品牌的引进力度

随着国内各地区经济的快速发展，人们的购买力不断增强、消费水平不断提高、对生活质量的要求也不断提升。集团在发展过程中，要不断结合这种市场发展和消费变化的趋势，加大国际、国内知名品牌的引进力度，不断满足人们对国际、国内一线、二线品牌商品的消费需求。

第五部分　集团实施“十一五”规划的保证措施

“十一五”期间，集团要采取有力措施，努力克服自身不足，为确保集团“十一五”规划的顺利实施创造有利条件。

一、转变思想观念

思想观念传统落后是集团“十一五”面临的重大挑战之一。为使集团干部员工的思想观念符合集团发展的要求，集团决定开展以“强化百联意识，塑造百联精神，成就百联事业”为主题、以提炼百联精神为主线的大讨论。通过大讨论，集团要克服“两种思想”、提倡“三种精神”、强化“三个意识”。

（一）克服小生产思想与“官”本位思想

克服小生产思想就是要树立积极进取、永不满足的发展意识。为克服小生产思想，集团要改变考核办法，使全体员工真正感受到“越做奖励越高，越做激励越多”。克服“官”本位思想就是要消除“局”“处”“科”行政级别概念。为此，集团在选人、用人、奖励等方面，要重能力、讲业绩、比贡献。

（二）提倡职业精神、敬业精神与事业精神

提倡职业精神就是要求全体员工明确自己要做什么，要完成什么任务；提倡敬业精神就是要求全体员工成为行业里的行家里手、专家；提倡事业精神就是要求集团全体员工献身于百联的发展事业。集团要通过多种形式，在集团内部形成“爱岗、敬业、奉献”的工作氛围。

（三）强化大局意识、团队意识与竞争意识

强化大局意识就是要自觉维护集团利益与集团权威。在内部整合与外部发展过程中，要以集团利益为重；在日常运行管理中，要形成政令畅通、令行禁止的氛围。强化团队意识就是要强化合作意识。集团的每一个员工都要自觉地融入自己的工作团队；集团的每个成员企业都要自觉地融入百联这个大团队。强化竞争意识就是要遇强更强，永不安逸懈怠。集团不仅要敢于与国际一流对手竞争，还要重视与国内同行竞争，更要勇于超越自我，战胜过去。

二、加快资源整合

集团资源整合与集约的目标是形成总集成平台：总部（指挥和控制系统）在上海，网点覆盖全国大多数地区，产权在资本市场实现多元化。

（一）加快集团产权多元化的进程

加快集团在资本市场实现产权多元化的进程，寻求最佳途径，力求尽快突破。同时，按照市国资委的统一要求，在积极做好集团所属上市公司股权分置改革的基础上，争取在资本市场融入更多的发展资本。

（二）加快资产重组进程

2006年基本完成不良不实资产清理的后续工作，盘活集团现有存量房地产资源，变固化的存量资产为流动的股权或现金，优化集团的资产结构。

（三）加大资源集约力度

在资产整合未全部到位的情况下，集团要推进各公司（事业部）积极做好内部资源集约；要最大限度地做好跨企业（事业部）间商业网点与其他资源的调整与优化配置；要重点推进品牌供货商资源共享与商品采购及物流集约的探索工作。随着集团资产整合进程的加快，要重点做好采购的集约：一是要对重要供货商与品牌商进行集约管理，主要以公司（事业部）为主体，对重要供货商与品牌商进行集中管理，集团建立相应的协调管理机制。二是要以公司（事业部）为主体，完成从联合采购、联合招商、联合营销，向集中采购、统一招商、统一营销过渡的工作，实现真正意义上的集约。

（四）加大财务资源集约与优化的力度

进一步拓宽融资渠道，发挥上市公司股票与债券的融资功能，探索商业不动产的证券化与信托化；加强资金结算中心的功能建设，探索组建财务公司，不断扩大资金集约量，增强资金的调配功能；加强风险防范与控制，保持健康的财务结构；做好现金流量平衡的预测工作，保持合理的流动性。

三、完善管控模式

完善集团管控模式的思路：进一步明确总部功能定位、调整组织形式、完善权责划分，加强高管管理，提升总部的服务功能，强化"控制—执行—反馈—激励"四位一体的管控机制，以加强集团的控制力、强化下属企业和高管人员的执行力、形成集团上下的凝聚力与市场的竞争力。

（一）进一步明确总部功能定位

集团将形成以战略管控为主和财务管控为辅的管控模式。集团对核心业务将采取战略管控的管控方式；对整合业务将采取财务管控的管控方式。对支撑业务、培育业务和重大项目，集团将在战略管控和财务管控的基础上，根据实际情况参与其重大经营决策。

（二）调整组织形式

集团将依照扁平高效原则，横向收缩幅度，纵向减少层级。层级就是成本，层级就是效率。将由"总部—事业部（中心）—经营企业"三层次，调整为"总部一、二级公司"两个层次，取消事业部（中心）层级。同时加强总部建设，对总部职能部门进行相应地调整。

（三）完善权责划分

集团将按照新的职能定位、组织结构与管控模式重新进行事权划分，并修改完善相应的制度与流程。

（四）强化管控机制

强化"控制—执行—反馈—激励"四位一体的管控机制是完善集团管控模式的重点。具体为：

第一，强化控制功能。集团将强化战略控制、预算控制、重大投资项目控制与高层管理团队管理。其中核心是加强高层管理团队管理。

第二，强化执行功能。管理重在执行。管理的方式有：命令的方式、教育疏导的方式、示范榜样的方式，其中命令是一种非常重要的常用的管理方式。为强化集团的执行力，集团一是要树立集团权威，形成政令畅通、令行禁止的氛围；二是建立与完善督办机制。

第三，强化反馈功能。集团将完善报告制度，包括外部情报反馈、内部运营与财务信息的反馈、重大事项的及时报告、内部审计的反馈等。

第四，强化激励功能。集团将完善业绩考核体系，强化正负激励机制，形成“越干气越顺、越干劲越足、越干心越齐、越干越想干”的工作氛围。对业绩优秀经营者的奖励不封顶，并给予重用；对业绩不合格者进行惩罚、调整。同时让企业员工共享企业发展成果。

第五，进行管理流程再造。在管控模式基本完善之后，集团将按照标准化、规范化、程序化的要求，实施管理流程再造，编制集团管理手册，力争在“十一五”期末建立一套领先国内同行的企业运营管理体系。

四、加强人力资源建设

人力资源是集团最宝贵的资源。集团将以人为本，按照“国际化与市场化”的要求加强人力资源建设，全面提高员工素质。逐步实现选人用人标准和方法的国际化与市场化；薪酬激励体系的国际化与市场化；培训模式与方法的国际化与市场化；人才结构的国际化与市场化。

（一）加强集团高层管理团队建设

高层管理团队是集团企业成功的最关键因素。集团在高层管理团队建设中要抓“一把手、一班人、一个团队”。对高层管理团队，集团的要求必须是高的，营造的氛围与形成的机制应该是好的。要改变高层管理团队的管理方式，加强高层管理团队的管理。

（二）加强关键岗位人才队伍建设

关键岗位人才队伍是集团的中坚力量。集团急需的关键岗位有：购物中心总经理、百货商场总经理、大卖场店长、各类买手、工程项目经理、企业营销策划经理等。集团一方面要采取多种形式，引进并内部培养一批关键岗位人才，以满足自身发展的需要；另一方面要采取有效措施形成良好的环境和文化，留住这批人才，用好这批人才。要利用集团快速发展的态势为他们个人的职业发展创造宽阔的事业舞台，提供更多锻炼机会与更大的晋升空间。

（三）加强员工队伍建设

广大员工是集团的基础力量，集团将通过使命、远景目标与企业文化凝聚员工；通过提供有竞争力的工作条件与待遇留住员工；通过以业绩为导向的薪酬与岗位晋升制度激励员工；充分依靠员工，不断调动员工的积极性与创造性。

（四）加强培训工作

集团不仅把培训工作作为提高员工素质的手段，也把培训工作作为集团对员工的责任与义务，使每一个员工都有培训的机会与权利。一是要加大投入，保证培训所需费用；二是要落实责任，明确每一个管理者都有向被管理者进行培训的责任；三是要加强集团的专职培训基地和自有培训机构的建设，整合集约现有培训资源，不断完善内部培训机构的设施与功能；四是要加强国际交往，为员工提供更多的海外培训机会。

五、加强企业文化建设

企业文化对于规范企业行为，提升企业竞争力具有十分重要的作用。集团的企业文化是实现集团战略目标的重要精神力量。集团企业文化建设要围绕“强化百联意识，塑造百联精神，成就百联事业”这一主线展开。

（一）明确百联使命

要在深刻领会市委、市政府对集团的厚望、社会各界对集团的希望以及全体股东和全体员工对集团的期望的基础上，进一步明确集团的使命与责任；要在讨论、总结的基础上，用形象简洁的语言表述集团的使命；要在宣传、实践的基础上不断使集团的使命深入人心。

（二）塑造百联精神

要根据集团发展的要求，结合集团的特点与时代特征，塑造“遇强更强、诚信致远”的百联精神。百联精神一方面要突出集团战胜对手的勇气与超越自我的魄力，另一方面要强调集团须诚信对待股东、诚信对待顾客、诚信对待员工和诚信对待社会。

（三）完善百联价值观

要在以“业绩为导向、创新为核心、包容为特征”的基础上，进一步完善百联价值观。重点要强化大局意识与服务意识。强化大局意识，就是要倡导全体员工多做对百联有益之事、多说对百联有益之话、多扬百联的美名。强化服务意识就是要以顾客为导向，树立自上而下的服务意识，即一线员工为顾客服务，门店管理人员为员工服务，总部为门店服务，公司（事业部）为企业服务，集团总部为公司（事业部）服务。

（四）加强企业文化宣传

要通过CI设计、对外广告宣传、内部研讨、业余文化活动等多种形式，强化对百联使命、百联精神、百联价值观的认同。

六、加强稳定工作

稳定工作是集团各项工作的基础，集团“十一五”规划的实施必须要有一个稳定和谐的工作环境，集团要从构建和谐社会的要求来加强内部稳定工作。

（一）继续做好离休干部、退休人员与离岗人员的服务工作

进一步完善人力资源管理中心功能，为离休干部、退休人员、离岗人员提供更好的服务。根据国家政策，及时落实离休干部各项政治待遇和生活待遇；积极做好退休人员属地化的准备工作，稳步推进；通过开拓发展为离岗员工创造更多的就业机会；各有关部门继续为离岗职工尽可能提供更多的就业机会。

（二）继续做好信访接待工作

加强信访接待机构建设，充实信访接待力量，按照国家信访条例要求，认真做好每一件信访接待工作；同时进一步完善稳定工作预警机制与快速反应机制。

（三）切实关心弱势员工利益

进一步完善帮困机制，帮助家庭特殊困难职工解决就业、医疗、子女上学等方面的困难，体现企业的关爱。

（二）百联集团有限公司“十二五”发展规划

前　　言

为贯彻落实上海市委、市政府和国家商务部对百联集团的有关要求，按照上海市国资委关于编制“十二五”发展规划的统一部署，百联集团有限公司（以下简称“集团”）回顾总结了“十一五”时期企业发展情况，在集团2009—2011年三年行动规划、2010—2012年三年发展计划的基础上，制定了“十二五”（2011—2015年）发展规划。

本规划明确了集团“十二五”时期的指导思想、发展思路和发展目标，提出了未来五年的发展重点、战略举措及保证措施。

本规划是集团下属各公司制定规划的重要依据，各公司制定发展规划时，须与本规划协调一致。

第一部分　“十一五”时期企业发展取得的主要成绩

百联集团由原上海一百（集团）有限公司、华联（集团）有限公司、上海友谊（集团）有限公司和上海物资（集团）总公司合并组建，于2003年4月正式挂牌成立，注册资本为10亿元人民币，为国有独资企业。在“十一五”规划期间，集团围绕商贸流通行业“中国第一、国际一流”的发展目标，全面推进“十一五”规划确定的各项举措，完成情况良好，企业发展成绩显著。

一、业务体系基本形成

集团形成了由三大核心业务、三大培育业务以及其他业务构成的清晰的业务体系。

核心业务包括超商、综合百货和生产资料贸易3个板块，各板块业态比较齐全。

超商业务有大卖场、标准超市和便利店3个业态，现有联华、华联、世纪联华、华联吉买盛、快客、罗森6个品牌。

综合百货有百货商店、购物中心、奥特莱斯、专业连锁店等业态。百货商店包括第一百货、永安百货、时装公司、东方商厦、第一八佰伴、虹桥友谊、华联商厦、友谊商店等，其中东方商厦采取了连锁经营模式。购物中心包括百联南方、百联西郊、百联中环、百联又一城、百联南郊、百联金山、百联奉贤、百联重庆、百联沈阳等。奥特莱斯包括百联奥特莱斯广场上海青浦店和杭州下沙店。专业连锁店包括好美家建材、第一医药、吴良材眼镜、茂昌眼镜、亨达利钟表、亨得利钟表等。

生产资料贸易有金属材料、能源化工、汽车服务等业务。拥有上海有色金属交易市场、上海二

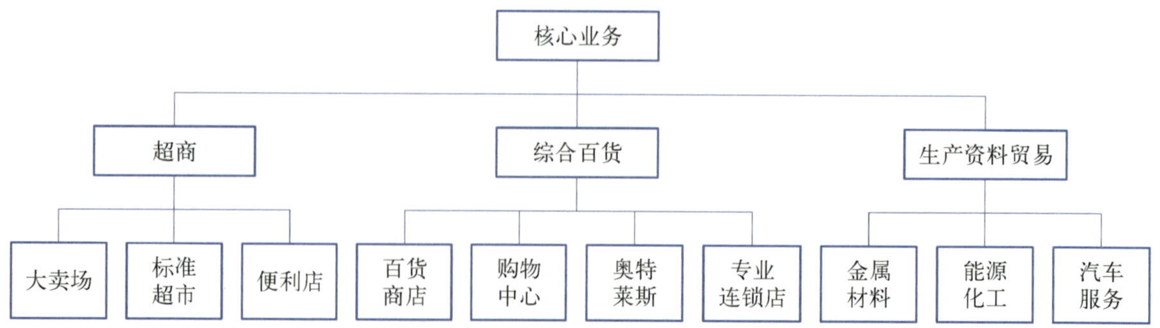

图附-2-2　百联集团三大核心业务

手车交易市场、上海旧机动车交易市场、上海危险化学品市场等较大规模的专业交易市场。

培育业务包括物流配送、商业置业、电子商务3个板块。物流配送业务主要包括城市配送、危化物流、制造业物流等业务。商业置业业务主要包括商业房产开发、商业房产租赁和商业物业管理等业务。电子商务业务主要包括电话及网上零售和电子支付等业务。

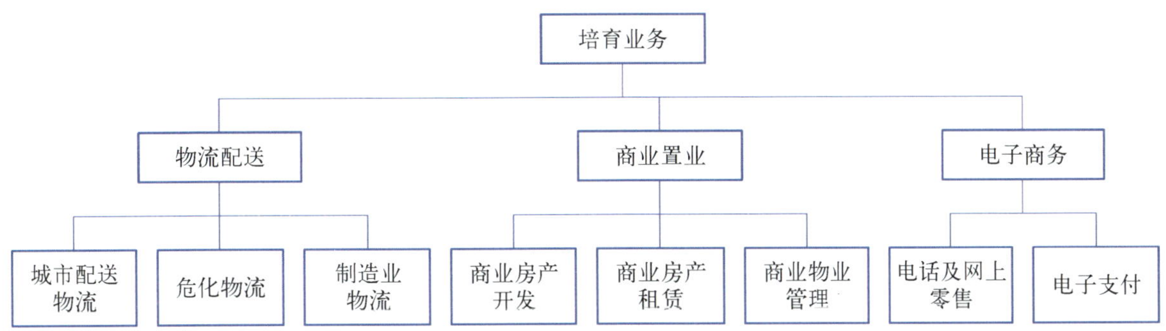

图附-2-3 百联集团三大培育业务

此外，集团还有一些其他业务，包括国内日用品分销、进出口贸易、船舶供应等贸易类业务，拍卖、典当、寄售等特种服务类业务及宾馆酒店、出租汽车服务、家电服务等传统服务类业务，目前由百联资产经营管理公司统一管理。

在整合中，集团坚持优势资产向核心业务倾斜，核心业务向上市公司集中。目前，核心业务的资产、营业收入、利润总额占集团的比重达到90%左右。核心业务管理体系日益清晰，形成了三大核心业务专业化经营的结构，超商业务由联华股份经营管理，综合百货业务由百联股份、新路达公司和三联公司经营管理，生产资料贸易业务由物贸股份经营管理。此外，集团还大力发展培育业务，物流配送、商业置业对核心业务的支撑力度不断加强，电子商务业务的销售规模不断扩大，市场影响力不断加强。

二、市场网络初步构建

集团大力实施全国战略，努力开拓全国市场。在深耕上海市场的基础上，重点开拓泛长三角市场，并向全国其他省市拓展。目前，集团业务已进入全国20多个省市，市外销售占整体销售的比例为20%左右。其中，大卖场、标超、便利店的网点进入了20多个省份的一、二级城市及县乡级地区。购物中心、百货商店进入了长三角地区的宁波、东北的沈阳、西南的重庆、华中的长沙等地。2010年9月，奥特莱斯广场在杭州下沙正式开业，迈出了跨区域发展的第一步。建材超市、钟表眼镜等专业连锁店也在向江浙、湖北等地发展。

三、内部整合基本完成

集团成立以来，积极进行资产整合，为做大做强创造了有利条件。完成了第一百货吸收合并华联商厦，并更名为百联股份。友谊股份与百联股份的吸收合并正在进行中。通过收购上实所持联华股权，提高集团对联华的控制力，完成了对华联超市、吉买盛的股权收购，超商资本层面的整合基本到位，为业务层面整合奠定了基础。完成了物贸股份的重组，通过再融资实现资本规模扩张，为企业发展提供了支撑。完成了第一医药的股权重组及内部医药资产的合并重组，为医药专业连锁发展奠定了基础。

集团积极推进管控模式的完善，基本形成了事权明确、流程清晰的管理架构。通过事业部公司制改造，由成立之初的事业部改制为母子公司制，对核心业务和培育业务进行专业化经营。对集团下属 9 个控股二级公司（联华股份、百联股份、物贸股份、新路达、百联置业、现代物流、电子商务、三联公司、资产公司）实行以战略管控为主的管控模式。管理架构具体如下：

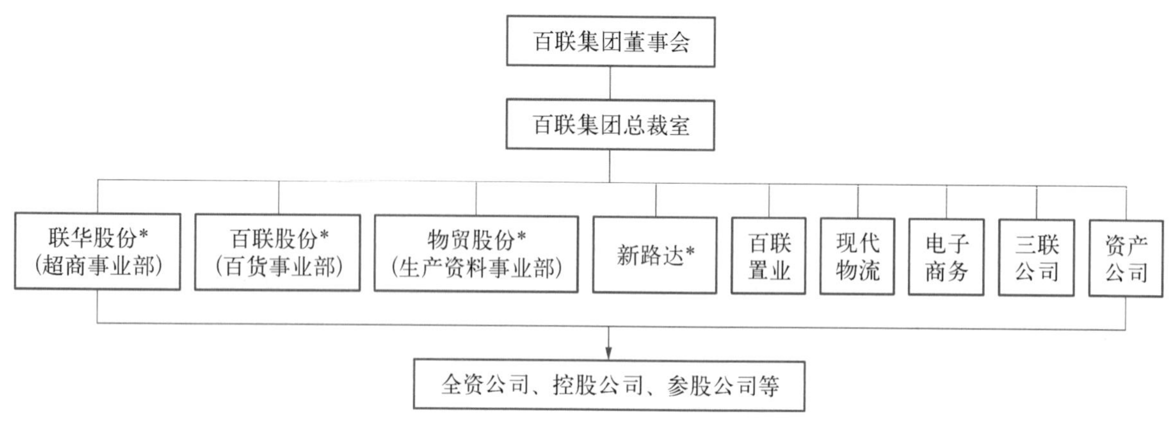

图附-2-4　百联集团管理架构

注：上图企业中有＊的是上市公司或者下属企业中有上市公司。

集团现有 5 家上市公司：百联股份（A）、友谊股份（A、B）、上海物贸（A、B）、第一医药（A）、联华超市（H）。到 2010 年年末，集团国有权益证券化率约为 50%。

同时，按照管理扁平化的要求，横向减少管理幅度，基本理顺了核心业态的资产与管理关系；纵向减少管理层级，决算合并报表范围内全部企业产权层级缩减为 7 级、管理层级缩减到 5 级。截至 2010 年年末，纳入集团决算合并报表企业总户数 380 家，其中，集团本级 1 家、二级企业户数 26 家、三级（含三级以下）企业户数 353 家。

四、市场地位进一步巩固

经过“十一五”时期的发展，集团进一步巩固和加强了市场地位。根据由中国企业联合会、中国企业家协会公布的 2010 年度中国企业 500 强排名，集团列中国企业 500 强第 28 位，服务业企业第 13 位，商贸流通业企业第 1 位。根据德勤 2011 年发布的排名，集团列全球零售 250 强第 70 位，在中国内地入围企业中列第 1 位。

分业务来看，集团超商业务在快速消费品排行第 1 位。其中：联华超市有限公司居快速消费品百强排行第 2 位；大卖场业态经营规模居全国同行业前五位；标准超市业态经营规模居全国同行业第一位；便利店业态网点规模居全国同行业第 3 位。

集团百货业务经营规模居全国同行业第 1 位。其中：百联股份在以百货或购物中心为主要业态的公司中处于领先地位；第一八佰伴连续多年营业收入位居上海百货单店销售排行第 1 位，第一百货及东方商厦（旗舰店）位居前 5 位。

集团生产资料贸易业务经营规模居全国省市级物资集团第 3 位。其中，上海有色金属交易市场交易量列全国第 1 位；旧机动车交易市场交易量居上海第 1 位。

五、经济指标持续增长

“十一五”时期，集团经营规模、营业收入、利润总额等均持续增长，其中营业收入和利润总额复合增速实现两位数增长。

表附-2-1 百联集团"十一五"时期经营规模、营业收入、利润总额情况表

	2005年	2010年	"十一五"时期复合增速
经营规模(亿元)	1 385.9	1 964.4	7.2%
营业收入(亿元)	592.8	1 149.4	14.2%
利润总额(亿元)	8.6	20.6	19.1%

注：利润总额扣除了非经常损益。

"十一五"时期，集团发展也还存在一些问题和薄弱环节，主要是：与主要竞争对手相比，发展速度还不够快；各区域发展不均衡，还没有真正成为全国性公司；核心竞争能力有待进一步提高，商品经营、业态创新能力有待进一步提升；人才、信息化、物流等支撑体系有待进一步加强；选人用人、激励等体制机制瓶颈有待进一步突破。

第二部分 "十二五"时期的主要机遇与挑战

一、主要机遇

(一) 市场容量持续扩大

中国经济持续增长、居民消费能力提升、消费结构升级等因素，将促进市场容量不断扩大，推动商贸流通行业长期发展，给集团带来发展机遇。

1. 经济总量长期较快增长

进入新世纪以来，中国一直是全球经济增长最快的国家之一，"十一五"时期，国内生产总值(GDP)年增速保持在10%左右。根据国家"十二五"规划纲要，"十二五"时期GDP还将保持7%左右的增长速度。

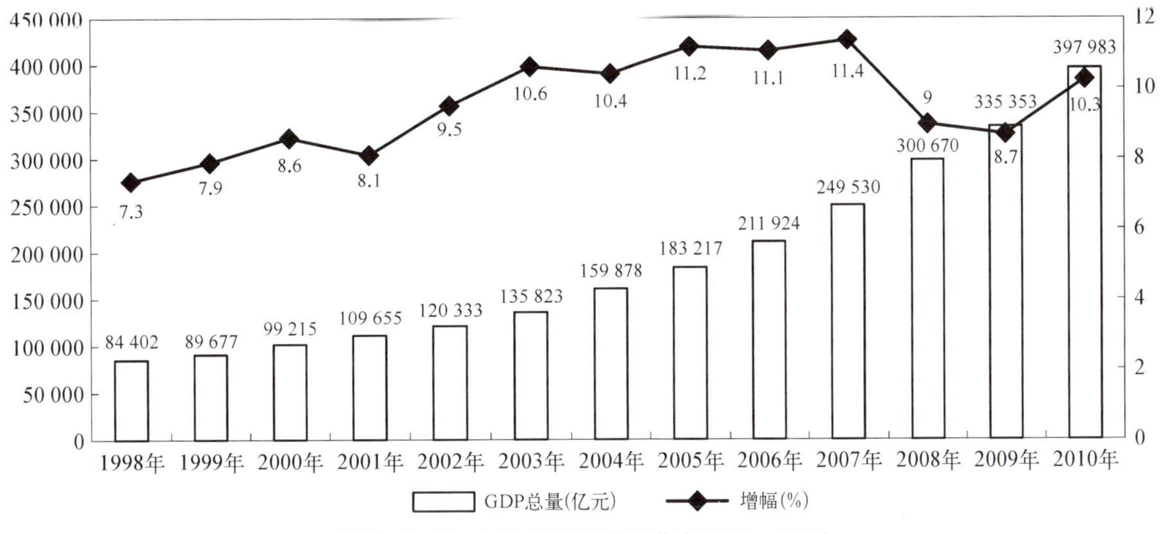

图附-2-5 中国GDP总量及增速(1998—2010)

2. 居民收入持续增加

新世纪以来，我国城镇居民人均可支配收入及农村居民人均纯收入的年均复合增长率都在10%以上。我国居民收入水平提高的一个显著特征是，高收入者和中产阶层数量增长迅速。根据

美林全球财富管理公司发布的《2010 年世界财富报告》，2009 年，中国资产净值在 100 万美元以上的富豪有 47.7 万人，仅次于美国、日本、德国，列世界第 4 位；富豪数量的增速仅次于澳大利亚，居世界第 2 位。虽然目前各机构对中产阶层数量的计算有所不同，但中国中产阶层的崛起却是不争的事实，中产阶层的人数不断增加，消费能力不断提升，中产阶层将成为消费主力。"十二五"时期，国家要进一步提高居民收入在国民收入分配中的比重和劳动报酬在初次分配中的比重，逐步形成中等收入者占多数的分配格局。随着城乡居民收入水平的提高，居民消费能力将不断增强。

3. 消费结构继续升级

近年来，中国城乡居民家庭的恩格尔系数逐年下降，消费品类中，非吃穿类的比重逐渐增多，尤其是奢侈品商品销售逐年增加，中国已成为仅次于美国的全球第二大奢侈品消费市场。中国在奢侈品消费市场增长空间很大，预计到 2015 年，中国内地在全球奢侈品市场所占份额将达到 15%，如果加上中国澳门、香港、台湾地区，会占到全球市场的 20%～25%。同时，根据历史统计数据研究表明，我国第三次消费高峰于 2007 年启动，并将持续到"十二五"期末。与以往两次不同，第三次消费高峰的消费主力群更加年轻化、时尚化、品牌化、高端化，持续的时间更长，起点更高。

总之，以上因素促进我国商贸流通市场容量不断扩大，国内生活消费市场与生产资料市场都具有长期发展的机遇，这将给集团零售业务和生产资料贸易业务的发展带来良好机遇。从社会消费品零售总额来看，2010 年达到 15.46 万亿元，"十一五"时期年均增长 18.1%。随着国家改变以往出口导向和投资拉动为主的经济增长模式，将扩大内需作为确保国民经济持续发展的必要手段，"十二五"时期，社会消费品市场仍将继续保持较大的增速，中国消费市场容量将继续扩大。根据商务部国内贸易发展规划，"十二五"期末，社会消费品零售总额将比 2010 年翻一番，达到 32 万亿元，年均增长 15%。从生产资料销售总额来看，2010 年达到 27.7 万亿元，"十一五"时期年均增长 20.4%。国内生产资料市场在未来几年仍将保持较快的增长速度，市场容量继续不断扩大。根据国内贸易发展规划，"十二五"期末，生产资料销售总额将达到 78 万亿元，年均增长 16.7%。

（二）城镇化进程加快

过去 30 多年，中国经历了世界历史上规模最大、速度最快的城镇化进程。根据 2010 年第六次

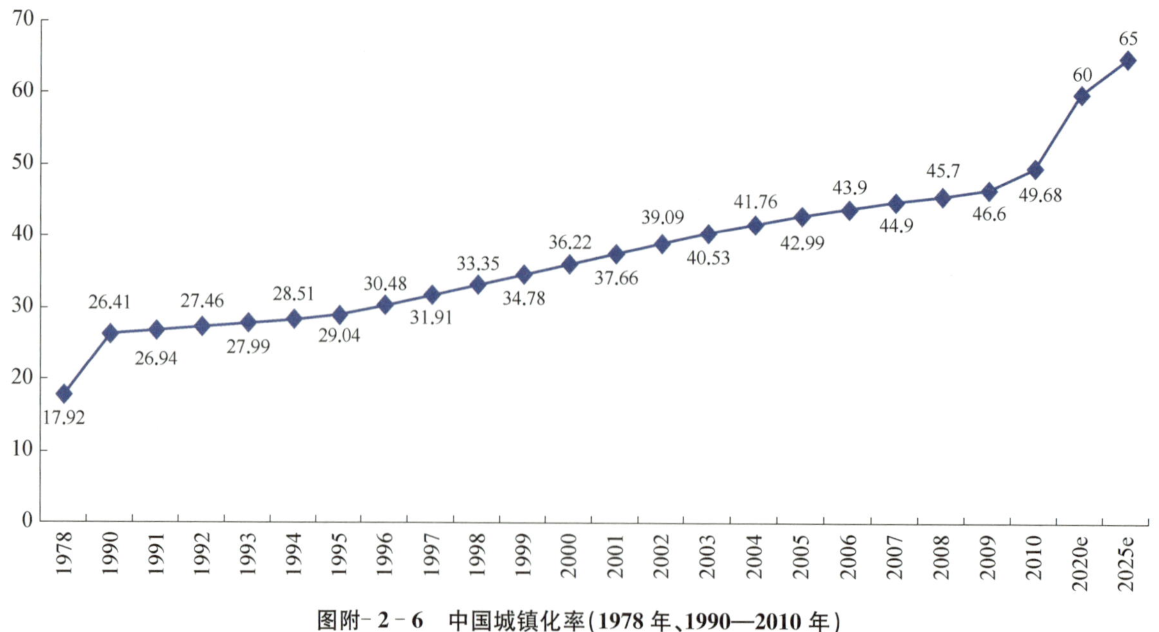

图附-2-6　中国城镇化率(1978 年、1990—2010 年)

全国人口普查主要数据公报，城镇化率由 1978 年的 17.92%提高到 2010 年的 49.68%，提高了 31.76 个百分点，年均增加约 1 个百分点。"十二五"规划纲要提出"城镇化率提高 4 个百分点，城乡区域发展的协调性进一步增强"。有关专家预计 2020 年前后达到 60%，2025 年达到 65%。城镇化的不断加快，为零售行业需求的稳定增长提供了重要保障。城镇化过程中城市形态的不断变化，为零售企业的网点发展提供了新的空间。

（三）区域一体化及市场集中度加强

近年来，我国的区域经济发展呈现出一体化速度加快的特征，区域一体化范围也呈扩大之势。国家实施区域发展总体战略，充分发挥不同地区比较优势，促进生产要素合理流动，深化区域合作，推进区域良性互动发展，逐步缩小区域发展差距。尤其要推进京津冀、长江三角洲、珠江三角洲地区区域经济一体化发展。包括金融、贸易、投资、基础设施建设、社会管理、公共政策和生态保护等方面的一体化，将不断减少地区分割和地方利益诉求，减少商贸流通企业连锁发展中遇到的地区壁垒，有利于商贸流通企业在各个区域的进一步发展。

在未来几年中，在区域一体化的背景下，随着中国零售领域涌现出更多跨区域甚至全国性的大型零售企业，流通企业行业集中度将进一步提高、资源将不断向优势企业集中。集团在零售行业具有规模领先优势，已形成了全国拓展的雏形，在进一步实施全国拓展中将面临较好的市场整合机遇。

（四）业态多元化发展

我国零售业态越来越向多元化方向发展。一些在发达国家已进入成熟期或衰退期的零售业态，在我国由于发展时间不长，并且国内市场容量较大，仍有较大的发展空间，一些在发达国家处于发展期的业态，在我国保持着较快的发展速度。集多元素体验、休闲、购物为一体的购物中心成为中国商业的主要模式之一，娱乐、餐饮、休闲等比例不断加大的社区型购物中心发展迅速；国内外投资资金、地产商、零售商纷纷加强开发购物中心业态，不少有实力的房地产企业从单纯物业开发的模式转向物业开发与持有经营相结合的模式转变。奥特莱斯在国内尚处于发展初级阶段，已成为百货业转型发展的主要方向之一，大量奥特莱斯项目纷纷上马。随着国内互联网建设的迅速发展、网络安全的不断完善以及人们消费观念的改变，国内电子商务进入了一个高速发展的阶段，零售渠道虚拟化成为当今零售行业发展趋势之一，传统零售企业纷纷涉足网络渠道，入驻购物平台、开设网络商城。

（五）政府的政策支持

一是在发展模式方面，国家将改变已往出口导向和投资拉动为主的经济增长模式，加快形成消费、投资、出口协调拉动经济增长新局面，坚持扩大内需特别是扩大消费需求的战略，建立扩大消费需求的长效机制，充分挖掘我国内需市场的巨大潜力，形成内需为主促进消费的国民经济持续发展模式。有专家预计，随着有利于扩大消费的收入分配格局的形成，未来 10 年内，我国消费占 GDP 比重将提高到 60%～65%，消费将成为经济内生增长的主要动力。这为零售行业的发展创造了条件。

二是在政府规制方面，政府持续不断推动流通行业体制改革，不断加强商业网点规划建设，并进一步规范零售企业与供应商的关系，这都有利于零售行业的健康发展。

三是从经济安全方面，流通行业在社会发展的产业链中具有重要地位，国家通过扶持国内大型流通企业集团，以保障相关产业的稳定和安全。商务部已将百联列入国家重点培育的大型流通企业集团的行列，这将为集团发展提供更好的政策机遇。

四是在上海发展方面，"十二五"时期要加快推进国际贸易中心建设，不断提高市场开放程度与贸易便利化水平、强化贸易流通对产业结构调整的带动作用、构建具有国际国内市场资源配置功能的市场体系、打造上海国际贸易中心空间载体和营造国际一流水平商贸环境，建设成为国内外商品的集散之地、全国性的商品交易平台和时尚购物之都，这为百联加快发展提供了历史性机遇。

二、主要挑战

（一）宏观环境不确定性

"十二五"时期，国内外经济环境总体向好，但仍存在很多不确定性因素。从国际上看，虽然主要经济体的经济已开始复苏，但国际金融危机影响仍在持续，复苏基础并不牢固，复苏进程不平衡，一些新情况、新问题还在显现，存在很大的不确定性。从国内看，虽然经济持续增长，但一些长期积累的矛盾可能进一步凸显，经济发展方式和产业结构将发生调整，宏观经济政策抉择面临的"两难"问题依然很多，同样存在很大的不确定性。这些因素都可能会对"十二五"时期的商贸流通行业的发展造成一定的影响。集团业务发展中可能会遇到发展速度降低、发展方式转变等挑战。

（二）各类成本上升

一是人力成本上升带来的挑战。国家"十二五"规划纲要提出，要着力保障和改善民生，合理调整收入分配关系，努力提高居民收入在国民收入分配中的比重、劳动报酬在初次分配中的比重。商贸流通行业是劳动密集型产业，盈利水平相对较低。收入分配的变化，虽然会对国内消费持续增长提供新动力，但也会提高企业的人力成本，这将对企业的未来发展带来一定的挑战。

二是财务成本上升带来的挑战。在通货膨胀背景下，为保持经济平稳较快发展和管理好通胀预期，政府将不断调整财政政策和货币政策。从2010年下半年起，中国进入了新一轮加息周期，未来贷款利率的提高，将增加企业尤其资产负债率相对较高企业的财务成本。

三是物业成本上升带来的挑战。"十二五"时期，国内商业地产、商铺的购买成本和租金成本将延续上涨态势。集团现有的大量网点在未来5年中将迎来新一轮的租赁期。这些对集团发展来说非常重要的网点资源，除了面对同行业的竞争外，还面临着银行、餐饮、美容等其他行业的争夺。在激烈的竞争背景下，集团如无法承受不断上升的租赁价格和购买成本，网点资源可能被其他行业、其他企业夺走，给企业的持续经营带来挑战。

（三）行业竞争加剧

中国零售市场的竞争是激烈的国际化的竞争。从竞争业态的主体来看，大卖场、百货商店、购物中心、奥特莱斯、电器专卖、建材超市等业态，都面临着国际知名零售巨头的竞争。并且在中国零售市场，除了已进入中国市场的外资企业加快发展速度以外，一些新的非传统零售外资也加速进入中国零售市场，很多海外私募资本已进入二、三线零售市场。

外资进入对国内零售企业形成一系列威胁。一是通过多种途径降低商品成本，不断降低销售价格，对周围零售商形成绝对成本威胁。二是实力较强的外资零售企业运用先进信息技术，不仅降低供应链成本，甚至为顾客创造一种全新的购物体验，对信息技术水平相对较弱的国内零售企业造成技术威胁。三是外资零售企业凭借其品牌影响力及"超国民待遇"，往往可以获取非常优质的地理位置，对国内零售企业而言，形成了选址威胁。

（四）产业链关系新发展

一是行业竞争模式从价格竞争向价值竞争转变。自我国零售业对外开放以后，内、外资零售企业的开店规模和数量不断增加，在诸多地区都出现了零售商业设施饱和的态势，零售市场的竞争日趋激烈。除了以价格竞争作为主要竞争手段外，近几年行业竞争出现一种新趋势，一些零售企业通过向产业链上下游延伸，如开展农超对接、工商对接、内外贸对接，以及加强横向联合，注重商品经营与商业房产经营的结合等方式，在提升盈利能力的同时，为顾客创造全新价值，从而形成了自身的差异化竞争优势。如何顺应行业竞争模式的这些变化进行经营管理转型，这将是企业遇到的新挑战。

二是行业渠道关系转变，向自营化回归的趋势显现。1992年以来，国内零供渠道关系发生了变化，尤其1998年以后，零售商获得极快发展，成为渠道主导。大型零售商凭借渠道势力，采用了联营、引厂进店及向供应商收取各种“进场费”的经营模式。供应商的销售返点、延长账期和收取名目繁多的“进场费”等成为零售商的主要利润来源。与此同时，由于零售商失去了对经营商品的所有权，经营中话语权降低，传统零售的功能弱化，自主扩张、创新的能力以及服务消费者的能力削弱。为了改变上述不利局面，零售商必须重新回归到固有的以自主经营为主、以商品周转和销售毛利为主导的盈利模式、零供关系由竞争关系发展为互利共赢的合作关系，已成为行业共识。如何适应渠道关系的变化，转变经营模式和盈利模式，改变零供关系，这也给零售企业带来新挑战。

（五）消费习惯新变化

一是体验经济时代的消费习惯变化。体验经济是服务经济的延伸，也被认为是继农业经济、工业经济和服务经济之后的人类第4个经济生活发展阶段。体验经济时代把体验视为一种独特的经济提供物，认为体验是企业以服务为舞台，以商品为道具，以消费者为中心，吸引消费者参与、值得消费者回忆的活动，为企业提供了未来经济增长的战略新选择。如何适应这种变化，并围绕着体验经济进行转型，这将是企业遇到的新挑战。

二是低碳经济时代的消费习惯变化。低碳经济是以低能耗、低污染、低排放为基础的经济模式，低碳化可能成为“信息化”和“全球化”后的全球经济发展的新趋势。2009年哥本哈根会议后，低碳经济成为全球行动。中国主动承诺，到2020年，单位国内生产总值二氧化碳排放比2005年下降40%～45%。国家“十二五”规划纲要提出，要大幅度降低能源消耗强度和二氧化碳排放强度，有效控制温室气体排放。低碳经济将导致消费方式发生较大变化，如戒除以高耗能为代价的便利消费嗜好、使用一次性用品的消费嗜好、以大量消耗能源及大量排放温室气体为代价的奢侈消费嗜好等。如何适应这些变化，这也是企业遇到的新挑战。

三是更加注重商品质量安全的消费习惯的变化。在目前国内市场，由于消费数量庞大、生产经营者众多，再加上监管体制机制还不健全，质量安全事件时有发生，尤其是近年来发生的多起重大食品安全事件，不仅对生产企业，同时也对销售企业，甚至对总体消费环境和消费者的信心都造成了极其不利的影响。如何适应消费者更加注重商品质量安全的迫切需要，加强对经营商品的质量管理，自觉严把商品质量安全关，这也是企业面临的新挑战。

总之，“十二五”时期，机遇与挑战并存，集团必须充分发挥既有的网点优势、品牌优势、多业态综合优势、本土化人力资源优势及与政府良好关系等优势，同时克服在市场拓展、满足新兴消费需求、综合开发等方面的不足，抓住良好的发展机遇，努力做大做强。

第三部分　“十二五”时期的指导思想、发展思路和发展目标

一、指导思想

以邓小平理论和“三个代表”重要思想为指导，深入贯彻落实科学发展观，根据“十二五”时期上海市委、市政府加快推进“四个率先”、加快建设“四个中心”和社会主义现代化国际大都市的总体要求，以“创新驱动、转型发展”为主线，着力推进经营理念现代化、经营方式集约化、经营管理信息化、

经营机制市场化，成为真正的全国性商贸流通集团，为建设“国际一流”商贸流通企业奠定基础。

二、发展思路

工作重点向深化整合、聚焦发展转变；发展动力向创新驱动转变；发展目标向扩规模、调结构、增效益相结合转变；网点开发向综合开发模式转变；业务经营向传统业务与业务创新相结合转变。

三、发展目标

进一步巩固上海市场的龙头地位，确立泛长三角市场的优势地位，在全国部分重点城市具有一定的市场影响力，基本建成全国性的网络体系，实现区域性公司向全国性公司的转变，各项指标在国内同行业中保持领先地位。

（一）主要指标国内行业领先

“十二五”时期，营业收入、利润总额指标增速高于行业平均水平；净资产收益率（净利润/净资产）保持在6.5%以上，其中，三大核心业务净资产收益率达到行业先进水平；网点数、营业面积稳定持续增长。

（二）市场地位国内行业领先

不断加强行业对标，提高集团及核心业务在相关行业内的市场地位，在“十二五”时期，集团进入《财富》世界企业500强并巩固其地位；继续巩固和提升在全球零售250强、中国企业500强中的地位。在上海企业百强、中国连锁百强中保持前三位。超商板块、百货板块保持国内行业前三位；生产资料贸易业务保持全国省市级物资集团前三位。

（三）品牌形象国内行业领先

创建国内一流的品牌体系，“十二五”时期，努力将“百联”建成为国内最知名、择业者首选的商贸流通企业品牌之一；将重点业态建成为在国内有一定影响力、合作伙伴首选的著名品牌之一；提高自有商品品牌的社会认可度，成为在国内消费者中有一定影响力的著名品牌。

（四）创新能力国内行业领先

创新标超、便利店、百货商店、老字号品牌店、大宗物资交易市场等传统业态的模式，在国内市场不断开发出新的零售业务和生产资料贸易业务，不断创新经营方式和管理方式，成为国内同行的创新榜样。

（五）管理水平国内行业领先

形成制度规范、机构优化、职责明确、流程清晰的公司治理结构，加强扁平化管理，健全完善制度流程；形成一套技术先进、功能完善的集团信息化办公系统；形成一套标准统一、操作协调的集团门户管理信息系统；形成多套功能完善、安全有效、适应多业态区域发展的业务信息系统。

第四部分　“十二五”时期的发展重点和战略措施

一、发展重点

“十二五”时期，按照市国资委确定的主业，集团继续聚焦发展超商、综合百货和生产资料贸易三大核心业务，大力发展物流配送、商业置业、电子商务三大培育业务，不断扩大主业的销售规模，不断加强主业的市场影响力。同时，集团将进一步优化业务体系，聚焦发展五大重点业态，积极开发新业态，梳理发展其他业务。

超商业务以综合超市作为未来重点拓展的业态，坚持综超、标超和便利店等业态协调发展，适时探索发展其他经营业态。综合百货业务坚持以购物中心和奥特莱斯为重点业态，推进主力百货商店与购物中心的组团式拓展，进一步加强医药零售、装潢建材、钟表眼镜、食品等专业连锁业态的集约经营能力，探索发展主题百货业态和新的专业店业态。生产资料贸易业务重点发展金属材料、能源化工、汽车服务等核心业务，不断推进业务的转型创新。物流配送业务以制造业物流和商贸零售物流为主要服务形态，以创新服务和优化供应链管理为突破口，以信息技术为支撑，加快实现传统储运向现代物流的转变。商业置业业务主要经营商业房地产开发、租赁经营服务、物业管理等，不断提高综合开发能力与专业管理水平。电子商务业务加强电子商务平台建设，努力发展成集团的优势业务。其他业务进一步推进发展与集团核心业务关联性强或行业领先的贸易类、特种服务类等业务。

"十二五"时期，集团在进一步优化业务体系基础上，重点发展五大业态：

（一）大型综合超市

大型综合超市（大卖场）是"十二五"时期重点拓展的业态之一，包括购物中心内部大卖场、百货型大卖场、标准型大卖场等，经营面积一般在 5 000 平方米以上。坚持质量优先、有序发展，以直营为主，以泛长三角、华北、华南为重点区域，以市场份额前三名为目标，在上海、杭州、郑州等一些重点城市的重点商圈形成"堡垒"，并向周边地区扩展。

在"十二五"时期，大型综合超市每年新开店不少于 15 家，至 2015 年年末，网点数达到 240 家。

（二）购物中心

购物中心是"十二五"时期重点发展的业态之一。以重点项目为抓手，以上海市区、郊区、泛长三角地区以及全国部分重点城市等市场为开发重点，采取自建自管、租赁经营、收购兼并、输出管理、期权收购、合资合作等发展模式，进一步加速市场拓展。加强集团内部组团式发展，加强与优秀地产商的合作，进一步加快商业地产的发展速度，积极探索商办综合体、大型商业综合体、住宅与商业联动的城市综合体等多种商业地产项目，缩短项目培育期，加快投资回收速度。

在"十二五"时期，购物中心新开店不少于 10 家，至 2015 年年末，网点数达到 24 家。

（三）奥特莱斯

奥特莱斯是"十二五"时期重点培育发展的业态之一。抓住市场机遇，全力推进奥特莱斯业态跨地区连锁发展。在总结上海青浦和杭州下沙项目的经验基础上，加强地址选择、商品管理、顾客分析等方面的研究，采取自建自管、合资合作、输出管理、期权收购、租赁经营、收购兼并等发展模式，通过与商业地产商、品牌供应商、专业运营商的合作，优势互补，促进商业物业有效增值，加大优质品牌资源比重，提升整体运营质量和能力。以已有的两个奥特莱斯网点为基础，面向全国市场，在重点城市有序发展，主要选择在直辖市、副省级城市以及部分经济发达的省会城市和部分二级城市（主要为长三角区域经济较发达城市）布点，将奥特莱斯发展成为集团未来发展的新增长点。

在"十二五"时期，奥特莱斯新开店不少于 8 家，至 2015 年年末，网点数达到 10 家。

（四）大宗物资贸易与物流

大宗物资贸易与物流是"十二五"时期重点发展的业态之一。以贸易为龙头，以市场为平台，以物流为基础，打造大宗物资的供应链，实现贸易与物流的结合，经营与市场的结合。加强管理，着力提高市场竞争能力、持续发展能力、抗市场波动能力和抗经营风险能力。做大做强金属材料、能源化工等大宗物资业务，基本建成具有全国辐射力的大宗商品交易平台。同时，加强金融物流、仓单质押等物流供应链一体化建设，深化物流供应链延伸服务，建设大宗货品的集散地。

汽车服务是生产资料贸易业务重点培育和发展的业态之一。发挥新旧车联动特色，发挥一体化经营与综合服务优势，积极拓展新车销售、旧车交易、汽车维修和客户服务 4 个平台，提升服务质量和服务品牌，不断巩固上海市场领先地位。把百联汽车广场建设成为汽车品牌展示、销售、售后服务的汽车服务贸易集聚区；推进二手车业务模式和盈利模式的创新，以全资和参股形式将业务延伸至上海的主要二手车交易市场及长三角地区的其他交易市场，探索建立二手车卖场，开展二手车自营业务。

在“十二五”时期，增加汽车品牌4S店3～4家，至2015年年末，4S店总数达到7～8家；新建二手车卖场1家。

（五）电子商务

电子商务是“十二五”时期重点培育和加大投入的业态之一。一是大力发展零售电子商务业务。进一步结合集团的网点优势，集约集团内部资源，加快整合集团现有电子商务平台，以百联E城为平台，加快发展网上B2C零售业务，实现线上和线下业务联动的多渠道经营模式。积极推进B2B市场的拓展工作，并积极探索C2B等新型业务模式。至2015年年末，快速消费品电子商务交易规模力争达到100亿元。

二是继续完善并创新发展在线支付业务。加快对现有的预付费卡业务进行整合；争取获得全国性支付服务资格，积极在全国范围内拓展第三方支付服务，探索建立第三方支付的新业务模式和盈利模式；积极探索符合央行规定的预付费卡发行方式，开展符合央行规定的其他支付服务。至2015年年末，在线支付交易规模力争达到200亿元。

三是加快建设生产资料网络交易平台。积极拓展有色金属电子商务业务，重点建设有色金属电子商务交易平台。利用目前有色金属交易市场“全国百强商品交易市场第一名”的市场优势，进一步完善功能配套、克服发展瓶颈，推进有色金属交易市场的质押平台、网上交易平台和信息发布平台的建设，积极吸引全国有色金属生产、贸易企业入驻。至2015年年末，有色金属交易平台交易规模力争达到100亿元。

二、发展战略

（一）全国战略

在现有全国网络基础上，按照“集中度”和“重点区域”的原则，不断提高外延增长的速度。进一步巩固上海市场、重点拓展长三角和优势地区市场、积极开发全国其他市场，积极稳妥地推进连锁业态在全国市场的战略布局。到“十二五”期末，基本建成具有一定辐射力和影响力的全国性网络体系，上海市以外地区的销售占比由“十一五”期末的20%左右上升到40%左右。

1. 深耕上海市场

进一步巩固在上海市场的龙头地位。以大型网点为抓手，积极开设集团标志性的商业设施，重点开发上海郊区市场，密切关注世博园区、虹桥商务区、国际旅游度假区、大型居住社区等区域，积极介入购物中心、大卖场、奥特莱斯等项目。同时，加强连锁网点布局，继续巩固标准超市、便利店、百货商店、钟表眼镜、建材连锁、汽车服务等业态的市场地位。

2. 加快开拓泛长三角市场

进一步确立和巩固集团在泛长三角市场的优势地位。推进实施集团泛长三角三年行动计划（2010—2012年），并滚动更新发展计划，积极在泛长三角地区寻求投资项目，以城市为单位提高各业态的网点集中度，进一步稳固在浙江的领先优势，扩大江苏的市场占有率，向安徽部分城市延伸。

3. 积极开发全国其他地区市场

在全国部分重点城市形成一定的市场影响力。对已经进入并取得优势地位的地区，加大投入力度，进一步巩固市场优势；对已进入但尚未占优的地区，以现有网络为基础，进一步提高区域集中度，提高辐射力；对未进入的区域，通过并购和参股当地优势企业，高起点进入。

（二）强店战略

继续通过加强经营集约、商品经营、供应链建设、培育旗舰店及样板店等方式，进一步提升经营绩效，不断增强集团内涵提升能力。

1. 提升连锁经营能力

按照现代连锁经营的要求，进一步推进商品统一采购平台、集约招商平台建设，努力建立规范化、标准化、制度化的业务集约管理体系，通过规模采购，有效降低成本，提高市场竞争能力。利用好“两个市场、两种资源”，建立自己的采购、销售、批发、配货网络，促进批发零售结合、内外贸结合，推进各业态共同商品的集约采购，重点推进进口商品的集约采购。

超商板块推进便利店、标准超市、大卖场 3 种业态的商品集约采购，完善集约化商品组织体系，加强商品管理、合同管理、订货管理与资金结算 4 个信息平台建设，对集约采购的商品逐步实现统一供应商、统一竞价、统一验收、统一配送、统一结算。重点推进业务流程再造，加快物流的合并。

综合百货板块坚持“以集约连锁为导向”，进一步优化百货商店、购物中心、奥特莱斯三大业态的集约招商采购、财务管理、人力资源和信息管理等体系，推进各专业连锁业态的总部集约采购，探索各业态统一的物流供应链建设，不断提升连锁经营水平。

生产资料贸易板块重点推进汽车服务品牌经营和连锁发展，完善以汽车销售、交易、维修及售前、售中、售后服务为一体的汽车贸易服务体系。

2. 提升商品经营能力

推进商品自营工作和自有品牌开发工作，实现差异化经营，提高毛利率。

加大总代理、总经销、商品买断等工作力度。扩大自营品牌的经营范围、规模、比例，形成个性化、差异化的经营特色。

加大农超对接工作力度。大力推进农产品基地建设，扩大源头采购，加强商品供应，加速商品流动，提升销售业绩。继续在山东、福建、浙江和上海郊县等地建立农产品基地，在此基础上，进一步在全国各地发展农产品基地。

加大自有品牌商品开发力度。通过引入外部的专业人才或者与专业的机构进行合作，实现自有品牌商品的专业化运作；依托自身的优势，加强与供应链上的相关厂家合作，采取设计加工、委托加工、贴牌加工等方式，逐年扩展自有品牌的商品范围，增加自有品牌商品品种，提高自有品牌的销售比例和经营效益，逐步将自有品牌作为差异化竞争的有力手段。

3. 提升服务顾客能力

根据顾客购物从“满足型向体验型转变”的趋势，调整商品结构，重视绿色环保和产品安全，着力改善购物环境，提升服务质量。

推进商品全面质量监管。建立健全企业诚信、质量保证机制，严格落实责任机制，严格把控商品安全关，打造一批拥有追溯网络、规范标准和示范作用的品牌商品，全力做好保障市场供应和维护市场稳定工作，努力为顾客提供安全放心的商品。

改善门店服务环境。重点对硬件设施、便捷服务手段、导购导向标识、无障碍设施及店容进行改造和完善，为顾客提供舒适整洁、消费便捷的门店服务环境。

提高员工服务技能。针对窗口单位的重点岗位，采取语言培训、技能比武、岗位竞赛、巡回展示等多种方式，培育一支具有职业礼仪、岗位技能和多种语言能力的员工标兵队伍，逐步提升全体一线员工的服务技能，为顾客提供文明、和谐和周到的服务。

加强顾客关系管理。完善顾客关系管理系统，加强企业和消费者的信息沟通，重点推进和完善

VIP客户关系管理工作。加强整合集团所属各公司VIP资源,加强VIP顾客的消费行为分析,通过对顾客需求的了解,从商品、品牌、服务、定价和环境等多方面更好地满足顾客的期望。

4. 提升供应链管理能力

加大配送中心规划以及硬、软件投入,努力建立适合多业态、跨地区发展的供应链体系。实现对商流、物流、资金流等企业价值链各个环节的信息化全程管控,并逐渐实现供应链一体化发展,不断提升供应链管理能力。

加强连锁企业自建配送中心建设。重点加强市外物流配送中心规划、建设,逐步建立适应业务区域发展的物流体系;积极推广利用各项新型技术,如自动补货、RFID等,不断提升现有配送中心的管理能力;加强与供应商的合作,建立与供货商共享数据的沟通机制,建立供应商与零售商之间协调合作的新关系,共同制订生产计划、库存计划、配送计划、销售规划等,共同预测和补货,降低运营成本,提高服务水平。

加强第三方物流公司建设。进一步发挥集团物流公司现有的物流资源及网络资源,在为集团核心业务提供优质物流服务的同时,努力拓展社会物流市场。建设以优质品牌客户和大宗商品物流客户为主要服务对象,以制造业物流和商贸零售物流为主要服务形态,以供应链延伸服务、专业化服务、精细化服务为基本特色的综合性现代物流企业。按照现代物流企业服务专业化、精细化的要求,打造从定向采购、仓储、运输、包装、加工、配送、金融质押、逆向物流等一体化服务的物流供应链体系。

(三) 资源整合战略

不断整合、集约和优化资源配置,提高资源的使用效率,增强对社会资源的积聚能力,提升对内部资源的集约与优化配置能力,实现资源保障与发展目标的匹配和平衡。

1. 拓宽筹资渠道

推进上市公司再融资。加大对资本市场的利用力度,积极推进上市公司再融资工作。逐步将集团优质资产注入上市公司,进一步增强上市公司的再融资能力,进一步提高集团的资产证券化率。探索新的融资方式。在银行贷款融资方式的基础上,探索和实施发行债券、并购融资、商业房产信托等新的金融理财产品和新的融资方式,进一步拓宽融资渠道。

推进资金集约。利用现有资金结算中心平台,进一步加大对集团下属企业净现金流的集约力度,强化结算中心资金集约功能,扩大在三级企业的覆盖率,不断提高资金集约比率,提高资金使用效率。推进组建集团财务公司,形成新的资金集约与融资平台,以更好地集约、用好资金,降低财务成本,提高企业效益。

2. 加强对外合作

推进兼并收购中的合作。完善并购工作机制,加强对并购的任务规划、策略制定和工作执行。重视对流通领域相关行业及公司的跟踪、研究,密切关注与集团主业相关的企业,采取灵活策略,探索通过资本市场对相关上市公司进行并购,通过合资合作、收购、股权置换等形式,积极开展跨区域、跨所有制的联合重组。

推进与产业链企业的战略合作。积极实施农超对接、工商对接、内外贸对接、商旅文对接等,选择和培育一批具有强大实力、能与集团共进退的供应商队伍,建立良好的零供关系。同时,注重商品经营与商业房产经营的结合,加强与有实力地产商的联合,分享商业地产及周边物业升值的收益。

推进与行业优势企业的战略合作。深化与一些国际、国内知名企业的合作关系,化"对手为联手",实现"借梯上楼""借船出海"。重点在商品采购、自有品牌商品开发、业态创新、供应链管理等方面，进一步加强与国际知名企业的战略合作，继续深化与国内企业集团、开发区、商业银行间的战略合作。

推进与各地区政府的战略合作。继续巩固与上海各级政府的良好合作关系，与浙江、江苏、安徽等泛长三角地区的地方政府建立合作关系，并积极推进与其他地区的政府建立合作关系，以获得当地政府的支持和帮助。

3. 集约内部资源

盘活存量资产。择机盘活集团现有金融资产和企业资产，主动调整盘活低效率的房屋、土地等资产，解决好场地搬迁、人员安置、租约处理等方面的困难和问题，为核心业务提供更多的资金和资源。

加快资源向主业的优化整合。一是加快理顺产权关系，实现核心业务内部优质资产的优化整合。完成超商、百货业务的资产整合，在条件成熟时逐步将集团所持有的一些公司股权注入上市公司。二是加快非主业的剥离，实现非主业资产向主业的集中。按照"集中管理、有序推进、谨慎操作"的原则，通过"清、并、转、关"等多种途径，继续积极推进非主业调整清理工作，进一步减少企业数量、收缩行业范围、缩减企业层级。三是加快历史遗留问题的处置，实现工作精力向主业的集中。进一步统一思想，按照市国资委要求，认真、积极、妥善、果断地处理好历史遗留问题，为集团的未来加快发展卸掉包袱。

加强组团发展。加强组团发展的项目规划、组织协调和绩效考核引导，充分利用集团多业态的独特优势和在国内零售市场的网络优势，共同实施全国扩张。重点实施以购物中心为平台的组团式发展，在发展购物中心的同时，带动百货、大卖场、专卖店等业态在全国市场的共同发展。探索、推进"大卖场＋专业店""大卖场＋大型建材超市""购物中心＋汽车展销"等多种形式的组团式发展方式。

（四）品牌战略

完善集团初步形成的由企业品牌、业务品牌及自有品牌组成的"伞"状品牌体系，进一步整合现有品牌，强化"百联"品牌，推动业务品牌、自有商品品牌和服务品牌的建设，不断提升集团品牌形象。

1. 完善品牌定位

加强品牌规划，明确"百联"品牌、各业务品牌及自有商品品牌的定位，形成各品牌的经营特色和服务特色。重点是加强规范各品牌形象识别系统；加强整合各业务品牌体系，培育一批在行业内业绩良好、管理先进、消费者喜爱、代表业态品牌形象的样板店和服务品牌团队；培育一批经营效益好、顾客满意度高、能提升企业知名度的自有商品品牌。

2. 扩大品牌影响力

加强品牌宣传推广力度，提高品牌知名度、影响力。重点是充分利用集团业态全、网点多的优势，结合成员企业日常的营销活动策划，组织开展集团整体主题营销活动，逐步培育具有百联特色的具有较大社会影响力的营销活动体系。利用各类重大的社会活动、公益活动等，积极组织品牌宣传活动。优化百联集团及各业态的门户网站，完善形象宣传渠道。继续打造地标式建筑，不断发展连锁网络，形成伞状品牌"名片"。增加自有品牌商品的种类和数量，扩大自有品牌商品的销售范围。

3. 加大品牌法律保护

加强集团公司商标及集团成员企业自有商标的注册力度，积极参与中国名牌产品、著名商标评定及驰名商标认定。规范“百联”品牌的商标许可使用范围，加强对商标授权使用的管理，做好商标的维权工作。加强业务品牌和自有商品品牌的商标规范使用和维权工作。

（五）创新战略

进一步加强传统业务创新和新业务开发，并不断创新经营与管理，实现由传统业务为主向传统业务与业务创新相结合转变。

1. 加强业务创新

创新传统业务：根据消费者的消费习惯的变化，结合业态经营管理新技术，不断加强标准超市、便利店、百货商店、医药零售、建材超市、钟表眼镜等传统业务的市场细分。加强老字号业务的商品定位和顾客定位创新，使老字号焕发新活力。

探索新兴业务：关注国际流通行业发展趋势，以及国际流通行业巨头在业态、经营模式、零售技术等方面的创新动态，关注产业链的发展特点，分析自身的资源优势，培育和提升产业链中的集合能力，形成新的零售业务。

创新消费金融业务：充分利用合资组建的消费金融公司，开展消费金融创新，围绕顾客消费需求提供融资，为广大客户提供便捷的消费现场融资服务，实现商业与金融的融合。根据国家有关规定，适时开展消费信贷业务等。

2. 加强经营创新

创新连锁机制：进一步推动企业连锁经营的创新发展，提升供应链能力，不断改进、提升加盟技术，正确处理好直营店和加盟店之间的关系，根据供应链的建设情况有序发展加盟店。

探索创新经营模式：进一步探索推进源头采购、跨国采购、自有品牌开发、自营商品经营、总代理总经销等经营模式，不断延伸产业链。坚持利润主要来源于销售、毛利主导收益的经营导向，推进收益结构的转型和优化。

创新市场开发模式：结合业态特点，不断优化市场开发模式，实现市场开发模式由单一业态为主向产业融合的综合开发模式转变。

3. 推进“绿色低碳”发展

加强经营场所的节能减排：从政策层面、技术层面、管理层面等多方面入手，采取行动和措施减少经营场所内照明、空调、冷冻冷藏设备等用电量，新建或改建“零碳”商场，走节能和低碳的绿色发展道路。

推进产业链的节能降耗：与为零售业提供原材料、零部件等上游产业合作，推进绿色低碳发展模式。与供应商合作开发绿色、低碳产品，提高供应链效率和减少浪费；推广“农超对接”等直接采购，减少中间环节，降低流通能耗。促进为零售业提供服务或共享资源的辅助产业、衍生行业，如物流业、餐饮业、废弃物回收业等参与到低碳经济，促进形成低碳生产模式和消费模式。

第五部分　“十二五”发展规划落实的保证措施

一、加强集团总部建设

（一）完善法人治理结构

完善集团层面法人治理结构。按照现代企业法人治理结构的要求，依据市国资委的相关规定以及公司章程，不断完善决策层、监督层、经营层的分工协作和制衡机制，进一步完善董事会议事规则与决策程序，规范董事会专业委员会的运作，明晰经营层职责与分工，更好地发挥监事会的监督作用。

完善下属企业的法人治理结构。根据公司章程，在完善集团法人治理结构的基础上，进一步完善二级公司、三级公司的产权代表管理制度，以及其他相关规章制度。

（二）完善母子公司体系

完善集团总部战略定位。进一步明晰总部与二级公司的事权划分，优化总部机构设置，强化总部战略管控、资源集约、综合协调、指导服务等功能。

规范工作流程。进一步完善战略管理、全面预算管理、投资管理、审计管理等系列规章制度，优化各项工作流程，提高流程信息化程度，实现高效有序运作。

（三）完善管理信息系统

加大信息系统的开发力度，优化信息技术与手段，逐步形成平台统一、应用集成、功能完善、安全有效的管理信息系统。

推进集团层面的信息系统建设。通过对集团 OA 系统的改建升级，不断完善集团办公自动化系统功能，逐渐建成网上办公、信息交流、资料查询的综合平台，逐步实现无纸化办公、移动办公等功能，提高经营管理效能。

推进下属企业的信息系统协调统一。通过对下属企业现有管理信息系统的梳理和整合，规范系统间集成应用模式，逐渐形成标准统一、操作协调、适应集团多业态区域发展的集团门户管理信息系统。加强数据采集、分析和管理，逐步实现资源整合、信息共享、网上办事、运营检测、风险预警和决策支持等功能，从而进一步整合价值链，实现整体功能提升。

（四）完善风险管控体系

加强内控制度建设。进一步完善集团内部财务监管机制，加强集团总部、二级公司及以下公司的内部财务监管。加强财务、投资、业务、预算、工程项目、费用、薪酬、合同等管理。重点加强对重大投资项目的管理，加大集团内审力度，发挥法律顾问的作用，做好重大项目的专项审计和重大合同法务审核。完善决策管理和操作规范，进一步规范资金运作、股权转受让、企业改制等方面的工作程序。进一步落实企业投融资、担保、资产处置等重大事项报告制度，积极防范内控缺失可能引发的管理风险。

加强财务风险预警系统建设。按照市国资委要求，进一步深化财务风险预警系统建设，增加反映行业特点的个性化指标，增强预警分析的针对性和准确性；导入先进同行财务指标数据和行业平均财务指标数据，增加对标分析功能。扩大系统使用范围和监管内容，积极推进未加入企业尽快加入系统，促进已加入的企业，把在银行的即时存款、贷款、担保数据，以及企业管理报表数据导入系统，努力使风险预警系统做到“监管范围全覆盖，监管内容无盲点”。

加强法律风险防范体系建设。建立健全企业法律顾问制度，落实重大项目法律意见书制度。建立完善重大法律风险预警机制，强化重大合同法律审核与管理，加大重大纠纷处置的风险评估与统计分析。完善集团三级法律风险管理体系，创新法律风险管理模式，培育企业合规文化，对法律风险做到事前有防范、事中有监督、事后有补救。

二、加强人力资源建设

（一）完善高管管理办法

按照公司治理和党管干部原则，进一步调整和完善集团对高级管理人员的管理权限和管理范围，实施分类分层管理，逐步培养和建设一支具有市场意识、国际视野、专业水平和廉洁从业的高层管理团队。

（二）完善选人用人机制

完善市场化、职业化的选人用人机制，制定岗位任职标准和岗位职责，加强对员工职业生涯规划设计的指导。完善考核评价体系，采取组织推荐与公开招聘相结合的选人用人方式，使优秀人才，特别是中青年优秀人才脱颖而出，形成支撑集团发展的人力资源梯队。

（三）加强全体员工培训

重点加强对集团高管和后备高管领导力和执行力的培训，对集团企业骨干人才和紧缺人才开展管理技能和业务技能的培训，对全体员工开展企业文化的培训。同时，加强经常性思想政治教育、作风教育、廉洁教育以及法纪教育。加大投入，落实责任，进一步加强集团自有培训机构建设，努力探索培训模式的创新，不断提高培训质量，为集团实现战略目标提供人才和智力支撑。

（四）完善业绩考核制度

完善薪酬与岗位晋升制度。完善现有的薪酬模式及业绩考核办法，积极探索任期考核、中长期激励和EVA考核，进一步建立以业绩为导向的薪酬与岗位晋升制度，形成市场化的约束激励机制。

探索建立股权激励制度。按照市国资委的统一部署，在上市公司等条件成熟的企业试行股权激励，在试点基础上积极稳妥地推进。

三、加强企业文化建设

（一）完善企业文化体系

编制企业文化手册，进一步完善由集团精神文化、制度文化、行为文化和形象文化等构成的企业文化体系。加强全体员工对企业使命、企业价值观、企业精神等的认同感和自豪感，增强企业文化对广大员工在支持和推动企业改革发展中的引导力。

（二）加强企业文化宣传

通过对外广告宣传、内部研讨、知识竞赛、内部网站、板报、标语、刊物等多种形式传播企业文化，让员工更加知晓、认同、接受企业文化。

（三）加强企业文化执行

通过完善领导行为规范、员工行为规范、服务态度规范、礼仪规范，将企业文化制度化、有形化，将企业文化内化在日常的经营管理工作中。通过企业管理层、先进工作人员、劳动模范等的标杆引导，增强全体员工对企业文化的执行力。

（四）加强企业文化传承

根据政府的相关工作要求和部署，本着对时代、对企业（行业）、对历史负责的精神，形成分工合作的领导机制和工作机制，认真完成集团牵头承编的《上海市志（1978—2010）》部分卷目编纂的任务，实现优良企业文化的传承。

四、加强企业民生建设

（一）完善收入增长机制

认真落实国家“十二五”规划纲要提出的“收入增长要和经济发展同步”的要求，以及全国总工会“两个普遍”（“依法推动企业普遍建立工会组织，依法推动企业普遍开展工资集体协商”）的要求，进一步推动集团各级企业的工会组织工作和工资集体协商工作，进一步完善职工收入增长机制。同时，根据企业实际，重视提高一线员工收入水平，形成合理的薪酬体系。

（二）完善员工关爱机制

完善特殊困难群体的帮困机制，继续做好特殊困难职工、退休职工、退休劳模的帮困工作，加大对因病、因学致困等“支出型”困难职工的帮困力度。继续做好关爱员工工作，以一线员工、困难企业、重大项目为重点，继续开展“冬送温暖、夏送清凉”等活动，进一步改善一线员工的工作环境。

（三）完善安全稳定工作体系

在坚定不移地推进企业改革发展的同时，更加重视安全稳定工作，落实安全责任制，加强制度流程建设，进一步完善安全稳定工作体系。积极维护职工的合法权益，坚持依法办事，有情操作，注重源头防范，努力把可能影响安全稳定的事件消除在萌芽状态。

五、加强企业党的建设

（一）加强领导班子建设

继续以"一把手、一班人、一个团队"为重点，深化拓展"政治素质好、经营业绩好、团结协作好、作风形象好"的"四好"班子创建活动。以提高凝聚力和引领力为重点，全面加强各级企业领导班子的思想政治建设、作风建设、能力建设等，不断提高领导干部的自身素质，充分发挥领导班子整体合力，把班子建设成善于领导企业科学发展的领导集体。

（二）推进创先争优活动

深入开展学习型党组织创建工作，充分运用"事业在百联""激情在百联""活力在百联"、企情民意气象站、企业党建联合会等党建工作平台，以迎接建党九十周年、党的十八大等为契机，结合企业经营发展、党建等重点工作，广泛深入开展创先争优活动。总结世博经验、发扬世博精神，力求在服务发展上取得新突破、服务职工上取得新进步、服务党建上取得新成效。

（三）加强基层党的建设

不断创新集团基层党组织活动内容和方式，继续深化"两强两有"（强基础、强素质、有作为、有效果）党支部创建活动、深入推进"三服务"（党的上级为基层服务、党的基层为党员服务、党员为群众服务）工程、推广实施党内"双优"（综合素质优、工作业绩优）竞赛活动等。加强党内基层民主建设，切实推进党内民主，着力建设一支优秀党务工作队伍，不断增强党建工作活力，充分调动广大党员的积极性创造性，更好地发挥基层党组织战斗堡垒作用和党员的先锋模范作用。

（四）加强党风廉政建设

继续加大宣传教育力度，严格执行党风廉政建设责任制，抓好廉洁自律各项规定的落实。健全制约监督机制，以制度、流程和信息技术为载体，深化两个"融入"（推进反腐倡廉要求融入企业改革发展全过程、推进纪检监察工作融入企业经营管理之中），强化对主要领导干部、关键岗位、重要环节的监督，开展专项治理，严肃查处违纪案件，切实维护出资人的利益，保障职工群众合法权益。

索　引

说明：
一、本索引按表格索引形式制作。
二、索引按表格在正文出现的顺序排序。
三、索引标目后的阿拉伯数字表示该目所在页码。

表格索引

编　后　记

《上海市级专志·百联集团有限公司志》(以下简称《百联集团志》)编纂工作可谓是“起了个大早,赶了个晚集”。早在2010年2月底,《百联集团志》编纂工作起步。2012年6月底,开始向各直管企业、各部门征集资料。但因人事变动、编写队伍不稳定及信息沟通不畅等,编纂工作基本停留于起步阶段,未有实质性启动。至2018年6月,原编纂队伍彻底解散。2019年7月,《上海市志·日用消费品商业卷》编纂室临危受命,接手重启《百联集团志》编纂工作。在上海市地方志办公室指导下,在百联集团主要领导直接关心下,用不到一个月时间,重新编制《百联集团志》篇目大纲,成立由集团主要领导担任主任、分管领导担任副主任、相关领导和主要业态公司总经理任委员的编委会,制定编纂方案。2020年12月29日,《百联集团志》通过市级评议。2021年6月17日,《百联集团志》通过审定。2021年8月30日,《百联集团志》通过上海市地方志办公室验收。在短短两年时间内,编纂室在承编《日用消费品商业卷》的同时,夜以继日,竭尽全力,不辱使命,不负重托,以对历史高度负责的精神,真实、客观、全面地还原了百联集团重组、整合、调整、转型的10年发展历程。

百联集团是中共上海市委、市政府为应对国内市场国际化竞争的挑战、深化国资国企改革而决定重组的第一家市管集团。重组伊始,就面临整合、调整、发展的艰巨任务。编纂室聚焦集团的整合与发展,重点记述百联集团在资产整合、资源整合、业务整合及品牌整合中迎难而上、破解难题的跋涉历程,着力勾画集团发展战略步步推进、战略目标顺利实现的发展轨迹,努力凸显“综合百货、超商业务、生产资料贸易”三大核心业务和“商业置业、物流配送、电子商务”三大培育业务凝心聚力、砥砺奋进的奋斗历程,力图清晰地展现百联集团10年整合发展历程中的布局特点、发展重点和发展速度。

百联集团从成立到2013年年底,仅经过10个完整财务年度的运营,是一个非常年轻的企业集团。然而,作为一个重组的集团,成员企业中不乏百年老字号,拥有一批1949年5月上海解放后设立的、长期在计划经济体制下承担日用消费品和生产资料市场供应的批发零售贸易企业,也有部分改革开放后创建的新业态。转型提升是百联集团重组后必须面对的永恒课题。编纂室聚焦集团转型与创新,重点记述百货业态、超商业态、专业专卖业态、生产资料贸易、商业置业以及物流配送业态的转型提升脉络,完整记录购物中心、奥特莱斯、电子商务等新业态开发模式、管理模式和运营模式的创新之路,力图真实地反映百联集团在流通领域的领先意识、创新意识和改革实践。

从《百联集团志》编撰重启到通过验收,不过两年时间,编纂室同时承担一企两志的编纂任务,时间紧迫,任务艰巨。编纂室创新编纂工作模式,平衡速度与质量的关系,开启在两部志书间反复轮流切换的工作模式,环环紧扣,提速前行。利用编纂《上海市志·日用消费品商业卷》积累的经验,进一步规范编纂流程,加强内评内审,不断提高编写人员对原始资料的消化利用和归纳提炼能力;尽量摒弃新闻报道式、工作总结式和文件批复式的写法,陆续形成框架草稿、内评内审稿、评议稿和审定稿。经过数据核实,修订统稿,调整完善志书框架,补充缺失的重要内容,直至定稿验收。由于时间所限、水平所限,《百联集团志》内容难免存在疏漏、瑕疵和错误,行文缺乏仔细推敲、斟酌,敬请读者指正。

在《百联集团志》编纂过程中,编纂室得到上海市地方志办公室的大力支持和帮助,在此,表示衷心感谢。同时,向提供集团档案资料、部门资料的百联集团总部相关部室表示感谢,向提供成员企业资料的集团二、三级企业表示感谢。

参与《百联集团志》编纂工作的编写人员都是百联集团整合发展的亲历者。同时,作为百联历史的记录者和百联企业精神的传播者,我们深感光荣和自豪。岁月更迭,薪火相传。我们坚信,百联集团将在打造成为消费升级的引领者、商业模式的创新者、国企改革的探路者创新转型的征途上续写新的篇章。

《上海市级专志·百联集团有限公司志》编纂室

2021 年 10 月

图书在版编目(CIP)数据

上海市级专志. 百联集团有限公司志 / 上海市地方志编纂委员会编 .— 上海 ：上海社会科学院出版社，2021
ISBN 978-7-5520-3748-7

Ⅰ.①上…　Ⅱ.①上…　Ⅲ.①上海—地方志②国有商业—商业集团—概况—上海　Ⅳ.①K295.1②F721.5

中国版本图书馆 CIP 数据核字(2021)第 240337 号

上海市级专志・百联集团有限公司志

编　　者：上海市地方志编纂委员会
责任编辑：董汉玲
封面设计：严克勤
美术设计：周清华
出版发行：上海社会科学院出版社
　　　　　上海顺昌路 622 号　邮编 200025
　　　　　电话总机 021-63315947　销售热线 021-53063735
　　　　　http://www.sassp.cn　E-mail:sassp@sassp.cn
排　　版：南京展望文化发展有限公司
印　　刷：上海雅昌艺术印刷有限公司
开　　本：889 毫米×1194 毫米　1/16
印　　张：32.75
插　　页：29
字　　数：956 千
版　　次：2021 年 12 月第 1 版　　2021 年 12 月第 1 次印刷

ISBN 978-7-5520-3748-7/K・644　　定价：480.00 元